중국 소재 고구려 유적과 유물 II

압록강 중상류 2 집안-신빈

표지 사진 | 신빈 전수호산성 전경　　ⓒ 여호규

중국 소재 고구려 유적과 유물 Ⅱ

압록강 중상류 2 　집안-신빈

THE KINGDOM OF KOGURYO RUINS AND ARTIFACTS IN CHINA

| 동북아역사재단 편 |

• 이 책은 2018년 동북아역사재단 연구용역 수행 결과물임.

책머리에

압록강 중상류를 비롯해 중국 동북지역에는 고구려 유적과 유물이 무수히 산재해 있다. 이러한 유적과 유물은 고구려사를 연구하고 한국사를 체계화하는 데 매우 중요한 자료일 뿐 아니라, 모든 인류가 공유해야 할 소중한 문화유산이기도 하다. 그런데 아쉽게도 이와 관련된 각종 보고서나 연구논저가 여러 학술지에 산재해 있거나 절판된 경우가 적지 않아 관련 연구자나 역사에 관심 있는 일반인들이 이용하는 데 많은 어려움을 겪고 있다. 이에 동북아역사재단에서는 2007년부터 중국 소재 고구려 유적·유물을 집대성하여 DB를 구축하는 사업을 추진하였다.

본 연구팀도 이 사업에 참여하여 DB 구축에 필요한 기초자료를 정리하는 과제를 수행하였다. 2007~2008년에는 고구려 발흥지인 압록강 중상류, 2009~2011년에는 두 번째 도성이었던 통구분지(집안분지), 2012~2014년에는 요동반도와 요하·송화강·두만강 유역 등에 분포한 유적과 유물을 정리하였다. 이어 2015~2016년에는 2007년 이후 새롭게 조사된 유적에 대한 정리 작업을 진행하였다. 이를 통해 고분군 246곳, 개별 고분 269기, 성곽 301곳, 성곽의 개별 유구 31기, 기타 유적 40곳, 개별 유물 84개 등 총 971건의 유적과 유물을 정리하였다.

그런데 이렇게 정리한 기초자료를 토대로 DB를 구축한 결과, 각 지역별 '개관'이나 각 유적의 '역사적 성격' 등 종합적인 서술 부분을 모두 DB로 전환하는 데는 상당한 애로가 따르는 것으로 확인되었다. 또한 연구자나 일반인들이 각 유적의 전체 현황을 일목요연하게 파악하는 데도 많이 불편하다는 문제점이 제기되었다. 이에 2018~2019년에 기존의 DB 구축용 기초자료를 재정리하여 책자 형태로 출간하는 사업을 진행하였다.

본 연구팀은 연구과제를 체계적으로 수행하기 위해 각 유적·유물을 고분, 성곽, 기타 유적, 개별유물 등으로 분류한 다음, 관련 전공자로 연구팀을 구성하였다. 연구 책임자인 여호규는 과제를 총괄하면서 성곽을 담당하였고, 강현숙은 고분, 백종오는 유물 등을 담당하면서 각 권의 개관과 유적의 역사적 성격을 집필하였다. 김종은(고분), 이경미(성곽), 정동민(고분과 성곽), 한준영(유물)은 각종 보고서와 연구논저의 서술 내용을 1차 정리하는 작업을 담당하였다. 나유정과 노윤성은 출간 사업에 참여하여 원고 교정과 지도 제작 등을 담당하였다.

이 작업에서 본 연구팀은 중국 소재 고구려 유적과 유물을 체계적으로 정리하여 집대성하는 데 가장 주안점을 두었다. 이를 위해 먼저 각종 보고서와 연구논저, 지도와 지지(地誌), 보도자료, 답사자료 등을 광범위하게 수집하였다. 그런 다음 각 유적별로 조사 현황, 위치와 자연환경, 유적의 전체 현황, 유구별 현황(또는 성벽과 성곽시설, 성내시설과 유적), 출토유물, 역사적 성격, 참고문헌 등의 항목을 설정해 각 유적의 조사 현황과 연구성과를 체계적이고 통일성 있게 정리하고자 노력하였다.

이러한 작업을 통해 본 연구팀은 A4 약 1만 매에 이르는 DB 구축용 기초자료를 확보하였다. 이를 바탕으로 책자 형태의 출간 사업을 진행하여 압록강 중상류 3권(Ⅰ-Ⅲ), 통구분지 3권(Ⅳ-Ⅵ), 요동반도-요하-송화강-두만강 유역 4권(Ⅶ-Ⅹ) 등 총 10권으로 구성하였다. 각 권의 서두에는 개관을 설정하여 각 지역별 전체 현황을 서술하는 한편, 시·현 행정구역이나 유적군을 단위로 각 권의 부(部)를 설정해 유적의 현황을 정리하고 역사적 성격을 서술하였다.

이상의 과정을 거쳐 출간하게 된 본 시리즈는 중국 동북지역에 산재한 고구려 유적과 유물을 체계적으로 집대성한 최초의 성과라 할 수 있다. 이러한 점에서 본서의 발간은 고구려 유적·유물에 관한 방대한 정보를 체계적으로 제공하여 고구려사 연구기반을 확충하는 한편, 이를 활용한 다양한 역사 콘텐츠 개발 및 일반 국민의 역사인식 제고에도 크게 기여할 것으로 기대된다.

본서는 동북아역사재단의 중장기적인 지원 덕분에 발간될 수 있었다. 김현숙 연구위원께서는 본 과제를 처음 기획하여 중장기 사업으로 추진할 수 있는 토대를 놓았고, 이성제 연구위원께서는 2011년부터 본 과제를 담당하여 각종 실무적인 뒷받침을 해주었는데, 이에 깊이 감사드린다. 그리고 2007년 이래 본 과제를 물심양면으로 성원해주신 김용덕, 정재정, 김학준, 김호섭, 김도형 역대 이사장님들과 이영호 이사장님께도 깊이 감사드린다. 아울러 난삽한 원고와 각종 도면을 깔끔하게 정리하여 산뜻한 책으로 꾸며주신 출판 관계자 여러분들께도 깊이 감사드린다.

2021년 10월 15일
연구팀을 대표하여 여호규

일러두기

1. 중국의 간체자는 모두 우리식 한자로 수정하고, 음도 우리식 한자음으로 표기했다.

2. 한자 용어는 가능한 한글 표현으로 풀어쓰고자 했으나, 의미 전달을 고려하여 그대로 노출하여 사용하거나 한글과 병기하기도 하였다.

3. 기원전은 연도에 각각 표기했고, 기원후 혹은 서기는 생략했다.
   〈예〉 기원전 45 – 기원전 12년 / 기원전 2 – 2세기 /
   　　　3 – 4세기

4. 참고문헌은 오래된 연도부터 배열했고, 같은 연도에서는 가나다 순으로 배열했다.

5. 유적 명칭은 공식 보고서나 『중국문물지도집』을 기준으로 '시·현+유적명'으로 표기하고, 이칭이 있는 경우 병기하였다. 다만 '등탑 백암성'처럼 국내에 널리 통용되는 명칭이 있는 경우 이를 따랐다. 같은 시·현에 명칭이 같거나 유사한 유적이 있는 경우, 향·진이나 촌을 표기하여 구분하였다. 지명 이외의 유적명은 한 단어로 보아 붙였다.
   〈예〉 수암 조양향 고려성산산성 / 수암 합달비진 고려성산산성 / 관전 대고령지후강연고분군 / 수암 마권산성내고분군

6. 유적 위치도는 각종 보고서의 도면을 집성하여 제시하였고, 정확한 위치를 파악한 경우에는 '만주국 10만분의 1 지형도'에 표기하였다. 아울러 『중국문물지도집』 길림분책(1993)과 요령분책(2009)에 실린 유적 위치를 구글 지형도(2020년 1월 기준)를 활용하여 제시하였다.

7. 지도의 기호는 다음과 같이 사용했다. 단, 자체 범례를 가진 지도는 이에 해당하지 않는다.

   산 : △　　산성 : ▲　　평지성 : ■　　관애 : ▬
   장성 : ⌐⌐⌐　고분 : ▲　　기타 유적 : ●

   시·현 : ◉　　향·진 : ◎　　촌 이하(촌·둔·동) : ○

차례

책머리에 5
일러두기 7

제3부 집안시(集安市) 지역의 유적과 유물(통구분지 제외)

1. 고분군과 고분

01 집안 오도령(구문)고분 集安 五道嶺(溝門)古墳 13
02 집안 고마령고려묘구고분군 集安 古馬嶺高麗墓溝古墳群 21
03 집안 고마령강구고분군 集安 古馬嶺江口古墳群 27
04 집안 고마령고분군 集安 古馬嶺古墳群 31
05 집안 대동구고분군 集安 大東溝古墳群 32
06 집안 노방구고분군 集安 老房古墳群 34
07 집안 대양차고분군 集安 大陽岔古墳群 36
08 집안 소양차고분군 集安 小陽岔古墳群 39
09 집안 대로촌고분군 集安 大路村古墳群 40
10 집안 파보촌고분군 集安 爬寶村古墳群 42
11 집안 고지고분군 集安 高地古墳群 47
12 집안 정의촌고분군 集安 正義村古墳群 50
13 집안 칠개정자구고분군 集安 七個頂子溝古墳群 52
14 집안 만구문고분군 集安 彎溝門古墳群 54
15 집안 석청구고분군 集安 石青溝古墳群 56
16 집안 동구고분군 集安 東溝古墳群 57
17 집안 하동구문고분군 集安 下東溝門古墳群 60
18 집안 지구문고분군 集安 地溝門古墳群 61
19 집안 노호초고분군 集安 老虎哨古墳群 66
20 집안 관문립고분군 集安 關門砬古墳群 73
21 집안 영수고분군 集安 迎水古墳群 76
22 집안 대고려묘(자)구고분군 集安 大高麗墓(子)溝古墳群 78
23 집안 소고려묘고분군 集安 小高麗墓溝古墳群 88
24 집안 대주선구고분군 集安 大朱仙溝古墳群 91
25 집안 향양고분군 集安 向陽古墳群 93
26 집안 양자구고분군 集安 樣子溝古墳群 95
27 집안 부흥고분군 集安 復興古墳群 96
28 집안 하조구고분군 集安 下弔溝古墳群 98
29 집안 치안고분군 集安 治安古墳群 99
30 집안 사도구문고분군 集安 四道溝門古墳群 100
31 집안 판차구고분군 集安 板岔溝古墳群 101
32 집안 대양구고분 集安 大陽溝古墳 104
33 집안 소청구고분군 集安 小青溝古墳群 105
34 집안 유가포자고분군 集安 劉家鋪子古墳群 106
35 집안 요지구문고분군 集安 鬧枝溝門古墳群 107
36 집안 삼도양차고분군 集安 三道陽岔古墳群 108
37 집안 황차구문고분군 集安 荒岔溝門古墳群 109
38 집안 화전자고분군 集安 花甸子古墳群 110
39 집안 횡로구대고분군 集安 橫路九隊古墳群 111
40 집안 동차구문고분군 集安 東岔溝門古墳群 115
41 집안 합당촌고분군 集安 哈塘村古墳群 116
42 집안 재원고분군 集安 財源古墳群 117
43 집안 신건고분군 集安 新建古墳群 118
44 집안 마제구고분군 集安 馬蹄溝古墳群 119
45 집안 쌍흥고분군 集安 雙興古墳群 120
46 집안 보마고분군 集安 報馬古墳群 122
47 집안 모배령고분군 集安 母背嶺古墳群 128
48 집안 소방자구고분군 集安 燒房子溝古墳群 131
49 집안 금가고분군 集安 金家古墳群 132
50 집안 묘서고분군 集安 廟西古墳群 135
51 집안 요영자고분군 集安 腰營子古墳群 138
52 집안 반가고분군 集安 潘家街古墳群 139
53 집안 홍석립자고분군 集安 紅石砬子古墳群 146
54 집안 종가고분군 集安 鍾家古墳群 147
55 집안 대천고분군 集安 大川古墳群 148
56 집안 청구고분군 集安 青溝子古墳群 149
57 집안 양목교자고분군 集安 楊木橋子古墳群 150
58 집안 대양목간자고분군 集安 大楊木杆子古墳群 151
59 집안 피덕기둔고분군 集安 皮德記屯古墳群 152
60 집안 대유수고분군 集安 大榆樹古墳群 155
61 집안 상활룡고분군 集安 上活龍古墳群 156
62 집안 하활룡고분군 集安 下活龍古墳群 162
63 집안 태평구고분군 集安 太平溝古墳群 168
64 집안 사구령고분군 集安 斜溝嶺古墳群 172

65	집안 흥농고분군 集安 興農古墳群	175
66	집안 흥농교고분군 集安 興農橋古墳群	176
67	집안 자흥고분군 集安 自興古墳群	178
68	집안 두도양차고분군 集安 頭道陽岔古墳群	179
69	집안 산성촌고분군 集安 山城村古墳群	180
70	집안 양차고분군 集安 陽岔古墳群	181
71	집안 장천고분군 集安 長川古墳群	182
72	집안 호자구고분군 集安 蒿子溝古墳群	202
73	집안 하투고분군 集安 下套古墳群	221
74	집안 양민고분군 集安 良民古墳群	223
75	집안 추피(구)고분군 集安 秋皮(溝)古墳群	239
76	집안 석호고분군 集安 石湖古墳群	241
77	집안 석묘자고분군 集安 石廟子古墳群	243
78	집안 초가구고분군 集安 肖家溝古墳群	251
79	집안 상활룡산서고분군 集安 上活龍山西古墳群	258
80	집안 대청구남천고분군 集安 大靑溝南川古墳群	267
81	집안 쌍차육대고분군 集安 雙岔六隊古墳群	270
82	집안 신홍촌고분군 集安 新紅村古墳群	271

2. 성곽

01	집안 패왕조산성 集安 覇王朝山城	281
02	집안 망파령관애 集安 望波嶺關隘	293
03	집안 관마산성 集安 關馬山城	300
04	집안 대천초소 集安 大川哨所	308
05	집안 만구노변장관애 集安 灣溝老邊墻關隘	311
06	집안 칠개정자관애 集安 七個頂子關隘	316
07	집안 장천고성 集安 長川古城	321
08	집안 양민고성 集安 良民古城	326

3. 기타 유적

01	집안 지구유적 集安 地溝遺蹟	335
02	집안 채석장유적 集安 採石場遺蹟	338
03	집안 국동대혈유적 集安 國東大穴遺蹟	342

4. 유물

01	철제가래 鐵犁鏵	347
02	등자 馬鐙	348
03	철제창 鐵矛	349
04	철제칼 鐵刀	350
05	쇠스랑 四齒器	351
06	철제칼 鐵刀	352
07	철제화살촉 鐵鏃	353
08	철제화살촉 鐵鏃	354
09	철제화살촉 鐵鏃	355
10	"군사마인"인 "軍司馬印"印	356
11	"진고구려솔선읍장"인 "晉高句麗率善邑長"印	358
12	"진고구려솔선백장"인 "晉高句麗率善佰長"印	359
13	"□천여랑□"인 "梜天如貌古印"印	360
14	관구검기공비 毌丘儉紀功碑	362

제4부 신빈현(新賓縣) 지역의 유적과 유물

1. 고분군과 고분

01	신빈 왕청문진용두산석개묘 新賓 旺淸門鎭龍頭山石蓋墓	369
02	신빈 산성구문고분군 新賓 山城溝門古墳群	394
03	신빈 후대자고분군 新賓 後臺子古墳群	396
04	신빈 후산고분군 新賓 後山古墳群	398

2. 성곽

01	신빈 흑구산성 新賓 黑溝山城	401
02	신빈 전수호산성 新賓 轉水湖山城	411
03	신빈 고각산산성 新賓 孤脚山山城	418
04	신빈 사도구산성 新賓 四道溝山城	420

제3부

집안시(集安市) 지역의 유적과 유물 (통구분지 제외)

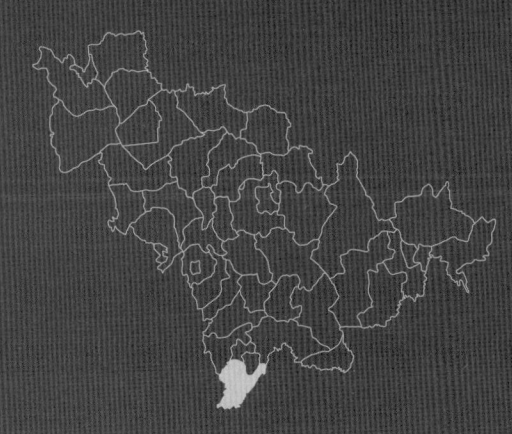

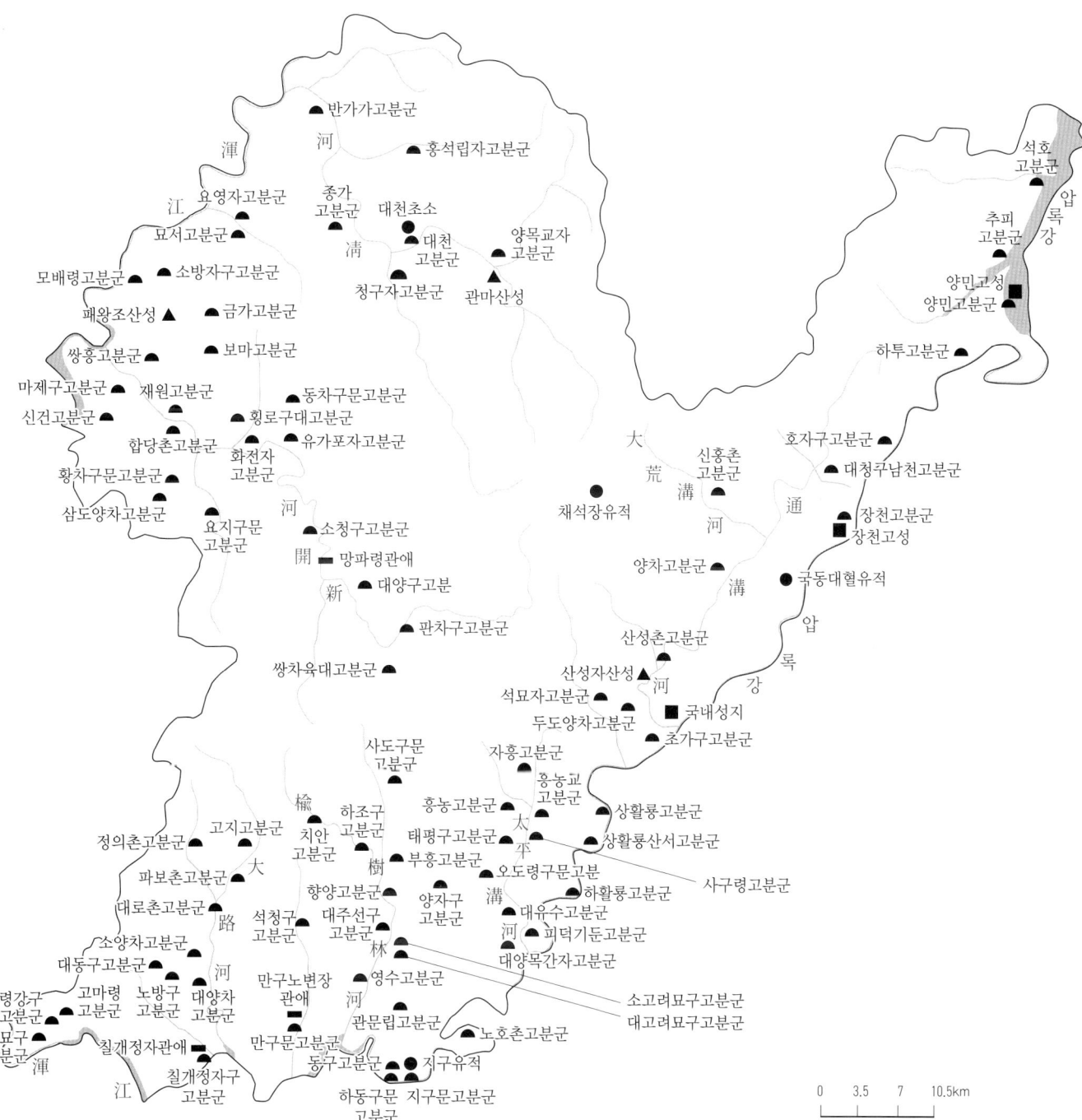

1
고분군과 고분

01 집안 오도령(구문)고분
集安 五道嶺(溝門)古墳

1. 조사현황

1) 1978년 4월 제1차 조사
○ 4월 24일 集安縣 太平公社 太平大隊 五道嶺溝門에서 도로 공사 중에 인부가 청동기 일괄유물을 발견함.
○ 집안현박물관에서 소식을 듣고 현장조사 및 유물을 회수하고 발견 경위를 기록함. 당시 인부에 의하면 '五道嶺 狍圈子溝門 맞은편의 산비탈에서 나왔으며, 지표에서 3m 높이의 남쪽 산비탈에서 큰 돌을 옮겨 도로 축대를 쌓던 중에 1m 정도 깊이의 대석 한가운데에서 청동기 일괄유물을 발견함. 돌을 옮기기 전까지 이곳은 잡석 무지로 무덤 흔적을 볼 수 없었고 기타 어떤 기물과 흔적을 발견하지 못함. 출토유물은 총 11점으로 銅劍 1점, 銅鉾 3점, 銅鉞形斧 4점, 銅斧 1점, 劍鏢 1점, 銅鏡 1점, 鏟形鐵鏃 2점'이라고 함.[1]
○ 발견 당시 교란된 돌무지로 고분의 흔적은 확인하지 못함.

2) 1978년 5월 31일~6월 3일 제2차 조사
○ 조사기관 : 吉林省文物工作隊, 集安縣博物館.
○ 조사 참여자 : 劉景文, 閻毅之, 林至德, 趙素勤, 張雪岩.

○ 조사내용
- 청동단검의 출토지점에서 간단한 정리 작업을 통해 방단계제적석묘를 확인함.
- 도로 공사중 축대를 쌓기 위한 석재채취로 고분이 파괴당해 고분의 서면·북면의 방단 축조석이 전부 없어지고 남면·동면에만 소량의 돌 일부가 보존되어 있었음. 남면의 동부와 서부에는 몇 구간이 보존되어 있는데 가장 긴 구간이 1.5m이고, 짧은 구간은 1~2개의 돌만 있음.
- 청동기는 무덤 북변(즉, 상면) 중심지점의 약 1m 깊이의 적석묘 묘실에서 출토됨.
- 제1차 조사에서 무덤을 발견하지 못했으나 2차 조사에서 덮고 있는 산돌이 대부분 치워지면서 무덤의 원형이 비로소 판별이 가능해짐. 정방형 방단계제적석묘인데[2] 일찍이 파괴됨. 시간이 오래 지나 산비탈 위에서 쇄석들이 그 위를 덮어 현지인들은 '창석류(淌石流) 적석묘'라고 칭함.

2. 위치와 자연환경 (그림 1 ~ 그림 2)

○ 集安縣 麻線鄉 太平公社 太平大隊 五道嶺 산비탈에 위치.

---

[1] 張雪岩, 1993 참조. 총 유물 수는 11점이라고 하였으나 실제 나열된 것은 청동기 11점과 철기 2점 등 총 13점임.

[2] 張雪岩(1993)에 의하면 본래 조사자들은 논의 끝에 '계장적석묘'로 파악했으나 최초보고서인 『考古』 1981-5에 제대로 반영되지 못하였다고 함.

그림 1
오도령구문고분 위치도

그림 2 오도령구문고분 주변 지형도(滿洲國 10만분의 1 지형도)

○ 太平公社는 집안현성 서쪽으로 약 30km에 위치하며, 유물의 출토지점은 太平公社 太平大隊 서쪽 1.5km의 五道嶺溝門 남쪽 비탈임. 비탈 아래는 집안과 환인을 연결하는 도로이며, 유물은 남쪽 산 중턱 비탈에서 출토.

3. 고분의 현황

○ 유형 : 방단계제적석묘(集安縣文物保管所, 1981), 계장적석묘(耿鐵華·林至德, 1984), 창석류를 이용한 적석묘(장설암, 1993 및 1995)
○ 방향 : 南偏西 32°.
○ 규모 : 한 변의 길이 14m, 잔존 높이 80cm.
○ 평면 : 정방형.
○ 구조(그림 3) : 지면에 이미 무덤 흔적은 보이지 않았음. 이 무덤은 산비탈을 따라 조성되었는데 산의 경사도는 25°로 동북이 높고 서남이 낮음. 높은 동북면은 계단이 없고, 경사가 낮은 서남면은 파괴되었지만 3단의 불규칙한 계단이 남아있음. 각 계단은 소량의 돌 몇 개만 남아 있어 계단이 명확치 않음. 이 3단 계단은

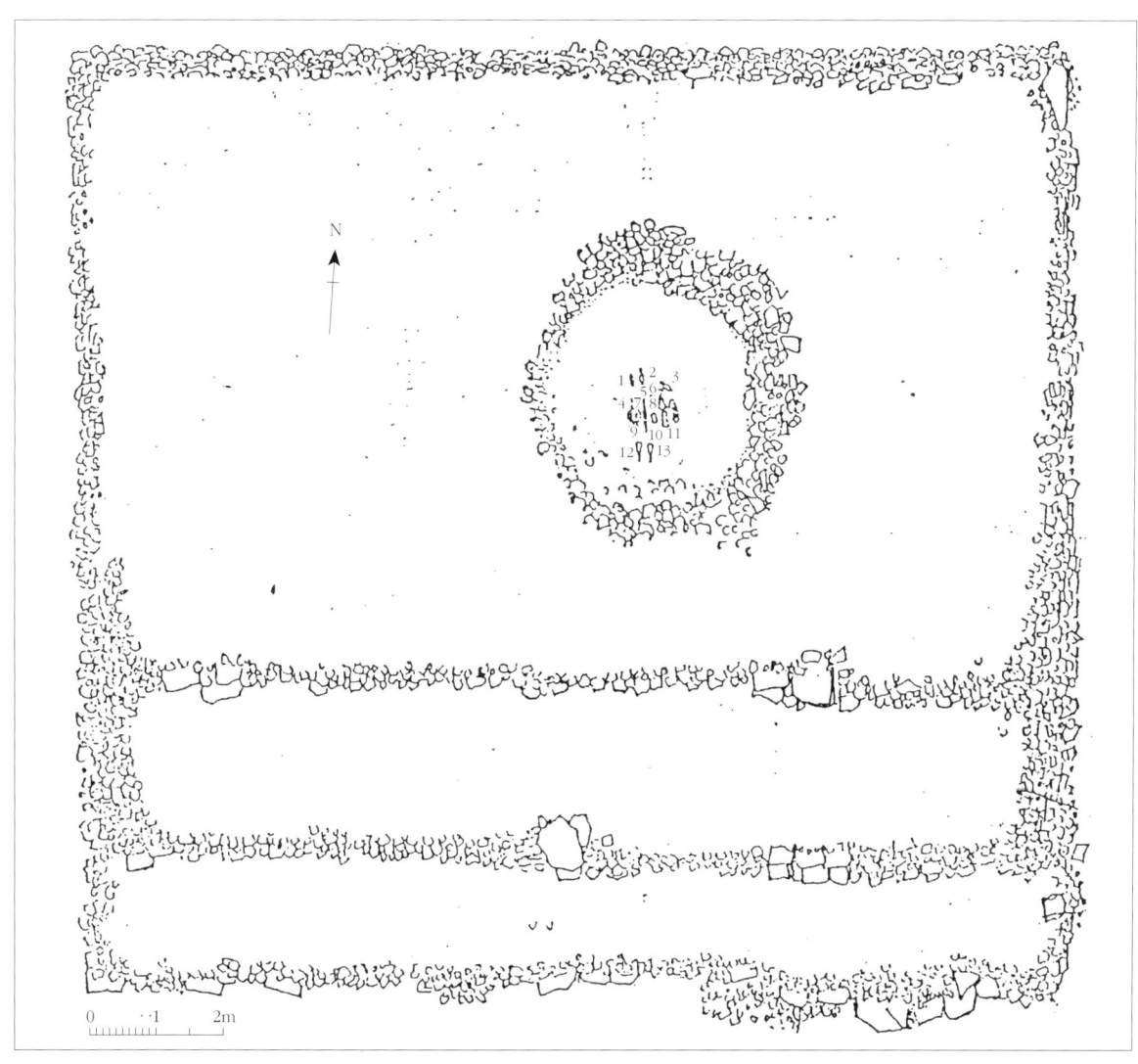

그림 3 오도령구문고분 평면도(『考古』 1981-5)
1~3. 청동창 4·7·8·10. 부채모양 청동도끼 5. 청동단검 6. 청동칼집 끝장식 9. 청동거울 11. 청동도끼 12·13. 철제화살촉

무덤 서남부를 받쳐 분구의 돌이 흘러내리는 것을 방지함. 잔존 현상을 통해 추측해보면, 정면 한 변 길이는 14m, 각 계단은 1.3~1.85m 들여쌓기를 했고, 잔존 높이는 약 80cm임. 현재 고분의 흔적은 남아 있지 않음.

4. 출토유물

○ 무덤의 북변 5m·동변 21m 되는 곳에서 유물 총 13점 발견.
○ 청동기 11점 : 단검(銅劍)·도끼(銅斧)·거울(銅鏡)·칼집 끝장식(劍鏢) 각 1점, 창(銅矛) 3점, 부채모양 도끼(鉞形銅斧) 4점.
○ 철기 2점 : 도끼날형 화살촉(鏵形鐵鏃) 2점.

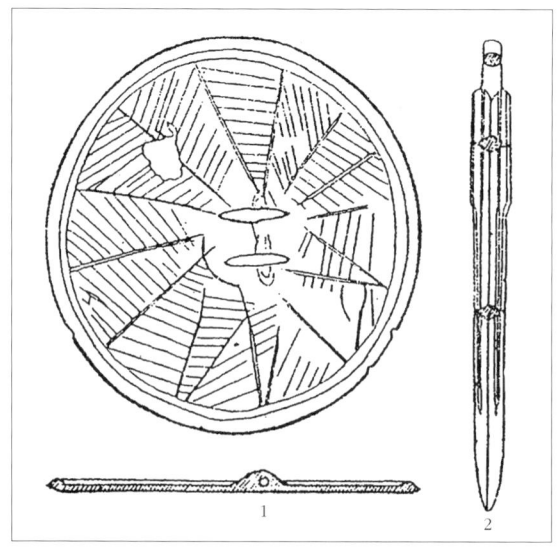

그림 4 오도령구문고분 출토유물1(『考古』1981-5)
1. 청동거울 2. 청동단검

1) 청동기

(1) 단검(短劍, 그림 4-2)
○ 크기 : 길이 34cm, 너비 2.8~3cm.
○ 형태 : 검신의 根部는 折刃이고, 刃部는 平直이다가 점차 弧曲을 이루며, 검신 단면은 육각형임.

(2) 칼집 끝장식(劍鏢, 그림 5-4)
○ 크기 : 길이 12cm, 입구 너비 4.8cm, 바닥 너비 3.6cm.
○ 형태 : 위쪽이 넓고 아래쪽이 좁음. 앞면은 돌출한 세밀한 삼각문이며, 아랫부분에 銅碗形장식이 있고 그 안에 방형구멍이 있는데 장식품을 끼우는 데 사용된 것으로 보임. 검표의 뒷면에는 세밀한 삿자리문(席紋)이 있고 그 정중앙에는 하나의 작은 방형구멍이 있는데, 앞면의 완형장식의 방형구멍에서 아래로 1cm 치우친 곳에 위치하여 검표 안의 나무나 가죽 등을 고정하는 용도로 추정.

(3) 창(銅矛)
○ 총 3점. 모두 원형의 등을 가지며 자루(柄) 상단의 양쪽에는 모두 2개의 불규칙한 원형구멍을 가지고 있고, 기타부분은 약간의 차이가 있음.

① 창 1(그림 5-3)
○ 크기 : 길이 19.1cm, 최대 너비 3.5cm.
○ 형태 : 상면에 엽맥문을 시문함.

② 창 2(그림 5-2)
○ 크기 : 길이 18.5cm, 너비 2.9cm.
○ 형태 : 등은 원형으로 등의 양쪽에 약간 오목한 홈(凹槽)이 있음.

③ 창 3(그림 5-1)
○ 크기 : 길이 12.7cm, 너비 3.0cm.
○ 형태 : 등은 원형임.

(4) 도끼(銅斧, 그림 5-5)
○ 크기 : 길이 11.7cm, 날(刃) 너비 5cm.

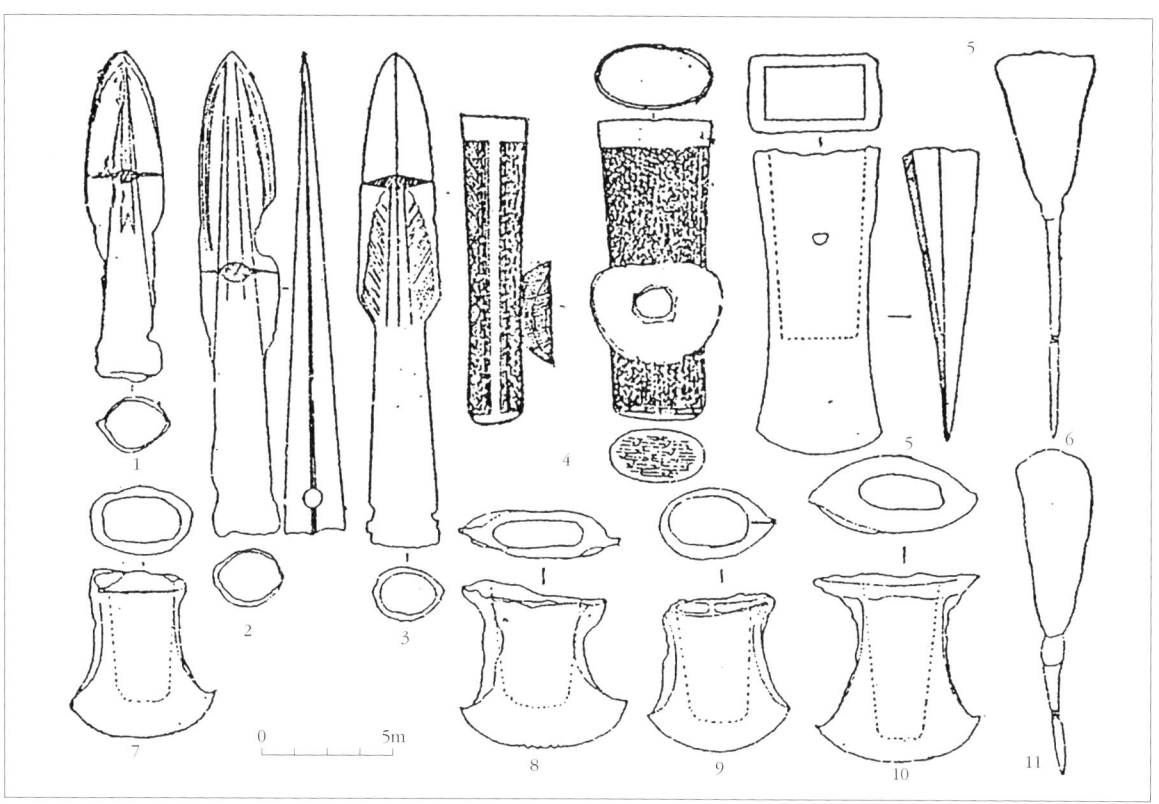

그림 5 오도령구문고분 출토유물 2(『考古』 1981-5)
1~3. 청동창 4. 청동칼집 끝장식 5. 청동도끼 6·11. 도끼날형 철촉 7~10. 부채모양 청동도끼

○ 형태 : 장방형. 한쪽면만 날이 있고(偏刃), 도끼 중 상부에 두 개의 마주하는 불규칙한 소형 원형구멍이 있음. 도끼손잡이(斧柄)를 고정한 용도로 추정.

(5) 부채모양 도끼(銊形銅斧)

○ 총 4점으로 모두 鑿部가 있고, 중간이 잘록하게 들어감. 양쪽면에 날이 있고(蛤刃), 부채꼴모양임.

○ 제작 방식에 따라 I·II 두 형식으로 나뉨. I식은 2점으로 비교적 조잡하게 제작되었고, II식도 2점인데 I식에 비해 세밀하게 제작됨.

① 부채모양 도끼 1(그림 5-10)

○ 크기 : 최대길이 7.1cm, 날 너비 6.4cm, 공부 입구 3.1×6.6cm.

○ 형태 : I식. 공부 입구 아래에 불명확한 양각선 한 줄은 주조 흔적으로 추정됨.

② 부채모양 도끼 2(그림 5-8)

○ 크기 : 길이 6cm, 날 너비 6cm, 공부 입구 5.6×2.2cm.

○ 형태 : I식.

③ 부채모양 도끼 3(그림 5-7)

○ 크기 : 길이 6.4cm, 날 너비 5.8cm, 공부 입구 4×2.8cm.

○ 형태 : II식. 공부 입구에 두 줄의 양각선이 확인됨.

④ 부채모양 도끼 4(그림 5-9)

○ 크기 : 길이 5.8cm, 날 너비 5.6cm, 공부 입구 4.6×2.7cm.

○ 형태 : II식. 공부 입구에 한 줄의 양각선이 확인됨.

(6) 거울(銅鏡, 그림 4-1)
○ 크기 : 지름 13.9cm, 두께 0.2cm.
○ 형태 : 거칠게 주조함. 거울 뒷면에는 그물무늬(蛛網紋飾)를 시문하고 중앙에 꼭지 두 개를 가지고 있음. 너비 1cm의 주연이 둥글게 돌출되어 있음.

2) 철기

(1) 철촉(鐵鏃)
2점으로 모두 도끼날형(鏟形)임.

① 철촉 1 (그림 5-6)
○ 크기 : 길이 15cm, 날 너비 4cm.

② 철촉 2 (그림 5-11)
○ 크기 : 길이 12cm, 날 너비 3cm.

5. 역사적 성격

1) 무덤 형식에 대한 여러 견해

(1) 방단계제적석묘(集安縣文物保管所, 1981)
○ 제2차 조사의 기록과 도면을 참조하여 방단계제적석묘로 발표함.
○ 청동단검의 출토지점에서 간단한 정리 작업을 통해 방단계제적석묘를 확인함. 당시 고분의 서면·북면 방단의 축조석이 전부 없어지고 남면·동면에만 소량의 돌이 일부 보존되어 있었음. 이것은 본래 방단계제적석묘인데 도로 공사 중에 석재채취로 인해 고분이 파괴당해 남면 등에만 계단이 남아 있던 것으로 이해함.
○ 장설암(1993)에 의하면, 본래 1981년 『考古』에 보고서를 실을 때 과도한 원고 교정을 확인하고, 조사 참여자들의 의견을 구해 "오도령구문 청동단검묘의 계단은 비교적 원시의 階墻일 가능성이 있다"고 결론을 내었으나 반영되지 못했다고 함.

(2) 계장적석묘(耿鐵華·林至德, 1984 ; 魏存成, 1987)
1984년 집안박물관은 토론을 통해 오도령구문무덤은 계장이 딸린 적석묘로서 방단계제적석묘가 아님을 재차 확인하고, 『文物』에 耿鐵華·林至德(1984) 글을 실을 때 각주 1번에 "청동단검이 출토된 적석묘는 계장을 가진 적석묘로 방단계제적석묘가 아니다"라는 수정된 견해를 밝힘.

(3) 창석류를 이용한 적석묘(張雪岩, 1993 및 1995)
장설암은 1978년 조사 보고서를 직접 작성하였는데, '방단계제적석묘'라는 판단은 과도한 원고 교정상의 오류라고 밝히고 1984년 집안박물관이 토론을 통해 '계장적석묘'로 파악한 데 동의함. 그러나 1993년 및 1995년 글에서 1978년 2차 조사할 때 현지인들이 해당고분을 '淌石流'라 부르는 것에 주목하여 '淌石流'를 이용한 적석묘라고 견해를 수정함.

창석류는 산비탈 위 또는 암반 아래 움푹 파인 곳에서 산돌이 위에서 아래로 흘러내려 점점 산비탈 아래에 퇴적된 것을 지칭함. 고구려인들은 일찍이 창석류를 죽은 자의 매장지로 삼았으며, 창석류는 가장 이른 적석묘의 하나임. 돌이 아래로 흘러내리는 것을 방지하기 위해 항상 아랫면에 큰 돌을 놓아두는 것이 현재 가장 이르고 가장 간단한 계장임.

이런 창석류식 고구려 적석묘 연대는 모두 비교적 이른데 고구려 건국 전의 무덤 형식 가운데 하나로서 건국 전후 시기까지 지속되었을 것임. 오도령구문무덤은 창석류 기초 위에 형성된 고구려 적석묘임. 원래 시신을 창석류 안에 넣고, 시체 위에 비교적 많은 깨진 돌을 쌓아 분구를 형성하였는데 퇴적과정에서 분구 위의 돌들이 아래로 흘러내리는 현상을 발견하고 자연적으로 하부에 작은 축대나 작은 담장을 쌓게 되었을 것이고, 한 줄이 안 되면 재차 한 줄을 쌓으면서 계장이 형성되었을 것임. 즉, 장설암은 창석류를 이용한 적석묘에서 階墻式 積石塚으로 발전하고, 이는 다시 계단으로 발전한 것으로 파악함.

(4) 석퇴유적(여호규, 2011)

압록강 중하류에서 매장주체부를 지하 또는 반지하에 조성한 석관묘로, 청동검을 비롯해 동모, 동경 등의 청동기가 주로 출토되고 철제품은 매우 제한적으로 출토되는 유적을 석퇴유적으로 분류하고 고구려 초기 적석묘와 구별되는 것으로 파악함. 오도령구문고분은 적석묘로 보고되었지만 고분 입지나 매장주체부의 양상이 초기 적석묘와 다르며, 청동기 유물이 대거 출토되고 산형 철촉이 동반되지만 혼입논란이 있다는 점에서 역시 석퇴유적의 범주로 이해함.

(5) 제단 시설(오강원, 2012)

오도령구문 적석묘 유구에서 청동검을 비롯한 청동기 유물과 함께 출토된 산형 철촉을 혼입품이 아닌 동반 유물로 파악함. 이 산형 철촉의 상한연대가 2세기 중반이며, 적석 유구는 방형의 기단식 구조로 2단의 정연한 段築 묘역 시설(즉, 계장)을 갖추고 있어 고분 조성연대는 기원 전후 이상으로 소급될 수 없음.

적석 유구의 유물 부장 시설이 일반적 고구려 적석묘의 석곽, 즉 장방형·세장방형이 아닌 타원형을 띠고 있고, 석곽 내 유물배치 상태가 주검이 고려되지 않은 유물 부장 중심의 배치 구도를 보임.

오도령구문 적석 유구는 오도령구문 산곡 부근에 거주하고 있던 일부 집단의 제례 및 의식과 같은 행위에 의해 특별하게 남겨진 제사 유구로 추정됨. 조성연대는 1세기를 넘기 어려울 것으로 파악함.

2) 유적의 연대

(1) 集安縣文物保管所(1981) 및 張雪岩(1993 및 1995)

① 集安縣文物保管所(1981)

제2차 조사를 통해 해당 유적을 방단계제적석묘로 파악. 중국 동북의 요동반도에서 길림·장춘 일대에서 출토된 청동검은 대부분 曲刃短劍으로 烏恩(「關于我國北方靑銅短劍」, 『考古』 1978-5)에 의하면 곡인단검은 세 형식으로 나뉘는데 가장 그중 ⅢC식 연대가 戰國中晩期로 가장 늦음. 필자 장설암은 오도령구문무덤에서 출토된 청동단검은 根部와 刃部에 弧曲이 없고, 劍身이 가늘고 길며, 刃部는 비교적 平直한 형태로서, ⅢC식 곡인단검보다 늦은 형태로 파악하고 상한 연대는 대략 전국 晩期(B.C. 3C) 혹은 그 이후로 추정함. 따라서 방단계제적석묘의 상한연대를 전국시기까지 추정.

② 張雪岩(1993 및 1995)

위의 集安縣文物保管所(1981)의 견해에 따라 오도령구문무덤의 상한 연대는 전국시대 말기인 기원전 3세기 말경으로 파악함. 근래 인접한 통화, 혼강, 임강 등지에서 鉞形斧, 銅鉾, 斧范, 鏡范 등이 발견되었고, 집안 陽岔鄕 신흥촌의 파괴된 고분으로 추정되는 유적에서 청동모 1점을 발견하였는데 이들 기물은 오도령구문에서 출토된 청동기와 풍격이 같음. 연대는 다수가 전국말에서 한대에 해당함.

고분의 하한 연대는 통화 적백송고성의 서쪽 산골짜기에서 출토된 엽맥문 동모로 파악함. 이 엽맥문 동모는 오도령구문 청동모와 동일한 형태로서 적백송고성이 漢代 현도군의 속현인 上殷台縣의 치소로 비정되므로, 한대로 추정됨. 따라서 동일한 형태의 동모가 출토된 오도령구문고분의 하한 연대 역시 漢 武帝가 4군을 설치한 이후인 기원전 1세기 초로 추정함. 청동기와 동반 출토된 산형 철촉 역시 고려되어어야하는데 동모에 의한 하한연대에 대체로 부합하는 것으로 판단함.

(2) 徐光輝(1993)

오도령구문 적석묘 유물 가운데 혼입논란이 있는 산형 철촉을 청동유물과 동반한 출토품으로 보고, 이 산형 철촉의 출현시기를 後漢 후기로 비정함.

(3) 耿鐵華(2004)

청동단검을 비롯한 청동기 일괄유물을 고분 출토유물이 아니라 그 고분아래 매장된 별도의 유물로 파악함. 즉, 남면의 계장의 높이가 0.8m이고 처음 보고된 청동기 유물이 발견된 지점은 1m 깊이라는 점, 더욱이 적석묘의 묘광이 초기에는 상부에 위치한다는 점에서 유물은 묘광에서 출토된 것이 아니라 무덤 아래의 산비탈에 묻힌 것으로 봄(窖藏).[3] 따라서 청동유물의 제작연대를 통해 고분 축조연대를 비정하는 앞서의 견해와는 차이가 있음.

다만, 청동단검의 제작연대는 靳豊毅(「論中國東北地區含曲刃靑銅短劍的文化遺存」,『考古學報』1982-4)의 전국 말기에서 서한 초기로 보는 견해를 참고할 만하고, 通化 小都嶺 일대에서 출토된 靑銅石范과 비교하면 청동기 유물들은 고구려 건국이전에 제작된 것임. 철촉 2점은 청동유물과 함께 출토된 유물로 고구려 건국 후에 제작된 것으로 추정함. 따라서 유물의 매장시기는 고구려 건국보다 이르지 않다고 파악함.

참고문헌

- 集安縣文物保管所, 1981,「集安發現靑銅短劍墓」,『考古』1981-5.
- 耿鐵華·林至德, 1984,「集安出土高句麗陶器的初步研究」,『文物』1984-1.
- 魏存成, 1987,「高句麗積石墓的類型和演變」,『考古學報』1987-3.
- 國家文物局 主編, 1992,『中國文物地圖集』吉林分冊.
- 張雪岩, 1993,「集安靑銅短劍墓及相關問題」,『高句麗研究文集』, 延邊大學出版社 ; 1995,「集安靑銅短劍及相關問題」,『博物館研究』1995-1.
- 徐光輝, 1993,「高句麗積石墓研究」,『靑果集』1.
- 耿鐵華, 2004,「高句麗古墓的幾個問題」,『高句麗考古研究』.
- 여호규, 2011,「高句麗 초기 積石墓의 기원과 築造集團의 계통」,『역사문화연구』39.
- 吳江原, 2012,「高句麗 初期 積石墓의 出現과 形成 過程」,『高句麗渤海研究』第43輯.

---

[3] 남면 계장 높이가 0.8m라는 것은 장설암이 소개한 제1·2차 조사 기록에서는 확인이 안 되는 내용임.

02 집안 고마령고려묘구고분군[1]
集安 古馬嶺高麗墓溝古墳群 | 古馬嶺十二隊古墳群

1. 조사현황

1) 1917년 6월 조사
○ 조사기관 : 조선총독부 고적조사위원회.
○ 조사 참여자 : 關野貞 등.
○ 조사내용 : 外岔溝門子(大路河)의 서북으로 펼쳐진 골짜기를 따라 약 3里(약 11.7km)를 들어가 험한 고마령을 넘어서 1里(약 3.9km) 진입하면 오른쪽 골짜기에 약 45기의 고분이 있음. 봉토분 1기가 소개되었음. 잔존길이 2間(약 3.6m) 내외 규모이며, 매장부는 장방형 석실로 친정은 장대식 1~2매로 넣여 있고 그 천장 위에 할석을 덮음. 규모는 비교적 크지 않음.

2) 1962년 조사
○ 조사기관 : 輯安縣文物保管所.
○ 조사내용 : 고분 50여 기를 확인했으나 자세히 조사하지 못함.

3) 1983년 4월 조사
○ 조사기관 : 集安縣文物普查隊(集安縣文物保管所).
○ 조사기간 : 4월 20일~6월 23일.
○ 조사내용 : 현지 주민의 증언에 의하면 본래 70여 기의 고분이 있었으나 1970년대 중반 개간으로 일부 훼손되었으며, 고분 안에서 철기와 백회 덩어리 등이 출토되었다고 하나 현재 그 향방을 모름. 『博物館研究』(1984) 및 『集安縣文物志』(1983)에서는 총 50기가 확인되고 그 가운데 36기가 온전한 상태라고 전함. 『集安高句麗墓葬』(2007)에 의하면 조사 후에 실측 및 편호한 결과 확인된 고분은 21기이고 그 가운데 5기는 이미 파괴되었는데 유단적석석광묘 3기, 봉토석실묘 13기 등 총 16기 고분만 조사하였다고 함.

4) 2005년 조사
○ 조사기관 : 吉林省 長白文化研究會, 集安市博物館.
○ 조사 참여자 : 張福有, 程遠, 孫仁杰, 遲勇.
○ 조사내용 : 이전 조사에서 파괴된 5기를 제외한 16기 고분 가운데 2기가 도로 건설 당시 훼손되고 나머지 고분은 온전히 보존됨.

2. 위치와 자연환경

1) 고분군 위치(그림 1~그림 2)
○ 집안시 大路鎭 古馬嶺村 서쪽 高麗墓溝(고마령촌 12隊) 안에 소재함.
○ 高麗墓溝 범위는 길이 약 2km, 너비 100m를 넘지 않고, 그 양쪽은 평탄한 언덕마루이며, 고려묘구 안의 작은 개울이 남류하여 혼강으로 유입함.
○ 동서 방향으로 뻗은 鄕路가 고분군의 중앙부를 통과함.

---
[1] 『集安縣文物志』(1983) 참조. 『集安高句麗墓葬』(2007)에서는 集安 古馬嶺12隊墓群으로 명명.

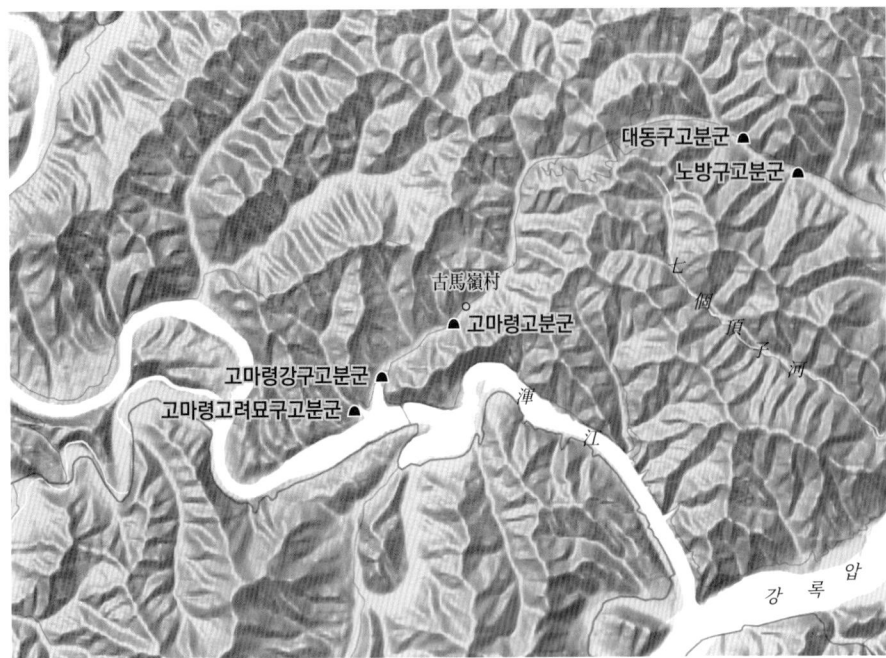

그림 1
고마령고려묘구고분군
위치도

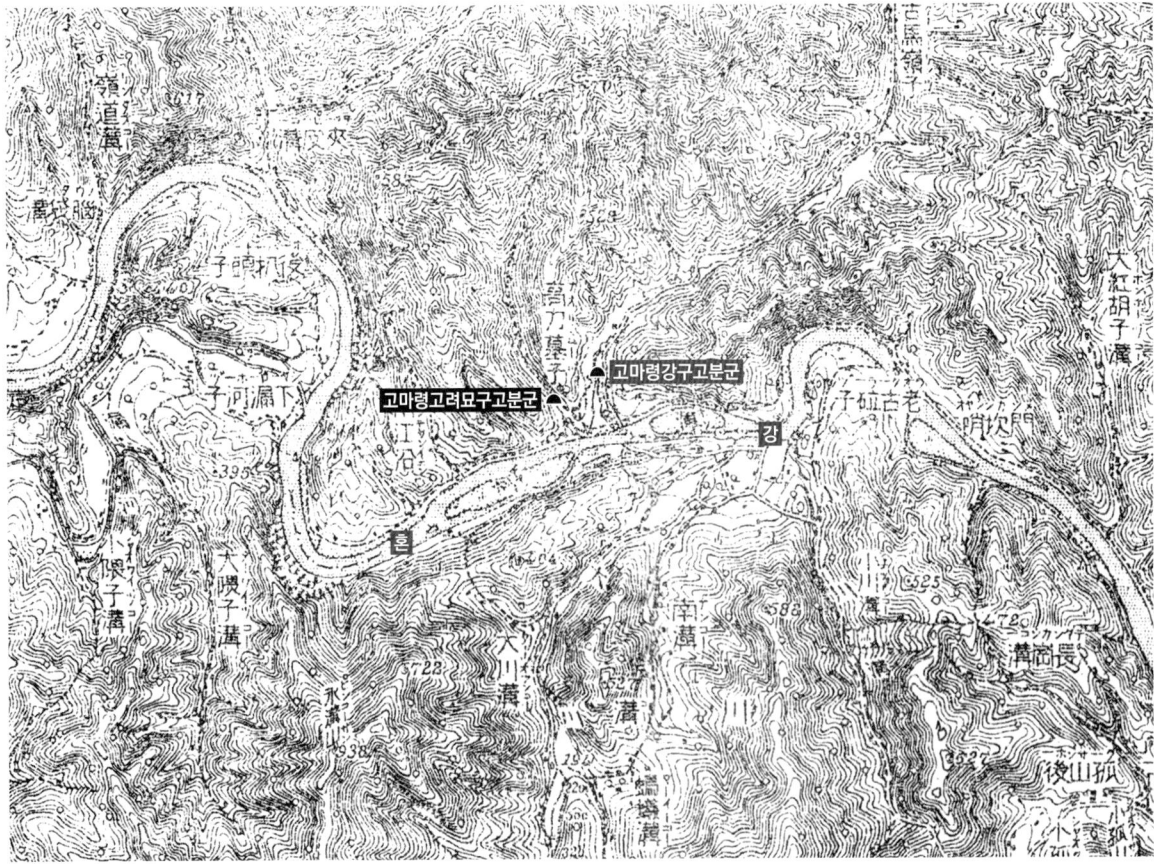

그림 2 고마령고려묘구고분군 주변 지형도(滿洲國 10만분의 1 지형도)

2) 고분군 주변환경

○ 고분군 남쪽으로 약 250m에는 혼강이 흐르고, 삼면은 높은 산과 협곡으로 둘러싸임.
○ 고분군은 고마령촌 12組와 북쪽으로 150m, 집안 현성과 동북쪽으로 90km 떨어져 있음.

3. 고분군의 분포상황

1) 1983년 고분군의 양상

(1) 고분군 분포양상

○ 고분군은 高麗墓溝門에서 0.5km 길이의 작은 개울 양변의 평지와 서쪽 마루 위에 분포하고 있음.
○ 고분군은 작은 개울을 따라 좁고 긴 범위에 분포함. 중간에 고마령 12隊 민가에 의해 남·북 양편으로 나뉨. 남편은 골짜기 입구에 가까우며 석묘가 다수 보이며, 북편은 골짜기 안쪽으로 토묘가 다수 보임.
○ 골짜기 입구의 서쪽 마루에는 2기의 대형묘와 소량의 소형묘가 일찍부터 확인되었음. 특히 가장 높은 곳에 자리한 방단계제적석묘(18호묘)가 가장 커서 신분이 가장 높은 사람의 무덤으로 추정됨. 이 대형고분은 무덤 정상부에 함몰갱이 있고 방단석이 사라지는 등 심하게 파괴된 상태임.

(2) 고분 형식별 분포양상 : 총 50기[2] 중 36기가 비교적 양호

○ (무기단)적석묘 : 총 6기로 한 변 길이 4~8m, 圓丘狀을 띠고 비교적 보존상태는 양호함. 다른 형식의 고분과 혼재해 있음.

○ 방단적석동실묘[3] : 총 9기로 한 변 길이 5~11m임. 대다수 파괴되었는데 분구 돌이 무너져 석실이 노출되어 있음. 고분군 남쪽에 분포함.
○ 계단계제적석묘 : 총 7기로 한 변 길이 7~15m임. 고분규모는 비교적 큰 편이며, 고분군 남쪽에 분포함.
○ 봉토석실묘[4] : 총 13기로 한 변 길이 4~8m임. 보존상태는 아주 양호하나 일부 고분은 봉토가 유실되어 석실 천정석이 노출됨. 고분군 북쪽에 집중 분포하는데 배열순서가 일정하지 않음.
○ 형식 불명의 고분 : 고려묘구문 서쪽 마루에서 고분 1기를 확인했는데 墓域이 비교적 넓고 분구는 高大함. 분구 위에 수목이 무성하여 형식을 판별하기 어려우나 비교적 많은 봉토와 흩어진 돌로 보아 봉토석실묘로 추정됨.

2) 현황

계곡에서 내려오는 작은 개울이 마을 앞을 지나서 혼강으로 유입함. 개울 동쪽의 완만한 경작지에 15기 정도의 고분이 잔존하나 모두 심하게 훼손된 상태임.

4. 고분별 현황

1) 1983년 조사

(1) 고마령고려묘구5호묘

○ 유형 : 방단석실묘, 방단적석동실묘
○ 규모 : 한 변 길이 5m, 높이는 0.8~1.5m.

---

2 『集安縣文物志』(1983) 참조. 『中國文物地圖集』 吉林分冊(1992) 및 『集安縣文物志』 고분군일람표에서는 1983년 조사 때 42기로, 다수가 봉토석실묘(봉토동실묘)라고 함.

3 集安縣文物保管所(1984) 참조. 『集安縣文物志』(1983)에는 방단석실묘, 『중국내의 고구려유적』(1994)에는 방단적석묘 또는 봉석동실묘로 기록.

4 集安縣文物保管所(1984) 및 『중국내의 고구려유적』(1994) 참조. 『集安縣文物志』에서는 봉토동실묘로 기록.

○ 방향 : 南偏西 30°.
○ 구조 : 고분 사면에는 미가공 대석으로 방단 한 층을 축조하고 방단 안에 묘실을 축조하였는데 남단이 비교적 온전한 형태. 석실의 천정은 거대석으로 봉하고 다시 돌을 쌓아 보호함. 오늘날 봉석이 무너져 내려 주변에 흩어져있으나, 석실은 파괴되지 않았을 것으로 추정함.

(2) 고마령고려묘구12호묘

○ 유형 : 봉토석실묘, 봉토동실묘.
○ 규모 : 한 변 길이 7.5m, 높이 1.2m.
○ 방향 : 南偏東 25°.
○ 평면 : 정방형.
○ 구조 : 석실은 동·서벽 길이 1m, 남·북벽 길이 1.2m로, 돌로 층층이 쌓았고 그 위에 올린 천정석 하나가 노출되었는데 천정석은 석실 바닥에서 약 0.4m 높이에 위치함. 연도(墓道)는 보이지 않음.
○ 기타 : 석실 안에 팔다리뼈(肢骨)와 골반뼈(盆骨), 한 층의 얇은 부식토 등이 확인되나 부장유물은 불분명함. 고분 보존상태를 보면, 석실은 교란된 적이 없음.

(3) 고마령고려묘구17호묘

○ 유형 : 방단계제적석묘.
○ 위치 : 고려묘구문 서쪽 마루에 위치.
○ 규모 : 한 변 길이 15m.
○ 평면 : 정방형.
○ 방향 : 南偏東 5°.
○ 구조 : 거대한 화강암으로 축조한 3단 계단의 적석묘이며, 분구돌 중에 강자갈(河卵石)이 드물게 보임. 심한 파괴로 천정석이 교란되어 석실 위치를 판단하기 어려움.

(4) 고마령고려묘구18호묘[5] (그림 3)

○ 유형 : 방단계제적석묘 ; 계단적석석광묘.
○ 위치 : 고분군 서남 산기슭, 고려묘구 입구 서쪽 비탈 대지에 자리하며, 입지는 東高西低임. 고분군 남쪽은 혼강 변에 접해 있음.
○ 규모 : 동서 길이 18m, 남북 너비 17m, 높이 1.5m.
○ 평면 : 방형.
○ 구조 : 3단 계단 확인.
- 제1단 계단 : 가공을 거친 대석으로 제1단 계단을 조성했는데 동면 계단은 오르막 비탈에 위치하여 계단석은 오직 1층만 보임. 계단석은 비교적 작고 지표 아래에 다수 매몰됨. 크기는 보통 1m 정도임. 남·북 양쪽 제1단 계단은 이미 다수 파괴되고 동면 계단석으로 갈수록 계단석은 점점 커지고 층층이 쌓은 것이 많음. 동면 계단은 내리막 비탈에서 다수 파괴되었고 동남 모서리 계단석을 보면 가장 큰 돌이 길이 3m, 두께 0.5m, 너비 1.5m이고 보통 크기의 돌은 1.5m 정도임.
- 제2단 계단 : 서면 비탈에서는 제2·3단 계단이 보이지 않고 오직 동면 제2단 계단이 제1단 계단 위에 2m 들여쌓았음. 이는 3층으로 높이 0.5m 정도이고 현존하는 중간 부분이 비교적 양호한 상태임.
- 제3단 계단 : 역시 동면 중간에 보이고 제2단 계단 위에 안으로 1.5m 들여쌓음. 총 4층으로 높이 0.6m 정도임. 남·북 양면에서는 제3단 계단석을 볼 수 있음.
- 무덤 상부의 함몰갱 : 제3단 계단의 중앙부에 돌이 흩어져 있고 약간 함몰된 것을 볼 수 있음. 중간에는 큰 나무 한그루가 있는데 석광 자리로 추정.
○ 의의 : 고려묘구18호묘는 고려묘구고분군 가운데 최대 고분의 하나이고 입지조건도 아주 뛰어남. 이는

---

[5] 해당 고분은 『集安高句麗墓葬』(2007), 154쪽에 근거해 정리.

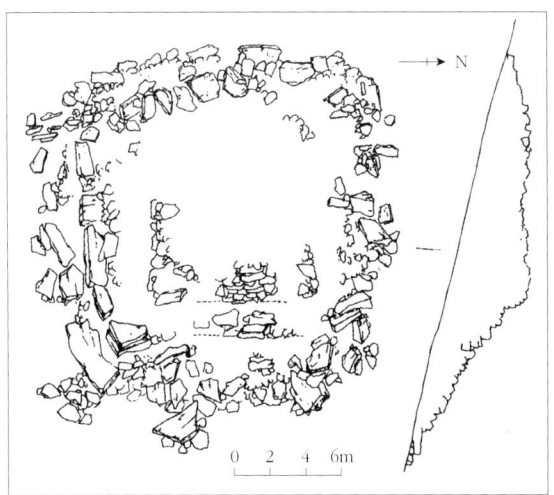

그림 3 고마령고려묘구18호묘 평·단면도(『集安高句麗墓葬』)

묘주의 신분이 일반적이지 않거나 해당 지역의 최고 관리임을 보여줌.

2) 2005년 조사

(1) JDGM1호묘

○ 위치 : 고분군 최북단.
○ 유형 : 유단적석석광묘.
○ 평면 : 방형.
○ 규모 : 한변 길이 7m, 높이 1m.
○ 구조 : 고분 사면에는 기단이 축조되었으며, 일부 기단석은 이미 파괴되어 흘러내린 분구의 봉석 아래에 매몰되어 있음. 기단석은 약간 가공된 자연석으로 축조하였는데 돌 크기는 길이 0.7m, 너비 0.4m, 높이 0.4m 정도임. 묘상 봉석은 모두 깨진 산돌로 크기는 보통 0.1~0.3m임. 분구 정상부 중앙에 석광 위치로 추정되는 3×3×0.7m의 함몰갱이 하나 있음. 고분의 보존상태는 온전함.

(2) JDGM2호묘

○ 위치 : 북쪽으로 JDGM1호묘와 10m 떨어져 있음.
○ 유형 : 봉토석실묘.
○ 평면 : 원구형.
○ 규모 : 직경 4m, 높이 1m.
○ 구조 : 분구 봉석은 이미 유실되었고, 묘실 천정석이 밖으로 노출됨.

(3) JDGM3·4호묘

○ 위치 : 동쪽으로 JDGM2호묘와 12m 떨어져 있음. 두 고분은 남북배열하고 있고 간격은 3m임.
○ 유형 : 계단적석석광묘.
○ 평면 : 방형.
○ 규모 : 한 변 길이 9m, 높이 1.2m.
○ 구조 : 고분 사면 둘레의 기단석은 약간 가공된 자연석으로 축조함. 가장 큰 돌은 길이 0.7m, 너비 0.5m, 높이 0.4m임. 분구의 봉석은 모두 깨진산돌로 크기는 0.3m정도임. 두 고분의 분구 정상부 중앙에 석광위치로 추정되는 3×2.5×0.7m의 함몰갱이 하나씩 있음. 고분의 보존상태는 온전함.

(4) JDGM5호묘

○ 위치 : 동쪽으로 JDGM6호묘와 9m 떨어져 있음.
○ 유형 : 봉토석실묘.
○ 평면 : 원구형.
○ 규모 : 직경 5m, 높이 1.4m.
○ 구조 : 고분의 보존상태는 온전함.

(5) JDGM6호묘

○ 위치 : 서쪽으로 JDGM5호묘와 9m 떨어져 있음.
○ 유형 : 봉토석실묘.
○ 평면 : 원구형.
○ 규모 : 직경 7m, 높이 1.5m.
○ 구조 : 봉토분구는 약간 유실됨. 서북지점에는 천정석의 한 모서리가 노출되어 있음.

(6) JDGM7호묘

○ 위치 : 남쪽으로 JDGM8호묘와 4m 떨어져 있음.
○ 유형 : 봉토석실묘.
○ 평면 : 원구형.
○ 규모 : 직경 5m, 높이 1.4m.
○ 구조 : 고분의 보존상태는 온전함.

(7) JDGM8·10호묘

○ 위치 : 동쪽으로 JDGM11호묘와 3m 떨어져 있음. 두 고분은 남북배열하고 있으며 간격은 7m임.
○ 유형 : 봉토석실묘.
○ 평면 : 원구형.
○ 규모 : 직경 5m, 높이 1.2~1.4m.
○ 구조 : 두 고분의 보존상태는 온전함.

(8) JDGM9·11·12호묘

○ 위치 : 서쪽으로 JDGM10호묘와 3m 떨어져 있음.
○ 유형 : 봉토석실묘.
○ 평면 : 원구형.
○ 규모 : 직경 5~7m, 높이 1.2~1.5m.
○ 기타 : 세 고분은 삼각형으로 배열되었고, 보존상태는 온전함.

(9) JDGM15호묘

○ 위치 : 남쪽으로 JDGM16호묘와 10m 떨어져 있음.
○ 유형 : 봉토석실묘.
○ 평면 : 원구형.
○ 규모 : 직경 4m, 높이 0.9m.
○ 구조 : 분구 상부의 봉토는 유실되고 천정석은 이미 노출됨. 고분 북쪽의 봉토 역시 유실되어 묘실 북벽의 돌 틈 사이로 묘실을 볼 수 있음.

(10) JDGM16호묘

○ 위치 : 고분군 최남단에 자리하는데 북쪽으로 JDGM15호묘와 10m 떨어져 있음.
○ 유형 : 봉토석실묘.
○ 평면 : 원구형.
○ 규모 : 직경 6m, 높이 1.5m.
○ 구조 : 고분의 보존상태는 온전함.

5. 역사적 성격

○ 고마령고분군은 교통로 상의 요지에 위치함. 고마령에는 고려묘구 외에도 고마령고분군, 고마령강구고분군 등이 밀집되어있음. 이는 고마령 일대가 고구려시기 중요한 거주지였음을 보여줌.
○ 고려묘구고분군은 적석묘을 비롯하여 기단적석묘, 계단적석묘, 석실봉토묘 등이 확인되어 장기간에 걸쳐 조성된 고분군으로 추정됨. 보고자는 고분군의 상한 연대를 魏晉시기로 추정하지만[6] 개별 무덤의 조성시기를 판단할 만한 증거는 확보되지 않았음.

참고문헌

· 關野貞, 1920,「平安北道及滿洲高句麗古蹟調查略報告」, 『大正6年度古蹟調查報告』 ; 1941,「平安北道及滿洲國高句麗古蹟調查略報告」, 『朝鮮의 建築과 藝術』, 재수록.
· 吉林省文物志編纂委會, 1983, 『集安縣文物志』.
· 集安縣文物保管所, 1984,「集安縣新發現的兩處高句麗墓群」, 『博物館研究』 1984-1.
· 國家文物局 主編, 1992, 『中國文物地圖集』 吉林分冊.
· 李殿福 著·車勇杰 金仁經 譯, 1994, 『中國內의 高句麗遺蹟』, 學硏文化史.
· 孫仁杰·遲勇, 2007, 『集安高句麗墓葬』, 香港亞洲出版社.

---

[6] 『集安縣文物志』(1983) 및 集安縣文物保管所(1984).

03 집안 고마령강구고분군[1]
集安 古馬嶺江口古墳群

1. 조사현황

1) 1983년 5월 조사
○ 조사기관 : 集安縣文物普査隊.
○ 조사내용 : 최초 조사로 조사·측회·편호를 진행함. 고분 13기를 확인했는데 대부분 봉토동실묘로 다수가 훼손되어 있음.

2) 2005년 조사
○ 조사기관 : 吉林省 長白文化硏究會, 集安市博物館.
○ 조사참여자 : 張福有, 程遠, 孫仁杰, 遲勇.
○ 조사내용 : 고분군 재조사 및 측회 때 해당 고분군의 고분 일부가 이미 파괴되고, 나머지 고분은 보존상태가 보통인 것을 확인함.

2. 위치와 자연환경(그림 1~그림 2)

○ 집안시 大路鎭 古馬嶺村 6隊 하구 지점에 위치.
○ 고분군 북쪽 1km에는 고마령촌이 있고, 남쪽 약 500m에는 북에서 남으로 흘러가는 혼강이 있고, 서쪽에는 작은 개울이 있음.
○ 고분군은 혼강과 작은 개울이 만나는 높고 평탄한 언덕(高崗臺地)에 자리하고 있음.
○ 집안과 단동을 연결하는 도로가 고분군 동쪽을 통과함. 남쪽은 댐의 수몰구역임.

3. 고분군의 분포상황

1) 고분군 상황
○ 혼강으로 유입되는 개울 동쪽의 경작지에서 5~6기 정도의 고분이 확인되나, 고분은 모두 심하게 파괴된 상태임.
○ 『集安高句麗墓葬』(2007)에서 고분은 총 13기로 유단적석석광묘 11기와 계단적석석광묘 2기가 있다고 소개함.[2]

2) 2005년 조사
고분군 고분이 일부 이미 파괴당한 것을 발견함. 나머지 고분은 보존상태가 보통임.

---

1 『中國文物地圖集』 吉林分冊(1992) 및 『集安高句麗墓葬』(2007) 참조. 『集安縣文物志』(1983) 고분군일람표에는 '古馬嶺六隊古墳群'으로 명명되어 있음.

2 『集安縣文物志』(1983)와 『中國文物地圖集』 吉林分冊(1992)에서는 고분에 대한 자세한 언급은 없음.

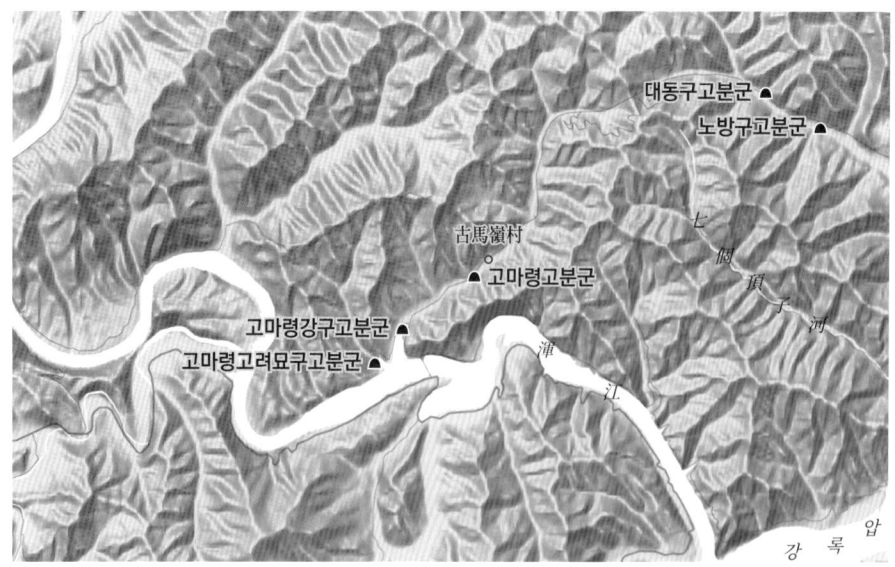

그림 1
고마령강구고분군 위치도

그림 2 고마령강구고분군 주변 지형도(滿洲國 10만분의 1 지형도)

4. 고분별 현황

1) JDJM1호묘

○ 위치 : 고분군 최북단에 위치하는데 남쪽으로 JDJM2호묘와 18m 떨어져 있음.

○ 유형 : 유단적석석광묘.

○ 평면 : 방형.

○ 규모 : 한 변 길이 8m, 높이 1.2m.

○ 구조 : 고분의 사면 둘레에는 기단을 축조했는데 일부 기단석은 이미 유실된 것이 확인됨. 또한 어떤 기단석은 분구에서 흘러내린 돌에 매몰됨. 기단석은 약간 가공을 거친 자연석으로 가장 큰 기단석은 길이 0.6m, 너비 0.5m, 높이 0.4m임. 분구의 돌은 碎山石이고 일부 강자갈(河卵石)이 있음. 돌 크기는 0.3m 정도임. 분구 상부는 교란되었고, 동·남쪽에 각 3×2×0.5m의 함몰갱이 하나씩 있어서 묘광 위치로 추정됨. 고분 보존상태는 비교적 좋음.

2) JDJM2호묘

○ 위치 : 북쪽으로 JDJM1호묘와 18m 떨어져 있음.
○ 유형 : 유단적석석광묘.
○ 평면 : 방형.
○ 규모 : 한 변 길이 9m, 높이 1.3m.
○ 구조 : 고분의 사면 둘레에는 약간 가공을 거친 자연석으로 기단을 축조했음. 분구 돌은 쇄산석에 소량의 강자갈이 섞여 있음. 분구 중앙부에는 동서 길이 3.5m, 남북 너비 2m, 깊이 0.5m의 함몰갱이 하나 있어서 묘광 위치로 추정됨. 고분의 보존상태는 온전함.

3) JDJM3호묘

○ 위치 : 서북쪽으로 JDJM2호묘와 10m 떨어져 있음.
○ 유형 : 유단적석석광묘.
○ 평면 : 방형.
○ 규모 : 한 변 길이 5m, 잔존 높이 0.8m.
○ 구조 : 고분 사면 둘레의 기단석은 이미 전부 유실됨. 분구 돌은 쇄산식에 소량의 상사살이 섞여 있음. 분구의 적석은 뾰족한 상태임. 고분은 이미 파괴됨.

4) JDJM4호묘

○ 위치 : 서쪽으로 JDJM5호묘와 15m 떨어져 있음.
○ 유형 : 유단적석석광묘.
○ 평면 : 장방형.
○ 규모 : 동서 길이 10m, 남북 너비 6m, 높이 1.2m.
○ 구조 : 고분 사면 둘레에는 기단을 축조하였는데 현재 일부 기단석은 유실됨. 분구 적석은 쇄산석에 소량의 강자갈이 섞여 있으며, 돌 크기는 0.1~0.3m임. 분구 상부는 가지런함.

5) JDJM5호묘

○ 위치 : 동쪽으로 JDJM4호묘와 15m 떨어져 있음.
○ 유형 : 유단적석석광묘.
○ 평면 : 방형.
○ 규모 : 한 변 길이 6m, 높이 1m 정도.
○ 구조 : 고분 사면 둘레의 기단석은 약간 가공을 거친 자연석으로 축조하였는데 가장 큰 돌은 길이 0.6m, 너비 0.4m, 높이 0.3m임. 분구 적석은 쇄산석에 강자갈이 섞여 있음. 적석 상부는 이미 교란됨.

6) JDJM6·8호묘

○ 위치 : 동쪽으로 JDJM7호묘와 8m 떨어져 있음.
○ 유형 : 유단적석석광묘.
○ 평면 : 방형.
○ 규모 : 한 변 길이 3~4m 정도, 잔존 높이 0.7m 정도.
○ 구조 : 두 고분은 모두 파괴당해 가장자리는 불명확함. 적석은 쇄산석이며, 적석분구는 丘狀을 띠고 있음.

7) JDJM7호묘

○ 위치 : 남쪽으로 JDJM8호묘와 6m 떨어져 있음.
○ 유형 : 계단적석석광묘.
○ 평면 : 방형.
○ 규모 : 한 변 길이 10m, 높이 1.4m 정도.
○ 구조 : 고분 사면 둘레에서 2단 계단을 볼 수 있으며, 사면 둘레의 계단석은 모두 일부 유실되었으며, 계단석은 약간 공을 거친 자연석으로 축조됨. 가장 큰 돌은 길이 0.8m, 너비 0.5m, 높이 0.4m임. 제2단 계단은 제1단 계단 위에 0.9m 정도 안으로 들여쌓았음. 분구는

쇄산석과 소량의 강자갈로 쌓았음. 돌 크기는 0.3m 정도임. 일부 적석은 이미 무덤 아래로 흘러내렸으며, 적석분구 중앙부에는 3×3×1m의 교란갱이 하나 있음.

8) JDJM9호묘
○ 위치 : 북쪽으로 JDJM6호묘와 10m 떨어져 있음.
○ 유형 : 계단적석석광묘.
○ 평면 : 장방형.
○ 규모 : 동서 길이 13m, 남북 너비 9m, 높이 1.2m 정도.
○ 구조 : 고분군내 최대 고분인데 고분 사면 둘레에는 현재 2단의 계단을 볼 수 있음. 제1단 계단은 일부 묘상에서 흘러내린 적석에 의해 매몰됨. 제2단 계단은 제1단 계단 위에 0.8m 안으로 들여쌓았고, 1층으로 쌓았는데 높이 0.4m 정도임. 분구는 쇄산석과 소량의 강자갈로 쌓았는데 적석분구 중앙부에는 동서 길이 3.5m, 남북 너비 2m, 깊이 0.5m의 함몰갱이 하나 있어서 석광의 자리로 추정됨. 함몰갱 안에는 관목과 잡초로 가득차 있음.

9) JDJM10호묘
○ 위치 : 남쪽으로 JDJM11호묘와 20m 떨어져 있음.
○ 유형 : 유단적석석광묘.
○ 평면 : 방형.
○ 규모 : 한 변 길이 5m, 잔존 높이 0.8m.
○ 구조 : 고분 사면 가장자리의 기단석이 대다수 유실되어, 가장자리가 불명확함. 분구 적석은 쇄산석이며, 분구는 丘狀을 띠고 있음. 고분은 이미 파괴된 상태임.

10) JDJM12·13호묘
○ 위치 : 두 고분은 남북으로 배열해 있고, 간격은 15m임.
○ 유형 : 유단적석석광묘.
○ 평면 : 방형.

○ 규모 : 한 변 길이 8m 정도, 높이 1.1m.
○ 구조 : 고분 사면 둘레에는 기단을 축조하였으며, 기단석은 약간 가공을 거친 자연석으로 축조함. 현재 기단석은 일부 유실되어 있음. 분구는 쇄산석과 소량의 강자갈로 쌓았는데 돌 크기는 보통 0.2m임. 두 고분의 분구는 모두 이미 교란되어 있음.

11) JDJM1호묘
○ 위치 : 북쪽으로 JDJM10호묘와 20m 떨어져 있음.
○ 유형 : 유단적석석광묘.
○ 평면 : 방형.
○ 규모 : 한 변 길이 6m, 높이 1.2m.
○ 구조 : 고분의 사면 둘레에는 기단을 축조하였고, 기단석은 흘러내린 분구 등에 의해 일부 매몰되었고, 일부는 유실됨. 기단석은 약간 가공을 거친 자연석으로 조성하였는데 가장 큰 돌은 길이 0.5m, 너비 0.4m, 높이 0.4m임. 분구는 쇄산석과 소량의 강자갈로 쌓았는데 적석분구 중앙부에 석광으로 추정되는 함몰갱이 하나 있음. 고분의 보존상태는 온전함.

5. 역사적 성격

수로와 육로를 연결하는 교통 중심지에 분포하는 주요한 고구려 고분 유적임. 고마령에는 고마령고분군, 고마령강구고분군, 고려묘구고분군 등이 집중해 있어 장기간 주민이 거주하였던 중요 거주지였음을 시사함. 다만 고분 연대를 판단할 고고학적 근거는 확보되지 않음.

참고문헌
- 吉林省文物志編纂委會, 1983, 『集安縣文物志』.
- 國家文物局 主編, 1992, 『中國文物地圖集』 吉林分冊.
- 孫仁杰·遲勇, 2007, 『集安高句麗墓葬』, 香港亞洲出版社.

04 집안 고마령고분군
集安 古馬嶺古墳群

1. 조사현황 : 1983년 조사

○ 조사기관 : 集安縣文物普査隊.
○ 조사내용 : 총 27기 확인. 대부분 봉토동실묘로 보존상태 양호.

2. 위치와 자연환경(그림 1)

○ 고분군은 집안시 大路鎭 古馬嶺村 남쪽 500m에 소재.
○ 고분군 동북쪽으로 고마령촌이 위치하며, 고분군 남쪽으로 혼강이 흐름.

3. 역사적 성격

고마령에는 고마령고분군 이외에 고마령강구고분군, 고려묘구고분군 등이 집중해 있음. 수로와 육로를 연결하는 교통 중심지로서, 동쪽에는 凉水鄕 外岔溝村의 七個頂子關隘와 凉水海關七隊의 彎溝關隘, 일명 老邊墻關隘가 설치되어 있음. 교통의 요지로 고구려인의 중요 거주지였음을 시사함.

참고문헌

· 吉林省文物志編纂委員會, 1983, 『集安縣文物志』.
· 國家文物局 主編, 1992, 『中國文物地圖集』 吉林分冊.

그림 1
고마령고분군 위치도

05 집안 대동구고분군[1]
集安 大東溝古墳群 | 大陽岔六隊古墳群

1. 조사현황

1) 1983년 조사
○ 조사기관 : 集安縣文物普査隊.
○ 조사내용 : 고분은 파괴가 심한데 4기를 조사 및 측회하고 편호함.

2) 2005년 조사
○ 조사기관 : 吉林省 長白文化硏究會, 集安市博物館.
○ 조사 참여자 : 張福有, 程遠, 孫仁杰, 遲勇
○ 조사내용 : 고분 4기는 모두 유단적석석광묘이며, 고분 보존상태는 양호함.

2. 위치와 자연환경 (그림 1)

○ 고분군은 集安市 서쪽 大路鎭 大陽岔村 大東溝屯 동쪽, 즉 大陽岔村 6組 남쪽 대지 위에 분포하고 있음.
○ 고분군 북쪽 대지 아래에는 작은 하천이 서에서 동으로 흐르며, 앞으로 대양차와 古馬嶺을 연결하는 도로가 있음. 고분군 동쪽으로는 대양차촌 5組와 약 300m 떨어져 있으며, 서쪽으로는 대양차촌과 약 200m 떨어져 있음.

---

1 『集安縣文物志』(1983) 참조. 『集安高句麗墓葬』(2007)에서는 '大陽岔6隊 古墳群'으로 명명.

3. 고분별 현황

1) JDLM1호묘
○ 위치 : 고분군 최서단에 위치하는데 동쪽으로 JDLM2호묘와 15m 떨어져 있음.
○ 유형 : 유단적석석광연접묘.
○ 평면 : 장방형.
○ 규모 : 동서 길이 14m, 남북 너비 8m, 높이 1.4m.
○ 구조 : 고분 사면에 기단을 축조했으며, 기단석은 약간 가공한 자연석으로 쌓았음. 고분 북쪽의 기단석은 나머지 삼면에 비해 비교적 큰데 가장 큰 돌은 길이 0.8m, 너비 약 0.5m, 높이 0.4m임. 분구 적석은 碎山石으로 돌 크기는 0.3m 정도임. 적석분구 중앙의 표면에는 남북 주향의 석렬이 하나 있어 고분을 동·서로 양분함. 석렬도 약간 가공한 자연석으로 쌓았는데 돌은 0.5×0.3×0.3m임. 동·서 양쪽에 각기 길이 2m, 너비 0.6m, 깊이 0.5m의 함몰갱이 있어 석광 위치로 추정함. 고분의 보존상태는 온전함.

2) JDLM2호묘
○ 위치 : 서쪽으로 JDLM1호묘와 15m 떨어져 있음.
○ 유형 : 유단적석석광연접묘.
○ 평면 : 장방형.
○ 규모 : 동서 길이 10m, 남북 너비 6m, 높이 1.2m.
○ 구조 : 고분 사면은 약간 가공한 자연석으로 기단을 쌓았고, 기단석은 일부 유실되었는데 크기는 길이

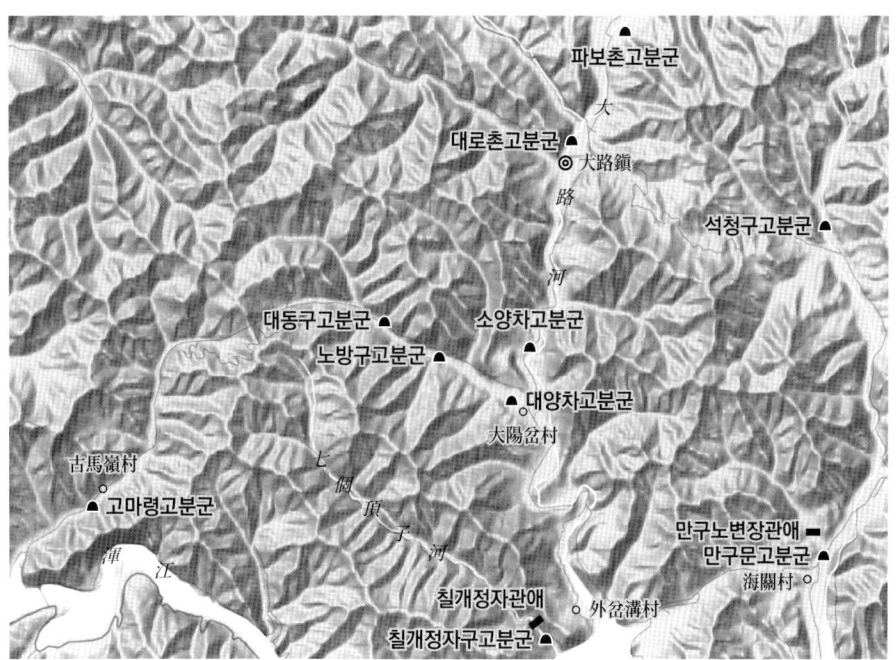

그림 1
대동구고분군 위치도

0.6m, 너비 약 0.4m, 높이 0.4m임. 분구 적석은 모두 쇄산석이며, 돌 크기는 0.3m 정도임. 분구 상부는 보존상태가 온전함.

3) JDLM3호묘
- 위치 : 북쪽으로 JDLM4호묘와 20m 떨어져 있음.
- 유형 : 유단적석석광묘.
- 평면 : 방형.
- 규모 : 한 변 길이 6m, 높이 1.2m.
- 구조 : 고분 사면에 기단을 축조했는데 기단석은 약간 가공한 자연석으로 쌓음. 분구 적석은 쇄산석으로 돌 크기는 0.3m 정도임. 분구 중앙에는 석광으로 추정되는 3×2×0.6m의 함몰갱이 하나 있음. 함몰갱 주위에는 관목과 잡초가 가득 차 있음.

4) JDLM4호묘
- 위치 : 남쪽으로 JDLM3호묘와 20m 떨어져 있음.
- 유형 : 유단적석석광묘.
- 평면 : 방형.
- 규모 : 한 변 길이 7m, 높이 1.3m.
- 구조 : 고분 사면에는 기단을 조성했는데 북·서 양쪽 기단석은 일부 유실됨. 기단석은 약간 가공한 자연석이고, 분구 적석은 쇄산석임. 분구 중앙에 석광 위치로 추정되는 함몰갱이 하나 있음. 고분 보존상태는 온전함.

4. 역사적 성격

고분이 자리한 外岔溝河(일명 大路河) 연안은 고구려 왕도였던 환인(紇升骨城)과 집안(國內城)을 이어주는 육로의 하나임. 대동구고분군은 이른 시기부터 조성되었을 것으로 추정되나 파괴가 심해 고분 조성시기를 구체적으로 알 수 없음.

참고문헌

- 吉林省文物志編纂委會, 1983, 『集安縣文物志』.
- 國家文物局 主編, 1992, 『中國文物地圖集』 吉林分冊.
- 孫仁杰·遲勇, 2007, 『集安高句麗墓葬』, 香港亞洲出版社.

06 집안 노방구고분군[1]
集安 老房溝古墳群 | 大陽岔四隊古墳群

1. 조사현황

1) 1983년 조사
○ 조사기관 : 集安縣文物普查隊.
○ 조사내용 : 고분 4기 확인, 모두 심하게 파괴됨.[2]

2) 2005년 조사
○ 조사기관 : 吉林省 長白文化硏究會, 集安市博物館.
○ 조사 참여자 : 張福有, 程遠, 孫仁杰, 遲勇.
○ 조사내용 : 조사 당시 4기의 고분을 확인했는데 모두 유단적석석광묘임. 고분들은 이미 각기 다른 정도로 파괴된 상태임.

2. 위치와 자연환경(그림 1)

○ 고분군은 集安市 大路鎭 大陽岔村 老房溝屯, 즉 大陽岔4組 서쪽 산비탈에 위치함.
○ 고분군의 동쪽 언덕 아래에는 대양차와 외차구를 연결하는 도로가, 앞쪽으로는 북에서 남으로 흐르는 작은 하천이 있음. 고분군 동북쪽으로 대양차와 약 200m 떨어져 있음.

3. 고분별 현황

1) JDDSM1호묘
○ 위치 : 고분군 최북단.
○ 유형 : 유단적석석광묘.
○ 평면 : 방형.
○ 규모 : 한 변 길이 9m, 높이 1.3m.
○ 구조 : 고분 사면에 기단을 조성했는데 현재 대부분의 기단석은 유실됨. 고분은 북고남저의 산비탈 아래에 자리하여 남쪽 기단석은 다른 삼면에 비해 큰 편인데 가장 큰 기단석은 길이 0.8m, 너비 0.5m, 높이 0.5m임. 분구 적석은 모두 碎山石이며, 돌 크기는 0.3m 정도임. 적석 중앙에는 3×3×0.7m 정도의 함몰갱이 하나 있고, 함몰갱 안에는 잡초가 가득 차 있음.

2) JDDSM2호묘
○ 위치 : 북쪽으로 JDDSM1호묘와 35m 떨어져 있음.
○ 유형 : 유단적석석광묘.
○ 평면 : 방형.
○ 규모 : 한 변 길이 10m, 높이 1.2m.
○ 구조 : 고분 사면에 기단을 조성했는데 대부분 기단석은 이미 적석분구에서 흘러내린 돌에 의해 매몰됨. 기단석은 약간 가공한 자연석이고, 분구 적석은 碎山石이며, 남쪽 적석은 대다수 이미 무덤 아래로 흘러내림. 적석분구 중앙에는 석광으로 추정되는 3×2×

---

1 『集安縣文物志』(1983) 참조. 『集安高句麗墓葬』(2007)에서는 '大陽岔4隊 古墳群'으로 명명.
2 『集安縣文物志』(1983) 참조. 『集安高句麗墓葬』(2007)에서는 1983년 조사 당시 원래 고분이 10여 기가 있었다고 기술함.

그림 1
노방구고분군 위치도

0.5m의 함몰갱이 하나 있음.

3) JDDSM3호묘

○ 위치 : 도로 서쪽에 자리. 남쪽으로 JDDSM4호묘와 8m 떨어져 있음.
○ 유형 : 유단적석석광묘.
○ 평면 : 방형.
○ 규모 : 한 변 길이 7m, 높이 1.2m.
○ 구조 : 고분 사면의 기단석은 다수 유실되었으며, 분구 적석은 모두 碎山石으로 돌 크기는 0.2m 정도임. 분구 상부는 이미 교란되었고 고분 주위에는 잡목이 가득 차 있음.

4) JDDSM4호묘

○ 위치 : 북쪽으로 JDDSM3호묘와 약 8m 떨어져 있음.
○ 유형 : 유단적석석광묘.
○ 평면 : 방형.
○ 규모 : 한 변 길이 8m, 높이 1.2m.

○ 구조 : 고분의 사면에 기단을 조성했는데 기단석은 약간 가공한 자연석으로 크기가 보통 길이 0.7m, 너비 0.4m, 높이 0.4m 정도임. 분구 적석은 쇄산석으로 돌 크기는 0.1~0.3m임. 분구 정부는 이미 교란되었고, 북쪽에는 2×2×1m 정도의 교란갱이 하나 있음.

4. 역사적 성격

外岔溝河(일명 大路河) 연안은 환인(紇升骨城)과 집안(國內城)을 이어주는 육로 가운데 하나로 노방구고분군은 이른 시기부터 조성되었을 것으로 추정됨. 그러나 잔존 상황으로 고분군의 연대와 성격을 명확히 알 수 없음.

참고문헌

· 吉林省文物志編纂委會, 1983, 『集安縣文物志』.
· 國家文物局 主編, 1992, 『中國文物地圖集』 吉林分冊.
· 孫仁杰·遲勇, 2007, 『集安高句麗墓葬』, 香港亞洲出版社.

07 집안 대양차고분군[1]
集安 大陽岔古墳群 | 大陽岔村西古墳群

1. 조사현황

1) 1917년 6월 조사
○ 조사기관 : 조선총독부 고적조사위원회.
○ 조사 참여자 : 關野貞.
○ 조사내용 : 대략 적석묘 5기, 봉토묘 10기 등 총 15기 확인.

2) 1962년 조사[2]
○ 조사기관 : 輯安縣文物普查隊(吉林省博物館, 輯安縣文物保管所).
○ 조사내용 : 3기 확인.

3) 1983년 5월 조사
○ 조사기관 : 集安縣文物普查隊.
○ 조사내용
- 『中國文物地圖集』 吉林分冊(1992) : 고분 11기를 확인했는데 대부분 봉토동실묘이며, 적석묘는 소수임. 고분은 심하게 파괴된 상태임.
- 『集安高句麗墓葬』(2007) : 고분은 약 30여 기가 확인되는데 대부분의 고분은 이미 원형을 상실함. 보존이 비교적 양호한 몇 기의 고분만을 편호함.

---
1 『集安縣文物志』(1983) 참조. 『集安高句麗墓葬』(2007)에서는 '大陽岔村西古墳群'으로 명명.
2 『集安縣文物志』(1983)의 고분군일람표 참조.

4) 2005년 조사
○ 조사기관 : 吉林省 長白文化研究會, 集安市博物館.
○ 조사 참여자 : 張福有, 程遠, 孫仁杰, 遲勇.
○ 조사내용 : 유단적석석광묘 14기, 봉토석실묘 2기 등 고분 총 16기를 확인했는데 대부분 묘실은 이미 각기 다른 정도로 파괴됨.

2. 위치와 자연환경(그림 1)

○ 고분군은 集安市 大路鎭 大陽岔村 서쪽 100m 떨어진 곳, 즉 대양차촌 서쪽 평지에 소재.
○ 대양차와 고마령을 연결하는 도로가 고분군의 중간을 관통함. 북쪽은 비교적 완만한 구릉이며, 남쪽에는 작은 하천이 서쪽에서 동쪽으로 흘러 대로하로 유입됨. 동쪽으로 대양차촌과는 약 100m 떨어져 있음.

3. 고분군의 전체 분포상황

1) 1917년 조사
○ 外岔溝河(일명 大路河) 右岸의 대양차라는 입구의 좌측 평지에 붕괴된 적석묘 5기를 확인함.
○ 위 고분의 북쪽 약 6~7町(654.5~763.6m) 범위의 평야 북쪽에 약 10기의 봉토묘가 있지만 이미 봉토는 파괴됨.

그림 1
대양차고분군 위치도

4. 고분별 현황

1) JDDXM1호묘
○ 위치 : 고분 최동단에 위치하는데 동쪽으로 주민거주구역과 약 50m 떨어져 있음.
○ 유형 : 유단적석석광묘.
○ 평면 : 방형.
○ 규모 : 한 변 길이 8m, 높이 1.2m.
○ 구조 : 고분 사면의 기단석은 약간 가공한 자연석으로 조성했는데 기단석은 대다수 유실됨. 분구 적석은 강자갈이고 소량의 碎山石이 섞여 있는데 돌 크기는 0.2m 정도임. 분구 상부는 이미 원형을 상실하고 여러 곳이 교란됨.

2) JDDXM2호묘
○ 위치 : 북쪽으로 JDDXM3호묘와 5m 떨어져 있고, 남쪽으로 도로와 20m 떨어져 있음.
○ 유형 : 유단적석석광묘.
○ 평면 : 방형.
○ 규모 : 한 변 길이 6m.
○ 구조 : 고분 사면에 기단을 조성했는데 현재 대부분 기단석은 이미 유실됨. 분구 적석은 이미 무덤 아래로 흘러내렸고, 적석은 강자갈(河卵石)에 소량의 쇄산석이 섞여 있음. 분구 상부는 이미 교란됨.

3) JDDXM3호묘
○ 위치 : 남쪽으로 JDDXM2호묘와 5m 떨어져 있음.
○ 유형 : 봉토석실묘.
○ 평면 : 원구형.
○ 규모 : 직경 4m, 잔존 높이 1.1m.
○ 구조 : 봉토분구는 이미 유실되어 묘실 천정석이 노출됨. 봉토분구 역시 일부 유실되어 묘실의 석벽을 볼 수 있음.

4) JDDXM5호묘
○ 위치 : 북쪽으로 도로와 10m 떨어져 있음.
○ 유형 : 유단적석석광묘.
○ 평면 : 방형.
○ 규모 : 한 변 길이 6m, 높이 1m.
○ 구조 : 고분 사면에 기단을 축조했는데 기단석은 약

간 가공한 자연석으로 현재 기단석은 대다수 유실됨. 분구 적석은 강자갈에 소량의 쇄산석이 섞여 있는데 돌 크기는 0.3m 정도임. 분구 적석 상부는 이미 교란됨.

5) 기타 고분

이외에 11기 고분이 도로의 남북 양측에 분포하는데 모두 유단적석석광묘임. 자연적·인위적 파괴로 고분은 이미 원형을 상실했는데, 고분 사면의 기단은 유실됨. 적석은 丘狀을 띠며 직경 4~5m, 높이 1m 정도임. 분구 적석은 강자갈이며 소량의 쇄산석이 섞여 있고, 돌 크기는 0.2m 정도임. 고분은 모두 파괴당함.

5. 역사적 성격

대양차고분군이 자리한 外岔溝河(大路河) 연안은 고구려시기 왕도였던 환인(紇升骨城)과 집안(國內城)을 이어주는 육로의 하나임. 적석묘와 봉토묘로 구성되어 고분군은 장기간에 걸쳐 조성되었을 것으로 판단됨.

참고문헌

- 關野貞, 1920, 「平安北道及滿洲高句麗古蹟調査略報告」, 『大正6年度古蹟調査報告』; 1941, 「平安北道及滿洲國高句麗古蹟調査略報告」, 『朝鮮の建築と藝術』, 재수록.
- 吉林省文物志編纂委會, 1983, 『集安縣文物志』.
- 國家文物局 主編, 1992, 『中國文物地圖集』吉林分冊.
- 孫仁杰·遲勇, 2007, 『集安高句麗墓葬』, 香港亞洲.

08 집안 소양차고분군[1]
集安 小陽岔古墳群 | 大陽岔七隊古墳群

1. 조사현황 : 1983년 조사

- 조사기관 : 集安縣文物普查隊.
- 조사내용 : 고분 7기를 확인했는데 방단적석묘 3기, 적석묘 4기이며, 이들 고분은 심하게 훼손된 상태임.

2. 위치와 자연환경(그림 1)

集安市 大路鎭 大陽岔村 小陽岔屯 남쪽, 즉 大陽岔 7隊에 위치.

3. 역사적 성격

고분이 자리한 外岔溝河(大路河) 연안은 고구려 왕도였던 환인(紇升骨城)과 집안(國內城)을 이어주는 육로 가운데 하나임. 소양차고분군은 적석묘로 구성되어있고, 적석묘의 형식으로 미루어 비교적 짧은 기간에 조성된 고분군으로 추정됨.

참고문헌

- 吉林省文物志編纂委會, 1983, 『集安縣文物志』.
- 國家文物局 主編, 1992, 『中國文物地圖集』 吉林分冊.

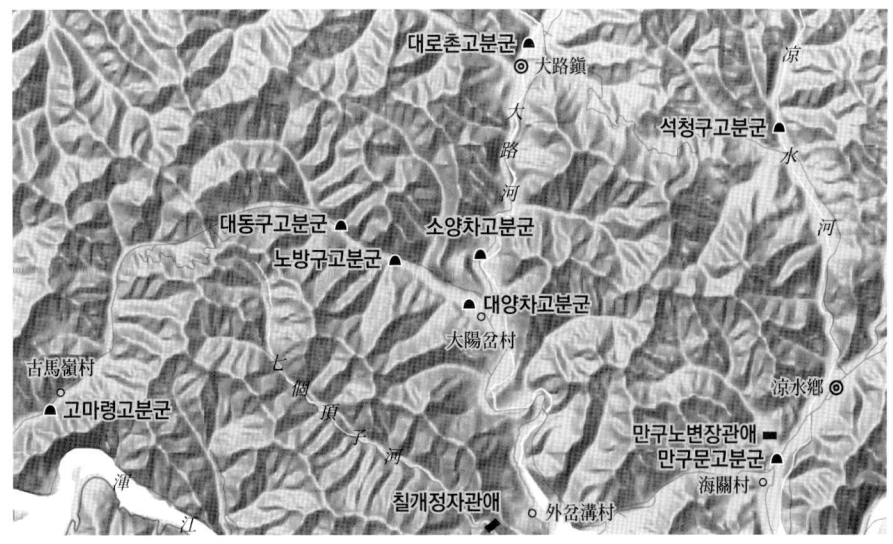

그림 1
소양차고분 위치도

---

1 『中國文物地圖集』 吉林分冊(1992) 참조. 『集安縣文物志』(1983)의 고분군일람표에는 '大陽岔七隊 古墳群'으로 소개됨.

09 집안 대로촌고분군[1]
集安 大路村古墳群 | 大路村四隊古墳群

1. 조사현황

1) 1962년 조사
○ 조사기관 : 輯安縣文物普查隊(吉林省博物館, 輯安縣文物保管所).
○ 조사내용 : 고분 40여 기 확인.

2) 1983년 조사
○ 조사기관 : 集安縣文物普查隊.
○ 조사내용 : 적석묘 3기만 확인되는데 모두 심하게 훼손됨.

3) 2005년 조사
○ 조사기관 : 吉林省 長白文化硏究會, 集安市博物館.
○ 조사 참여자 : 張福有, 程遠, 孫仁杰, 遲勇.
○ 조사내용 : 조사 당시 유단적석석광묘 3기를 발견했는데 보존상태는 좋지 않음.

2. 위치와 자연환경(그림 1)

○ 고분군은 集安市 大路鎭 大路村 서쪽 100m 떨어진 곳, 즉 대로하 좌안 평지에 분포하고 있음.

○ 고분군 동쪽은 대로진과 고마령을 연결하는 鄕路가 있고, 서쪽으로는 북쪽에서 남쪽으로 흐르는 대로하가 있고, 북쪽으로 대로진과 400m 떨어져 있음.

3. 고분별 현황

1) JDDM1호묘
○ 위치 : 북쪽으로 대로촌과 400m 떨어져 있음.
○ 유형 : 유단적석석광묘.
○ 평면 : 방형.
○ 규모 : 직경 8m, 높이 1.3m.
○ 구조 : 고분 사면에 기단이 있으나 대부분 기단석은 퇴적된 교란석에 의해 매몰됨. 기단석은 약간 가공한 자연석으로 쌓았는데 가장 큰 돌은 길이 0.7m, 너비 0.4m, 높이 0.4m임. 분구 적석은 다수가 강자갈이고 소량의 碎山石이 섞여 있음. 분구 위에는 여러 개의 교란갱이 있는데 교란갱 규모는 직경 2.6m, 깊이 0.5m 정도임.

2) JDDM2호묘
○ 위치 : 북쪽으로 JDDM1호묘와 10m 떨어져 있음.
○ 유형 : 유단적석석광묘.
○ 평면 : 장방형.
○ 규모 : 남북 길이 11m, 동서 너비 8m, 높이 1.4m.
○ 구조 : 고분 사면에 기단이 있고, 일부 기단석은 유

---
[1] 『中國文物地圖集』 吉林分冊(1992) 참조. 『集安高句麗墓葬』(2007)에는 '大路村4隊 古墳群'으로 명명.

그림 1
대로촌고분군 위치도

실됨. 기단석은 약간 가공된 자연석으로 동북 모서리 지점의 기단석이 가장 큰데 길이 1.2m, 너비 0.7m, 높이 0.7m임. 분구 적석은 강자갈에 소량의 쇄산석이 섞여 있음. 분구 정부의 남·북 양쪽에는 함몰갱이 하나씩 있는데 북쪽 함몰갱은 3×2.5×0.5m이며, 남쪽 함몰갱은 비교적 커서 고분의 가장자리에까지 이름. 고분은 이미 파괴됨.

3) JDDM3호묘
○ 위치 : 북쪽으로 JDDM2호묘와 25m 떨어져 있음.
○ 유형 : 유단적석석광묘.
○ 평면 : 장방형.
○ 규모 : 남북 길이 9m, 동서 너비 7m, 높이 1.5m.
○ 구조 : 고분 사면에 기단이 있으며, 현재 일부 기단석은 유실됨. 일부 기단석은 무덤 아래로 흘러내린 돌에 의해 매몰됨. 분구 적석은 강자갈에 소량의 쇄산석이 섞여 있으며 돌 크기는 0.2m 정도임. 분구 위는 보존 상태가 비교적 좋음. 분구 중앙부에 석광위치로 추정되는 동서 길이 3m, 남북 너비 2m, 깊이 0.6m의 함몰갱이 하나 있음.

4. 역사적 성격

대로촌고분군이 자리한 外岔溝河(大路河) 연안은 왕도였던 환인(紇升骨城)과 집안(國內城)을 이어주는 육로의 하나였음. 보고된 내용으로 볼 때 대로촌고분군은 적석묘로 이루어진 단일 묘제 고분군임.

참고문헌
• 國家文物局 主編, 1992, 『中國文物地圖集』 吉林分冊.
• 孫仁杰·遲勇, 2007, 『集安高句麗墓葬』, 香港亞洲.

10 집안 파보촌고분군
集安 爬寶村古墳群

1. 조사현황

1) 1962년 조사
○ 조사기관 : 輯安縣文物普查隊(吉林省博物館, 輯安縣文物保管所).
○ 조사내용 : 고분 30기 확인.

2) 1983년 조사
○ 조사기관 : 集安縣文物普查隊.
○ 조사내용 : 조사 당시 여러 원인으로 인해 고분 수량은 18기만 남아 있어 조사 및 측회하고 편호함. 고분은 대부분 적석묘임.

3) 2005년 조사
○ 조사기관 : 吉林省 長白文化硏究會, 集安市博物館.
○ 조사 참여자 : 張福有, 程遠, 孫仁杰, 遲勇.
○ 조사내용 : 해당 고분군은 모두 유단적석석광묘이며, 조사 중 발견된 고분은 각기 다른 정도로 훼손되었는데 일부 고분은 이미 원형을 상실함.

2. 위치와 자연환경(그림 1 ~ 그림 2)

○ 고분군은 集安市 大路鎭 爬寶村 남쪽 1km, 고지촌 고분군 서남쪽에 위치함.
○ 대로진을 통과하는 북쪽에서 남쪽으로 지나가는 도로의 서쪽으로 도로를 따라 대로하가 흐름.
○ 外岔溝河(일명 大路河)가 고분 북쪽을 돌아 서쪽을 지나서 압록강으로 유입함.

3. 고분군의 분포 양상

○ 고분군은 고지촌에서 남쪽으로 파보를 거쳐 大路에 이르는 6km의 鄕路 양쪽에 분포함. 원래 고분이 대략 100기가 있었으나 현재 10여 기만 확인(『集安縣文物志』, 1983).
○ 1962년 조사 당시 30기를 확인했는데 현재 18기만 확인되고[1] 대부분 적석묘임. 고분군은 길이 300m의 좁고 긴 대지에 분포하며 보존상태는 좋지 않음(『中國文物地圖集』吉林分冊, 1992).
○ 고분군은 하천과 도로 양쪽에 분포하는데 길이 약 2km의 좁고 긴 지대임. 고분군 동·서는 높은 산임. 고분군 최남단은 대로진과 약 800m 떨어져 있음(『集安高句麗墓葬』, 2007).
○ 고지촌에서 파보촌으로 향하는 도로 좌측에서 10여 기의 적석묘를 확인함. 적석묘는 무기단 및 기단 적석묘가 혼재하는데 기단적석묘의 경우 기단을 부분 가공 석재를 사용해 두 단으로 조성함. 적석 중간의 함몰상

---

[1] 『集安縣文物志』(1983) 고분군일람표에서도 동일한 수량으로 소개.

그림 1
파보촌고분군 위치도

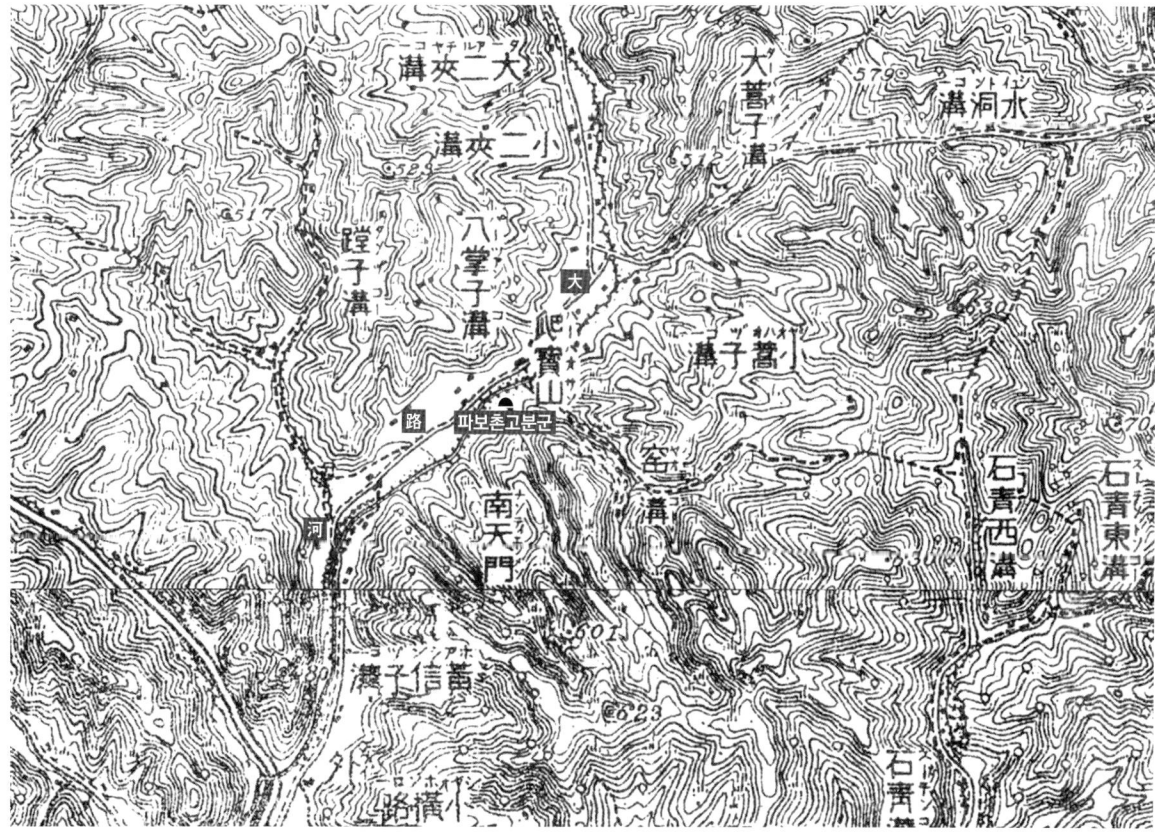

그림 2 파보촌고분군 주변 지형도(滿洲國 10만분의 1 지형도)

제3부 집안시(集安市) 지역의 유적과 유물 43

태와 벽석이나 천정석으로 볼 만한 큰 돌이 발견되지 않는 것으로 미루어 매장부는 석실구조는 아닌 것으로 추정(2007년 답사 현황).

4. 고분별 현황

1) JDPM1호묘
○ 위치 : 고분군 최북단에 위치하는데 남쪽으로 JDPM2호묘와 약 20m 떨어져 있음.
○ 유형 : 유단적석석광묘.
○ 평면 : 방형.
○ 규모 : 한 변 길이 8m, 높이 1.2m.
○ 구조 : 고분 사면에 기단을 조성했는데 현재 기단석은 이미 부분적으로 유실됨. 고분 북쪽 기단석이 비교적 큰데 가장 큰 기단석은 길이 0.7m, 너비 0.4m, 높이 0.4m임. 분구 돌은 다수가 무덤 아래로 흘러내렸는데 강자갈에 소량의 碎山石이 섞여 있으며, 돌 크기는 0.3m 정도임. 현재 분구 상부 중앙은 이미 교란됨.

2) JDPM2호묘
○ 위치 : 서쪽으로 JDPM3호묘와 약 8m 떨어져 있음.
○ 유형 : 유단적석석광묘.
○ 평면 : 방형.
○ 규모 : 한 변 길이 5m, 잔존 높이 1m.
○ 구조 : 고분 사면의 기단석은 이미 유실되고 분구 돌은 다수 흘러내림. 분구 돌은 강자갈에 소량의 쇄산석이 섞여 있음. 고분은 이미 파괴됨.

3) JDPM3호묘
○ 위치 : 동쪽으로 JDPM2호묘와 8m 떨어져 있음.
○ 유형 : 유단적석석광묘.
○ 평면 : 방형.
○ 구조 : 고분 사면의 기단석은 이미 유실됨. 분구 돌은 강자갈에 소량의 쇄산석이 섞여 있음. 분구은 됴狀으로 직경 4m 정도이고 잔존 높이는 1m임. 고분은 심하게 파괴되어 이미 원형을 상실함.

4) JDPM4호묘
○ 위치 : 남쪽으로 JDPM2호묘와 약 20m 떨어져 있음.
○ 유형 : 유단적석석광묘.
○ 평면 : 방형.
○ 규모 : 한 변 길이 6m, 높이 1.3m.
○ 구조 : 고분 사면에 기단이 있는데 기단석은 이미 일부 유실됨. 기단석은 약간 가공한 자연석으로 최대 기단석은 길이 0.8m, 너비 0.4m, 높이 0.5m임. 분구 돌은 강자갈에 소량의 쇄산석이 섞여 있음. 분구 상부 중앙에 석광 위치로 추정되는 2×2×0.5m의 함몰갱이 하나 있음.

5) JDPM5·6·8·9호묘
○ 위치 : 서쪽으로 JDPM7호묘와 약 15m 떨어져 있음.
○ 유형 : 유단적석석광묘.
○ 구조 : 고분 기단석은 이미 유실됨. 분구는 됴狀으로 직경 4~6m 정도, 잔존 높이 1~1.2m임. 고분 사면에 교란석과 잡동사니가 가득 쌓여 있음. 이들 고분은 모두 파괴됨.

6) JDPM7호묘
○ 위치 : 동쪽으로 JDPM5호묘와 15m, 서쪽으로 도로와 약 30m 떨어져 있음.
○ 유형 : 유단적석석광묘.
○ 평면 : 방형.
○ 규모 : 한 변 길이 8m, 높이 1.4m.
○ 구조 : 고분 사면에 기단을 조성했는데 기단석은 약간 가공한 자연석으로 현재 기단석은 부분적으로 유

실됨. 분구 돌은 강자갈에 소량의 쇄산석이 섞여 있는데 돌 크기는 0.2m 정도임. 분구 상부 중앙에는 3×2×0.5m의 함몰갱이 하나 있음. 교란갱 주위에는 잡초가 가득 차 있음.

7) JDPM10호묘
○ 위치 : 도로의 서쪽, 즉 고분군 가운데 최북단에 위치.
○ 유형 : 유단적석석광묘.
○ 평면 : 방형.
○ 규모 : 한 변 길이 6m, 높이 1.2m.
○ 구조 : 고분 사면에 기단을 조성했는데 기단석은 약간 가공한 자연석으로 현재 기단석은 일부 유실됨. 분구 돌은 강자갈에 소량의 쇄산석이 섞여 있는데 돌 크기는 0.2m 정도임. 분구 상부 중앙에 석광 위치로 추정되는 3×2×0.5m의 함몰갱이 하나 있음.

8) JDPM11·12호묘
○ 위치 : 동쪽으로 河岸과 약 20m, 서쪽으로 개인주택과 15m 떨어져 있음. 두 고분은 남북 배열되어 있고 고분 간격은 6m임.
○ 유형 : 유단적석석광묘.
○ 평면 : 방형.
○ 규모 : 한 변 길이 8m, 높이 1.3m 정도.
○ 구조 : 고분 사면에 기단을 쌓았는데 일부 기단석은 분구에서 흘러내린 돌에 의해 매몰됨. 기단석은 약간 가공한 자연석으로 최대 기단석은 길이 0.9m, 너비 0.6m, 높이 0.5m임. 분구 돌은 강자갈에 소량의 쇄산석이 섞여 있는데 돌은 보통 0.1~0.3m임. 두 고분의 분구 상부 중앙에는 각기 3×3×0.5m의 함몰갱이 하나씩 있음. 이는 고분의 석광 위치에 해당함.

9) JDPM13호묘
○ 위치 : 도로 동쪽에 위치하는데 북쪽으로 JDPM9호묘와 1km, 동쪽으로 JDPM14호묘와 6m 떨어져 있음.
○ 유형 : 유단적석석광묘.
○ 평면 : 방형.
○ 규모 : 한 변 길이 7m, 높이 1.1m.
○ 구조 : 고분 사면에 기단을 조성했는데 약간 가공한 자연석으로 쌓았지만 현재는 다수 유실됨. 분구 돌은 강자갈에 소량의 쇄산석이 섞여 있음. 분구 상부는 이미 교란됨.

10) JDPM14·15호묘
○ 위치 : 남쪽으로 JDPM16호묘와 10m 떨어져 있음. 두 고분은 동서로 배열되어 있는데 고분 간격은 15m 정도임.
○ 유형 : 유단적석석광묘.
○ 구조 : 고분 사면 둘레의 기단석은 유실됨. 두 고분의 분구는 丘狀으로 직경 4m 정도, 잔존 높이 1m인데 두 고분은 이미 파괴됨.

11) JDPM16·17호묘
○ 위치 : 북쪽으로 JDPM14호묘와 약 10m 떨어져 있음. 고분은 남북으로 배열해 있고 고분 간격은 1m 정도임.
○ 유형 : 유단적석석광묘.
○ 평면 : 방형.
○ 규모 : 한 길이 6m, 높이 1.2m 정도.
○ 구조 : 두 고분의 사면 둘레에 기단을 조성했는데 기단석은 약간 가공한 자연석으로 최대 기단석은 길이 0.6m, 너비 0.4m, 높이 0.4m임. 분구 돌은 강자갈에 소량의 쇄산석이 섞여 있음. 두 고분의 분구 상부는 보존상태가 온전함.

12) JDPM18호묘
○ 위치 : 고분군 최남단에 위치하는데 서쪽으로 도로와 50m 떨어져 있음.
○ 유형 : 유단적석석광묘.

○ 평면 : 장방형.
○ 규모 : 동서 길이 18m, 남북 너비 10m, 높이 1.5m.
○ 구조 : 고분은 3기가 연접되어 있음. 고분 사면에 기단을 조성했는데 기단석은 약간 가공한 자연석으로 쌓았음. 서쪽 기단석은 비교적 큰데 1×0.6×0.5m 정도임. 분구 돌은 강자갈에 소량의 쇄산석이 섞여 있는데 돌 크기는 0.3m 정도임. 분구 상부의 표면에는 남북배열의 석렬이 두 줄 있으며, 석렬 사이 간격은 6m이며, 석렬도 약간 가공한 자연석으로 축조함. 분구 정상부에 함몰갱 3개가 있는데 석광 위치에 해당함.

5. 역사적 성격

파보촌고분군이 자리한 外岔溝河(일명 大路河) 연안은 집안과 환인을 연결하는 교통 요지의 하나이며, 파보촌고분군의 적석묘 외형으로 미루어 고구려 이른 시기부터 조성된 고분군으로 추정됨.

참고문헌
· 吉林省文物志編纂委會, 1983, 『集安縣文物志』.
· 國家文物局 主編, 1992, 『中國文物地圖集』吉林分冊.
· 孫仁杰·遲勇, 2007, 『集安高句麗墓葬』, 香港亞洲出版社.

11 집안 고지고분군
集安 高地古墳群

1. 조사현황

1) 1962년 조사
○ 조사기관 : 輯安縣文物普査隊(吉林省博物館, 輯安縣文物保管所).
○ 조사내용 : 고분 145기 확인.

2) 1983년 조사
○ 조사기관 : 集安縣文物普査隊.
○ 조사내용 : 고분군을 재조사하고 측회 및 기록을 진행함. 고분은 21기를 확인했는데 대다수는 심하게 파괴됨.

3) 2005년 조사
○ 조사기관 : 吉林省 長白文化硏究會, 集安市博物館.
○ 조사 참여자 : 張福有, 程遠, 孫仁杰, 遲勇.

2. 위치와 사연환경(그림 1 ~ 그림 2)

○ 集安市 大路鎭 高地村에 위치.
○ 고지촌(원명 高麗墓子)은 집안시내 서남쪽으로 75km 떨어진 대로진 동북에 위치함. 집안-환인 간의 도로가 고지촌 앞 5km 지점의 大路村을 통과하며, 外岔溝河(大路河)가 마을 북쪽에서 흘러와서 마을 동쪽을 감싸고돌아 남쪽으로 흘러가다 凉水鄕에서 압록강으로 유입됨.
○ 고분군은 고지촌 서남쪽 鄕路 양쪽의 하곡대지에 위치함.
○ 고지촌은 큰 산의 가운데에 위치하는데 북으로 刀尖嶺, 동으로 大路嶺이 있음. 하지만 주위 지세가 개활지로 사방과 연결되는 교통의 요충지로, 고지촌에서 동쪽 7km를 고개를 넘어가면 楡林鄕 治安村에 다다를 수 있음. 여기서 다시 고개를 넘어 新開河를 따라가면 곧 혼강에 이름.

3. 고분군의 전체 분포상황

고지고분군은 집안지역에서 비교적 큰 고구려 고분군으로 분포 면적이 2만m²임.

1) 1962년 조사
○ 남아 있는 고분의 규모는 크지 않음.
○ 고분 형식을 보면 대다수가 적석묘로 2실과 단실로 구분되고, 일부 소형석관묘도 보임. 봉토묘도 일정 비율을 차지함.
○ 고분 둘레 또는 직경은 4~8m가 다수이고, 일부 초대형고분은 11~13m임.

2) 1980년 및 1982년 조사
○ 현존하는 고분은 대다수 방단적석묘와 적석묘이며

그림 1
고지고분군 위치도

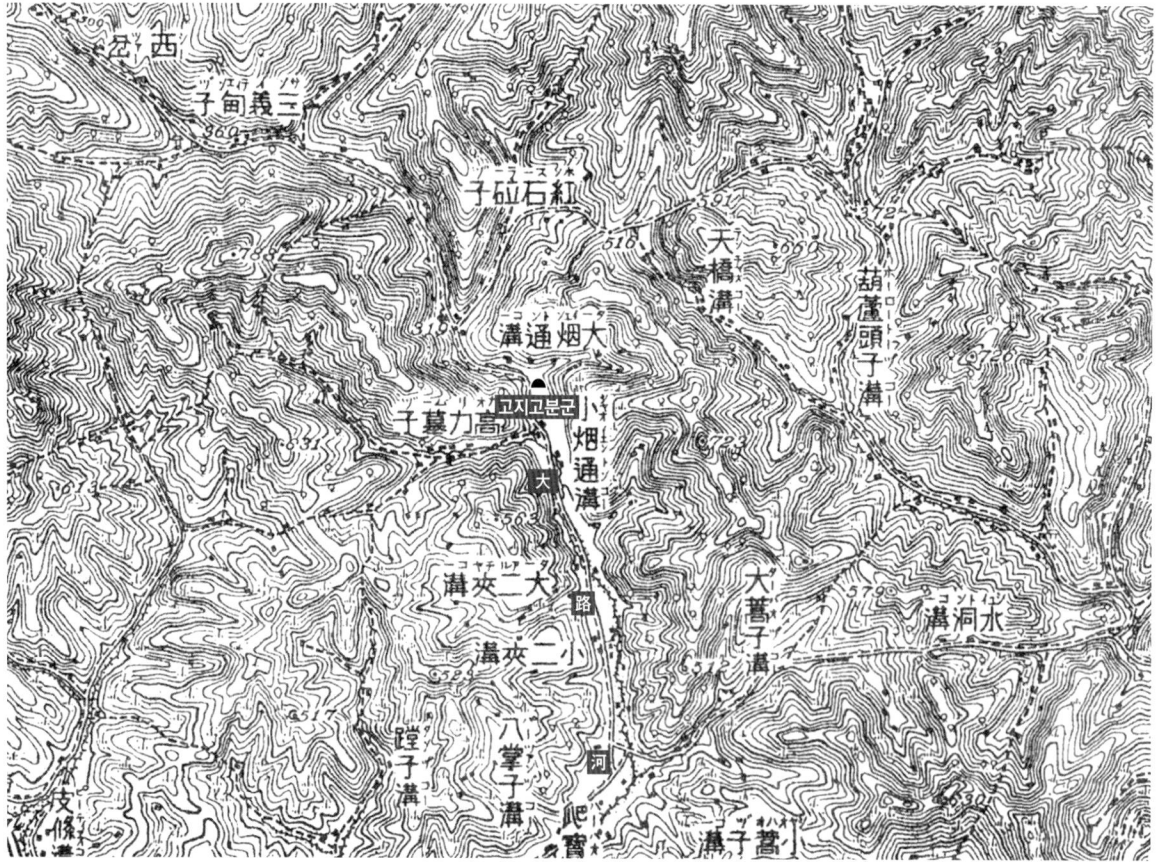

그림 2 고지고분군 주변 지형도(滿洲國 10만분의 1 지형도)

(『集安高句麗墓葬』: 유단적석석광묘, 계단적석석광묘), 흙과 돌이 섞인[1] 봉토석실묘도 확인됨. 보통 무덤의 둘레는 대개 5~7m임.
○ 고분은 동서로 질서 정연하게 배열되었는데 특히 북쪽 산기슭 아래 잔존한 무덤이 비교적 명확함.
○ 고분에서 인골, 백회, 토기, 철제칼(鐵刀) 등이 출토되었다고 전해짐.
○ 1962년 조사 당시 마을 동쪽에 있던 40여 기는 이미 모두 사라졌음.

3) 현황
○ 고분군은 농지 개간과 도로개설 등으로 심각하게 훼손되었으며, 마을길이 고분군을 관통하여 고분군은 동서로 나뉨. 잔존하는 고분의 다수는 동편에 위치하나, 주민들이 쌓아 올린 돌무지와 고분의 구별이 쉽지 않음.
○ 마을길 동편에는 강쪽으로 가면서 남북 방향으로 4기가 일렬배치 되어 있어 이 주위의 돌무지들도 원래 무덤이었을 것으로 판단됨. 서편 길가 쪽에는 2/3정도 파손된 기단적석묘로 추정되는 무덤 1기가 잔존함.

4. 역사적 성격

○ 고분군의 서쪽으로 8km 떨어진 大路鎭 正義村은 집안 老嶺의 南坡에서 환인현 통과 때 거쳐야 할 필수 경로임. 일찍이 여러 고분이 있었으나 현재 존재하지 않음. 남쪽으로 爬宝를 거쳐 大路에 이르는 6km 鄕路 양옆에는 원래 근 100여 기가 있었다고 하나 거의 훼손되고 현재 십 몇 기가 남아 있음.
○ 고지고분군이 자리한 外岔溝河(大路河) 연안은 집안과 환인을 연결하는 교통의 요지임. 특히 대로에서 고지고분군에 이르는 곳에 고구려 고분이 밀집된 것으로 미루어 고구려의 중요한 거주지였던 것으로 판단됨.

참고문헌
· 吉林省文物志編纂委會, 1983, 『集安縣文物志』.
· 國家文物局 主編, 1992, 『中國文物地圖集』 吉林分冊.
· 李殿福 著·車勇杰 金仁經 譯, 1994, 『中國內의 高句麗 遺蹟』, 學研文化史.
· 孫仁杰·遲勇, 2007, 『集安高句麗墓葬』, 香港亞洲出版社.

---

1 李殿福 著, 車勇杰 金仁經 譯(1994), 126쪽.

12 집안 정의촌고분군
集安 正義村古墳群

1. 조사현황

1) 1983년 5월 조사
○ 조사기관 : 集安縣文物普查隊.
○ 조사내용 : 비교적 온전한 고분 11기와 잔존 墓基 10기를 확인했는데 고분군 보존상태가 좋지 않아 2기만 편호함.

2) 2005년 조사
○ 조사기관 : 吉林省 長白文化硏究會, 集安市博物館.
○ 조사 참여자 : 張福有, 程遠, 孫仁杰, 遲勇.
○ 조사내용 : 유단적석석광묘 11기를 확인했는데 그 중 9기는 이미 파괴됨.

2. 위치와 자연환경(그림 1)

○ 고분군은 集安市 大路鎭 正義村 북쪽 강변 양안의 대지에 위치.
○ 鄕路가 북에서 남으로 고분군을 통과함. 남쪽으로 정의촌과 500m 떨어져 있고 북쪽에는 靑頂子溝가 있음.
○ 정의촌은 집안 노령의 南坡에서 환인으로 가는 필수 경로임.

그림 1
정의촌고분군 위치도

3. 고분별 현황

1) JDZM1호묘
○ 위치 : 동쪽으로 鄕路와 35m 떨어져 있음.
○ 유형 : 유단적석석광묘.
○ 평면 : 방형.
○ 규모 : 한 변 길이 8m, 높이 1.4m.
○ 구조 : 고분 사면에 기단을 쌓았으며, 동·남 양쪽의 기단석은 일부 유실됨. 기단석은 약간 가공한 자연석임. 분구 돌은 강자갈(河卵石)에 소량의 碎山石이 섞여 있는데 돌 크기는 0.2m 정도임. 분구 상부 중앙에는 함몰갱이 하나 있으며, 함몰갱 안에 관목 잡초가 가득 차 있음.

2) JDZM2호묘
○ 위치 : 서쪽으로 鄕路와 30m 떨어져 있음.
○ 유형 : 유단적석석광묘.
○ 평면 : 방형.
○ 규모 : 한 변 길이 10m, 높이 1.3m.
○ 구조 : 무덤의 사면에 기단을 쌓았으며, 기단석은 약간 가공한 자연석으로 고분의 서쪽 기단석이 비교적 큰데 가장 큰 것이 길이 0.8m, 너비 0.5m, 높이 0.5m임. 분구 돌은 강자갈에 소량의 쇄산석이 섞여 있으며, 돌 크기는 0.1~0.3m임. 분구 상부 중앙에 석광 위치로 추정되는 길이 3m, 너비 2m, 높이 0.5m의 함몰갱이 하나 있음. 고분의 보존상태는 온전함.

3) 기타
○ 도로 동·서 양쪽에는 아직도 9기의 고분이 있는데 모두 유단적석석광묘임.
○ 자연 또는 인위적 요인 등에 의해 고분은 이미 파괴되었음. 대부분 고분은 丘狀으로 직경 5~7m임. 기단석이 다수 망실되었고, 적석 역시 다수 유실되어 고분은 원형을 잃음.

4. 역사적 성격

정의촌고분군이 자리한 外岔溝河(大路河) 연안은 환인(紇升骨城)과 집안(國內城)을 이어주는 육로의 하나임. 일찍부터 고분군이 조성되었을 것으로 추정되나, 무덤의 전반적 양상이나 조성연대 판단의 근거는 확보되지 못했음.

참고문헌
• 吉林省文物志編纂委會, 1983, 『集安縣文物志』.
• 國家文物局 主編, 1992, 『中國文物地圖集』 吉林分冊.
• 孫仁杰·遲勇, 2007, 『集安高句麗墓葬』, 香港亞洲出版社.

13 집안 칠개정자구고분군
集安 七個頂子溝古墳群

1. 조사현황 : 1983년 조사

○ 조사기관 : 集安縣文物普查隊.
○ 조사내용 : 적석묘 3기를 확인했는데 파괴가 심함.

2. 위치와 자연환경(그림 1)

1) 고분군 위치
○ 集安市 凉水鄕 外岔溝村 서쪽 七個頂子溝門에 소재.

○ 칠개정자 관애로부터 남쪽으로 200여m 못 미친 평지에 위치.

2) 고분군 주변환경
○ 七個頂子山은 집안현성 서남 65km 거리의 凉水鄕 外岔溝村 서쪽에 위치.
○ 칠개정자산에 15km 길이의 좁고 긴 계곡이 있는데 이 계곡 남단에는 七個頂子關隘가 설치되어 있음. 계곡물은 압록강으로 유입함.

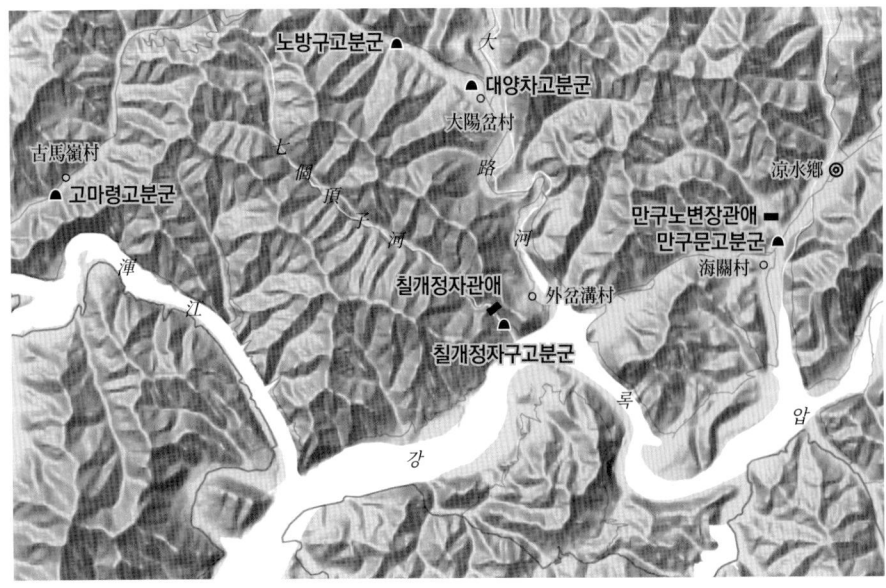

그림 1
칠개정자구고분군 위치도

3. 역사적 성격

외차구는 압록강에서 외차구하를 통해 육로로 연결되는 교통의 요지로 칠개정자 관애는 이곳의 수로교통로 방어를 목적으로 설치되었음. 칠개정자구고분군은 칠개정자 관애와 관련이 있을 것으로 추정되나 고분군의 자세한 상황은 알 수 없음.

참고문헌

- 吉林省文物志編纂委會, 1983, 『集安縣文物志』.
- 國家文物局 主編, 1992, 『中國文物地圖集』 吉林分冊.

14. 집안 만구문고분군
集安 彎溝門古墳群

1. 조사현황 : 1983년 조사

○ 조사기관 : 集安縣文物普查隊.
○ 조사내용 : 고분 8기를 확인했는데 대부분 적석묘로 보존상태가 좋지 않음.

2. 위치와 자연환경(그림 1)

1) 고분군 위치
○ 集安市 凉水鄕 海關村 북쪽의 彎溝門 남쪽 150m 에 소재.

○ 彎溝 老邊墻關隘의 남쪽 300m에 자리하고 있음.
○ 『集安縣文物志』(1983)에 의하면 노변장관애 남쪽으로 300m 떨어진 곳에 적석묘와 방단적석묘 3기를 확인했다고 함.

2) 고분군 주변환경
○ 彎溝는 凉水鄕 海關村의 북쪽 1km 남짓 거리의 通天嶺 동쪽 기슭에 위치.
○ 만구 골짜기의 가운데를 흐르는 시냇물이 해관촌 부근에서 凉水(泉子)河에 유입되어 남류하여 압록강으로 합류함.

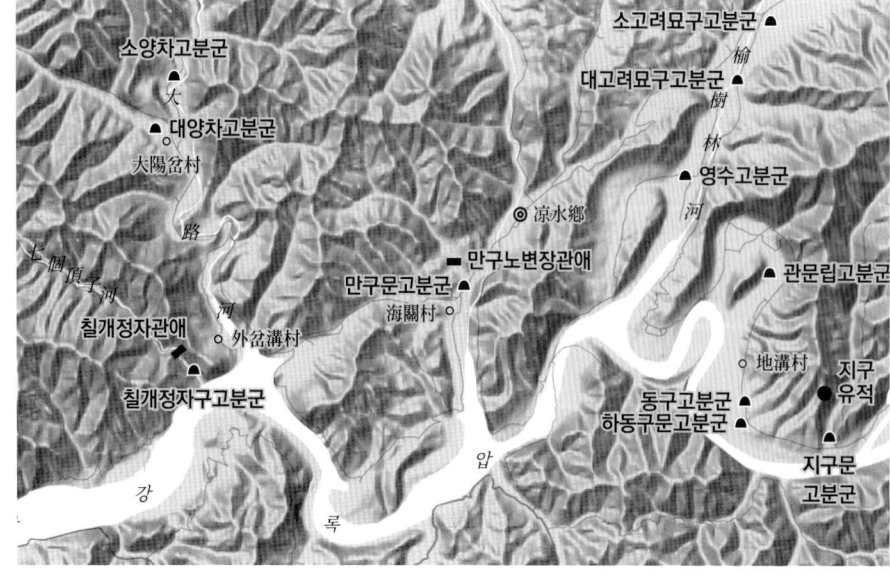

그림 1
만구문고분군 위치도

3. 역사적 성격

만구문고분군은 노변장관애와 관련이 있는 고분군으로 추정됨.

참고문헌

- 吉林省文物志編纂委會, 1983, 『集安縣文物志』.
- 國家文物局 主編, 1992, 『中國文物地圖集』 吉林分冊.

15 집안 석청구고분군
集安 石靑溝古墳群

1. 조사현황 : 1983년 조사

○ 조사기관 : 集安縣文物普查隊.
○ 조사내용 : 고분 30여 기 확인.

2. 위치와 자연환경(그림 1)

集安市 凉水鄕 石靑溝村 남쪽 2.5km에 소재.

3. 고분군의 전체 분포상황

길이 1km의 평지에 적석묘과 방단적석묘 30여 기가 분포하는데 21기가 비교적 보존상태 양호함.

참고문헌

· 吉林省文物志編纂委會, 1983, 『集安縣文物志』.
· 國家文物局 主編, 1992, 『中國文物地圖集』吉林分冊.

그림 1
석청구고분군 위치도

16 집안 동구 고분군[1]
集安 東溝古墳群 | 地溝村東溝門古墳群

1. 조사현황

1) 1917년 6월 조사[2]
○ 조사기관 : 조선총독부 고적조사위원회.
○ 조사 참여자 : 關野貞.
○ 조사내용 : 大高麗墓子[3] 남쪽 기슭, 關門砬子의 남쪽 약 20여 町(약 2.2km²) 평지에 소재. 고분은 큰 것은 직경 약 8.5間(약 15m)의 석묘이며, 주위에 2기의 고분이 있음.

2) 1983년 5월 조사
○ 조사기관 : 集安縣文物普查隊.
○ 조사내용 : 고분 9기를 확인하였으나 4기는 이미 파손된 상태로 5기만 편호함.

3) 2005년 조사
○ 조사기관 : 吉林省 長白文化硏究會, 集安市博物館.
○ 조사 참여자 : 張福有, 程遠, 孫仁杰, 遲勇.

○ 조사내용 : 고분 5기를 확인하였는데 계단적석석광묘 1기, 유단적석석광묘 4기임.

2. 위치와 자연환경(그림 1)

○ 集安市 楡林鎭 地溝村 東溝門 서쪽 구릉 위에 위치.
○ 고분군은 동쪽으로 지구촌 8組와 300m 떨어져 있으며, 남쪽으로 유림진의 도로가 지나가며 하천이 북에서 남으로 흘러 압록강으로 유입.

3. 고분군의 전체 분포현황

고분은 북에서 남으로 흐르는 하천의 양단에 분포하고 있음.

4. 고분별 현황

1) JYDDM1호묘
○ 위치 : 남쪽으로 민가와 10m, 북쪽으로 JYDDM2호묘와 5m 떨어져 있음.
○ 유형 : 유단적석석광묘.
○ 평면 : 방형.

1　『集安縣文物志』(1983) 참조. 『集安高句麗墓葬』(2007)에서는 '地溝村東溝門 古墳群'으로 명명.

2　關野貞 답사보고서에서는 '弓遼川古墳'으로 명명.

3　關野貞 답사때, 유수림자하 유역의 동쪽에 우뚝 솟은 해발 약 0.9km에 이르는 높은 산을 현지인들이 '高麗子' 또는 '大高麗墓子'라 불렀지만, 가칭 '高麗子山'으로 표현. 여기서는 현지인들의 명칭을 따라 정리함.

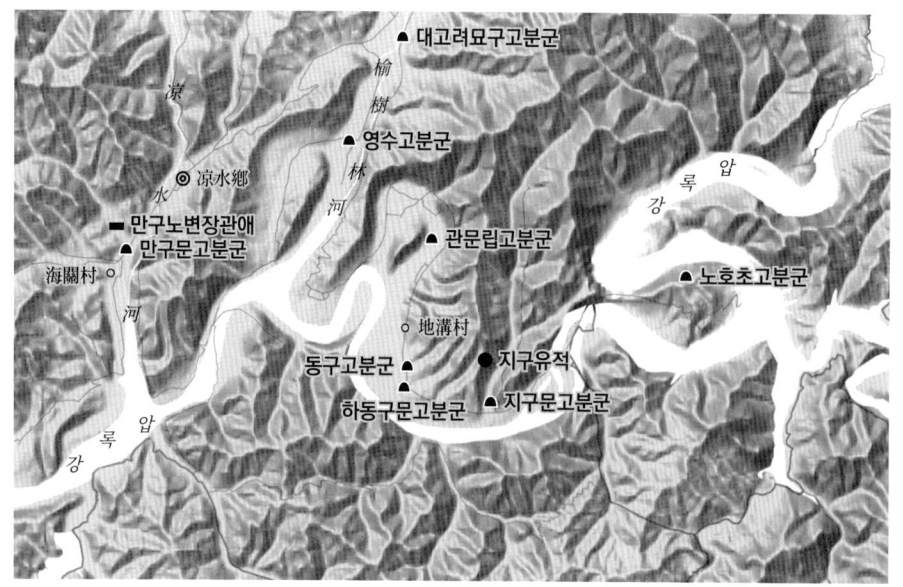

그림 1
동구고분군 위치도

○ 규모 : 한 변 길이 7m, 높이 1.3m.
○ 구조 : 고분 사면에 기단을 조성했는데 기단석은 약간 가공한 자연석으로 고분 동쪽의 기단석이 비교적 크며, 최대석은 길이 0.8m, 너비 0.5m, 높이 0.5m임. 분구 적석은 강자갈인데 돌 크기는 0.3m 정도임. 분구 상부는 이미 교란됨.

2) JYDDM2·3호묘

○ 위치 : 남쪽으로 JYDDM1호묘와 5m 떨어져 있음. 두 고분은 남북으로 배열하고 있고 고분 간격은 3m임.
○ 유형 : 유단적석석광묘.
○ 평면 : 방형.
○ 규모 : 한 변 길이 6m, 높이 1.2m.
○ 구조 : 두 고분의 사면에 기단을 쌓았으나, 현재 기단은 대부분 이미 유실됨. 기단은 약간 가공한 자연석으로 조성했는데 기단석은 대개 0.7×0.5×0.4m 정도임. 분구 적석은 일부 이미 무덤 아래로 흘러내림. 적석은 강자갈이며, 소량의 쇄산석도 있음. 크기는 0.1~0.3m임. 두 고분의 분구 정상부는 이미 교란됨.

3) JYDDM4호묘

○ 위치 : 남쪽으로 JYDDM5호묘와 3m 떨어져 있음.
○ 유형 : 유단적석석광묘.
○ 평면 : 방형.
○ 규모 : 한 변 길이 5m, 높이 1.4m.
○ 구조 : 고분 사면에 기단을 조성했는데 기단석은 약간 가공한 자연석으로 최대 기단석은 길이 0.6m, 너비 0.5m, 높이 0.4m임. 분구 적석은 쇄산석이며, 분구 정상부 중앙에 석광으로 추정되는 3×2×0.5m의 함몰갱이 하나 있음. 고분의 보존상태는 온전함.

4) JYDDM5호묘

○ 위치 : 북쪽으로 JYDDM4호묘와 3m 떨어져 있음.
○ 유형 : 계단적석석광묘.
○ 평면 : 방형.
○ 규모 : 한 변 길이 15m, 높이 1.5m.
○ 구조 : 고분 사면에 2단 계단을 쌓았는데 동쪽 계단 일부가 붕괴된 것을 제외하면 나머지 삼면의 계단은 보존상태가 비교적 좋음. 계단은 약간 가공한 화강암석과 자연석으로 축조함. 제1단 계단은 2층으로 쌓

앉는데 계단 높이는 0.8m임. 제2단 계단은 제1단 계단 위에 안으로 0.8m 들여 1층을 쌓았는데 계단 높이는 0.4m임. 분구 적석은 쇄산석으로 돌 크기는 0.3m 정도임. 분구 중앙부에는 함몰갱이 하나 있는데 함몰갱은 동서 길이 4m, 남북 너비 3m, 깊이 0.8m 정도임. 갱 안에 관목과 잡초가 가득 차 있음. 고분의 보존상태는 온전함.

참고문헌

- 吉林省文物志編纂委會, 1983, 『集安縣文物志』.
- 國家文物局 主編, 1992, 『中國文物地圖集』 吉林分冊.
- 孫仁杰·遲勇, 2007, 『集安高句麗墓葬』, 香港亞洲出版社.

17 집안 하동구문고분군[1]
集安 下東溝門古墳群 | 地溝八隊古墳群

1. 조사현황 : 1983년 조사

○ 조사기관 : 集安縣博物館.
○ 조사내용 : 고분 10기, 대부분 방단적석묘로 심하게 훼손됨.

2. 위치와 자연환경(그림 1)

集安市 楡林鎭 지구촌 8隊에 소재.

참고문헌

- 吉林省文物志編纂委會, 1983, 『集安縣文物志』.
- 國家文物局 主編, 1992, 『中國文物地圖集』 吉林分冊.

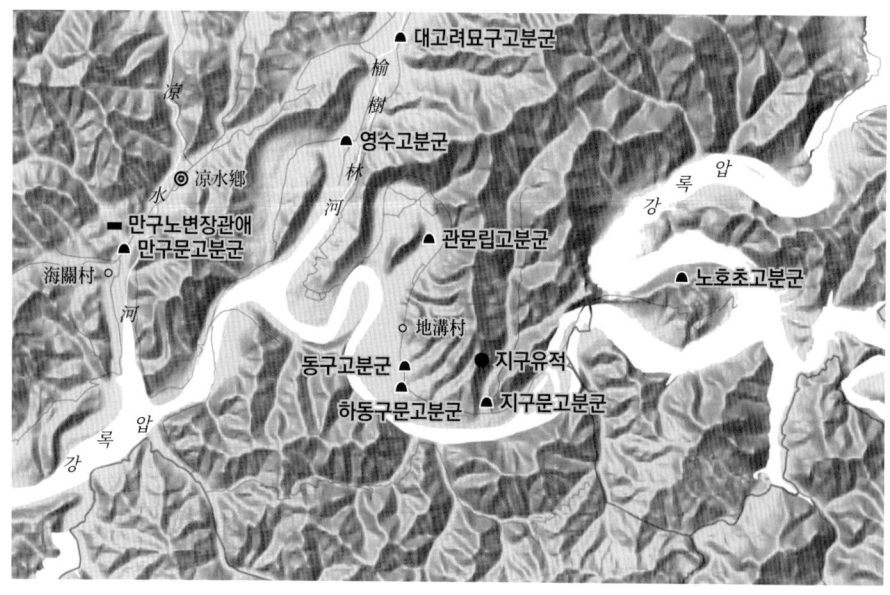

그림 1
하동구문고분군 위치도

---

1 『集安高句麗墓葬』(2007) 참조. 『集安縣文物志』(1983) 고분군 일람표에서는 '地溝8隊墓群'으로 명명.

18 집안 지구문고분군
集安 地溝門古墳群

1. 조사현황

1) 1917년 6월 조사
○ 조사기관 : 조선총독부 고적조사위원회.
○ 조사 참여자 : 關野貞.
○ 조사내용 : 고분 60여 기 확인.

2) 1962년 조사
○ 조사기관 : 輯安縣文物普查隊(吉林省博物館, 輯安縣文物保管所).
○ 조사내용 : 고분 60기 확인.

3) 1983년 5월 조사
○ 조사기관 : 集安縣文物普查隊.
○ 조사내용 : 고분 24기를 확인했으나 9기는 이미 파괴되어 15기만 편호함. 대부분 봉토동실묘로 보존상태 양호함.[1]

4) 2005년 조사
○ 조사기관 : 吉林省 長白文化硏究會, 集安市博物館.
○ 조사 참여자 : 張福有, 程遠, 孫仁杰, 遲勇.
○ 조사내용 : 고분 20여 기가 있는데 유단적석석광묘 5기, 계단적석석실연접묘 3기, 봉토석실묘 12기임.

2. 위치와 자연환경(그림 1 ~ 그림 2)

○ 고분군은 集安市 서쪽의 楡林鎭 地溝村 9組의 地溝門 평지에 소재.
○ 고분군의 동서는 높은 산이고, 남쪽 100m에는 동에서 서로 유림진으로 가는 도로가 있고, 작은 하천이 지구문에서 남류하여 압록강으로 유입됨.
○ 집안현성에서 50km 떨어진 유림진 지구촌 일대에 동서 약 4km, 남북 0.3~1.5m의 평활한 충적대지가 자리하고 있음. 충적대지 북쪽은 楡林嶺, 남쪽은 압록강이 자리하고 있음. 이 대지 위에 지구촌의 각 자연촌락이 산재해 있음.
○ 고분군은 지구촌 9조의 주위에 자리하고 있음.

---

[1] 『集安縣文物志』(1983)의 지구문고분군과 인접한 「地溝遺址」 항목을 보면, 地溝 대지에는 대량의 고구려고분이 분포하는데 1962년 100여 기, 1983년 30여 기만 잔존하며 고분 형식은 다수가 방단적석묘와 봉토동실묘로 조성연대는 고구려 중기정도로 추정함. 고분군을 구성하는 무덤 형식이 차이가 있어서 동일 고분군인지 여부 판단하기 어려움.

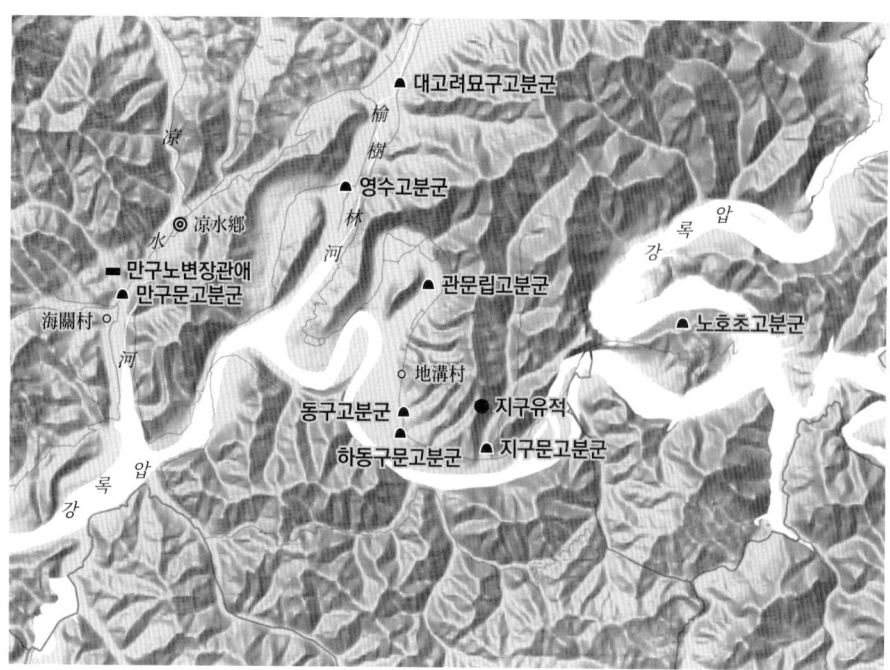

그림 1
지구문고분군 위치도

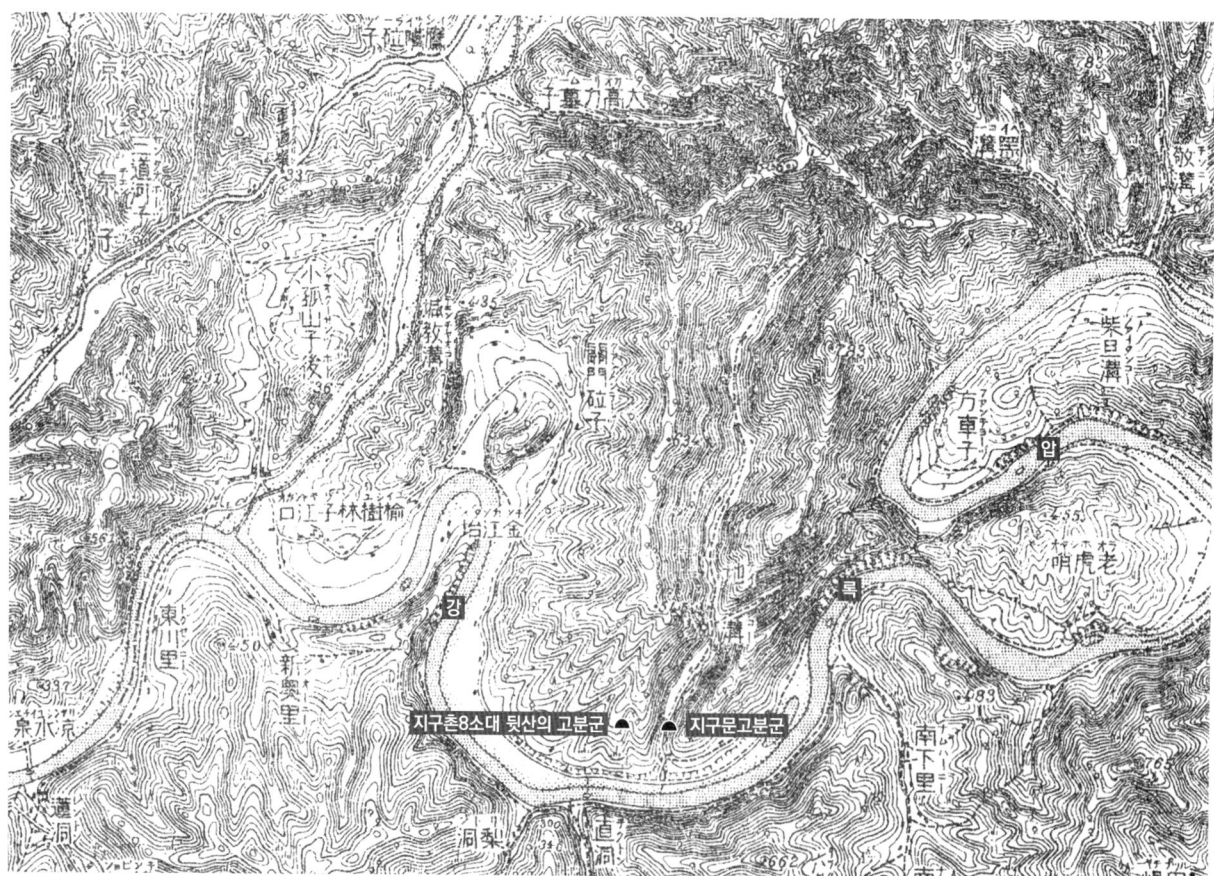

그림 2 지구문고분군 주변 지형도(滿洲國 10만분의 1 지형도)

3. 고분군의 전체 분포상황

1) 1917년 분포상황

○ 地溝는 大高麗墓子[2] 남쪽의 깊은 골짜기로, 그 골짜기 입구 민가들 사이에 고분 약 30여 기가 분포함. 석묘과 토묘가 혼재함. 석묘 가운데 큰 것은 너비 5.5間(약 10m), 길이 10間(약 18.2m)에 달함.

○ 마을과 압록강 중간의 高地에 거대한 석묘가 자리하는데 규모가 동서 약 6間(약 10.9m), 남북 약 6.5間(약 11.8m)임.

○ 거대한 석묘의 동쪽 1町(약 109m)에 약 30여 기 고분이 분포함.

2) 2007년 답사 현황

(1) 지구문고분군

○ 고분군은 두 개의 구역으로 나뉘는데 하나는 마을 진입로 입구에 위치하고, 다른 하나는 작은 길을 따라 들어간 계곡입구에 위치함.

○ 마을 입구 고분군 : 마을 진입로 양측과 마을 안에 봉토석실묘가 분포함. 고분은 가옥들 사이에 봉토석실묘 7~8기가 확인되는데 일부는 석실이 식품 저장고로 사용됨. 마을 입구 저장고로 사용되는 봉토석실묘는 장방형 현실, 우편재 연도, 평천정임. 마을 내 민가 사이에도 봉토석실묘 여러 기가 확인됨. 일부는 분구가 삭평되어 석재만 노출되기도 하며, 석재는 민가에서 활용하고 있음.

○ 계곡입구 경작지 고분군 : 계곡에서 내려오는 하천을 따라 열상 배치하고 있음. 적석묘와 봉토석실묘가 혼재함. 봉토석실묘 3기 정도가 연접된 연접묘를 확인했는데 계장식으로 돌을 돌림(마을 주민에 의하면 2기를 1기로 만들었다고 함). 연접묘는 입구 방향이 60°이고 천정은 대형석재 한 장으로 막았음. 무덤 축조에 사용된 돌은 할석과 쇄석이고 간혹 소형 냇돌 등이 보임.

(2) 지구촌8소대 뒷산의 고분군[3]

○ 도로변 산 위 급경사에 대략 5기의 고분이 산재.

○ 도로를 사이에 두고 고분이 자리한 산의 맞은편에 압록강이 흐름.

○ 횡구식 석실로 이루어진 봉토묘가 확인되는데 봉토는 유실되어 횡구식 석실만 잔존함. 입구는 220°이며 천정은 평천정으로 판상석으로 막음. 외벽은 1매로 세움.

○ 그 밖에 확인된 무덤은 5기이며, 이들 무덤 앞에 묘역을 표시한 것으로 추정되는 돌로 쌓은 壇이 확인됨.

4. 고분별 현황

1) JYDM1호묘

○ 위치 : 고분군 최북단에 위치하는데 남쪽으로 지구 9조와 300m 떨어져 있음.

○ 유형 : 계단적석석실묘, 연접묘.

○ 평면 : 장방형.

○ 규모 : 남북 길이 18m, 동서 너비 9m, 잔존 높이 1.2m.

○ 구조 : 고분 사면에 2단 계단을 축조했는데 현재 계단석은 일부 붕괴되었음. 계단석은 약간 가공한 화강암석으로 제1단 계단은 2층으로 쌓았으며, 계단높이는 0.7m이며 최대 계단석은 길이 0.9m, 너비 0.4m,

---

[2] 關野貞 답사때, 유수림자하 유역의 동쪽에 우뚝 솟은 해발 약 0.9km에 이르는 높은 산을 현지인들이 '高麗子' 또는 '大高麗墓子'라 불렀지만, 가칭 '高麗山'으로 표현함. 여기서는 현지인들의 명칭을 따라 정리함.

[3] 기존의 보고서 등에는 이 고분이 언급되지 않음.

높이 0.4m임. 제2단 계단은 제1단 계단 위에 0.7m 안으로 들어서 1층으로 쌓았고 그 계단 높이는 0.3m 정도임. 분구 돌은 강자갈에 소량의 쇄산석이 섞여 있음. 돌은 0.3m 정도이며, 현재 분구 적석은 다수 유실됨. 분구 봉석 유실로 인해 분구 상부에 묘실 천정석이 노출됨. 묘실은 3개로 보임. 고분은 이미 파괴됨.

2) JYDM2·3호묘
○ 위치 : 북쪽으로 JYDM1호묘와 15m 떨어져 있음. 두 고분은 동서로 배열하고 있고 그 간격은 10m임.
○ 유형 : 유단적석석광묘.
○ 평면 : 방형.
○ 규모 : 한 변 길이 7m, 높이 1.3m.
○ 구조 : 두 고분 사면에 기단을 쌓았으며, 일부 기단은 분구에서 흘러내린 돌에 의해 매몰됨. 기단석은 약간 가공한 자연석으로 최대 기단석은 길이 0.6m, 너비 0.4m, 높이 0.3m임. 분구 돌은 강자갈에 소량의 쇄산석이 섞여 있는데 돌 크기는 0.1~0.3m임. 두 고분의 정상부는 보존이 온전한 상태임.

3) JYDM4호묘
○ 위치 : 동쪽으로 JYDM3호묘와 10m 떨어져 있음.
○ 유형 : 계단적석석실묘, 연접묘.
○ 평면 : 장방형.
○ 규모 : 남북 길이 20m, 동서 너비 10m, 잔존 높이 1.4m.
○ 구조 : 고분 사면에 2단 계단을 쌓았으며, 계단석은 약간 가공한 화강암석임. 제1단 계단은 높이가 0.6m임. 제2단 계단은 제1단 계단 위에 안으로 0.8m 들여쌓았고 계단 높이는 0.4m 정도임. 분구 돌은 강자갈로 현재 다수가 유실되어 묘실 천정석이 노출됨. 이로 인해 3개의 석실을 볼 수 있는데 북쪽 석실은 이미 심하게 파괴되었고, 나머지 2개 석실 역시 어느 정도 파괴됨.

4) JYDM5호묘
○ 위치 : 북쪽으로 JYDM4호묘와 5m 떨어져 있음.
○ 유형 : 봉토석실묘, 이실묘.
○ 평면 : 원구형.
○ 규모 : 직경 8m, 잔존 높이 1.5m.
○ 구조 : 묘실 정상부 봉토는 이미 전부 유실되었고 두 묘실의 천정석이 노출됨. 천정석 틈 사이로 석실을 볼 수 있음.

5) JYDM6호묘
○ 위치 : 서쪽으로 강변과 10m, 동쪽으로 지구 9조와 15m 떨어져 있음.
○ 유형 : 유단적석석광묘.
○ 평면 : 방형.
○ 규모 : 한 변 길이 7m, 높이 1.2m.
○ 구조 : 고분 사면 둘레에 기단을 조성했는데 기단석은 약간 가공을 거친 자연석임. 분구 돌은 강자갈이며, 돌의 크기는 0.3m 정도임. 분구 중앙에는 함몰갱이 하나 있음. 고분의 보존상태는 온전함.

6) JYDM7호묘
○ 위치 : 서쪽으로 JYDM8호묘와 8m 떨어져 있음.
○ 유형 : 계단적석석실묘, 연접묘.
○ 평면 : 장방형.
○ 규모 : 남북 길이 19m, 동서 너비 9m, 잔존 높이 1.3m.
○ 구조 : 고분 사면에 2단 계단을 조성했는데 계단석은 약간 가공을 거친 화강암석임. 제1단 계단은 2층으로 쌓았고, 계단 높이는 0.7m임. 제2단 계단은 제1단 계단 위에 안으로 0.8m 들여쌓았고, 계단 높이는 0.4m임. 분구 돌은 강자갈이고 소량의 쇄산석도 있으며, 돌 크기는 0.2m 정도임. 분구 상부에 묘실 천정석이 노출되었는데 천정석 사이로 3개 묘실이 보임.

7) JYDM8호묘

- 위치 : 동쪽으로 JYDM7호묘와 8m 떨어져 있음.
- 유형 : 봉토석실묘, 이실묘.
- 평면 : 원구형.
- 규모 : 직경 7m, 잔존 높이 1.4m.
- 구조 : 묘실 정상부 봉토는 이미 전부 유실되어 묘실 천정석이 노출됨. 천정석 아래에는 묘실 2기가 있는데 서쪽 묘실의 서벽은 이미 파괴됨.

8) JYDM9·10·11·12·13호묘

- 위치 : 북쪽으로 JYDM8호묘와 약 10m 떨어져 있음.
- 유형 : 봉토석실묘.
- 평면 : 원구형.
- 규모 : 직경 5~7m, 높이 1.3~1.5m 정도.
- 구조 : 고분 5기의 보존상태가 온전함.

9) JYDM14·15·16·17·18호묘

- 위치 : 북쪽으로 JYDM13호묘와 10m 떨어져 있음. 고분은 동서로 배열됨.
- 유형 : 봉토석실묘.
- 평면 : 원구형.
- 규모 : 직경 3~5m, 잔존 높이 1.2~1.4m 정도.
- 구조 : 분구 돌은 이미 전부 유실되었고, 어떤 묘실은 이미 파괴되어 천정석이 유실됨. 고분 5기는 모두 파괴됨.

10) JYDM19·20호묘

- 위치 : 남쪽으로 압록강변과 약 50m, 북쪽으로 도로와 30m 떨어져 있음. 두 고분은 동서로 배열하고 있고, 그 간격은 5m임.
- 유형 : 유단적석석광묘.
- 평면 : 방형.
- 규모 : 한 변 길이 6m, 높이 1.6m.
- 구조 : 고분 사면에 기단을 조성했는데 기단석은 약간 가공한 자연석임. 현재 기단석은 다수가 유실됨. 분구 돌은 강자갈로 돌 크기는 0.3m 정도임. 두 고분의 정상부는 모두 교란됨.

5. 역사적 성격

- 고분군이 자리한 곳은 평활하며, 토지가 비옥하고 수원이 풍족하여 주거지로 매우 적합함.
- 주변에 고구려의 地溝遺址가 있고, 방단적석묘와 봉토석실분들로 고분군이 구성되어 있으므로 장기간 걸쳐 주민이 거주하면서 고분군을 조성하였을 것으로 추정됨.
- 개별 고분의 성격과 연대를 추정할 근거는 확보되지 못하였음.

참고문헌

- 關野貞, 1920, 「平安北道及滿洲高句麗古蹟調查略報告」, 『大正6年度古蹟調查報告』; 1941, 「平安北道及滿洲國高句麗古蹟調查略報告」, 『朝鮮の建築と藝術』, 재수록.
- 吉林省文物志編纂委會, 1983, 『集安縣文物志』.
- 國家文物局 主編, 1992, 『中國文物地圖集』 吉林分冊.
- 孫仁杰·遲勇, 2007, 『集安高句麗墓葬』, 香港亞洲出版社.

19 집안 노호초고분군
集安 老虎哨古墳群

1. 조사현황

1) 1962년 4월 조사
○ 조사기관 : 輯安縣文物普查隊(吉林省博物館, 輯安縣文物保管所).
○ 조사내용 : 고분 14기 확인.

2) 1981년 10월
○ 조사기관 : 集安縣文物保管所.
○ 조사 참여자 : 林至德, 閻毅之, 趙書勤.
○ 조사내용 : 노호초 수력발전소 건설로 인해 발굴조사 실시.

2. 위치와 자연환경

1) 고분군 위치(그림 1 ~ 그림 2)
○ 楡林鎭 老虎哨村 서쪽 200m에 위치.
○ 고분은 노호초 북면의 黑駝山 아래에 남북으로 펼쳐진 길고 좁다란 언덕 가운데에 분포하는데 분포 범위는 대략 3천㎡임.
○ 현재 수력발전소로 인해 완전 수몰됨.

2) 고분군 주변환경
○ 노호초촌은 집안현에서 서남 50km 거리에 위치하며, 노호초의 동·남·서쪽의 3면을 압록강이 둘러싸고 있음.
○ 압록강을 사이에 두고 북한의 渭源郡이 자리하고 있음.

3. 고분군의 분포상황

1) 고분 구조에 의한 분류
○ 고분은 총 17기로 5기는 심하게 훼손되고 봉토묘 12기만 발굴됨.
○ 고분 구조에 따라 石室墓와 洞室墓로 구분되는데 두 유형의 고분은 매장부의 수에 따라 同墳異穴의 이실묘와 단실묘로, 석실 평면은 치우친 연도(刀形)과 중앙연도(鏟形)로, 천정은 모줄임 천정과 평천정으로 나뉨.

2) 고분 유형별 분포상황

(1) 석실묘(횡구식 봉토석실묘) : 2기(M1, M4)
○ 묘실 : 네 벽은 모두 불규칙한 돌로 쌓았고, 묘실 벽 높이는 1~1.5m임. 상부는 간단한 모줄임 후 천정은 1~2개의 板狀大石으로 덮음.
○ 묘도 : 입구에는 대부분 입구 표시석이 있음. 천정은 大板石으로 덮음.
○ 분구의 형태는 丘狀임.

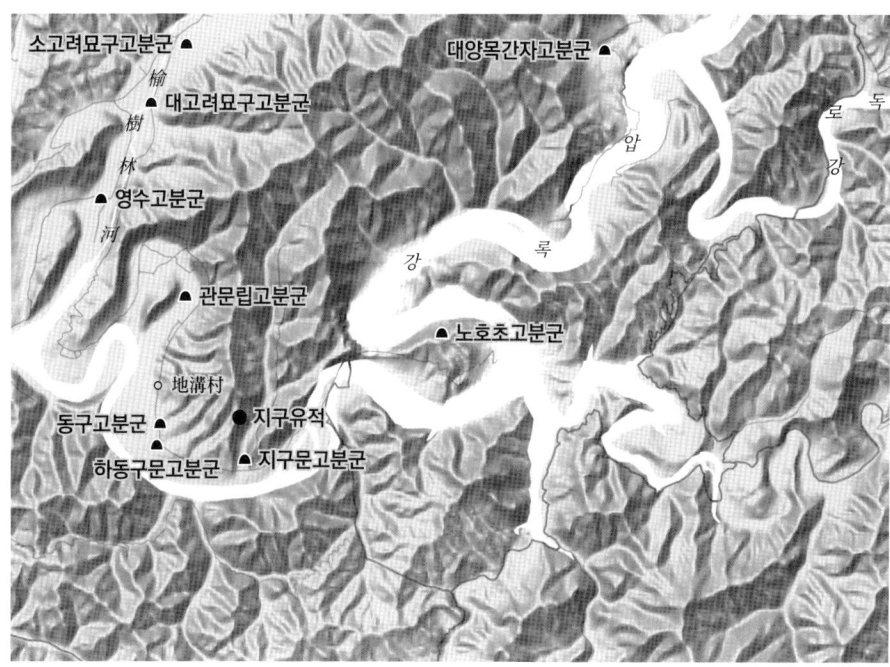

그림 1
노호초고분군 위치도

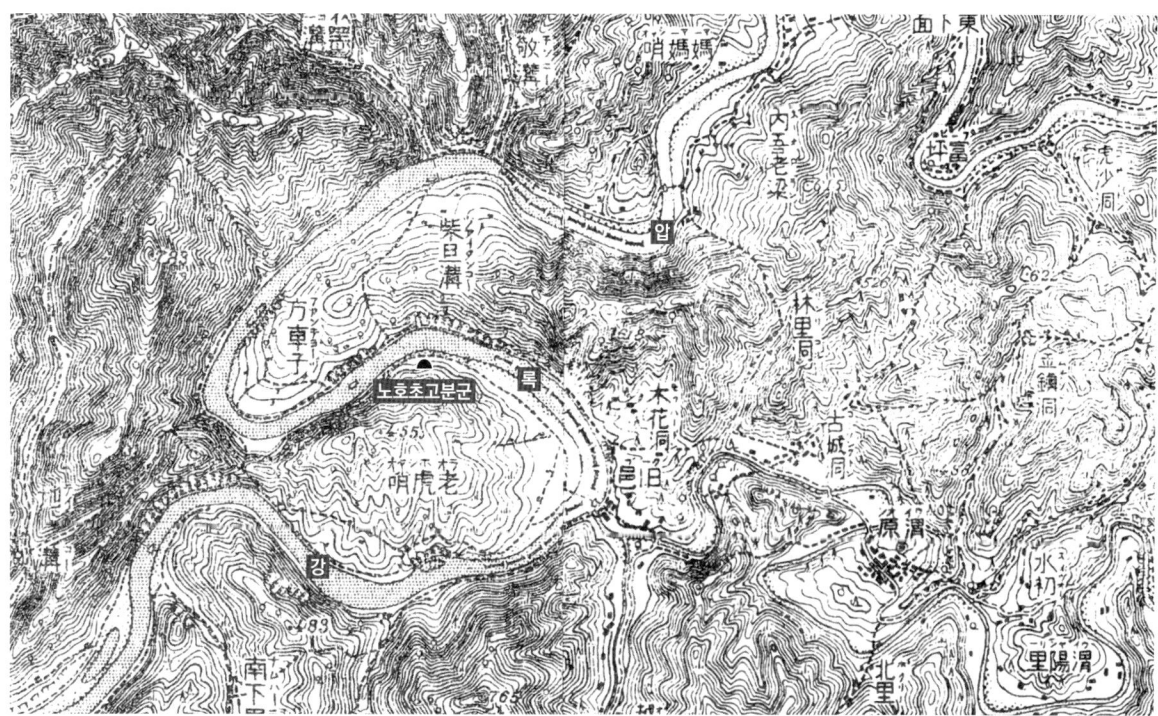

그림 2 노호초고분군 주변 지형도(滿洲國 10만분의 1 지형도)

(2) 동실묘(횡혈식 봉토석실묘) : 10기

○ 단실묘 : 7기. 鏟形은 1기(M8), 刀形은 6기(M2, M3, M5, M6, M9, M11)임.
○ 동분이혈 이실묘 : 총 3기(M7, M10, M12)이고 편재연도의 刀形 평면임. 동쪽 석실이 서쪽 석실보다 약간 큼.
○ 축조 방법 : 축조는 석실과 유사하나 석실 상부에 모줄임 없이 커다란 판석으로 천정을 덮음.
○ 묘실과 묘도의 바닥은 낮은 편으로 높이가 70~90cm임.
○ 다수가 묘도 표시석을 가짐.

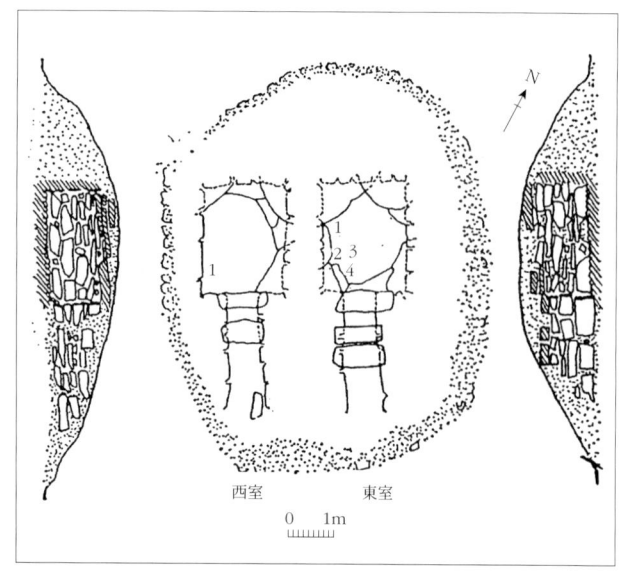

그림 3 노호초1호묘 평면도(『文物』1984-1, 71쪽)
동실 : 1. 석도 잔편 2~4 석촉   서실 : 1. 이빨장식

4. 고분별 현황

1) 노호초1호묘(그림 3)

○ 유형 : 석실묘(同墳異穴 이실묘).
○ 규모 : 둘레 길이 35.5m, 잔존 높이 1m.
○ 방향 : 南偏東 30°.
○ 구조
- 묘실은 동·서 2개 석실로 구성되었는데 크기가 모두 길이 2.5m, 너비 1.9m, 높이 1.25m이고 석실 사이 벽은 두께 0.85m임. 동실 천정은 함몰되어 천정석이 보이지 않으며, 서실 천정은 각 2개의 커다란 장대석으로 덮여 있음. 두 묘실의 네 벽과 묘도는 모두 정연하지 않은 돌로 쌓았으며, 묘실 평면은 중앙연도의 鏟形임. 묘실 네 벽은 약간 들여쌓은 후 板狀石으로 모줄임(삼각고임) 2단을 만듦. 묘실 바닥에는 직경 5~10cm 되는 작은 냇돌(小礫石)을 깔았는데, 현재 지표보다 15cm 낮음. 동실 묘문은 5개의 대석으로 봉함. 서실 묘문 밖에는 묘도 입구와 2.25m 떨어진 지점에 높이 0.5m 되는 입구 표시석을 세움.
- 연도 : 동실 묘도는 길이 2.7m, 너비 0.75m, 높이 0.35~1m이고 서실 묘도는 길이 2.6m, 너비 0.7m, 높이 0.2~0.85m임.
○ 유물 출토 : 동실에서 석도 잔편(石刀片) 1점과 석촉 3점, 서실에서 이빨장식(牙飾) 1점 등이 출토됨.

2) 노호초4호묘(그림 4)

○ 유형 : 석실묘(단실묘)
○ 외형 : 丘狀. 주변 길이 31.6m, 殘高 1.6m.
○ 방향 : 南偏東 20°
○ 구조
- 묘실은 평면이 刀形으로 단실인데 길이 2.6m, 너비 1.65m, 높이 1.3m임. 벽석 위에 1층을 모줄임 한 후 큰 돌 1매로 천정을 봉함. 천장 막음돌의 크기는 길이 1.23m, 너비 0.85m, 두께 0.17m임. 석실 바닥은 현 지표보다 10cm 낮으며, 바닥에는 직경 10~15cm의 넓적한 모양의 조약돌(礫石)을 깔았고 소량의 숯도 발견됨. 묘문은 정연하지 않은 장대석으로 쌓아 봉함.
- 연도(墓道) : 서쪽으로 치우친 연도(刀形)로 석

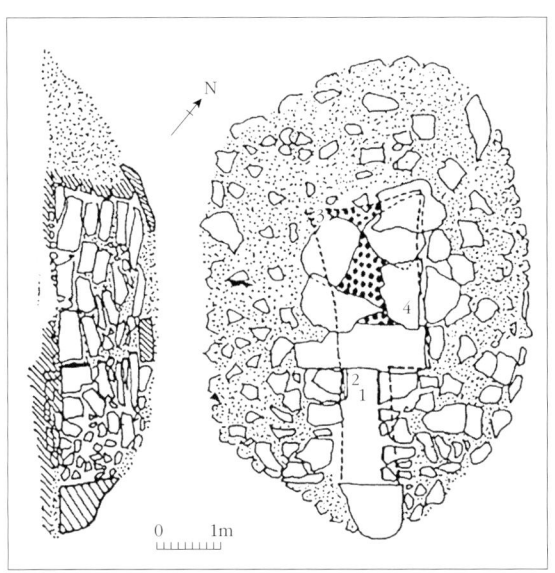

그림 4 노호초4호묘 평면도(『文物』1984-1, 73쪽)
1. 철촉 2. 석도 잔편 3. 토기편 4. 은반지

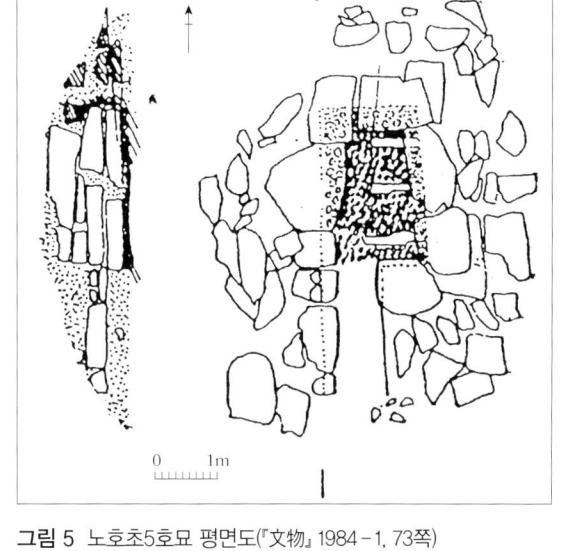

그림 5 노호초5호묘 평면도(『文物』1984-1, 73쪽)

실 서벽이 묘도 서벽으로 연결되었고 규모는 길이 1.9m, 너비 0.9m, 높이 1.9m임. 천정은 편평한 장대형 대석으로 봉함. 돌 크기는 길이 2.15m, 너비 0.8m, 두께 0.17임. 묘도 입구는 바닥은 넓고 위는 뾰족한 삼각형모양의 입구표시석이 하나 세워져 있음.

○ 출토유물 : 석실 서북 모서리에서 토기편 1점, 석실 동남쪽에서 은반지 1점, 묘도 서북쪽에서 철촉 1점과 석도 잔편 1점 등이 발견됨.

3) 노호초5호묘(그림 5)

○ 유형 : 동실묘(단실묘)
○ 규모 : 둘레 길이 약 18m, 잔존 높이 1.4m.
○ 방향 : 南偏西 5°.
○ 구조
- 묘실 : 평면은 刀形이고 단실인데 크기가 길이 2.1m, 너비 1.35m, 높이 1m임. 묘실 벽면은 들여 쌓았는데 석실 종단면은 바닥이 넓고 위가 좁은 梯形임. 묘실 서벽은 연도 서벽과 연결되어 있음. 묘문

은 돌(塊石)로 봉함. 묘실 천정석은 이미 원래 자리에서 옮겨진 상태임. 작은 냇돌(小鵝卵石)을 깐 묘실 바닥 위에 동쪽 묘벽에 기대어 3개의 장대한 판상석이 동일한 간격으로 남북으로 배열되어 있음. 이 돌들은 棺을 받치는 용도로 추정됨. 이런 관받침은 집안 고분 중에서 발견된 예가 없음.

- 연도(墓道) : 치우친 연도(刀形)로 길이 1.7m, 너비 0.75, 높이 0.4m임.

4) 노호초7호묘(그림 6)

○ 유형 : 동실묘.
○ 규모 : 둘레 길이 30m, 잔존 높이 1.10m.
○ 방향 : 南偏西 40°
○ 구조
- 묘실 : 동분이혈의 동·서 이실묘로 격벽(隔壁)으로 동실과 서실이 나뉘는데 격벽 두께는 0.5m임. 묘실 평면은 刀形이며, 규모는 동실이 길이 2.2m, 폭 1.1m, 높이 0.9m이고, 서실이 길이 2.2m, 폭 1m, 높이 0.95m임. 묘실 상부의 천정석은 이미 옮겨짐.

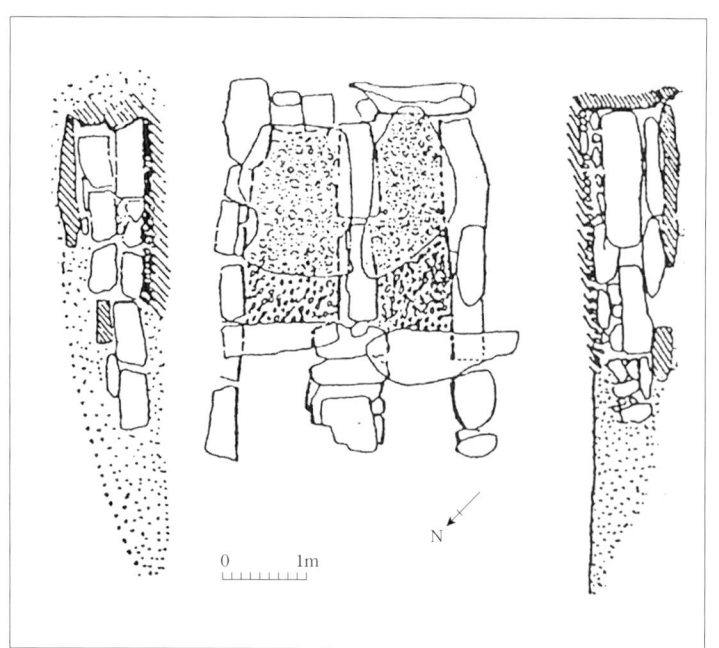

그림 6 노호초7호묘 평면도(『文物』1984-1, 73쪽)

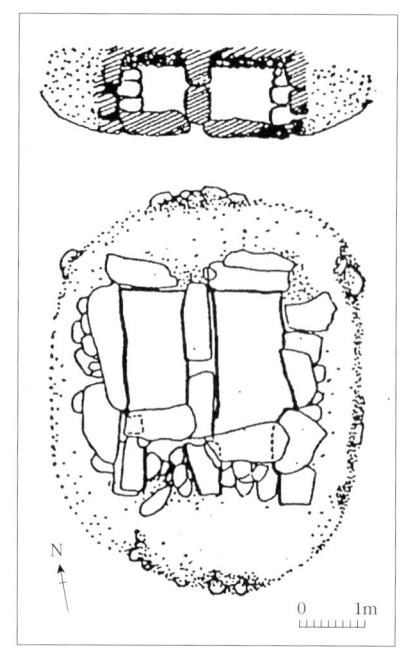

그림 7 노호초10호묘 평면도
(『文物』1984-1, 73쪽)

- 묘도 : 동실은 동쪽에 있고 서실은 서쪽에 위치하며, 동·서실의 연도는 규모가 동일한데 길이 1.25m, 폭 0.8m, 높이 0.6m임.

5) 노호초10호묘(그림 7)
  ○ 유형 : 동실묘.
  ○ 규모 : 둘레 길이 21.6m, 잔존 높이 0.95m.
  ○ 방향 : 南偏西 13°.
  ○ 구조 : 묘실은 격벽(隔壁)으로 구획된 동·서 이실묘로 동실은 길이 1.75m, 너비 1m, 높이 0.95m이고, 서실은 길이 1.75m, 너비 0.9m, 높이 0.95m임. 동·서 두 묘실의 네 벽 모두 정연하지 않은 돌로 축조했으나, 돌 틈은 碎石으로 메워 벽면이 매우 편평함. 격벽이 묘도까지 연결되었으며, 격벽 규모는 너비 0.5m, 전체 길이 2.85m임. 묘실 평면은 刀形이며, 천정은 평천정임. 묘실 바닥은 두께 20cm인데 작은 냇돌(小鵝卵石)로 여러 층을 깔음. 묘문은 돌(塊石)로 층층이 쌓아 봉함. 입구 표시석(迎門石)은 보이지 않음.

5. 출토유물

1) 석도 잔편(石刀片, 그림 8)
  ○ 출토지 : 1호묘 동실.
  ○ 크기 : 잔존길이 9.1cm, 너비 3.1cm.
  ○ 형태 : 청회색 頁岩製이며, 전체를 마연 처리함.

2) 석촉(石鏃, 그림 9)
  ○ 출토지 : 1호묘 동실.
  ○ 수량 : 3점.
  ○ 크기 : 잔존길이 4.3cm, 너비 1.2cm, 두께 0.3cm.
  ○ 형태 : 모두 홍갈색이며, 정교하게 제작함. 전체를 마연처리하고, 가운데를 납작하게 갈음. 刃部는 예리하고 後部는 凹缺됨. 단면은 扁六角形임. 1점은 완형에 가까움.

3) 토기편(陶片)
  ○ 출토지 : 8호묘.

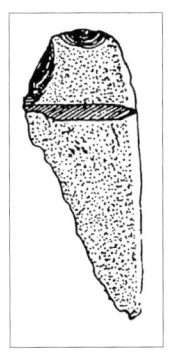
그림 8 석도 잔편
(『文物』1984-1, 73쪽)

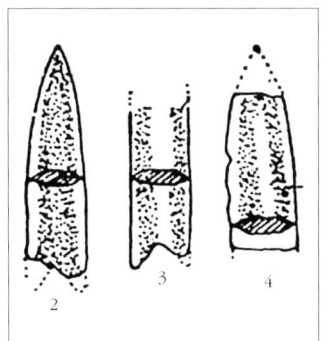
그림 9 석촉(『文物』1984-1, 73쪽)

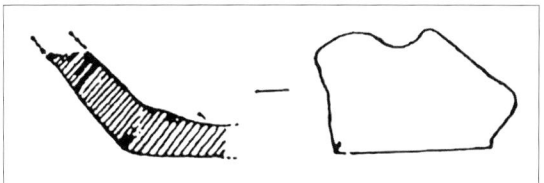
그림 11 토기 바닥(『文物』1984-1, 73쪽)

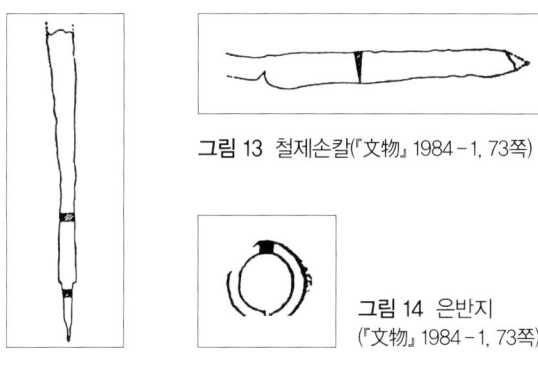
그림 13 철제손칼(『文物』1984-1, 73쪽)

그림 14 은반지
(『文物』1984-1, 73쪽)

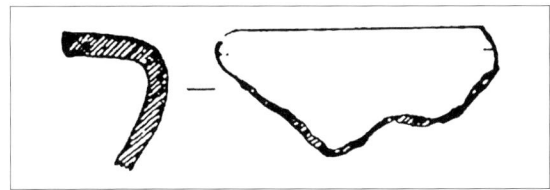
그림 10 토기 구연부(『文物』1984-1, 73쪽)

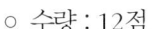
그림 12 철촉(『文物』1984-1, 73쪽)

○ 수량 : 12점.
○ 형태 및 태토 : 手製. 출토품은 모래가 섞인 갈색으로, 고운점토제는 드문 편임. 무문이며 소성도는 높지 않음. 그중 1점은 구연부편인데 황갈색 모래 섞인 토기편으로 각진 입술이며 외반함(그림 10). 다른 1점은 바닥편이며 태토는 위와 같고 작은 납작바닥임(그림 11).

4) 철촉(鐵鏃, 그림 12)
○ 출토지 : 4호묘.
○ 크기 : 길이 12.2cm, 刃 너비 10cm, 두께 0.3cm.
○ 형태 : 단면은 장방형이며, 슴베는 끝이 뾰족하고 (尖端) 날은 넓은데 약간 파손됨.

5) 철제손칼(鐵削, 그림 13)
○ 출토지 : 2호묘.
○ 크기 : 잔존길이 11cm, 너비 1.2cm, 두께 0.3cm.
○ 형태 : 兩端이 약간 파손됨.

6) 은반지(銀指環, 그림 14)
○ 출토위치 : 4호묘 동벽 중간의 자갈층.
○ 크기 : 직경 1.7cm, 단면지름 0.2cm.
○ 형태 : 銀線으로 동그랗게 제작했으며, 단면은 원형임.

6. 역사적 성격

1) 고분의 연대

고구려 고분의 변천과정에 의하면, 봉토석실묘는 3세기대 이미 출현하여, 4세기 중엽~5세기 중엽에 크게 발전하고, 6세기 중엽에는 고구려 고분형식의 주류를 형성함.[1] 따라서 봉토묘가 중심이 되는 노호초고분군의 연대는 고구려 전반 3세기부터 고구려 후기까지로 추정됨.

1　李殿福, 1980, 「集安高句麗墓研究」, 『考古學報』 1980-2 참조.

2) 입구 표시석(迎門石)

고구려 후기(6세기)로 비정되는 오회분 4호묘 및 5호묘, 통구12호묘(馬槽塚) 등의 대형 고분에서, 전실 앞의 묘도 중앙에 '擋門石'이라 불리는 시설이 설치되어 있음. 이러한 시설은 고구려 소형 봉토묘에서 발견된 예가 없으나, 노호초가 소형 고분으로 첫 발견 사례임. 이 입구 표시석은 고분 구조에서 반드시 필요한 시설은 아니며, 고구려 후기 葬俗 관념에 의해 출현한 것으로 추정됨.

참고문헌

- 吉林省文物志編纂委會, 1983, 『集安縣文物志』.
- 集安縣文物保管所, 1984, 「集安縣老虎哨古墓」, 『文物』 1984-1.
- 國家文物局 主編, 1992, 『中國文物地圖集』 吉林分冊.
- 李殿福 著·車勇杰 金仁經 譯, 1994, 『中國內의 高句麗 遺蹟』, 學研文化史.

20 집안 관문립고분군[1]
集安 關門砬古墳群 | 地溝三隊古墳群

1. 조사현황

1) 1962년 조사
○ 조사기관 : 輯安縣文物普査隊(吉林省博物館, 輯安縣文物保管所).
○ 조사내용 : 고분 40기 발견.

2) 1983년 5월 조사
○ 조사기관 : 集安縣文物普査隊.
○ 조사내용 : 고분 10기를 확인했는데 방단적석묘가 다수이고 보존상태가 양호함.

3) 2005년 조사
○ 조사기관 : 吉林省 長白文化硏究會, 集安市博物館.
○ 조사 참여자 : 張福有, 程遠, 孫仁杰, 遲勇.
○ 조사내용 : 확인된 고분 5기 모두 유단적석석광묘임.

4) 현황
도로가 개설되면서 고분이 파괴되었다고 함.

2. 위치와 자연환경(그림 1~그림 2)

○ 고분들은 集安市 楡林鎭 地溝村 3組의 남쪽 대지 위에 분포함.
○ 고분군은 地溝村 關門砬屯의 북쪽, 關門砬子의 남쪽에 위치함.
○ 고분군 동쪽 20m에는 북에서 남으로 유림진을 왕래하는 도로가 있고, 서쪽으로는 습지(洼地)이며, 북쪽 300m 지점은 지구 3組임.

3. 고분별 현황

1) JYDSM1호묘
○ 위치 : 고분군 최남단에 위치하는데 북쪽으로 JYDSM2호묘와 15m 떨어져 있음.
○ 유형 : 유단적석석광묘.
○ 평면 : 방형.
○ 규모 : 한 변 길이 8m, 높이 1.1m.
○ 구조 : 고분 사면 둘레의 기단석은 대부분 분구 위에서 흘러내린 적석에 의해 매몰됨. 기단은 약간 가공한 자연석으로 축조했고, 기단 높이 0.5m 정도임. 분구 적석은 모두 강자갈로 돌 크기는 0.2m 정도임. 분구 정상부는 이미 교란됨.

---

[1] 『集安縣文物志』(1983) 참조. 『集安高句麗墓葬』(2007)에서는 '地溝三隊 古墳群'으로 명명.

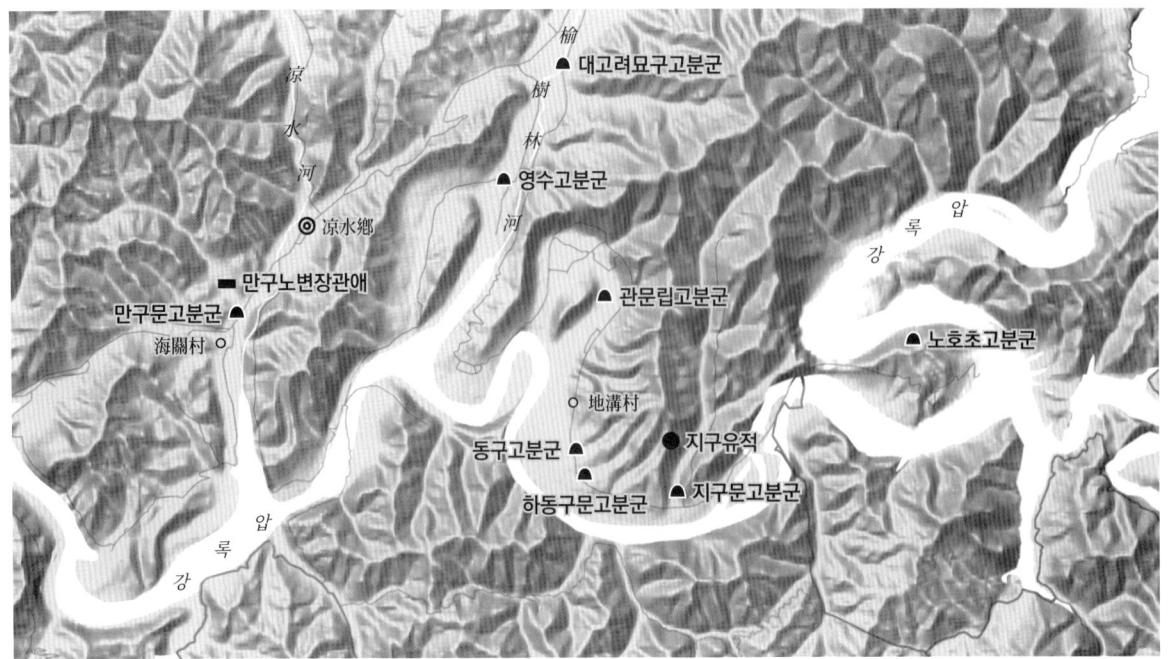

그림 1 관문립고분군 위치도

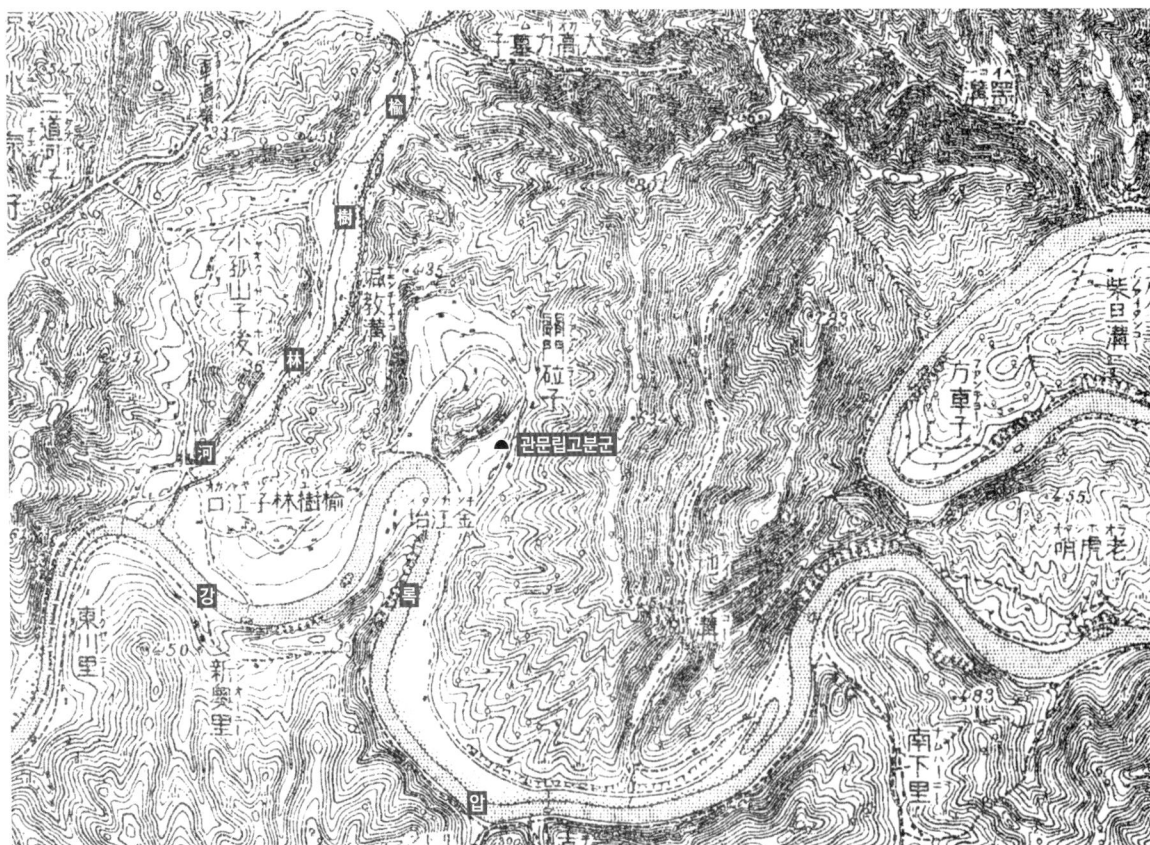

그림 2 관문립고분군 주변 지형도(滿洲國 10만분의 1 지형도)

2) JYDSM2·3호묘

○ 위치 : 동쪽으로 JYDSM4호묘와 약 6m 떨어져 있음. 두 고분은 동서로 배열해 있고, 간격은 3m임.

○ 유형 : 유단적석석광묘.

○ 구조 : 고분 사면 둘레의 기단석은 이미 망실됨. 분구적석은 丘狀으로 직경 5m 정도이며, 잔존 높이 1m임. 분구 적석은 모두 강자갈(河卵石)이며, 고분은 이미 파괴됨.

3) JYDSM4호묘

○ 위치 : 동쪽으로 JYDSM5호묘와 8m 떨어져 있음.

○ 유형 : 유단적석석광묘.

○ 평면 : 방형.

○ 규모 : 한 변 길이 6m, 높이 1.2m.

○ 구조 : 고분 사면 둘레에 기단을 축조하였는데 고분 동쪽 기단이 비교적 큼. 가장 큰 기단석은 길이 0.7m, 너비 0.4m, 높이 0.4m임. 분구 위에는 3×2×0.5m의 함몰갱이 하나 있는데 석광 위치에 해당함. 분구 적석은 강자갈(河卵石)이며, 돌 크기는 0.1~0.2m임.

4) JYDSM5호묘

○ 위치 : 서쪽으로 JYDSM4호묘와 8m, 동쪽으로 도로와 20m 떨어져 있음.

○ 유형 : 유단적석석광묘.

○ 평면 : 방형.

○ 규모 : 한 변 길이 8m, 높이 1.3m.

○ 구조 : 고분 사면 둘레에 기단을 축조했으며, 고분 서쪽 기단석은 일부 유실됨. 기단석은 약간 가공한 자연석이며, 기단 높이는 0.5m 정도임. 분구 적석은 강자갈(河卵石)이며, 분구 상부는 이미 파괴됨.

참고문헌

- 吉林省文物志編纂委會, 1983, 『集安縣文物志』.
- 國家文物局 主編, 1992, 『中國文物地圖集』吉林分冊.
- 孫仁杰·遲勇, 2007, 『集安高句麗墓葬』, 香港亞洲出版社.

21 집안 영수고분군
集安 迎水古墳群

1. 조사현황

1) 1917년 6월 조사
- 조사기관 : 조선총독부 고적조사위원회.
- 조사 참여자 : 關野貞.
- 조사내용 : 고분 총 140여 기.

2) 1962년 4월 조사
- 조사기관 : 輯安縣文物普查隊(吉林省博物館, 輯安縣文物保管所).
- 조사내용 : 방단적석묘 1기가 확인되는데 보존상태가 양호함.

3) 1983년 조사
- 조사기관 : 集安縣文物普查隊.
- 조사내용 : 방단적석묘 1기 확인.

2. 위치와 자연환경(그림 1)

集安市 楡林鎭 迎水村 동북에 소재.

그림 1
영수고분군 위치도

3. 고분군의 전체 분포상황

1) 1917년 고분군 상황(楡樹林子河口附近古墳)
○ 유수림자하구의 북쪽 邱山과 大山의 중간에 있는 계곡에 자리함.
○ 고분은 총 140여 기로 도로 동쪽에 약 25기, 서쪽 큰 산 동쪽 기슭의 높은 곳에 약 115기가 있음.
○ 적석묘(石塚)과 봉토묘(土塚)로 이루어졌음. 적석묘는 대부분 붕괴되어 돌무지를 이루는데, 그 가운데 다장묘였던 것처럼 평면이 狹長한 장방형의 것도 있음. 봉토묘는 모두 봉토가 유실되어 석곽 일부가 노출되거나 파괴된 상태임.

2) 고분의 현황
만주국 당시 압록강 중류에서 댐이 건설되면서 방단적석묘 1기만 남고 모두 수몰됨.

참고문헌
- 關野貞, 1920, 「平安北道及滿洲高句麗古蹟調査略報告」, 『大正6年度古蹟調査報告』 ; 1941, 「平安北道及滿洲國高句麗古蹟調査略報告」, 『朝鮮の建築と藝術』, 재수록.
- 曹正榕 朱涵康, 1962, 「吉林省輯安縣楡林河流域高句麗考古調査」, 『考古』 1962-11.
- 吉林省文物志編纂委會, 1983, 『集安縣文物志』.
- 國家文物局 主編, 1992, 『中國文物地圖集』 吉林分冊.

22 집안 대고려묘(자)구고분군[1]

集安 大高麗墓(子)溝古墳群 | 大高力墓子古墳群

1. 조사현황

1) 1917년 6월 조사
○ 조사기관 : 조선총독부 고적조사위원회.
○ 조사 참여자 : 關野貞.
○ 조사내용 : 약 118기가 확인되는데 수 백여 개의 작은 돌무지들이 있음. 작은 돌무지의 대다수는 경작지 돌들을 모아 놓은 것이지만, 그중에는 고분이 파괴된 것이나 고분이 있던 자리에 후대에 돌을 모아 놓은 것들도 있으므로 원래는 확인된 고분보다 더 많은 고분이 존재했을 것으로 추정됨.

2) 1962년 4월 조사
○ 조사기관 : 輯安考古隊(吉林省博物館).
○ 조사내용 : 고분 113기를 확인함. 고분군에는 石墳(방단적석묘)와 土墳(봉토묘)가 혼재해 있음. 방단적석묘는 이미 교란되었는데 규모는 대형으로 한 변 길이 8~12m이며, 석실은 2실 또는 3실 구조이고 석실 입구 방향은 200~250°임. 일부 고분의 정상부 적석 분구 위에서 백회 흔적이 보임. 봉토묘는 규모가 비교적 작은 편으로 둘레 길이 10m 이하가 대다수임. 매장부는 석실 하나만 있는 것도 있지만, 동일 분구 내에 매장부가 두 개가 있는 2실의 이혈합장이 다수이며, 3실도 일부 확인됨. 봉토는 대부분 산실됨. 고분들을 편호하고 등록한 것 외에도 방단적석묘 31호묘 및 21호묘, 봉토묘 43호묘를 조사함.

3) 1983년 5월 12일 조사
○ 조사기관 : 集安縣文物普查隊.
○ 조사내용
- 고분 분포 범위는 1962년 조사와 비슷함. 보존이 양호한 고분은 59기로 고분유형별로 보면 적석묘 16기, 방단적석묘 4기, 방단석실묘 3기, 방단계제적석묘 3기, 봉석동실묘 10기, 봉토동실묘 23기임.[2]
- 적석묘 : 총 16기로 한 변 길이는 4~8m 사이가 많음. 후대 다시 돌을 올린 것이 많음. 대부분 원형이 파괴되었으나 6호묘만이 보존상태가 양호함.
- 방단적석묘 : 총 4기로 고분군은 불규칙하게 분포함. 한 변 길이는 6~11m가 다수임. 보존상태는 좋지 않으나 41호묘가 그나마 양호함.
- 방단석실묘 : 총 3기로 배열은 무질서하고, 한 변 길이 8~10m가 다수임. 47호묘가 대표적 고분임.
- 방단계제적석묘 : 총 3기로 규모가 크고 대부분 고분군 중앙의 서쪽편에 위치함. 43호묘가 대표적 고분임.
- 봉석동실묘 : 총 10기로 고분 배열은 무질서하고, 한 변 길이가 4~8m임. 매장부는 1개 분구 안에 석실 2기

1　『集安縣文物志』(1983) 참조. 關野貞(1920)에서 '大高力墓子古墳群'으로 명명한 이후 중국 보고서 등에도 사용되고 있음.

2　해당 고분 유형을 『集安高句麗墓葬』(2007)에서는 적석석광묘, 유단적석석광묘, 유단적석석실묘, 계단적석석실묘, 봉석곽실묘, 봉토곽실묘 등으로 표현.

가 있는 2실묘가 다수임. 45호묘가 대표적 고분임.
- 봉토동실묘 : 총 23기로 고분군 중앙에 다수 분포하는데 한 변 길이 4~8m가 다수임. 46호묘가 대표적 고분임.

4) 2005년 조사
  ○ 조사기관 : 吉林省 長白文化硏究會, 集安市博物館.
  ○ 조사 참여자 : 張福有, 程遠, 孫仁杰, 遲勇.

그림 1 대고려묘구고분군 위치도 1

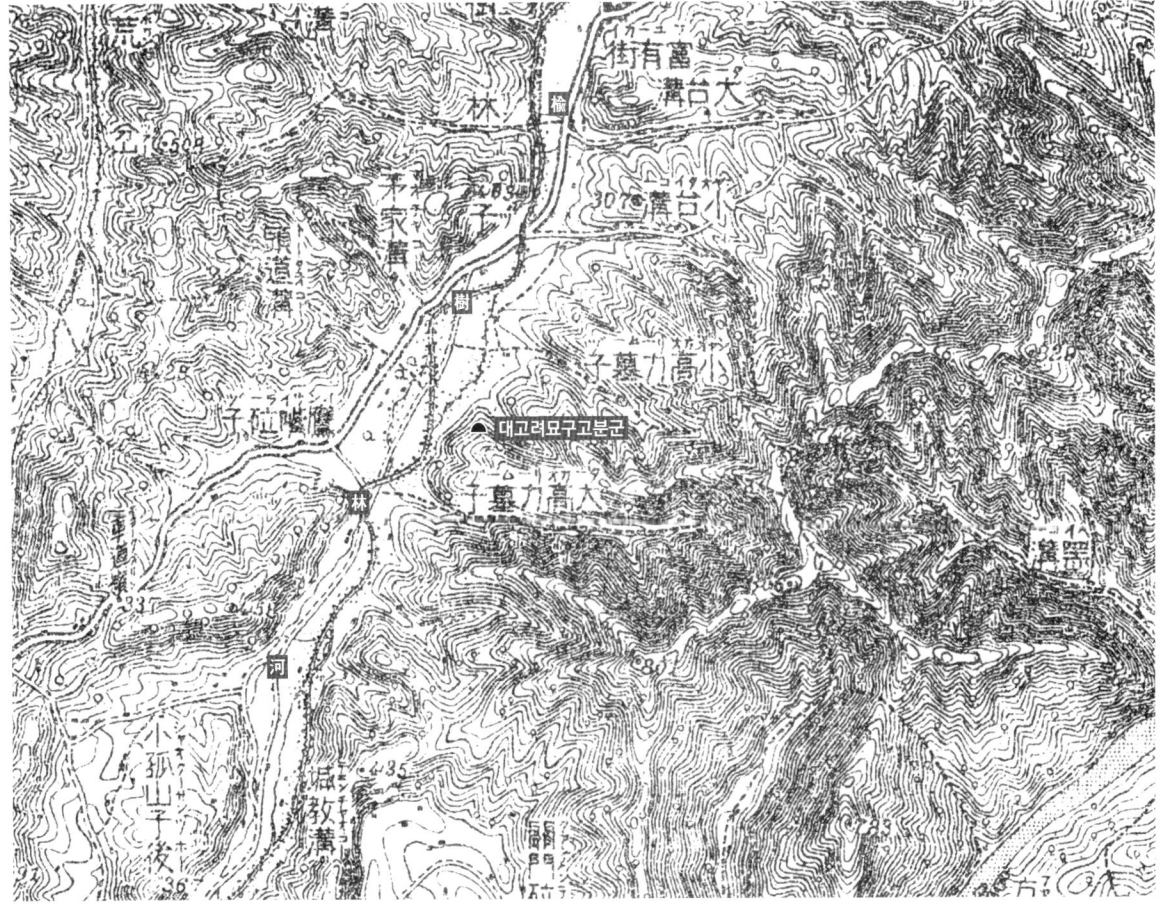

그림 2 대고려묘구고분군 주변 지형도(滿洲國 10만분의 1 지형도)

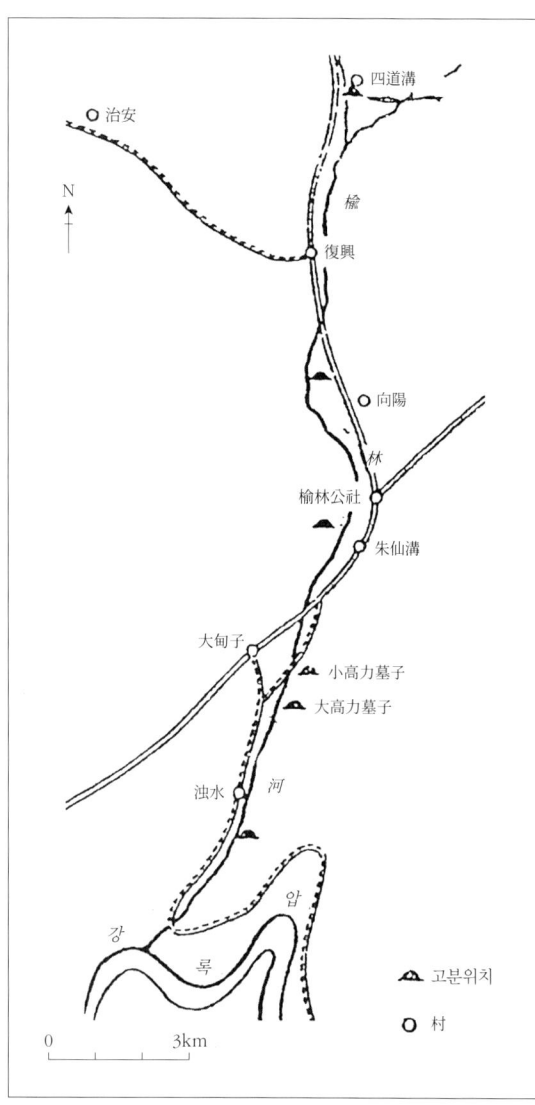

그림 3 대고려묘구고분군 위치도 2(『考古』 1962-11)

2. 위치와 자연환경

1) 고분군 위치(그림 1~그림 3)
○ 고분은 집안현성 서남쪽 45km의 楡樹林河 左岸에, 高麗墓子溝門의 남쪽 언덕에 펼쳐진 대지에 위치함.
○ 대지는 河面보다 약 5m 높고, 언덕 경사는 3~4°임.[3]

---

[3] 『考古』 1962-11 참조. 『集安縣文物志』(1983) 및 『集安高句麗墓葬』(2007)에서는 대지의 서단이 河面보다 7m 높고, 경사도는 5~10°로 고르지 않다고 기록함.

○ 고분군은 너비 100m, 길이 600m[4] 가량의 좁고 긴 지대에 분포함.
○ 왕복 2차선도로가 고분군을 통과하여, 고분군 일부는 잘려 나감.

2) 고분군 주변환경
○ 고분군 서북으로 유림진 대전자촌과 700m 떨어져 있으며, 동쪽은 老嶺산맥의 楡林嶺에 기대어 있음.
○ 고려묘자구에서 흘러내리는 작은 하천이 고분군의 동북을 거쳐 楡樹林河로 유입되어 남류하다가 압록강으로 합류함.
○ 楡樹林河는 전체 길이는 25km로 老嶺에서 발원하여 남쪽으로 흘러 압록강으로 유입하며, 하천 양안은 노령 支脈이 계속 이어져 산세가 험준하고 대부분 물줄기가 거센 협곡임.
○ 하천의 발원지와 약 5km 떨어진 四道溝門에서부터 하곡이 점점 넓어지며 좁고 긴 충적분지를 형성하는데, 가장 넓은 곳의 폭이 1km 정도임.

3. 고분군의 전체 분포상황(그림 4~그림 6)

○ 고분 분포는 동남쪽에서 서북쪽을 향해 뻗어 나가는 형상으로 동남부에 비교적 밀집해 분포함. 서북쪽 산기슭으로 갈수록 분포 밀도가 떨어짐. 적석묘과 봉토묘가 혼재하는데 적석묘은 대부분 고분군의 북단 산기슭에 분포.
○ 1917년 조사에 의하면, 고분군 범위는 너비 약 4~50間(대략 73~91m), 길이 약 350間(약 636m)으로 石塚(적석묘)과 土塚(봉토묘)이 혼재했다고 함.

---

[4] 『考古』 1962-11 참조. 『集安縣文物志』(1983) 및 『集安高句麗墓葬』(2007)에서는 길이 680m, 너비 110m로 기록함.

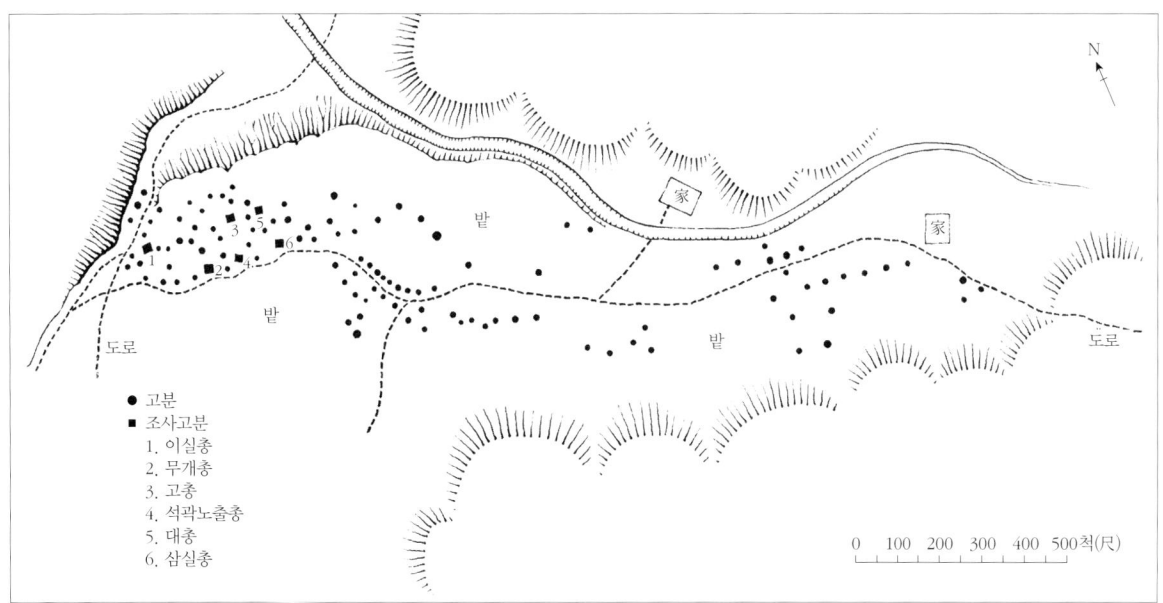

그림 4 대고려묘구고분군 분포도 1(關野貞 외, 1929)

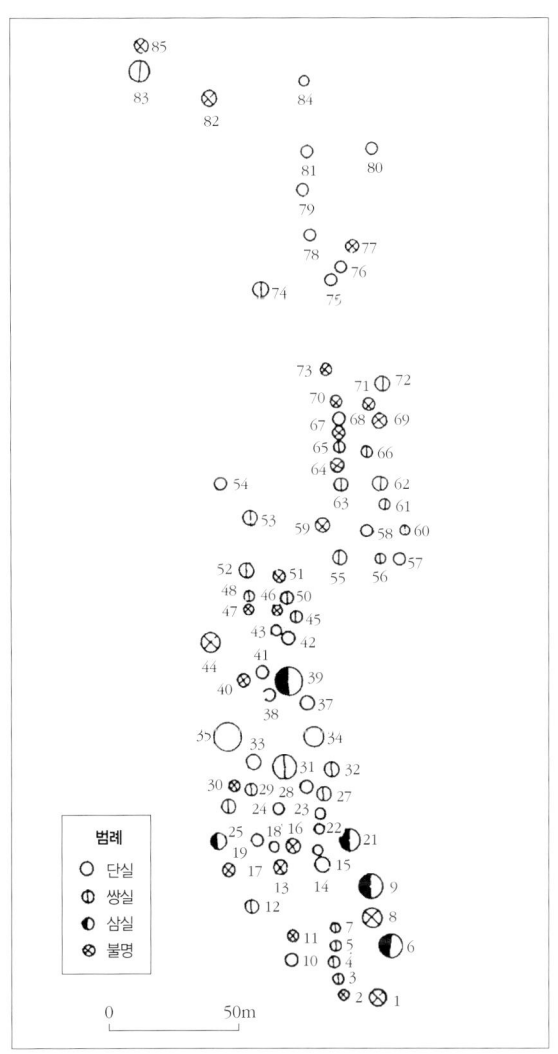

그림 5 대고려묘구고분군 분포도 2(『考古』 1962-11)

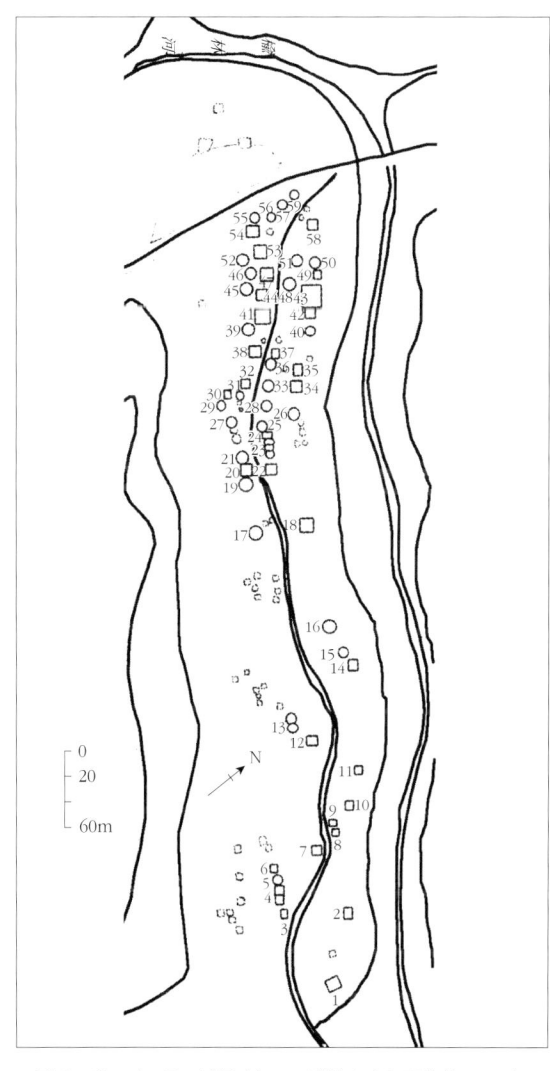

그림 6 대고려묘구고분군 분포도 3(『集安高句麗墓葬』 2007)

제3부 집안시(集安市) 지역의 유적과 유물   81

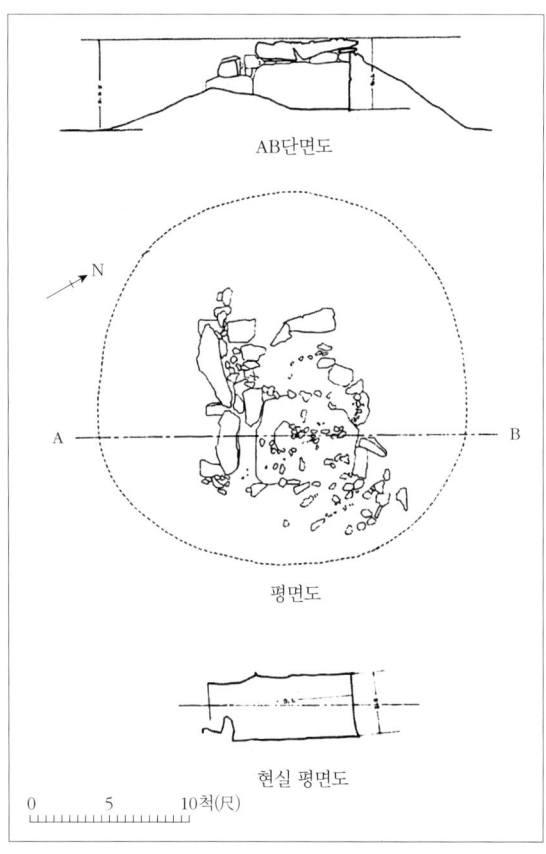

그림 7 대고려묘구 이실총 평·단면도(關野貞 외, 1929)

4. 고분별 현황

1) 1917년 조사

(1) 二室塚(同墳異穴合葬, 봉토석실묘, 그림 7)

봉토분구가 삭평되어 석실이 노출됨. 분구는 너비 23.5尺(약 7.1m), 길이 21.6尺(약 6.5m), 높이 약 4.8尺(약 1.4m)임. 석실은 좌·우 2실 구조로 평면은 장방형이며, 큰 석재로 천정을 덮음. 좌실은 너비 3.67尺(약 1.1m), 길이 약 6尺(약 1.8m)임.

(2) 無蓋塚(同墳異穴合葬, 봉토석실묘, 그림 8)

2실 구조의 고분으로 봉토 및 천정은 산실되고 좌·우 벽만 남은 상태임. 규모는 너비 약 27.3尺(약 7.2m), 길이 약 34.97尺(약 10.5m), 높이 약 3.79尺(약 1.1m)임. 좌실은 너비 4尺(약 1.2m), 길이 6尺(약 1.8m)이며, 우실은 너비 약 3.5尺(약 1.1m), 길이 약 6尺(약 1.8m)임. 좌·우실의 전면에는 연도의 흔적이 있음.

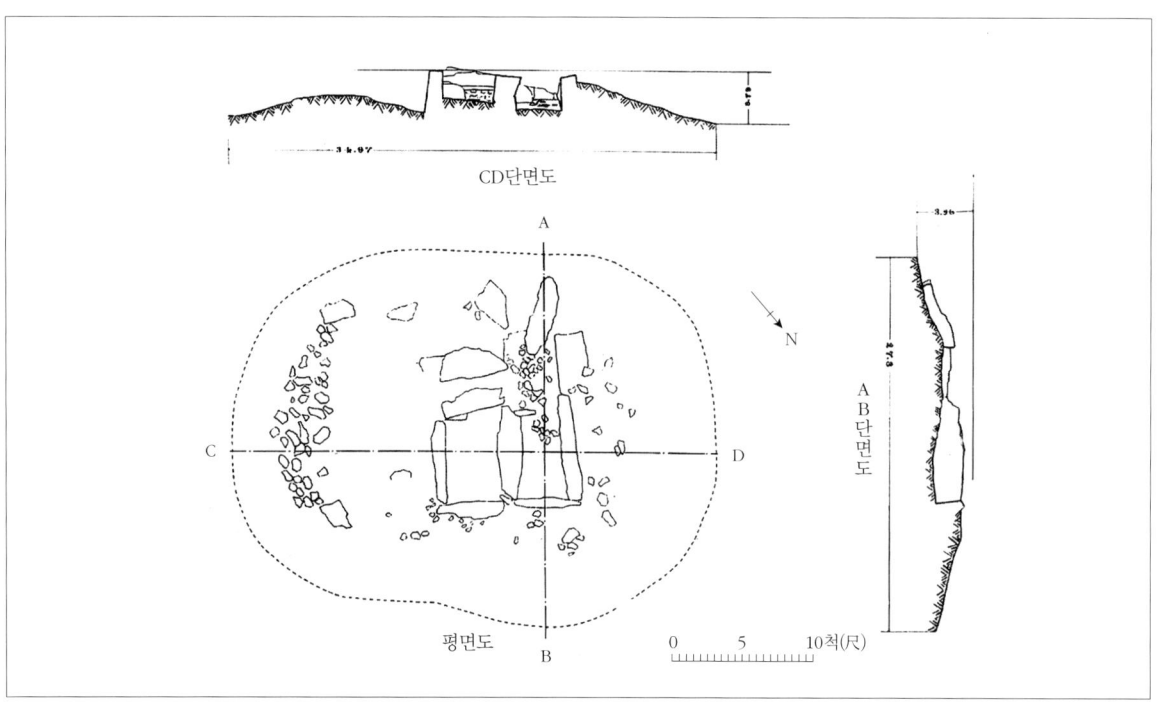

그림 8 대고려묘구 무개총 평·단면도(關野貞 외, 1929)

(3) 高塚(계단석실적석묘 ; 방단계제석실묘, 그림 9)

방형 평면의 계단석실적석묘임. 일찍부터 初重壇(제1단계단) 및 2重壇(제2단 계단)의 일부가 남아 있었음. 3重壇(제3단 계단)의 모서리돌로 추정되는 3尺 정도의 자연석이 보임. 그 상부에는 5~6寸 정도의 碎石 돌무지가 있음. 연도는 서남으로 향해 있는데 크기는 길이 16尺(약 4.8m), 너비 23尺(약 7.0m), 높이 6.8尺(약 2.0m)임.

(4) 石槨露出塚(봉토석실묘, 그림 10)

봉토가 유실되고 석곽이 반 이상 노출됨. 방향은 南偏西임. 고분 총 높이는 7.6尺(약 2.3m)이며, 잔존하는 봉토의 높이는 약 3尺(약 0.9m)임. 기저부는 고르지 않은 方臺形으로 동서 36.5尺(약 11.0m), 남북 25.4尺(약 7.7m)임. 석실은 동서 6.5尺(약 1.9m), 남북 5.7尺(약 1.7m)이고 옻칠 흔적이 있음. 천정은 심하게 붕괴되었는데 구조상 네 묘벽보다 한 두단의 고임을 더하여 천정석을 지지함. 연도는 남면 중앙부에 설치함.

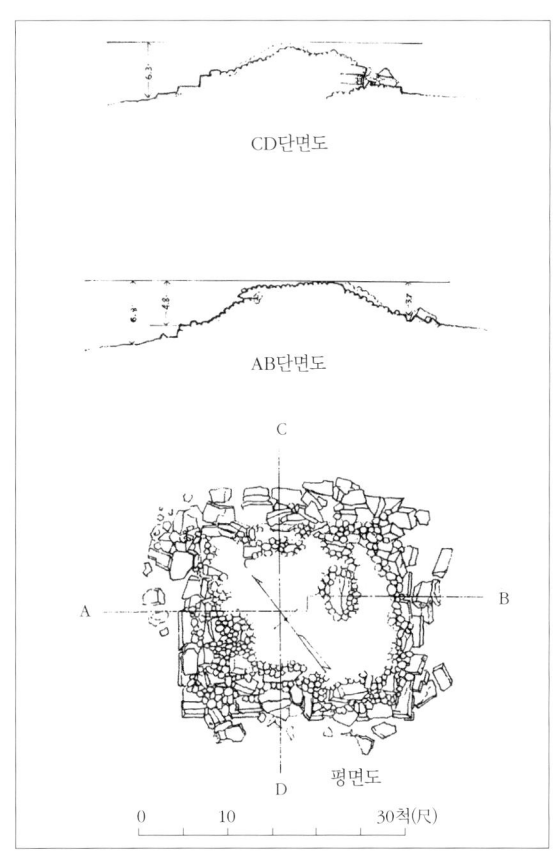

그림 9 대고려묘구 고총 평·단면도(關野貞 외, 1929)

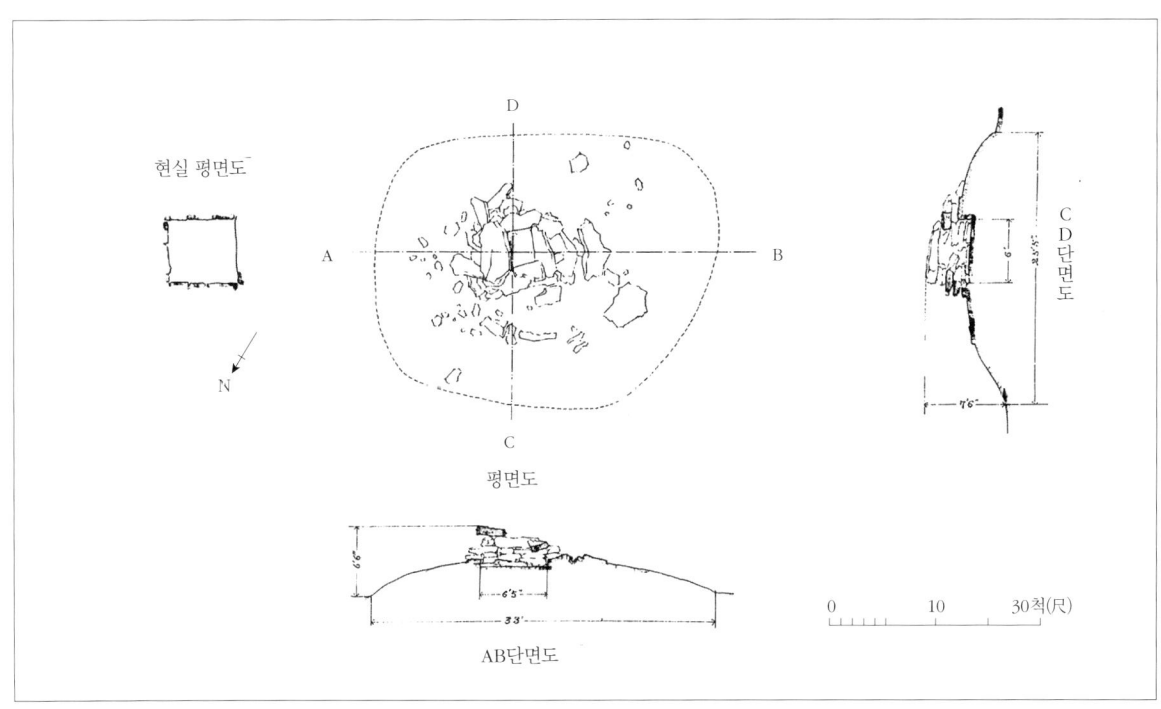

그림 10 대고려묘구 석곽노출총 평·단면도(關野貞 외, 1929)

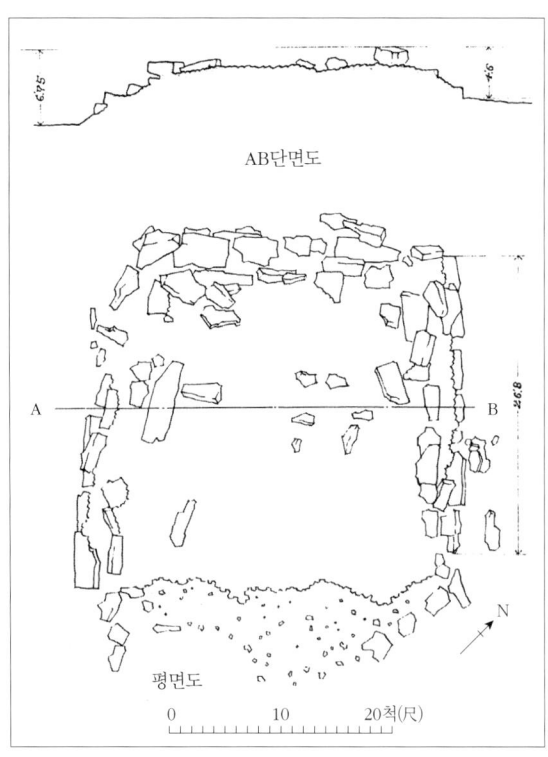

(5) 大塚(석실적석묘 ; 봉석동실묘, 그림 11)

방형의 石塚으로 붕괴된 상태로 크기는 너비 28.6~32尺(약 8.7~9.7m), 잔존높이 6.7尺(약 2.0m)임. 대각선이 동서남북의 방위와 일치하는 위치에 있고, 연도는 서남쪽에 설치됨. 2重壇(제2단 계단) 이상은 얼마의 대석과 다수의 자갈로 쌓은 형태로 원형은 거의 상실된 상태임.

(6) 三室塚(석실적석묘 ; 다실묘 ; 봉석동실묘, 그림 12)

고분은 방형으로 규모는 너비 30尺(약 9.1m), 길이 32尺(약 9.7m), 높이 6尺(약 1.8m)임. 심하게 붕괴되었으나 기단은 2단까지 확인되는데 기단석은 길이 2~5尺(0.6~1.5m), 높이 1尺(0.3m) 내외이며, 그 위로 직경 5~6寸 크기의 碎石(할석)을 쌓았음. 석실은 동서로 3기가 병렬하고 있음. 연도 천정석으로 추정되

그림 11 대고려묘구 대총 평·단면도(關野貞 외, 1929)

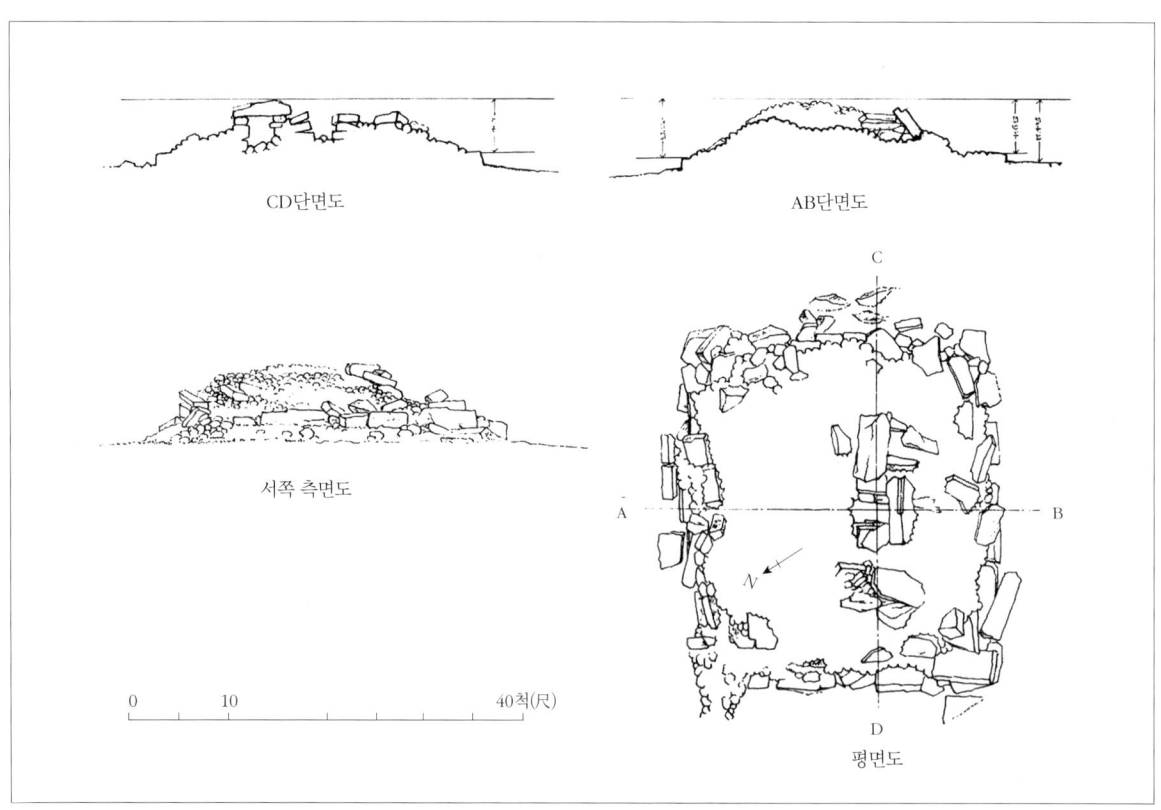

그림 12 대고려묘구 삼실총 평·단면도(關野貞 외, 1929)

는 길이 6尺 가량의 석재 3개가 확인되며, 그 아래 벽석의 일부가 잔존해 있음.

2) 1962년 조사 고분

(1) 대고려묘구21호묘(그림 13)

○ 유형 : 방단석실묘, 유단적석석실묘.
○ 크기 : 고분 한 변 길이 약 7m.
○ 방향 : 연도 방향 200°임.
○ 구조
- 기단부 : 이미 파괴된 상태이나 아래에 돌로 쌓은 방단의 기단이 있음.
- 묘실 : 매장부는 3실 구조로 격벽으로 左·中·右의 3실로 분리됨. 규모는 대략 길이 1.9~2.0m, 너비 1~1.6m임. 묘실 좌·우벽 및 격벽은 모두 3층으로 쌓았고, 후벽은 판석 1매로 쌓음. 천정은 2매의 막음돌을 이용. 묘실의 뒤편에는 편평한 커다란 돌 한 매로 막았으며, 앞쪽은 3층으로 쌓은 묘실벽 위에 돌을 1층 더 고인 후 천장돌을 덮어서 앞쪽이 높고 뒤쪽이 낮은 2층 천정을 이룸.
- 연도(墓道) : 중실과 좌실은 우편재 연도이며, 우실은 좌편재 연도로 이미 모두 파괴됨. 연도 규모는 너비 0.54~0.9m, 깊이 0.7~0.8m, 잔존 길이 1.5m임.
○ 기타 : 묘실 안에 진흙이 많고 바닥에 관대(棺座)가 있고, 진흙 속에서 인골 조각을 발견함.

(2) 대고려묘구31호묘(그림 14)

○ 유형 : 방단석실묘, 유단적석석실묘.
○ 규모 : 한 변 길이 8m.
○ 구조
- 기단부 : 장방형의 돌로 방단 기단을 쌓았으며, 층이 올라가면서 안으로 들여쌓는 방식임. 현재 3층까지 확인됨.
- 묘실 : 묘실 천정 위의 봉석은 대부분 산실되어 묘실이 노출됨. 매장부는 별개의 연도를 가진 좌·우 2실 구조로서, 좌·우실 중간에 격벽으로 구획함. 좌실은 길이 1.65m, 너비 1.15m, 높이 1.05m임. 우실은 길이 1.58m, 너비 1.15m, 높이 1.05m임. 묘실벽은 비교적 규칙적인 장방형의 돌로 지표에서부터

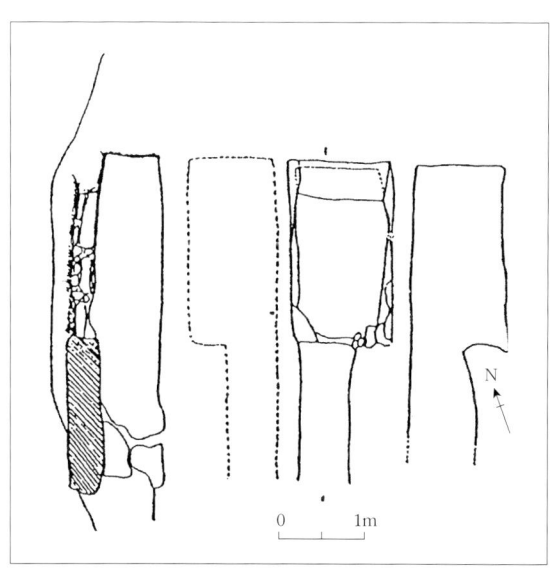

그림 13 대고려묘구21호묘 평면도(『考古』 1962-11)

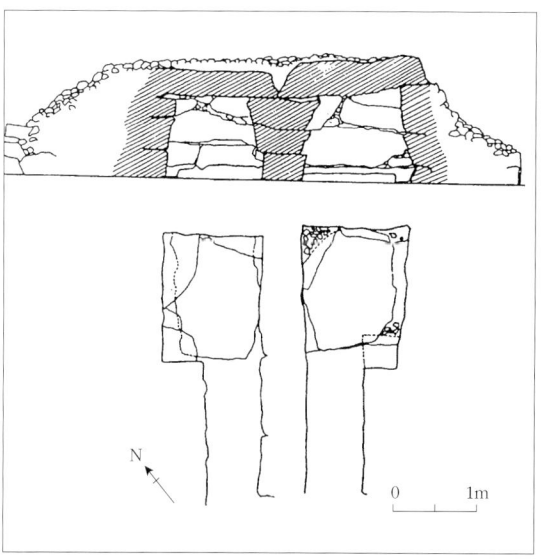

그림 14 대고려묘구31호묘 평·단면도(『考古』 1962-11)

3층을 쌓음. 묘실 벽의 상층은 모줄임으로 쌓고 그 위를 편평한 거석으로 봉함. 좌·우실의 바닥에는 모두 불규칙한 돌로 만든 관대(棺座)가 각기 1개씩 배치되어 있음.
- 연도(墓道) : 좌·우실 모두에서 확인됨. 좌실 연도는 길이 1.65m, 너비 1.15m이고 방향은 225°이며, 좌실의 우측 전방에 있음. 우실 연도는 길이 1.58m, 너비 1.15m이고 방향은 225°이며, 우실의 좌측 전방에 있음.
○ 기타 : 묘실 내에는 진흙이 있고, 조사 당시 유골과 유물이 발견.

(3) 대고려묘구43호묘(그림 15)
○ 유형 : 봉토동실묘 ; 봉토곽실묘.
○ 규모 : 잔존 한 변 길이 5m.
○ 구조
- 묘실 : 단실로 길이 1.8m, 너비 0.8～1m, 높이 0.6m이고 방향 202°임. 불규칙한 돌로 쌓았고 그 위를 2개의 큰 돌로 봉함. 뒤쪽 상부는 돌을 고여 말각조정으로 쌓음. 묘실 바닥은 불규칙한 소형 판석으로 깔고 그 틈은 碎石으로 메움.
- 연도(墓道) : 길이, 너비, 깊이가 모두 0.6m.
- 고분 뒷부분의 봉토는 이미 산실되어 석벽이 노출됨. 장례 후에 돌로 밀봉.
○ 기타 : 묘실 북쪽에서 두개골과 남쪽에서 지골이 발견되어 장속은 頭北脚南으로 보임.

3) 1983년 조사 고분

(1) 대고려묘구41호묘
○ 유형 : 방단적석묘, 유단적석석실묘.
○ 규모 : 길이 11m, 너비 11m, 잔존 높이 1m.
○ 방향 : 南偏西 30°.
○ 구조
- 기단부 : 무덤의 서북 모서리에 2단 계단이 있는 듯하며, 모두 미가공의 비교적 큰 돌로 조성함. 남·북면의 기단은 비교적 양호함.
- 묘실 : 매장부는 좌·우 2개 묘실로 이루어진 2실 구조로서, 동남쪽에는 편재 연도의 묘실(刀形墓室)이 있고, 다른 묘실은 불명확하나 천정에 현재 3개의 큰 함몰부가 있음. 천정을 덮은 분구 적석은 이미 산실됨.

(2) 대고려묘구43호묘[5]
○ 유형 : 방단계제적석묘, 계단적석광실묘.
○ 규모 : 한 변 길이 15m, 높이 2m.
○ 방향 : 南偏西 40°.
○ 구조 : 고분 사면은 미가공의 거대석으로 3단을 조성했는데 서남 모서리는 보존상태가 양호함.

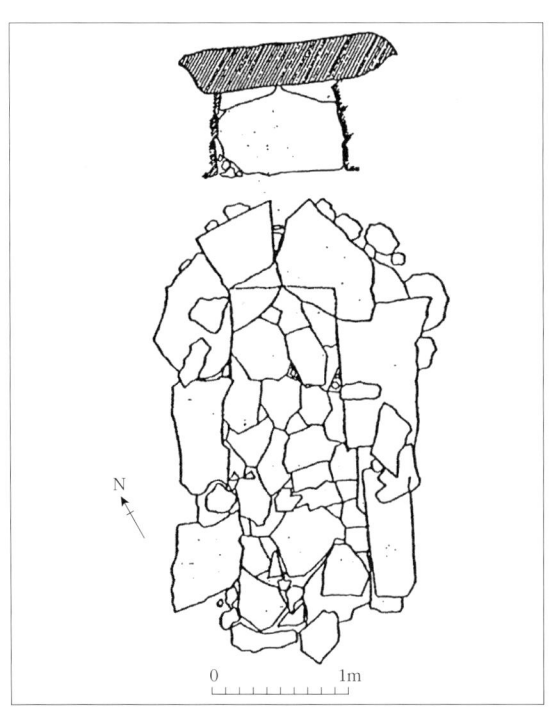

그림 15 대고려묘구43호묘 평·단면도(『考古』 1962-11)

---

[5] 1962년 조사된 43호묘는 봉토동실묘로 소개, 1983년에는 방단계제석실묘로 소개되어 두 고분은 서로 다른 고분으로 추정됨.

(3) 대고려묘구45호묘

○ 유형 : 봉석동실묘, 봉석곽실묘.
○ 규모 : 한 변 길이 6m, 높이 2.1m.
○ 방향 : 南偏西 30°.
○ 구조
- 기단부 : 고분의 동·서 양쪽에는 여러 개의 기단석이 무너져 내림.
- 매장부 : 두 개의 묘실로 이루어진 2실 구조임. 서쪽 묘실은 비교적 보존상태가 양호하고 동쪽 묘실은 점차 파괴되어 가는 상태임. 적석분구가 무너져 2개의 커다란 천정석이 노출되어 동·서 석실이 보임.
○ 기타 : 고분의 보존상태는 비교적 좋음.

(4) 대고려묘구46호묘

○ 유형 : 봉토동실묘, 봉토곽실묘.
○ 규모 : 직경 7m, 높이 1.6m～1.8m.
○ 방향 : 南偏西 45°.
○ 구조 : 천장에 2개의 커다란 천정 막음석이 노출되어 있음.

(5) 대고려묘구47호묘

○ 유형 : 방단석실묘, 유단석실묘.
○ 규모 : 길이 10m, 너비 10m, 높이 1.4～1.7m.
○ 방향 : 南偏西 45°.
○ 구조
- 기단부 : 고분 사면에 2단의 방형 기단이 보임.
- 묘실 : 묘실은 봉석이 신실되어 노출되어 있음. 묘실은 지표에 축조했는데 너비 50cm 격벽을 쌓아 동·서로 구획한 2실 구조임. 묘실 벽은 커다란 돌로 3층으로 쌓았는데 안으로 조금씩 들여쌓았고 현재 잔존 높이는 1.1m임. 묘실 위에 큰 돌을 덮었는데 석재는 대다수 거대함. 두 묘실은 네 벽만 온전하고 심하게 훼손됨.
- 묘도 : 묘실 앞의 묘도는 길이 약 1.2m이고 그 위의 개석이 다수 무너져 내림.
- 무덤에 사용된 석재는 다수가 자연석면을 이용하였는데 약간 가공을 거쳐 비교적 가지런함.

5. 역사적 성격

○ 대고려묘구고분군의 다양한 고분형식을 볼 때, 해당 고분군은 장기간에 걸쳐 조성된 것으로 보임.
○ 석묘에서 토묘로 변화를 보여주는데 이는 분구 재질에서의 차이일 뿐이고 구조는 대체로 유사하여 봉토석실묘가 적석묘에서 발전해왔다는 것을 시사함.

참고문헌

- 關野貞, 1920, 「平安北道及滿洲高句麗古蹟調査略報告」, 『大正6年度古蹟調査報告』; 1941, 「平安北道及滿洲國高句麗古蹟調査略報告」, 『朝鮮の建築と藝術』, 재수록.
- 關野貞 외, 1929, 『高句麗時代之遺蹟 圖版』上冊
- 曹正榕 朱涵康, 1962, 「吉林省輯安縣楡林河流域高句麗考古調査」, 『考古』 1962-11.
- 李殿福, 1980, 「集安高句麗墓硏究」, 『考古學報』 1980-2.
- 吉林省文物志編纂委會, 1983, 『集安縣文物志』
- 國家文物局 主編, 1992, 『中國文物地圖集』 吉林分冊.
- 孫仁杰·遲勇, 2007, 『集安高句麗墓葬』, 香港亞洲出版社.

23 집안 소고려묘구고분군[1]
集安 小高麗墓溝古墳群

1. 조사현황

1) 1917년 6월 조사
○ 조사기관 : 조선총독부 고적조사위원회.
○ 조사 참여자 : 關野貞 등.
○ 조사내용 : 石塚와 土墳 약 100여 기를 확인했는데 대형과 소형이 모두 보임. 고분 다수는 붕괴되거나 석곽이 노출된 상태로 고분군의 전반적인 상황은 대고려묘구고분군과 유사.

2) 1962년 4월 조사
○ 조사기관 : 輯安考古隊(吉林省博物館)
○ 조사내용 : 고분 20여 기를 확인했는데 대부분 파괴되어 측량이 불가함.

3) 1983년 5월 12일 조사
○ 조사기관 : 集安縣文物普查隊.
○ 조사내용 : 고분 17여 기만 잔존하는데 대부분 방단적석묘로 10여 기는 심하게 훼손된 상태임.

4) 2005년 조사
○ 조사기관 : 吉林省 長白文化研究會, 集安市博物館.
○ 조사 참여자 : 張福有, 程遠, 孫仁杰, 遲勇.

○ 조사내용 : 비교적 온전한 고분 9기를 확인했는데 유단적석석광묘 7기, 봉토석실묘 2기임. 나머지 8기는 심하게 파괴됨.

2. 위치와 자연환경(그림 1)

1) 고분군 위치
○ 고분군은 集安市 榆林鎭 大朱仙溝村 남쪽 1.5km, 小高麗墓溝門의 대지 위에 자리하고 있음. 대지 아래는 논이며, 북쪽으로 약 300m는 집안-단동 간의 도로임.
○ 대고려묘구고분군의 북쪽에서 멀지 않으며, 1917년 조사에 의하면(關野貞, 1920) 大高麗墓子[2] 서쪽 산기슭의 높은 대지 위에 펼쳐진 논밭 가운데에 위치함.

2) 고분군 주변환경
○ 榆樹林河는 전체 길이는 25km로 老嶺에서 발원하여 남쪽으로 흘러 압록강으로 유입하며, 하천 양안은 노령 支脈이 계속 이어져 산세가 험준하여 물줄기가 거센 협곡임.

---

1   『集安縣文物志』(1983) 참조. 關野貞(1920)에서는 '小高力墓子 古墳群'으로 명명.

2   關野貞이 1917년 조사 당시 현지인들이 유수림자하 유역의 동쪽에 우뚝 솟은 해발 약 900m에 이르는 높은 산을 '高麗子' 또는 '大高麗墓子'라 불렀음.

그림 1
소고려묘구고분군 위치도

○ 하천의 발원지와 약 5km 떨어진 四道溝門에서부터 하곡이 점점 넓어지며 좁고 긴 충적분지를 형성, 가장 넓은 곳의 폭이 1km 정도임.

3. 고분별 현황

1) JYXM1호묘

○ 위치 : 고분군 최남단에 위치하는데 동북쪽으로 JYXM2호묘와 15m 떨어져 있음.
○ 유형 : 유단적석석광묘.
○ 평면 : 방형.
○ 규모 : 한 변 길이 5m, 높이 1.5m.
○ 구조 : 고분의 사면에 기단을 쌓았고 일부 기단은 묘상에서 흘러내린 분구 돌에 의해 매몰됨. 기단석은 가공한 자연석으로 축조하였는데 기단석 크기는 0.6×0.4×0.4m 정도임. 분구 적석은 모두 쇄산석이며, 분구 위에는 함몰갱이 있음. 고분의 보존상태는 온전함.

2) JYXM2·3호묘

○ 위치 : 북쪽으로 JYXM4호묘와 약 40m 떨어져 있음. 두 고분은 남북으로 배열하고 있으며, 간격은 10m임.
○ 유형 : 유단적석석광묘.
○ 평면 : 방형.
○ 규모 : 한 변 길이 6m, 높이 1.2m.
○ 구조 : 고분의 사면에 기단을 쌓았고 기단 높이는 0.4m 정도임. 분구 적석은 쇄산석임. 고분의 보존상태는 온전함.

3) JYXM4호묘

○ 위치 : 동북쪽으로 JYXM5호묘와 8m 떨어져 있음.
○ 유형 : 유단적석석광묘.
○ 평면 : 방형.
○ 규모 : 한 변 길이 10m, 높이 1.4m.
○ 구조 : 고분 사면에 기단을 쌓았는데 현재 일부 기단석은 이미 옮겨진 상태이고 일부 기단석은 분구에서 흘러내린 돌에 의해 매몰됨. 기단석은 약간 가공한 자연석으로 축조하였는데 기단 높이는 0.5m 정도임. 분구

적석은 쇄산석이며, 돌 크기는 0.1~0.3m임. 고분 정부에는 3×3×0.7m의 함몰갱이 하나 있음. 고분의 보존상태는 온전함.

4) JYXM5호묘
○ 위치 : 북쪽으로 JYXM6호묘와 15m 떨어져 있음.
○ 유형 : 유단적석석광묘.
○ 평면 : 방형.
○ 규모 : 한 변 길이 9m, 높이 1.5m.
○ 구조 : 고분의 사면 기단은 보존상태가 온전함. 기단석은 약간 가공한 자연석으로 축조했는데 최대석은 길이 0.9m, 너비 0.6m, 높이 0.5m임. 분구 적석은 모두 쇄산석이며, 고분 동쪽 분구의 돌이 무덤 아래로 흘러내렸는데 돌 크기는 0.2m 정도임. 분구 상부 중앙부에는 함몰갱이 하나 있는데 석광 위치에 해당함. 고분의 보존상태는 온전함.

5) JYXM6호묘
○ 위치 : 북쪽으로 JYXM7호묘와 10m 떨어져 있음.
○ 유형 : 유단적석석광묘.
○ 평면 : 방형.
○ 규모 : 한 변 길이 8m, 높이 1.2m.
○ 구조 : 고분의 사면 둘레에는 기단을 쌓았고 고분 동·북 양쪽의 기단석은 일부 옮겨진 상태임. 기단석은 약간 가공한 자연석으로 축조했고 높이는 0.5m 정도임. 분구 적석은 모두 쇄산석이며, 분구 상부는 이미 교란됨.

6) JYXM7·9호묘
○ 위치 : 서쪽으로 JYXM8호묘와 약 20m 떨어져 있음. 두 고분은 동서배열하고 있으며, 간격은 5m임.
○ 유형 : 봉토석실묘.
○ 평면 : 원구형.
○ 규모 : 직경 5m, 높이 1.5m 정도.
○ 구조 : 두 고분은 분구 봉토가 약간 유실된 것을 제외하면 나머지 부분은 모두 보존상태가 온전함.

7) JYXM8호묘
○ 위치 : 동쪽으로 JYXM7호묘와 20m 떨어져 있음.
○ 유형 : 유단적석석광묘.
○ 평면 : 방형.
○ 규모 : 한 변 길이 5m, 높이 1m.
○ 구조 : 고분 사면의 기단은 대부분 옮겨지거나 유실됨. 분구 적석은 다수 무덤 아래로 흘러내렸으며, 적석에 사용된 돌은 쇄산석으로 크기는 0.2m 정도임. 분구 상부는 이미 교란됨. 고분은 이미 파괴됨.

참고문헌
- 關野貞, 1920, 「平安北道及滿洲高句麗古蹟調査略報告」, 『大正6年度古蹟調査報告』; 1941, 「平安北道及滿洲國高句麗古蹟調査略報告」, 『朝鮮の建築と藝術』, 재수록.
- 曹正榕 朱涵康, 1962, 「吉林省輯安縣楡林河流域高句麗考古調査」, 『考古』 1962-11.
- 國家文物局 主編, 1992, 『中國文物地圖集』 吉林分冊.
- 孫仁杰·遲勇, 2007, 『集安高句麗墓葬』, 香港亞洲出版社.

24　집안 대주선구고분군
集安 大朱仙溝古墳群

1. 조사현황

1) 1962년 4월 조사
○ 조사기관 : 輯安縣文物普查隊(吉林省博物館, 輯安縣文物保管所).
○ 조사내용 : 고분 9기[1]를 확인함.

2) 1983년 조사
○ 조사기관 : 集安縣文物普查隊.
○ 조사내용 : 봉토동실묘 2기만 잔존하는데 보존상태는 양호함.

2. 위치와 자연환경(그림 1)

1) 고분군 위치
○ 집안시 楡林鎭 大朱仙溝村 西大朱仙溝門에 위치.
○ 고분군 면적은 약 500m²임.

그림 1
대주선구고분군 위치도

---

[1] 『考古』 1962-11 참조. 『中國文物地圖集』 吉林分冊(1992)에서는 10기로 기록.

2) 고분군 주변환경

○ 楡樹林河는 전체 길이는 25km로 老嶺에서 발원하여 남쪽으로 흘러 압록강으로 유입하며, 하천 양안은 노령 支脈이 계속 이어져 산세가 험준하여 물줄기가 거센 협곡임.

○ 하천의 발원지와 약 5km 떨어진 四道溝門에서부터 하곡이 점점 넓어지며 좁고 긴 충적분지를 형성하는데, 가장 넓은 곳의 폭이 1km 정도임.

참고문헌

- 曹正榕·朱涵康, 1962, 「吉林省輯安縣楡樹林河流域高句麗考古調査」, 『考古』 1962-11.
- 吉林省文物志編纂委會, 1983, 『集安縣文物志』.
- 國家文物局 主編, 1992, 『中國文物地圖集』 吉林分冊.

25 집안 향양고분군
集安 向陽古墳群

1. 조사현황

1) 1962년 4월 조사[1]
○ 조사기관 : 輯安考古隊(吉林省博物館)
○ 조사내용 : 고분 19기를 확인함.

2) 1983년 조사
○ 조사기관 : 集安縣文物普査隊.

○ 조사내용 : 고분 36기를 확인했는데[2] 일부 고분은 심하게 파괴됨.

3) 2005년 조사
○ 조사기관 : 吉林省 長白文化硏究會, 集安市博物館.
○ 조사 참여자 : 張福有, 程遠, 孫仁杰, 遲勇.
○ 조사내용 : 자연 또는 인위적 원인에 의해 현재 19기가 남아 있는데 모두 심하게 파괴된 상태임.

그림 1 향양고분군 위치도

---

1 『考古』1962-11 참조.

2 『集安縣文物志』(1983) 참조. 『集安高句麗墓葬』(2007)에서는 30기로 소개.

2. 위치와 자연환경(그림 1)

1) 고분군 위치
○ 집안시 楡林鎭 向陽村 남쪽 200m 지점의 평지에 위치.
○ 楡樹林河가 고분군 남쪽에서 서에서 동으로 흘러감.
○ 集安-雙岔 간의 도로가 동에서 서로, 다시 북으로 꺾여 고분군의 북쪽을 지나감.

2) 고분군 주변환경
○ 楡樹林河는 전체 길이는 25km로 老嶺에서 발원하여 남쪽으로 흘러 압록강으로 유입하며, 하천 양안은 노령 支脈이 계속 이어져 산세가 험준하여 물줄기가 거센 협곡임.
○ 하천의 발원지와 약 5km 떨어진 四道溝門에서부터 하곡이 점점 넓어지며 좁고 긴 충적분지를 형성하는데, 가장 넓은 곳의 폭이 1km 정도임.

3. 고분군의 전체 분포상황

○ 1962년 조사 : 고분군 면적은 약 500m²임.
○ 1983년 조사 : 고분 총 36기 가운데 절반 정도는 비교적 보존상태 양호함. 적석묘, 방단적석묘, 봉토묘 등이 혼재함.
○ 2005년 조사 : 고분 사면 둘레의 기단석은 모두 유실되었고, 적석분구는 丘狀 또는 장방형을 띠고 있는데 보통 길이 5~8m, 너비 3~4m, 잔존 높이 1m 정도임. 분구돌은 대다수 강자갈(河卵石)에 소량의 碎山石이 섞여 있음. 고분 주위에는 모두 잡초와 돌이 어지럽게 쌓여 있음. 고분군은 이미 파괴됨.

참고문헌

• 曹正榕·朱涵康, 1962, 「吉林省輯安縣楡林河流域高句麗考古調查」, 『考古』 1962-11.
• 吉林省文物志編纂委會, 1983, 『集安縣文物志』.
• 國家文物局 主編, 1992, 『中國文物地圖集』 吉林分冊.
• 孫仁杰·遲勇, 2007, 『集安高句麗墓葬』, 香港亞洲出版社.

26 집안 양자구고분군
集安 樣子溝古墳群

1. 조사현황 : 1983년 조사

○ 조사기관 : 集安縣文物普查隊.
○ 조사내용 : 고분 7기를 확인했는데 보존상태가 양호함.

참고문헌

- 吉林省文物志編纂委會, 1983, 『集安縣文物志』.
- 國家文物局 主編, 1992, 『中國文物地圖集-吉林分冊』.

2. 위치와 자연환경(그림 1)

集安市 楡林鎭 樣子溝村 남쪽 200m에 소재.

그림 1
양자구고분군 위치도

27 집안 부흥고분군
集安 復興古墳群

1. 조사현황

1) 1962년 조사
○ 조사기관 : 輯安縣文物普查隊(吉林省博物館, 輯安縣文物保管所)
○ 조사내용 : 고분 30기[1] 확인.

2) 1983년 조사
○ 조사기관 : 集安縣文物普查隊.
○ 조사내용 : 고분 8기만 확인했는데 대다수 적석묘로 대부분 심하게 파괴된 상태임.

2. 위치와 자연환경(그림 1)

1) 고분군 위치
○ 집안시 楡林鎭 復興村 남쪽 200m에 소재.
○ 유수림하 유역 일대 고분군들 가운데 가장 상류에 위치함.

그림 1 부흥고분군 위치도

---

[1] 『中國文物地圖集』 吉林分冊(1992) 참조. 『集安縣文物志』 (1983) 고분군일람표에서는 10기로 기록.

2) 고분군 주변환경

○ 楡樹林河는 전체 길이는 25km로 老嶺에서 발원하여 남쪽으로 흘러 압록강으로 유입하며, 하천 양안은 노령 支脈이 계속 이어져 산세가 험준하여 물줄기가 거센 협곡임.

○ 하천의 발원지와 약 5km 떨어진 四道溝門에서부터 하곡이 점점 넓어지며 좁고 긴 충적분지를 형성하는데, 가장 넓은 곳의 폭이 1km 정도임.

참고문헌

- 吉林省文物志編纂委會, 1983, 『集安縣文物志』.
- 國家文物局 主編, 1992, 『中國文物地圖集』 吉林分冊.

28 집안 하조구고분군
集安 下弔溝古墳群

1. 조사현황 : 1983년 조사

○ 조사기관 : 集安縣文物普查隊.
○ 조사내용 : 일찍부터 고분이 파괴되었는데 봉토동실묘 3기가 확인됨.

2. 위치와 자연환경(그림 1)

集安市 楡林鎭 復興村 북쪽 1.5km의 下弔溝門에 소재.

참고문헌

· 吉林省文物志編纂委員會, 1983, 『集安縣文物志』.
· 國家文物局 主編, 1992, 『中國文物地圖集』吉林分冊.

그림 1
하조구고분군 위치도

29 집안 치안고분군
集安 治安古墳群

1. 조사현황

1) 1962년 조사
○ 조사기관 : 輯安縣文物普査隊(吉林省博物館, 輯安縣文物保管所).
○ 조사내용 : 고분 20여 기 확인.

22) 1983년 조사
○ 조사기관 : 集安縣文物普査隊.
○ 조사내용 : 적석묘 1기만 잔존.

2. 위치와 자연환경(그림 1)

集安市 楡林鎭 治安村 서쪽에 소재.

참고문헌
- 吉林省文物志編纂委會, 1983, 『集安縣文物志』.
- 國家文物局 主編, 1992, 『中國文物地圖集』吉林分冊.

그림 1 치안고분군 위치도

30 집안 사도구문고분군
集安 四道溝門古墳群

1. 조사현황 : 1962년 4월 조사[1]

○ 조사기관 : 輯安考古隊(吉林省博物館)
○ 조사내용 : 방단적석묘 총 9기 확인.

2. 위치와 자연환경(그림 1)

1) 고분군 위치
○ 집안시 楡林鎭 復興村 四道溝門에 소재.
○ 고분군의 면적은 약 200m²임.

2) 고분군 주변환경
○ 楡樹林河는 전체 길이는 25km로 老嶺에서 발원하여 남쪽으로 흘러 압록강으로 유입하며, 하천 양안은 노령 支脈이 계속 이어져 산세가 험준하여 물줄기가 거센 협곡임.
○ 하천의 발원지와 약 5km 떨어진 四道溝門에서부터 하곡이 점점 넓어지며 좁고 긴 충적분지를 형성하는데, 가장 넓은 곳의 폭이 1km 정도임.

참고문헌
- 曹正榕 朱涵康, 1962, 「吉林省輯安縣楡林河流域高句麗考古調査」, 『考古』 1962-11.
- 吉林省文物志編纂委員會, 1983, 『集安縣文物志』.
- 國家文物局 主編, 1992, 『中國文物地圖集』 吉林分冊.

그림 1
사도구문고분군 위치도

---

[1] 『考古』 1962-11과 『集安縣文物志』(1983) 고분군일람표 참조. 『中國文物地圖集』 吉林分冊(1992)에서는 "1960년 조사 때 총 30기가 있었고 9기 현존"으로 기록.

31 집안 판차구 고분군
集安 板岔溝古墳群

1. 조사현황

1) 1983년 5월 조사
○ 조사기관 : 集安縣文物普查隊.
○ 조사내용 : 대부분 적석묘인 고분 12기를 확인했는데 심하게 파괴됨.

2) 2005년 조사
○ 조사기관 : 吉林省 長白文化研究會, 集安市博物館.
○ 조사 참여자 : 張福有, 程遠, 孫仁杰, 遲勇.
○ 조사내용 : 고분은 9기로 유단적석석광묘 7기, 봉토석실묘 2기임. 고분 보존상태는 비교적 좋음.

2. 위치와 자연환경(그림 1)

○ 고분군은 集安市 台上鎭[1] 板岔溝村 서쪽의 평지에 소재.
○ 고분군 서쪽은 八寶溝, 남쪽은 板岔河임. 북에서 남으로 雙岔村을 지나는 鄕路가 고분군의 동쪽을 지나감.

---
[1] 고분군은 본래 雙岔鄕에 속하였으나 쌍차향이 대상진으로 흡수되면서 대상진 관할로 변경.

3. 고분별 현황

1) JTBM1·2호묘
○ 위치 : 고분군 최동단에 위치하는데 서쪽으로 JTBM3호묘와 약 20m 떨어져 있음. 두 고분은 동서로 배열되어 있고, 간격은 약 10m임.
○ 유형 : 봉토석실묘.
○ 평면 : 원구형(圓丘形).
○ 규모 : 직경 약 6m, 높이 1.4m.
○ 구조 : 두 고분의 분구 상부 봉토는 약간 유실됨. 고분 남쪽은 이미 천정석의 가장자리가 노출되어 있음. 고분은 보존상태가 온전함.

2) JTBM3호묘
○ 위치 : 북쪽으로 JTBM4호묘와 4m 떨어져 있음.
○ 유형 : 유단적석석광묘.
○ 평면 : 방형.
○ 규모 : 한 변 길이 6m, 높이 1.2m.
○ 구조 : 고분 사면의 기단은 약간 가공한 자연석으로 쌓음. 최대 기단석은 길이 0.8m, 너비 0.5m, 높이 0.5m임. 분구돌은 강자갈(河卵石)에 소량의 쇄산석(碎山石)이 섞여 있는데 돌 크기는 0.1~0.3m임. 분구 정상부 중앙에는 함몰갱이 하나 있음. 고분 보존상태는 온전함.

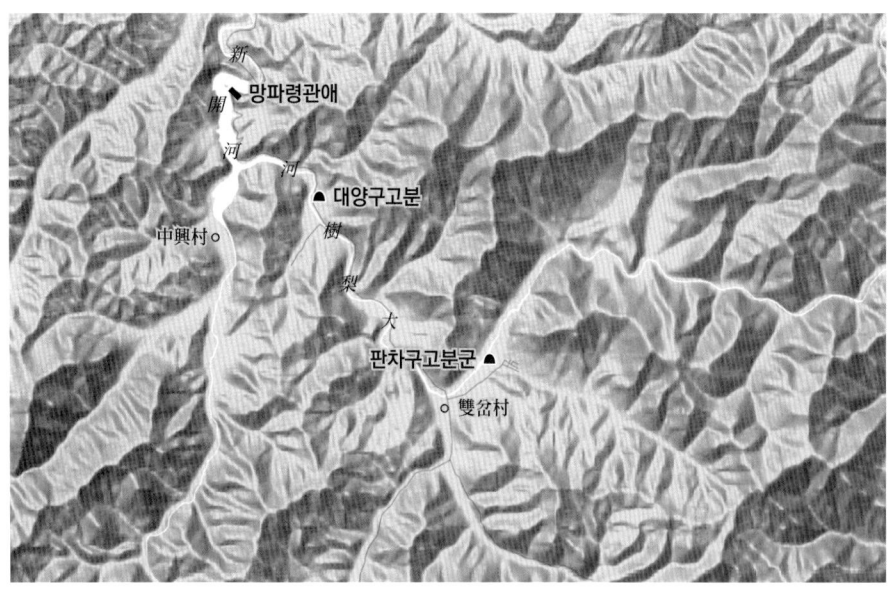

그림 1
판차구고분군 위치도

3) JTBM4호묘

○ 위치 : 서쪽으로 JTBM5호묘와 약 15m 떨어져 있음.
○ 유형 : 유단적석석광묘.
○ 평면 : 방형.
○ 규모 : 한 변 길이 10m, 높이 1.3m.
○ 구조 : 고분 사면은 기단을 쌓았으며, 고분 동쪽의 기단은 대부분 유실되고 분구돌은 이미 고분 아래로 흘러내림. 기단석은 가공한 자연석으로 축조하였는데 돌 크기는 0.8×0.5×0.4m 정도임. 분구돌은 강자갈(河卵石)이며, 쇄산석(碎山石)도 있음. 돌은 0.2m 정도임. 고분의 정부는 보존상태가 온전함.

4) JTBM5호묘

○ 위치 : 남쪽으로 JTBM6호묘와 약 10m 떨어져 있음.
○ 유형 : 유단적석석광묘.
○ 평면 : 방형.
○ 규모 : 한 변 길이 4m, 높이 1m.
○ 구조 : 고분의 사면에는 기단을 조성했는데 기단석 대다수가 이미 옮겨진 상태이거나 일부는 유실되어 있으며, 기단 높이는 0.4m 정도임. 분구돌은 강자갈이며, 쇄산석도 있음. 분구 상부는 이미 교란됨.

5) JTBM6·7호묘

○ 위치 : 남쪽으로 JTBM9호묘와 약 8m 떨어져 있음. 두 고분은 동서로 배열하고 있으며, 간격은 3m임.
○ 유형 : 유단적석석광묘.
○ 평면 : 방형.
○ 규모 : 한 변 길이 8m, 높이 1.3m.
○ 구조 : 고분 사면의 기단을 조성했는데 현재 기단은 묘상에서 흘러내린 분구돌에 의해 매몰됨. 일부 기단석은 옮겨진 상태임. 기단석은 가공한 자연석으로 쌓았는데 최대 기단석은 길이 0.8m, 너비 0.5m, 높이 0.4m임. 분구돌은 모두 강자갈이고 소량의 쇄산석도 있음. 두 분구의 정상부는 모두 보존상태가 온전함.

6) JTBM8호묘

○ 위치 : 북쪽으로 JTBM7호묘와 5m 떨어져 있음.
○ 유형 : 유단적석석광묘.

○ 평면 : 방형.
○ 규모 : 한 변 길이 4m, 높이 1m.
○ 구조 : 고분 사면의 기단은 대부분 유실되고 분구의 돌은 무덤 아래로 흘러내렸음. 분구 돌은 강자갈이며, 분구 정상부는 이미 교란됨.

7) JTBM9호묘
○ 위치 : 북쪽으로 JTBM6호묘와 8m 떨어져 있음.
○ 유형 : 유단적석석광묘.
○ 평면 : 방형.
○ 규모 : 한 변 길이 7m, 높이 1.2m.
○ 구조 : 고분 사면에 기단을 조성했는데 기단은 약간 가공한 자연석으로 쌓았으며, 최대 기단석은 0.8× 0.6×0.4m임. 분구돌은 강자갈에 쇄산석이 섞여 있음. 돌 크기는 0.3m 정도임. 분구 정상 중앙부에는 석광으로 추정되는 함몰갱이 하나 있음. 고분 보존상태는 온전함.

참고문헌
- 吉林省文物志編纂委會, 1983, 『集安縣文物志』.
- 集安縣文物保管所, 1984, 「集安縣新發現的兩處高句麗墓群」, 『博物館研究』 1984-5.
- 國家文物局 主編, 1992, 『中國文物地圖集』 吉林分冊.
- 李殿福 著·車勇杰 金仁經 譯, 1994, 『中國內의 高句麗遺蹟』, 學硏文化史.
- 孫仁杰·遲勇, 2007, 『集安高句麗墓葬』, 香港亞洲出版社.

32 집안 대양구고분
集安 大陽溝古墳

1. 조사현황 : 1983년 조사

○ 조사기관 : 集安縣文物普査隊.
○ 조사내용 : 보존상태가 비교적 양호한 방단적석묘 1기를 확인했는데 기단은 거칠게 축조되었고 한 변 길이는 4m와 6m임.

2. 위치와 자연환경(그림 1)

集安市 台上鎭[1] 板岔溝에 소재.

참고문헌

• 吉林省文物志編纂委會, 1983, 『集安縣文物志』.
• 國家文物局 主編, 1992, 『中國文物地圖集』 吉林分冊.

그림 1
대양구고분군 위치도

---

[1] 고분군이 본래 雙岔鄕에 속하였으나 쌍차향이 대상진으로 흡수되면서 대상진 관할로 변경.

33 집안 소청구고분군
集安 小靑溝古墳群

1. 조사현황 : 1983년 조사

○ 조사기관 : 集安縣文物普査隊.
○ 조사내용 : 고분 7기를 확인했는데 적석묘가 다수이고 심하게 파괴됨.

2. 위치와 자연환경(그림 1)

集安市 台上鎭 荒崴子村 서쪽 500m에 소재.

참고문헌

- 吉林省文物志編纂委會, 1983, 『集安縣文物志』.
- 國家文物局 主編, 1992, 『中國文物地圖集』 吉林分冊.

그림 1
소청구고분군 위치도

34 집안 유가포자고분군
集安 劉家鋪子古墳群

1. 조사현황 : 1983년 조사

○ 조사기관 : 集安縣文物普查隊.
○ 조사내용 : 원래 30여 기가 있었다고 하나, 조사 당시 3기가 확인되었으며 심하게 파괴된 상태임.

2. 위치와 자연환경(그림 1)

集安市 台上鎭 劉家鋪子村 북쪽 100m에 소재.

참고문헌

- 吉林省文物志編纂委會, 1983, 『集安縣文物志』.
- 國家文物局 主編, 1992, 『中國文物地圖集』 吉林分冊.

그림 1
유가포자고분군 위치도

35 집안 요지구문고분군
集安 鬧枝溝門古墳群

1. 조사현황 : 1983년 조사

○ 조사기관 : 集安縣文物普查隊.
○ 조사내용 : 고분 8기를 확인했는데 대부분 보존상태가 양호함.

2. 위치와 자연환경(그림 1)

集安市 花甸鎭 釣魚村 鬧枝溝門에 소재.

참고문헌

- 吉林省文物志編纂委會, 1983, 『集安縣文物志』.
- 國家文物局 主編, 1992, 『中國文物地圖集』 吉林分冊.

그림 1
요지구문고분군 위치도

36 집안 삼도양차고분군
集安 三道陽岔古墳群

1. 조사현황 : 1983년 조사

○ 조사기관 : 集安縣文物普查隊.
○ 조사내용 : 고분 8기를 확인했는데 적석묘가 다수로 보존상태가 양호함.

2. 위치와 자연환경(그림 1)

集安市 花甸鎭 柞樹村 三道陽岔溝에 소재.

참고문헌

· 吉林省文物志編纂委會, 1983, 『集安縣文物志』.
· 國家文物局 主編, 1992, 『中國文物地圖集』 吉林分冊.

그림 1
삼도양차고분군 위치도

37 집안 황차구문고분군
集安 荒岔溝門古墳群

1. 조사현황 : 1983년 조사

○ 조사기관 : 集安縣文物普查隊.
○ 조사내용 : 고분 40기를 확인했는데 대부분 심하게 파괴됨.

2. 위치와 자연환경(그림 1)

集安市 花甸鎭 荒岔村 서쪽 2km에 소재.

참고문헌
- 吉林省文物志編纂委會, 1983, 『集安縣文物志』.
- 國家文物局 主編, 1992, 『中國文物地圖集』吉林分冊.

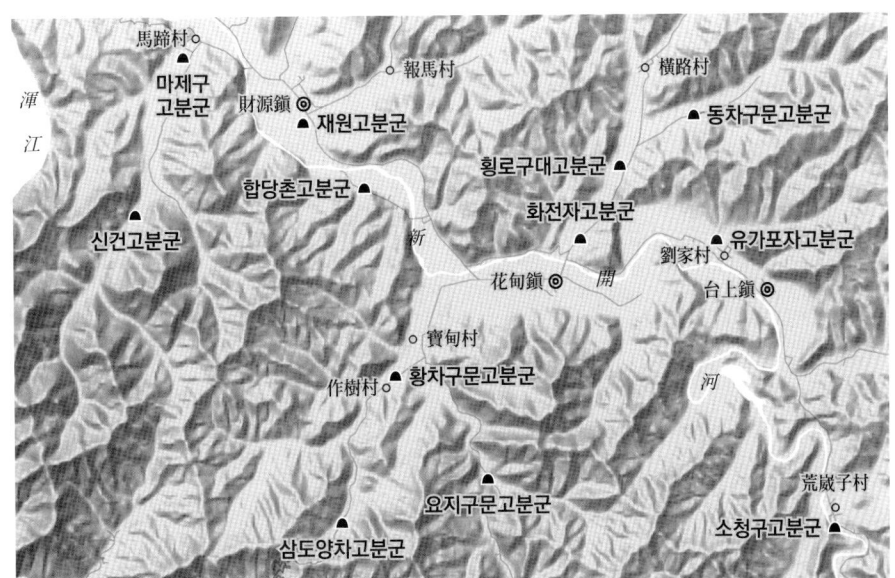

그림 1
황차구문고분군 위치도

38 집안 화전자고분군
集安 花甸子古墳群

1. 조사현황 : 1983년 조사

○ 조사기관 : 集安縣文物普查隊.
○ 조사내용 : 고분 3기를 확인했는데 대부분 심하게 훼손된 상태임.

2. 위치와 자연환경(그림 1)

集安市 花甸鎭 花甸橋頭에 소재.

참고문헌

· 吉林省文物志編纂委會, 1983, 『集安縣文物志』.

그림 1
화전자고분군 위치도

39 집안 횡로구대고분군
集安 橫路九隊古墳群 | 窯場古墳群

1. 조사현황

1) 1983년 4월 조사
○ 조사기관 : 集安縣文物普查隊(集安縣文物保管所).
○ 조사내용 : 고분 121기를 확인했는데[2] 그 가운데 무덤 기초만 남아 있는 것은 67기, 비교적 양호한 것이 54기임.[3]

2) 2005년 조사
○ 조사기관 : 吉林省 長白文化研究會, 集安市博物館.
○ 조사 참여자 : 張福有, 程遠, 孫仁杰, 遲勇.

2. 위치와 자연환경

1) 고분군 위치(그림 1~그림 2)
○ 집안시 花甸鎭 橫路村 窯場屯 남쪽에 소재.
○ 고분군은 집안시 서북쪽 85km의 橫路 9隊 서쪽 산비탈 아래의 하곡 대지 위에 위치하는데 평지는 강바닥(河床) 보다 0.5~1m정도 높음.

2) 고분군 주변환경
○ 고분군에서 북쪽으로 2.5km에 橫路村이 자리하고 있음.
○ 淸河-花甸 간의 도로가 고분군 동(남)쪽 산기슭을 통과하며, 도로 아래에 도로를 따라 작은 하천이 동북에서 서남쪽으로 흘러 新開河와 만남. 신개하구는 신개하 유역에서 비교적 큰 충적평원임.

3. 고분군의 전체 분포상황(그림 3)

○ 고분군은 너비 250m, 길이 460m의 하곡 평지 위에 분포하고 있음.
○ 절대다수가 적석묘(적석석광묘), 일부가 방단적석묘(유단적석석광묘)이며, 봉토동실묘(봉토곽실묘) 1기도 확인됨.
○ 통구고분군을 제외하고 비교적 큰 적석묘 고분군임. 고분 분포를 보면 대형 석묘는 대다수 동북쪽에 분포하였고, 소형 석묘는 대다수 서남쪽 산기슭 아래에 기대어 있음. 고분군 가운데 적석연접묘(유단적석연접묘) 약 6~7기가 대다수 북쪽에 치우쳐 있음. 봉토곽실묘 1기(51호묘)는 고분군 최서남단의 산허리 아래에 위치함.

---

[1] 『集安縣文物志』(1983) 참조. 『中國文物地圖集』 吉林分冊(1992)에서는 '窯場古墳群'으로 명명.

[2] 『集安縣文物志』(1983) 및 『博物館硏究』 1984-1 참조. 『中國文物地圖集』 吉林分冊(1992)에서는 119기로 기록.

[3] 『集安縣文物志』(1983) 및 『博物館硏究』 1984-1 참조. 『集安高句麗墓葬』(2007)은 『集安縣文物志』 내용을 전재했는데 해당 부분만 121기 고분 외에 墓基만 남은 67기가 있어 총 188기로 기술했으나 오류로 추정됨.

그림 1
횡로구대고분군 위치도

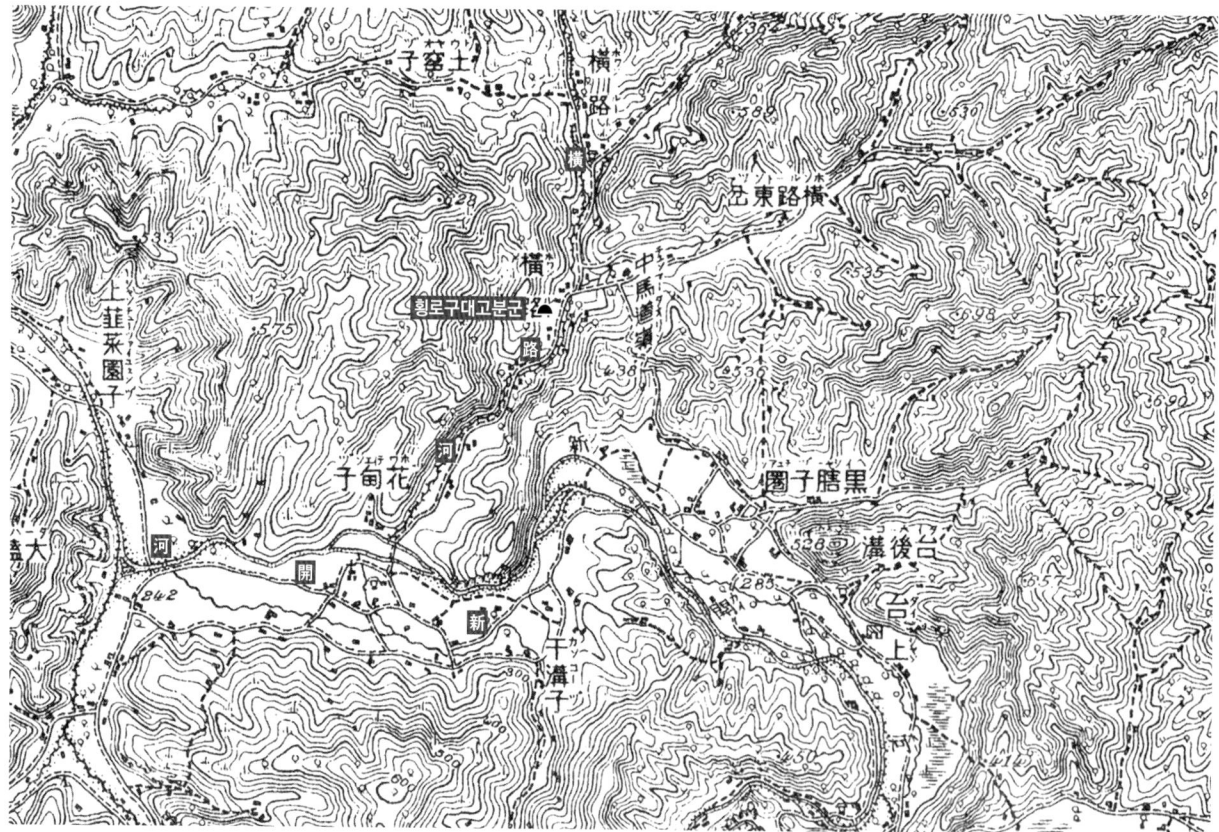

그림 2 횡로구대고분군 주변 지형도(滿洲國 10만분의 1 지형도)

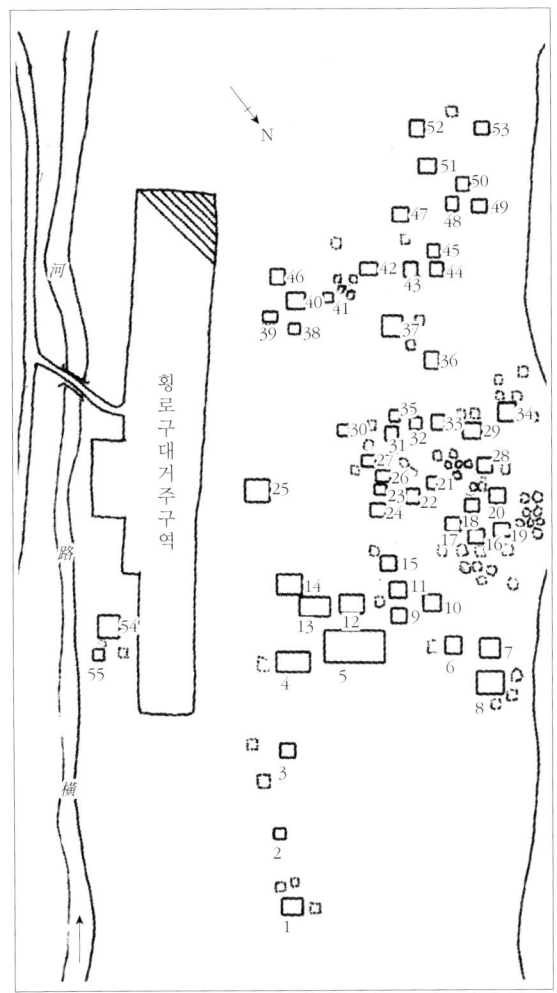

그림 3 횡로구대고분군 분포도(『集安高句麗墓葬』)

○ 대형 적석묘(적석석광묘)는 16기이며, 한 변 길이는 대다수 10m이상이고 가장 큰 고분은 한 변 길이 15~16m에 달함.

○ 소형 적석묘(적석석광묘)는 한 변 길이 4~8m이며, 대다수 보존상태가 양호하나 일부 분구돌이 산실되어 외형은 낮고 편평함. 분구돌이 원래는 많았을 것이나, 일찍이 파괴되어 원형을 잃음.

4. 고분별 현황

1) 횡로구대5호묘

○ 유형 : 적석연접묘(유단적석연접묘).
○ 규모 : 길이 30m, 너비 16m, 잔존 높이 1.40m.
○ 방향 : 南偏西 40°.
○ 구조 : 고분 사면 둘레에서 불규칙한 기단석이 있는 것이 판별 가능하며, 보존상태는 비교적 양호함.

2) 횡로구대13호묘

○ 유형 : 적석묘(적석석광묘)
○ 규모 : 길이 15m, 너비 13m, 높이 2m.
○ 구조 : 외형은 온전하고 보존상태는 매우 양호함.

3) 횡로구대32호묘

○ 유형 : 적석묘(적석석광묘).
○ 규모 : 길이 6m, 너비 6m, 높이 0.8m.[4]
○ 평면 : 圓丘狀
○ 보존상태 양호.

4) 횡로구대51호묘

○ 유형 : 봉토동실묘(봉토곽실묘)
○ 위치 : 고분군 최서남단의 산기슭.
○ 구조 : 봉토가 유실되고 천정석이 무너져 墓門 남쪽에 떨어져 있음. 묘실의 동벽과 북벽이 노출됨. 사면 둘레에 많은 쇄석이 있는데 묘실 벽을 메우는데 사용된 것으로 추정됨. 묘실 네 벽은 장대석으로 축조했는데 동벽의 잔존 길이 1.4m임. 묘도는 잔존 길이 0.8m 정도이고, 석재는 가공하여 내벽이 반질반질하고 깨끗함. 묘실 바닥은 현 지표보다 약 0.2m 낮음.[5] 해당 고분은

---

4 『集安縣文物志』(1983) 참조. 『博物館研究』1984-1에서는 높이 1.8m로 기재.

5 『博物館研究』1984-1 참조. 『集安縣文物志』(1983)에서는 "묘

먼저 토광을 파낸 후에 묘실을 쌓은 곳으로 추정됨.
○ 기타 : 유물은 발견되지 않음.

5. 역사적 성격

○ 고분군의 고분은 봉토동실묘(봉토곽실묘) 1기를 제외하고 대부분 적석묘임. 이들 적석묘 중 일부는 원래 방단적석묘(유단적석묘)였으나 나중에 기단석이 유실되고 쇄석만 남았을 가능성도 있음.
○ 고분군 연대는 무기단과 방단의 적석묘가 다수인 점으로 미루어, 고구려 초중기로 추정됨. 단, 고분군 서남단에 봉토묘 1기가 있고, 다수의 석묘가 북단에 열상분포하는 것으로 보아 당시 고분배열에 규칙이 있었던 것으로 추정되므로 고분군은 존속기간이 비교적 길었을 것으로 보임.

○ 횡로구대는 신개하 하류지역에 위치하며, 서쪽 15km에 패왕조산성이, 오녀산성까지는 30km가 채 안 됨. 이러한 조건으로 미루어 이 일대는 고구려 계루부족이 활동하던 지역으로 추정되기도 함(李殿福, 1994).

참고문헌

- 吉林省文物志編纂委會, 1983, 『集安縣文物志』.
- 集安縣文物保管所, 1984, 「集安縣新發現的兩處高句麗墓群」, 『博物館研究』 1984-1.
- 國家文物局 主編, 1992, 『中國文物地圖集-吉林分冊』.
- 李殿福 著·車勇杰 金仁經 譯, 1994, 『中國內의 高句麗遺蹟』, 學研文化史.
- 孫仁杰·遲勇, 2007, 『集安高句麗墓葬』, 香港亞洲出版社.

실에 진흙이 가득 쌓여 깊이를 알 수 없다"고 기록.

40 집안 동차구문고분군
集安 東岔溝門古墳群

1. 조사현황 : 1983년 조사

○ 조사기관 : 集安縣文物普查隊.
○ 조사내용 : 고분 2기를 확인함. 원래는 많았을 것으로 추정되나 모두 훼손된 상태임.

2. 위치와 자연환경(그림 1)

集安市 花甸鎭 東岔村 남쪽 100m에 소재.

참고문헌

· 吉林省文物志編纂委員會, 1983, 『集安縣文物志』.
· 國家文物局 主編, 1992, 『中國文物地圖集』 吉林分冊.

그림 1
동차구문고분군 위치도

41 집안 합당촌고분군
集安 哈塘村古墳群

1. 조사현황 : 1983년 조사

○ 조사기관 : 集安縣文物普查隊.
○ 조사내용 : 고분 10기를 확인했는데 대부분 심하게 파괴됨.

2. 위치와 자연환경(그림 1)

集安市 財源鎭 哈塘村溝門에 소재.

참고문헌

· 吉林省文物志編纂委員會, 1983, 『集安縣文物志』.
· 國家文物局 主編, 1992, 『中國文物地圖集』 吉林分冊.

그림 1
합당촌고분군 위치도

42 집안 재원고분군
集安 財源古墳群

1. 조사현황 : 1983년 조사

○ 조사기관 : 集安縣文物普查隊.
○ 조사내용 : 고분 4기를 확인했는데 심하게 파괴된 상태임.

2. 위치와 자연환경(그림 1)

集安市 財源鎭 남쪽 400m에 소재.

참고문헌

· 吉林省文物志編纂委會, 1983, 『集安縣文物志』.
· 國家文物局 主編, 1992, 『中國文物地圖集』 吉林分冊.

그림 1 재원고분군 위치도

43 집안 신건고분군
集安 新建古墳群

1. 조사현황 : 1983년 조사

○ 조사기관 : 集安縣文物普查隊.
○ 조사내용 : 원래 160여 기의 고분이 있었으나 조사 당시 대부분 파괴되고, 잔존 고분의 대부분은 방단적석묘와 봉토묘임. 무덤에서 철제화살촉, 철제칼 등이 출토됨.

2. 위치와 자연환경(그림 1)

集安市 財源鎭 新建村 소재.

참고문헌

· 吉林省文物志編纂委會, 1983, 『集安縣文物志』.
· 國家文物局 主編, 1992, 『中國文物地圖集』 吉林分冊.

그림 1 신건고분군 위치도

44 집안 마제구고분군
集安 馬蹄溝古墳群

1. 조사현황

1) 1962년 조사
○ 조사기관 : 輯安縣文物普查隊(吉林省博物館, 輯安縣文物保管所).
○ 조사내용 : 고분 10기를 발견함.

2) 1983년 조사
○ 조사기관 : 集安縣文物普查隊.
○ 조사내용 : 고분 13기를 확인했는데 비교적 보존상태가 양호함.

2. 위치와 자연환경(그림 1)

集安市 財源鎭 馬蹄溝村 북쪽 500m에 소재.

참고문헌
- 吉林省文物志編纂委會, 1983, 『集安縣文物志』.
- 國家文物局 主編, 1992, 『中國文物地圖集』 吉林分冊.

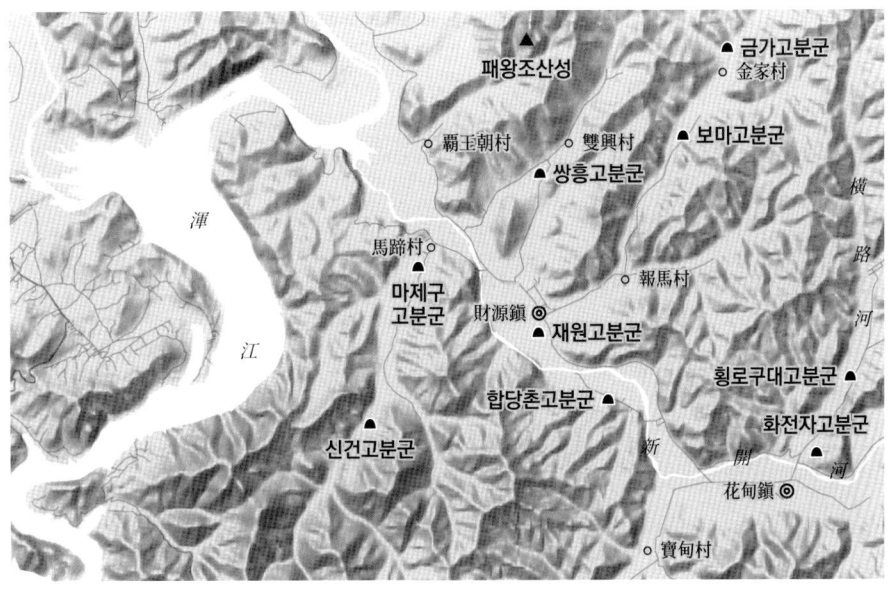

그림 1
마제구고분군 위치도

45 집안 쌍흥고분군
集安 雙興古墳群

1. 조사현황

1) 1983년 5월 조사
○ 조사기관 : 集安縣文物普查隊.
○ 조사내용 : 고분 4기를 확인하고 편호함. 심하게 파괴된 상태임.

2) 2005년 조사
○ 조사기관 : 吉林省 長白文化硏究會, 集安市博物館.
○ 조사 참여자 : 張福有, 程遠, 孫仁杰, 遲勇.
○ 조사내용 : 고분 4기를 확인했는데 계단적석석광묘 1기, 유단적석석광묘 3기임. 고분의 파괴 정도가 각기 다름.

2. 위치와 자연환경(그림 1)

○ 集安市 財源鎭 雙興村 1·2隊 서쪽 산비탈지에 위치함.
○ 고분 동쪽으로는 쌍흥촌 2隊와 약 100m 떨어져 있고, 서쪽으로는 패왕조산성 동쪽성벽이 있음. 북쪽으로는 계곡을 끼고 있으며, 남쪽으로는 경작지임.

3. 고분별 현황

1) JCSM1호묘
○ 위치 : 고분군 동단에 위치하는데 서쪽으로 JCSM2호묘와 50m 떨어져 있음. 서고동저이며, 북쪽

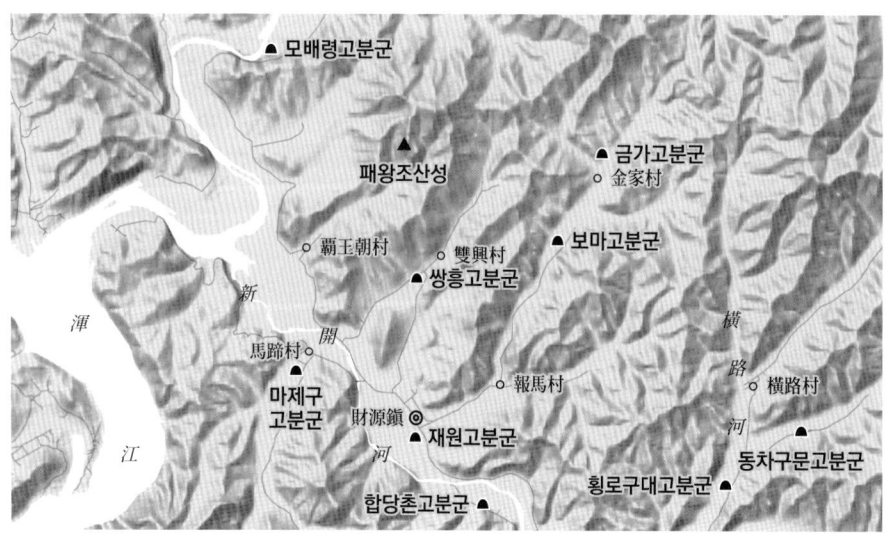

그림 1 쌍흥고분군 위치도

에는 계곡을 끼고 있음.
○ 유형 : 계단적석석광묘.
○ 평면 : 장방형.
○ 규모 : 동서 길이 12m, 남북 너비 9m, 잔존 높이 1.2m.
○ 구조 : 고분 사면에 계단을 조성했는데 남·북·서 삼면의 계단석은 대다수 유실되거나 이탈됨. 현재 동쪽에 3단 계단이 남아 있으며, 계단석도 대다수 옮겨진 상태임. 계단석은 가공한 화강암석으로 제1단 계단석이 비교적 큰데 가장 큰 돌은 길이 1.5m, 너비 0.6m, 높이 0.5m임. 제2단 계단은 제1단 계단 위에 안으로 0.8m 들여쌓았으며, 돌은 길이 0.9m, 너비 0.6m, 높이 0.4m임. 제3단 계단은 제2단 계단 위에 안으로 0.9m 들여쌓았음. 계단석은 대다수 유실됨. 분구 위에 불을 맞은 흔적이 있으며, 여러 곳에 교란갱이 있음. 분구 돌은 碎山石이고 소량의 강자갈(河卵石)도 있음. 돌 크기가 보통 0.3m 정도임. 고분군은 이미 파괴됨.

2) JCSM2·3호묘
○ 위치 : 동쪽으로 JCSM1호묘와 50m 떨어져 있음. 두 고분은 동서로 배열되어 있고 간격은 5m임.
○ 유형 : 유단적석석광묘.
○ 평면 : 방형.
○ 규모 : 한 변 길이 5m, 높이 0.5m 정도.
○ 구조 : 고분 사면에 기단을 쌓았는데 기단석 대다수가 결실 또는 옮겨진 상태임. 기단 안에는 쇄산석과 소량의 강자갈로 채움. 돌 크기는 보통 0.2m 정도임. 두 고분의 주위에는 관목과 잡초가 자라고 있음.

3) JCSM4호묘
○ 위치 : 동쪽으로 JCSM3호묘와 약 10m 떨어져 있음.
○ 유형 : 유단적석석광묘.
○ 평면 : 방형.
○ 규모 : 한 변 길이 6m, 높이 1m 정도.
○ 구조 : 고분 사면에 기단을 쌓았고, 기단 안은 쇄산석과 소량의 강자갈로 메워져 있음. 분구 상부는 가지런함. 고분 동·서 양쪽은 이미 교란됨.

참고문헌
- 吉林省文物志編纂委會, 1983, 『集安縣文物志』.
- 國家文物局 主編, 1992, 『中國文物地圖集』 吉林分冊.
- 孫仁杰·遲勇, 2007, 『集安高句麗墓葬』, 香港亞洲出版社.

46 집안 보마고분군[1]
集安 報馬古墳群 | 報馬村四隊古墳群

1. 조사현황

1) 1962년 조사
- 조사기관 : 輯安縣文物普查隊(吉林省博物館, 輯安縣文物保管所).
- 조사내용 : 고분 30기 발견.

2) 1983년 조사
- 조사기관 : 集安縣文物普查隊.
- 조사내용 : 방단적석묘와 봉토묘 24기를 확인했는데 대부분 보존상태가 양호함.

3) 2005년 조사
- 조사기관 : 吉林省 長白文化研究會, 集安市博物館.
- 조사 참여자 : 張福有, 程遠, 孫仁杰, 遲勇.
- 조사내용 : 고분 33기를 발견했는데 모두 봉토석실묘임.

2. 위치와 자연환경(그림 1)

- 集安市 財源鎭 報馬村 북쪽 3km에 소재.
- 고분은 집안시 서북 약 80km의 財源鎭 報馬村 4組 북쪽 산비탈 밭에 자리하고 있음.
- 고분군 서쪽으로 財源-腰營 간의 도로와 접해 있는데 도로 아래에 작은 하천이 하나 있음. 동쪽으로는 높은 산에 기대있고 북으로는 馬家街와 약 600m 떨어져 있음.

3. 고분군의 전체 분포상황(그림 2)

고분군은 비교적 밀집해 분포하며, 보존상태가 비교적 좋음.

4. 고분별 현황

1) JCBM1호묘
- 위치 : 고분 북단에 위치.
- 유형 : 봉토석실묘.
- 평면 : 원구형(圓丘形).
- 규모 : 직경 8m, 높이 2m.
- 구조 : 봉토 상부가 약간 유실되었으나 고분 보존상태는 온전함.

2) JCBM2호묘
- 위치 : 남쪽으로 JCBM3호묘와 1m 떨어져 있음.
- 유형 : 봉토석실묘.

---

[1] 『集安縣文物志』(1983) 참조. 『集安高句麗墓葬』(2007)에서는 보마촌4대고분군(集安 報馬村四隊古墳群)으로 명명.

그림 1 보마고분군 위치도

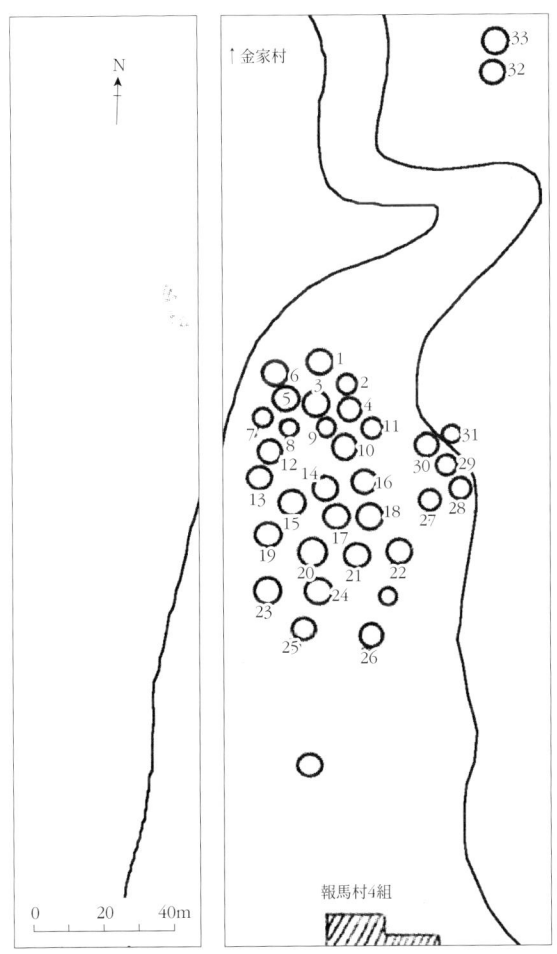

그림 2 보마고분군 분포도(『集安高句麗墓葬』)

○ 평면 : 원구형(圓丘形).
○ 규모 : 직경 6m, 높이 2m.
○ 구조 : 봉토 상부가 약간 유실되었으나 고분 보존상태는 온전함.

3) JCBM3호묘
○ 위치 : 서쪽으로 JCBM4호묘와 1m 떨어져 있음.
○ 유형 : 봉토석실묘.
○ 평면 : 원구형(圓丘形).
○ 규모 : 직경 6m, 높이 1.5m.
○ 구조 : 고분 보존상태는 온전함.

4) JCBM4호묘
○ 위치 : 서쪽으로 JCBM5호묘와 1.5m 떨어져 있음.
○ 유형 : 봉토석실묘.
○ 평면 : 원구형(圓丘形).
○ 규모 : 직경 5m.
○ 구조 : 봉토 상부는 이미 유실되어 묘실이 노출되었고 고분은 이미 파괴됨.

5) JCBM5호묘
- 위치 : 서쪽으로 JCBM1호묘와 3m 떨어져 있음.
- 유형 : 봉토석실묘.
- 평면 : 원구형(圓丘形).
- 규모 : 직경 6m, 높이 0.8m.
- 구조 : 봉토 상부는 이미 유실, 묘실은 노출됨.

6) JCBM6호묘
- 위치 : 동쪽으로 JCBM5호묘와 2m 떨어져 있음.
- 유형 : 봉토석실묘.
- 평면 : 원구형(圓丘形).
- 규모 : 직경 8m, 잔존 높이 1.2m.
- 구조 : 고분은 도로 건설 당시 절반이 잘리고 묘실의 동벽만이 겨우 남아 있음. 고분은 이미 파괴됨.

7) JCBM7호묘
- 위치 : 동쪽으로 JCBM8호묘와 1m 떨어져 있음.
- 유형 : 봉토석실묘.
- 평면 : 원구형(圓丘形).
- 규모 : 직경 4m, 높이 1m.
- 구조 : 봉토 상부는 이미 유실되고 묘실은 노출됨. 고분 하부는 보존상태가 온전함.

8) JCBM8·9호묘
- 위치 : 동쪽으로 JCBM11호묘와 5m 떨어져 있음. 동서로 배열하고 있고 간격은 1.5m 정도임.
- 유형 : 봉토석실묘.
- 평면 : 원구형(圓丘形).
- 규모 : 직경 3m, 잔존 높이 0.7m 정도.
- 구조 : 두 고분의 봉토는 이미 전부 유실되고 오직 묘실만 남음. 고분은 이미 파괴됨.

9) JCBM10호묘
- 위치 : 남쪽으로 JCBM9호묘와 1m 떨어져 있음.
- 유형 : 봉토석실묘.
- 평면 : 원구형(圓丘形).
- 규모 : 직경 5m, 높이 1m.
- 구조 : 봉토 상부의 유실이 적어서 묘실 천정석 가장자리가 노출됨.

10) JCBM11호묘
- 위치 : 서쪽으로 JCBM9호묘와 5m 떨어져 있음.
- 유형 : 봉토석실묘.
- 평면 : 원구형(圓丘形).
- 규모 : 직경 6m, 높이 1.2m.
- 구조 : 고분 보존상태는 온전함.

11) JCBM-11호묘
- 위치 : 북쪽으로 JCBM11호묘와 5m 떨어져 있음.
- 유형 : 봉토석실묘.
- 평면 : 원구형(圓丘形).
- 규모 : 직경 5m, 높이 1m.
- 구조 : 고분 보존상태는 온전함.

12) JCBM14호묘
- 위치 : 남서쪽으로 JCBM15호묘와 2m 떨어져 있음.
- 유형 : 봉토석실묘.
- 평면 : 원구형(圓丘形).
- 규모 : 직경 6m, 높이 1.3m.
- 구조 : 고분 보존상태는 온전함.

13) JCBM15호묘
- 위치 : 동쪽으로 JCBM14호묘와 2m 떨어져 있음.
- 유형 : 봉토석실묘.
- 평면 : 원구형(圓丘形).
- 규모 : 직경 5m, 높이 1m.
- 구조 : 봉토 상부는 이미 유실되어 묘실 천정석이 노

출되었고 천정석 사이로 묘실이 보임.

14) JCBM16호묘
○ 위치 : 서쪽으로 JCBM14호묘와 3m 떨어져 있음.
○ 유형 : 봉토석실묘.
○ 평면 : 원구형(圓丘形).
○ 규모 : 직경 7m, 높이 1.5m.
○ 구조 : 고분 보존상태는 온전함.

15) JCBM12·13호묘
○ 위치 : 북쪽으로 JCBM8호묘와 2m 떨어져 있음. 두 고분은 남북으로 배열하고 있으며, 간격은 1m임.
○ 유형 : 봉토석실묘.
○ 평면 : 원구형(圓形).
○ 규모 : 직경 5m, 높이 1m.
○ 구조 : 두 고분의 봉토상부는 모두 이미 유실되었고, 묘실 천정석도 노출됨.

16) JCBM17호묘
○ 위치 : 동쪽으로 JCBM18호묘와 2m 떨어져 있음.
○ 유형 : 봉토석실묘.
○ 평면 : 원구형(圓丘形).
○ 규모 : 직경 8m, 높이 1.5m.
○ 구조 : 봉토 분구는 이미 유실되고 묘실 천정석도 유실되어 묘실이 노출됨. 고분은 파괴됨.

17) JCBM18호묘
○ 위치 : 남쪽으로 JCBM21호묘와 5m 떨어져 있음.
○ 유형 : 봉토석실묘.
○ 평면 : 원구형(圓丘形).
○ 규모 : 직경 4m, 높이 1m.
○ 구조 : 봉토 상부가 약간 유실된 것을 제외하고 고분 보존상태는 온전함.

18) JCBM19호묘
○ 위치 : 북쪽으로 JCBM15호묘와 3m 떨어져 있음.
○ 유형 : 봉토석실묘.
○ 평면 : 원구형(圓丘形).
○ 규모 : 직경 9m, 높이 1.6m.
○ 구조 : 고분 보존상태는 온전함.

19) JCBM20호묘
○ 위치 : 북쪽으로 JCBM17호묘와 2m 떨어져 있음.
○ 유형 : 봉토석실묘.
○ 평면 : 원구형(圓丘形).
○ 규모 : 직경 8m, 높이 1.5m.
○ 구조 : 고분 보존상태는 온전함.

20) JCBM21호묘
○ 위치 : 서쪽으로 JCBM20호묘와 2m 떨어져 있음.
○ 유형 : 봉토석실묘.
○ 평면 : 원구형(圓丘形).
○ 규모 : 직경 6m, 높이 1.4m.
○ 구조 : 봉토 상부는 이미 유실됨. 묘실 천정석판이 노출되어 석판의 틈 사이로 묘실을 볼 수 있음.

21) JCBM22호묘
○ 위치 : 서쪽으로 JCBM21호묘와 6m 떨어져 있음.
○ 유형 : 봉토석실묘.
○ 평면 : 원구형(圓丘形).
○ 규모 : 직경 4m, 높이 2m.
○ 구조 : 고분 보존상태는 온전함.

22) JCBM23호묘
○ 위치 : 동쪽으로 JCBM24호묘와 7m 떨어져 있음.
○ 유형 : 봉토석실묘.
○ 평면 : 원구형(圓丘形).
○ 규모 : 직경 9m, 높이 1.8m.

○ 구조 : 고분 보존상태는 온전함.

23) JCBM24호묘
○ 위치 : 남쪽으로 JCBM25호묘와 4m 떨어져 있음.
○ 유형 : 봉토석실묘.
○ 평면 : 원구형(圓丘形).
○ 규모 : 직경 10m, 높이 2m.
○ 구조 : 고분 보존상태는 온전함.

24) JCBM25호묘
○ 위치 : 북쪽으로 JCBM24호묘와 4m 떨어져 있음.
○ 유형 : 봉토석실묘.
○ 평면 : 원구형(圓丘形).
○ 규모 : 직경 5m, 높이 0.8m.
○ 구조 : 봉토 상부는 이미 전부 유실, 묘실 네 벽도 다른 정도로 파괴됨.

25) JCBM26호묘
○ 위치 : 서쪽으로 JCBM25호묘와 15m 떨어져 있음.
○ 유형 : 봉토석실묘.
○ 평면 : 원구형(圓丘形).
○ 규모 : 직경 7m, 높이 1m.
○ 구조 : 묘정 봉토는 이미 유실되고 천정석은 무덤 아래로 흘러내림. 묘실 동·서벽은 심하게 파괴됨.

26) JCBM27호묘
○ 위치 : 서쪽으로 JCBM18호묘와 8m 떨어져 있음.
○ 유형 : 봉토석실묘.
○ 평면 : 원구형(圓丘形).
○ 규모 : 직경 12m, 높이 2.5m.
○ 구조 : 해당 고분은 고분군 가운데 가장 큰 무덤임. 고분 보존상태는 온전함.

27) JCBM28호묘
○ 위치 : 서쪽으로 JCBM27호묘와 3m 떨어져 있음. 동쪽은 높은 산에 기대어 있음.
○ 유형 : 봉토석실묘.
○ 평면 : 원구형(圓丘形).
○ 규모 : 직경 8m, 높이 1m.
○ 구조 : 봉토 상부는 이미 유실되고 묘실 천정석은 밖으로 노출됨.

28) JCBM29호묘
○ 위치 : 서쪽으로 JCBM30호묘와 2m 떨어져 있음.
○ 유형 : 봉토석실묘.
○ 평면 : 원구형(圓丘形).
○ 규모 : 직경 6m, 높이 2m.
○ 구조 : 봉토 상부는 이미 전부 유실되고 묘실 천정석판은 밖으로 노출됨. 묘실 남벽은 이미 파괴됨.

29) JCBM30호묘
○ 위치 : 동쪽으로 JCBM29호묘와 2m 떨어져 있음.
○ 유형 : 봉토석실묘.
○ 평면 : 원구형(圓丘形).
○ 규모 : 직경 7m, 높이 2.2m.
○ 구조 : 고분 보존상태는 온전함.

30) JCBM31호묘
○ 위치 : 고북군 북단에 위치하는데 북쪽으로 JCBM32호묘와 6m 떨어져 있음.
○ 유형 : 봉토석실묘.
○ 평면 : 원구형(圓丘形).
○ 규모 : 직경 6m, 높이 1.2m.
○ 구조 : 봉토상부는 이미 유실되고 묘실 천정석판은 밖으로 노출됨. 고분 남쪽의 봉토도 일부 유실됨. 묘실 남벽도 노출됨.

31) JCBM32호묘
- 위치 : 남쪽으로 JCBM31호묘와 6m 떨어져 있음.
- 유형 : 봉토석실묘.
- 평면 : 원구형(圓丘形).
- 규모 : 직경 4m, 높이 1m.
- 구조 : 봉토상부는 일부 유실되고 묘실 천정석 가장자리가 밖으로 노출됨.
- 고분군 연대는 보고된 고분 가운데 봉토석실묘가 중심이 되는 것으로 미루어 5세기 이후로 추정됨.

참고문헌
- 吉林省文物志編纂委會, 1983, 『集安縣文物志』.
- 國家文物局 主編, 1992, 『中國文物地圖集』 吉林分冊.
- 孫仁杰·遲勇, 2007, 『集安高句麗墓葬』, 香港亞洲出版社.

5. 역사적 성격

- 해당 고분군에는 소형봉토석실묘 33기가 확인됨. 고분은 집중 분포하고 고분과 고분의 사이가 좁은 것은 가족묘지와의 관련성을 보여줌.

47 집안 모배령고분군
集安 母背嶺古墳群

1. 조사현황

1) 1962년 조사
○ 조사기관 : 輯安縣文物普查隊(吉林省博物館, 輯安縣文物保管所).
○ 조사내용 : 고분 50기 발견.

2) 1983년 조사
○ 조사기관 : 集安縣文物普查隊.
○ 조사내용 : 고분 38기만 확인되고 그 가운데 18기는 이미 파괴되어 20여 기만 남음. 대부분 봉토동실묘이고 일부는 적석묘와 방단적석묘임. 고분의 보존상태는 비교적 양호함.

3) 2005년 조사
○ 조사기관 : 吉林省 長白文化硏究會, 集安市博物館.
○ 조사 참여자 : 張福有, 程遠, 孫仁杰, 遲勇.

2. 위치와 자연환경(그림 1 ~ 그림 2)

1) 고분군 위치
○ 集安市 財源鎭 泉眼村 서남쪽 2.5km에 소재.
○ 모배령은 老嶺의 支脈인 報馬川山에서 혼강 좌안으로 뻗어 내린 비교적 평탄한 산등성이로, 일명 母猪背嶺이라 함.
○ 고분군은 산 북쪽의 볼록 튀어나온 산기슭 귀퉁이 비탈지에 분포함.

2) 고분군 주변환경
○ 혼강이 동북에서부터 서쪽으로 3km 정도 흘러 北屯 부근에서 굽어져 남쪽으로 흘러 환인댐으로 유입함.
○ 모배령 아래에는 혼강 옛 길이 있었으나 지금 농지로 개간됨.

3. 고분군의 전체 분포상황

○ 방단적석묘(유단적석석광묘) 6기, 봉토동실묘(봉토곽실묘) 14기, 잔묘 18기는 대부분 적석묘로 추정함.[1]
○ 고분은 비교적 작은 규모로 한 변 길이 5~8m가 대다수이며, 일부 큰 것은 한 변 길이 10m에 달함.
○ 매장부는 지표 위에 축조되었고 축조 상태는 거친 편임.
○ 현황 : 고분군 가운데를 가로 질러 도로가 지나가서 고분은 양쪽으로 나뉘어져 분포함. 잔존하는 고분들은 강변 쪽의 고분들로 석실봉토묘이며 적석묘는 확인되지 않음.

---

1 『集安縣文物志』(1983) 참조. 『集安高句麗墓葬』(2007)에서는 일부 잔묘를 '계단적석석광묘'로 파악함.

그림 1
모배령고분군 위치도

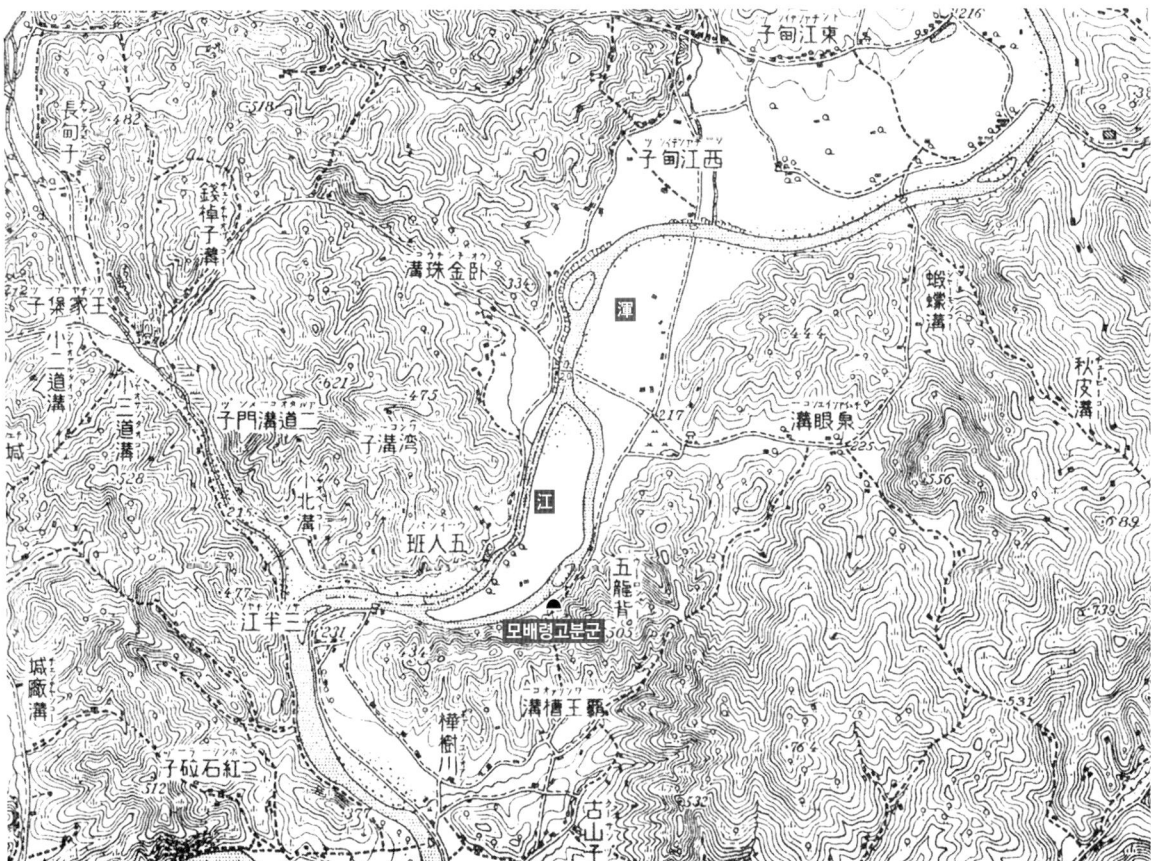

그림 2 모배령고분군 주변 지형도(滿洲國 10만분의 1 지형도)

4. 역사적 성격

○ 고분군 연대 : 고분 조성의 상한시기는 알 수 없으나 적석묘과 함께 봉토동실묘가 혼재하는 점으로 미루어 장기간에 걸쳐 조성됨. 하한시기는 고구려 중기 이후로 내려올 것으로 추정됨.

○ 주변 유적과의 관계 : 동쪽으로 패왕조산성이 가까이 있어서 이 일대는 고구려의 '南道'상에 위치함.

참고문헌

- 吉林省文物志編纂委會, 1983, 『集安縣文物志』.
- 國家文物局 主編, 1992, 『中國文物地圖集』 吉林分冊.
- 孫仁杰·遲勇, 2007, 『集安高句麗墓葬』, 香港亞洲出版社.

48 집안 소방자구고분군
集安 燒房子溝古墳群

1. 조사현황 : 1962년 조사

○ 조사기관 : 集安縣文物普査隊(吉林省博物館, 輯安縣文物保管所).

○ 조사내용 : 고분 15기를 발견했고, 여기서 철제칼(鐵刀), 청동제거울(銅鏡) 등이 출토됨. 현재 대부분 멸실된 상태임.

2. 위치와 자연환경(그림 1)

集安市 財源鎭 泉眼村 燒房子溝門에 소재.

참고문헌

• 吉林省文物志編纂委會, 1983, 『集安縣文物志』.
• 國家文物局 主編, 1992, 『中國文物地圖集』吉林分冊.

그림 1
소방자구고분군 위치도

49 집안 금가고분군
集安 金家古墳群

1. 조사현황

1) 1962년 조사
○ 조사기관 : 輯安縣文物普查隊(吉林省博物館, 輯安縣文物保管所).
○ 조사내용 : 적석묘, 방단적석묘, 봉토묘 등 고분 16기[1]가 확인되는데 보존상태는 양호함.

2) 1983년 조사
○ 조사기관 : 集安縣文物普查隊.
○ 조사내용 : 고분 16기 확인.

3) 2005년 조사
○ 조사기관 : 吉林省 長白文化硏究會, 集安市博物館.
○ 조사 참여자 : 張福有, 程遠, 孫仁杰, 遲勇.
○ 조사내용 : 고분군을 조사 및 실측하고 등록함. 원래 편호한 것을 기초로 삼고 일부 고분을 새로 발견하여 총 26기를 확인함.

2. 위치와 자연환경(그림 1)

○ 集安市 頭道鎭[2] 金家村 북쪽 150m에 소재(『集安縣文物志』).
○ 집안시 서북의 두도진 금가촌 서쪽 산비탈에 위치하는데 북쪽은 높고, 남쪽은 낮음. 고분군 남쪽 20m에는 금가촌에서 財源鎭으로 통하는 도로가 있으며, 동쪽으로는 금가촌과 100m 떨어져 있고, 서쪽으로는 작은 골짜기가 고분군을 동·서로 양분하며, 북쪽으로는 높은 산에 기대어 있음(『集安高句麗墓葬』).

3. 고분군의 전체 분포상황

총 26기 고분 가운데 계단적석석광묘 1기, 유단봉토석실묘 1기, 봉토석실묘 24기임.

4. 고분별 현황

1) JTJM1호묘
○ 위치 : 고분군 북단에 위치하는데 동쪽으로 JTJM2호묘와 20m 떨어져 있으며, 북고남저임.

---

[1] 『中國文物地圖集』吉林分冊(1992) 참조. 『集安縣文物志』(1983) 고분군일람표 및 『集安高句麗墓葬』(2007)에서는 15기로 소개.

[2] 고분은 본래 腰營鄕에 속하였으나 현재 두도진으로 흡수되면서 관할 행정 변경.

그림 1 금가고분군 위치도

○ 유형 : 계단적석석광묘.
○ 평면 : 방형.
○ 규모 : 한 변 길이 8m, 높이 1.3m.
○ 구조 : 고분의 사면은 2단 계단으로 쌓았으며, 현재 계단석은 일부 이탈 또는 유실되거나 자리가 옮겨진 상태임. 계단석은 정연하게 가공된 화강암석으로 돌 크기는 길이 0.9m, 너비 0.5m, 높이 0.4m 정도임. 제2단 계단은 제1단 계단 위에 0.8m 안으로 들여쌓았고 제2단 계단석은 제1단 계단석 보다 약간 작음. 분구 적석은 碎山石이며, 소량의 강자갈(河卵石)도 있음. 돌 크기는 0.3m 정도임. 분구 정상부는 이미 교란되어 함몰갱이 있음.

2) JTJM2호묘

○ 위치 : 서쪽으로 JTJM1호묘와 20m 떨어져 있음.
○ 유형 : 유단봉토석실묘.
○ 평면 : 원구형.
○ 규모 : 직경 6m, 높이 1.7m.
○ 구조 : 무덤 아래에 정연하게 가공된 화강암석으로 1단을 쌓았으며, 평면은 원형을 띠고 있음. 가장 큰 기단석은 길이 0.7m, 너비 0.5m, 높이 0.4~0.5m 정도임. 기단 안은 봉토로 메움. 분구 정상부 봉토는 이미 유실되고 묘실 천정석은 무덤 아래로 흘러내려 묘실 서벽과 동벽이 이미 파괴된 것을 볼 수 있음.

3) JTJM3호묘

○ 위치 : 남쪽으로 JTJM1호묘와 5m 떨어져 있으며, 북고남저임.
○ 유형 : 봉토석실묘.
○ 평면 : 원구형.
○ 규모 : 직경 5m.
○ 구조 : 분구 정상부 봉토는 약간 유실되었으나 고분 보존상태는 온전함.

4) JTJM4호묘

○ 위치 : 남쪽으로 JTJM3호묘와 20m 떨어져 있음.
○ 유형 : 봉토석실묘.
○ 평면 : 원구형.

○ 규모 : 직경 5m, 높이 1.4m.
○ 구조 : 고분의 보존상태는 온전함.

5) JTJM5호묘
○ 위치 : 서쪽으로 JTJM4호묘와 약 30m 떨어져 있음.
○ 유형 : 봉토석실묘.
○ 평면 : 원구형.
○ 규모 : 직경 5.5m, 높이 1.6m.
○ 구조 : 고분의 보존상태는 온전함.

6) JTJM6호묘
○ 위치 : 북쪽으로 JTJM7호묘와 15m 떨어져 있음.
○ 유형 : 봉토석실묘.
○ 평면 : 원구형.
○ 규모 : 직경 6m, 높이 1.2m.
○ 구조 : 분구는 이미 전부 유실되어 묘실의 천정석과 묘실이 노출됨. 고분 아랫부분의 동쪽 봉토 역시 약간 유실됨.

7) JTJM7호묘
○ 위치 : 남쪽으로 JTJM6호묘와 15m 떨어져 있음.
○ 유형 : 봉토석실묘.
○ 평면 : 원구형.
○ 규모 : 직경 5m, 높이 1.6m.
○ 구조 : 분구는 일부 유실되어 묘실 천정석의 가장자리 역시 이미 노출됨.

8) JTJM8호묘
○ 위치 : 동쪽으로 JTJM9호묘와 15m 떨어져 있음.
○ 유형 : 봉토석실묘.
○ 평면 : 원구형.
○ 규모 : 직경 5m, 높이 1.4m.
○ 구조 : 고분은 보존이 온전함.

9) JTJM9호묘
○ 위치 : 남쪽으로 JTJM8호묘와 30m 떨어져 있음.
○ 유형 : 봉토석실묘.
○ 평면 : 원구형.
○ 규모 : 직경 6.5m, 높이 1.5m.
○ 구조 : 고분 보존은 온전함.

10) JTJM10~26호묘
○ 위치 : 17기 고분이 골짜기 양쪽에 분포함.
○ 유형 : 봉토석실묘.
○ 평면 : 원구형.
○ 규모 : 직경 4~6m 정도, 잔존 높이 0.6~1.2m.
○ 구조 : 분구 일부가 유실되어 묘실 네 벽과 천정석이 노출됨. 다른 일부 고분의 봉토 및 묘실도 모두 파괴되어 현재 묘실의 아랫부분만 남아 있음. 묘실 아랫부분의 돌은 비교적 크며, 크기는 1×0.6×0.5m 정도임. 17기 고분의 파괴정도는 각기 다름.

참고문헌
• 吉林省文物志編纂委會, 1983, 『集安縣文物志』.
• 國家文物局 主編, 1992, 『中國文物地圖集』 吉林分冊.
• 孫仁杰·遲勇, 2007, 『集安高句麗墓葬』, 香港亞洲出版社.

50 집안 묘서고분군
集安 廟西古墳群

1. 조사현황

1) 1962년 조사
○ 조사기관 : 輯安縣文物普查隊(吉林省博物館, 輯安縣文物保管所).
○ 조사내용 : 고분 10기 확인.

2) 1983년 조사
○ 조사기관 : 集安縣文物普查隊.
○ 조사내용 : 고분 20기를 확인했는데 방단적석묘가 대다수로 보존상태는 각기 다름.

3) 2005년 조사
○ 조사기관 : 吉林省 長白文化硏究會, 集安市博物館.
○ 조사 참여자 : 張福有, 程遠, 孫仁杰, 遲勇.
○ 조사내용 : 고분군을 조사 및 실측하고 등록함. 현재 고분은 대다수 봉토석실묘이고 봉토곽실묘도 확인됨.

2. 위치와 자연환경(그림 1)

○ 集安市 서북의 頭道鎭[1] 腰營村 묘서 산비탈에 위치.
○ 고분군의 남쪽으로 腰營中學과 40m, 동쪽으로는 두도진으로 통하는 도로와 약 50m, 서쪽으로 沿江村과 통하는 도로가 있으며, 북쪽으로는 廟西後山에 기대어 있음.

3. 고분별 현황

1) JTMM1호묘
○ 위치 : 동쪽으로 JTMM10호묘와 17m 떨어져 있음.
○ 유형 : 봉토석실묘.
○ 평면 : 원구형(圓丘形).
○ 규모 : 직경 5m, 높이 1.5m.
○ 구조 : 무덤 정상부 봉토가 약간 유실된 것을 제외하면 고분 보존상태는 온전함.

2) JTMM2호묘
○ 위치 : 북쪽으로 JTMM3호묘와 8m 떨어져 있음.
○ 유형 : 봉토석실묘.
○ 평면 : 원구형(圓丘形).
○ 규모 : 직경 6m, 높이 1.7m.
○ 구조 : 고분 보존상태는 온전함.

3) JTMM3호묘
○ 위치 : 북쪽으로 JTMM4호묘와 4m 떨어져 있음.
○ 유형 : 봉토곽실묘.
○ 평면 : 원구형(圓丘形).

---

[1] 고분은 본래 腰營鄕에 속하였으나 현재 두도진으로 흡수되면서 관할 행정 변경.

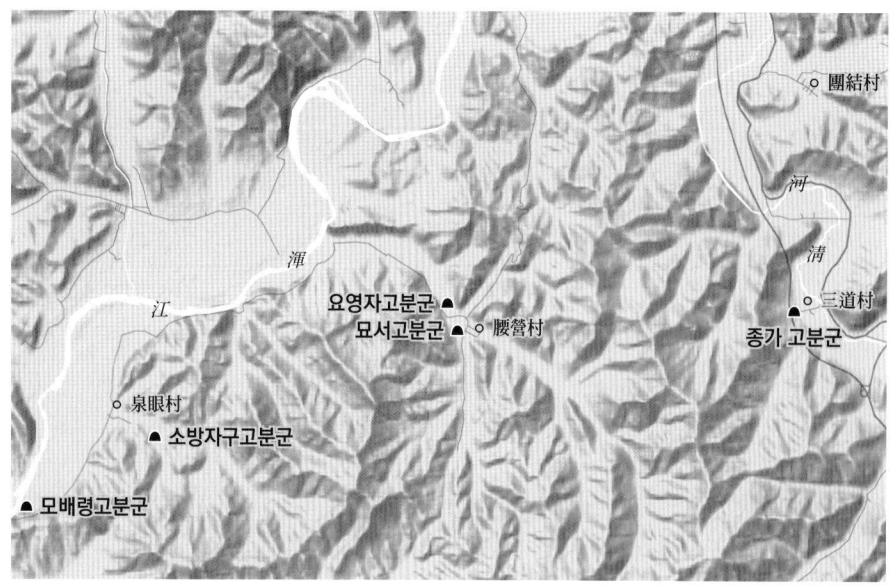

그림 1 묘서고분군 위치도

○ 규모 : 직경 3.5m.
○ 구조 : 봉토 상부는 유실되어 묘실 천정석 가장자리는 이미 노출됨. 고분 북쪽의 봉토 역시 유실됨. 부분적으로 묘실 북벽을 볼 수 있음.

4) JTMM4호묘
○ 위치 : 동쪽으로 JTMM5호묘와 10m 떨어져 있음.
○ 유형 : 봉토석실묘.
○ 평면 : 원구형(圓丘形).
○ 규모 : 직경 9m, 높이 2m.
○ 구조 : 무덤 정상부 봉토가 약간 유실된 것을 제외하면 고분 보존상태는 온전함.

5) TMM5호묘
○ 위치 : 서쪽으로 JTMM4호묘와 10m 떨어져 있음.
○ 유형 : 봉토곽실묘.
○ 평면 : 원구형(圓丘形).
○ 규모 : 직경 4m.
○ 구조 : 봉토 상부는 유실되어 묘실 천정석이 노출되었고 고분 서쪽의 봉토 역시 다수 유실되어 묘실 네 벽이 이미 노출됨.

6) JTMM6호묘
○ 위치 : 남쪽으로 JTMM5호묘와 57m 떨어져 있음.
○ 유형 : 봉토곽실묘.
○ 평면 : 원구형(圓丘形).
○ 규모 : 직경 3.5m, 잔존 높이 1m.
○ 구조 : 봉토 상부는 이미 전부 유실되고, 묘실 역시 파괴됨.

7) JTMM7호묘
○ 위치 : 서쪽으로 JTMM5호묘와 9m 떨어져 있음.
○ 유형 : 봉토석실묘.
○ 평면 : 원구형(圓丘形).
○ 규모 : 직경 5m, 높이 1.4m.
○ 구조 : 봉토 상부가 약간 유실되어 묘실 천정석 가장자리는 이미 노출됨.

8) JTMM8호묘
○ 위치 : 동쪽으로 JTMM11호묘와 14m 떨어져 있음.

○ 유형 : 봉토곽실묘.
○ 평면 : 원구형(圓丘形).
○ 규모 : 직경 4m, 높이 1.3m.
○ 구조 : 고분 보존상태는 온전함.

9) JTMM9·10호묘
○ 위치 : 서쪽으로 JTMM1호묘와 7m 떨어져 있음. 두 고분은 남북으로 배열해 있고, 그 간격은 6m임.
○ 유형 : 봉토곽실묘.
○ 평면 : 원구형(圓丘形).
○ 규모 : 직경 3~4m, 잔존 높이 1.2m.
○ 구조 : 봉토분구는 모두 전부 유실되고, 두 고분의 묘실 역시 파괴됨.

10) JTMM11호묘
○ 위치 : 서쪽으로 JTMM8호묘와 9m 떨어져 있음.
○ 유형 : 봉토석실묘.
○ 평면 : 원구형(圓丘形).
○ 규모 : 직경 6.5m, 높이 1.5m.
○ 구조 : 고분 보존상태는 온전함.

11) JTMM12·13호묘
○ 위치 : 두 고분은 남북으로 배열되어 있고 그 간격은 5m임.
○ 유형 : 봉토석실묘.
○ 평면 : 원구형(圓丘形).

○ 규모 : 직경 4m, 잔존 높이 1.3m.
○ 구조 : 두 고분의 봉토 상부는 모두 유실되어 묘실 천정석이 무덤 아래로 흘러내리고 묘실은 이미 파괴되어 돌로 메워짐.

12) JTMM14호묘
○ 위치 : 고분군의 최북단에 위치.
○ 유형 : 봉토석실묘.
○ 평면 : 원구형(圓丘形).
○ 규모 : 직경 4.5m, 높이 1.6m.
○ 구조 : 고분 보존상태는 온전함.

13) JTMM15·16·17·18·19·20호묘
○ 유형 : 봉토곽실묘.
○ 평면 : 원구형(圓丘形).
○ 규모 : 직경 2~3m, 잔존 높이 1m 정도.
○ 구조 : 봉토 상부는 전부 유실되고 묘실도 전부 파괴됨. 현재 묘실 아랫부분만이 남아 있는데 비교적 큰 돌로 쌓았음.

참고문헌
- 吉林省文物志編纂委會, 1983, 『集安縣文物志』.
- 國家文物局 主編, 1992, 『中國文物地圖集』 吉林分冊.
- 孫仁杰·遲勇, 2007, 『集安高句麗墓葬』, 香港亞洲出版社.

51 집안 요영자고분군
集安 腰營子古墳群

1. 조사현황

1) 1962년 조사
○ 조사기관 : 輯安縣文物普查隊(吉林省博物館, 輯安縣文物保管所)
○ 조사내용 : 고분 5기를 확인했는데 심하게 파괴됨.

2) 1983년 조사
○ 조사기관 : 集安縣文物普查隊.
○ 조사내용 : 고분 5기 확인.

2. 위치와 자연환경(그림 1)

集安市 頭道鎭[1] 腰營村 서북 500m에 소재.

참고문헌
· 吉林省文物志編纂委員會, 1983, 『集安縣文物志』.
· 國家文物局 主編, 1992, 『中國文物地圖集』 吉林分冊.

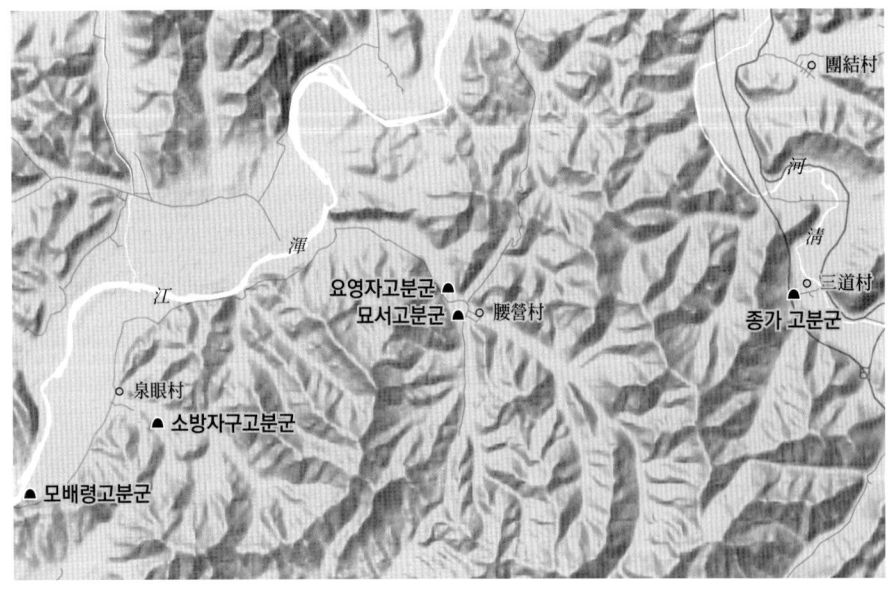

그림 1
요영자고분군 위치도

---

[1] 고분은 본래 腰營鄕에 속하였으나 현재 두도진으로 흡수되면서 관할 행정 변경.

52 집안 반가가 고분군
集安 潘家街古墳群

1. 조사현황

1) 1965년 12월 조사
○ 조사기관 : 輯安縣博物館.
○ 조사내용 : 조사 및 측회를 실시하고, 고구려 고분군임을 확인함. 현지인에 따르면 이전부터 보존상태는 양호하였다고 함. 몇 기의 대형묘는 방단적석묘로 네 둘레를 장대석으로 정연하게 축조하고, 상면은 돌(石塊)과 냇돌(河卵石)로 쌓음. 봉토묘 역시 모두 高大함.

2) 1960년대 말~1970년 초 파괴로 원형 상실
○ 장대석이 제방을 쌓거나 집을 짓는데 쓰이면서 파괴됨.
○ 묘실이 노출되어 인골, 토기편 등이 버려짐.

3) 1983년 조사
○ 조사기관 : 集安縣文物普査隊.
○ 조사내용 : 고분 44기[1] 가 확인되는데 고분의 80%가 심하게 훼손됨.

4) 2004년 및 2005년 조사
○ 조사기관 : 吉林省 長白文化研究會, 集安市博物館.
○ 조사 참여자 : 張福有, 程遠, 孫仁杰, 遲勇.

○ 조사내용 : 총 44기 확인. 고분 유형은 유단적석석광묘, 계단적석석광묘, 봉토석실묘와 봉토곽실묘 등을 확인함.

2. 위치와 자연환경

1) 고분군 위치 (그림 1 ~ 그림 2)
○ 集安市 楡林鎭 頭道鄕 潘家街 북쪽 100m에 소재.
○ 집안현성 서북 80km²[2] 떨어진 두도향 반가가촌 북쪽 평원에 위치.

2) 고분군 주변환경
○ 고분군은 동쪽으로 葦沙河가 흐르고, 동쪽 400m에 集安-通化 간의 도로가 지나감.
○ 고분군에서 동남으로 750m 정도 떨어져 樓子溝門大橋가 있음.
○ 고분군 남쪽에는 400m³[3] 떨어져 潘家街가 있음.
○ 고분군 서쪽 500m에는 西山, 북쪽 1km에는 四新村(원래 大墓村)이 자리하고 있음.

---

[1] 『集安縣文物志』(1983) 참조. 『中國文物地圖集』 吉林分冊(1992) 및 『集安縣文物志』 고분군일람표에는 42기로 기록.

[2] 『集安縣文物志』(1983) 참조. 『集安高句麗墓葬』(2007)에서는 70km로 기록.

[3] 『集安縣文物志』(1983) 참조. 『集安高句麗墓葬』(2007)에는 300m로 기록.

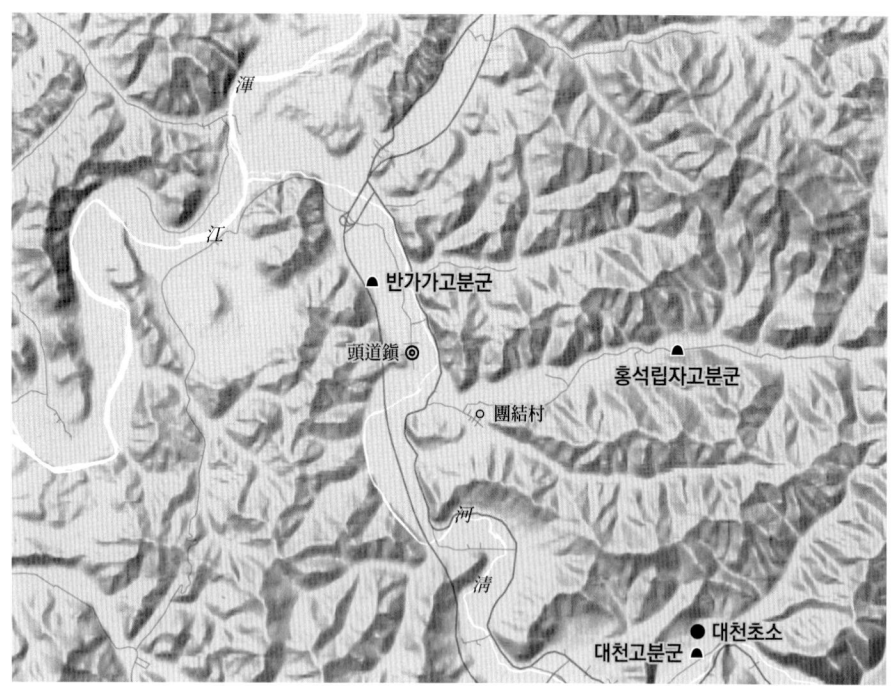

그림 1
반가가고분군 위치도

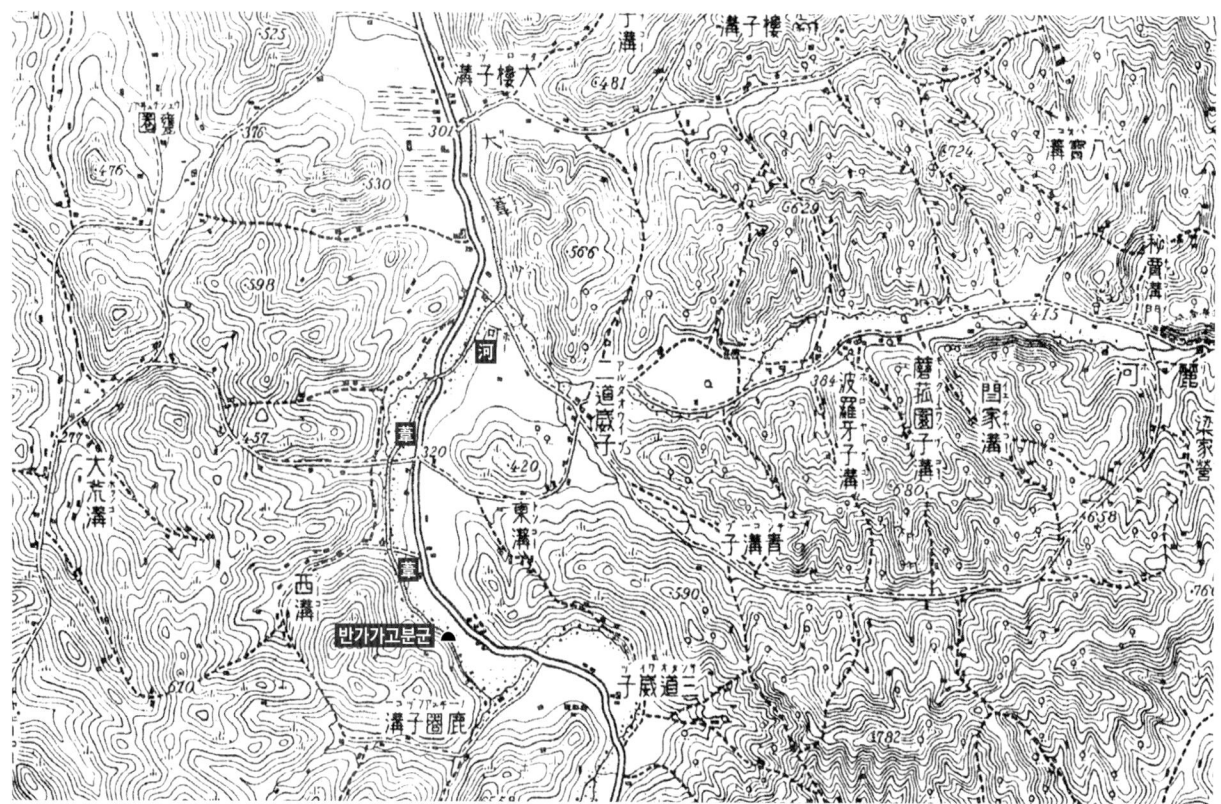

그림 2 반가가고분군 주변 지형도(滿洲國 10만분의 1 지형도)

3. 고분군의 분포와 현황

1) 고분군 분포상황

(1)『集安縣文物志』(1983년)

고분군은 삼각형으로 배치했는데 동부와 서부는 적석묘와 방단적석묘가 다수이고, 중부에는 봉토동실묘가 집중 분포해 있음. 고분군 남단 주변에는 몇 기의 현대 민묘가 혼재하고 있음. 1983년 조사 때 총 44기 가운데 적석묘 14기, 방단적석묘 4기, 봉토동실묘 26기임. 고분군 방향은 모두 南偏西 70°임.

(2)『集安高句麗墓葬』(2007년)

고분군 점유면적 약 1,500m²임. 고분군 주변은 논으로 원래 논 안에도 상당량의 고분이 있었으나 농지개간으로 훼손됨. 2004년 및 2005년 조사에서 총 44기 가운데 개별 고분 39기를 소개했는데 유단적석석광묘 14기, 계단적석석광묘 4기, 봉토곽실묘 16기, 봉토석실묘 5기 등임.[4]

2) 고분군 현황

고분은 논 가운데 2~3기씩 군을 이루며 분포하며, 일부 고분은 석재의 이동으로 원형을 잃고 민묘와의 구별이 확실치 못한 것도 있음.

4. 고분별 현황

1) JTPM1호묘

○ 위치 : 북으로 JTPM2호묘와 10m 떨어져 있음.
○ 유형 : 봉토석실묘.

---

[4] 1983년 조사 때의 봉토묘가 2004년 및 2005년 조사에서는 봉토석실묘와 봉토곽실묘로 나뉜 것으로 추정.

○ 평면 : 원구형(圓丘形).
○ 규모 : 직경 약 6m, 잔존 높이 1m 정도.
○ 구조 : 봉토는 이미 유실되고 묘실 천정석 및 묘실이 노출됨.

2) JTPM2호묘

○ 위치 : 남으로 JTPM1호묘와 10m 떨어져 있음.
○ 유형 : 봉토석실묘.
○ 평면 : 원구형.
○ 규모 : 직경 약 5m, 잔존 높이 0.8m 정도.
○ 구조 : 봉토 상부와 묘실 천정석은 유실되어 훼손된 묘실만 볼 수 있음.

3) JTPM3호묘

○ 위치 : 동으로 JTPM2호묘와 약 8m 떨어져 있음.
○ 유형 : 유단적석석광묘.
○ 평면 : 방형.
○ 규모 : 한 변 길이 8m, 높이 1.2m.
○ 구조 : 고분 사면에 기단이 있음. 현재 기단석은 대부분 유실되고 오직 남아 있는 기단석은 가공된 화강암석으로 크기는 길이 0.6m 정도, 너비 0.4m, 높이 약 0.3~0.4m임. 분구 적석은 대부분 유실되었는데 적석은 강자갈(河卵石)이 주를 이루고 소량의 碎山石이 있음. 돌 크기는 0.2m 정도임. 분구 상부는 이미 교란된 상태임.

4) JTPM4·5호묘

○ 위치 : 북으로 JTPM6호묘와 약 5m 떨어져 있음.
○ 유형 : 봉토곽실묘.
○ 평면 : 원구형.
○ 규모 : 직경 4m 정도, 잔존 높이 0.7~1m 정도.
○ 구조 : 두 고분은 동서로 배열하고 있으며, 간격은 약 3m임. 두 고분의 봉토는 모두 이미 유실되고 손상된 두 묘실만이 남아 있음. 고분은 이미 파괴된 상태임.

5) JTPM6·7·8·9·10호묘
○ 위치 : 고분군 동단의 남쪽에 위치하며, 고분 간격은 3~5m 정도임.
○ 유형 : 유단적석석광묘.
○ 평면 : 방형.
○ 규모 : 한 변 길이 보통 5~8.5m, 높이 1m 정도.
○ 구조 : 고분은 모두 각기 다른 정도로 파괴됨. 고분 사면의 기단석은 가공을 거친 화강암석으로 축조하였는데 기단석 크기는 길이 0.6~0.8m임. 기단석은 현재 많이 남아 있지 않음. 분구 적석은 대다수 강자갈이며, 일부 쇄산석이 있음. 돌 크기는 0.3m 정도임. 분구 정상부는 다수가 교란된 상태이며, 어떤 교란갱은 깊이가 무덤 바닥에 이름.

6) JTPM11호묘
○ 위치 : 동쪽으로 JTPM10호묘와 5m 떨어져 있음.
○ 유형 : 계단적석석광묘.
○ 평면 : 장방형.
○ 규모 : 남북 길이 10m, 동북 너비 7m, 높이 1.2m.
○ 구조 : 고분 사면 둘레에서 2단 계단을 볼 수 있음. 북·서 양측의 계단이 심하게 파괴되고 동·남 양측의 계단은 부분적으로 손상되어 있음. 계단석은 정연한 화강암석으로 크기는 길이 0.5~0.8m 정도임. 제2단 계단은 제1단 계단 위에 0.8m 안으로 들여쌓기 했음. 적석 분구는 모두 강자갈이며, 돌 크기는 0.3m임. 분구 중앙부에는 3×3×1m의 교란갱 하나가 있음. 교란갱 안에 잡목이 가득 차 있음.

7) JTPM12·13호묘
○ 위치 : 북으로 JTPM14호묘와 약 7m 떨어져 있음. 고분은 남북으로 배열하고 있으며, 그 간격은 약 4m임.
○ 유형 : 유단적석석광묘.
○ 평면 : 장방형.
○ 규모 : 남북 길이 8~11m, 동서 너비 5~6m, 높이 1m 정도.
○ 구조 : 두 고분의 사면 둘레에는 기단을 쌓았는데 현재 기단석은 대부분 유실되고 일부 기단석은 묘상에서 흘러내린 적석에 의해 매몰되어 있음. 기단석은 가공한 화강암석으로 JTPM13호묘 기단석은 비교적 크며 가장 큰 돌은 길이 1.2m, 너비 0.6m, 높이 0.5m 정도임. 두 고분의 분구 적석은 모두 강자갈인데 크기는 0.1~0.3m임. 적석은 일부 유실됨. 고분은 이미 교란됨.

8) JTPM14·39·40호묘
○ 위치 : 세 고분이 남북으로 배열, 고분 간격은 약 8m.
○ 유형 : 봉토곽실묘.
○ 평면 : 원구형.
○ 규모 : 직경 4m 정도, 잔존 높이 0.5~0.7m.
○ 구조 : 3기 고분의 봉토는 모두 유실되어 묘실이 노출됨. 어떤 묘실은 겨우 묘실 아랫부분만이 남아 있음. 3기는 모두 파괴당함.

9) JTPM15·19호묘
○ 위치 : 동으로 JTPM13호묘와 10m 떨어져 있음.
○ 유형 : 유단적석석광묘.
○ 평면 : 방형.
○ 규모 : 한 변 길이 5~6m, 높이 1m 정도.
○ 구조 : 기단 안은 강자갈로 채웠는데 돌 크기는 0.1~0.3m임. 고분은 심하게 파괴됨.

10) JTPM16호묘
○ 위치 : 북으로 JTPM17호묘와 3m 떨어져 있음.
○ 유형 : 유단적석석광묘.
○ 평면 : 장방형.
○ 규모 : 남북 길이 12m, 동서 너비 6m, 높이 1.2m.

○ 구조 : 고분 사면에 기단을 조성했는데 현재 대부분 기단석은 이미 옮겨져 있음. 기단 안을 채운 강자갈은 약 0.3m 정도임.

11) JTPM17·18호묘
○ 위치 : 남쪽으로 JTPM16호묘와 3m 떨어져 있음. 두 고분은 남북으로 배열해 있으며 그 간격은 약 15m임.
○ 유형 : 계단적석석광묘.
○ 평면 : 방형.
○ 규모 : 한 변 길이 10m 정도, 높이 1.2~1.4m.
○ 구조 : 두 고분의 사면에 모두 2단 계단을 쌓았으나 현재는 계단석이 대다수 유실됨. 남아 있는 계단석의 일부는 이미 옮겨졌음. 계단석은 가공한 화강암석임. JTPM18호묘 남쪽 제1단 계단은 두층으로 이루어졌는데, 가장 큰 계단석은 길이 0.8m, 너비 0.6m, 높이 0.4m이며, 계단 높이는 0.8m 정도임. 제2단 계단은 제1단 계단 위에 0.8~1m 안으로 들여쌓았으며, 1층으로 축조하였는데 사용된 돌은 약간 작음. 가장 큰 돌은 길이 0.6m, 너비 0.3m, 높이 0.3m 정도임. 분구 적석은 모두 강자갈로 일부 적석은 이미 고분 아래로 흘러내렸음. 돌 크기는 0.1~0.3m임. 두 무덤 정상부는 이미 교란되어 중앙부에 모두 교란갱이 있음.

12) JTPM20호묘
○ 위치 : 고분군의 중부에 위치. 동쪽으로 JTPM19호묘와 약 5m 떨어져 있음.
○ 유형 : 봉토석실묘.
○ 평면 : 원구형.
○ 규모 : 직경 5.5m, 잔존 높이 0.7m.
○ 구조 : 봉토는 일부 유실되어 북쪽에는 묘실 천정석의 한 모서리가 노출되었고 남쪽에서 묘도를 볼 수 있음. 주위에는 잡초가 가득 차 있음.

13) JTPM22호묘
○ 위치 : 북으로 JTPM21호묘와 10m 떨어져 있음.
○ 유형 : 봉토석실묘.
○ 평면 : 원구형.
○ 규모 : 직경 4m, 잔존 높이 0.7m.
○ 구조 : 봉토분구는 약간 유실되었으나 고분의 보존 상태는 온전함.

14) JTPM23호묘
○ 위치 : 서로 JTPM24호묘와 5m 떨어져 있음.
○ 유형 : 봉토곽실묘.
○ 평면 : 원구형.
○ 규모 : 직경 4m, 잔존 높이 0.7m 정도.
○ 구조 : 봉토분구는 이미 전부 유실되어 묘실이 노출됨. 묘실 네 벽석은 일부 유실되고 천정석은 한쪽으로 흘러내림. 고분은 파괴됨.

15) JTPM24호묘
○ 위치 : 동으로 JTPM23호묘와 5m 떨어져 있음.
○ 유형 : 봉토석실묘.
○ 평면 : 원구형.
○ 규모 : 직경 6m, 잔존 높이 0.7m.
○ 구조 : 봉토분구는 이미 일부 유실되어 묘실 천정석의 가장자리가 노출됨.

16) JTPM25호묘
○ 위치 : 동으로 JTPM24호묘와 3m 떨어져 있음.
○ 유형 : 봉토곽실묘.
○ 평면 : 원구형.
○ 규모 : 직경 3.5m, 잔존 높이 0.5m.
○ 구조 : 봉토가 유실되어 묘실이 노출되었는데 묘실 축조석도 일부 유실됨. 고분은 파괴됨.

17) JTPM26·27호묘
○ 위치 : 북으로 JTPM19호묘와 10m 떨어져 있음. 두 고분 간격은 8m이고 동서로 배열하고 있음.
○ 유형 : 봉토곽실묘.
○ 평면 : 원구형.
○ 규모 : 직경 3.5m, 잔존 높이 0.5m.
○ 구조 : 봉토상부는 이미 전부 유실되고, 묘실은 파괴됨.

18) JTPM28·29·30호묘
○ 위치 : 동으로 JTPM27호묘와 약 6m 떨어져 있음. 세 고분의 간격은 약 5m이며, 남북으로 배열하고 있음.
○ 유형 : 봉토곽실묘.
○ 평면 : 원구형.
○ 규모 : 직경 3.5~5m, 잔존 높이 0.7m 정도.
○ 구조 : 봉토분구는 이미 전부 유실되고 묘실벽이 훼손된 채 잔존함. 고분은 이미 파괴됨.

19) JTPM31·32·33호묘
○ 위치 : 동으로 JTPM30호묘와 약 10m 떨어져 있음. 세 고분의 간격은 약 10m이고 삼각형으로 배열해 있음.
○ 유형 : 봉토곽실묘.
○ 평면 : 원구형.
○ 규모 : 직경 4.5m, 잔존 높이 0.7m.
○ 구조 : 세 고분의 봉토분구는 유실 정도가 차이가 있음. 묘실도 파괴당함.

20) JTPM34·35호묘
○ 위치 : 동으로 JTPM33호묘와 5m 떨어져 있음. 두 고분은 동서로 배열하고 있으며, 그 간격은 약 5m임.
○ 유형 : 유단적석석광묘.
○ 평면 : 방형.
○ 규모 : 한 변 길이 6m, 높이 0.8~1.2m.
○ 구조 : 고분 네면 모두 기단을 조성했는데 현재 기단석 대다수가 유실됨. 분구의 적석은 모두 강자갈로 돌 크기는 0.1~0.3m임. 고분은 이미 파괴당함.

21) JTPM36호묘
○ 위치 : 동으로 JTPM35호묘와 약 15m 떨어져 있음.
○ 유형 : 유단적석석광묘.
○ 평면 : 장방형.
○ 규모 : 동서 길이 14m, 남북 너비 6m, 높이 1.2m.
○ 구조 : 고분 사면에 기단을 조성했는데 남·북 양측의 기단석은 일부 유실됨. 기단석은 가공하여 다듬은 화강암석으로 고분 서쪽의 돌이 비교적 큰편인데 가장 큰 돌은 길이 1.1m, 너비 0.5m, 높이 0.4m임. 분구 적석은 모두 강자갈로 돌 크기는 0.3m 정도임. 무덤 정상부에 분구 돌로 쌓은 돌무지가 3곳 있음. 고분은 이미 교란됨.

22) JTPM37호묘
○ 위치 : 동으로 JTPM36호묘와 10m 떨어져 있음.
○ 유형 : 계단적석석광묘.
○ 평면 : 방형.
○ 규모 : 한 변 길이 6m, 높이 1m 정도.
○ 구조 : 고분은 2단 계단이 확인되는데 계단 대부분은 이미 파괴됨. 계단석은 가공한 화강암석임. 고분 서쪽 제1단 계단은 2층으로 축조했고 계단 높이는 0.6m임. 제2단 계단은 제1단 계단 위에 0.8m 안으로 들여쌓았으며, 1층이며 계단 높이는 0.3m 정도임. 분구 적석은 모두 강자갈이며, 돌은 0.3m 정도임.

23) JTPM38호묘
○ 위치 : 고분군 서단 북부.
○ 유형 : 봉토곽실묘.
○ 평면 : 원구형.

○ 규모 : 직경 4m, 잔존 높이 0.7m.
○ 구조 : 봉토 상부는 이미 전부 유실되어 묘실이 노출되고 묘실 네 벽석이 일부 유실됨. 천정석은 이미 무덤 아래로 흘러내림. 고분은 이미 파괴됨.

5. 역사적 성격

○ 고분군 입지의 의외성 : 반가가고분군은 도두향 북부 평원의 평활하고 낮고 평탄한 곳에 위치. 고구려 고분군이 대부분 산지나 하곡 옆의 산비탈에 위치하고 극히 일부가 평원에 입지하는 것과 대조적임.
○ 고분군 조성 연대 : 5세기 말에서 6세기 전후로 추정하기도 하나, 연대 판단의 근거는 없음.

참고문헌

- 吉林省文物志編纂委會, 1983, 『集安縣文物志』.
- 國家文物局 主編, 1992, 『中國文物地圖集』吉林分冊.
- 孫仁杰·遲勇, 2007, 『集安高句麗墓葬』, 香港亞洲出版社.

53 집안 홍석립자고분군
集安 紅石砬子古墳群

1. 조사현황 : 1983년 조사

○ 조사기관 : 集安縣文物普查隊.
○ 조사내용 : 고분 6기를 확인했는데 심하게 파괴됨.

2. 위치와 자연환경(그림 1)

集安市 頭道鎭 紅石砬子 남쪽 100m에 소재.

참고문헌
· 吉林省文物志編纂委員會, 1983, 『集安縣文物志』.
· 國家文物局 主編, 1992, 『中國文物地圖集』 吉林分冊.

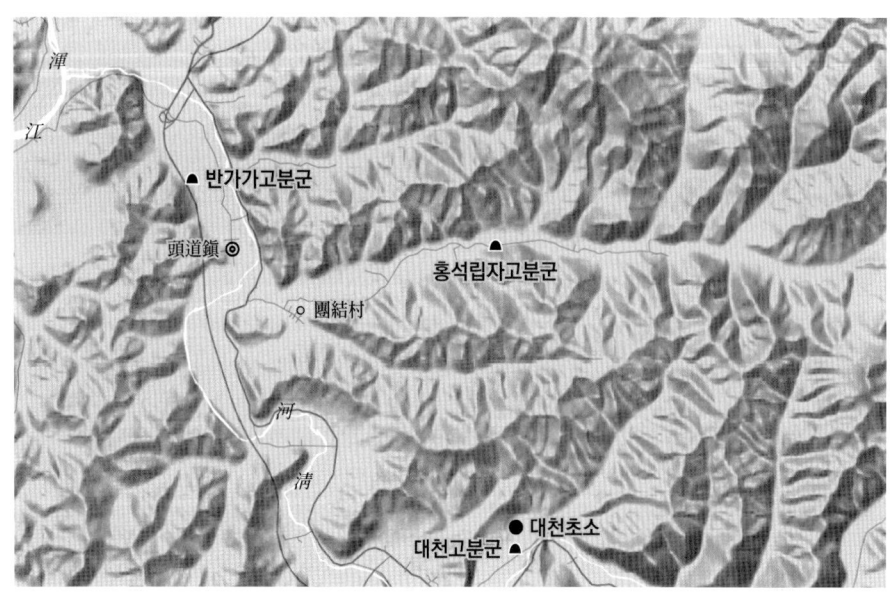

그림 1
홍석립자고분군 위치도

54 집안 종가고분군
集安 鍾家古墳群

1. 조사현황

1) 1962년 조사
○ 조사기관 : 輯安縣文物普查隊(吉林省博物館, 輯安縣文物保管所)
○ 조사내용 : 방단적석묘와 봉토동실묘 10기 확인.

2) 1983년 조사
○ 조사기관 : 集安縣文物普查隊.
○ 조사내용 : 고분 7기를 확인했는데 보존상태가 양호함.

2. 위치와 자연환경(그림 1)

集安市 淸河鎭 三道崴子屯에 소재.

참고문헌
· 吉林省文物志編纂委會, 1983,『集安縣文物志』.
· 國家文物局 主編, 1992,『中國文物地圖集』吉林分冊.

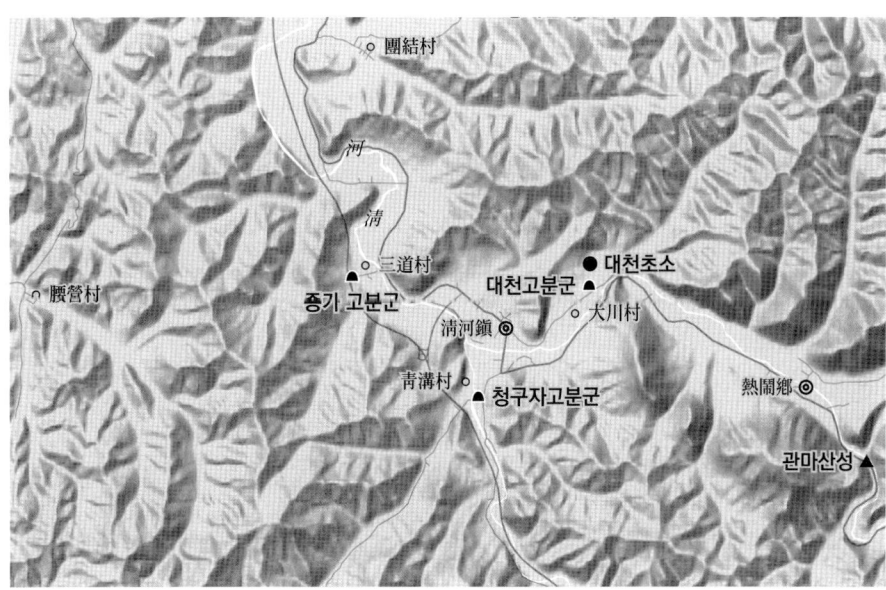

그림 1 종가고분군 위치도

55 집안 대천고분군
集安 大川古墳群

1. 조사현황 : 1983년 조사

○ 조사기관 : 集安縣文物普查隊.
○ 조사내용 : 고분 10기를 확인했는데 보존상태가 양호함.

2. 위치와 자연환경(그림 1)

集安市 淸河鎭 大川村 동쪽 500m에 소재.

참고문헌

• 吉林省文物志編纂委會, 1983, 『集安縣文物志』.
• 國家文物局 主編, 1992, 『中國文物地圖集』 吉林分冊.

그림 1 대천고분군 위치도

56 집안 청구자고분군
集安 靑溝子古墳群

1. 조사현황 : 1983년 조사

○ 조사기관 : 集安縣文物普查隊.
○ 조사내용 : 고분 9기를 확인했는데 대부분 보존상태가 양호함.

2. 위치와 자연환경(그림 1)

集安市 淸河鎭 靑溝子村 동쪽에 소재.

참고문헌
- 吉林省文物志編纂委會, 1983, 『集安縣文物志』.
- 國家文物局 主編, 1992, 『中國文物地圖集』 吉林分冊.

그림 1
청구자고분군 위치도

57 집안 양목교자고분군
集安 楊木橋子古墳群

1. 조사현황 : 1983년 조사

○ 조사기관 : 集安縣文物普查隊.
○ 조사내용 : 고분 24기가 확인되는데 적석묘가 다수이고 대부분 파괴됨.

2. 위치와 자연환경(그림 1)

集安市 靑河鎭[1] 楊木橋溝門에 소재.

3. 역사적 성격

고분군 부근에는 고구려 북도상의 요충지인 관마장산성이 있으므로, 양목교자고분군은 이와 관련된 고분군으로 추정됨.

참고문헌
· 吉林省文物志編纂委會, 1983, 『集安縣文物志』.
· 國家文物局 主編, 1992, 『中國文物地圖集』 吉林分冊.

그림 1
양목교자고분군 위치도

---

[1] 본래 熱鬧鄕에 속하였으나 청하진으로 흡수되면서 관할 행정이 변경.

58 집안 대양목간자고분군[1]
集安 大楊木杆子古墳群 | 江口十四隊古墳群

1. 조사현황 : 1983년 조사

○ 조사기관 : 集安縣文物普査隊.
○ 조사내용 : 고분 12기를 확인했는데 대부분 적석묘로 심하게 파괴됨.

2. 위치와 자연환경(그림 1)

集安市 麻線鄉[2] 江口村 14隊 서쪽에 소재.

참고문헌

- 吉林省文物志編纂委員會, 1983, 『集安縣文物志』.
- 國家文物局 主編, 1992, 『中國文物地圖集』 吉林分冊.

그림 1
대양목간자고분군 위치도

---

1 『中國文物地圖集』 吉林分冊(1992) 참조. 『集安縣文物志』(1983) 고분군일람표에는 '江口十四隊 古墳群'으로 명명.

2 본래 太平鄉에 속하였으나 현재 마선향으로 흡수되면서 관할 행정 변경.

59 집안 피덕기둔고분군

集安 皮德記屯古墳群 | 江口古墳群

1. 조사현황

1) 1962년 조사
○ 조사기관 : 輯安縣文物普查隊(吉林省博物館, 輯安縣文物保管所).
○ 조사내용 : 고분 12기를 확인했는데 대다수 방단적석묘로 그중 5기는 심하게 훼손됨. 일찍이 금동신발이 출토되기도 함.

2) 1983년 조사
○ 조사기관 : 集安縣文物普查隊.
○ 조사내용 : 고분 12기를 확인했는데 그중 5기가 심하게 훼손됨.

3) 2005년 조사
○ 조사기관 : 吉林省 長白文化硏究會, 集安市博物館.
○ 조사 참여자 : 張福有, 程遠, 孫仁杰, 遲勇.
○ 조사내용 : 재차 조사하고 기재함. 유단적석석광묘 5기, 봉석석실묘 2기를 확인했는데 고분은 모두 파괴 정도 각기 다름.

2. 위치와 자연환경(그림 1)

○ 고분군은 集安市 麻線鄕[2] 江口村 皮德記屯, 太平河 좌안 대지에 소재.
○ 고분군 동쪽은 높은 산이고, 서쪽으로 江口村 8組와 50m 떨어져 있고 남쪽 300m에는 압록강이 흐름.

3. 고분별 현황

1) JMJM1·2호묘
○ 위치 : 고분군 최북단에 위치하는데 서쪽으로 도로와 약 30m 떨어져 있음. 두 고분은 동서로 배열하고 있고, 그 간격은 5m임.
○ 유형 : 유단적석석광묘.
○ 평면 : 방형.
○ 규모 : 한 변 길이 6m, 잔존 높이 1.2m 정도.
○ 구조 : 고분의 사면에 기단을 조성했음. 기단은 가공한 자연석으로 대다수 이미 옮겨진 상태이며 일부 기단은 유실됨. 분구 돌은 다수가 무덤 아래로 흘러내렸고, 강자갈(河卵石)에 소량의 碎山石이 섞여 있음. 분구 상부는 이미 교란됨.

---

1 『中國文物地圖集』 吉林分冊(1992) 참조. 『集安縣文物志』(1983) 고분군일람표에는 '太平江口 古墳群', 『集安高句麗墓葬』(2007)에는 '江口 古墳群'으로 명명.

2 본래 태평향 소속이었으나 태평향이 없어지며 마선향 소속으로 변경.

그림 1
피덕기둔고분군 위치도

2) JMJM3호묘
- 위치 : 서쪽으로 JMJM2호묘와 30m 떨어져 있음.
- 유형 : 유단적석석광묘.
- 평면 : 방형.
- 규모 : 한 변 길이 8m, 높이 1.2m.
- 구조 : 고분 사면의 기단석은 다수가 이탈된 상태로 어떤 기단석은 분구에서 흘러내린 돌에 의해 매몰됨. 분구돌은 다수가 강자갈로 크기는 0.1~0.3m임. 분구 상부는 교란됨.

3) JMJM4호묘
- 위치 : 서쪽으로 JMJM5호묘와 20m 떨어져 있음.
- 유형 : 유단적석석광묘.
- 평면 : 방형.
- 규모 : 한 변 길이 7m, 1.3m.
- 구조 : 고분 사면에 기단을 조성했는데 동·남 양쪽의 기단석은 대다수 옮겨지거나 유실된 상태임. 기단석은 가공한 자연석으로 최대 기단석은 길이 0.9m, 너비 0.6m, 높이 0.5m임. 분구 돌은 강자갈이며, 소량의 쇄산석도 있음. 분구 상부는 이미 교란됨.

4) JMJM5호묘
- 위치 : 남쪽으로 JMJM6호묘와 8m 떨어져 있음.
- 유형 : 유단적석석광묘.
- 평면 : 방형.
- 규모 : 한 변 길이 10m, 높이 1.4m.
- 구조 : 고분 사면의 기단은 가공한 자연석으로 조성했음. 고분 동쪽의 기단석이 비교적 큰데 최대 기단석은 길이 1.1m, 너비 0.6m, 높이 0.5m임. 분구돌은 강자갈에 소량의 쇄산석이 섞여 있음, 돌 크기는 0.2m 정도임. 분구 정상 중앙부에 한변 길이 5m, 깊이 1m의 함몰갱이 하나 있음. 갱 안에는 이미 관목과 잡초가 가득 차 있음.

5) JMJM6·27호묘
- 위치 : 고분군 최남단에 위치하는데 북쪽으로 JMJM5호묘와 8m 떨어져 있음. 두 고분은 남북으로 배열하며, 고분 간격은 3m임.

○ 유형 : 봉토석실묘.
○ 평면 : 원구형.
○ 규모 : 직경 5m, 잔존 높이 1.2m 정도.
○ 구조 : 상부의 봉토는 이미 유실되고 묘실 천정석판은 노출됨. 하부의 봉토도 유실됨. 부분적으로 이미 묘실 벽이 노출되었고, 묘실 벽의 돌 틈사이로 묘실 내부를 볼 수 있음.

4. 역사적 성격

유적의 전반적인 상황을 추정할 수 없지만, 금동신발이 출토된 무덤은 상위 신분의 무덤이었을 것으로 보임. 현재 신발의 소재는 확실하지 않음. 금동신발이 부장된 것으로 미루어 그 시기는 4세기 이전으로 올라가지는 않을 것임.

참고문헌
- 吉林省文物志編纂委會, 1983, 『集安縣文物志』.
- 國家文物局 主編, 1992, 『中國文物地圖集』 吉林分冊.
- 孫仁杰·遲勇, 2007, 『集安高句麗墓葬』, 香港亞洲出版社.

60 집안 대유수고분군[1]
集安 大楡樹古墳群 | 太平村一隊古墳群

1. 조사현황 : 1983년 조사

○ 조사기관 : 集安縣文物普査隊.
○ 조사내용 : 300m² 되는 범위 내에서 방단적석묘 10기를 확인했는데 4기는 심하게 파괴된 상태임.

2. 위치와 자연환경(그림 1)

集安市 麻線鄕[2] 太平村 大楡樹屯 太平村 1隊 남쪽에 소재.

참고문헌

• 吉林省文物志編纂委會, 1983, 『集安縣文物志』.
• 國家文物局 主編, 1992, 『中國文物地圖集』 吉林分冊.

그림 1
대유수고분군 위치도

---

1 『中國文物地圖集』 吉林分冊(1992) 참조. 『集安縣文物志』 (1983) 고분군일람표에는 '太平村一隊 古墳群'으로 명명.

2 본래 太平鄕에 속하였으나 마선향으로 흡수되면서 관할 행정 변경.

61 집안 상활룡고분군
集安 上活龍古墳群

1. 조사현황

1) 1977년 겨울 조사
○ 조사기관 : 集安縣文物普查隊.
○ 조사내용 : 상·하활룡고분군 조사.

2) 1982년 5~10월 조사
○ 조사기관 : 集安縣文物保管所.
○ 조사 참가자 : 林至德, 閻毅之, 趙書勤, 付佳欣.
○ 조사내용 : 노호초 수력발전소 건설을 위해 상·하활룡고분군을 발굴조사하였는데 상활룡고분군에서 14기 고분을 확인함.

2. 위치와 자연환경

1) 고분군 위치(그림 1 ~ 그림 2)
○ 集安市 麻線鄉 上活村 북쪽에 위치.
○ 집안현성에서 서남쪽으로 8km 지점에 위치.
○ 고분은 모두 마을 북쪽의 충적 대지에 분포.

2) 고분군 주변환경
○ 충적 대지 동쪽 320m 거리에 압록강이 흐름.
○ 서쪽으로 一漫崗과 접하고 배후에 산들이 연이어져 있음.

그림 1
상활룡고분군 위치도

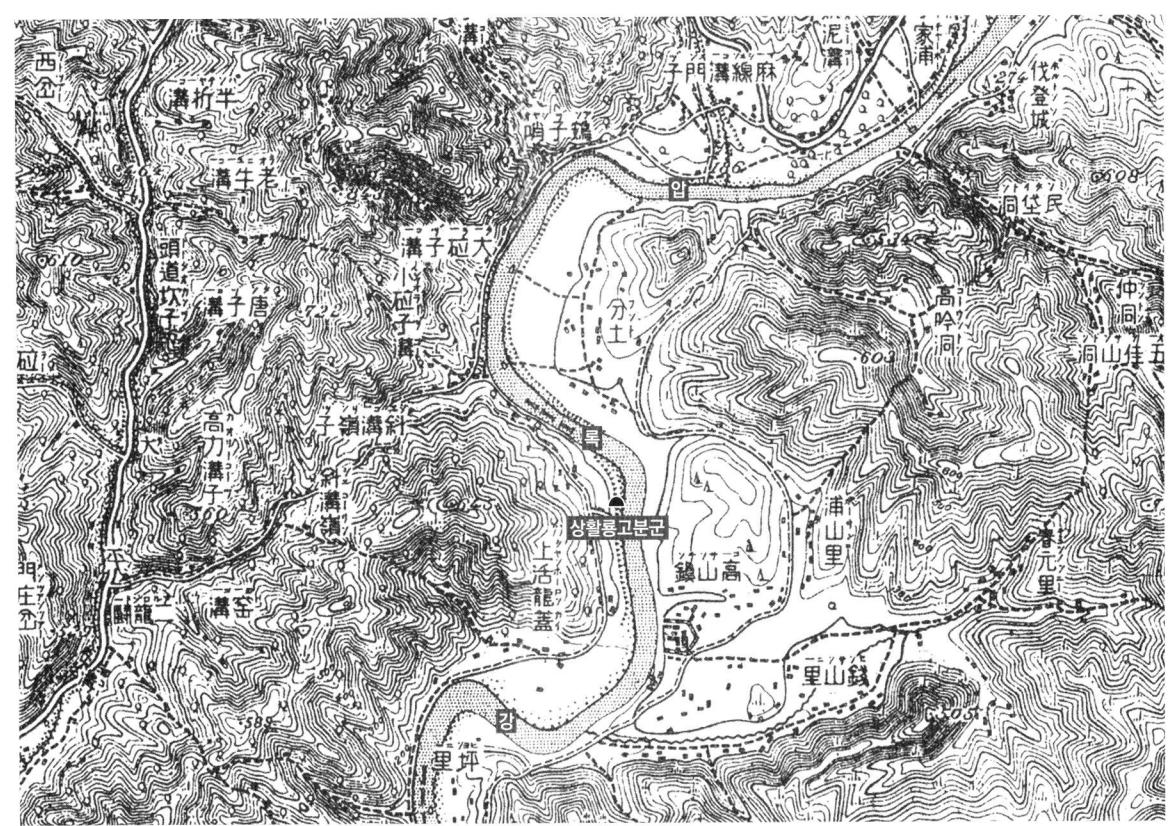

그림 2 상활룡고분군 주변 지형도(滿洲國 10만분의 1 지형도)

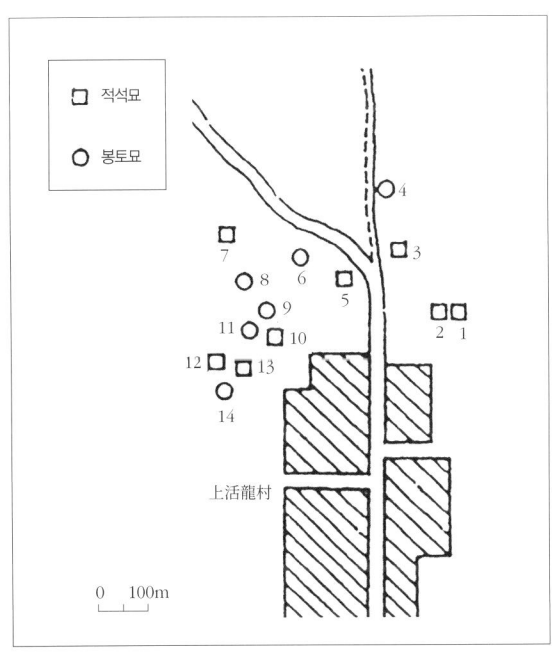

그림 3 상활룡고분군 분포도(『文物』 1984-1, 65쪽)

3. 고분군의 전체 분포상황(그림 3)

1) 고분 형식별 분포상황

○ 적석묘 3기, 계단적석묘 5기, 봉토동실묘 6기 등 총 14기가 분포함.

○ 적석묘 3기는 M1호, M2호, M7호임. M1호와 M2호는 동·서로 나란히 고분군 최동단에, M7호분은 고분군의 서북 모서리에 위치함.

○ 계단적석묘 5기는 M3호, M5호, M10호, M11호, M12호로 대부분 원형을 상실을 했는데 M5호분이 보존상태 가장 양호하고 고분군 중앙에 위치함.

○ 봉토동실묘 6기는 M4호, M6호, M8호, M9호, M13호, M14호로 모두 파괴됨. 천정석 대부분이 결실되었고, 천정 막음석을 덮은 후 황토로 봉했고 분구

는 圓丘狀임. 묘도 위치에 따라 Ⅰ·Ⅱ식으로 나뉘는데 Ⅰ식은 편재 연도의 刀形으로 총 2기(M13호, M14호)이며, Ⅱ식은 중앙 연도의 鏟形으로 총 4기(M4호, M6호, M8호, M9호)임.

2) 현황

○ M3호는 집이 들어서면서 훼손되고, M4호는 절반이 잘려나간 상태임.

○ 봉토동실묘 Ⅱ식(중앙연도 鏟形)의 분구에는 土石混封도 포함됨. M9호는 연도 훼손이 심각하고, 봉토동실묘 Ⅱ식으로 파악한 M8호·M9호는 무기단석실적석묘일 가능성도 있음.

○ 봉토동실묘 Ⅰ식(편재 연도 刀形)의 M13호, M14호는 상부가 모두 훼손되고, M12호는 석실이 완전히 노출된 상태로 석실 밖 좌우에는 대석이 각 1개씩 남아 있는 것으로 보아 원래는 계단적석묘로 추정됨.

4. 고분별 현황

1) 상활룡2호묘(82JSM2, 그림 4)

○ 유형 : 적석묘.
○ 규모 : 길이 9m, 너비 7m, 높이 1m.
○ 평면 : 장방형.
○ 방향 : 180°직경.
○ 구조 : 10~20cm 되는 강자갈을 지표 위에 쌓아 올림. 발굴 전 분구 천정부 북쪽에서 길이와 너비 각 3m인 함몰갱이 확인됨. 묘광은 바닥과 지표의 높이가 같으며 무덤의 중앙에 위치함. 네 벽은 대부분 파괴되고 남면에서 동서방향의 묘광 벽선이 확인되는데, 직경 30×50cm의 강자갈로 쌓았으며 현재 길이 4.80m, 잔존 높이 0.30m가 확인됨.
○ 부장유물 : 묘광 안에서 심발형토기(陶罐, 82JSM2:1·4), 호(陶罐, 82JSM2:3), 시루(陶甑, 82JSM2:2) 등이

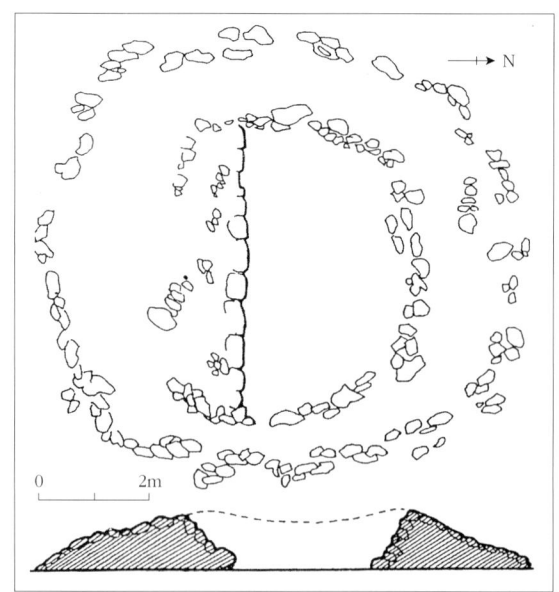

그림 4 상활룡2호묘 평·단면도(『文物』 1984-1)

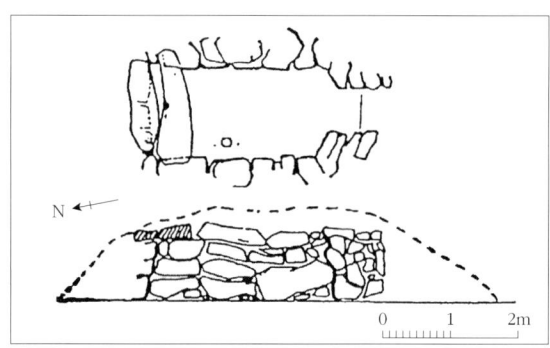

그림 5 상활룡4호묘 평·단면도(『文物』 1984-1)

상당수 발견됨.

2) 상활룡4호묘(82JSM4, 그림 5)

○ 유형 : 봉토동실묘.
○ 구조
- 묘실 : 지표 하 10cm 되는 곳에 위치. 네 벽은 돌로 3~4층을 들여쌓음. 규모는 길이 2.5m, 너비 1.35m, 높이 1.1m임.
- 묘도 : 중앙연도 鏟形. 남벽 중앙에 위치하는데 규모는 길이 1m, 너비 0.64m, 높이 0.8m임. 묘도 안

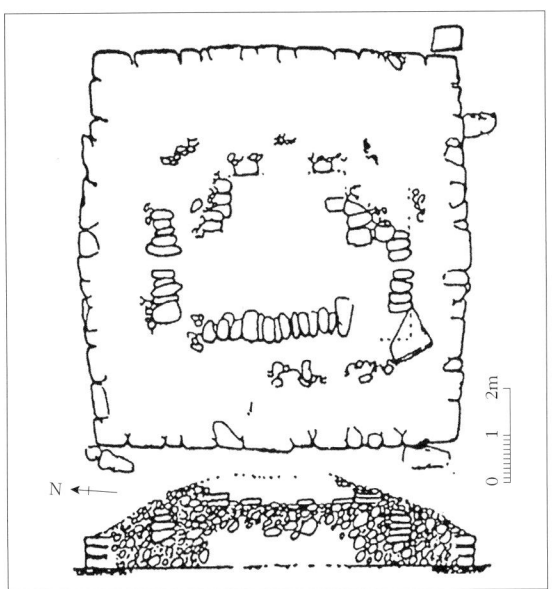

그림 6 상활룡5호묘 평·단면도(『文物』1984-1)

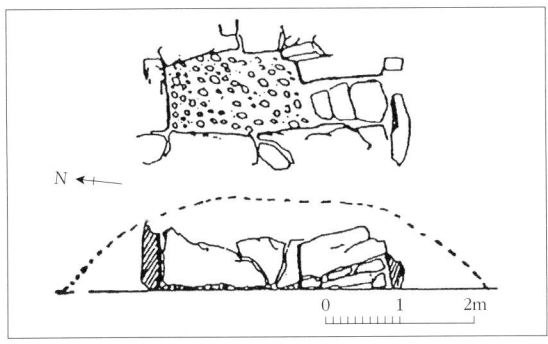

그림 7 상활룡13호묘(『文物』1984-1)

에 돌을 쌓아 입구를 폐쇄함(封門墻 설치).
- 묘실 북쪽 천정부에는 천정 막음돌 2매가 남아 있음.
○ 부장유물 : 묘실 중앙에는 서벽으로부터 40cm 되는 곳에서 청동제거울편(銅鏡片, JSM4:1) 1점, 토기(夾沙灰陶, 夾沙褐陶, 泥質灰陶) 잔편 등이 출토됨.

3) 상활룡5호묘(82JSM5, 그림 6)
○ 유형 : 계단적석묘.
○ 규모 : 길이 8m, 너비 8m, 높이 2m.
○ 평면 : 方丘狀.

○ 방향 : 180°.
○ 구조
- 계단 : 2단 계단으로 이루어짐. 제1단 계단은 지표의 작은 강자갈(河卵石) 위에 축조됨. 약간 가공된 석회석으로 3층을 쌓았으며, 각 층은 12~13개의 돌을 사용하였고 총 높이는 0.7m. 계단 안은 강자갈로 평평하게 메워 기초를 마련함. 제2단 계단은 제1단 위에 사면 둘레를 1~2m 안으로 들여쌓아 축조함. 직경 40×20cm 되는 장방체의 강자갈로 계단을 쌓았는데 높이 0.7m임. 계단 안은 돌로 평평하게 메운 후 壙室을 들여쌓아 만듦.
- 광실 : 광실 바닥은 지표에서 1.40m 높음. 네 벽은 파괴된 상태로 동·남·북 3면에 여러 개의 잘 다듬어진 돌이 잔존하는데, 돌 크기는 50×20×10cm임. 광실은 남북방향의 장방형으로 길이 약 3m, 너비는 확인불가함.
- 분구 : 묘광 상부에는 크기가 제각기인 강자갈로 분구를 만듦.
○ 부장유물 : 제1단 계단 동남 모서리에서 2m 떨어진 곳의 지표 하 30cm에서 파손된 연화문와당(82JSM5:1)이 출토되었고, 묘광 안에서 고운 점토의 회색토기(灰陶) 구연부편이 발견됨.

4) 상활룡13호묘(82JSM13, 그림 7)
○ 유형 : 봉토동실묘.
○ 방향 : 180°.
○ 구조
- 묘실 : 바닥은 지표에서 20cm 낮고 납작한 작은 냇돌로 한 층을 깔음. 네 벽은 화강암을 세워서 조성하였는데 규모는 길이 1.75m, 너비 1.1m, 높이 0.75m 정도임.
- 묘도 : 편재 연도의 刀形으로 남벽 좌측에 위치하는데 규모는 길이 1.2m, 너비 0.6m, 높이 0.65m임. 묘도 안에 돌을 쌓아 폐쇄함(封門石墻 설치).

○ 부장유물 : 고운 점토의 회색토기(灰陶)와 갈색토기(褐陶), 모래 섞인 회도 등 토기편이 출토됨. 모두 물레 성형(輪製)이며, 소성도는 비교적 높음.
○ 기타 : 북쪽에서 두개골을 발견한 상황으로 볼 때 葬制는 頭北南足임.

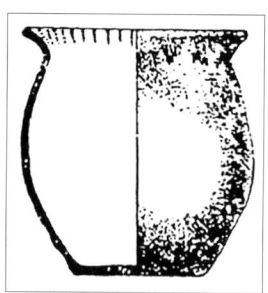 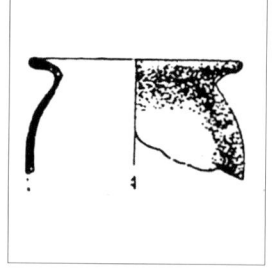

그림 8 심발형토기　　　　그림 9 심발형토기
(『文物』 1984-1, 67쪽)　　(『文物』 1984-1, 67쪽)

5. 출토유물

1) 심발형토기(陶罐, 82JSM2:1, 그림 8)
○ 출토지 : 2호묘 묘광.
○ 크기 : 높이 14.6cm, 입지름 14cm, 동최대경 14.4cm, 바닥둘레 8cm.
○ 색깔과 태토 : 모래 섞인 고운점토질의 黑褐陶.
○ 형태 : 보고자분류 II식. 물레를 사용하지 않고 성형했으며, 소성도는 낮고, 표면은 마연처리함. 외반구연, 둥근 입술, 납작바닥임. 구연 내벽에는 한 줄을 돌아가면서 수직으로 짧게 찌른 무늬(錐点紋)를 새김.

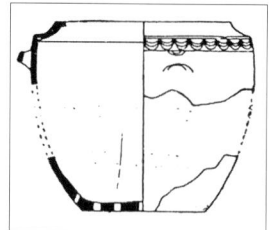 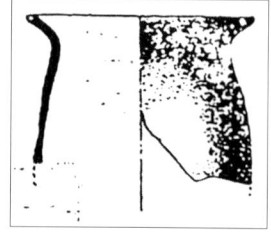

그림 10 시루　　　　　　그림 11 호
(『文物』 1984-1, 67쪽)　　(『文物』 1984-1, 67쪽)

2) 심발형토기(陶罐, 82JSM2:4, 그림 9)
○ 출토지 : 2호묘.
○ 색깔과 태토 : 고운 점토질의 黑灰陶.
○ 형태 : 보고자 분류 II식. 구연내부에 문양이 없고, 저부는 파손됨.

3) 시루(陶甑, 82JSM2:2, 그림 10)
○ 출토지 : 2호묘 묘광.
○ 색깔과 태토 : 모래 섞인 黃褐陶.
○ 형태 : 뚜껑 받이 턱이 있음(子母口). 어깨에는 두 줄의 음각선 사이에 물결무늬(垂帳文)가 음각되어 있음. 어깨아래에 橋狀橫耳가 있음. 동체는 약간 벌어짐. 물레 성형(輪製)이며, 陶質이 비교적 단단함.

4) 호(陶罐, 82JSM2:3, 그림 11)
○ 출토지 : 2호묘.
○ 색깔과 태토 : 모래 섞인 褐色陶.
○ 형태 : 보고자 분류 III식. 둥근입술, 외반구연, 긴 동체로 하부는 파손됨. 물레 성형(輪製)으로 陶質이 견고하고 단단하며, 소성도가 높음.

5) 호(陶罐, 82JSM3:1, 그림 12)
○ 출토지 : 3호묘.
○ 색깔과 태토 : 모래 섞인 褐色陶
○ 형태 : 보고자 분류 III식. 둥근입술, 외반구연, 긴 동체로 하부는 파손됨. 물레 성형(輪製)으로 소성도가 높음.

6) 청동제거울(銅鏡, 그림 13)
○ 출토지 : 4호묘 묘실.
○ 크기 : 한 변 길이 12.1cm, 두께 0.2cm.
○ 형태 : 파손품. 네 모서리가 둥근 방형으로 무늬가 없고, 둘레가 오목하게 일어남. 중앙에 半球狀 꼭지가

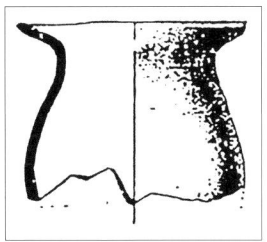

그림 12 호
(『文物』1984-1, 67쪽)

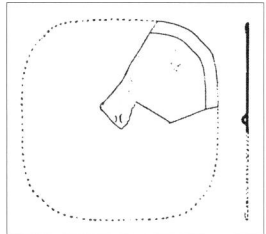

그림 13 청동제거울
(『文物』1984-1, 67쪽)

그림 14 연화문와당 탁본
(『文物』1984-1, 68쪽)

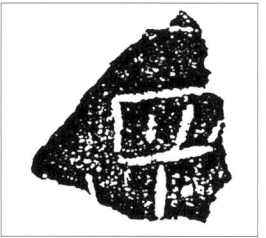

그림 15 명문토기 탁본
(『文物』1984-1, 68쪽)

있고, 거울면은 백색을 띰. 唐代 거울로 비정됨.[1]

7) 토기편

○ 출토지 : M4 묘실.
○ 색깔과 태토 : 모래 섞인 고운 점토의 灰陶 및 褐陶.
○ 형태 : 여러 점의 파편으로 물레 성형(輪製)이며 소성도는 높음.

8) 회색토기편(灰陶)

○ 출토지 : M5 묘광 내부.
○ 형태 : 파손된 구연부편으로 물레 성형(輪製)이며, 소성도가 높고 陶質이 견고하고 단단함.

9) 연화문와당(蓮花瓦當片, 82JSM5:1, 그림14)

○ 출토지 : 5호묘 제1단 계단 동남 모서리에서 2m 거리의 지표 하 30cm 지점.
○ 색깔과 태토 : 고운점토의 灰陶.
○ 형태 : 주연이 아주 높고, 주연 가까이 2줄의 양각 선문을 새김. 양각 2줄로 구획하고, 구획선 내에 八瓣蓮花文을 시문함. 연판 좌우에 소형 원형 돌기가 있음. 유사 형태의 와당이 장군총에서 출토된 바 있음.

10) 명문토기(文字陶片, 82JSM7:1, 그림 15)

○ 출토지 : 7호묘.
○ 색깔과 태토 : 모래가 섞인 灰陶.
○ 형태 : 정면에 '罡'자가 음각되었는데 광개토왕릉비의 글자와 유사함.

6. 역사적 성격

상활룡고분군의 적석묘와 계단적석묘에서 출토된 토기의 태토, 제작기법과 형식이 하활룡고분군 출토 토기와 유사함. 상활룡고분군의 연내는 하활룡고분군으로 미루어 상한은 후한시기이고 하한은 漢·魏의 교체기보다 늦지 않을 것으로 볼 수 있음. 다만 상활룡고분군의 토기는 물레로 성형(輪製)하고, 높은 온도에서 소성하여 하활룡고분군보다 하한이 늦으므로 대략 남북조시기로 추정됨. 나아가 봉토동실묘 가운데 鏟形인 4호묘에서 출토된 청동제거울이 당나라 중후기에 성행하던 유형이므로 봉토동실 일부는 8세기대 조성된 것으로 추정됨.

참고문헌

- 吉林省文物志編纂委會, 1983, 『集安縣文物志』.
- 集安縣文物保管所, 1984, 「集安縣上·下活龍村高句麗古墓淸理簡報」, 『文物』1984-1.
- 國家文物局 主編, 1992, 『中國文物地圖集』吉林分冊.
- 李殿福 著·車勇杰 金仁經 譯, 1994, 『中國내의 高句麗遺蹟』, 學硏文化史.

---

[1] 張雪岩, 1986, 「吉林集安出土古鏡」, 『文物』1986-6.

62 집안 하활룡고분군
集安 下活龍古墳群

1. 조사현황

1) 1977년 겨울 조사
○ 조사기관 : 集安縣文物普查隊.
○ 조사내용 : 상·하활룡고분군 조사.

2) 1982년 5~10월 조사
○ 조사기관 : 輯安縣文物保管所.
○ 조사 참여자 : 林至德, 閻毅之, 趙書勤, 付佳欣.
○ 조사내용 : 노호초 수력발전소 건설을 위해 상·하활룡고분군을 조사하였는데 하활룡고분군에서는 적석묘 34기를 확인함.

2. 위치와 자연환경(그림 1~그림 2)

○ 고분군은 집안현성에서 서남 방향 16km 거리의 集安市 麻線鄕 下活龍村 남쪽에 위치함. 동·남 양쪽으로 압록강이 흐르고, 서·북 양쪽으로는 가파른 大黑碇子山이 둘러싸고 있으며, 북쪽 8km에는 상활룡촌이 자리함.

○ 고분군은 반원형 충적 분지 동쪽의 언덕 위에 압록강 수면보다 약 5m 높은 곳에 위치함.

○ 노호초 수력발전소의 건설로 인해 고분은 완전히 수몰됨.

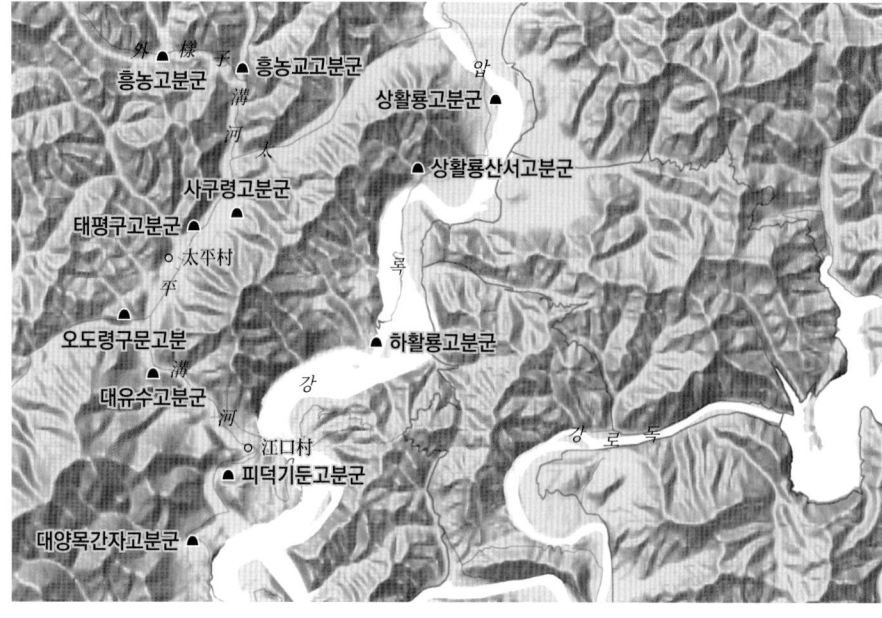

그림 1
하활룡고분군 위치도

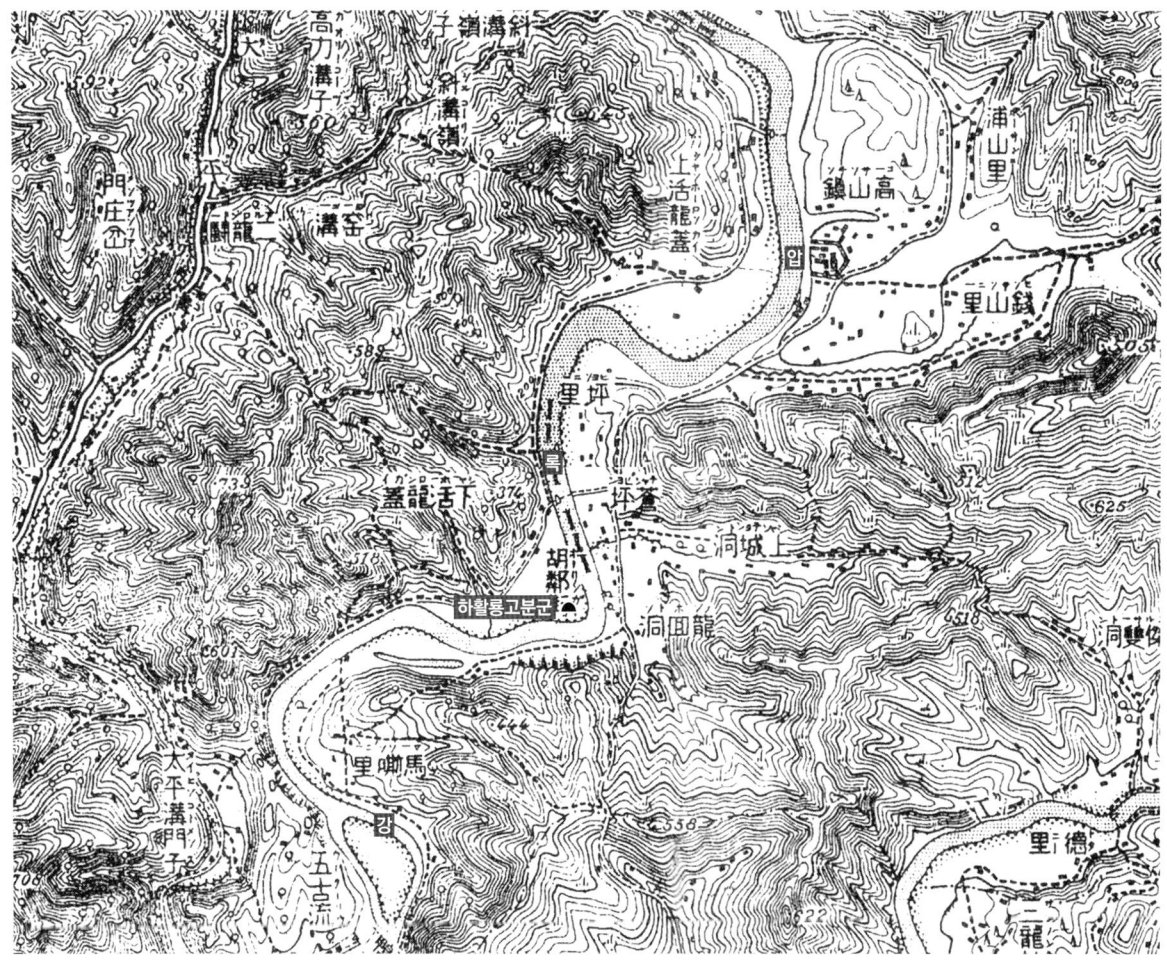

그림 2. 하활룡고분군 주변 지형도(滿洲國 10만분의 1 지형도)

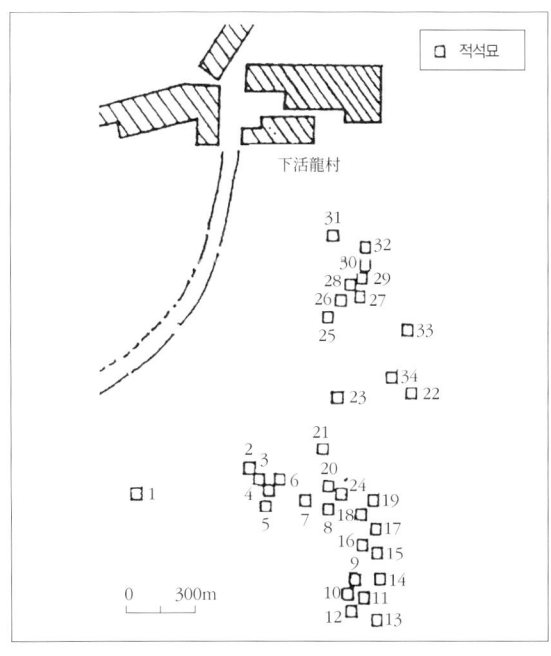

그림 3. 하활룡고분군 분포도(『文物』 1984-1)

3. 고분군의 전체 분포상황(그림 3)

○ 고분군 범위는 동서 너비 1km, 남북 길이 1.5km임.
○ 적석묘 34기는 매장부 크기에 따라 두 형식으로 구분됨. I식 고분은 총 29기(M8호가 대표적 사례)이며, 고분 둘레는 대부분 8~15m임. II식 고분은 총 5기(M24호, M3호, M4호, M13호, M14호)로 고분 둘레가 3~6m인데 고분 조영방식은 I식 고분과 동일하나 매장부가 특별히 작음. 규모는 길이 0.8~1.1m, 너비 0.25~0.6m의 소형임.

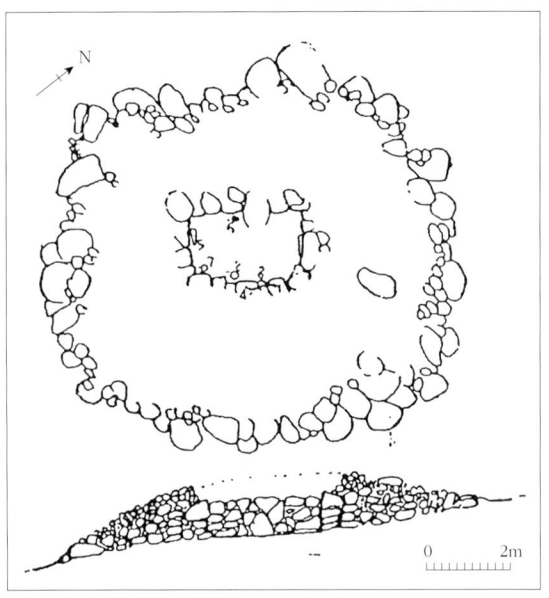

그림 4 하활룡8호묘 평·단면도(『文物』 1984-1)

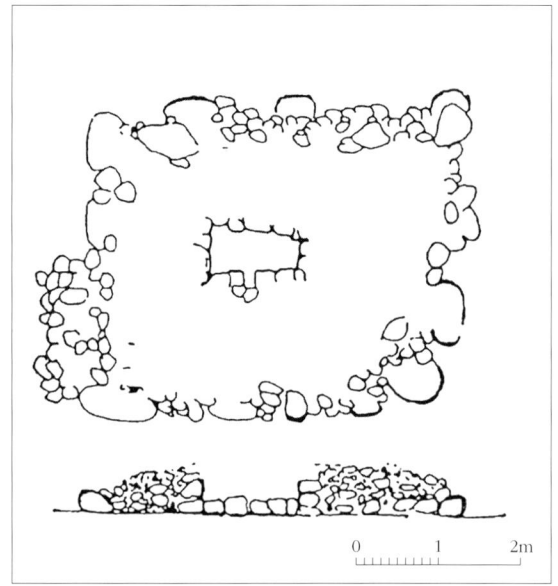

그림 5 하활룡24호묘 평·단면도(『文物』 1984-1)

4. 고분별 현황

1) 하활룡8호묘(그림 4)

○ 유형 : 적석묘.

○ 위치 : 남쪽 경사진 비탈.

○ 규모 : 동서 너비 7.5m, 남북 길이 9.5m, 높이 0.5~1.2m.

○ 평면 : 원형.

○ 방향 : 南偏西 35°.

○ 구조

– 직경 50×50cm의 강자갈(河卵石)로 지표에 무덤 둘레를 한번 원형으로 돌리고, 가는 모래에 강자갈이 섞인 지표 가운데에 직접 묘광을 쌓음. 광벽은 모두 직경 30×40cm 정도의 강자갈로 쌓고, 묘광 상부는 작은 강자갈로 봉함.

– 무덤 둘레와 묘광 사이는 비교적 큰 강자갈로 층층이 쌓고, 작은 돌로 틈새를 메움.

– 묘광 규모 : 동벽은 길이 1.7m, 높이 0.8m. 서벽은 길이 1.8m, 높이 0.9m임. 남벽은 너비 1.1m, 높이 0.9m. 북벽은 너비 1m, 높이 0.8m.

○ 부장 유물 : 유물은 광실 바닥에서 모두 출토됨. II식 철제 고리자루칼(環首鐵刀), 철제도끼(鐵錛), 철제낫(鐵鎌刀), 철제장식(鐵附件), 철제띠고리(鐵帶卡), 양이호, 사이호(陶罐) 등 각 1점이 출토됨.

2) 하활룡24호묘(그림 5)

○ 유형 : 적석묘.

○ 규모 : 길이 5m, 너비 3m, 높이 0.6m.

○ 평면 : 장방형.

○ 방향 : 南偏西 30°.

○ 구조 : 묘광 규모는 동서 길이 1.1m, 동단 너비 0.25m, 서단 너비 0.45m, 높이 0.4m.

○ 부장유물 : 묘광 남벽 지표에서 니질의 갈색토기편(泥質褐陶片)이 출토됨.

5. 출토유물

1) 철기

○ 하활룡 I 식묘에서 6점 출토.

(1) 고리자루칼(環首鐵刀, 82JXM20:1, 그림 6)

○ 출토지 : 20호묘.

○ 크기 : 길이 32cm, 너비 1.8cm.

○ 형태 : 조사자는 I 식으로 분류함. 刀背와 刃部가 平直이고 손잡이는 뚜렷하지 않고, 前端의 경사가 弧形을 이룸.

(2) 고리자루칼(環首鐵刀, 82JXM8:1, 그림 7)

○ 출토지 : 8호묘.

○ 크기 : 길이 46cm, 너비 2.4cm.

○ 형태 : 조사자는 II 식으로 분류하였는데 손잡이가 刀身보다 좁고, 전제 형태는 I 식과 비슷함.

(3) 자귀(鐵錛, 82JXM8:3, 그림 8)

○ 출토지 : 8호묘.

○ 크기 : 길이 11cm, 너비 8.4cm, 날의 너비 10.4cm, 구멍길이(銎長) 7.2cm, 구멍너비 2cm.

○ 형태 : 도끼(鉞)와 비슷한 형태로 공부(銎部)는 상부의 중앙에 위치하고 공부 아래 두 줄의 양각 선문이 있음. 날은 호형으로 도끼의 날보다 넓음.

(4) 낫(鐵鎌刀, 82JXM8:4, 그림 9)

○ 출토지 : 8호묘.

○ 크기 : 길이 18cm, 너비 3cm, 두께 0.4cm.

○ 형태 : 前端이 굽어지고 좁음. 날은 안으로 휘고 약간 넓어지다가 끝부분이 앞쪽으로 말림.

(5) 띠고리(鐵帶卡, 82JXM8:8, 그림 10)

○ 출토지 : 8호묘.

그림 6 철제고리자루칼(『文物』1984-1, 68쪽)

그림 7 철제고리자루칼(『文物』1984-1, 68쪽)

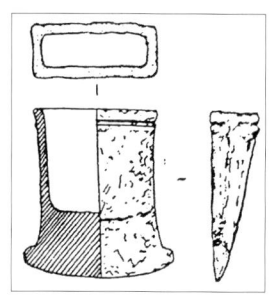

그림 8 철제자귀
(『文物』1984-1, 68쪽)

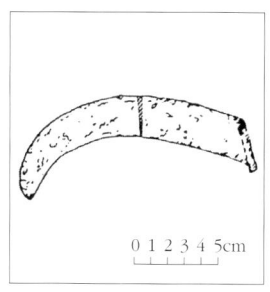

그림 9 철제낫
(『文物』1984-1, 68쪽)

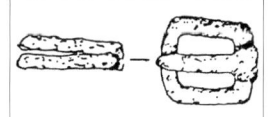

그림 10 철제띠고리
(『文物』1984-1, 68쪽)

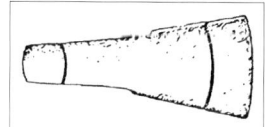

그림 11 철제화살통
(『文物』1984-1, 68쪽)

○ 형태 : 고리는 말각 방형이며, 단면은 모두 원형임. 고정침은 긴 편으로 움직일 수 있게 연결됨.

(6) 화살통(鐵箭囊, 82JXM8:5, 그림 11)

○ 출토지 : 8호묘.

○ 크기 : 길이 34cm, 상부 너비 3cm, 하부 너비 4.8cm, 두께 0.2cm.

○ 형태 : 평면은 도끼형태(鏟刀)이고 단면은 弧曲임. 화살통의 부속일 가능성이 있음.

 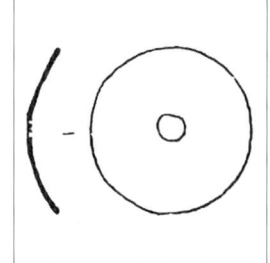 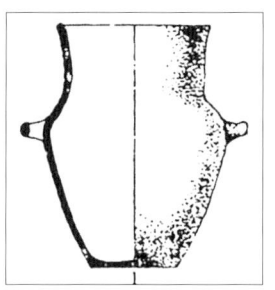 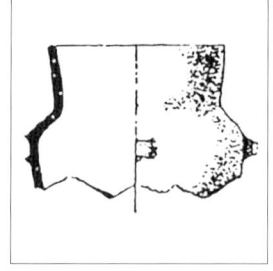

그림 12 청동제단추장식
(『文物』 1984-1, 68쪽)

그림 13 청동제장식
(『文物』 1984-1, 68쪽)

그림 14 양이호
(『文物』 1984-1, 67쪽)

그림 15 사이호
(『文物』 1984-1, 67쪽)

2) 동기(銅器)

(1) 장식(銅飾, 82JXM20:4, 그림 12)
○ 출토지 : 20호묘.
○ 크기 : 높이 1cm, 구경 1.2cm, 구멍 지름 0.15cm.
○ 형태 : 파손품으로 종(鐘)처럼 생김.

(2) 단추장식(銅泡飾, 82JXM22:1, 그림 13)
○ 출토지 : 22호묘.
○ 크기 : 지름 3.4cm, 구멍 지름 0.5cm.
○ 형태 : 표면이 북(鼓)처럼 볼록함.

3) 토기

(1) 양이호(陶罐, 82JXM8:7, 그림 14)
○ 출토지 : 8호묘.
○ 크기 : 구경 10cm, 목길이 4.4cm, 어깨둘레 12cm, 바닥둘레 5.8cm, 높이 14.8cm.
○ 색깔과 태토 : 소량의 고운모래가 섞인 고운 점토의 회갈도.
○ 형태 : 보고자 분류 I식. 큰입, 직립구연, 좁은 어깨이며 腹部는 平直하고 동체 상부에 橋狀 손잡이가 있고, 바닥은 납작함. 手製이며 소성도는 고르지 않으며, 표면은 마연 처리함.

(2) 사이호(陶罐, 82JXM8:2, 그림 15)
○ 출토지 : 8호묘.
○ 형태 : 보고자 분류 I식. 위의 양이호(그림 14)와 유사한 형태로 추정됨. 동체 상부에 橋狀 손잡이가 있고, 동체 하부와 저부는 파손됨.

(3) 방추차(陶紡輪, 82JXM20:3, 그림 16)
○ 출토지 : 20호묘.
○ 크기 : 지름 3.8cm, 높이 1.5cm, 구멍지름 0.8cm.
○ 색깔과 태토 : 고운점토.
○ 형태 : 납작한 북모양(鼓形)이며, 표면은 마연 처리함.

(4) 어망추(陶網墜, 82JXM20:2, 그림 17)
○ 출토지 : 20호묘.
○ 크기 : 지름 1.1cm.
○ 색깔과 태토 : 고운 점토제.
○ 형태 : 원주형으로 일부 파손됨. 윗부분에 오목한 홈이 돌아감.

4) 기타

(1) 유리구슬장식(琉璃飾珠, 82JXM20:5·6, 그림 18~그림 19)
○ 출토지 : 20호묘.

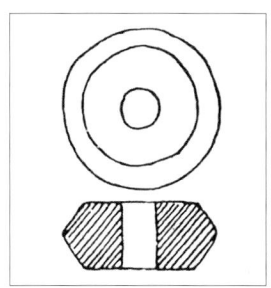 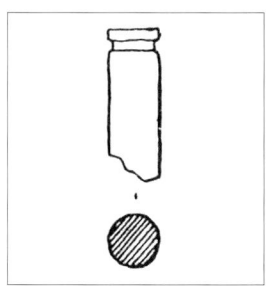 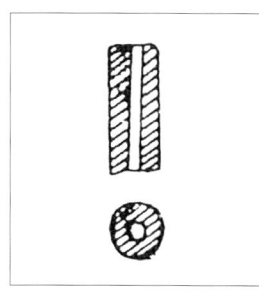 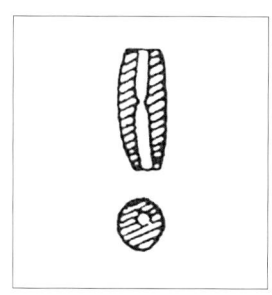

그림 16 방추차	그림 17 어망추	그림 18 유리구슬장식 I	그림 19 유리구슬장식 II
(『文物』 1984-1, 68쪽)	(『文物』 1984-1, 68쪽)	(『文物』 1984-1, 68쪽)	(『文物』 1984-1, 68쪽)

○ 크기 : I식은 길이 2.3cm, 지름 0.9cm, 구멍지름 0.3cm이며 II식은 길이 1.8cm, 지름 0.5cm, 복경 0.8cm, 구멍지름 0.2cm임.

○ 형태 : 총 6점으로 I과 II식으로 분류. I식은 총 5점이며 3점이 파손되었으나 형태는 같음. 모두 원주형이며 가운데 구멍이 뚫려 있으며 暗紅色임. II식은 腰鼓 형태로 오렌지색(橘黃色)이며 약간 투명함.

은 지표에 있기도 함.

○ 장속 : 일부는 묘광이 시체를 안치하기에 너무 작은 것도 있는데, 이것은 『北史』 고려전의 기록 "死者 殯在屋內 經三年 擇日而葬"에서 말하는 2차장의 습속과 연관 지어 볼 수 있음. 또는 뼈만 추려 매장했거나 어린아이를 매장했을 가능성도 배제할 수는 없음.

6. 역사적 성격

○ 고분군 연대 : 고분 구조와 부장품으로 미루어 상한은 후한, 하한은 漢·魏 교체기로 비정함.

○ 고분 구조 : 적석묘는 평면이 원형, 방형 등으로 정형성을 갖추지 못하였고, 매장부의 위치가 분구 중 혹

참고문헌

- 吉林省文物志編纂委會, 1983, 『集安縣文物志』.
- 集安縣文物保管所, 1984, 「集安縣上·下活龍村高句麗古墓淸理簡報」, 『文物』 1984-1.
- 國家文物局 主編, 1992, 『中國文物地圖集』 吉林分冊.
- 李殿福 著·車勇杰 金仁經 譯, 1994, 『中國內의 高句麗遺蹟』, 學硏文化史.

63 집안 태평구고분군
集安 太平溝古墳群

1. 조사현황

1) 1962년 조사
○ 조사기관 : 輯安縣文物普査隊(吉林省博物館, 輯安縣文物保管所).
○ 조사내용 : 고분 60여 기 확인.

2) 1983년 5월 31일 조사
○ 조사기관 : 集安縣文物普査隊.
○ 조사내용 : 측량 가능한 고분 74기 이외에 파괴가 심한 殘墓 26기도 확인됨. 대부분 보존상태가 양호하고 정연하게 배열됨. 고분 형식은 적석묘(적석석광묘), 방단적석묘(유단적석석광묘), 방단계제적석묘(계단적석광실묘), 봉토동실묘(봉토곽실묘) 등이 확인됨.[1]

3) 2005년 조사
○ 조사기관 : 吉林省 長白文化硏究會, 集安市博物館.
○ 조사 참여자 : 張福有, 程遠, 孫仁杰, 遲勇.

2. 위치와 자연환경(그림 1 ~ 그림 2)

1) 고분군 위치
○ 고분군은 집안시에서 서남쪽으로 27km 떨어진 太平橋 동쪽, 하곡 일급 대지 위에 자리하고 있음.
○ 小樣子溝河가 고분군 서쪽 협곡에서 구불구불 남류하여 太平溝河로 유입함. 두 하곡의 합류지점에는 삼각형의 충적대지가 형성되었는데 고분군은 삼각형 대지 위에 분포하고 있음. 고분은 서북 길이 450m, 너비 100m로, 서북으로 길게 뻗어 있고, 동남쪽으로 넓게 트여 좁고 긴 협장대지에 분포함.
○ 집안-환인 간의 도로가 대지의 중간을 관통함. 고분군 북면은 높은 산이며, 서남 200m가 안 되는 곳에 태평촌이 소재함.

3. 고분군의 전체 분포상황(그림 3)

1) 고분 유형별 분포상황
○ 잔존하는 74기 고분 가운데 적석묘 11기, 방단적석묘 40기, 방단계제적석묘 4기, 봉토동실묘 19기임.
○ 적석묘는 총 11기, 한 변 길이가 3~6m의 소형으로 적석분구는 대부분 무너져 내림.
○ 방단적석묘는 총 40기로 고분군의 북단에 분포, 한 변 길이는 6~10m 정도로 규모가 비교적 크며 동서방향으로 3~4열로 분포. 대부분 보존상태가 양호

---
[1] 이 고분 형식 명칭에 대해 『集安高句麗墓葬』(2007년)에서는 적석석광묘, 유단적석석광묘, 계단적석광실묘, 봉토곽실묘 등으로 기술되어 있음.

그림 1
태평구고분군 위치도

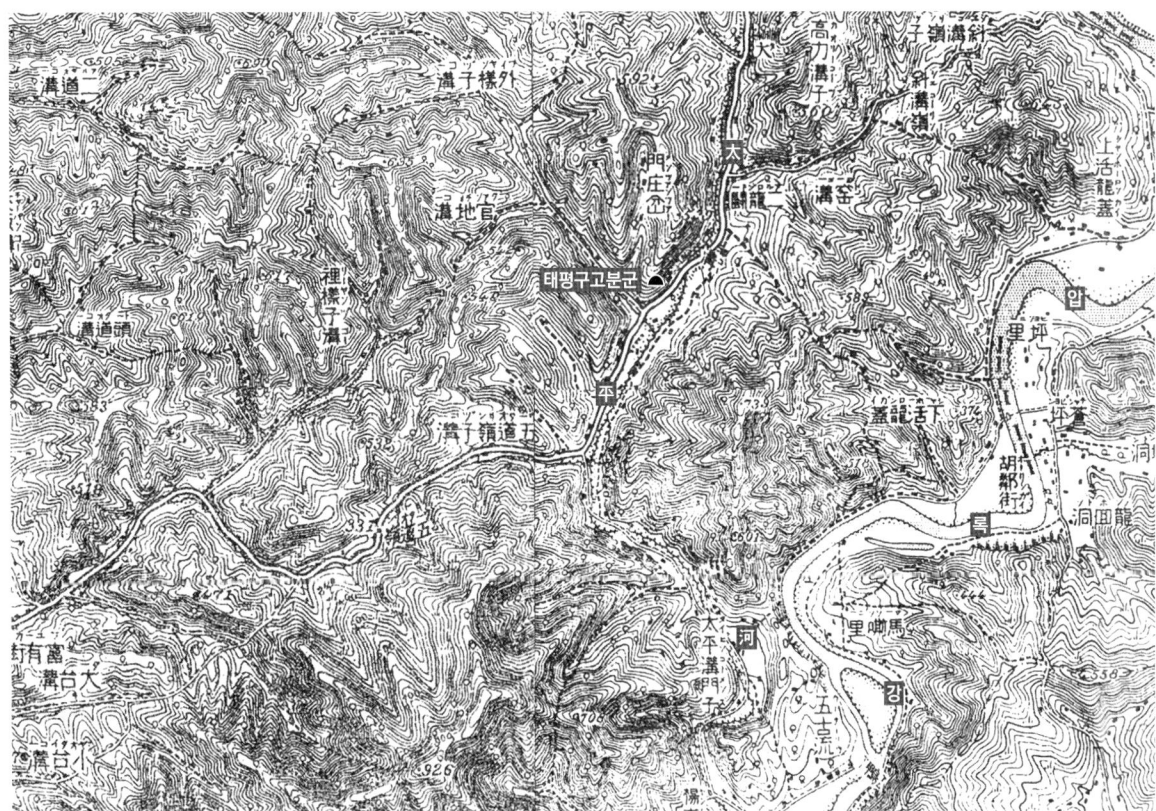

그림 2 태평구고분군 주변 지형도(滿洲國 10만분의 1 지형도)

축조됨. 봉토 곽실묘 4기가 동서로 정연하게 한 줄로 배열되어 있음. 1983년 재조사 때 유물은 한 점도 발견되지 않음.

2) 현황

옥수수 밭으로 이용되는 밭 사이에 무덤들이 몇 기씩 군을 이루며 열상배치되어 있음. 적석묘 매장부는 대개 석실구조로 봉석묘로 불리는 무기단적석석실묘이며, 석실은 절석면을 이용한 비교적 대형 석재로 축조함. 무덤 축조에 사용된 돌은 냇돌보다는 할석이 많음. 분구에는 소형 할석과 작은 냇돌을 함께 적석하였음.

4. 고분별 현황

1) 태평구59호묘

○ 유형 : 방단계제적석묘, 계단적석광실묘.
○ 규모 : 길이 10m, 너비 10m, 높이 1.2～1.5m.
○ 방향 : 南偏西 48°.
○ 외형 : 方丘形.
○ 구조 : 총 3단 계단을 형성하고 있음. 모두 약간 가공한 화강암석으로 축조함. 제1단 방단은 지표에 직접 축조하였는데 높이가 0.5m임. 제2단 계단은 제1단 위에 안으로 1m 들여쌓았는데 높이가 0.4m임. 제3단 계단은 제2단 계단 위에 들여쌓음. 분구 봉석 높이는 0.2～0.7m이며, 보존상태가 양호함.

5. 역사적 성격

태평구고분군은 무기단적석묘(적석석광묘)에서 봉토석실묘(봉토동실묘 ; 봉석곽실묘)에 이르기까지 여러 형식의 고분이 열지어 축조된 점으로 미루어 장기간에 걸쳐 조성된 것으로 추정됨.

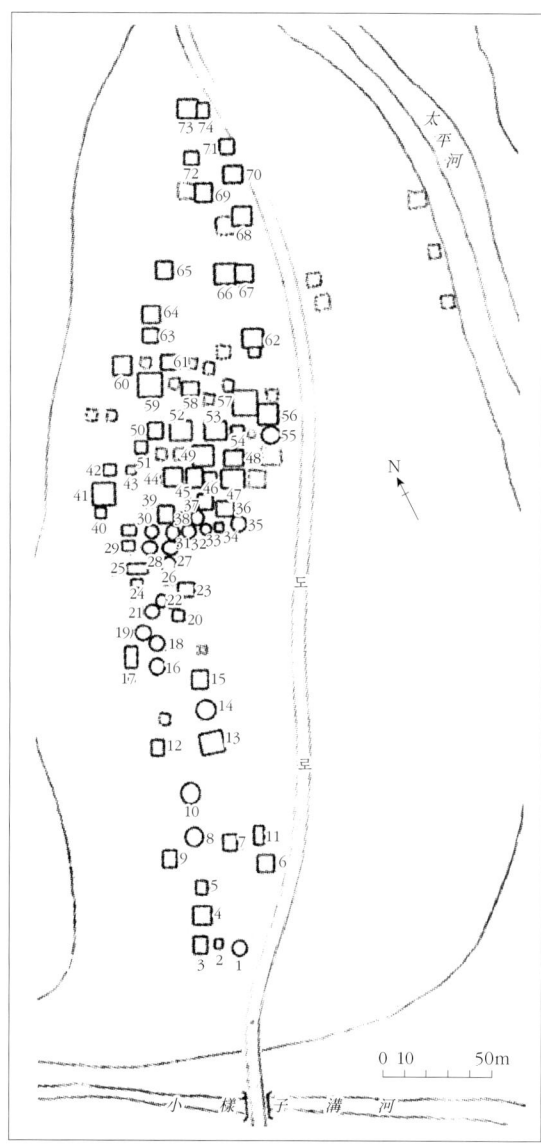

그림 3 태평구고분군 분포도(『集安高句麗墓葬』 2007)

하며 그중에는 두 기가 연접된 연접묘도 있음.
○ 방단계제적석묘는 총 4기로 방단적석묘의 중간에 분포하며, 한 변 길이 8～12m로 규모가 비교적 큰 편임.
○ 봉토동실묘는 총 19기로 소형이며, 대부분 고분군의 남단에 질서정연하게 배열하고 있음. 보존상태가 양호하나 일부는 천정석이 노출되어 묘실을 볼 수 있음. 묘실 내부의 벽은 다수가 가공한 큰 돌로 정연하게

참고문헌

- 吉林省文物志編纂委會, 1983, 『集安縣文物志』.
- 國家文物局 主編, 1992, 『中國文物地圖集』 吉林分冊.
- 李殿福 著·車勇杰 金仁經 譯, 1994, 『中國內의 高句麗 遺蹟』, 學硏文化史.
- 孫仁杰·遲勇, 2007, 『集安高句麗墓葬』, 香港亞洲出版社.

64 집안 사구령고분군[1]
集安 斜溝嶺古墳群 | 聯營參場古墳群

1. 조사현황

1) 1983년 5월 조사
○ 조사기관 : 集安縣文物普查隊.
○ 조사내용 : 고분 9기를 확인했는데 대다수 적석묘로 심하게 파괴됨.

2) 2005년 조사
○ 조사기관 : 吉林省 長白文化硏究會, 集安市博物館.
○ 조사 참여자 : 張福有, 程遠, 孫仁杰, 遲勇.
○ 조사내용 : 고분은 모두 유단적석석광묘이며, 보존 상태는 비교적 양호함.

2. 위치와 자연환경(그림 1)

○ 고분군은 集安市 麻線鄕[2] 太平村 聯營參場 북쪽으로 100m[3] 의 평지에 위치.

○ 고분군 서쪽으로 집안 – 단동 간의 도로와 100m 떨어져 있으며, 남쪽은 太平河임. 동쪽으로 약 1.5km에는 태평촌이 자리하고 있음.[4]

3. 고분별 현황

1) JMLM1·2·3호묘
○ 위치 : 고분군 최북단에 위치하는데 서쪽으로 집안 – 단동 간의 도로와 10m 떨어져 있음. 고분 3기는 '品'자형으로 배열해 있고 10m 정도의 간격을 유지함.
○ 유형 : 유단적석석광묘.
○ 평면 : 방형.
○ 규모 : 한 변 길이 5~7m, 높이 1.2m 정도.
○ 구조 : 고분 사면에 기단을 조성했으며, 기단의 일부는 분구 돌에 의해 매몰됨. 기단석은 약간 가공한 자연석으로 크기는 보통 0.7×0.4×0.4m임. 분구 적석은 다수가 碎山石이며 돌 크기는 0.2m 정도임. 고분 3기의 분구 상부는 모두 보존상태가 온전함.

2) JMLM4호묘
○ 위치 : 서쪽으로 JMLM5호묘와 약 20m 떨어져 있음.

---

1 『中國文物地圖集』 吉林分冊(1992) 참조. 『集安縣文物志』(1983) 고분군일람표 및 『集安高句麗墓葬』(2007)에는 '聯營參場古墳群'으로 명명.
2 본래 太平鄕에 속하였으나 현재 마선향으로 흡수되면서 관할 행정이 변경.
3 『集安高句麗墓葬』(2007) 참조. 『中國文物地圖集』 吉林分冊(1992)에는 200m로 기재.
4 『集安高句麗墓葬』(2007년) 참조. 『中國文物地圖集』 吉林分冊(1992)과 비교할 때 고분군은 태평촌과 서남쪽에 위치함.

그림 1
사구령고분군 위치도

○ 유형 : 유단적석석광묘.
○ 평면 : 방형.
○ 규모 : 한 변 길이 6m, 높이 1.1m.
○ 구조 : 고분 사면 기단은 약간 가공한 자연석으로 축조하였음. 현재 기단석 대다수는 분구에서 흘러내린 돌에 의해 매몰됨. 분구 적석은 쇄산석이며, 분구 상부의 보존상태가 온전함.

3) JMLM5호묘
○ 위치 : 남쪽으로 JMLM6호묘와 약 15m 떨어져 있음.
○ 유형 : 유단적석석광묘.
○ 평면 : 상방형.
○ 규모 : 남북 길이 12m, 동서 너비 8m, 높이 1.4m.
○ 구조 : 고분 사면의 기단은 약간 가공한 자연석으로 축조했음. 최대 기단석은 길이 0.9m, 너비 0.5m, 높이 0.4m임. 분구 적석은 모두 쇄산석이며, 분구 위에는 2개의 함몰갱이 석광으로 추정됨.

4) JMLM6·7·8호묘
○ 위치 : 남쪽으로 JMLM9호묘와 약 20m 떨어져 있음. 고분 3기는 동서로 배열해 있으며 고분 간격은 5m 정도임.
○ 유형 : 유단적석석광묘.
○ 평면 : 방형.
○ 규모 : 한 변 길이 7m 정도, 높이 1.2m.
○ 구조 : 고분 사면에 기단을 조성했는데 기단은 약간 가공을 거친 자연석으로 쌓음. 돌 크기는 0.8×0.5×0.4m 정도임. 분구 적석은 쇄산석임. 고분 3기의 정부는 보존상태가 온전함.

5) JMLM9호묘
○ 위치 : 고분군 최남단에 위치하는데 북쪽으로 JMLM9호묘와 약 20m 떨어져 있음.
○ 유형 : 유단적석석광묘.
○ 평면 : 장방형.
○ 규모 : 동서 길이 12m, 남북 너비 8m, 높이 1.3m.
○ 구조 : 고분 사면의 기단은 약간 가공을 거친 자연석

으로 조성했으며, 기단석 일부는 분구에서 흘러내린 돌에 의해 매몰됨. 최대석은 길이 0.8m, 너비 0.5m, 높이 0.5m임. 분구 적석은 쇄산석이고 소량의 강자갈도 있음. 분구 정상부 동·서 양쪽에는 2개 함몰갱이 있으며, 석광 위치로 추정됨.

참고문헌

- 吉林省文物志編纂委會, 1983, 『集安縣文物志』.
- 國家文物局 主編, 1992, 『中國文物地圖集』 吉林分冊.
- 孫仁杰·遲勇, 2007, 『集安高句麗墓葬』, 香港亞洲出版社.

65 집안 흥농고분군
集安 興農古墳群

1. 조사현황 : 1983년 조사

○ 조사기관 : 集安縣文物普查隊.
○ 조사내용 : 적석묘, 방단적석묘, 봉토동실분 등 확인된 28기 중 비교적 온전한 것은 18기이고 나머지는 심하게 훼손된 상태임.

2. 위치와 자연환경(그림 1)

集安市 麻線鄉[1] 興農村 남쪽 50m에 소재.

참고문헌

· 吉林省文物志編纂委會, 1983, 『集安縣文物志』.
· 國家文物局 主編, 1992, 『中國文物地圖集』 吉林分冊.

그림 1 흥농고분군 위치도

---

[1] 본래 집안시 태평향 소속이었으나 태평향이 없어지며 현재 마선향 소속으로 변경.

66 집안 흥농교고분군
集安 興農橋古墳群

1. 조사현황

1) 1983년 5월 조사
- 조사기관 : 集安縣 文物普查隊.
- 조사내용 : 고분 11기를 확인했는데 대부분 적석묘로 일부 무덤에서는 묘실 네 벽이 노출되었으나 비교적 보존상태는 양호함.

2) 2005년 조사
- 조사기관 : 吉林省 長白文化研究會, 集安市博物館.
- 조사 참여자 : 張福有, 程遠, 孫仁杰, 遲勇.
- 조사내용 : 조사 당시 JMXM1~M5는 훼손되고 6기만 남았는데 모두 유단적석석광묘로 고분 보존상태는 온전함.

2. 위치와 자연환경(그림 1)

고분군은 集安市 麻線鄕[1] 興農村 동쪽 2km 흥농교 남쪽 대지 위에 자리하고 있음. 대지 아래에 북에서 남으로 흐르는 강이 있으며, 동쪽은 자흥촌과 태평촌을 왕래하는 도로임.

---

1 본래 집안시 태평향 소속이었으나 태평향이 없어지며 현재 마선향 소속으로 변경.

3. 고분별 현황

1) JMXM6호묘
- 위치 : 서쪽으로 민가와 1m, 동쪽으로 대지 비탈 아래와 3m 떨어져 있음.
- 유형 : 유단적석석광묘.
- 평면 : 방형.
- 규모 : 한 변 길이 5m, 높이 1.4m.
- 구조 : 고분 사면에 기단을 조성했으며, 기단석 대부분은 분구돌에 의해 매몰됨. 기단은 약간 가공한 자연석으로 축조했고 기단 높이는 0.4m임. 분구돌은 碎山石이고 소량의 강자갈(河卵石)도 있음. 돌 크기는 0.2m 정도임. 고분의 보존상태는 온전함.

2) JMXM7호묘
- 위치 : 남쪽으로 JMXM8호묘와 5m 떨어져 있음.
- 유형 : 유단적석석광묘.
- 규모 : 한 변 길이 4.5~5m, 높이 1.3m.
- 구조 : 고분의 사면 기단은 약간 가공한 자연석으로 조성했는데 돌 크기는 0.6×0.4×0.4m 정도임. 분구돌은 쇄산석으로 크기는 0.1~0.2m임. 분구 상부는 보존상태가 온전함.

3) JMXM8호묘
- 위치 : 남쪽으로 JMXM9호묘와 10m 떨어져 있음.
- 유형 : 유단적석석광묘.

그림 1
흥농교고분군 위치도

○ 평면 : 방형.
○ 규모 : 한 변 길이 6m, 높이 1.3m.
○ 구조 : 고분의 사면에 기단을 조성했는데 기단석은 약간 가공한 자연석임. 고분 동쪽의 기단석은 비교적 큰데 최대 기단석은 길이 0.8m, 너비 0.4m, 높이 0.5m임. 분구돌은 쇄산석인데 비교적 작아 0.15m 정도임. 분구는 보존상태가 온전함.

4) JMXM9호묘
○ 위치 : 북쪽으로 JMXM8호묘와 10m, 서쪽으로 도로와 약 20m 떨어져 있음.
○ 유형 : 유단적석석광묘.
○ 평면 : 방형.
○ 규모 : 한 변 길이 5m, 높이 1.3m.
○ 구조 : 고분 사면에 약간 가공한 자연석으로 기단을 축조함. 기단 높이 0.4m임. 분구돌은 쇄산석임. 고분의 보존상태는 온전함.

5) JMXM10·11호묘
○ 위치 : 동쪽으로 하안과 15m, 서쪽으로 도로와 10m 떨어져 있음. 두 고분은 동서로 배열해 있고 고분 간격은 8m임.
○ 유형 : 유단적석석광묘.
○ 평면 : 방형.
○ 규모 : 한 변 길이 5~7m 정도, 높이 1.4m.
○ 구조 : 고분 사면의 기단석은 현재 일부 이탈되고 일부 기단석은 유실됨. 적석분구는 대부분 이미 무덤 아래로 흘러내림. 분구돌은 쇄산석이고 소량의 강자갈도 있음. 돌은 0.2m 정도임. 분구 정상부는 교란됨.

참고문헌

- 吉林省文物志編纂委會, 1983, 『集安縣文物志』.
- 國家文物局 主編, 1992, 『中國文物地圖集』吉林分冊.
- 孫仁杰·遲勇, 2007, 『集安高句麗墓葬』, 香港亞洲出版社.

67 집안 자흥고분군
集安 自興古墳群

1. 조사현황 : 1983년 조사

○ 조사기관 : 集安縣文物普查隊.
○ 조사내용 : 원래 고분의 수량이 많았으나 대부분 파괴되고 확인된 9기 가운데 5기가 비교적 온전한 상태임.

2. 위치와 자연환경(그림 1)

集安市 麻線鄕[1] 自興村 서쪽 200m에 소재.

참고문헌

• 吉林省文物志編纂委會, 1983, 『集安縣文物志』.
• 國家文物局 主編, 1992, 『中國文物地圖集』 吉林分冊.

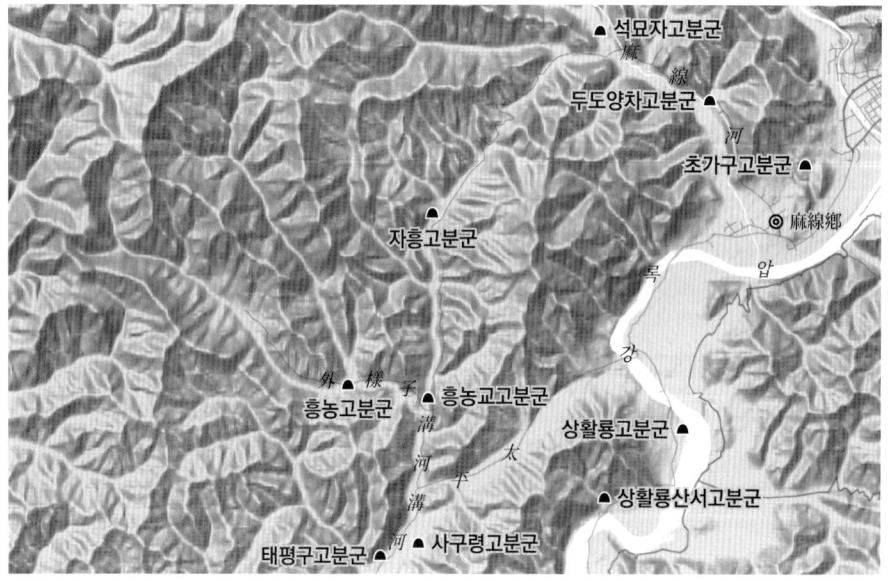

그림 1 자흥고분군 위치도

---

[1] 본래 태평향 소속이었으나 태평향이 없어지며 마선향 소속으로 변경.

68 집안 두도양차고분군
集安 頭道陽岔古墳群

1. 조사현황 : 1983년 조사

○ 조사기관 : 集安縣文物普查隊.
○ 조사내용 : 1965년 통구고분군을 조사하고 구획할 때 소형 고분군이었기 때문에 발견하지 못하고 측회에서 누락되어 마선구 묘구에 등재되지 못함. 고분 8기를 확인했는데 대부분 방단적석묘로 보존상태는 양호함.

2. 위치와 자연환경(그림 1)

集安市 麻線鄕 紅星村 頭道陽岔溝里에 소재.

참고문헌

- 吉林省文物志編纂委會, 1983, 『集安縣文物志』.
- 國家文物局 主編, 1992, 『中國文物地圖集』 吉林分冊.

그림 1
두도양차고분군 위치도

69 집안 산성촌고분군
集安 山城村古墳群

1. 조사현황 : 1983년 조사

○ 조사기관 : 集安縣文物普查隊.
○ 조사내용 : 1966년 통구고분군 구획 할 때 산성하 묘구에서 누락됨. 고분 50기를 확인했음. 다수는 한 변 길이 6~15m의 방단적석묘로 심하게 파괴된 상태임.

2. 위치와 자연환경(그림 1)

集安市 太王鎭[1] 山城村 서쪽 200m에 소재.

참고문헌

· 吉林省文物志編纂委會, 1983, 『集安縣文物志』.
· 國家文物局 主編, 1992, 『中國文物地圖集』吉林分冊.

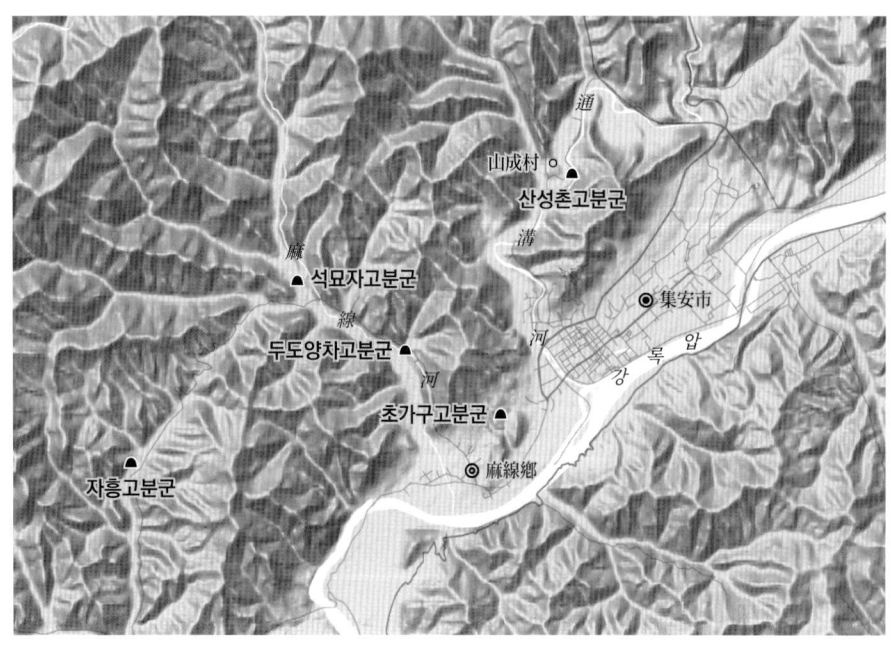

그림 1
산성촌고분군 위치도

---

[1] 본래 通溝鄕에 속하였으나 태왕진으로 흡수되면서 관할 행정이 변경.

70 집안 양차고분군
集安 陽岔古墳群

1. 조사현황 : 1983년 조사

○ 조사기관 : 集安縣文物普查隊.
○ 조사내용 : 고분 4기를 확인했는데 심하게 파괴됨.

2. 위치와 자연환경(그림 1)

集安市 太王鎭[1] 북쪽 산에 소재.

참고문헌
- 吉林省文物志編纂委會, 1983, 『集安縣文物志』.
- 國家文物局 主編, 1992, 『中國文物地圖集』 吉林分冊.

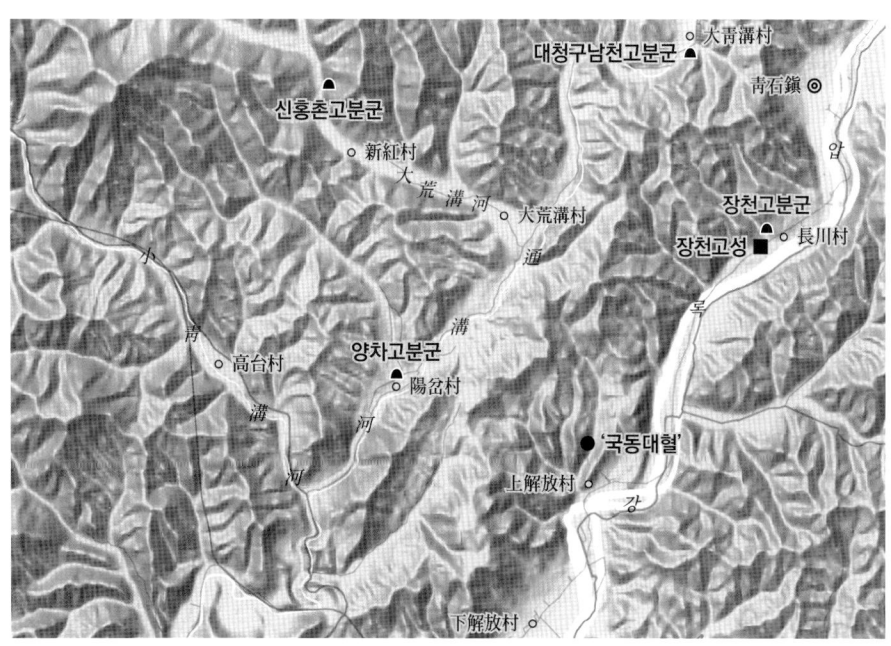

그림 1 양차고분군 위치도

---

[1] 본래 陽岔鄕에 속하였으나 태왕진으로 흡수되면서 관할 행정 변경.

71 집안 장천고분군
集安 長川古墳群

1. 조사현황

1) 1962년 조사
○ 조사기관 : 輯安縣文物普查隊(吉林省博物館, 輯安縣文物保管所).
○ 조사내용 : 고분 120기 발견.

2) 1970년 8월 조사
○ 조사기관 : 吉林省博物館, 集安縣文物保管所.
○ 조사 참여자 : 陳相偉, 李文奎, 李雲鐸, 宮永祥, 林至德.
○ 조사내용 : 장천1호묘를 발굴조사함. 6월에 봉토 유실로 묘 입구가 노출되고 흙탕물이 묘실에 침범하여, 8월에 조사를 실시함. 해당 고분은 이미 도굴된 무덤으로 도굴 구멍은 연도 입구 폐쇄석의 가장 높은 곳에 있음.
○ 조사 보고문 : 陳相偉·方起東, 1982, 「集安長川一號壁畵墓」, 『東北考古與歷史』 1982-1.

3) 1972년 4월 하순~5월 중순 조사
○ 조사기관 : 吉林省博物館, 集安縣文物保管所.
○ 조사 참여자 : 陳相偉, 劉萱堂, 王澤慶.
○ 조사내용 : 장천2호묘 발굴조사. 일찍이 도굴된 무덤으로 석관대 위에 놓인 목관이 불에 타서 불에 탄 철제못(鐵釘)이 남아 있음. 네 벽과 천장의 고임부 위의 벽화는 거의 불에 검게 그을린 상태임.

○ 조사보고문 : 陳相偉, 1982, 「集安長川二號封土墓發掘簡記」, 『文物考古彙編』 1982-1.

4) 1983년 5월 조사
○ 조사기관 : 集安縣文物普查隊.
○ 조사내용 : 고분 105기를 확인했는데 질서 있게 배열해 있음. 적석묘, 방단적석묘, 방단계제적석묘가 있고, 봉토묘도 소량 확인됨.

5) 1985년 조사
○ 조사기관 : 集安博物館.
○ 조사 참여자 : 張雪岩.
○ 조사내용 : 장천4호묘 조사.
○ 조사 보고문 : 張雪岩, 1988, 「集安兩座高句麗封土墓」, 『博物館研究』 1988-1.

6) 1990년 조사
○ 조사기관 : 吉林省文物考古研究所, 集安市文物保管所.
○ 조사내용 : 장천4호묘 조사.

2. 위치와 자연환경

1) 고분군 위치(그림 1~그림 3)
○ 집안현성 동북 25km쯤의 黃柏鄕 長川村 북쪽 평

그림 1
장천고분군 위치도 1

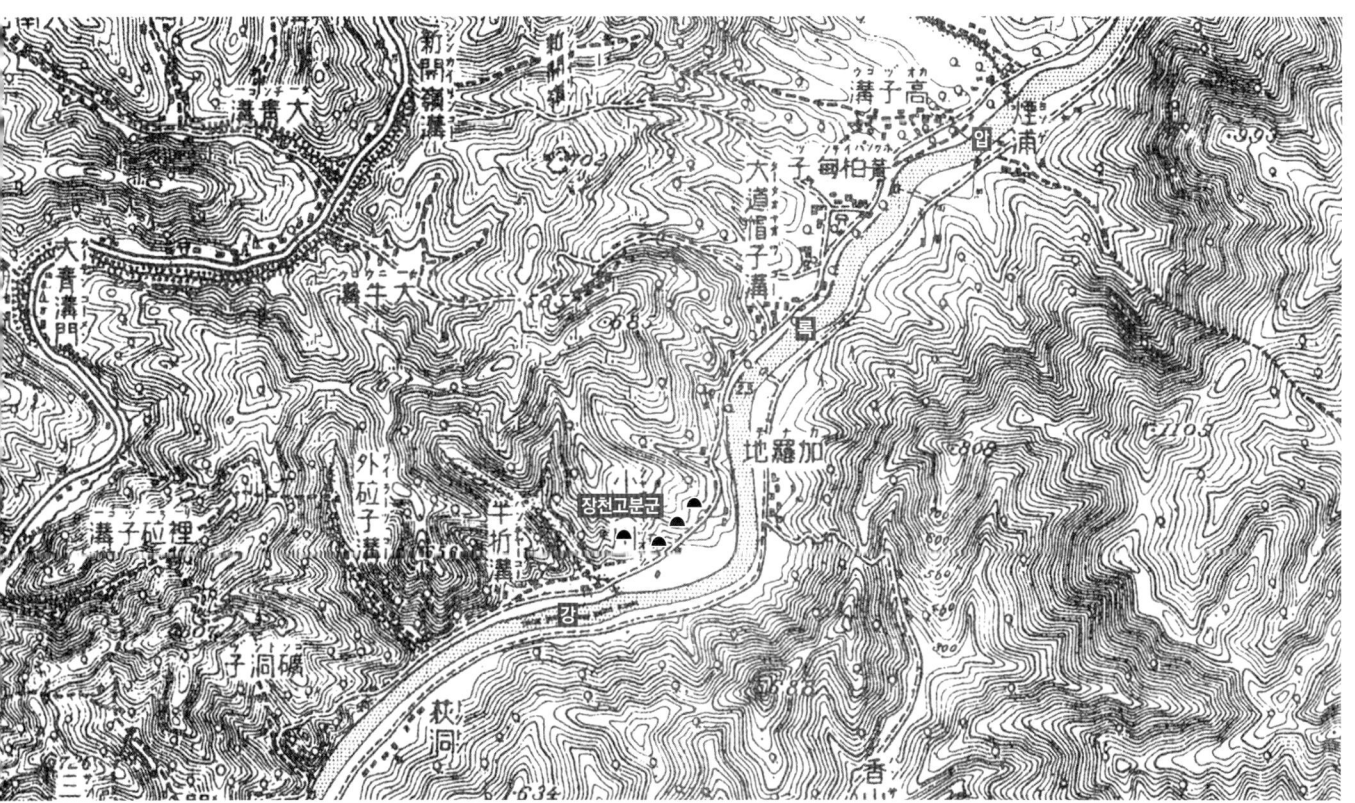

그림 2 장천고분군 지형도(滿洲國 10만분의 1 지형도)

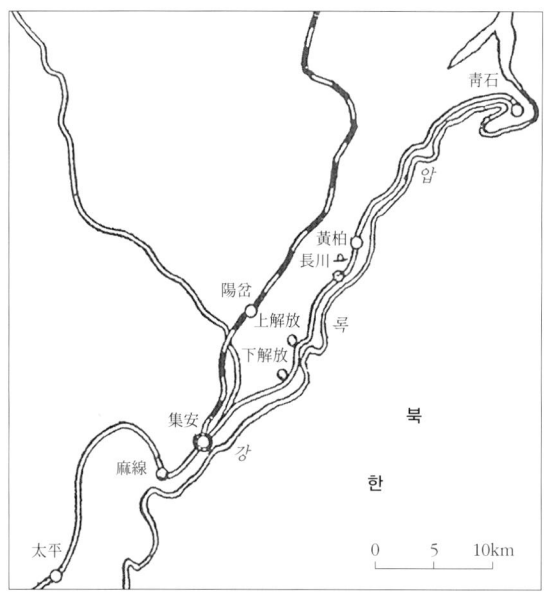
그림 3 장천고분군 위치도 2(『東北考古與歷史』 1982-1)

탄한 1단 대지와 완만한 비탈의 2단 대지에 위치함. 두 대지의 높이 차이는 20m.
○ 長川은 동서로 좁고 길게 뻗은 하곡분지로, 2개의 계절하가 북에서 남으로 흘러가는데, 서쪽이 乾溝河(干溝河)이고 동쪽이 後林子溝河임.

2) 고분군의 주변환경
○ 고분군 북쪽은 높은 산에 기대어 있고, 남쪽은 압록강이 흐름.
○ 고분군이 자리한 장천촌을 集安-靑石 간의 도로가 동서로 관통함.

3. 고분군의 전체 분포상황

1) 고분군의 변화과정
○ 1962년 6월 15일 집안현문물보호단위로 공포.
○ 1981년 길림성문물보호단위로 공포.
○ 1983년 5월 문물조사 당시 고분 105기 잔존.
○ 2000년 이후 연구 및 발굴 가치가 있는 고분은 50여 기로 축소.
○ 2000년 장천1호묘 묘실에서 전실 북벽의 묘주 부부의 가무 관람도, 전실 동쪽 천정 고임의 예불도와 비천상 등의 벽화가 도굴을 당함.

2) 고분군 구성
고분군의 고분형식은 적석묘와 봉토묘로 구분되는데 무기단적석묘, 방단적석묘, 계단적석묘 등의 적석묘가 다수이고 봉토석실묘의 봉토묘가 소수를 차지함.

3) 고분군의 배열
○ 적석묘는 건구하 양안의 1단 대지 위에 대다수 분포. 특히 건구하 양안을 따라 100여 기 고분이 밀집해 있음.
○ 건구하 및 후림자구하의 2단 대지 위에는 소수의 대규모 계단적석묘과 봉토석실묘가 있음.
○ 주요 고분의 위치[1]
- 장천 1·2호묘(봉토석실묘, 벽화묘) : 후림자구하 동·서 언덕에 173m 거리를 두고 있음.
- 장천4호묘(봉토석실묘, 벽화묘) : 건구하 서쪽 언덕 위에 있음.
- 장천3호묘(계단석실적석묘) : 4호묘 서북으로 약 100m 떨어진 곳에 있음.
- 장천5호묘(계단석실적석묘) : 4호묘 동남으로 약 10m 지점에 있음.
○ 기타 고분군의 현황
- 1·2호묘로 오르는 길의 좌우에 장천 9·10호묘가 있는데 장천9호묘는 계단적석묘, 장천10호묘는 봉토석실분으로 추정됨.
- 장천 3·4·5호 부근 건구하 양안에는 적석묘가 밀

---
[1] 『東北考古與歷史』 1982-1 및 『博物館研究』 1988-1 참조하여 정리.

집해 분포하는데 106호까지 편호를 확인함. 건구하를 따라 계곡으로 들어가면서 열상배치되어 있으며, 무기단·기단·계단 적석묘 등으로 구성되며 봉토묘는 확인 안 됨.

- 장천 고성지에서 集安-靑石 간의 도로를 따라가다보면, 압록강방면의 도로변에 대형의 110호와 120호가 있음. 110호묘는 계단적석묘로 적석부의 묘광은 함몰된 상태이고 대형석재는 확인되지 않아 석실여부는 알 수 없음. 120호묘는 3단 이상의 계단적석묘로 적석부에서 함몰부가 3곳 확인되는데 함몰부에서 대형 가공석재가 확인되어 매장부는 석실로 추정되며, 연도 방향은 230~240°이고 분구는 냇돌과 할석으로 조성함.

4. 고분별 현황

1) 장천1호묘(JCM001, 그림 4)

(1) 유형
봉토석실묘, 벽화묘.

(2) 분구
방대형으로 둘레 88.8m, 높이 6m.

(3) 매장부 구조
연도(墓道), 전실, 이음길(甬道), 후실로 구성.

① **연도**(墓道)
- 규모 : 길이 1.40m, 너비 1.53m, 높이 1.90m.
- 방향 : 255°.

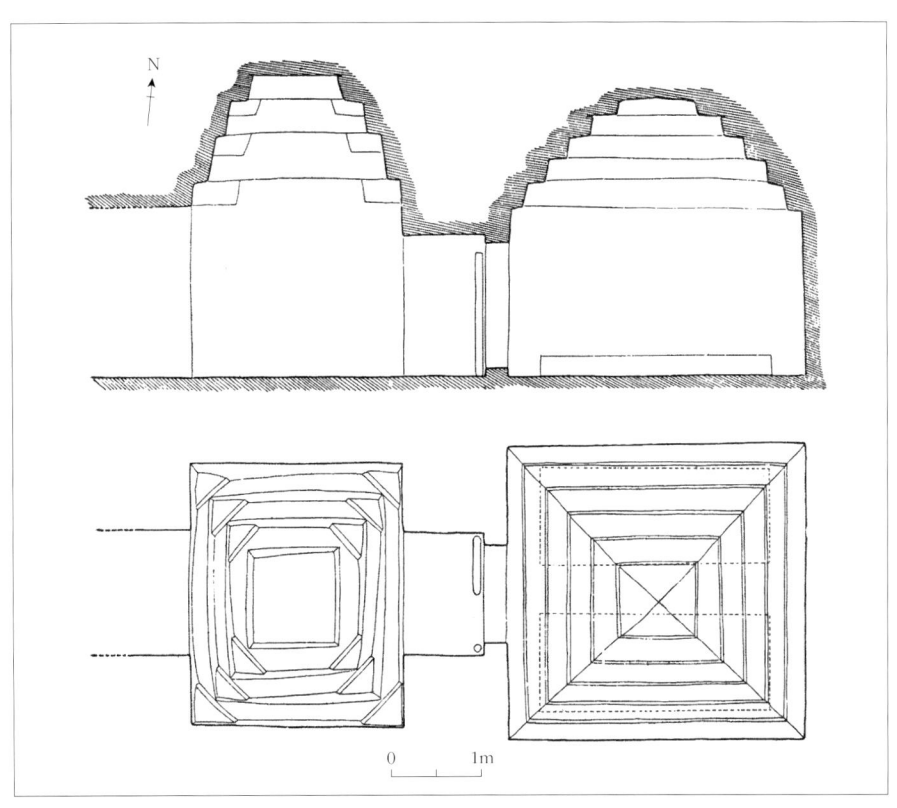

그림 4
장천1호묘 평·단면도
(『東北考古與歷史』 1982-1)

○ 입구 : 2重으로 입구를 막고 깨진 돌과 회로 틈을 메움.
○ 천정 : 장방형의 巨石으로 덮은 평천정.
○ 기타 : 전실로 이어지는 묘도 끝에는 돌로 만든 문틀과 문지방 양 끝에 목제의 문틀 흔적이 확인됨.

② 전실
○ 평면 및 규모 : 橫長方形으로 길이 2.37m, 너비 2.90m, 높이 3.25m. 묘실 벽 높이 1.89m.
○ 천정 : 3단 삼각고임과 3단 평행고임을 번갈아 얹은 평행삼각고임.
○ 묘실 서벽 중앙은 연도와 연결되고 동벽 중앙에는 후실(현실)과 연결된 이음길이 위치함.
○ 묘실 네 벽은 점차 안으로 줄어들고, 가장 높은 곳은 楮色 單線으로 묘실벽과 천정부를 구획함.

③ 이음길(甬道)
○ 규모 : 길이 1.12m, 너비 1.34m, 높이 1.62m.
○ 후실과 이어지는 한쪽 끝에 문이 설치되었는데 문은 청회색의 석회암을 다듬고 백회를 칠함. 남쪽 문은 훼손되고 북쪽 문은 정중앙에 구멍이 뚫림.

④ 후실
○ 평면 및 규모 : 近正方形. 길이 3.30m, 너비 3.20m, 높이 3.05m. 벽 높이 1.83m.
○ 壁帳을 걸기 위한 못자리 구멍 : 동벽 8군데, 남·북벽 각 7군데가 있는데 일정간격을 유지하고 있음.
○ 천정 : 5중 평행고임.
○ 棺臺 : 판석으로 만들고 그 위에 백회가 칠해진 상태로 2개가 동서 방향으로 나란히 배치됨.

(4) 유물
○ 발굴 당시 이미 도굴로 거의 약탈되고 빈 상태였음.
○ 전실 서남 모서리 흙속에서 대퇴골(股骨) 잔편을 발견함.
○ 후실의 남쪽 관대에서 紅松의 棺木 잔편을 발견했는데 관목 표면은 삼베로 감싸 검은 옻칠을 칠하고 紅漆線으로 짜임새 있는 무늬를 그림. 지금 남아 있는 잔편에서도 두 줄의 문양을 볼 수 있음(그림 10).

(5) 벽화 내용

① 전실

㉠ 남벽(그림 5)
○ 대부분 박락되어 홍갈색 선으로 벽면을 상·하 두 단으로 구획하여 화면을 분할함.
○ 아랫부분은 거의 흔적도 없고 윗부분만 남아 있음. 좌측 끝에는 한 채의 가옥이 보임. 가옥 안의 안쪽에는 남녀 한 쌍이 가무를 감상하는데 가무 장면이 성대하고 대략 50여 명의 인물이 있었으나 인물은 대부분 박락됨. 무용 장면의 아랫부분에 음식을 올리는 인물 4명이 확인되며, 인물 뒤에 녹색 지붕의 가옥 한 채가 있음. 중앙 용마루 위에 검은색 원형으로 용마루가 장식되어 있음. 이 건물은 집 앞쪽의 음식을 나르는 인물들을 볼 때, 부엌에 해당함.

㉡ 북벽(그림 6)
○ 내용상 상·하 두 부분으로 구분되나 화면 분할한 경계선이 없음.
○ 윗부분은 교외에서 벌어지는 歌舞百戱 및 伎樂 장면임.
- 묘주를 둘러싸고 바깥쪽으로 펼쳐진 형상임.
- 화면 우측 윗부분에는 과일이 열린 큰 나무 1그루가 있으며, 나무 좌측에 묘주가 앉고, 우측에 손님이 앉음. 묘주는 하반신 형체만 남은 상태이고 손님은 황색 등받이 없는 의자에 앉아 있음.
- 묘주 및 주변 장면 : 묘주 앞에 뿔형(角形) 큰 잔이 놓

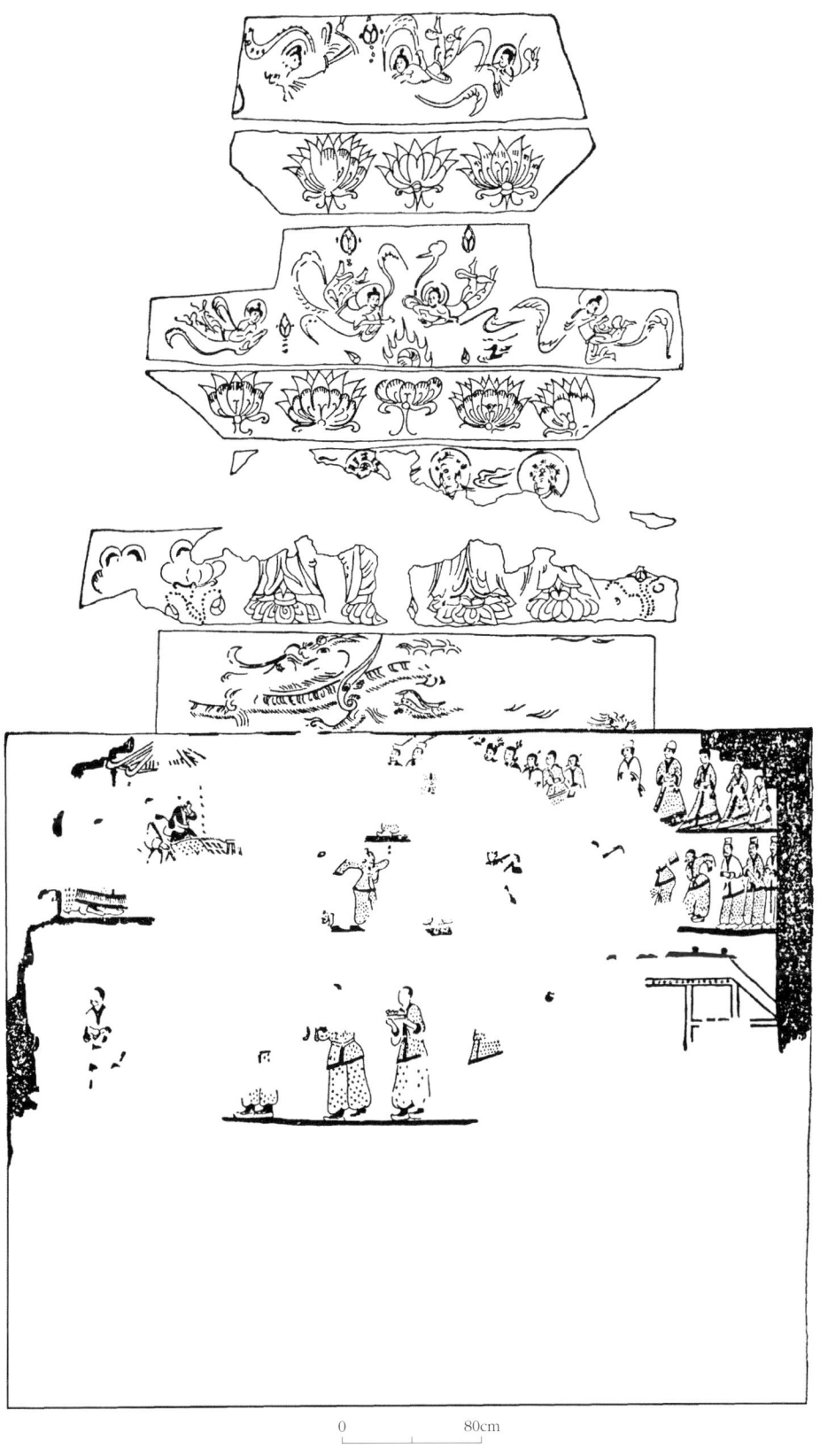

그림 5 장천1호묘의 전실 남벽과 천정 남쪽 벽화 모사도(『東北考古與歷史』 1982-1)

그림 6　장천1호묘의 전실 북벽과 천정 북쪽 벽화 모사도(『東北考古與歷史』 1982-1)

그림 7 장천 1호분의 전실 동벽과 천정 동쪽 벽화 모사도(『東北考古與歷史』 1982-1)

여 있는 탁자가 보임. 묘주 뒤쪽에는 남녀 두 시종이 서 있는데, 남자 시종은 앞쪽에서 두 손으로 日傘을 들고 있고, 여자 시종은 뒤쪽에서 손에 흰 수건을 들고 있음. 묘주와 손님은 나무를 가운데 두고 마주 보고 앉아 나무 아래 두 명이 펼치는 원숭이 놀이를 감상함. 묘주 발아래에는 1마리 개가 앉아 원숭이 놀이를 감상함. 개 뒤에 주인의 말인 듯한 백마가 서 있음. 말 옆에는 말을 모는 동자를 표현했으며, 백마 뒤쪽에는 코가 높고 눈이 움푹 들어간 남자가 다리를 뻗고 앉아 있음.

- 손님 및 주변 장면 : 손님은 머리에 새 깃털을 꽂고, 짧은 콧수염에 合袵短襦와 통바지를 입고 의자 위에 앉아 있는 모습임. 손님 앞에는 그릇이 놓여 있는 작은 탁자가 하나 있음. 손님 뒤에는 두 명의 남자 시종이 두 손을 가슴 앞쪽에 모으고 서 있는 모습임. 손님 아랫부분에도 두 명의 남자가 보이는데 모두 머리에 절풍을 쓰고, 두 손을 가슴 앞쪽에 맞잡고 있으나 앞의 남자는 두 무릎을 꿇고 있고, 뒤의 남자는 상체를 앞으로 숙이고 서 있음.
- 묘주의 백마 위쪽의 가무 장면 : 남자 무용수와 거문고 연주하는 여자가 있고, 남자 무용수 위 부분에는 화려한 복장의 1남 2녀가 거문고를 들고 연주를 기다리는 모습임. 화면 좌측 상단 모서리에는 相馬, 씨름, 舞棒, 曲蓋輦 등의 장면이 있음.
○ 아랫부분 : 숲속 수렵 모습.
- 수렵도는 모두 13명 기사가 포위하고 사냥하는 장면. 기사들이 좌우 두 방향으로부터 활시위를 당기며 질주함. 이 화면의 좌측 끝에 한 그루의 큰 나무 굴 안에 곰 1마리가 쭈그리고 앉아 있음. 남자가 손에 매를 들고 매사냥하는 모습도 보임.

ⓒ 동벽(그림 7)

현실과의 이음길에 의해 남·북 두 면으로 구획됨. 남·북면에 각 1인의 문지기가 확인되는데 문지기는 무인상으로, 서로 마주 보고 侍立하는 모습임. 문지기는 모두 幘冠을 쓰고, 상체는 左袵花襦이고 하체는 통바지를 입고, 허리를 묶고, 콧수염이 난 형상임. 하나는 두 손을 앞쪽으로 하고 있고, 다른 하나는 오른손으로 왼손의 손등을 잡은 모습임.

ⓔ 서벽

중앙연도에 의해 화면은 남·북 2면으로 화면이 분할됨. 두 벽에 각 1인의 갑주무사가 있는데 대부분 박락됨. 위에는 연화·화생·화염 등이 있음.

ⓜ 각 벽 모서리 : 기둥

기둥 위에 4重의 첨차가 있고, 첨차 윗부분은 천장 첫 번째 고임 네 귀퉁이의 말각고임에 해당함.

Ⓐ 천정

○ 보살·불상 등을 처음 고분벽화 소재로 사용함.
○ 첫 번째 고임돌에는 四神을 그림.
○ 두 번째 고임돌
- 동면 중앙에는 예불과 부처모습이, 정중앙에는 부처가 수미좌 위에 앉아 합장하는 모습임.
- 수미좌 중간에는 박산향로가 있고, 그 좌우에 백색의 사자가 앉아 있는데[2] 좌측이 수컷이고, 우측이 암컷임.
- 불상은 얼굴이 풍만하게 표현되었고, 머리는 상투를 틀었으며, 콧수염이 있고, 두 눈을 지그시 떴음. 몸에는 백색의 通肩大衣를 착용함.
- 불상 뒤 광배는 화염문장식임.
- 불상 우측에는 손에 일산을 들고 공양하고 있는 남녀 1쌍이 있는데 공양하는 남녀 뒤에는 두 명의 시

---

[2] 김일권은 등에 줄무늬가 있고, 목에 사자 갈기 같은 부분이 없다는 점에서 호랑이로 추정. 이 예불모습을 칠성단 신앙의 모습으로 설명(『다시보는 고구려사』, 2004, 고구려연구재단).

녀가 손을 가슴 앞으로 하여 흰 수건을 들고 있는 모습임.
- 시녀 뒤에는 연화생을 표현함.
- 불상 좌측에는 두 무릎을 꿇고 절하는 남녀 묘주 모습임.
- 묘주 뒤에는 1남 1녀의 시종이 서 있는 모습임.
- 묘주 위쪽에는 2명의 仙人이 날아가는 모습으로 표현하였는데 선인은 각각 두광이 있고, 長袴를 걸치고, 纓帶를 휘날리고 있는 모습임. 남·북면에는 각각 4개의 보살이 배치됨. 보살들이 각각 두광이 있으며 天衣를 입고 蓮臺에 가부좌를 한 모습임.
○ 세 번째 고임돌 측면 : 각 면마다 4~5명 선인이 날아가는 모습을 표현함. 각기 자태가 다르며, 纓帶를 날리며 발을 드러낸 모습임.
○ 네 번째 고임돌 측면 : 伎樂天人을 장식.
○ 각층 고임석 아랫부분 : 연꽃을 표현.
○ 천장 막음돌 : 동면에는 해의 상징인 삼족오, 서면에는 달의 상징인 두꺼비와 옥토끼, 중앙에는 "北斗七靑"의 4글자, 북면과 남면에는 별자리가 표현되어 있음.

② 이음길(甬道)
○ 묘문의 정면에는 정면에서 바라본 연꽃(正視蓮花)이 있음.
○ 양 벽에 각각 1인의 시녀가 있음(그림 8).

③ 후실 및 관대
○ 좌·우벽 및 전·후벽 : 정면에서 바라본 연꽃(正視蓮花)이 있음.
○ 각 모서리에는 연꽃이 있음.
○ 棺臺 위에 織錦壁衣와 유사한 編織도안이 있음.
○ 고임에는 연꽃이 있음.
○ 천정 막음돌(그림 9) : 동면에는 해의 상징인 삼족오, 남면에는 달의 상징인 두꺼비와 옥토끼, 남·북면

그림 8 장천1호묘 이음길 북벽의 시녀
(『東北考古與歷史』 1982-1)

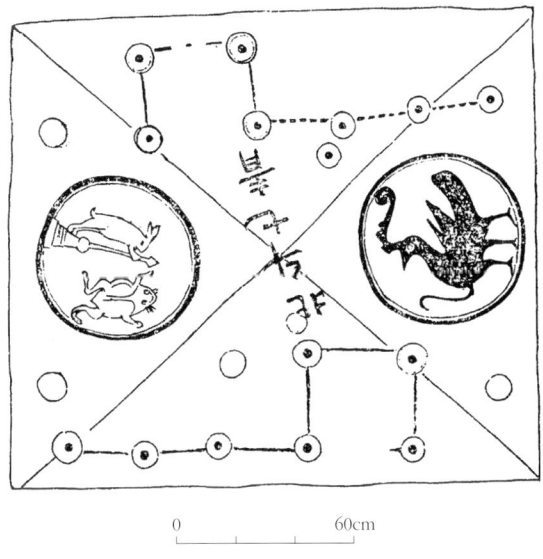

그림 9 장천1호묘의 후실 천정부(『東北考古與歷史』 1982-1)

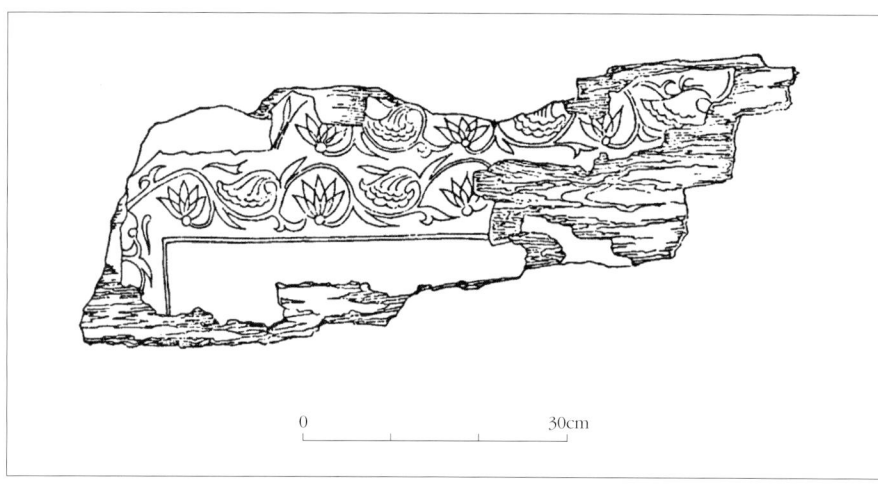

그림 10
장천1호묘의 목관 잔편
(『東北考古與歷史』1982-1)

에는 별자리, 중앙에는 "北斗七靑"의 4글자가 표현되어 있음.
○ 현문 정면에는 커다란 연꽃이 있음.

(6) 역사적 성격

① 고구려 귀족의 무덤

② 조성 연대
○ 5세기 말엽(『東北考古與歷史』1982-1)
- 고분의 구조와 벽화 내용 : 구조는 전·후실(현실)로 구성된 두 칸 구조로 천정은 평행삼각고임이며, 벽화소재는 묘주의 생활과 함께 사신이나 불교색채 등이 추가됨.
- 예불도 : 372년(소수림왕 2) 고구려 불교수용과 귀족의 불교생활이 반영됨. 예불도의 백색 사자는 5세기 말기 중원석굴예술 護法獅子의 영향으로 보임. 보살의 褒衣博帶 차림은 북위 효문제의 太和改制 이후 양식이고, 보살 다리 아래의 覆瓣蓮座와 불상 아래의 須彌座 등은 늦게 유행한 양식임.
○ 5세기 중엽(전호태)

③ 전실과 후실 : 이중 벽화 발견
현존하는 벽화 밑면에 또 한 층의 벽화가 확인되는데 두 번째 매장을 한 후, 재차 백화를 칠하고 벽화를 그린 흔적으로 추정됨.

2) 장천2호묘(JCM002, 그림 11)

(1) 유형
봉토석실묘, 벽화묘.

(2) 분구
방대형. 둘레 143m, 높이 6m.[3]

(3) 매장부 구조
연도(墓道), 측실(耳室), 이음길(甬道), 묘실로 구성.

① 연도
○ 규모 : 길이 2.7m, 너비 1.4m, 높이 2.1m.

---

[3] 『中國文物地圖集』 吉林分冊(1992) 및 『集安高句麗墓葬』(2007) 참조. 『考古與文物』 1983-1에서는 높이 9m로 소개.

○ 방향 : 254°.

○ 연도 입구 밖에는 한 층의 고운 황색 모래가 깔려 있는데 너비 5.5m, 두께 0.25~0.45m임.

○ 바닥에는 판석을 깔았는데 연도 입구에 돌을 깐 부분부터 봉토분구의 끝까지 길이 13m임. 연도 입구 윗부분은 3개층으로 나뉨. 최상층은 부식토층으로 회갈색이고 두께 0.35~0.60m이며, 그 아래는 山石 혼축층으로 두께 2.10m이고, 마지막층은 쇄석층으로 두께 3.70~4.80m임.

○ 연도 입구는 약간 가공한 장방형 또는 방형의 돌로 막음.

○ 연도 폐쇄는 묘도 입구에서 측실 서쪽 밖까지 돌을 쌓고 회칠함.

○ 연도 정상에는 개석을 덮음.

○ 연도 입구 외부에 교란갱이 있는데 이곳에서 철제망치(鐵錘), 철제칼(鐵刀), 금동관식 등을 발견함.

② **측실**(耳室)

○ 연도의 남과 북에 각 1개씩 설치함.

○ 평면 및 규모 : 장방형으로 남측실 길이 1.58m, 너비 1.1m, 높이 1.26이고 북측실 길이 1.52m, 너비 1.1m, 높이 1.26임.

○ 바닥은 이음길 바닥보다 12cm 높음.

○ 측실 벽은 모두 백회를 발랐음.

○ 천정 : 평천정.

○ 유물 : 북측실에서 황색 시유 부뚜막(黃釉陶竈), 남측실에서 황색 시유 사이호(黃釉四耳陶壺)를 발견함.

③ **이음길**(甬道)

○ 규모 : 길이 2.39m, 폭 1.4m, 높이 1.60m.

○ 두 벽은 잘 다듬어진 장대석으로 4층을 쌓고, 천정은 잘 다듬어진 장방형의 거대 판석 2매로 덮음.

○ 이음길 끝에 묘실 문을 설치했는데 문은 돌 2매로 만든 양쪽에서 여는 형식임. 門楣와 門框을 설치했

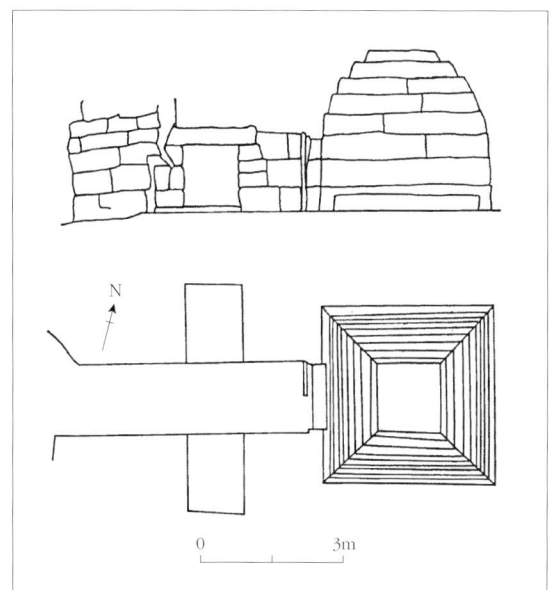

그림 11 장천2호묘 평·단면도(『考古與文物』1983-1)

으며, 너비 0.70m임. 문미 위쪽에 직경 0.12m, 깊이 0.07m의 기둥구멍(門軸)을 놓았던 자리가 보임. 남문은 훼손되고 북문은 너비 0.70m, 높이 1.50m로 상태가 양호힘.

④ **묘실**

○ 평면 및 규모 : 방형으로 남·북벽 각 3.60m, 동벽 3.52m, 서벽 3.48m. 높이 3.32m이며, 벽 높이 1.56m.

○ 이음길이 서벽 중앙에 연결됨.

○ 묘실 네 벽은 잘 다듬어진 석재로 4층을 조성했는데 각 층은 2매의 돌로 쌓음. 간혹 3매의 장방형 돌로 쌓고 그 틈 사이를 백회로 메움. 벽면에는 한 겹의 얇은 회를 바름.

○ 천정 : 4중의 평행고임에 거대 천정석을 덮은 평행고임 천정임.

○ 壁帳을 걸기 위한 못자리 구멍을 확인함. 4벽 상단에 일정간격으로 배치되었는데 남·북벽에 각 5개, 동벽 8개, 서벽 4개임. 동벽 남단과 서벽 북단에는 금동

고리가 남아 있는 상태로 발견됨.
○ 묘실 바닥에는 석재를 깔고 그 위에 석제 관대 2개를 놓음.
○ 棺臺 : 화강암으로 제작된 2개의 관대가 남북으로 배치되었는데 길이 3m, 너비 1.22m, 높이 0.30m임. 두 관대 사이의 거리는 0.50m임.

(4) 출토유물

① 철기
총 15점으로 망치 1점, 칼 1점, 문고리(門鐐) 2점, 화살촉 5점, 띠고리(帶卡) 2점, 못 4점 등임.

② 금동기
○ 총 25점으로[4] 모두 銅質에 도금한 것임.
○ 행엽 1점, 띠고리(帶卡) 2점, 장방형장식품 2점, 입식부 운주 2점, 화판형 관장식 I식 6점과 II식 5점, 걸이쇠(掛鉤) 2점, 못(釘) 6점, 고리(環) 1점임.

③ 시유도기
총 2점으로 북측실에 있는 시유 부뚜막(釉陶灶) 1점, 남측실에는 시유사이호(四耳釉陶壺) 1점이 있음.

④ 기타
○ 비단 조각편 : 남쪽 관대 서북 모서리에서 출토.
○ 木靈牌片 : 남쪽 관대 중앙부에서 출토되었는데 말각장방형으로 표면에 옻칠함.
○ 목기 잔편 : 연도 앞 교란갱에서 출토되었는데 표면에 옻칠함.
○ 기와편 : 남쪽 관대의 서단에서 출토.
○ 연화문와당 : 2점 출토.

---

[4] 『考古與文物』1983-1 참조. 내용상 실제 열거된 수량은 27점.

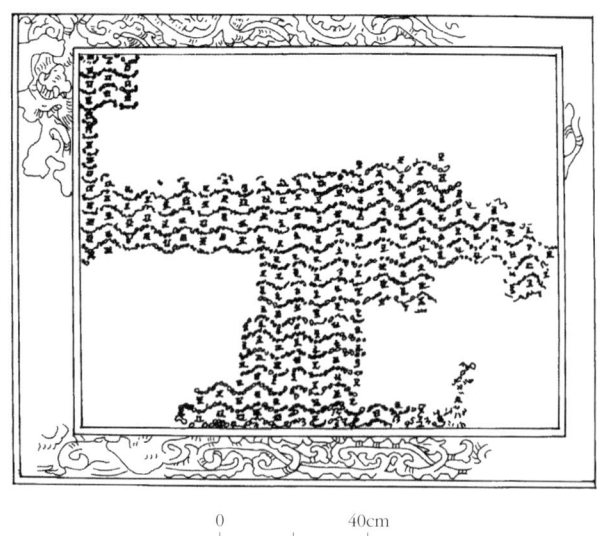

그림 12 장천2호묘의 남측실 벽화(『考古與文物』1983-1)

(5) 벽화 내용

① 남·북측실 (그림 12)
○ 벽에 '王'자로 권운문이 연속되는 도안을 가로 25줄, 세로 23줄로 그림.
○ '王'자 바깥을 墨線 雲文이 둘러쌈.

② 묘실문 (그림 13)
○ 앞면 문지기 : 머리에 方幘을 착용했고 몸에 短襦肥袴를 입고 허리는 띠로 묶음. 발에 못신(釘履)를 신음.
○ 뒷면 시녀 : 合衽長服襈裙을 입음. 두 손을 가슴 앞쪽에 모으고 오른쪽으로 몸을 돌린 모습임.

③ 묘실
○ 전·후벽 및 좌·우벽, 그리고 천정에 연꽃을 그리고, 천정석 아래에 인동문이 표현된 들보를 그림.
○ 천장 막음돌은 흑선으로 9개 네모 칸으로 나눔. 정중앙과 네 모서리의 5개 네모 칸 안에 정면에서 바라본 연화(正視蓮花) 도안을, 나머지 4개 네모 칸에는 마름모형의 기하문양을 배치함.

그림 13 장천2호묘 묘실문의 문지기와 시녀(『考古與文物』 1983-1)

○ 묘실문 안쪽 부분에는 위쪽 부분과 좌우 양측에 墨線으로 螭雲圖案, 門楣, 門框 등을 배치함.

(6) 역사적 성격
○ 고구려 귀족 또는 왕족의 무덤.
○ 고분 조성연대
- 5세기 중반(『考古與文物』 1983-1, 전호태) : 고분벽화 2기의 전형인 우산1894호묘[5]와 유사한 구조로 묘실과 남·북측실로 구성되었으며, 묘실 천장은 평행고임임. 벽화 내용으로는 석문에 그려진 시녀의 형태와 복식, 연꽃잎이 뾰족하고 쇠약함.
- 4세기 말엽~5세기 초(李殿福) : 고분 구조와 벽화 내용이 산성하332호묘(왕자묘)와 유사하여 그 편년을 따라 추정함.

3) 장천3호묘(JCM003)[6]

(1) 유형
방단계제석실묘, 계단석실적석묘.

(2) 위치
장천4호묘의 서북 약 100m 떨어진 곳에 있음.

(3) 분구
○ 평면 : 방형.
○ 구조 : 부분 가공한 대형 장방형 석재로 5단 계단을 축조했는데 계단 안에는 소할석으로 채웠으며, 기단 둘레는 20.5m임.[7] 매장부는 제2단 계단 중앙의 서쪽 방향에 위치함.

(4) 현황
○ 유적안내판이 없음.
○ 분구 : 방형의 계단 구조로 경사가 급한 곳은 대형돌로, 완만한 곳에는 작은 돌로 계단을 구축하였는데 부분 가공한 큰 돌로 축조함. 원래는 5단 계단이었을 것으로 추정되며 현재 계단은 3단이 확인됨. 제1단은 내축하여 3층으로 쌓고, 제2단은 2층으로 조성하였으며, 제3단의 서북 모서리에서 4단의 1층을 이루었을 대형 돌 1개를 확인함.
○ 내부 구조 : 매장부는 중앙 연도이고 방형 석실로 고임식 천장임. 묘실 입구 방향은 240°인데 2중으로 폐쇄되었고 현실 입구에는 문미석이 있음.

---

5 통구12호분(일명 馬槽墓).

6 李殿福, 1994, 119쪽 참조.

7 『集安縣文物志』(1983), 327쪽에는 고분규모가 길이 및 너비 각 20m, 높이 5m로 기술되어 있음.

(5) 고분의 성격

장천3호묘는 벽화나 대량의 장식품 등은 발견되지 않았으나 압록강이 한눈에 조망되는 자리에 있고, 현재 계단이 5단까지 확인되는데 장군총과 유사한 구조임. 이러한 고분의 입지나 구조상 고구려 귀족 또는 왕족의 무덤으로 추정됨.

4) 장천4호묘(JCM004)

(1) 유형

봉토석실묘, 벽화묘.

(2) 위치

건구하 서쪽 언덕 위에 있음.

(3) 방향

南偏西 53°

(4) 분구

흙무지가 대부분 유실된 상태로 현재 규모는 둘레 60m, 높이 3m임.

(5) 내부 구조

○ 동분이혈합장무덤으로 남·북 2개 석실로 구성되어 있음.
○ 남석실 : 연도와 묘실로 이루어진 단칸구조로 총 길이 3.75m임. 연도는 길이 1.1m, 너비 1.15m, 높이 1.5m이며 묘실은 길이 2.65m, 너비 2.35m, 높이 3m임. 천정은 7단 불규칙한 평행삼각고임으로 1~2단은 평행고임, 3~7단은 말각고임임. 묘실 바닥에는 잔돌을 깔았으며, 그 위에 돌로 제작한 棺臺가 남북으로 배치되었는데 관대 두께가 20cm이고 관대 위에 백회를 칠했고 두 관대 사이에는 두터운 목탄 부스러기가 남아 있음.
○ 북석실 : 연도와 묘실로 이루어진 구조로 총길이 3.9m임. 연도는 잔여 길이 1.1m, 너비 1.15m, 높이 1.5m이며 현실은 방형으로 길이 2.8m, 너비 2.8m, 높이 3.5m임. 천정은 6단 평행삼각고임으로 1단은 평행고임, 2~3단은 말각고임이며 4~6단은 1~3단처럼 4단은 평행고임, 5~6단은 말각고임임. 묘실 바닥은 작은 석판을 깖.

(6) 유물

○ 1956년 조사 때 무덤 안에서 회색토기(陶罐)와 뼈를 발견했는데 현재는 소재를 알 수 없음.
○ 1992년 조사에서 시유 부뚜막 1점, 시유호 2점을 출토함.[8]
○ 이외에도 금동제 재갈, 동자, 행엽이 출토된 것으로 소개됨(吉林省文物考古硏究所·集安市博物館·吉林省博物院, 2010, 『集安出土高句麗文物集粹』).

(7) 벽화 내용

○ 남석실 : 묘실 남벽 중간부에 측면에서 바라본 연꽃(側視蓮花)를 배치함. 붉은 선으로 연꽃의 윤곽을 그려 넣었으며, 연꽃 크기는 가장 넓은 곳이 18cm, 높이 18cm임. 꽃 아래 부위 帶托에도 측면에서 바라본 연화(側視蓮花)가 있음.
○ 북석실 : 묘실 남벽 중간부의 아래에 인물을 배치했는데 墨線으로 인물 윤곽을 그림. 황토색 바탕에 검은 점이 있는 복식을 하고 있는 모습임.

(8) 고분의 성격

고구려 귀족 무덤.

---

[8] 耿鐵華·倪軍民, 2000, 『高句麗歷史與文化』, 284쪽 참조.

① 고분 연대
○ 5세기 중엽(전호태)
○ 6세기 초엽(『博物館硏究』 1988-1, 『集安高句麗墓葬』) : 벽화의 색채와 풍격이 장천1호묘와 유사하나 무덤의 규모가 장천1·2호묘에 미치지 못하고, 1호 및 2호묘 묘실이 전·후실로 나뉘거나 耳室을 갖추고 있는데 비해 4호묘는 同墳異穴의 쌍실묘로 耳室을 갖추지 못하고 있어 1호 및 2호묘에 비해 약간 늦은 시기로 추정됨.
○ 5세기 말엽~6세기 초(李殿福) : 벽화의 색채와 풍격이 장천1호묘의 벽화와 다소 유사하고, 묘실 천정 구조는 삼실묘와 가까움.

5) 장천5호묘(JCM005)

(1) 유형
계단석실적석묘.

(2) 위치
압록강이 한 눈에 조망되는 곳에 위치하는데 4호묘 동남으로 약 10m에 있음.

(3) 매장부 구조
○ 석실은 붕괴된 상태로 중앙이 함몰되어 있음.
○ 계단은 현재 3단이 잔존하는데 1단은 돌을 조금씩 안으로 들여서 3층으로 쌓고, 2단은 2층을 쌓음.

(4) 고분의 성격
장천4호묘와 동일한 입지의 계단석실적석묘로 고구려 귀족 무덤임.

(5) 현황
유적안내판이 없음.

5. 출토유물

장천2호묘에서만 유물이 확인됨. 묘실, 이음길(甬道), 남·북 측실의 충적토와 지표상에서 철기, 금동기(金銅飾物), 시유도기, 목기 및 면직잔편 등이 출토됨.

1) 철기
총 15점 출토.

(1) 망치(鐵錘, 그림 14-17)
○ 출토지 : 묘도 입구 바깥의 교란된 구덩이.
○ 크기 : 길이 11cm, 너비 5cm.
○ 형태 : 단조품. 끝이 뾰족한 장방체로 중앙에 장방형 구멍이 있고, 구멍 아래로 오므라지며 원추형을 이룸.

(2) 칼(鐵刀, 그림 14-15)
○ 크기 : 길이 13cm, 너비 3cm.
○ 형태 : 일부 파손된 長條形으로 날의 한쪽 끝부분이 말림.

(3) 문고리(門鐐, 그림 14-14)
○ 출토지 : 이음길(甬刀)의 퇴적토.
○ 크기 : 전체길이 21cm, 지름 8.5cm.
○ 형태 : 1점은 완형이고 1점은 파손됨. 문 정면 중앙에 위치했을 것인데 門穿, 문고리(門環), 원형의 檔板으로 구성됨.

(4) 화살촉(그림 14-16)
○ 총 5점으로 형태가 동일하고 그중 1점은 완형임.
○ 크기 : 전체길이 14.5cm, 鏃刃너비 3.7cm.
○ 형태 : 날의 끝은 직선이며, 경부는 원추형임. 한 철촉에는 중간에 도치된 삼각거치문이 투공됨.

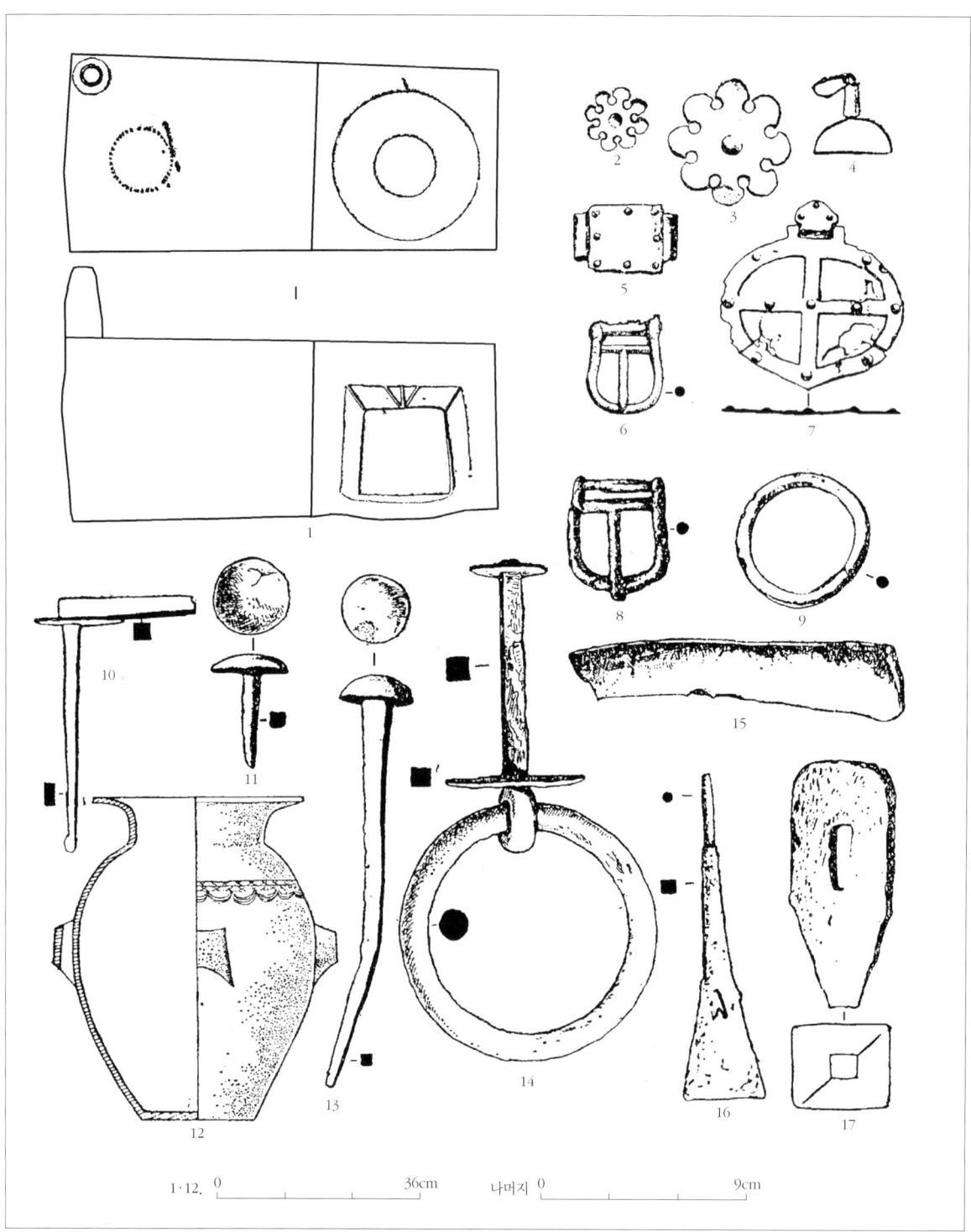

그림 14 장천2호묘의 출토유물(『考古與文物』1983-1)
1. 부뚜막 2·3. 금동화판형관장식 4. 금동운주 5. 금동장방형장식 6. 금동띠고리 7. 금동행엽 8. 철제띠고리 9. 금동고리
10. 금동걸이쇠 11. 철제못 12. 시유 사이호 13. 금동못 14. 철제문고리 15. 철제칼 16. 철제화살촉
17. 철제망치(1·12·1/12, 나머지 1/3)

(5) 띠고리(帶卡, 그림 14-8)
○ 총 2점으로 1점은 완형이고, 1점은 고리에 끼우는 바늘(扣針)이 빠져 있음.
○ 크기 : 길이 5.2cm, 너비 4cm.
○ 형태 : 전체 형태는 장방형(矩形)으로 띠고리 앞부분은 양 모서리가 호형을 이루고, 뒷부분은 2개의 橫柱가 있는데 앞쪽 횡주에 바늘(扣針)이 달려있음. 고리 및 바늘의 단면은 모두 원형임. 뒤쪽 횡주 위에 布文 잔흔이 있음.

(6) 못(그림 14-11)
○ 크기 : 길이 5cm, 머리지름 3.5cm.
○ 형태 : 총 4점으로 3점은 완형이고 1점은 못머리가 떨어져 나감.

2) 금동기
총 25점으로 모두 銅質인데 표면에 도금되어 있으며, 도금이 떨어져 나간 곳에는 녹이 있음.

(1) 행엽(그림 14-7)
○ 크기 : 길이 8cm, 너비 8cm.
○ 형태 : 수량 1점으로 완형. 동편을 단조하여 중앙에 십자 투공함. 11개의 못으로 상하 두 층의 동편을 고정시킴. 장방형의 현수공이 있음.

(2) 띠고리(그림 14-6)
○ 크기 : 큰 것은 길이 4cm, 너비 3.5cm이고 작은 것은 길이 3, 너비 2cm임.
○ 형태 : 수량 2점으로 1점은 크고 1점은 작은데 모두 완형임. 철제띠고리와 형태가 유사함. 큰 것의 바늘은 자유롭게 움직임. 횡주는 두 줄이며, 띠고리와 바늘 모두 단면은 원형임.

(3) 장방형장식(그림 14-5)
○ 크기 : 길이 3cm, 너비 5cm.
○ 형태 : 수량 2점으로 완형임. 횡장방형의 양 끝을 둥글려서 원통형 管을 만듦. 네 변에 동일 간격으로 못 8개를 박음.

(4) 입식부 운주(그림 14-4)
○ 크기 : 전체길이 4cm.
○ 형태 : 수량 2점으로 완형임. 반구형 포식 위에 원통형 입식을 세우고, 銅絲를 꼬아서 心形 銅葉을 매달음.

(5) 화판형 관장식(梅花棺飾物, 그림 14-2~그림 14-3)
○ 크기 : I식 지름 5cm, II식 지름 2.5cm.
○ 형태 : 표면을 도금함. 배면에는 布文 흔적이 있음. 8葉의 매화를 만들고 그 중심에 편평한 금못을 박음. 수량 11점인데 보고자는 크기에 따라 큰 것은 I식, 작은 것은 II식으로 구분함. I식은 6점인데 그중에 4점은 완형이고, 1점은 약간 파손되었고, 나머지 1점은 절반 이상 손상됨. II식은 5점으로 그중 2점은 완형임.

(6) 걸이쇠(挂鉤, 그림 14-10)
○ 크기 : 鉤身의 最長은 10.5cm, 걸이 부분 길이는 6cm, 檔板 지름은 4.5cm.
○ 형태 : 수량 2점. 일부 파손됨. 鉤身을 벽속에 삽입 후 圓形 檔板을 끼워 벽면에 고정함.

(7) 못(釘, 그림 14-13)
○ 크기 : 길이 18cm, 머리지름 3cm.
○ 형태 : 수량 6점으로 완형은 1점이며 3점은 몸체가 결실되고, 2점은 못머리만 잔존함. 형태는 철못과 동일함. 도금은 두꺼우며, 못에 목질 흔적이 있는데 목관에 사용한 것으로 추정함.

(8) 고리(環, 그림 14-9)
○ 크기 : 고리지름 5cm.
○ 형태 : 완형으로 지름 1.5cm의 銅線으로 고리를 만듦. 중간의 접합점을 봉하지 않음.

3) 시유도기(黃釉土器)

(1) 부뚜막(그림 14-1)
○ 크기 : 길이 76.5cm, 너비 34cm, 높이 30cm.
○ 형태 : 장방체로 전면에 방형 화구가 있고 화구 위에 도치된 삼각선문이 시문되었으며, 상면에는 원형 솥구멍이 있고 상면 뒤쪽에 타원형의 연통이 있으며, 바닥 좌우에는 각기 1개의 원형 구멍(漏孔)이 있음. 전면 시유로 유색은 연녹색으로 광택이 남.

(2) 사이호(그림 14-12)
○ 크기 : 전체높이 56cm, 구경 37cm, 바닥 둘레(底柱) 20cm.
○ 형태 : 외반구연을 가진 短頸, 배부른 동체, 平底임. 동체 중간에 4개의 橋狀耳가 있고, 어깨에 능격문대와 물결무늬가 양각되어 있음. 전면 황유시유로 녹색을 띠고 윤택이 남.

4) 기타

(1) 비단조각(그림 15)
○ 출토지 : 남쪽 관대 서쪽 모서리.
○ 크기 : 잔존 길이 23cm.
○ 형태 : 정밀하게 짜여 졌고 조직이 고르며 치밀하며 橫絲는 느슨하고 縱絲는 조밀함. 파손이 심하여 도안의 복원은 어려우나, 석영알갱이 같은 것으로 비단에 상감한 장식품으로 판단됨.

그림 15 비단조각(『考古與文物』 1983-1)

(2) 목령패편(木靈牌片)
○ 출토지 : 남쪽 관대 중앙부.
○ 크기 : 잔존길이 12.2cm, 너비 24.7cm, 두께 0.5cm.
○ 형태 : 위패상면(靈牌額頭)만 존재하며 말각장방형으로 표면에 옻칠함.

(3) 목기 잔편
○ 출토지 : 연도 앞 교란구덩이.
○ 크기 : 잔존길이 31cm.
○ 형태 : 목제圓柱로 절반이상 파손됨. 표면에 옻칠하여 광택을 내고 기둥 중간에 圓球狀 조각이 있으며, 기둥 위에는 음각문을 정교하게 새김.

(4) 수키와
○ 출토지 : 남쪽 관대 西段.
○ 크기 : 길이 45.5cm, 너비 30cm, 두께 2cm.

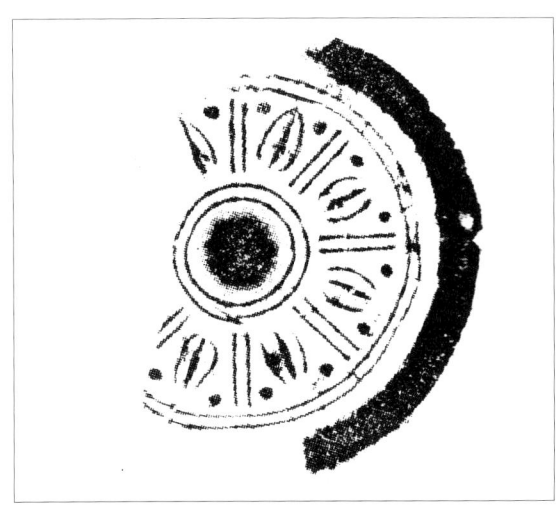

그림 16 연화문와당(『高句麗瓦當硏究』)

○ 색깔 및 태토 : 고운 진흙의 회색태토.
○ 형태 : 완형. 기와에는 불탄 흔적이 있고 그 위에 숯덩이가 쌓여있었음. 외면은 무문이고 내면은 포문임.

(5) 연화문와당[9] (그림 16)

○ 출토지 : 2호묘(1972년 5월 출토품).
○ 크기 : 직경 16.5cm, 두께 4cm, 주연 높이 1.5cm.
○ 색깔 및 태토 : 청회색.
○ 형태 : 2점. 모두 잔편으로 8엽 복선 연화문이 새겨짐. 형태상 장군총와당과 유사하고 크기가 약간 작음.

6. 역사적 성격

1) 고분군 구성과 분포 특징

고분군에는 무기단적석묘, 기단적석묘, 계단석실적석묘, 봉토묘, 봉토석실벽화묘 등 여러 형식의 고분으로 구성되었는데 각각의 형식은 크게 3개의 군(群)으로 나누어 볼 수 있음. 첫째, 무기단·기단·계단적석묘가 건구하 계곡을 따라 열상배치하며 둘째, 계단석실적석묘과 봉토석실묘가 같은 능선 상에 배치되었으며(장천 3·4·5호묘) 셋째, 석실봉토벽화묘로서 장천 1·2호묘처럼 독립적으로 분포함. 이러한 고분 분포로 미루어 볼 때 장천고분군은 고구려 초기부터 중기까지 지속적으로 조성되었음을 알 수 있음.

2) 피장자 신분

능선 정상부에 위치하는 계단석실적석묘의 규모나 석실봉토벽화묘로 미루어 볼 때 무덤 주인공은 상당한 사회적 지위를 가졌을 것으로 추정됨.

참고문헌

- 陳相偉·方起東, 1982,「集安長川一號壁畵墓」,『東北考古與歷史』1982-1.
- 陳相偉, 1982,「集安長川二號封土墓發掘簡記」,『文物考古彙編』1982-1.
- 吉林省文物工作隊, 1983,「集安長川二號封土墓發掘紀要」,『考古與文物』1983-1.
- 張雪岩, 1988,「集安兩座高句麗封土墓」,『博物館硏究』1988-1.
- 李殿福 著, 車勇杰·金仁經 譯, 1994,『中國內의 高句麗遺蹟』, 學硏文化社.
- 전호태, 2000,『고구려 고분벽화 연구』, 사계절.
- 溫玉成, 2001,「集安長川一號高句麗墓佛敎壁畵硏究」,『北方文物』2001-2.
- 耿鐵華·尹國有, 2001,『高句麗瓦當硏究』.
- 吉林省文物考古硏究所·集安市博物館·吉林省博物院, 2010,『集安出土高句麗文物集粹』.

---

9 1972년 5월 장천2호묘 발굴 현장에서 잔편 2점 발견. 發掘紀要에 두 점의 와당이 누락되었다가 1983년 집안박물관에서 집안에서 출토된 고구려문물을 조사할 때 확인하고 2301로 편호함(耿鐵華·尹國有, 2000, 40쪽 및 73쪽 참조).

72 집안 호자구고분군
集安 蒿子溝古墳群

1. 조사현황

1) 1983년 조사
○ 조사기관 : 集安縣文物普查隊.
○ 조사내용 : 청석진 호자구촌에서 적석묘 7기를 발견했는데 고구려시기 고분군임을 확인하고 호자구고분군으로 명명함. 고분 순서에 따라 JHM1~JHM7로 편호함.

2) 2004~2005년 조사
○ 조사기관 : 吉林省 長白文化硏究會, 集安市博物館.
○ 조사 참여자 : 張福有, 孫仁杰, 遲勇.
○ 조사내용 : 1983년 조사에서 JHM2로 편호한 고분은 고분이 아니라 JHM1의 부속시설로 판단.
○ 조사보고서 : 張福有 孫仁杰 遲勇, 2006, 「集安蒿子溝墓地調査與東川王陵考」, 『東北史地』 2006-3.

3) 2008년 조사
○ 조사기관 : 吉林省文物考古硏究所, 集安市博物馆.
○ 조사기간 : 4~8월.
○ 조사 참여자 : 王洪峰, 王志剛, 李丹, 郭建剛.
○ 조사내용
- 통구고분군의 고분을 보호하기 위한 프로젝트의 일환으로 우산하1041호묘, 우산하901호묘, 마선1호묘와 함께 호자구1호묘 등의 4기에 대해 고고정리를 시행함.
- 당시 호자구1호묘를 정리하고, 고분 동쪽의 석대유적을 시굴하고 무덤 동쪽의 소형적석묘 5기를 실측함. 이들 5기는 1호묘 동쪽 약 60m 지점에서 남북 방향으로 2열로 배열되어 있음. 1983년 제2차 전국문물조사 때 JHM3~JHM7로 편호했으나 발굴 때 정리하지 못함.
○ 조사보고서 : 吉林省文物考古研究所·集安博物館, 2010, 「2008年集安市洞溝古墓群考古發掘報告」, 『邊疆考古研究』 9.

2. 위치와 자연환경

1) 고분군 위치(그림 1~그림 3)
○ 集安市 靑石鎭[1] 蒿子溝村 2組에 위치하며, 서남으로 집안시내와 약 25km 떨어져 있음.
○ 고분군은 호자구 충적대지 중앙의 동서 1.5km, 남북 1km 가량의 작은 언덕 최남단에 위치하는데 대지 높이는 평지보다 약 30m 높음.
○ 고분군이 자리한 대지는 漫丘形을 띠는데 남쪽 가장자리는 가파름.

---

[1] 행정구역상 본래 黃柏鄕이었으나 청석진으로 소속 변경.

그림 1
호자구고분군 위치도

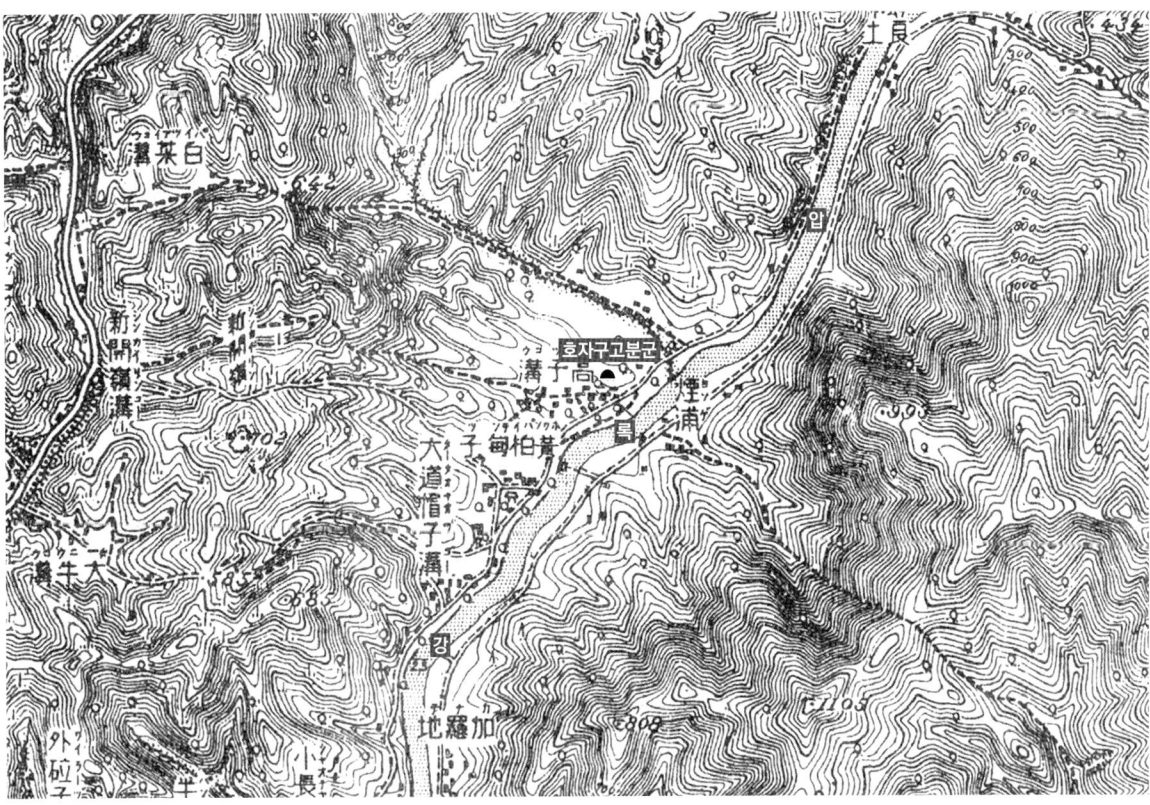

그림 2 호자구고분군 주변 지형도(滿洲國 10만분의 1 지형도)

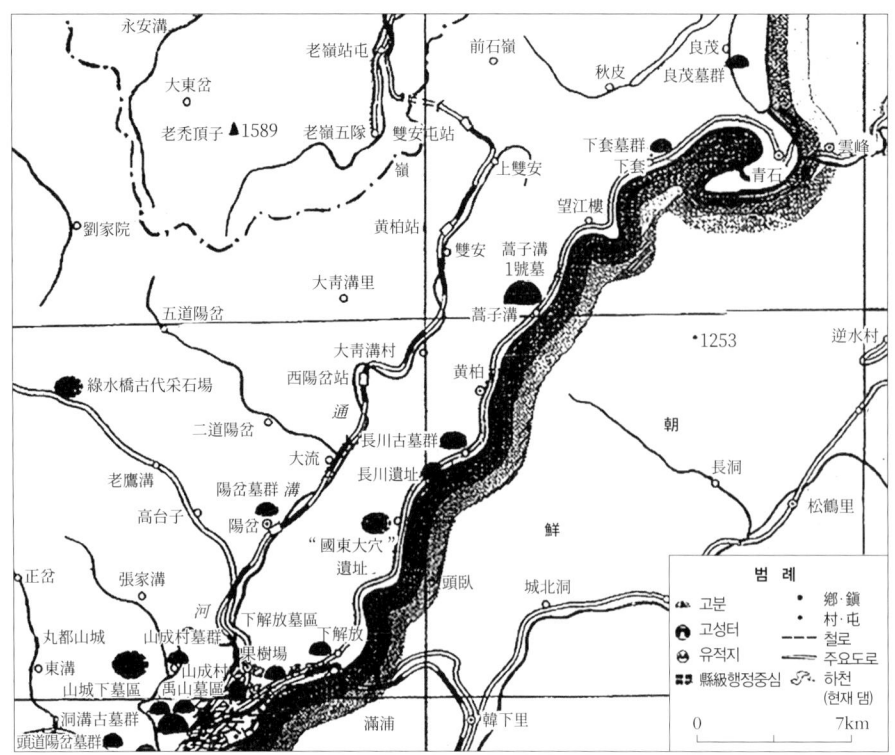

그림 3
호자구1호묘 위치도 2
(『邊疆考古研究』 9)

2) 고분군 주변환경

○ 호자구는 동서 2.5km, 남북 1.5km의 충적대지로 삼면이 산으로 둘러싸여 있고 남쪽에 압록강이 흐름.
○ 고분군이 위치하는 언덕에서 남쪽으로 약 50m 떨어져 호자구소학교가 있는데 청석진-집안 간의 도로(集靑公路)가 소학교 앞을 동서로 관통함.

3. 고분군의 분포상황(그림 4~그림 5)[2]

1) 호자구1호묘(JHM1)

○ 대지 남단 서쪽에 위치하며, 1호묘 남쪽은 대지 남쪽 가장자리와 3m 못 미쳐 떨어져 있음.
○ 무덤 정상부 중심좌표는 동경 41°9′0.29″, 북위 129°22′31.90″이며 높이는 309.2m임.

2) 호자구3호묘(JHM3)

서쪽 60m에 1호묘, 북쪽 3m에 4호묘, 동쪽 6m에 7호묘가 있음.

3) 호자구4호묘(JHM4)

서쪽 60m에 1호묘, 남쪽 3m에 3호묘, 북쪽에는 5호묘, 동쪽 8m에 7호묘가 있음.

4) 호자구5호묘(JHM5)

대지 남단 동쪽에 위치하는데 서쪽 60m에 1호묘, 동쪽 15m에 6호묘, 남쪽에는 4호묘, 북쪽에는 밭이 인접해 있음.

---

2 2004~2005년 조사와 2008년 조사의 고분 분포도는 그림 3~그림 4에서 확인되듯 불일치하고 있음. 호자구1호묘만 『邊疆考古研究』 9(2010)를 참조하고 2호묘-7호묘는 『東北史地』 2006-3를 참조하여 정리함.

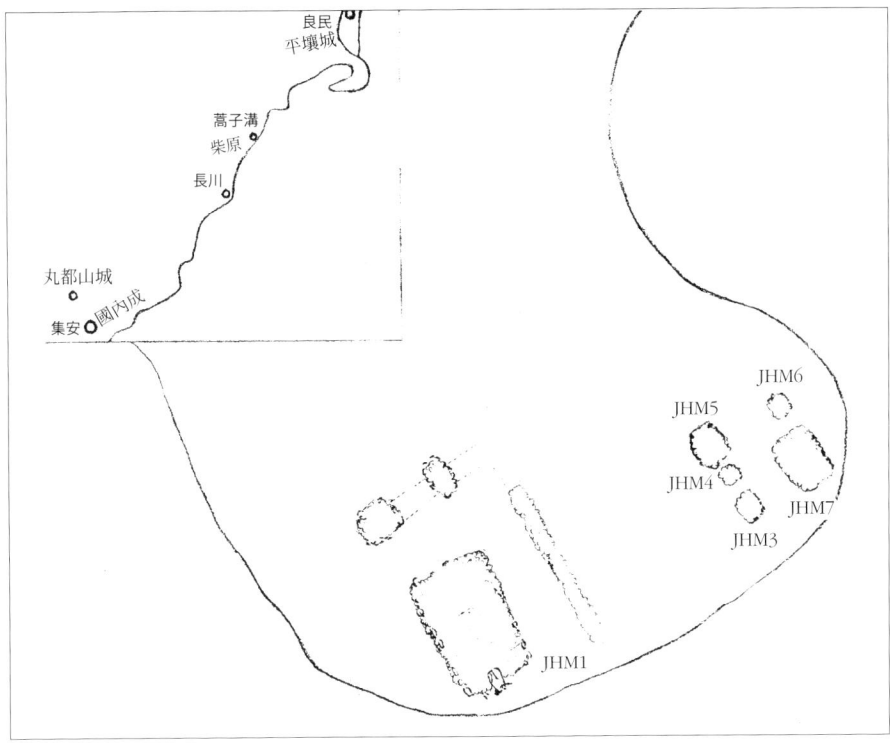

그림 4 호자구고분군 분포도 1
(『東北史地』 2006-3)

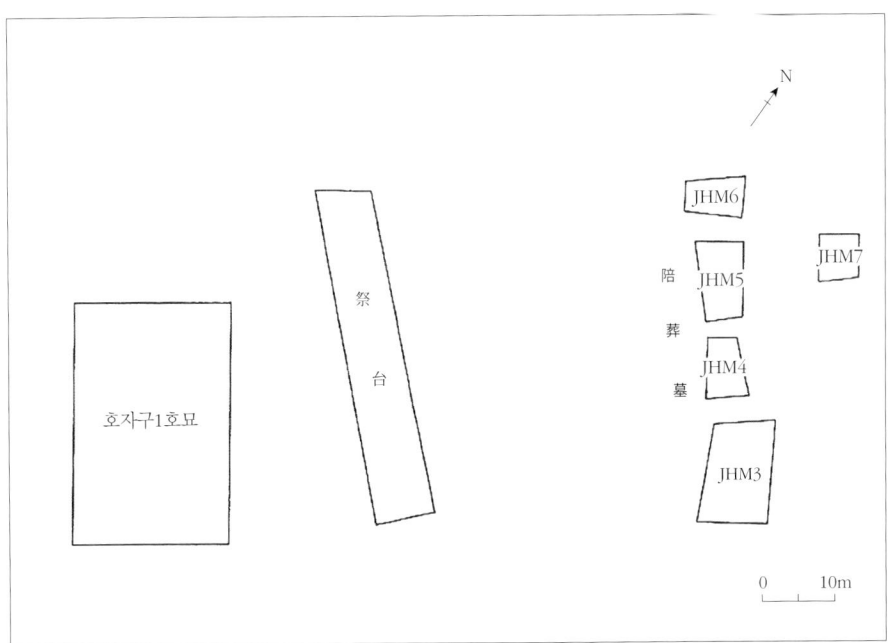

그림 5
호자구고분군 분포도 2
(『邊疆考古研究』 9, 408쪽)

5) 호자구6호묘(JHM6)

대지 남단 동쪽에 위치하며 서쪽 15m에 5호묘, 남쪽 5m에 7호묘가 있음.

6) 호자구7호묘(JHM7)

대지 남단 동쪽에 위치하며 북쪽 5m에 6호묘, 서쪽 6m에 3호묘가 있음.

4. 고분별 현황

1) 호자구1호묘(JHM1)

(1) 유형

방단계제적석묘(『集安縣文物志』), 有壇積石石壙墓(『東北史地』2006-3), 階壇積石墓(『邊疆考古研究』9).

(2) 평면

近長方形.

(3) 규모

○ 2004~2005년 조사 : 남북 길이 35m, 동서 너비 25m, 잔존높이 2.5m.

○ 2008년 조사 : 분구 규모가 동측 길이 약 29m, 잔존 높이 0.3~0.7m이고 남측 길이 약 19.2m, 잔존 높이 0.6~1.6m이고 서측 길이 약 29.2m, 잔존 높이 0.6~1.1m이고 북측 길이 19.1m임. 대부분 파괴되어 고분 외측은 지면과 거의 비슷하며, 보존상태가 비교적 좋은 중간 부분의 잔존 높이는 0.3~0.5m임.

(4) 방향

○ 2004~2005년 조사 : 南偏西 20°.
○ 2008년 조사 : 동측면 방향은 약 北偏西 36°.

(5) 고분 구조(그림 6~그림 7)

① 개황

○ 고분은 北高南低의 비탈을 따라 조성함. 고분이 축조된 지면의 동서 방향은 기본적으로 수평이고 남북은 약 3.2m의 비고가 있음.

○ 고분은 순정한 황색 점토층 위에 직접 축조되었으며, 지하 기초는 보이지 않음.

○ 정리 전 무덤은 잡초와 낮은 관목으로 덮여 있고 무

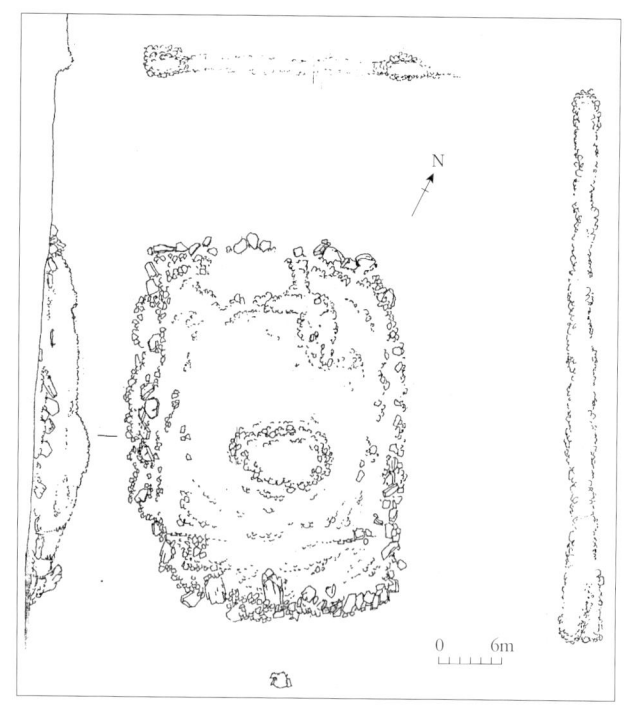

그림 6 호자구1호묘 평·단면도(『東北史地』2006-3, 도판 1)

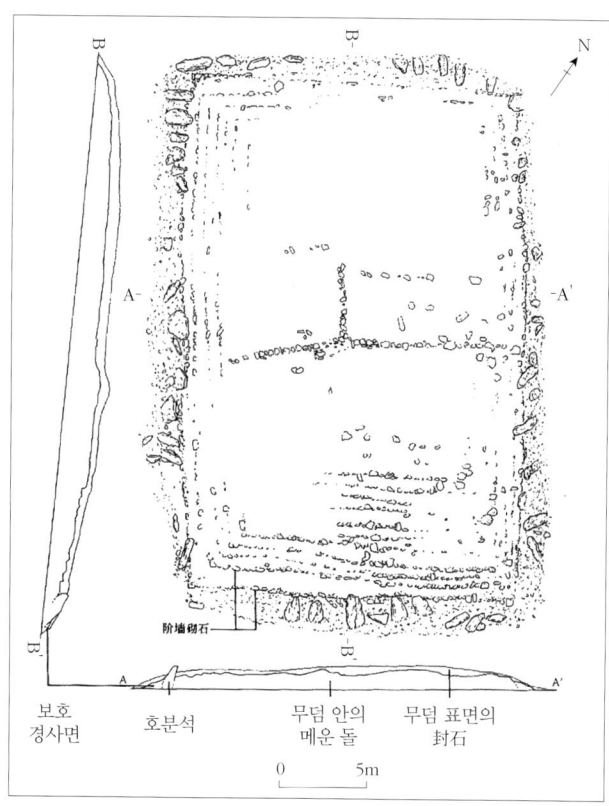

그림 7 호자구1호묘 평·단면도(『邊疆考古研究』9, 409쪽)

덤 서쪽과 남쪽에서는 보호석만을 볼 수 있었음. 무덤 표면에는 몇 개의 큰 山石이 보이고, 분구 정상부 중앙에는 비교적 큰 함몰갱이 있었고, 함몰갱 남·북에 각기 비교적 큰 돌무지가 하나씩 있었음.

② 계장(階墻)

○ 고분 상부는 도굴되어 심하게 교란되고 階墻 형식은 완전히 갖추어져 있지 않음.

○ 고분이 자리한 곳의 북고남저 지세로 인해 현존하는 계장은 무덤 남변의 수량이 가장 많고, 다음으로 무덤 서변이고 동변과 북변의 수량이 가장 적음. 동·북측 일부 계장은 4줄이 현존하고 서측은 일부에서 계장 7줄이 남아 있고 고분 남측의 동부에서는 계장 11줄을 볼 수 있음.

○ 고분 사면에서 계장 3줄이 단속적으로 서로 연결된 것이 확인됨. 고분 서측과 남측의 제4줄 계장은 서로 연결될 수 있음. 고분 서측의 북단이 고분 서북 모서리 지점과 연결되는 곳은 제 5·6·7줄의 계장이 모두 비교적 짧음. 그 남·동측에서는 그와 서로 연결되는 계장을 볼 수 없음.

○ 고분 계장은 산돌에 소량의 큰 강자갈을 섞어 조성했는데 축조석은 대체로 엇갈려 평평하게 쌓음. 계장 다수가 한 층만 남았지만 고분 남측 1~4줄 계장의 일부에서만 2~4층의 축조석을 볼 수 있음.

○ 계장 축조석은 가공 흔적이 명확치 않은데 돌의 가지런한 자연면을 계장 외측에 놓음. 축조석 사이에는 접착 흔적이 없고 인접 계장의 사이에는 쇄산석에 소량의 강자갈을 섞어 메움. 쇄산석 크기는 다수가 0.35×0.3×0.2m임. 강자갈 長徑은 다수 0.25m 정도임. 계장 사이, 계장과 고분 내부의 채움석 사이에는 종횡 방향의 줄(拉筋)이 보이지 않음.

○ 보존상태가 비교적 좋은 고분 남측의 동부 계장을 사례로 들어 고분 계장 상황을 설명하면 아래와 같음. 계장은 밖에서 안으로 J1~J11로 편호함.

- J1 일부에서 4층 축조석을 볼 수 있는데 잔존 높이 약 0.65m이고 축조석 하층은 비교적 크고 상층은 약간 작음. 축조석은 다수가 0.5×0.4×0.3m임.
- J2는 J1과 평행하지 않는데 J2 동부는 J1과 약 0.4m, J2 서부는 J1과 1~1.2m 떨어져 있음. 상부는 J1보다 약 0.15 높고 일부 단면에서는 4층 계장의 축조석을 볼 수 있고 높이는 약 0.6m임. 축조석은 다수가 0.5×0.35×0.3m임.
- J3은 J2와 약 0.3m 떨어져 있고, 현존하는 상부는 J2와 기본적으로 높이가 같고 1층의 축조석만 보임.
- J4는 J3과 약 0.5m 떨어져 있고, 현존하는 상부는 J3 보다 0.4m 높고 일부 단면에서는 3층 축조석을 볼 수 있음. 계장의 현존 높이는 약 0.8m임.
- J5는 J4와 약 0.5m 떨어져 있으며, 심하게 파괴되어 대부분 아랫부분의 축조석만 볼 수 있음. 일부에서는 상층 축조석을 볼 수도 있는데 현존하는 계장은 J4 보다 약 0.1m 낮음.
- J6은 J5와 약 0.3m 떨어져 있고 현존하는 정부는 J5와 같은 높이이며, 바닥층 축조석만이 남아 있음.
- J7은 J6과 약 0.4m 떨어져 있고 현존하는 상부는 J6 보다 약 0.1m 높고 바닥층 축조석만이 남아 있음.
- J8은 J7과 약 0.9m 떨어져 있고 현존하는 상부는 J7 보다 약 0.15m 높고 바닥층 축조석만이 남아 있음.
- J9는 J8과 약 0.2~0.4m 떨어져 있고 현존하는 상부는 J8 보다 약 0.15m 높고 바닥층 축조석만이 남아 있음. 축조석은 많이 무너졌고 정리 중에 해당 계장의 중부에서 여덟번째 계장줄 사이의 채움석 속에서 협사회갈도편이 출토됨.
- J10은 J9와 약 0.5m 떨어져 있고 현존하는 상부는 J9 보다 약 0.25m 높으며 바닥층 축조석만이 보임.
- J11은 J9[3] 와 약 0.5m 떨어져 있고 현존하는 상부

---

3   보고서인 『邊疆考古研究』 9(2011)에는 J9로 나오지만 내용상 J10으로 추정됨.

는 J9[4] 와 기본적으로 높이가 같은데 바닥층 축조석만이 겨우 남아 있음.

③ 호분석(護墳石)

○ 고분의 견고성을 증가시키기 위해 고분 사면 둘레에는 모두 큰 호분석을 기대어 놓음.
○ 거주민들의 채취로 인해 호분석의 결실 또는 손상을 가져옴. 또한 고분이 축조된 자리의 지세는 경사가 심해 현존하는 일부 호분석은 고분 내부의 장력 작용에 의해 무너지고 자리가 옮겨짐.
○ 현재 고분 서측의 북단과 중부·고분 남측 중부에서만 호분석이 원 위치에 자리함. 고분 서쪽과 고분 남쪽에서는 호분석이 자리가 옮겨지거나, 호분석이 결실 된 곳에는 고분 채움석이 밖으로 무너져 쓰러진 호분석 위에 쌓여 있음.
○ 호분석은 모두 정연하게 가공되지 않은 것을 골라 사용했는데 온전한 것은 대략 장방형을 띠는 큰 산돌로 제1단 계장 외측에 기대어 있음. 호분석 규격은 균일하지 않아 온전한 것은 길이가 대다수 1.5m, 너비 0.5~1m, 두께 0.5m 정도임.
○ 고분이 자리한 지세가 북고남저이기 때문에 고분 남측의 호분석은 확연히 다른 세 측면 보다 크며, 고분 남측 중간에 있는 가장 큰 호분석의 크기가 약 2.6×1.25×1.2m임.
○ 고분 서측 북단과 고분 남측 중부의 호분석을 보면, 보존상태가 비교적 좋은 곳은 인접한 호분석과의 거리가 약 0.5m임.
○ 고분 동쪽 측면에 현존하는 호분석은 15개로 모두 기울어져 있음. 북단의 1개와 남부의 5개는 온전한 형태이고 나머지는 다수 파손됨.
○ 고분 남쪽 측면에 호분석 10개가 현존하는데 보존 상태는 양호함. 그 가운데 중부 5개는 본래 위치를 지키고 있으나 나머지는 모두 이미 쓰러져 있음.
○ 고분 서쪽 측면에는 호분석 16개가 현존하는데 주로 북단과 중남부에 집중 보존되어 있음. 남부 호분석은 다수 결실되고 현존하는 2개는 이미 쓰러져 분구에서 흘러내린 돌에 묻힘.
○ 고분 북측에는 호분석 8개가 현존하는데 중부는 전부 결실되고 동부와 서부에만 각기 4개가 존재함. 다만 모두 쓰러지고 자리가 옮겨졌는데 그 가운데 동부 호분석 4개의 상부는 모두 파괴되고 손상되어 보임.

④ 보호 경사면(護坡)

○ 고분 동·남·서쪽 제1계장과 호분석의 정리과정 중에서 묘상에서 무너진 돌 아래에 보호 경사면 유적이 눌려 있는 것을 확인. 보호 경사면은 內高外低의 비탈 모양을 띠고 있는데 고분 제1계장과 호분석 사이 및 호분석 바깥에 메워 봉해짐. 황색 점토와 쇄석을 혼합하여 쌓음.
○ 보호 경사면에 사용된 쇄석과 분구의 채움돌은 차이가 없으며, 황색 점토 역시 고분을 축조한 황색 점토층의 토질·토색과 동일함. 다만 고분을 축조한 황색 점토층 재질은 순정하여 돌이 없고 분구 채움돌 내에는 흙 채움이 없으므로 이 유적은 상대적으로 독자적 성격을 지님. 계장을 보호하고 호분석을 지탱하도록 하여 고분의 견고성을 높이기 위한 유적임.
○ 고분 동·남·서면 일부의 정리를 통해 보호 경사면이 너비 1.2~1.5m이고 높이는 지세의 차이에 의해 일정한 차이가 있음을 확인함. 남측 보호 경사면은 현재 높이 약 1.1m이고, 동측 중부 보호 경사면은 현재 높이 약 0.5m이고, 서측 중부의 보호 경사면은 현재 높이 약 0.5m임. 고분 북쪽은 대부분 이미 지면과 거의 평평하여 보호 경사면을 볼 수 없음.

---

[4] 보고서인 『邊疆考古研究』 9(2011)에는 J9로 나오지만 내용상 J10으로 추정됨.

⑤ 고분 중간부의 격벽(隔墻)

○ 고분 중간부에서 분구의 제자리를 잃은 뜬 돌을 정리한 후에 남측 제1계장과 약 16m 떨어져있는 길이 약 14.5m의 동서 주향의 석렬을 하나 발견함. 석렬 동단은 고분 동쪽 제3계장에 이르며, 서단은 서쪽 제4계장과 약 0.5m 떨어져 있음. 석렬 서부의 돌은 약간 남쪽에 치우쳐 있어 살짝 호형을 띰. 석렬은 황색 점토층 위에 축조되었고 산돌을 단층으로 쌓았는데 돌은 비교적 가지런한 면이 남쪽을 향함. 산석은 다수가 0.4m×0.3×0.25m이고 남쪽에 치우친 곳의 두 개 돌만이 0.6m×0.5×0.4m 정도임.

○ 고분 중간부에는 서측 제1계장과 약 9m 떨어진 곳에 남북 주향의 석렬이 하나 있음. 석렬의 현존 길이는 약 4.2m이고 산석을 단층으로 쌓았는데 축조석은 가공되지 않는 0.4m×0.3×0.2m가 다수임. 석렬은 황색점토층 위에 쌓았고 남단이 고분 중앙부 동서향의 석렬과 만나서 'T'자형 구조를 이룸.

○ 동서향 석렬의 북측에 이것과 평행한 석렬을 볼 수 있음. 동서향 직선을 띠는데 비교적 큰 돌 여러 개가 단속적으로 배열됨. 돌의 서단은 남북향 석렬 북단과 근접해 있어 상술한 'T'자형 구조와 관련된 존재일 수 있음. 만일 존재가 관련된다면 이 'T'자형 유적은 원래 'h'형 또는 'H'형 구조일 수 있음.

○ 고분 중부에서 발견된 이 특수한 형식의 격장은 고분 아랫부분에 만들어진 것으로 본래 고분 종횡방향의 중심축선상에 위치하며 상부는 고분의 채움돌에 의해 덮여 밖에 노출되지 않음. 이는 고분의 견고성을 강화하기 위한 구축방식으로 보임.

⑥ 묘실(墓壙)

○ 고분 발굴 전에 무덤 중앙에는 약간 서쪽에 치우쳐진 자리에 직경 약 5m, 깊이 약 0.5m의 함몰갱 하나가 있었음. 함몰갱 남북 양측에는 각기 주변 보다 약 0.6m 높은 돌무지가 있는데 묘광이 도굴되어 교란된 후에 형성된 것임. 발굴 당시 이 부분에 대해 정리를 진행하였으나 어떤 묘광 흔적을 발견하지 못함.

○ 함몰갱 남측 돌무지 표층의 碎石과 덮여진 흙(覆土) 아래에서 대량의 홍색 碎山石과 소량의 강자갈(河卵石)이 노출됨. 홍색 쇄산석은 다수가 0.05~0.12m이고 강자갈은 다수가 0.1m 정도임. 홍색 쇄산석과 강자갈 속에서 비교적 많은 鎔石이 섞여 있음. 이 층의 홍색 쇄산석 아래에는 다수가 0.3m×0.25×0.2m 정도인 山石이 있음.

○ 함몰갱 북측 돌무지의 표층 쇄석과 복토 아래에는 다수가 0.3m×0.25×0.2m 정도인 산석이 있고 역시 소량의 강자갈과 홍색 쇄산석이 보임.

○ 남·북측 두 돌무지 사이의 함몰지점에서는 표층 쇄석과 복토 아래에 비교적 큰 산돌이 노출되어 있음. 돌은 무질서하게 배열되었고 돌 아래는 고분을 축조한 황색점토층임. 고분 중부 함몰지점은 심하게 도굴·교란되어 묘광 흔적을 볼 수 없음. 다만 이곳에서 발견한 기와 잔편과 용석의 수량은 다른 곳보다 확연히 많음. 이 구역의 특수성이 뚜렷하여 원래 묘광의 위치로 추정됨.

(6) 제대[5] (그림 8)

① 위치

호자구1호묘의 동쪽에서 석대 유적 한 곳을 발견했는데 고분 동북 모서리는 석대와 수직으로 약 10m 떨어져 있음.

---

[5] 2004~2005년 조사(『東北史地』 2006-3)에서는 호자구1호묘의 동·북 양쪽에서 산자갈을 모은 장방형 돌무지 발견, 동쪽 돌무지는 호자구1호묘의 동쪽면 기단과 15m 거리에 위치, 북쪽 돌무지는 1호묘의 북쪽 20m 거리에 위치한다고 소개. 2008년 조사(『邊疆考古研究』 9)에서 제단으로 추정되는 시설은 동쪽 돌무지에 해당하고 북쪽 돌무지에 대해서는 언급이 없음.

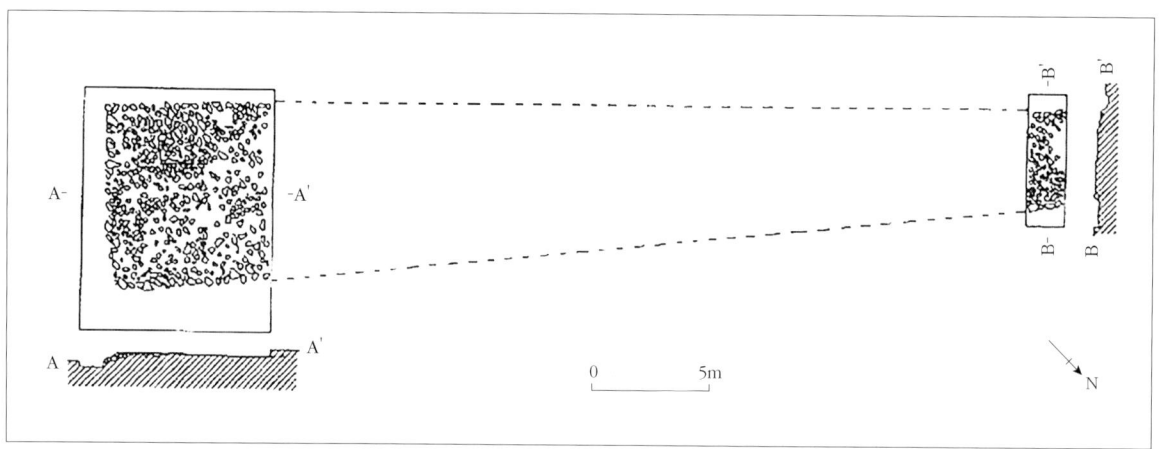

그림 8 호자구1호묘 제대 평·단면도(『邊疆考古硏究』 9, 412쪽)

② 방향

고분 동·서 양면이 차이가 있는데 석대 서쪽 가장자리 방향은 약 北偏西 44°임.

③ 발굴 전 상황 및 조사방법

○ 발굴 전에 지표 위에 노출된 돌은 간헐적으로 보임. 이 구역 지세가 東高西低이기 때문에 석대 동측은 발굴 전에 지표와 높이가 같았고 서측은 약간 지표보다 높게 형성됨.
○ 유적을 정리할 때 석대 남부에 8m×10m의 탐색갱, 북부에 5m×2m의 탐색갱 등 각 1개씩을 마련함. 남부에서 석대의 남단을 정리할 때 북부는 포도밭의 교란 때문에 석대 북단을 정리하지 못함.

④ 평면 및 규모

○ 평면 : 석대가 말기 교란으로 파괴당해 온전한 형태가 불명확함. 정리된 부분의 유적 평면은 남북향의 장방형에 가까움.
○ 규모 : 남단은 약간 북단 보다 넓은데 남북 길이 약 41.6m이고 남단 약간 넓은 곳은 너비가 약 7.7m이며, 서측 높이 약 0.5m임. 북단은 발굴 제한으로 인해 석대 너비가 명확치 않고 단층으로만 축조되었는데 높이는 약 15cm임.

⑤ 축조석

석대는 쇄산석에 소량의 강자갈을 섞어 축조함. 남측변과 서측변 남부 가장자리에는 내부 채움석보다 약간 큰 산돌을 놓았는데 돌은 가공되지 않아 정연하지 않게 놓여 있었고, 내부는 크기가 다른 쇄산석으로 채워 있음. 가장자리 부분의 돌 크기는 다수가 0.4m×0.25×0.2m이고 가장 큰 것은 약 0.6m×0.5×0.35m이며, 채움돌은 다수가 長徑 0.15～0.2m로 큰 것은 0.3m 정도임.

⑥ 유물

정리한 석대 표면에는 어떤 유물도 보이지 않음.

⑦ 성격

석대 유적은 호자구1호묘와 비교적 가깝고 방향이 대체로 일치하며, 사용된 석재와 축조방식 역시 유사하여 고분의 제대유적으로 추정됨.

2) 호자구3호묘(JHM3)

○ 유형 : 유단적석석광묘.

○ 규모 : 남북 너비 6m, 동서 너비 3m, 잔존높이 0.8m.
○ 평면 : 장방형.
○ 방향 : 南偏西 20°.
○ 현황 : 기단석은 심하게 훼손되어 동남 모서리에서 1개만 확인됨. 기단석은 길이 0.5m, 너비 0.3m, 높이 0.3m 정도의 미가공 자연석임. 농경지 개간으로 훼손되었으며 석광 및 용석을 비롯하여 유물은 발견되지 않음. 분구는 다수의 산자갈에 소량의 강돌로 쌓아 올림.

3) 호자구4호묘(JHM4)
○ 유형 : 유단적석석광묘.
○ 규모 : 훼손이 심한데 현존 남북 길이 5m, 동서 너비 3m, 높이 0.5m.
○ 평면 : 장방형.
○ 방향 : 南偏西 20°.
○ 현황 : 기단석은 전부 없어지고 교란된 상태이며, 분구는 다수의 산자갈과 소량의 강돌로 쌓아 올렸고 유물은 발견되지 않음.

4) 호자구5호묘(JHM5)
○ 유형 : 유단적석석광묘.
○ 규모 : 훼손이 심한데 현존 남북 길이 8m, 동서 너비 5m, 높이 0.7m.
○ 평면 : 장방형.
○ 방향 : 南偏西 20°.
○ 현황 : 기단석은 거의 찾아볼 수 없고, 동북 모서리에서 1개를 확인했는데 미가공의 자연석으로 크기는 길이 0.6m, 너비 0.4m, 높이 0.3m임. 석광과 용석은 보이지 않음. 분구는 다량의 산자갈과 소량의 강돌로 쌓았으며, 고분 동남 모서리의 파괴가 심함. 1983년 조사에 의하면 비교적 큰 규모였으나 수년간 농경지로 개간되면서 원형을 상실했으며, 유물은 발견되지 않음.

5) 호자구6호묘(JHM6)
○ 유형 : 유단적석석광묘.
○ 규모 : 훼손이 심한데 현존 길이 3m, 너비 3m, 높이 0.5m.
○ 방향 : 南偏西 20°.
○ 현황 : 기단석은 전부 없어짐. 분구는 산자갈과 강돌로 쌓았고 유물은 발견되지 않음.

6) JHM7호묘
○ 유형 : 유단적석석광묘.
○ 규모 : 현존 남북 길이 10m, 동서 너비 6m, 높이 0.8m.
○ 평면 : 장방형.
○ 방향 : 南偏西 20°.
○ 현황
- 고분 네 주변에서 기단석이 확인되는데 동·서 양쪽의 기단석 훼손이 심각함. 기단석은 크기가 다른 미가공의 자연석을 이용했는데 최대 기단석은 길이 0.7m, 너비 0.4m, 높이 0.4m임.
- 분구에서 凹자형 함몰 구덩이가 있는데 함몰갱은 동서 길이 3m, 남북 너비 2m, 깊이 0.5m이며 주위에서 용석도 확인됨. 분구는 산자갈과 소량의 강돌로 쌓음.
- 유물은 발견되지 않음.

5. 출토유물

○ 호자구1호묘 표면을 덮은 적석 틈 사이에 유물이 산재하는데 특히 고분 중부의 함몰처와 남측 돌무지에 집중 분포함.
○ 주로 용석과 기와편이 출토되고, 이외에 철제못(鐵釘), 편자(鐵掌), 석기와 소량의 토기편이 출토됨.
○ 鎔石과 기와 녹은 것이 서로 달라붙은 것, 작은 강

자갈과 쇄산석이 녹아 붙은 것, 용석과 고온에 의해 변형된 토기편이 서로 연결된 현상 등을 볼 수 있음.

1) 철기(鐵器)
○ 총 4점으로 철제못 1점과 철제편자(鐵掌) 3점인데 모두 단조제이고, 보존상태는 비교적 양호하며 색깔은 짙은 홍색임.
○ 총 3점의 철제편자는 형태는 서로 동일하고 평면은 초승달 형태(彎月形)에 가깝고, 볼록한 부분의 측면 가장자리에서 근장방형의 못 구멍 3개가 등거리에 위치함.

(1) 못(鐵釘, 08JHM0001: 1, 그림 9-1)
○ 출토지 : 호자구1호묘.
○ 크기 : 전체 길이 약 20.3cm.
○ 형태 : 못 머리(釘帽)는 안으로 굽었고, 방형의 기둥 형태임.

(2) 편자(鐵掌, 08JHM0001: 2, 그림 9-2)
○ 출토지 : 호자구1호묘.
○ 크기 : 전체 길이 약 8.6cm, 두께 약 0.2cm. 못 구멍 길이 약 0.9cm, 너비 약 0.3cm.
○ 형태 : 중간 못 구멍 가운데 편자 고정못(掌釘) 1개가 남아 있는데 이것은 긴 타원형 머리이며, 못몸(釘身) 단면은 근장방형임.

2) 석기

(1) 괭이(石鋤, 08JHM0001: 3, 그림 9-3)
○ 출토지 : 호자구1호묘 표면의 적석에서 채집.
○ 크기 : 전체 길이 약 16.7cm, 刃 너비 약 8.3cm, 허리 너비 약 5cm, 두께 약 1.6cm.
○ 형태 : 회록색으로 泥巖을 두들기고 갈아서 만듦. 손상된 상태인데 표면 여러 곳에서 타제 흔적이 확인되

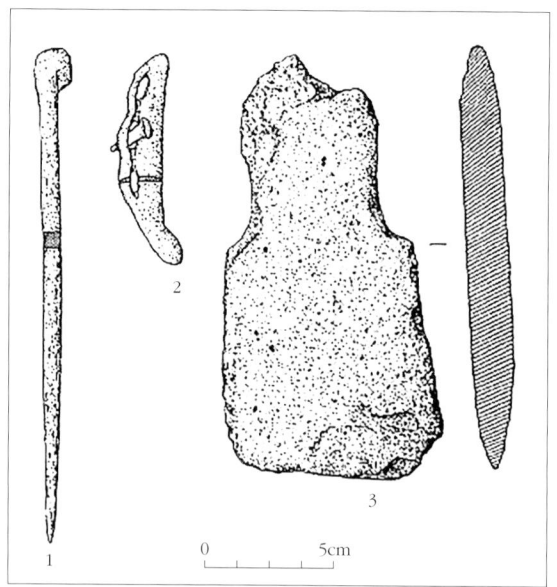

그림 9 호자구1호묘 출토의 철기 및 석기(『邊疆考古研究』 9, 143쪽)
1. 철제못(08JHM0001:1) 2. 철제편자(08JHM0001:2)
3. 석제괭이(08JHM0001:3)

며, 양측 평면은 갈아서 매끈함. 器身 평면은 근원각장방형이며, 刃部는 둥글고 무디고 한쪽 刃端은 손상됨. 중상부는 허리처럼 잘록하게 들어갔고, 頂部는 타제로 반원형을 이룸.

3) 기와

(1) 2004-2005년 조사(『東北史地』 2006-3)
○ JHM1호묘에서 다량의 기와파편이 더미를 이뤄 산재하는데 완형은 없음.
○ 대부분 점토질의 회색이며, 적색도 일부 있음.
○ 기와 배면에는 승문을, 기와 내면에는 굵은 포문을 시문함. 손으로 문질러 만든 넓은 띠 형태의 문양이나 단단한 도구를 이용해 획을 새긴 가로무늬가 특징적임.

① 암키와(JHM1標本1, 그림 10)
○ 출토지 : 호자구1호묘.
○ 크기 : 잔존 길이 17cm, 잔존 너비 15cm, 두께

2cm.
- 태토 및 색깔 : 泥質灰色.
- 형태 : 가는 승문(A형). 배면에 승문을, 내면에 포문을 시문함.

② 암키와(JHM1標本3, 그림 11)
- 출토지 : 호자구1호묘.
- 크기 : 잔존 길이 10cm, 잔존 너비 5cm, 두께 1.5cm.
- 태토 및 색깔 : 泥質灰色.
- 형태 : 굵은 승문(B형). 배면에 굵은 승문을, 내면에 포문을 시문함.

③ 암키와(JHM1標本4)
- 출토지 : 호자구1호묘.
- 크기 : 잔존길이 11cm, 잔존너비 10cm, 두께 2cm.
- 태토 및 색깔 : 泥質灰色.
- 형태 : 파손품으로 손으로 문질러 누른 암키와(手抹壓板瓦)임. 기와 배면은 승문이고, 기와 끝에서 너비 3cm 정도로 눌러 무늬를 지운 흔적이 보임.

④ 암키와(JHM1標本2, 그림 12-1)
- 출토지 : 호자구1호묘.
- 크기 : 잔존길이 13cm, 잔존너비 9cm, 두께 2cm.
- 태토 및 색깔 : 泥質灰色.
- 형태 : 단단한 도구를 문질러 누른 암키와(硬具抹壓紋板瓦)의 A형. 파손품으로 내면은 포문, 배면 전체는 승문임. 단단한 도구로 눌러서 만든 2cm 너비의 압인 흔적이 있음.

⑤ 암키와(JHM1標本5, 그림 12-2)
- 출토지 : 호자구1호묘.
- 크기 : 잔존길이 14cm, 잔존너비 11cm, 두께

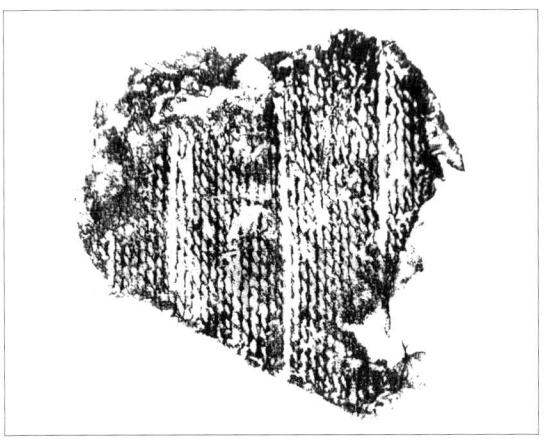
그림 10 암키와(JHM1標本1)(『東北史地』 2006-3, 도판 6)

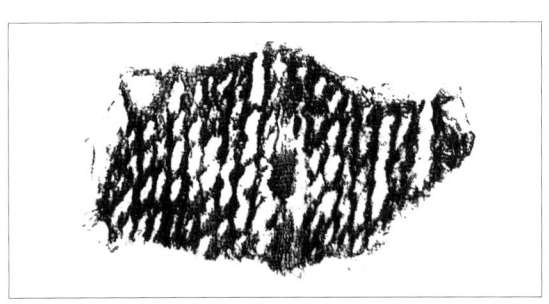
그림 11 암키와(JHM1標本3)(『東北史地』 2006-3, 도판 6)

2.1cm.
- 태토 및 색깔 : 泥質灰色.
- 형태 : 단단한 도구를 문질러 누른 암키와(硬具抹壓紋板瓦)의 B형. 파손품으로 내면에 포문을, 배면 전체에 굵은 승문을 시문함. 승문 상면은 단단한 도구를 이용해 새긴 굵기가 일정하지 않은 선문이 밀집해 있음.

⑥ 암키와(JHM1標本9, 그림 12-3)
- 출토지 : 호자구1호묘.
- 크기 : 잔존길이 10cm, 잔존너비 10cm, 두께 2.1cm.
- 태토 및 색깔 : 泥質灰色.
- 형태 : 단단한 도구를 문질러 누른 암키와(硬具抹壓紋板瓦)의 C형. B형 기와와의 차이는 승문이 약간 가

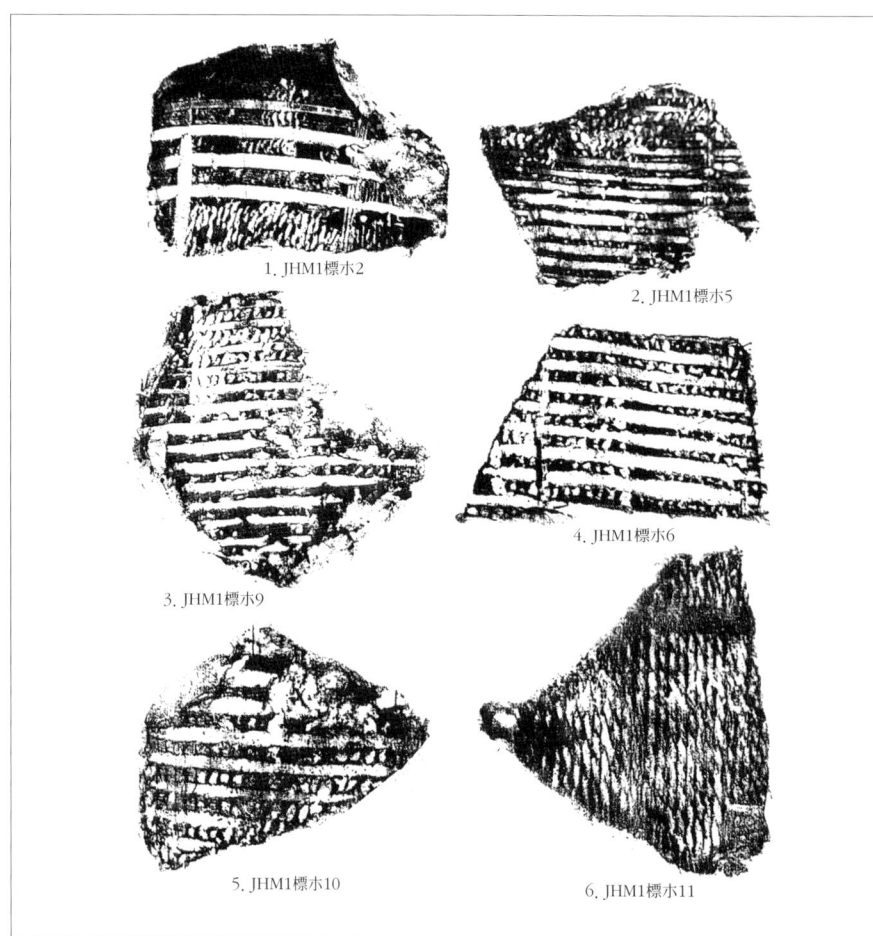

그림 12
암키와(『東北史地』 2006-3, 도판 6-7)
1. JHM1標本2
2. JHM1標本5
3. JHM1標本9
4. JHM1標本6
5. 瓦JHM1標本10
6. JHM1標本11

늘고, 선문이 약간 좁음.

⑦ **암키와**(JHM1標本6, 그림 12-4)
○ 출토지 : 호자구1호묘.
○ 크기 : 잔존길이 8cm, 잔존너비 7cm, 두께 2cm.
○ 태토 및 색깔 : 泥質灰色.
○ 형태 : 단단한 도구를 문질러 누른 암키와(硬具抹壓紋板瓦)의 D형. 잔편으로 내면은 굵은 포문을, 배면 전체는 승문을 시문함. 승문 상면에는 단단한 도구를 이용하여 균일하게 눌러서 만든 선문이 보임.

⑧ **암키와**(瓦JHM1標本10, 그림 12-5)
○ 출토지 : 호자구1호묘.
○ 크기 : 잔존길이 7cm, 잔존너비 6cm, 두께 2cm.
○ 태토 및 색깔 : 泥質灰色.
○ 형태 : 단단한 도구를 문질러 누른 암키와(硬具抹壓紋板瓦)의 E형. D형과의 차이는 승문 상면의 선문이 균일하지 않고 비교적 가늚.

⑨ **암키와**(JHM1標本11, 그림 12-6)
○ 출토지 : 호자구1호묘.
○ 크기 : 잔존길이 10cm, 잔존너비 10cm, 두께 2cm.
○ 태토 및 색깔 : 泥質灰色.
○ 형태 : 손으로 문지른 무늬의 기와(手抹紋瓦)로 파손품임. 내면에 가는 포문을, 배면 전체에 승문을 시

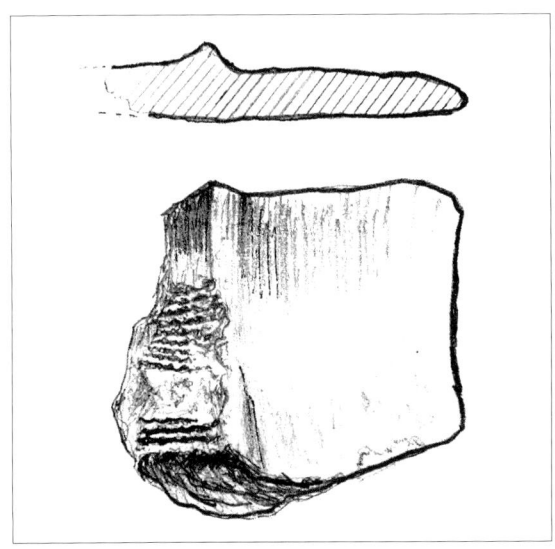

그림 13 수키와(JHM1標本7)(『東北史地』 2006-3, 도판 6)

그림 14 수키와(JHM1標本8)(『東北史地』 2006-3, 도판 6)

문함. 한쪽 면에 손가락으로 문질러 만든 가로 방향의 넓은 띠 문양이 있음.

⑩ **수키와**(JHM1標本7, 그림 13)
○ 출토지 : 호자구1호묘.
○ 크기 : 어깨높이 0.5cm, 잔존길이 3.4cm, 두께 2cm.
○ 태토 및 색깔 : 泥質灰色.
○ 형태 : 파손품으로 낮은 어깨이고, 언강과 미구가 이어지는 부분이 斜面圓角형임(A형). 배면은 승문이고 내면은 포문임.

⑪ **수키와**(JHM1標本8, 그림 14)
○ 출토지 : 호자구1호묘.
○ 크기 : 잔존길이 17cm, 어깨높이 0.7, 어깨길이 4cm, 두께 1.5cm.
○ 태토 및 색깔 : 泥質灰色.
○ 형태 : 어깨가 오목하게 들어가며, 언강과 미구가 이어지는 부분은 직각(B형)이며, 배면에 눌러서 문지른 'M'형 문양이 보임. 미구(瓦舌) 표면은 약간 돌출되어 있어 尖形을 이룸.

(2) 2008년 조사(『邊疆考古研究』 9)

○ 암키와와 수키와 두 종류만 보이고 와당은 보이지 않음.
○ 기와는 모두 잔편으로 온전하거나 복원 가능한 것은 없음. 기와는 모두 模製임. 태토 속에 소량의 가는 모래가 섞여 있으며, 소성도는 비교적 높아 토기질은 단단함. 다수가 회색이고, 홍색과 황갈색 기와는 소량임.

① **수키와**

○ 수키와는 瓦身 내면은 다수가 布文을, 배면은 다수가 繩文을 시문함. 일부는 승문 위에 획을 문지르는 방식으로 횡선무늬나 파상문을 가함(그림 15). 대부분 수키와는 언강(瓦肩)에 가까운 곳의 승문은 문질러 눌러 가지런하고, 부분적으로 비교적 얕은 승문 흔적만을 남김.
○ 수키와 색은 회색이 주를 이루며, 홍색 기와는 수량이 비교적 적음. 태토의 두께는 균일하지 않음. 미구(瓦舌)가 긴 것은 4cm 정도, 짧은 것은 3.5cm 정도이며, 언강(瓦肩)과 미구가 연결된 곳의 각도에 따라 세 유형으로 분류함.

㉠ 수키와 잔편(08JHM0001:17, 그림 17-5)
○ 출토지 : 호자구1호묘.
○ 크기 : 잔존 길이 약 17.6cm, 너비 약 11.8cm, 두

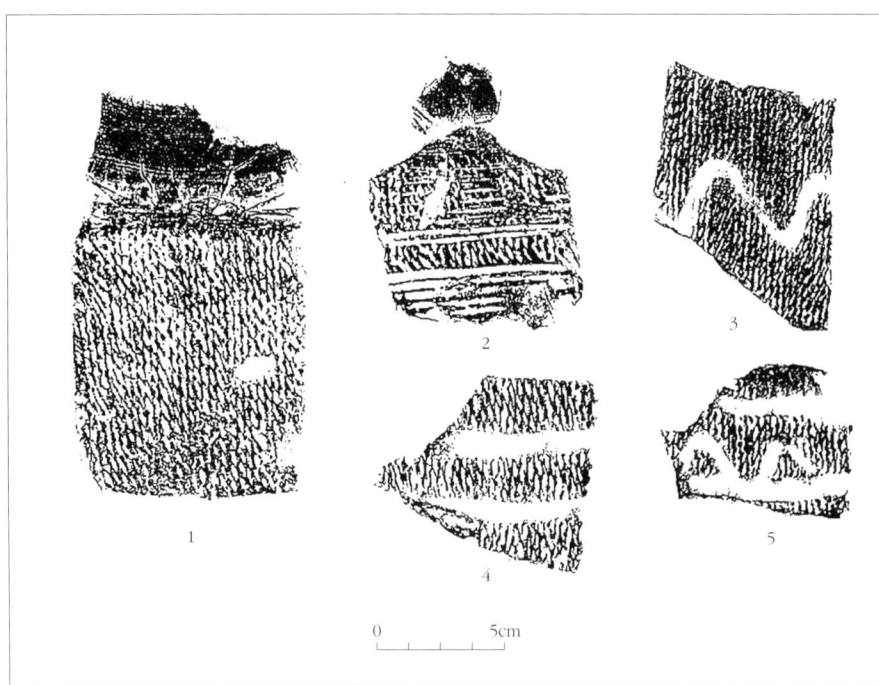

그림 15
호자구1호묘 출토의
수키와 문양
(『邊疆考古硏究』 9, 415쪽)
1. HM0001:16
2. HM0001:22
3. HM0001:26
4. HM0001:30
5. HM0001:29

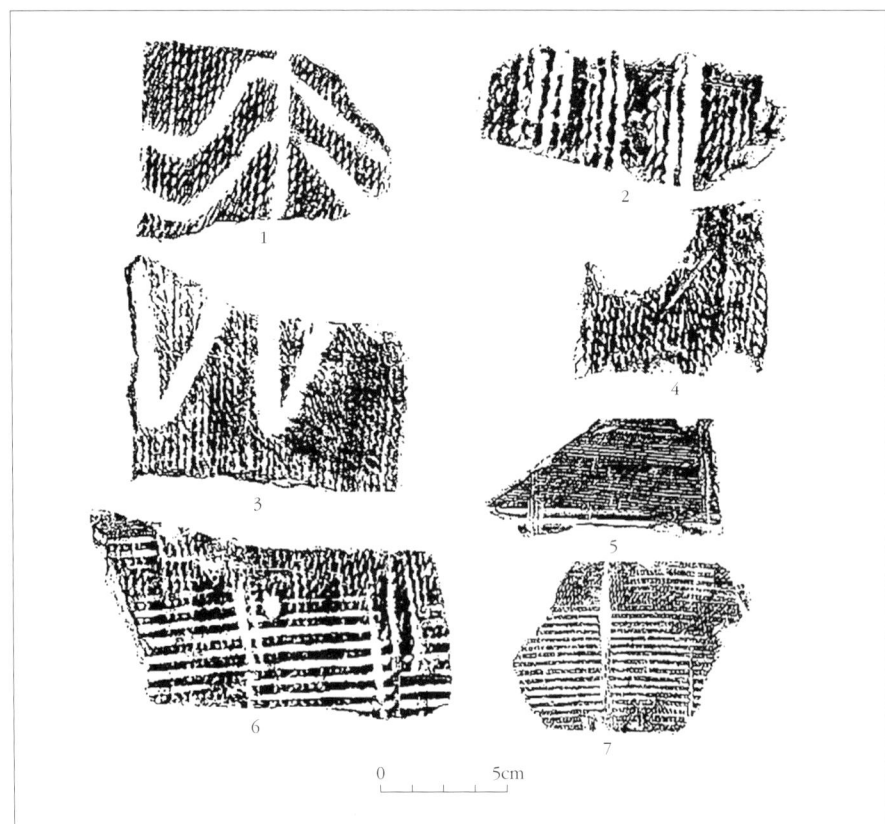

그림 16
호자구1호묘 출토의
암키와 문양
(『邊疆考古硏究』 9, 416쪽)
1. HM0001:44
2. HM0001:54
3. HM0001:65
4. HM0001:8
5. HM0001:38
6. HM0001:54
7. HM0001:52

께 약 1.8cm.
○ 형태 : A형. 언강과 미구가 만나는 곳이 직각을 이룸. 미구는 비교적 짧고, 미구면은 호를 이루며 아래로 경사지고(弧曲下斜), 가장자리는 평평함(平沿). 미구 가장자리(舌沿)의 하단(下緣)에는 오목한 홈(凹槽)이 한 줄 있음.

ⓒ 수키와 잔편(08JHM0001:10, 그림 17-6)
○ 출토지 : 호자구1호묘.
○ 크기 : 잔존 길이 약 10.2cm, 너비 약 12cm, 두께 약 1.8cm.
○ 형태 : B형. 어깨와 미구가 만나는 곳이 近直角을 이룸. 미구는 비교적 길고, 미구면은 호를 이루며 아래로 경사지고(弧曲下斜), 가장자리는 평평함(平沿). 미구면 중앙 및 언강과 미구가 만나는 곳에는 각기 한 줄의 음각선문이 있으며, 언강 부위(肩部)는 약간 위로 들려짐.

ⓒ 수키와 잔편(08JHM0001:21, 그림 17-7)
○ 출토지 : 호자구1호묘.
○ 크기 : 잔존 길이 약 6.2cm, 너비 약 11.2cm, 두께 약 1.8cm.
○ 형태 : C형. 언강과 미구가 만나는 곳이 120°보다 큰 둔각을 이룸. 미구는 비교적 길고, 미구면은 호를 이루며 아래로 경사지고(弧曲下斜), 중부는 약간 볼록하고, 입술은 뾰족하고, 언강 부위(肩部)는 약간 위로 들려짐.

② **암키와**
○ 암키와는 모두 심하게 손상됨. 극소수 표본에서만 암키와 一端의 막새(瓦頭) 또는 한쪽 측면만을 볼 수 있는데 모두 抹光하여 가지런하지만 그 완형의 형식은 명확치 않음. 암키와 瓦身 내면(凹面)은 모두 布紋을, 배면(凸面)은 다수가 승문을 시문함. 승문은 粗細에 의해 구분됨. 대다수 瓦端 지점은 우선 승문을 시문하고 후에 승문을 抹光함. 일부 기물의 와단 일부에서는 말광이 철저하게 되지 않아 남긴 승문 흔적을 볼 수 있음.
○ 와신에서 음각선문·선을 문지른 파상문·수직문 등을 볼 수 있음(그림 16). 상술한 무늬는 다수가 粗細 차별이 있는 승문과 혼합되어 사용되어 다양한 조합의 무늬를 형성함.

㉠ 암키와 잔편1(08JHM0001:51, 그림 17-9)
○ 출토지 : 호자구1호묘.
○ 크기 : 잔존 길이 약 20cm, 너비 약 14.2cm, 두께 약 1.6cm.
○ 형태 : 一端의 막새가 존재하며, 배면(凸面) 막새와 가까운 곳에는 승문을 시문한 후에 抹光함. 말광 전의 승문 흔적을 희미하게 볼 수 있음. 배면(瓦身)에는 밀집한 승문(弦斷繩文)이 시문됨.

ⓒ 암키와 잔편2(08JHM0001:67, 그림 17-8)
○ 출토지 : 호자구1호묘.
○ 크기 : 잔존 길이 약 7.8cm, 잔존 너비 약 7cm, 두께 약 1.6cm.
○ 형태 : 암키와 한쪽 면만 남았고, 측면 중앙에는 오목한 홈(凹槽)이 한 줄 있음.

③ **토기**
○ 발견 수량이 극히 적으며, 대다수 이미 불에 타서 변형됨.
○ 모두 夾細砂陶이며, 다수가 황갈색이고 소량은 청회색을 띰.
○ 器表는 다수가 음각선문(凹弦紋)이고 일부 토기편에서는 파상문(波浪紋)을 볼 수 있음.
○ 모두 잔편으로 복원이 불가능하나 器形은 壺·罐 등을 판별할 수 있고, 또한 橋狀耳 등을 볼 수 있음.

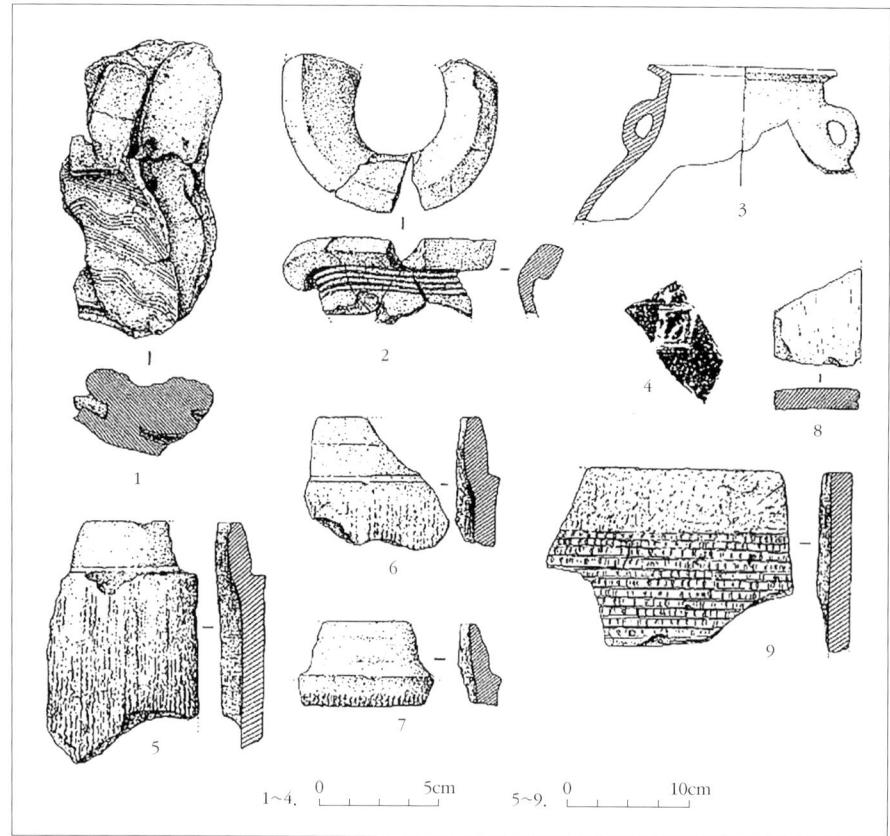

그림 17
호자구1호묘 출토의
토기와 기와
(『邊疆考古硏究』9, 414쪽)
1. 토기편(08JHM0001:4)
2. 호(08JHM0001:83)
3. 관(08JHM0001:75)
4. 문자토기(08JHM0001:5)
5. 수키와(08JHM0001:17)
6. 수키와(08JHM0001:10)
7. 수키와(08JHM0001:21)
8. 암키와(08JHM0001:67)
9. 암키와(08JHM0001:51)

㉠ 호(陶壺, 08JHM0001: 83, 그림 17-2)

○ 출토지 : 호자구1호묘.

○ 크기 : 입지름 약 17.8cm.

○ 색깔과 태토 : 모래 섞인 청회색토기(夾砂靑灰陶).

○ 형태 : 일부 구연만이 잔존함. 불에 타서 변형됨. 가장자리는 꺾이고(折沿), 입술은 네모지고(方脣), 목은 긴데(長頸) 경부에는 음각선문 5줄이 새겨짐.

㉡ 관(陶罐, 08JHM0001: 75, 그림 17-3)

○ 출토지 : 호자구1호묘.

○ 크기 : 입지름 약 15.3cm, 잔존 높이 약 24.5cm.

○ 색깔과 태토 : 모래 섞인 황갈색토기(夾砂黃褐陶).

○ 형태 : 이미 손상됨. 일부분의 토기편이 용석과 달라붙어 있음. 입이 벌어지고(侈口), 입술은 네모지고(方脣), 가장자리는 꺾이고(折沿), 목은 잘록함(束頸). 경부와 견부를 연결하는 부분에는 두 개의 竪橋耳가 대칭으로 붙어 있음.

㉢ 토기편(陶片, 08JHM0001: 4, 그림 17-1)

○ 출토지 : 호자구1호묘.

○ 크기 : 입지름 약 15.3cm, 잔존 높이 약 24.5cm.

○ 색깔과 태토 : 모래 섞인 회황색토기(夾砂灰黃陶).

○ 형태 : 용석과 달라붙어 있음. 器身은 이미 심하게 변형됨. 상부는 橋狀耳 1점이 붙어 있으며, 器表에는 6줄의 음각선문 2組와 5줄의 파상문 2組가 복합된 무늬를 볼 수 있음.

㉣ 문자 토기(戳印文字陶罐, 08JHM0001: 5, 그림 17-4)

○ 출토지 : 호자구1호묘.

○ 크기 : 글자 테두리의 한변 길이 약 1.5cm.

○ 색깔과 태토 : 가는 모래가 섞인 회색토기(夾細砂灰陶).
○ 형태 : 토질이 단단하고, 토기편 위에 근장방형으로 파서 새기었으며, 그 밖에는 둘레에 테두리가 있고 안에 '方'자를 씀.

6. 역사적 성격

1) 고분군 축조연대

○ 張福有·孫仁杰·遲勇(2006) : 호자구1호묘를 마선구2378호묘와 칠성산871호묘와 비교해 이들 고분보다 약간 늦은 시기인 3세기대로 추정함. 호자구3호묘~7호묘의 5기 소형묘는 호자구1호묘와 비교적 가깝고 고분유형과 방향도 대체로 동일하여 호자구1호묘의 배장묘로 파악하여 동일시기 고분으로 봄.

○ 吉林省文物考古硏究所·集安博物館(2010) : 호자구1호묘는 산돌 위주로 축조했고 계장은 비교적 밀집되어 있고 평면은 근방형이고, 무덤 남쪽에는 보단(補壇)이 없음. 이 고분 형식의 특징은 우산하43호묘, 즉 임강묘와 비교적 유사함. 다만 호자구1호묘에서 출토된 기와편의 배면(凸面)에는 모두 무늬가 있는데 다수가 거친 승문이고 일부 기와편의 승문 위에는 문질러서 횡선·종선 또는 파상문이 시문되어 있음. 수키와 미구는 비교적 길고 일부 수키와의 언강(어깨)는 위로 들려짐. 묘상에서 출토된 기와의 상술한 형식과 특징은 마선구626호묘 및 칠성산871호묘에서 출토된 기와와 일정한 유사성이 보임. 다만 호자구1호묘 암키와의 언강 부위(肩部)는 비교적 높고 언강(어깨)과 미구의 경계가 명확한데 이런 특징을 가진 기와의 제작연대는 수키와 언강(어깨)이 낮은 마선구626호묘 및 칠성산871호묘보다 늦음. 더욱이 마선구626호묘는 한쪽에 보단을 갖춘 고분으로 호자구1호묘 고분 형식의 특징 보다 이른 것을 보여줌. 이상 정리해보면 호자구1호묘의 연대는 대체로 마선구626호묘 및 칠성산871호묘 보다 늦으며, 우산43호묘(임강묘) 보다는 약간 이르거나 그 연대가 대체로 비슷함. 즉, 대략 3세기대로 추정됨.

2) 피장자 성격

○ 張福有·孫仁杰·遲勇(2006) : 호자구1호묘에서 보이는 연대특징·지리위치·고금 지명의 고찰 등의 연구를 통해 호자구1호묘는 고구려 동천왕 왕릉의 특징과 부합한다고 봄. 즉, 해당 고분을 동천왕릉으로 추정함. 고분 연대가 3세기에 해당하고 고분규모와 부속시설이 왕릉 구비조건과 부합하며, 지리적으로 호자구는 국내성 동쪽(東川)의 중간에 위치하며, 호자구는 '柴子溝'로도 불리는데, 이것은 동천왕의 장지 '柴原'과 일치한다는 점 등을 근거로 제시함. 魏 관구검이 환도성 침공 후 동천왕 21년(247)에 '築平壤城, 移民及廟社'한 기록과도 부합하다고 보는데 특히 이 기록의 '평양성'을 양민고성으로 파악함.

○ 吉林省文物考古硏究所·集安博物館(2010) : 호자구1호묘의 지세는 우월하고 상대적으로 독립되었고 규모도 비교적 크고 고분 표면에 기와가 깔려 있음. 고분 주위에 제대와 배장묘가 있어 묘주인의 신분이 일반적이지 않음을 보여주므로 지위가 높은 인물로 추정됨. 앞서 중국 연구자들이 동천왕릉설을 제기하였는데 『삼국사기』 고구려본기에 의하면 동천왕은 248년에 죽지만 호자구1호묘의 고분 형식과 고분 표면에서 채집한 기와편에서 보여주는 연대 특징은 비교적 이 연대 보다 이를 가능성이 있음.

3) 중국학계 동천왕릉설의 문제점

○ 현재 잔존된 상태로 미루어 2006년 조사 보고자의 견해대로 왕릉으로 볼 근거는 확실하지 않음. 여러 기가 열상 배치되어 독립된 묘역을 갖고 있지 않으며, 규모는 마선구2378호묘와 칠성산871호묘에 비해 소형

에 해당함.

○ 연대 판단의 근거가 없음. 마선구2378호분은 보고서에 의하면 1세기 전후로 비정되고, 칠성산871호분은 2세기경으로 비정하고 있으므로, 같은 축조기법이 200년 이상 지속됨으로써 축조기법은 연대 판단의 적극적인 근거가 될 수 없음.

○ 적석분구에서 용석이 발견되는 것은 집안 일대 이른 시기 석광적석총에서 흔히 보이는 현상이며, 중·소형분에서도 기와의 출토예가 있음.

○ 따라서 무덤 축조 형식이나 분구에서 기와가 출토된 사실을 근거해 왕릉으로 비정하는 것은 비합리적 해석이며, 더구나 동천왕으로 볼 객관적 근거도 없음.

4) 격벽(隔墻)의 성격

호자구1호묘의 중앙부에서는 특수한 형식의 격벽을 발견했는데 이것은 우산하2110호묘와 우산하992호묘의 고고발굴에서도 확인됨. 우산하2110호묘의 발굴자는 고분 중앙부에서 발견한 병렬하는 2줄의 석렬을 확인하고 양측에 각기 壙室이 마련된 것으로 추정함. 우산하992호묘 발굴자는 석렬은 무덤 내 채움석의 외장력의 작용을 분산하기 위한 것으로 인식함. 호자구1호묘 중앙부의 격벽은 무덤 아랫부분에 마련되었고 남북으로 된 석렬의 남측끝부분이 북측을 향하지 않아 일렬로 되었다고 보기 어려움. 따라서 이 유적 현상은 광실의 구축과 무관하며 고분의 견고성을 강화하는 작용과 관련됨.

참고문헌

- 國家文物局 主編, 1992, 『中國文物地圖集』 吉林分冊.
- 張福有 孫仁杰 遲勇, 2006, 「集安蒿子溝墓地調査與東川王陵考」, 『東北史地』 2006-3.
- 王志剛, 2010, 「集安市五座高句麗墓葬」, 『中國考古學年鑑』 2009.
- 吉林省文物考古硏究所·集安博物館, 2010, 「2008年集安市洞溝古墓群考古發掘報告」, 『邊疆考古硏究』 9.

73 집안 하투고분군
集安 下套古墳群

1. 조사현황 : 1983년 조사

○ 조사기관 : 集安縣文物普查隊.
○ 조사내용 : 모두 파괴되고 봉토석실묘 2기를 확인했는데 봉토는 직경 약 15m, 높이 3m 정도임.

2. 위치와 자연환경(그림 1~그림 2)

集安市 靑石鎭[1] 下套村 서쪽에 위치.

3. 유적의 현상

1983년 조사에서 봉토묘 2기가 존재한다고 보고하였으나, 현재 유적지는 포도밭으로 이용되고 있고 고분은 확인되지 않음.

참고문헌

· 吉林省文物志編纂委會, 1983, 『集安縣文物志』.
· 國家文物局 主編, 1992, 『中國文物地圖集』 吉林分冊.

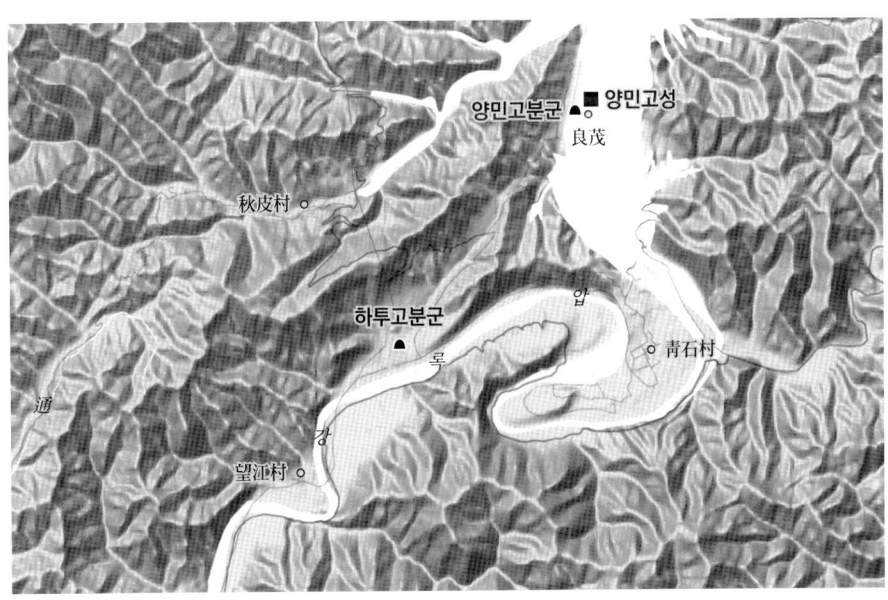

그림 1 하투고분군 위치도

---

[1] 본래 黃柏鄕에 소속되었으나 황백향이 靑石鎭으로 행정구역명 변경.

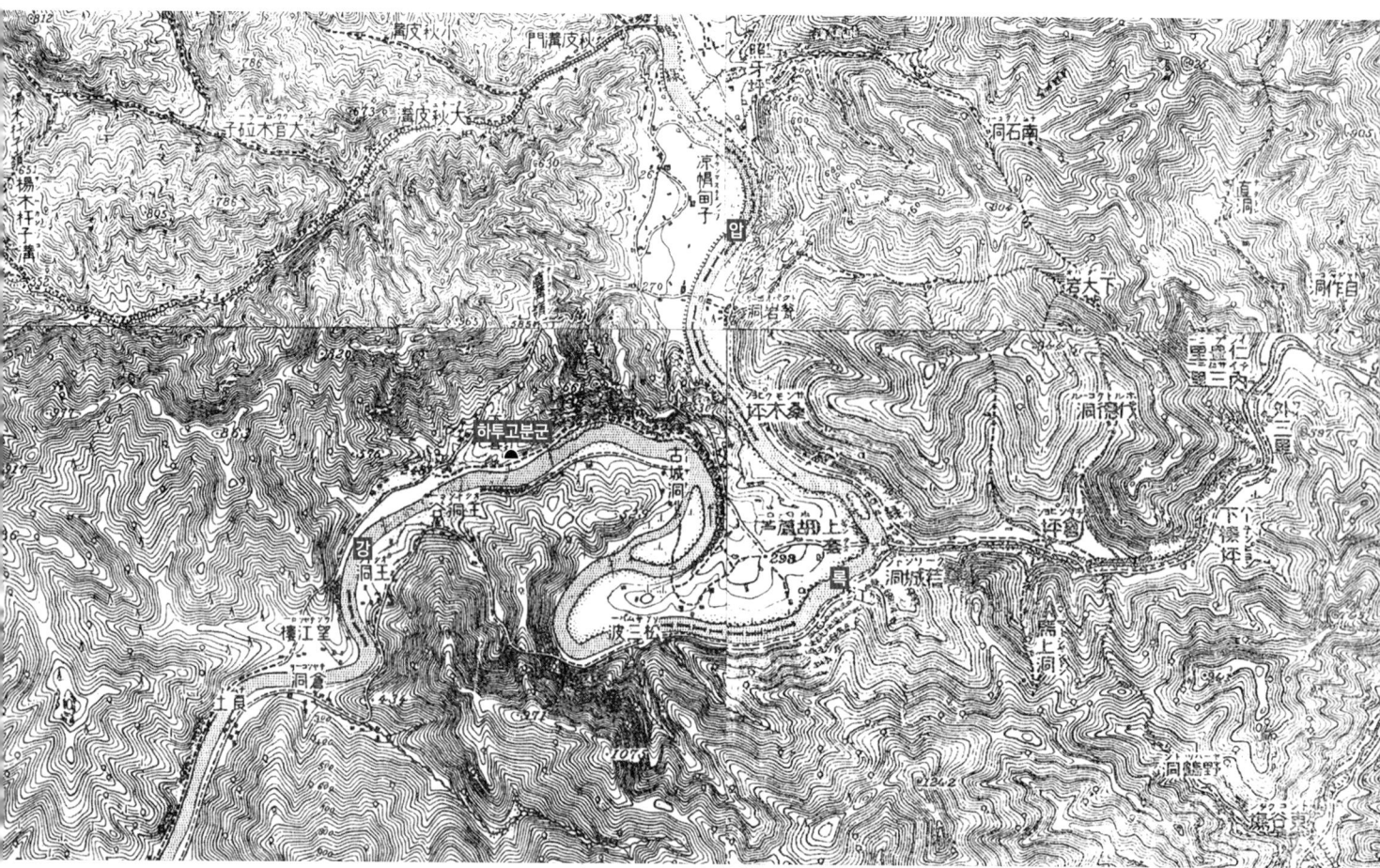

그림 2 하투고분군 주변 지형도(滿洲國 10만분의 1 지형도)

74 집안 양민고분군[1]
集安 良民古墳群 | 良茂古墳群 | 良民甸子古墳群

1. 조사현황

1) 1964년 5월 조사
○ 조사기관 : 吉林省博物館文物工作隊.
○ 조사내용 : 조·중 합작 운봉댐 건설로 인해 수몰 예정지인 良民, 秋皮, 石湖, 樺皮 등을 조사하여 총 205기를 확인했는데 그중에 양민고분군은 총 170여 기임. 양민고분군 범위는 남북 2km, 동서 너비 1.5km 이었으나 1965년 운봉댐 건설로 수몰됨.
○ 조사 고분 소개
- 李殿福(1980) : 양민 168호, 73호묘, 74호묘 평·단면도 소개.
- 『集安縣文物志』(1983) : 오늘날 계장의 출현 과정을 양민고분군의 고분을 통해 설명.
- 方起東(1985) : 양민 76호묘·23호묘·72호묘·31호묘·97호묘·30호묘·74호묘·92호묘의 유형을 분류하고 양민고분 분석을 통해 '積石墓-方丘式積石墓-有基壇積石墓-方壇積石墓-基壇積石墓'의 변천순서를 제시함.

2) 2004년 6월 조사
○ 조사기관 : 吉林省 長白文化研究會, 集安市博物館.
○ 조사기간 : 6월 4~7일.
○ 조사 참여자 : 張福有, 程遠, 孫仁杰, 遲勇.
○ 조사내용 : 1965년 운봉댐 건설로 인해 1964년 발굴조사된 고분군은 모두 수몰되고, 수몰선 위 산중턱에서 고분 13기를 발견함.[2] 1964년 조사 고분군과 구분하기 위해 '良民甸子 古墳群'으로 명명하였으며, 조사 당시 고성 1곳(良民甸子古城)도 발견함.

3) 2005년 4월 17일 조사
○ 조사기관 : 吉林省 長白文化研究會, 集安市博物館.
○ 조사 참여자 : 張福有, 程遠, 孫仁杰, 遲勇.
○ 조사내용 : 갈수기로 운봉댐에서 노출된 해발 293m 趙家溝 이북의 고분군에 대해 조사·실측·촬영·기록 등을 실시함. 130여 기를 확인했으나 88기만 조사하였는데 수몰선 아래에 위치하므로 '-'로 편호하고 '양민고분군' 명칭을 그대로 사용함. 그 외 40여 기의 무덤은 편호하지 않음.

---

1 『集安縣文物志』(1983) 참조. 『中國文物地圖集』 吉林分冊(1992)에서는 '良茂 古墳群'으로, 『東北史地』 2004-4에서는 '良民甸子 古墳群'으로 명명, '良茂'는 양민고분군의 소재지이고, '良民甸子'는 良茂村의 옛 지명임.

2 4월 운봉댐 보수로 수위가 40m 내려가면서 장기간 수몰된 고구려 고분이 노출됨. 5~8월 구제성 조사를 실시하여 새로 발견한 21곳 고분군에서 총 2735기를 확인하고, 良民, 二道溝, 猫鷹溝, 滴臺, (石湖)王八脖子, 二馬駒 등 6곳의 고분군을 선택해 76기를 발굴조사하였다고 함(安文榮, 2008, 「云峰水庫淹沒區高句麗墓群」, 『田野考古集粹-吉林省文物考古研究所成立二十五周年紀念』, 文物出版社, 49쪽). 하지만 보고서에서는 수몰선 위에서 발견한 내용만 소개.

그림 1
양민고분군 위치도 1

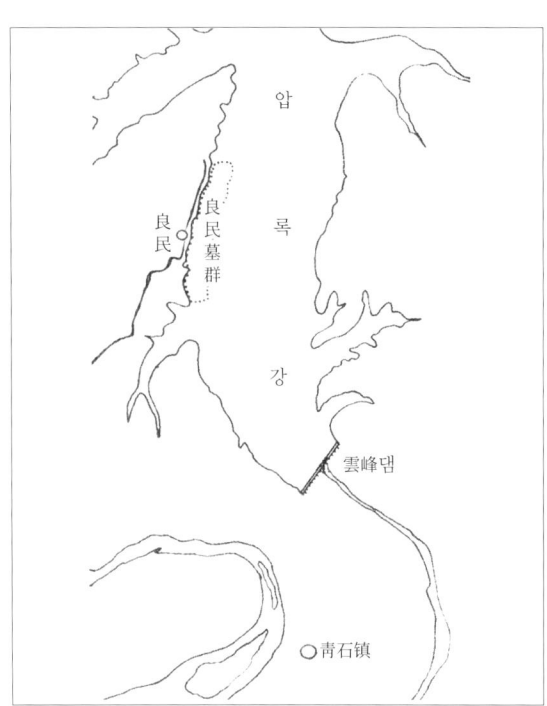

그림 2 양민고분군 위치도 2(『集安高句麗墓葬』)

4) 2006년 4월 5일 조사
  ○ 조사기관 : 吉林省 長白文化硏究會, 集安市博物館.
  ○ 조사 참여자 : 張福有, 程遠, 孫仁杰, 遲勇.

○ 조사내용 : 재차 양민고분군에 대해 조사를 실시함. 조사범위는 운봉댐 구역 표준해발 277.62m 수몰선 이상에서 압록강 우안 양민 서쪽 산비탈 해발표준 318.75m 이하 구역임. 이곳에서 약 1073기 확인함.

2. 위치와 자연환경

1) 고분군 위치(그림 1 ~ 그림 2)
○ 양민은 집안시 동북 약 45km 떨어진 압록강 중상류 우안의 충적평야의 중부에 위치하고, 규모는 남북 길이 5km, 동서 너비 3km임. 동쪽으로 압록강에 임하고, 서쪽으로 높은 산에 기대어 있음.
○ 양민은 압록강 중상류에서 집안 대평원에 이은 두 번째 평원으로 일명 良民甸子라고도 칭함. 지금 이곳은 댐으로 변해 강물이 西山에 이름.
○ 고분군의 중심지리좌표는 동경 126°29′409″, 북위 41°24′258″임.

2) 고분군 주변환경

○ 고분군이 자리한 청석진[3]은 압록강이 상류로부터 굽이쳐 흐르다 높은 산에 막혀 반원형 灣을 형성한 지역임.

○ 양민고분군에서 서북쪽으로 돌아 北砬子頭를 지나 0.5km 거리에 추피고분군이 있음.

3. 고분군의 전체 분포상황

1) 1964년 조사 고분군

○ 총 170기 가운데 적석묘 및 방단적석묘 155기, 봉토석실분 15기임.

○ 고분배열은 일정한 순서가 있음. 중앙부에 비교적 큰 적석묘와 방단적석묘가 집중 분포하고 주변에는 일부 비교적 작은 적석묘가 분산해 있음. 동쪽에 봉토묘가 집중하는데 압록강 변에 가깝고 지세는 비교적 낮으며, 적석묘와 혼재되어 있지 않음.

○ 당시 댐 건설이 긴박하여 보존상태가 좋고 형식이 독특한 고분을 선택하여 30여 기[4]를 발굴조사하였는데 그 가운데 적석묘와 방단적석묘, 계단적석묘, 봉토석실묘, 봉토동실묘 등이 있음.

○ 유물로는 陶器, 鐵器, 瑪瑙飾 등 100여 건이 출토됨.

2) 2004년 6월 조사 고분군(그림 3~그림 4)

○ 운봉댐 수몰선 위의 산중턱에 고분 13기와 보존상태가 좋지 않은 무덤의 기저부(墓茬)가 확인됨.

○ 고분군은 남에서 북으로 배열되어 있음(『集安高句麗墓葬』: 서남에서 동북으로 배열).

---
3 본래 黃柏鄕에 소속되었으나 靑石鎭으로 행정구역명 변경.
4 『中國文物地圖集』吉林分冊(1992)에서는 36기를 조사한 것으로 기록.

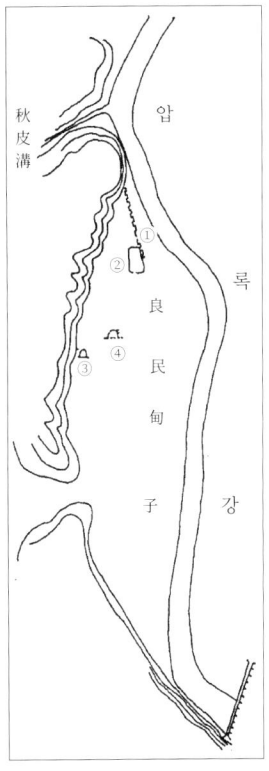 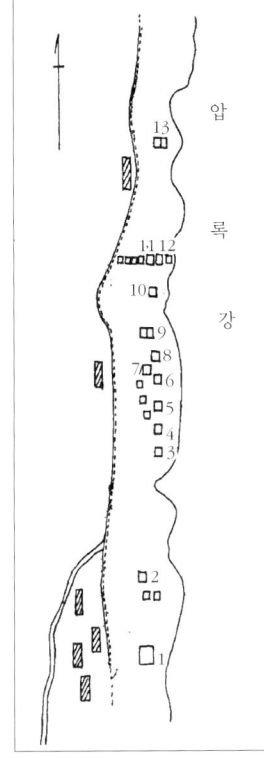

그림 3 양민유적 분포도 (『東北史地』2004-4)
① 石墻 ② 토성
③ 양민전자고분군
④ 양민고분군

그림 4 양민전자고분군 분포도(『東北史地』2004-4)
□ 고분 ▨ 민가 ∬ 마을길

○ 고분군 최남단에 양민1호묘, 최북단에 13호묘가 자리하고 있음.

○ 양민1호묘의 북쪽 약 30m에 2호묘가 자리하고 있음.

○ 양민2호묘에서 서쪽으로 약 3m 지점에 무덤 기저부(墓茬) 2기가 확인되었으나 2호묘보다 작아서 편호하지 않음.

○ 양민 3호~8호묘는 2호묘의 동쪽 약 50m 지점에 위치하는데 중간에 趙家溝를 두고 2호묘와 서로 마주함. 이들 고분은 조가구 동쪽 언덕의 서단에 서쪽에서부터 동쪽으로 배열되었고, 고분간 거리는 약 5m임. 고분 북쪽에 돌무지가 3개 남아 있어 고분으로 의심됨.

○ 양민 11·12호묘가 위치하는 곳에는 총 7기의 고분이 보이지만, 상태가 양호한 두 고분만 편호함.

3) 2005년 4월 조사 고분군

○ 수몰선 물아래의 130여 기 고구려 고분을 확인했는데 그 가운데 88기 고분만을 편호하고 약 40여 기 잔묘는 편호하지 않음.

○ 고분 88기는 유단적석석광묘 80기(연접묘 4기), 계단적석석광묘 6기(연접묘 1기), 유단적석광실묘 1기, 계단적석광실묘 1기 등으로 유단적석석광묘의 비중이 절대적임.

4) 2006년 4월 조사 고분군

○ 고분은 주로 남으로 三元溝에서 북으로 油房溝에 이르는 곳에 분포함.

○ 고분군은 남북 길이 2.5km, 동서 너비 0.4km 정도로 협장한 산비탈 안에서 1073기의 고분이 밀집 분포하며, 특히 물가쪽으로 더욱 밀집되어 있음. 따라서 대량의 고분이 물아래 수몰되었을 것으로 보여서 정확한 수량은 이미 알 수가 없음.

○ 고분군 지세는 남북으로 협장하고, 남에서 북으로 8개의 자연 계곡(溝壑)이 있어 고분군은 자연스레 8片으로 구성됨.

4. 고분별 현황

1) 1964년 조사 고분군[5]

(1) 양민23호묘

○ 유형 : 무기단적석묘(方丘式 積石墓).
○ 평면 : 장방형.
○ 구조 : 고분 4면의 기초부 돌이 분구 적석보다 큼.

---

5   M73, M74, M168은 李殿福(1980) 도면으로 고분 구조를 복원한 田村晃一 글(1982) 참조, M74는 魏存成 글(1987) 참조, M76, M23, M72, M31, M97, M30 등은 方起東 글(1985) 참조.

(2) 양민30호묘

○ 유형 : 계단적석묘(3단).

(3) 양민31호묘

○ 유형 : 계장식적석묘.
○ 구조 : 경사면에서 3단 계단이 확인되지만 나머지 3면은 계단이 보이지 않음.

(4) 양민72호묘

○ 유형 : 무기단적석묘+기단적석묘(연접묘).
○ 평면 : 방형.
○ 구조 : 무기단적석묘 1기와 기단적석묘 1기가 연접되어 있는 연접묘로 연접 형태를 보면, 언덕 윗부분에는 무기단적석묘, 경사진 아랫부분에는 기단적석묘가 위치함. 연접은 언덕 위에서 산비탈을 따라 내려오며 형성되므로 무기단적석묘가 먼저 축조되었을 것으로 파악됨. 기단적석묘는 고분 양 측면과 언덕 위 부분은 기단이 없고, 경사진 아랫부분에만 기단이 형성된 계장적석묘로 파악됨.

(5) 양민73호묘(그림 5)

○ 유형 : 기단적석묘.
○ 규모 : 길이 4.3m, 너비 4m, 높이 1m 정도.
○ 구조 : 무덤 사면에 작은 자연석으로 2단 계단을 축조함. 묘광 크기는 길이 1.2m, 너비 0.6m, 묘광 바닥과 지면과의 거리는 0.2m임.

(6) 양민74호묘(그림 6)

○ 유형 : 계단적석묘+계단적석묘(연접묘)
○ 규모 : 길이 13.5m, 너비 12m, 높이 2.3m.
○ 방향 : 北偏東 10°.
○ 구조 : 계단적석묘 2기를 동서로 연접하여 축조함. 서쪽 고분이 먼저 축조되고, 동쪽 고분이 차후에 축조됨. 동·서 고분의 묘광은 각각 1개로 동쪽 묘광은

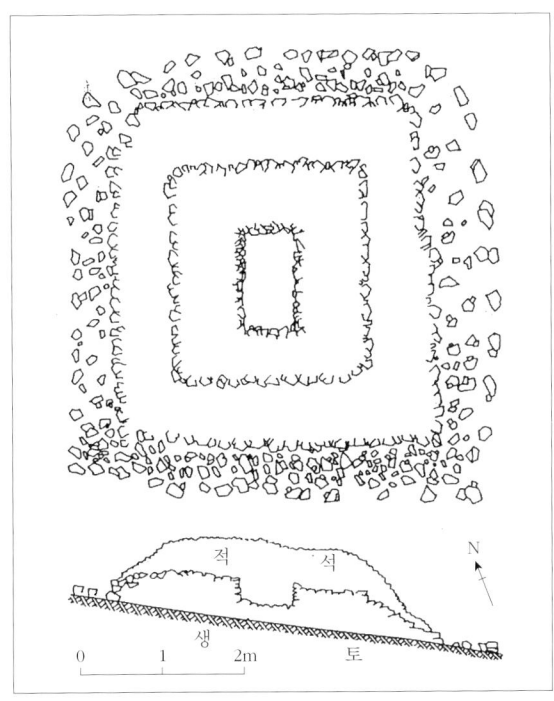

그림 5 양민73호묘 평·단면도(李殿福, 1980)

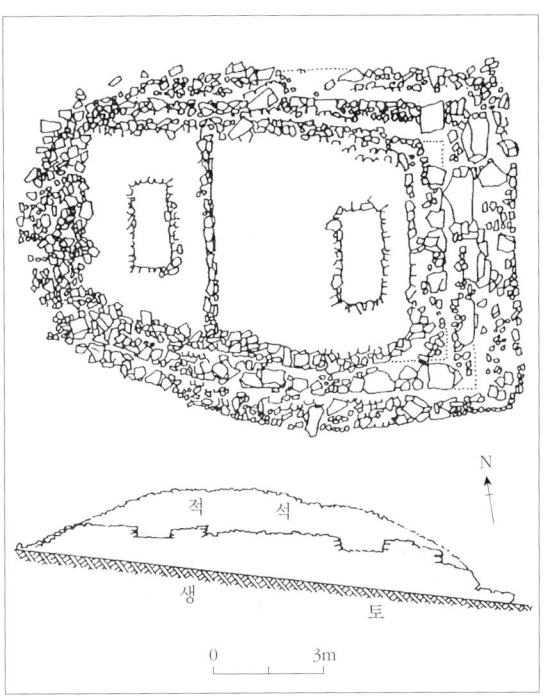

그림 6 양민74호묘 평·단면도(李殿福, 1980)

길이 2.5m, 너비 1m, 깊이 0.25m이고 서쪽 묘광은 길이 2.3m, 너비 1m, 깊이 0.25m임. 묘광 바닥과 지면과의 거리는 동쪽 묘광 1m, 서쪽 묘광 0.8m임. 고분 동쪽면에는 자연석으로 3단 계단을 축조.[6]

(7) 양민76호묘

○ 유형 : 적석묘.
○ 평면 : 장방형.
○ 구조 : 비탈 기초부의 돌은 적석분구의 돌보다 큰데 비탈을 따라 돌이 흘러내리는 현상을 막고자 하는 의도임.

(8) 양민92호묘

○ 유형 : 계장식적석묘.

○ 구조 : 비탈 아래에는 7단 계단이, 양측면에는 5단 또는 4단의 계단이 축조되었으나 언덕 위에는 계단이 축조되어 있지 않았음.

(9) 양민97호묘

○ 유형 : 계장식적석묘.
○ 구조 : 비탈 아래에는 3단 계단이 형성되었으나 나머지 3면에는 계단이 보이지 않음.

(10) 양민168호묘(그림 7)

○ 유형 : 무기단적석묘.
○ 규모 : 길이 7m, 너비 4m, 높이 0.8m.
○ 구조 : 묘광은 길이 1.7m, 너비 0.5m이며, 묘광 바닥과 지면과의 거리는 1m 정도임.

---

6 魏存成 글(1987) 참조. 방기동(1985년)은 3단 계단이 사면에 형성된 것으로 소개.

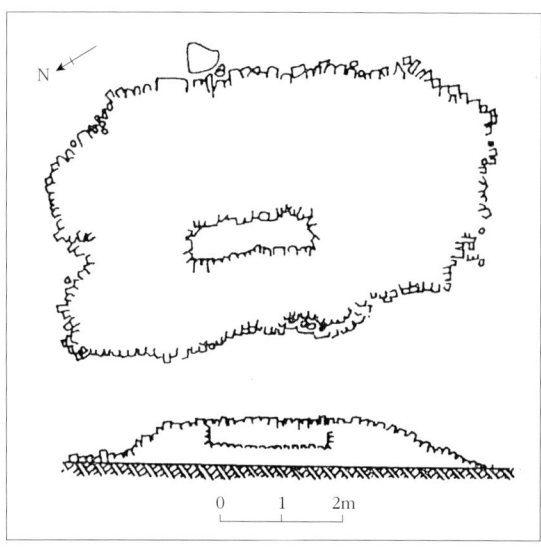
그림 7 양민168호묘 평·단면도(李殿福, 1980)

2) 2004년 조사 고분군

(1) 양민1호묘
○ 위치 : 고분군의 남단 언덕 위에 위치.
○ 유형 : 유단적석석광묘.
○ 평면 : 근방형(近方形).
○ 규모 : 동서 길이 15m, 남북 너비 10m, 현재 높이 1m.
○ 구조 : 고분 둘레에 쌓은 돌은 미가공 산자갈로 비교적 큰데 길이 약 8.5cm임. 분구는 산자갈로 쌓았는데 분구에 사용된 돌은 불규칙하지만 대략 길이 10~20cm임. 분구가 凸자형으로 보존상태가 양호하나 유물은 발견되지 않음.

(2) 양민2호묘
○ 위치 : 1호묘로부터 북쪽으로 약 30m 거리에 위치.
○ 유형 : 적석석광묘.
○ 규모 : 동서 길이 5m × 남북 너비 4m × 현재 높이 0.5m.
○ 구조 : 산자갈로 축조했으며, 기단이나 비교적 큰 돌은 보이지 않음. 분구를 쌓아 올린 돌은 대략 20×40cm 정도임. 고분의 외관상 고분의 연대는 비교적 이른 시기로 추정.

(3) 양민3·4·5·6·7·8호묘
○ 위치 : 2호묘 북쪽 약 50m 지점에 일렬로 위치.
○ 유형 : 적석석광묘.
○ 평면 : 원구형(圓丘形).
○ 규모 : 직경 4m 가량, 현재 높이 0.5m.
○ 구조 : 산자갈로 축조했으며, 상태는 비교적 양호함. 고구려 초기의 무덤 형식임.

(4) 양민9호묘
○ 위치 : 8호묘의 동북으로 약 10m 거리에 위치.
○ 유형 : 유단적석석광묘, 연접묘.
○ 평면 : 장방형.
○ 규모 : 동서 길이 15m, 남북 너비 7m, 높이 0.8m 정도.
○ 구조 : 동서로 2기가 서로 연접되었으며, 가공하지 않은 자연석으로 조성했는데 크기는 대략 50cm × 60cm 정도임. 기단내부는 크기가 다른 산돌로 채움. 분구 상태는 비교적 양호함.

(5) 양민10호묘
○ 위치 : 9호묘 북쪽 약 150m 거리에 위치.
○ 유형 : 적석석광묘.
○ 평면 : 원구형.
○ 규모 : 직경 약 5m, 높이 0.8m.
○ 구조 : 보존상태 비교적 양호함.

(6) 양민11·12호묘
○ 위치 : 10호묘 북쪽 약 20m 거리에 위치하는데 11호묘와 12호묘는 각각 동쪽과 서쪽에 있음.
○ 유형 : 적석석광묘.

○ 평면 : 원구형.
○ 규모 : 직경 5m, 높이 0.8m.
○ 구조 : 고분 축조에 사용된 돌은 20cm×40cm 크기의 산돌임. 고분의 연대는 비교적 이른 시기로 추정됨.

(7) 양민13호묘
○ 위치 : 12호묘의 북쪽 약 120m 거리에 위치.
○ 유형 : 유단적석석광묘.
○ 평면 : 장방형.
○ 규모 : 동서 길이 8m×남북 너비 5m×높이 0.5m.
○ 구조 : 기단석은 길이 50cm 정도의 자연 산돌이며, 기단 내부는 약 20cm 크기의 돌로 채움.
○ 기타 : 보존상태는 비교적 양호함.

3) 2005년 4월 조사 고분군[7]

(1) JQLM-1호묘
○ 위치 : 묘구 남단.
○ 유형 : 유단적석석광묘.
○ 평면 : 방형.
○ 규모 : 한 변 길이 8m, 높이 약 1m.
○ 구조 : 고분 동쪽과 남쪽 기단의 보존상태가 비교적 좋음. 기단은 가공을 거치지 않은 자연석괴를 사용해 조성했는데 현재 3층 축조석이 남아 있음. 기단 높이는 약 0.7m 정도임. 무덤 서남 모서리에는 입석이 하나 있는데 길이 0.8m, 너비 0.4m, 두께 0.2m로 분구 보호 작용을 함. 분구 상부는 보통 0.3~0.4m 사이에 해당되는 碎山石으로 덮음.
○ 기타 : 무덤 보존상태는 비교적 좋음.

(2) JQLM-2호묘
○ 위치 : JQLM-1호묘의 동쪽에 위치함.
○ 유형 : 유단적석석광묘.
○ 평면 : 방형.
○ 규모 : 한 변 길이 6m, 높이 0.8m.
○ 구조 : 고분 사면에 가공을 거치지 않은 자연석괴로 기단을 조성했는데 기단 높이는 0.6m임. 분구 상부는 쇄산석으로 봉하였으며, 돌은 0.3~0.2m 사이임.
○ 기타 : 고분의 보존상태는 비교적 좋음.

(3) JQLM-3··-4호묘
○ 위치 : JQLM-2호묘 북쪽에 위치하는데 두 고분은 남북으로 배열하였으며 서로 20m 정도 떨어져 있음.
○ 유형 : 유단적석석광묘.
○ 규모 : 한 변 길이 약 8m, 높이 0.5m.
○ 평면 : 방향.
○ 구조 : 무덤 사면은 가공을 거치지 않은 자연돌로 기단을 조성했으며, 기단 높이는 0.3m 정도임. 분구 돌은 모두 쇄산석이며 돌은 비교적 작음. JQLM-3호묘 동쪽에서 두 기의 동일한 돌무지가 있어서 옛 무덤으로 추정됨.

(4) JQLM-5··-6··-7호묘
○ 위치 : 고분군 동단.
○ 유형 : 유단적석석광묘.
○ 평면 : 방형.
○ 규모 : 한 변 길이 약 8m, 높이 0.5m.
○ 구조 : 무덤 사면는 가공을 거치지 않은 자연돌로 기단을 쌓았음. 돌 크기는 고르지 않은데 큰 것은 길이가 0.6m, 너비 0.4m, 높이 0.3m 정도임. 분구 돌은 쇄산석으로 보통 0.1~0.2m 사이임. 분구 상부는 비교적 가지런함.

---

7 『集安高句麗墓葬』(2007년) 참조.

(5) JQLM-8호묘
○ 위치 : JQLM-9호묘 동북쪽 10m 지점.
○ 유형 : 계단적석석광묘.
○ 평면 : 근방형(近方形).
○ 규모 : 동서 길이 15m, 남북 너비 14m, 잔존 높이 1.5m 정도.
○ 구조 : 무덤 사면에 계단을 쌓았음. 현재 무덤의 동쪽에서 2단의 계단을 볼 수 있고 나머지 삼면에서는 겨우 1단만이 보임. 계단은 약간 가공을 거친 자연돌로 조성함. 제1단 계단은 2층으로 축조했는데 가장 큰 돌은 길이 0.9m, 너비 0.5m, 높이 0.3m 정도이며, 계단 높이가 0.7m임. 제2단 계단은 제1단 계단 위에 0.8m 안으로 들여쌓았는데 2층으로 쌓은 것을 볼 수 있고 계단 높이는 0.4m 정도임. 분구 중앙부에는 동서로 배열된 함몰갱이 두 개가 있는데 동서 길이 약 2m, 남북 너비 1m, 깊이 0.5m로 석광 위치로 추정됨. 분구 돌은 모두 쇄산석으로 크기는 0.1~0.2m 사이임. 고분 동쪽의 분구 돌이 유실됨.
○ 기타 : 유물은 발견되지 않음.

(6) JQLM-9호묘
○ 위치 : 동북으로 JQLM-8호묘와 약 10m 떨어짐.
○ 유형 : 유단적석석광묘.
○ 평면 : 방형.
○ 규모 : 한 변 길이 9m, 높이 약 1m.
○ 구조 : 기단은 약간 다듬어진 자연돌로 쌓음. 분구돌은 모두 쇄산석이며, 돌 크기는 0.2~0.3m 사이임.
○ 기타 : 고분의 보존상태는 비교적 좋음.

(7) JQLM-10·-11호묘
○ 위치 : JQLM-8호묘와 약 7m 떨어져 있으며, 두 고분은 동서배열을 하고 있음.
○ 유형 : 유단적석석광묘.
○ 평면 : 방형.
○ 규모 : 한 변 길이 7m 정도, 높이 0.4~0.7m 정도.
○ 구조 : 두 고분의 사면 기단은 대다수 결실되고 매우 적은 기단만이 남아 있음. 기단은 가공을 거치지 않은 자연돌로 쌓았는데 돌은 비교적 작으며, 기단 내부는 쇄산석으로 채웠는데 돌 크기가 0.2m 정도임. 해당 고분은 이미 파괴되었음. JQLM-10호묘 동쪽 20m 지점에 직경 5m, 높이 0.5m의 무덤이 남아 있음. 편호하지 않음.

(8) JQLM-12·-13호묘
○ 위치 : JQLM-11호묘 서쪽에 위치하는데 두 고분은 동서로 연접됨.
○ 유형 : 유단적석석광묘.
○ 평면 : 장방형.
○ 규모 : 동서 길이 12m, 남북 너비 8m, 높이 약 1m.
○ 구조 : 무덤 사면의 기단은 보존상태가 양호함. 기단은 가공을 거치지 않은 자연돌로 조성했는데 기단석은 길이 0.7m, 너비 0.4m, 높이 0.5m임. 분구 정상부는 가지런하며, 무덤 중앙부에서는 남북 장축방향의 석렬 한 줄을 볼 수 있음. 이로 인해 무덤은 동·서 2기의 무덤으로 나뉨. 분구돌은 자연돌이고 크기가 0.3m 정도임.
○ 기타 : 고분의 보존상태는 비교적 양호함.

(9) JQLM-14·-15호묘
○ 위치 : 남쪽으로 JQLM-10호묘와 20m 떨어져 있으며, 두 고분은 동·서로 배열되었는데 약 20m 간격임.
○ 유형 : 유단적석석광묘.
○ 평면 : 방형.
○ 규모 : 한 변 길이 20m 정도, 높이 0.8m.
○ 구조 : 두 고분의 사면 기단은 대다수 유실, 기단은 가공을 거치지 않은 자연돌로 쌓았으며 돌은 비교적 작음. 기단 내부는 크기가 고르지 않은 쇄산석으로 메

있음.
○ 기타 : 고분의 보존상태는 좋지 않음.

(10) JQLM-16호묘
○ 위치 : JQLM-15호묘 북쪽 약 30m에 자리함.
○ 유형 : 유단적석석광묘.
○ 규모 : 동서 길이 6m, 남북 너비 5m, 높이 0.5m 정도.
○ 구조 : 기단은 이미 유실되었고, 오직 몇 개의 약간 작은 가공되지 않은 자연돌로 무덤 서쪽면의 기단이 남아 있음. 분구 돌은 모두 쇄산석으로 쌓아 올렸는데 크기는 0.2~0.3m 사이임. 고분의 동쪽 약 10m 지점에는 4기 묘의 기초부가 동서로 배열되어 있는데 형상과 규모는 JQLM-16호묘와 비슷함. 편호하지 않음.

(11) JQLM-17·18·19호묘
○ 위치 : JQLM-16호묘의 북단에 위치하는데 북으로 JQLM-20호묘와 약 25m 떨어져 있음. 3기 고분은 동서로 배열하며 간격은 약 15m임.
○ 유형 : 유단적석석광묘.
○ 평면 : 방형.
○ 규모 : 한 변 길이 9~8m 사이, 높이 0.8m 정도.
○ 구조 : 3기의 사면 기단은 이미 파괴되었는데 각 고분은 소량의 기단석이 남아있음. 그 기단석은 약간 가공을 거친 자연돌로 쌓았는데 최대 기단석이 길이 0.6m, 너비 0.4m, 높이 0.3m 정도임. 분구 돌은 모두 쇄산석이며, 분구 정부에는 교란갱이 있음. 고분은 모두 파괴당했음.

(12) JQLM-20호묘
○ 위치 : JQLM-17호묘 북쪽 25km에 자리함.
○ 유형 : 계단적석석광묘.
○ 평면 : 방형.
○ 규모 : 한 변 길이 10m, 잔존 높이 0.8m.
○ 구조 : 고분의 사면 계단은 부분적으로 유실되었으며, 고분 동쪽은 현재 아직 2단 계단을 볼 수 있음. 계단석은 약간 가공을 거친 자연석괴로 쌓았고 계단석은 비교적 작음. 제1단 계단은 2층으로 조성했는데 계단 높이는 0.5m 정도임. 제2단 계단은 제1단 계단 위에 안으로 0.8m 들여쌓았고 오직 1층만이 남아 있는데 높이는 0.2m임. 분구 돌은 모두 쇄산석으로 돌은 비교적 작음. 무덤은 이미 파괴당함.

(13) JQLM-21호묘
○ 위치 : 서쪽으로 JQLM-20호묘의 약 40m에 위치하고, 북쪽으로 JQLM-25호묘와 약 25km 떨어져 있음.
○ 유형 : 계단적석석광묘.
○ 평면 : 방형.
○ 규모 : 한 변 길이 12m 높이 약 1.3m.
○ 구조 : 고분의 사면에 계단을 조성했고, 동·북 양측에서는 2단 계단이 확인됨. 계단석은 가공을 거치지 않은 자연돌로 쌓았는데 크기는 비교적 큰편으로 가장 큰 돌은 길이 1m, 너비 0.4m, 높이 0.3m 정도임. 동·북 양측의 제1단 계단은 2층으로 축조했고 계단 높이는 0.7m임. 제2단 계단은 제1단 계단 위에 0.9m 들여쌓았으며, 동측은 2층으로 축조했고 계단 높이는 0.5m임. 분구 돌은 쇄산석으로 돌은 보통 0.3m 정도임.
○ 기타 : 무덤은 보존상태가 비교적 좋음.

(14) JQLM-22·23호묘
○ 위치 : JQLM-21호묘 동남단에 위치하는데 서쪽으로 JQLM-19호묘와 약 20m 떨어진 곳에 자리하고 있음. 두 고분의 간격은 약 10m임.
○ 유형 : 유단적석석광묘.
○ 평면 : 방형.
○ 규모 : 한 변 길이 5~6m 사이, 잔존 높이 0.6m 정도.

○ 구조 : 두 고분의 기단은 이미 파괴당하였고 분구 돌은 모두 쇄산석임. 고분은 심하게 파괴되어 있음. 고분의 동북쪽에는 두 기의 고분이 동서로 배열하고 있는데 JQLM-23호묘와 유사함.
○ 기타 : 두 고분이 특히 심하게 파괴당해 편호하지 않음.

(15) JQLM-24호묘
○ 위치 : 서북쪽으로 JQLM-25호묘와 약 25m 떨어져 있음.
○ 유형 : 유단적석석광묘.
○ 평면 : 방형.
○ 규모 : 한 변 길이 10m, 잔존 높이 0.8m.
○ 구조 : 고분의 네 가장자리는 가공을 거치지 않은 자연돌로 둘러쌓았는데 돌은 비교적 크고 일부분은 돌이 유실되어 있음. 보통 돌은 길이 0.6~0.8m 정도이며, 기단 내부는 크기가 다른 쇄산석으로 채웠음.
○ 기타 : 고분의 보존상태는 좋지 않음.

(16) JQLM-25호묘
○ 위치 : 남쪽으로 JQLM-21호묘와 약 25m, 서쪽으로 JQLM-26호묘와 9m 떨어져 있음.
○ 유형 : 계단적석광실묘.
○ 평면 : 장방형.
○ 규모 : 남북 길이 20m, 동서 너비 12m, 높이 1.5m.
○ 구조 : 고분군 가운데 비교적 큰 편임. 고분 사면 계단은 보존상태가 온전함. 계단석은 약간 가공된 자연돌로 쌓았고 일부분은 화강암석으로 조성했음. 계단석이 큰 것은 길이 1.5m, 너비 0.5m, 높이 0.4m 정도임. 고분 동·남 양측에서는 2단 계단을 볼 수 있음. 동측 제1단 계단축조석은 2층으로 계단 높이가 0.8m임. 제2단 계단은 제1단 계단 위에 0.8m 들여쌓았는데 계단 높이는 0.4~0.6m 정도임. 분구 위에 동서로 배열한 두 개의 함몰갱이 있음. 함몰갱 간격은 약 3m이고, 이들은 묘광 위치로 추정됨. 분구 돌은 모두 쇄산석이며, 돌 크기는 0.2~0.4m임.
○ 기타 : 고분의 보존상태는 비교적 좋으며, 유물은 발견되지 않음.

(17) JQLM-26호묘
○ 위치 : JQLM-25호묘 서북 약 10m에 위치.
○ 유형 : 유단적석석광묘.
○ 평면 : 장방형.
○ 규모 : 남북 길이 6m, 동서 너비 4m, 잔존 높이 0.5m.
○ 구조 : 고분 사면은 약간 작은 가공되지 않은 자연돌로 조성함. 고분은 이미 파괴당함.

(18) JQLM-27·-28·-29호묘
○ 위치 : 해당 3기 고분의 남쪽 40m에 JQLM-25호가 자리함.
○ 유형 : 유단적석석광묘.
○ 평면 : 방형.
○ 규모 : 한 변 길이 6m 정도, 잔존 높이 0.5~0.7m 정도.
○ 구조 : 고분의 네 가장자리에는 가공하지 않은 비교적 큰 자연돌로 기단을 쌓음. 분구 돌은 모두 작은 쇄산석임.
○ 기타 : 3기 고분은 모두 각자 다른 정도의 파괴를 당하였음.

(19) JQLM-30·-31호묘
○ 위치 : 비탈 아래 위치하는데 북쪽으로 JQLM-32호묘와 약 30m 떨어져 있음.
○ 유형 : 유단적석석광묘.
○ 평면 : 방형.
○ 규모 : 한 변 길이 8m, 잔존 높이 0.8m.
○ 구조 : 고분 네 가장자리 기단은 가공되지 않은 자

연돌로 조성했는데 돌은 길이 0.3~0.5m 정도로 약간 작음. 분구 돌은 모두 쇄산석인데 크기는 0.1~0.3m 정도임. 고분은 보존상태가 비교적 좋음. JQLM-30호묘 동쪽에 고분 2기가 동서로 배열되어 있는데 형상은 해당 고분과 유사함. 파괴가 비교적 심해 편호하지 못함.

(20) JQLM-32호묘
○ 위치 : 남쪽으로 JQLM-31호묘와 약 30m, 북쪽으로 JQLM-33호묘와 10m 떨어져 있음.
○ 유형 : 유단적석석광묘.
○ 평면 : 장방형.
○ 규모 : 남북 길이 8m, 동서 너비 6m, 높이 0.9m.
○ 구조 : 보존상태는 비교적 양호함.

(21) JQLM-33·-34호묘
○ 위치 : 두 고분은 동서로 배열되어 있음.
○ 유형 : 유단적석석광묘.
○ 평면 : 방형.
○ 규모 : 한 변 길이 8.5×8.5×1m.
○ 구조 : 모두 쇄산석으로 만들었으며, 가장자리 석재는 비교적 큼. 보존상태는 비교적 양호함.

(22) JQLM-35·-36·-37·-38·-39·-40호묘
○ 위치 : 남쪽으로 JQLM-33호묘와 8m 떨어져 있음. 모두 동서배열을 이루고 있음.
○ 유형 : 유단적석석광묘.
○ 평면 : 방형.
○ 규모 : 7×7×0.8m. 고분 규모가 동일함.
○ 구조 : 고분은 모두 쇄산석으로 축조함. 고분 가장자리 석재는 비교적 크며, 대략 0.8×0.5×0.3m 정도임. 분구 돌은 보통 0.1×0.3m 정도임. 고분의 보존상태는 비교적 좋음.

(23) JQLM-41·-42·-43·-44·-45·-46·-47호묘
○ 위치 : 남쪽으로 JQLM-39호묘와 30m 정도 떨어져 있음. 각 고분들이 동서 배열되어 있음.
○ 유형 : 유단적석석광묘.
○ 평면 : 방형.
○ 규모 : 8×8×0.7m 정도이고 규모가 동일함.
○ 구조 : 모두 쇄산석으로 조성했는데 보존상태는 비교적 좋음.

(24) JQLM-48·-49호묘
○ 위치 : JQLM-47호묘 북쪽 약 80m에 위치하는데 두 고분은 동서배열로 간격은 10m임.
○ 유형 : 유단적석석광묘.
○ 평면 : 방형.
○ 규모 : 한 변 길이 8m 정도, 높이 약 0.8m.
○ 구조 : 네 주변은 모두 가공하지 않은 자연돌을 둘러 기단을 쌓음. 분구 돌은 모두 쇄산석이며, 돌의 크기는 0.1~0.3m 정도임. 보존상태는 비교적 좋음.

(25) JQLM-50·-51·-52·-53·-54호묘
○ 위치 : 북쪽으로 JQLM-55호묘와 약 20m 떨어져 있으며, 각 고분은 동서로 배열하고 있는데 고분 간격은 약 8m임.
○ 유형 : 유단적석석광묘.
○ 평면 : 방향.
○ 규모 : 한 변 길이 8×8×0.6m 정도임. 각 고분의 규모는 거의 동일.
○ 구조 : 고분 사면 둘레 기단부는 유실되었고, 분구는 모두 쇄산석으로 봉해져 있음. 고분 보존상태는 양호함. 해당 고분들의 서·북 양쪽에는 여전히 고분 7기가 있으며, JQLM-50호묘와 동일함. 이들 고분은 비교적 심하게 파괴되어 이번 조사에서 편호하지 않음.

(26) JQLM-55호묘

○ 위치 : 남쪽으로 JQLM-50호묘와 약 20m, 서쪽으로 JQLM-56호묘와 80m 떨어져 있음.
○ 유형 : 유단적석석광묘.
○ 평면 : 방형.
○ 규모 : 한 변 길이 8m, 높이 약 0.9m.
○ 구조 : 고분의 사면 둘레는 약간 가공을 거친 자연돌로 축조했는데 가장 큰 돌은 길이 0.8m, 너비 0.4m, 높이 0.3m 정도임. 분구 상부는 가지런하며, 분구 돌은 쇄산석임. 고분의 보존상태는 비교적 양호함. 고분 서쪽에는 무덤 기초가 1기 잔존하며 이번 조사에서 편호하지 않음.

(27) JQLM-56호묘

○ 위치 : 동쪽으로 JQLM-55호묘와 약 80m, 북쪽으로 JQLM-57호묘와 20m 떨어져 있음.
○ 유형 : 계단적석석광연접묘.
○ 평면 : 장방형.
○ 규모 : 동서 길이 10m, 남북 너비 5m, 잔존 높이 0.8m.
○ 구조 : 무덤 사면의 계단은 약간의 가공을 거친 자연돌로 축조함. 동·서 양측에는 2단 계단이 남아 있음. 제1계단의 축조석은 2층으로 계단석은 길이 0.6m, 너비 0.3~0.4m이고, 계단높이 약 0.4m임. 제2계단은 제1계단 위에 안으로 0.7m 들여쌓았는데 계단 축조석은 1층으로 계단높이 0.3m 정도임. 묘상에는 동서로 배열한 두 개의 함몰갱이 있는데 규모가 남북 길이 약 2m, 동서 너비 1.5m, 깊이 0.5m 정도이며, 이는 석광 위치로 추정됨. 분구 돌은 모두 쇄산석으로 쇄산석은 보통 0.1~0.3m 정도임.
○ 기타 : 고분은 이미 파괴된 상태임.

(28) JQLM-57호묘

○ 위치 : JQLM-56호묘 북쪽 약 20m에 위치.
○ 유형 : 유단적석석광묘.
○ 평면 : 방형.
○ 규모 : 한 변 길이 9m, 높이 1.2m.
○ 구조 : 무덤 사면은 가공을 거치지 않은 자연돌로 기단을 쌓았음. 가장 큰 기단석은 길이 0.7m, 너비 0.4m, 높이 0.4m임. 분구 돌은 모두 쇄산석으로 0.1~0.2m 정도임.
○ 기타 : 고분은 보존상태가 비교적 좋음.

(29) JQLM-58·-59·-60호묘

○ 위치 : 남쪽으로 JQLM-57호묘와 약 10m 떨어져 있음. 세 고분은 삼각형으로 배열됨.
○ 유형 : 유단적석석광묘.
○ 평면 : 방형.
○ 규모 : 한 변 길이 6×6×0.5m 정도.
○ 구조 : 분구 돌은 모두 쇄산석이며, 고분은 모두 파괴당함.

(30) JQLM-61호묘

○ 위치 : 남쪽으로 JQLM-60호묘와 약 50m 떨어져 있음.
○ 유형 : 계단적석석광묘.
○ 평면 : 방형.
○ 규모 : 한 변 길이 10m, 높이 1.2m.
○ 구조 : 고분에서 3단 계단을 볼 수 있음. 계단석은 약간 다듬어진 자연돌로 가장 큰 계단석은 길이 0.9m, 너비 0.6m, 높이 0.4m임. 제1단 계단 사면의 계단석은 약간 크고 깔끔하게 축조되었으며, 계단높이는 0.6m임. 제2단 계단은 제1단 계단 위에 안으로 0.6m 들여쌓았고 1층으로 축조했는데 계단높이는 0.3m 정도임. 제3단 계단은 제2단 계단 위에 안으로 0.4m 들여쌓았는데 1층으로, 계단 높이는 0.2~0.3m로 고르지 않음. 분구 중앙부에는 남북 길이 3m, 동서 너비 2m, 깊이 약 0.7m의 함몰갱 하나가 있는데 묘광 위치

로 추정됨. 분구 돌은 모두 0.2~0.3m의 쇄산석임.
○ 기타 : 고분의 보존상태는 완전함. 고분 동·북 양쪽에는 무덤 기초 3기가 있는데 편호되지 않음.

(31) JQLM-62·-63·-64호묘
○ 위치 : JQLM-64호묘는 동쪽으로 JQLM-65호묘와 약 20m 떨어져 있음. 세 고분은 남북으로 배열하고 있으며, 고분 간격은 25m 정도임.
○ 유형 : 유단적석석광묘.
○ 평면 : 방형.
○ 규모 : 한 변 길이 8×8×0.8m.
○ 구조 : 쇄산석으로 축조했으며, 고분 상태는 비교적 양호함. JQLM-62호묘 남쪽에는 심하게 파괴된 3기의 고분이 동서로 배열하고 있는데 이번 조사에서 편호하지 않음.

(32) JQLM-65호묘
○ 위치 : 서쪽으로 JQLM-64호묘와 20m 떨어져 있음.
○ 유형 : 유단적석석광묘.
○ 평면 : 장방형.
○ 규모 : 동서 길이 12m, 남북 너비 6m, 높이 0.8m.
○ 구조 : 고분의 사면은 가공하지 않은 자연돌로 기단을 조성했는데 기단석은 소량 유실되었고 크기는 길이 0.6m, 너비 0.4m, 높이 0.3m 정도임. 분구에는 동서로 배열한 두 개의 묘광이 있음. 분구 돌은 쇄산석으로 보통 0.1~0.2m임
○ 기타 : 고분 보존상태는 비교적 좋음.

(33) JQLM-66호묘
○ 위치 : 남쪽으로 JQLM-64호묘와 약 10m 떨어져 있음.
○ 유형 : 유단적석석광연접묘.
○ 평면 : 장방형.
○ 규모 : 동서 길이 15m, 남북 너비 6m, 높이 0.8m.
○ 구조 : 고분 사면 기단은 연접되어 있고, 기단은 약간 가공된 자연석괴로 쌓았는데 돌은 약간 작음. 분구에는 동서로 배열한 석광 3개가 있음. 분구 돌은 쇄산석으로 0.2m 정도임. 고분의 보존상태는 좋음.

(34) JQLM-67호묘
○ 위치 : JQLM-66호묘 동쪽 약 25m에 위치.
○ 유형 : 유단적석석광묘.
○ 평면 : 방형.
○ 규모 : 한 변 길이 7×7×0.7m.
○ 구조 : 쇄산석으로 축조했으며, 보존상태는 비교적 양호함.

(35) JQLM-68호묘
○ 위치 : 서쪽으로 JQLM-69호묘와 5m 떨어져 있음.
○ 유형 : 계단적석석광묘.
○ 평면 : 방형.
○ 규모 : 한 변 길이 15m, 높이 1.2m.
○ 구조 : 고분 사면에는 약간 가공된 자연돌로 계단을 축조했는데 현재 동측에서 3단 계단을 볼 수 있음. 제1단 계단석은 비교적 크며, 가장 큰 것은 길이 0.9m, 너비 0.5m, 높이 0.4m 정도임. 제2단 계단은 제1단 계단 위에 안으로 0.8m 들여쌓았으며, 계단높이는 0.4m임. 제3단 계단은 제2단 계단 위에 안으로 0.6m 들여쌓았으며, 계단높이는 0.3m임. 분구 중앙부에는 남북 길이 3.5m, 동서 너비 3m, 깊이 0.6m 정도의 함몰갱이 하나 있는데 석광으로 추정됨. 분구 돌은 모두 쇄산석으로 0.2~0.3m임.
○ 기타 : 고분의 보존상태는 비교적 양호함.

(36) JQLM-69호묘
○ 위치 : JQLM-68호묘 서쪽 5m에 위치.
○ 유형 : 유단적석석광연접묘.

○ 평면 : 장방형.
○ 규모 : 동서 길이 25m, 남북 너비 10m, 높이 1m 정도.
○ 구조 : 고분 사면 기단은 약간 가공한 자연돌로 조성했는데 돌은 약간 크고 축조석은 깔끔함. 분구에는 동서로 배열한 석광 3개가 있으며, 분구 돌은 쇄산석으로 0.2~0.4m임. 고분은 비교적 상태가 양호함.

(37) JQLM-70호묘
○ 위치 : 남쪽으로 JQLM-69호묘와 약 15m 떨어져 있음.
○ 유형 : 유단적석석광연접묘.
○ 평면 : 장방형.
○ 규모 : 동서 길이 15m, 남북 너비 8m, 높이 0.8m.
○ 구조 : 고분의 기단석은 비교적 크고 가공한 자연석으로 가장 큰 돌은 길이 1.5m, 너비 0.7m, 높이 0.5m 정도임. 분구는 쇄산석으로 축조하였음. 고분은 보존상태가 온전함.

(38) JQLM-71호묘
○ 위치 : 북쪽으로 JQLM-72호묘와 5m 떨어져 있음.
○ 유형 : 유단적석석광연접묘.
○ 평면 : 장방형.
○ 규모 : 동서 길이 15m, 남북 너비 8m, 높이 0.8m.
○ 구조 : 고분 사면의 기단 부분이 유실됨. 분구 돌은 일부분이 흘러내렸고 모두 쇄산석인데 크기가 0.1~0.2m 정도임. 고분 정상에는 교란된 갱이 하나 있음. 고분은 이미 파괴됨.

(39) JQLM-72··-74호묘
○ 위치 : JQLM-71호묘 북쪽에 위치하는데 두 고분은 남북으로 배열하고 있으며 간격은 약 25m임.
○ 유형 : 유단적석석광묘.
○ 평면 : 방형.

○ 규모 : 한 변 길이 8m, 높이 0.8m.
○ 구조 : 고분은 쇄산석으로 축조했으며, 고분 보존상태가 비교적 좋음.

(40) JQLM-73호묘
○ 위치 : 북쪽으로 JQLM-76호묘와 약 30m, 남쪽으로 JQLM-70호묘와 10m 떨어져 있음. JQLM-76·73·70호묘 등 3기가 일렬로 배치됨.
○ 유형 : 유단적석석광묘.
○ 평면 : 장방형.
○ 규모 : 동서 길이 30m, 남북 너비 9m, 높이 1.2m 정도.
○ 구조 : 고분 둘레는 돌아가며 약간 가공된 자연돌로 조성함. 분구에는 남북으로 2줄의 석렬이 고분을 3기로 나눔. 동서로 배열한 3개의 석광이 있음. 분구돌은 모두 쇄산석으로 크기는 보통 0.2~0.3m임.
○ 기타 : 고분 보존상태는 비교적 좋음.

(41) JQLM-75··-76··-77··-78호묘
○ 유형 : 유단적석석광묘.
○ 평면 : 방형.
○ 규모 : 한 변 길이 7~10m 정도, 높이 0.5~0.8m.
○ 구조 : 고분 사면은 약간 가공된 자연돌로 기단을 조성했는데 기단석 크기는 길이 0.6~0.8m임. 분구 돌은 쇄산석임. JQLM-77호묘 서측에는 무덤 기초 5기가 있으나 이번 조사에서 편호하지 않음.

(42) JQLM-79호묘
○ 위치 : 북쪽으로 JQLM-80호묘와 20m 남쪽으로 JQLM-77호묘와 약 30m 떨어져 있음.
○ 유형 : 유단적석광실묘.
○ 평면 : 장방형.
○ 규모 : 동서 길이 27m, 남북 너비 8m.
○ 구조 : 고분 사면은 정연하게 가공된 자연돌로 기단

을 조성했는데 기단석은 거대한 돌은 길이 2.5m, 너비 1m, 높이 0.6m이고 작은 것은 길이 1.3m 정도임. 분구에는 동서로 배열한 3개의 함몰갱이 있는데 함몰갱은 남북 길이 약 3m, 동서 너비 2m, 깊이 0.5 정도임. 분구 돌은 쇄산석으로 비교적 큼. 무덤 보존상태는 온전함.

(43) JQLM-80 · -81 · -82호묘
○ 위치 : 남쪽으로 JQLM-79호묘와 약 20m 떨어져 있음. 이들 고분은 동서로 배열하고 있는데 그 간격은 약 8m임.
○ 유형 : 유단적석석광묘.
○ 평면 : 방형.
○ 규모 : 8×8×0.5m 정도.
○ 구조 : 고분 사면 가장자리에 기단을 조성함. 분구는 쇄산석으로 축조했으며, 무덤 정상부는 이미 교란됨. 고분의 보존상태는 좋지 않음. 무덤의 북쪽으로 20m 지점에는 소형 고분 1기가 있으나 심하게 파괴되어 편호하지 않음.

(44) JQLM-83 · -84 · -85호묘
○ 위치 : 3기의 고분이 삼각형으로 분포.
○ 유형 : 유단적석석광묘.
○ 평면 : 방형.
○ 규모 : 한 변 길이 5~9m, 높이 0.8m 정도.
○ 구조 : 쇄산석으로 축조했으며, 고분 보존상태는 비교적 좋음.

(45) JQLM-86호묘
○ 위치 : 남쪽으로 JQLM-84호묘와 약 80m 떨어져 있음.
○ 유형 : 유단적석석광연접묘.
○ 평면 : 장방형.
○ 규모 : 남북 길이 20m, 동서 너비 10m, 높이 1m.

○ 구조 : 무덤 사면에 기단을 조성했는데 기단은 약간 가공된 자연돌로 비교적 큼. 가장 큰 것은 1.3m, 너비 0.7m, 높이 0.5m임. 분구 상부는 이미 교란되었고 분구 돌은 쇄산석임. 고분은 심하게 파괴당한 상태임.

(46) JQLM-87 · -88호묘
○ 위치 : 동쪽으로 JQLM-86호묘와 약 60m 떨어져 있음.
○ 유형 : 유단적석석광묘.
○ 평면 : 방형.
○ 규모 : 한 변 길이 9×9×0.5m.
○ 구조 : 고분 사면에 기단이 축조되어 있음. 분구는 쇄산석으로 축조했으며, 고분은 보존상태가 비교적 좋음.

5. 역사적 성격

1) 2004년 조사
○ 당시 발견한 고분군은 모두 산중턱에 분포하고 있어 1964년 조사때 발견되지 않아 편호되지 않은 고분임. 조성 연대는 비교적 이른 편으로 상대연대는 고구려 건국 전후, 즉 기원 전후에 해당함.
○ 고분에 대해 고고발굴을 진행하지 않아서 고분의 내부구조가 명확치 않음. 다만 외부구조로 살펴보면, 이들 고분은 압록강 중상류역 적석묘와 밀접한 관계를 지님. 이 발견은 고구려 건국을 연구하는데 매우 중요한 의미를 지니고 있음.

2) 2005년 및 2006년 조사
양민고분군 조사 고분의 분포를 보면, 서고동저 즉 산중턱에서 산기슭으로 열을 지어 있으며 높은 곳의 고분은 대다수 원구형(圓丘形)이며, 고분 사면은 기단이 없거나 혹은 가장자리 돌이 약간 큼. 이 현상들을 근래 고구려 적석묘 변천 연구에 의하면 낮은 곳의 무덤보다 축조시기가 이름. 높은 곳의 무덤 유형은 대다수 유단적석석광묘이며 일부 소량의 계단적석석광묘가 있음. 중간부에는 계단적석석광묘가 있으며 석실봉토묘는 1964년 조사에서 보듯 물 아래에 수량이 적지 않게 있었음. 해당묘지는 고분수량이 많고 연속시간이 길어 고구려 전시기 인구가 밀집한 중요지구로 보임.

참고문헌

- 吉林省文物志編纂委會, 1983, 『集安縣文物志』.
- 李殿福, 1980, 「集安高句麗墓硏究」, 『考古學報』 1980-2.
- 田村晃一, 1982, 「高句麗積石塚の構造と分類について」, 『고고학잡지』 62-2.
- 方起東, 1985, 「高句麗石墓的演進」, 『博物館研究』 1985-2.
- 魏存成, 1987, 「高句麗積石墓的類型和演變」, 『考古學報』 1987-3 ; 1994, 「再談高句麗積石墓的類型和演變」, 『博物館研究』 1994-1.
- 國家文物局 主編, 1992, 『中國文物地圖集』 吉林分冊.
- 吉林省長白文化研究會·集安市博物館, 2004, 「集安良民高句麗遺跡調查」, 『東北史地』 2004-4.
- 孫仁杰·遲勇, 2007, 『集安高句麗墓葬』, 香港亞洲出版社.

75. 집안 추피(구)고분군
集安 秋皮(溝)古墳群

1. 조사현황

1) 1964년 5월 조사
○ 조사기관 : 吉林省博物館文物工作隊.
○ 조사내용 : 운봉댐 건설을 위해 압록강 중상류 일대의 조·중 합작 조사 때 다수의 고분을 확인함. 이듬해인 1965년 운봉댐 건설로 고분 대다수가 수몰됨.

2) 1983년 4월 조사
○ 조사기관 : 集安縣文物普查隊.
○ 조사내용 : 적석묘 3기 확인.

3) 2004년 6월 조사[1]
○ 조사기관 : 吉林省 長白文化硏究會, 集安市博物館.
○ 조사 참여자 : 張福有, 程遠, 孫仁杰, 遲勇.
○ 조사내용 : 추피구고분군은 모두 8개 구역으로 나뉨.

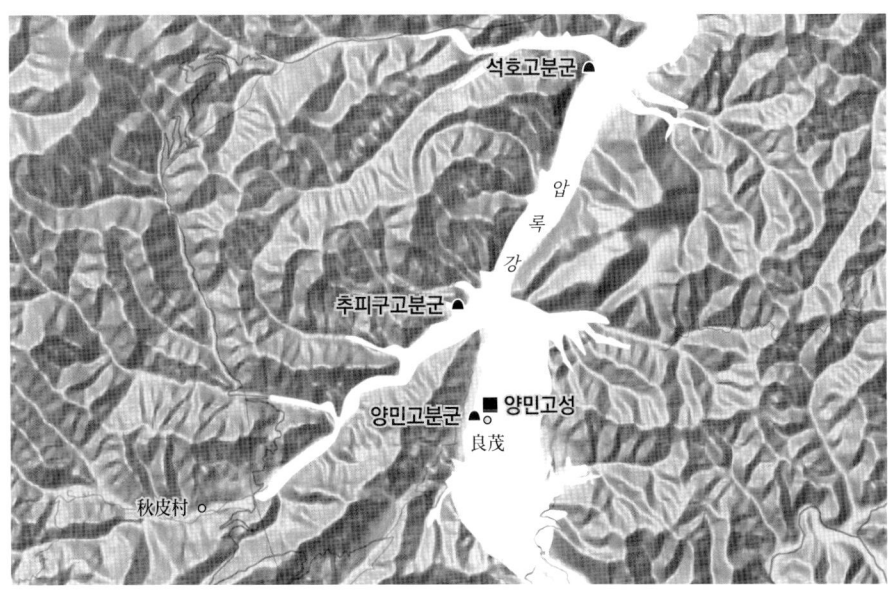

그림 1
추피구고분군 위치도

---

1 양민고분군 주 2 참조.

2. 위치와 자연환경(그림 1)

○ 고분군은 集安市 靑石鎭[2] 秋皮村 동쪽 1km에 위치.
○ 집안시 동북 약 40km의 秋皮溝村 동북에 자리함.
○ 秋皮溝河는 동북으로 구불구불 6km를 흐르며, 압록강을 거슬러 2km를 올라가면 고분군이 자리하고 있음.

3. 고분군의 전체 분포상황

추피구고분군은 8개 墓區로 나뉘는데 猫鷹溝 묘구 53기, 北岔 묘구 9기, 頭道南天門 묘구 24기, 夾蘭子溝 묘구 64기, 小秋皮溝門 묘구 38기, 大陽子 묘구 154기, 小灣溝 묘구 57기, 大灣溝 묘구 70기 등 총 469기가 확인됨.

4. 역사적 성격

고분 분포와 특징을 보면 양민고분군과 유사하여 축조연대 역시 유사할 것으로 추정.

참고문헌

· 吉林省文物志編纂委會, 1983, 『集安縣文物志』.
· 國家文物局 主編, 1992, 『中國文物地圖集』 吉林分冊.
· 孫仁杰·遲勇·張殿甲, 2004, 「鴨綠江上游右岸考古調査」, 『東北史地』 2004-5.
· 孫仁杰·遲勇, 2007, 『集安高句麗墓葬』, 香港亞洲出版社.

---

2 본래 黃柏鄕에 소속되었으나 황백향은 靑石鎭으로 행정구역명 변경.

76 집안 석호고분군
集安 石湖古墳群

1. 조사현황

1) 1962년 조사
○ 조사기관 : 輯安縣文物普查隊(吉林省博物館, 輯安縣文物保管所).
○ 조사내용 : 고분 14기 확인.

2) 1964년 조사
○ 조사기관 : 吉林省博物館文物工作隊.
○ 조사내용 : 운봉댐 건설로 압록강 중상류 일대의 조·중 합작조사 당시 고분군을 확인하였는데 1965년 운봉댐 건설로 일부 고분이 수몰됨.

3) 1983년 4월 조사
○ 조사기관 : 集安縣文物普查隊.
○ 조사내용 : 고분 14기 확인. 다수가 적석묘로, 한 변 길이는 4~6m임.

4) 2004년 6월 조사[1]
○ 조사기관 : 吉林省 長白文化硏究會, 集安市博物館.
○ 조사 참여자 : 張福有, 程遠, 孫仁杰, 遲勇.
○ 조사내용 : 석호 王八脖子에서 발굴조사 실시.

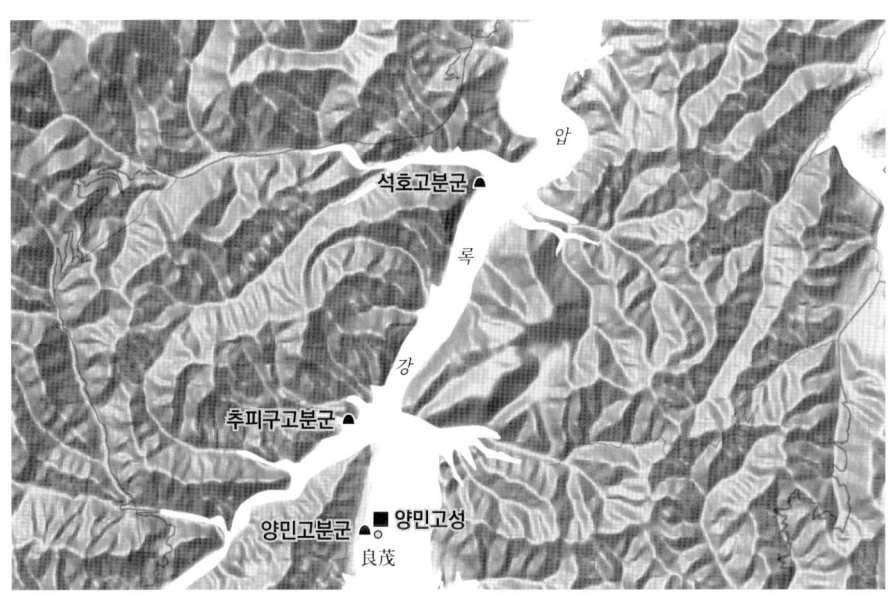

그림 1 석호고분군 위치도

---

[1] 양민고분군 주 2 참조.

2. 위치와 자연환경 (그림 1)

集安市 靑石鎭[2] 石湖村 동쪽으로 500m 떨어진 곳에 위치.

3. 고분군의 분포 상황

方起東(1985, 34쪽)에 의하면 1963년 조사된 1호묘 (M1)는 方丘式積石墓로 평면은 장방형이고, 둘레 기저부에 쌓은 돌은 모두 분구 적석에 비해 크다고 함.[3]

참고문헌

- 吉林省文物志編纂委會, 1983, 『集安縣文物志』.
- 方起東, 1985, 「高句麗石墓的演進」, 『博物館硏究』 1985-2.
- 國家文物局 主編, 1992, 『中國文物地圖集』 吉林分冊.

---

[2] 이 고분은 黃柏鄕에 소속되었으나 현재 황백향이 靑石鎭으로 행정구역명 변경.

[3] 방기동은 방구식적석묘를 적석묘에서 유기단적석묘로 이행하기 이전 단계의 형식으로 파악.

77 집안 석묘자고분군
集安 石廟子古墳群

1. 조사현황

1) 2004년 및 2005년 조사
- 조사기관 : 吉林省 長白文化硏究會, 集安市博物館.
- 조사 참여자 : 張福有, 程遠, 孫仁杰, 遲勇.
- 조사내용 : 1966년 및 1997년 조사 당시에 누락되었다가 이때 처음 조사함. 실측한 후에 '石廟子 古墳群'이라 명명하였는데 고분군 위치상 마선묘구의 하나로 귀속해야함.

2. 위치와 자연환경(그림 1)

고분군은 통구고분군 가운데 마선묘구의 가장 북단에 위치함.

3. 고분군의 전체 분포상황(그림 2)

고분군에는 고분 40여 기가 있으며, 현재 보존상태가 비교적 좋은 38기를 편호함.

그림 1
석묘자고분군 위치도

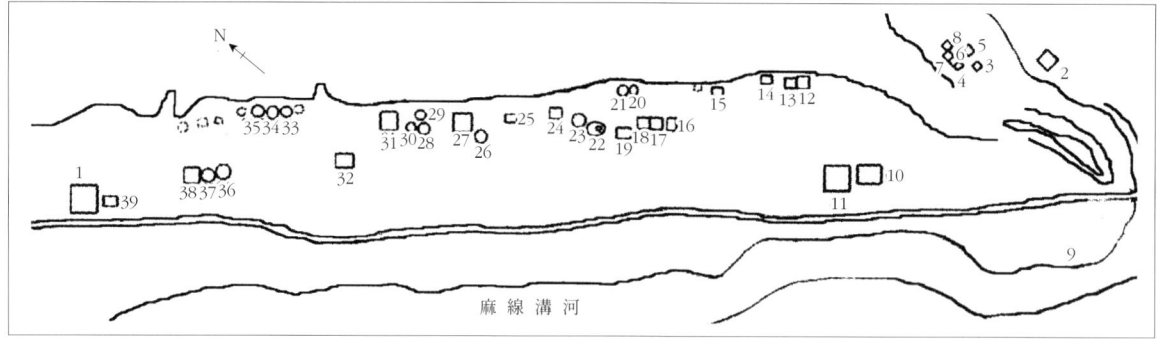

그림 2 석묘자고분군 분포도(『集安高句麗墓葬』)

4. 고분별 현황

1) 1호묘
○ 위치 : 고분군 최북단.
○ 규모 : 해당 고분군 가운데 규모가 비교적 큼.

2) 2호묘
○ 위치 : 麻線 頭道陽岔溝門.
○ 유형 : 계단적석석광묘.
○ 평면 : 장방형.
○ 규모 : 남북 길이 14m, 동서 너비 12m, 높이 3m.
○ 구조 : 분구는 3단 계단으로 비교적 큰 산돌을 다듬어 쌓았음. 북쪽의 제1단 계단은 4층으로 보존상태가 양호한데 높이는 1m 정도이며, 가장 큰 돌은 길이 0.6m, 너비 0.4m임. 제2단 계단과 제3단 계단은 모두 0.5m 정도 안으로 들여쌓았고 축조방법은 제1단 계단과 동일함. 분구 상부는 쇄산석으로 덮였음. 정상부는 평평하고 보존상태가 비교적 좋음. 다만 동쪽에는 남북으로 배열한 3개의 교란갱이 있는데 각 교란갱은 직경이 1m에 달하고, 깊이는 0.5m 정도임. 분구에는 관목과 잡목이 가득 차 있음.

3) 3호묘
○ 위치 : 麻線 頭道陽岔溝門.
○ 유형 : 계단적석석광묘.
○ 평면 : 장방형.
○ 규모 : 길이 6m, 너비 4m, 잔존 높이 2m.
○ 구조 : 현재 보존상태가 비교적 좋은 서측 제1단 계단만을 볼 수 있음. 계단 높이는 0.6m 정도로 약간 가공한 산돌로 5층을 쌓았음. 그 나머지 계단은 이미 파괴당해 명확치 않음. 분구 적석은 모두 쇄산석임.
○ 기타 : 고분의 보존상태가 좋지 않음.

4) 4호묘
○ 위치 : 麻線 頭道陽岔溝門.
○ 유형 : 계단적석석광묘.
○ 평면 : 방형.
○ 규모 : 한 변 길이 7m, 높이 2m.
○ 구조 : 고분 사면에 기단을 조성했는데 현재 동쪽 기단만이 남아 있음. 기단은 가공하지 않은 자연돌로 조성했는데 가장 큰 돌은 길이 0.6m, 너비 0.4m, 높이 0.3m 정도임. 고분 남쪽에서 2단 계단을 볼 수 있음. 계단은 약간 가공을 거친 산돌로 제2단 계단은 0.4m 안으로 들여쌓았음. 계단석은 길이 0.6m, 너비 0.4m, 높이 0.3m임. 고분 동쪽 계단은 이미 파괴당해 명확치

않음. 분구 적석은 모두 쇄산석임. 고분의 보존상태는 좋지 못함.

5) 5호묘
○ 위치 : 麻線 頭道陽岔溝門.
○ 유형 : 계단적석석광묘.
○ 평면 : 방형.
○ 규모 : 남북 길이 5m, 동서 길이 5m, 높이 2m.
○ 구조 : 제1단 계단을 볼 수 있음. 계단은 산돌을 약간 가공하여 축조하였는데 가장 큰 돌이 길이 0.6m, 너비 0.3m, 높이 2m임. 쇄산석으로 분구 상부를 쌓음. 분구 상부의 중앙에는 남북 길이 2.5m, 동서 너비 1.5m, 깊이 0.8m의 교란갱이 있음.
○ 기타 : 고분의 보존상태는 좋지 않음.

6) 6호묘
○ 위치 : 麻線 頭道陽岔溝門.
○ 유형 : 유단적석석광묘.
○ 평면 : 방형.
○ 규모 : 동서 길이 6m, 남북 길이 6m, 잔존 높이 0.5m.
○ 구조 : 고분 둘레에서 기단이 명확히 보임. 대형 강자갈(河卵石)을 약간 가공하여 축조하였는데 기단석은 0.8×0.6m 정도임. 분구 상부는 약간 파괴되어 비교적 낮고, 쇄산석으로 덮임.

7) 7호묘
○ 위치 : 麻線 頭道陽岔溝門.
○ 유형 : 유단적석석광묘.
○ 평면 : 방형.
○ 구조 : 7호묘(M7)와 6호묘(M6)는 서로 연접하며, 형태는 동일함. 두 고분 모두 파괴된 상태임.

8) 8호묘
○ 위치 : 麻線 頭道陽岔溝門.
○ 유형 : 불명.
○ 구조 : 현재 파괴되어 고분 구조는 명확히 알 수 없음. 잔존 돌무지는 길이 4.5m, 높이 1.2m 정도임. 쇄산석만이 보이며, 쇄산석 속에서 보이는 비교적 큰 산돌은 기단석으로 추정됨.

9) 9호묘
○ 위치 : 마선하 좌안의 대지.
○ 유형 : 계단적석석광묘(연접묘)
○ 평면 : 방형.
○ 규모 : 동서 길이 20m, 남북 너비 10m, 높이 3.2m.
○ 구조 : 분구에는 계단 2단이 잔존하는데 모두 비교적 큰 화강암석을 다듬어 축조함. 동·북·서쪽의 계단은 보존상태가 온전함. 제1단 계단은 정연하게 축조했는데 장대석을 4층 쌓았으며 계단 높이는 1.7m임. 가장 큰 석재는 길이 1.5m, 너비 0.8m, 높이 0.6m임. 제2계단은 0.5m 안으로 들여쌓았는데 오직 1층만이 보이며, 석재는 길이 1m, 너비 0.6m, 높이 0.4m임. 남쪽 계단은 마선하 강물에 침식당해 오직 제1단 계단 최하층만이 남아 있고 고분 남쪽의 분구 적석도 일부 유실됨. 분구 적석은 쇄산석으로 가지런하게 봉함. 분구 상부의 적석에서 함몰된 정황을 볼 수 있는데 서에서 동으로 4개의 묘광이 배열되었을 것으로 추정됨.
○ 기타 : 고분은 보존상태가 기본적으로 양호함.

10) 10호묘
○ 위치 : 9호묘 서북쪽의 산기슭.
○ 유형 : 계단적석석광묘(연접묘).
○ 규모
- 동쪽 고분 : 동서 길이 22m, 남북 너비 17m.
- 서쪽 고분 : 동서 길이 10m, 남북 너비 12m.
○ 구조 : 고분 2기가 동서로 연접하여 이루어진 형태.

- 동·서 고분 모두 3단 계단임. 두 고분의 동·북쪽 계단이 보존상태가 온전하고 서·남쪽의 제2단 및 제3단의 계단은 대다수 파괴당함. 계단은 전부 약간 가공을 거친 화강암석으로 쌓았음. 제1단 계단은 모두 5층으로 쌓았으며, 가장 큰 계단석은 길이 1.5m, 너비 0.6m, 높이 0.5m이며 가장 작은 계단석은 길이 0.5m, 너비 0.3m, 높이 0.2m임. 제5층은 石片으로 쌓았음.
- 묘상 봉석은 쇄산석 위주이고 소량의 강자갈(河卵石)을 더함. 적석한 돌은 보통 0.1~0.2m임.
- 동쪽 고분의 분구상부는 보존상태가 온전한데 분구 상부의 함몰 정황을 보면, 2개의 묘광이 추정됨. 서쪽 고분의 상부에는 도굴갱 2개가 남북으로 배열되었는데 도굴갱에서 석광 바닥(壙底)에 깔은 작은 강자갈을 볼 수 있음.
○ 기타 : 이 고분은 일찍이 도굴 당했을 것으로 추정되며, 고분의 보존상태는 좋지 않음.

11) 11호묘
○ 위치 : 10호묘의 서쪽.
○ 유형 : 계단적석석광묘.
○ 평면 : 정방형.
○ 규모 : 각 변은 길이 21m, 높이 4.5m.
○ 구조 : 2단 계단이며, 사면의 계단은 손실 정도는 각기 다름. 현재 동남 모서리와 동북 모서리의 양쪽 계단이 보존상태가 온전함. 전부 가공된 화강암석으로 축조하였음. 이 석재는 길이 1.2m, 너비 0.8m, 높이 0.4m임. 제2단 계단은 0.6m 안으로 들여쌓았음. 분구 적석은 주로 강자갈을 사용했고 일부 쇄산석이 있음. 적석에 사용된 돌은 보통 0.2~0.3m 정도로 비교적 큼. 무덤의 서쪽 적석은 심하게 흘러내렸음. 분구 동북 모서리에는 길이 3m, 너비 2m, 깊이 1m의 큰 갱이 있으나 파괴로 인해 만들어진 것임. 분구 상부 중앙부의 함몰처가 석광으로 추정됨.

○ 기타 : 고분은 보존상태가 좋지 못함.

12) 12호묘
○ 위치 : 11호묘 북쪽으로 치우친 곳.
○ 유형 : 계단적석석광묘.
○ 평면 : 정방형.
○ 규모 : 각 변은 길이 8m, 높이 2m임.
○ 구조 : 3단 계단이 있는데 동·북·남 삼면의 계단 부분은 손상되었고 서쪽 계단은 보존상태가 온전함. 계단은 모두 약간 가공된 산돌로 축조. 제1단 계단은 산돌을 3층으로 쌓았는데 계단 높이가 1m이며, 가장 큰 계단석은 길이 0.8m, 너비 0.5m, 높이 0.4m임. 제2단 및 제3단 계단은 0.4~0.5m 안으로 들여쌓고 돌로 덮었음. 제2단 및 3단 계단에서는 1층만을 볼 수 있음. 분구 정부는 0.2~0.4m 정도의 쇄산석으로 봉함. 분구 상부 중앙부에 있는 동서 길이 2m, 남북 너비 1.5m 정도의 함몰갱은 석광으로 추정됨.
○ 기타 : 분구 위에는 관목과 덤불이 가득 자라 있음.

13) 13호묘
○ 위치 : 산기슭 아래.
○ 유형 : 계단적석석광묘.
○ 평면 : 정방형.
○ 규모 : 각 변은 길이 8m, 높이 2m.
○ 구조 : 2단 계단을 볼 수 있음. 전부 약간 다듬어진 산돌로 쌓았음. 제1단 계단석 가장자리는 정연하고 가장 큰 계단석은 길이 0.8m, 너비 0.4m, 높이 0.3m이며 가장 작은 계단석은 길이 0.6m, 너비 0.3m, 높이 0.2m임. 제2단 계단은 0.6m 안으로 들여쌓았으며, 계단석 역시 제1단 계단보다 약간 작음. 분구 적석은 대다수 쇄산석이며, 강자갈이 일부 있음. 분구 중앙부의 함몰갱은 석광으로 추정됨.
○ 기타 : 고분은 보존상태가 비교적 좋음.

14) 14호묘

○ 위치 : 13호묘 서쪽.

○ 유형 : 계단적석석광묘.

○ 평면 : 정방형.

○ 규모 : 각 변의 길이 7m, 높이 2m.

○ 구조 : 2단 계단이 있음. 제1단 계단은 약간 다듬어진 산돌로 쌓았는데 가장 큰 계단석은 길이 0.8m, 너비 0.6m, 높이 0.4m임. 제2단 계단은 교란되어 이미 계단 위치가 판별하기 어려우며, 계단석은 제1단 계단보다 약간 작음. 분구 돌은 강자갈이며, 소량의 쇄산석이 있음. 분구 상부 서쪽에는 함몰갱이 하나 있고 묘광으로 추정됨.

○ 기타 : 고분 보존상태는 보통임.

15) 15호묘

○ 위치 : 14호묘 서북쪽.

○ 유형 : 계단적석석광묘.

○ 평면 : 정방형.

○ 규모 : 한 변 길이 8m, 높이 15m.

○ 구조 : 고분은 이미 교란된 상태로 계단석 대부분은 유실됨. 고분 북쪽 중앙부에서 2단 계단이 남아 있는 것을 볼 수 있음. 계단은 약간 다듬어진 화강암석으로 축조하였고 계단석은 길이 0.7m, 너비 0.5m, 높이 0.4m임. 분구 적석은 쇄산석과 강자갈임. 분구 상부는 이미 교란되어 석광을 명확히 판별 할 수 없음.

○ 기타 : 고분의 보존상태는 좋지 않음.

16) 16호묘

○ 위치 : 15호묘 서남쪽.

○ 유형 : 계단적석석광묘.

○ 평면 : 정방형.

○ 규모 : 한 변 길이 9m, 높이 2m.

○ 구조 : 고분은 2단 계단이 있으며, 전부 약간 가공을 거친 산돌로 축조함. 제1단 계단은 3층으로 가장 큰 계단석은 길이 0.6m, 너비 0.4m, 높이 0.5m임. 제2단 계단은 0.5m 안으로 들여쌓았고 계단은 2층으로 축조되었는데 계단 높이는 0.7m임. 분구 적석은 쇄산석이 주를 이루며 소량의 강자갈이 있음. 적석에 사용된 돌은 보통 0.1~0.3m임. 분구 상부에 남북으로 배열한 2개의 함몰갱은 석광으로 추정함. 북쪽의 함몰갱 속에서 석광 바닥에 깔린 강자갈을 볼 수 있음.

○ 기타 : 고분의 보존상태는 보통임.

17) 17호묘

○ 위치 : 16호묘의 서쪽.

○ 유형 : 계단적석석광묘.

○ 평면 : 정방형.

○ 규모 : 한 변 길이 11m, 높이 3m.

○ 구조 : 고분의 사면은 3단 계단이며, 모두 다듬어진 화강암석으로 축조됨. 보존상태는 비교적 양호함. 제1단 계단은 3층으로 축조되었는데 높이는 1.2m이고 가장 큰 계단석은 길이 0.8m, 너비 0.4m, 높이 0.5m임. 제2단 계단은 0.6m 안으로 들여쌓았으며, 계단석은 보통 길이 0.6m, 너비 0.4m, 높이 0.3m임. 제3단 계단은 다시 0.5m 안으로 들여쌓았으며, 계단은 석판으로 축조하였고 모두 3층으로 높이 0.5m임. 분구 적석은 강자갈이 대다수이며, 쇄산석은 소량 있음. 적석은 보통 0.2~0.3m임. 분구 상부는 가지런하고 그 중앙부의 동서 길이 2m, 남북 길이 1.5m의 함몰갱은 석광으로 추정됨.

○ 기타 : 고분의 보존상태는 온전함.

18) 18호묘

○ 위치 : 17호묘 서북쪽.

○ 유형 : 계단적석석광묘.

○ 평면 : 정방형.

○ 규모 : 한 변 길이 8m, 높이 2m.

○ 구조 : 고분은 2단 계단이 있음. 고분 네 둘레의 계

단은 모두 보존상태는 온전함. 계단은 다듬은 화강암 석으로 축조했음. 제1단 계단은 2층으로 쌓았는데 높이는 0.8m이며, 가장 큰 계단석은 길이 1.2m, 너비 0.6m, 높이 0.5m임. 제2단 계단은 0.5m 안으로 들여쌓았으며, 계단석은 1층으로 되어 있고 계단석은 길이 0.6m, 너비 0.4m, 높이 0.4m임. 분구 적석은 강자갈과 쇄산석으로 이루어졌음. 분구 상부는 가지런하고 중앙부에는 함몰갱이 하나 있는데 석광으로 추정됨.
- 기타 : 고분의 보존상태는 온전함.

19) 19호묘
- 위치 : 18호묘의 서쪽.
- 유형 : 계단적석석광묘.
- 평면 : 정방형.
- 규모 : 남북 길이 13m, 동서 너비 높이 2.5m.
- 구조 : 고분은 3단 계단이 있으며, 동·서·북 삼면 계단은 보존상태가 온전하고 남쪽 중앙부 계단은 대다수 훼손되고, 계단석은 다듬은 화강암석으로 축조됨. 제1단 계단은 3층으로 높이 0.8m 정도이고 가장 큰 계단석은 길이 1.2m, 너비 0.6m, 높이 0.4m임. 제2단 및 제3단 계단은 각기 0.4~0.5m 안으로 들여쌓았으며, 모두 1층으로 이루어졌고 계단석 역시 제1단 계단보다 작음. 분구 적석은 쇄산석과 강자갈로 이루어졌으며, 적석은 0.1~0.3m임. 고분 남쪽 중앙부 계단석의 결손으로 분구 상부의 적석이 많이 유실됨. 분구 상부의 중앙에는 동서 길이 3m, 남북 너비 2.5m, 깊이 1m 정도의 함몰갱이 있으며, 석광으로 추정됨.
- 기타 : 고분의 보존상태는 비교적 좋음.

20) 20호묘
- 위치 : 19호묘 서쪽.
- 유형 : 소형봉토곽실묘(小型封土槨室墓).
- 평면 : 원구상(圓丘狀).
- 규모 : 직경 5m, 높이 2m.
- 구조 : 봉토는 이미 유실되고 쇄석은 이미 표면에 노출되어 보임.

21) 21호묘
- 위치 : 20호묘 서쪽.
- 유형 : 소형봉토곽실묘.
- 평면 : 원구상.
- 규모 : 직경 6m, 높이 2m.
- 구조 : 봉토는 이미 유실되었지만 석재가 보임. 묘도는 밖에 노출되었는데 묘도의 방향은 남향임.

22) 22호묘
- 위치 : 21호묘 서쪽.
- 유형 : 봉토쌍실묘(연접묘).
- 평면 : 타원형.
- 규모 : 길이 14m, 너비 8m, 높이 2m.
- 구조 : 잔존 봉토 상황으로 미루어 원구상의 두 기가 서로 연접되어 있음. 남쪽 고분의 봉토는 비교적 적으며, 묘도는 밖에 노출되었는데 방향은 서남임.
- 기타 : 도굴당한 듯함. 북측 고분은 보존이 약간 좋음.

23) 23호묘
- 위치 : 22호묘 서쪽.
- 유형 : 소형봉토곽실묘.
- 평면 : 원구형.
- 규모 : 직경 8m, 높이 2m.
- 기타 : 고분 보존상태가 비교적 좋음.

24) 24호묘
- 위치 : 23호묘 서쪽.
- 유형 : 계단적석석광묘.
- 평면 : 정방형.
- 규모 : 한 변 길이 8m, 높이 2m.

○ 구조 : 고분은 이미 파괴당함. 고분 사면에는 잡목이 가득 차 있음. 가장 자리에서 보면 제1단 계단은 약간 가공한 산돌로 쌓았고 계단석은 비교적 작음. 분구 상부는 가지런하며, 쇄산석으로 쌓아 봉함.

25) 25호묘
○ 위치 : 24호묘의 서북 산기슭 아래.
○ 유형 : 계단적석석광묘.
○ 평면 : 장방형.
○ 규모 : 남북 길이 12m, 동서 너비 9m, 높이 1.5m.
○ 구조 : 고분은 2단 계단으로 동·북 양측의 제2단 계단은 이미 파괴되었고 남쪽 계단의 분구 적석에는 땔감이 쌓여 있음. 서쪽 제1단 계단은 2층으로 이루어져 있는데 계단 높이는 0.8m이고 약간 가공을 거친 산돌로 쌓았음. 가장 큰 계단석은 길이 0.8m, 너비 0.6m, 높이 0.4m임. 제2단 계단은 0.5m 안으로 들여쌓았으며, 2층으로 이루어졌으며, 계단석도 제1단 계단 보다 작음. 분구 적석은 쇄산석을 위주로 이루어졌고 소량의 강자갈이 있음. 적석에 사용된 돌은 보통 0.2~0.3m 크기임.
○ 정황 : 분구 상부는 이미 교란됨.

26) 26·28·29·30호묘
○ 위치 : 25호묘 서쪽 산기슭 아래.
○ 유형 : 봉토곽실묘.
○ 평면 : 원구상.
○ 규모 : 직경 약 6m 정도, 높이 2~2.5m.
○ 정황 : 원구상 봉토분구는 이미 유실됨. 경작지에서 있던 많은 쇄석 무지가 분구에 놓여서 원형이 심하게 파괴됨. 4기의 고분은 묘실 축조에 사용된 석재가 이미 표면 밖으로 노출됨.

27) 27호묘
○ 위치 : 25호묘 서쪽.
○ 유형 : 계단적석석광묘.
○ 평면 : 정방형.
○ 규모 : 한 변 길이 13m, 높이 4.5m.
○ 구조 : 고분은 3단 계단으로, 다듬어진 화강암석 또는 돌로 축조됨. 제1단 계단은 4층으로 축조되었는데 높이가 1.3m 정도이고 석재는 보통 길이 1m, 너비 0.6m, 높이 0.4m임. 제2단 계단은 0.6m 안으로 들여 쌓았으며 2층으로 축조되었고 높이는 0.7m이며, 석재는 길이 0.6m, 너비 0.4m임. 제3단 계단은 0.5m 안으로 들여쌓았고 1층으로 축조되었고 석재는 보통 0.7m, 너비 0.4m, 높이 0.4m임. 분구는 쇄산석으로 쌓았는데 쇄산석은 비교적 크고 보통 길이 0.3~0.4m임.
○ 정황 : 분구 상부는 이미 교란되었고 북쪽에는 길이 1m, 너비 0.6m, 깊이 0.8m 정도의 도굴갱이 하나 있음. 고분은 보존상태가 온전함.

28) 31호묘
○ 위치 : 30호묘 서남쪽.
○ 유형 : 계단적석석광묘.
○ 평면 : 정방형.
○ 규모 : 한 변 길이 12m, 높이 1.8m.
○ 구조 : 심하게 파괴되어 고분 사면의 제1단 계단의 1층 축조석만 보임. 계단석은 다듬은 비교적 큰 화강암석이고 석재는 길이 1m, 너비 0.6m, 높이 0.5m 정도임. 분구 적석은 강자갈이며, 분구 상부는 이미 파괴됨.

29) 32호묘
○ 위치 : 31호묘 서쪽.
○ 유형 : 계단적석석광묘.
○ 평면 : 정방형.
○ 규모 : 한 변 길이 12m, 잔존 높이 1.5m.
○ 구조 : 고분 둘레는 대부분이 파괴되어 계단이 보이지 않으며, 오직 서남 모서리에서 다듬은 화강암석으로

축조한 계단을 볼 수 있는데 계단석은 길이 1m, 너비 0.8m, 높이 0.6m 정도임. 기타 가장자리에 쌓은 다수의 강자갈은 크기가 0.2~0.3m임.
○ 기타 : 분구 상부에는 땔감이 가득 차 있음.

30) 33·34·35호묘
○ 위치 : 36호묘 동북쪽.
○ 유형 : 소형봉토곽실묘.
○ 평면 : 원구상.
○ 규모 : 직경 8m 정도, 높이 2~3m.
○ 정황 : 고분 3기는 이미 다른 정도로 파괴된 상태임. 봉토는 이미 유실되었으며, 묘실 축조석이 밖으로 노출되어 보임. 34호묘 남쪽에서는 묘도가 열려 볼 수 있으며, 33호묘는 아주 심하게 파괴됨.

31) 36호묘
○ 위치 : 35호묘 서남쪽.
○ 유형 : 봉토석실묘.
○ 평면 : 원구상.
○ 규모 : 직경 15m, 높이 3m 정도.
○ 구조 : 봉토 부분은 유실되어 묘실은 이미 밖으로 드러나고 묘도가 열려 있음. 묘도는 묘실 중앙에 있는 鏟形임을 볼 수 있음. 묘실은 길이 3·3m, 높이 2.9m이며 묘실 방향은 170°임.
○ 기타 : 분구 상부에 세 그루의 나무가 자라고 있음.

32) 37호묘
○ 위치 : 36호묘 서쪽.
○ 유형 : 봉토석실묘.
○ 평면 : 원구상.
○ 규모 : 직경 13m, 높이 3.5m.
○ 구조 : 고분의 북쪽 봉토는 보존상태가 비교적 양호하며, 남쪽의 봉토는 이미 유실됨. 묘실을 축조한 돌은 이미 노출되었음.

○ 기타 : 고분은 온전한 상태임.

33) 38호묘
○ 위치 : 37호묘 서쪽.
○ 유형 : 계단적석석광묘.
○ 평면 : 장방형.
○ 규모 : 동서 길이 17m, 남북 너비 11m, 높이 2.5m.
○ 구조 : 고분은 2단 계단으로 이루어졌는데 동·남·북 삼면의 계단은 보존상태가 비교적 좋으며, 서쪽 계단은 이미 주민이 집을 지으면서 파괴당함. 계단은 다듬은 화강암석 또는 돌로 축조함. 제1단 계단은 4층으로 쌓은 것을 볼 수 있는데 높이가 1.5m 정도이고 석재는 길이 1.5m, 너비 0.8m, 높이 0.6m임. 제2단 계단은 0.5m 안으로 들여쌓았고 계단은 1층으로 이루어졌고 계단석은 길이 1m, 너비 0.6m, 높이 0.5m 정도임. 분구 적석은 쇄석이 주를 이루며, 소량의 강자갈이 있는데 돌은 보통 0.1~0.3m임.
○ 기타 : 분구 상부는 가지런하고 현재 분구 상부의 동쪽에 전신주 하나가 매설되어 있음.

5. 역사적 성격

○ 해당 고분군은 마선묘구의 북쪽, 즉 마선구하 중상류에 위치하므로, 마선묘구에 귀속해야만 함.
○ 계단적석묘와 봉토묘가 중심이 되는 것으로 미루어 이른 시기부터 조성된 고분군으로 보기 어려우며, 중심 연대는 4세기 이후로 추정됨.

참고문헌
• 孫仁杰·遲勇, 2007, 『集安高句麗墓葬』, 香港亞洲出版社.

78 집안 초가구고분군
集安 肖家溝古墳群

1. 조사현황

1) 2004년 및 2005년 조사
- 조사기관 : 吉林省 長白文化硏究會, 集安市博物館.
- 조사 참여자 : 張福有, 程遠, 孫仁杰, 遲勇.
- 조사내용 : 일찍이 두 차례 해당고분군에 대해 조사·실측·등록을 진행함.

2. 위치와 자연환경(그림 1)

- 고분군은 집안 마선향 초가구문의 동쪽 언덕에 위치.
- 고분군의 서쪽으로 초가구를 사이에 둔 언덕 위에 JSM2378호묘가 있고, 남쪽 언덕 아래는 通溝톨게이트이며, 동쪽으로는 집안시내와 2.5km 떨어져 있음.

3. 고분군의 전체현황(그림 2)

- 고분군은 언덕과 산비탈의 수풀에 자리하고 있음.
- 고분은 총 32기로 유단적석석광묘 31기, 봉토석실묘 1기임.
- 대부분 고분은 보존상태가 온전함.

그림 1
초가구고분군 위치도

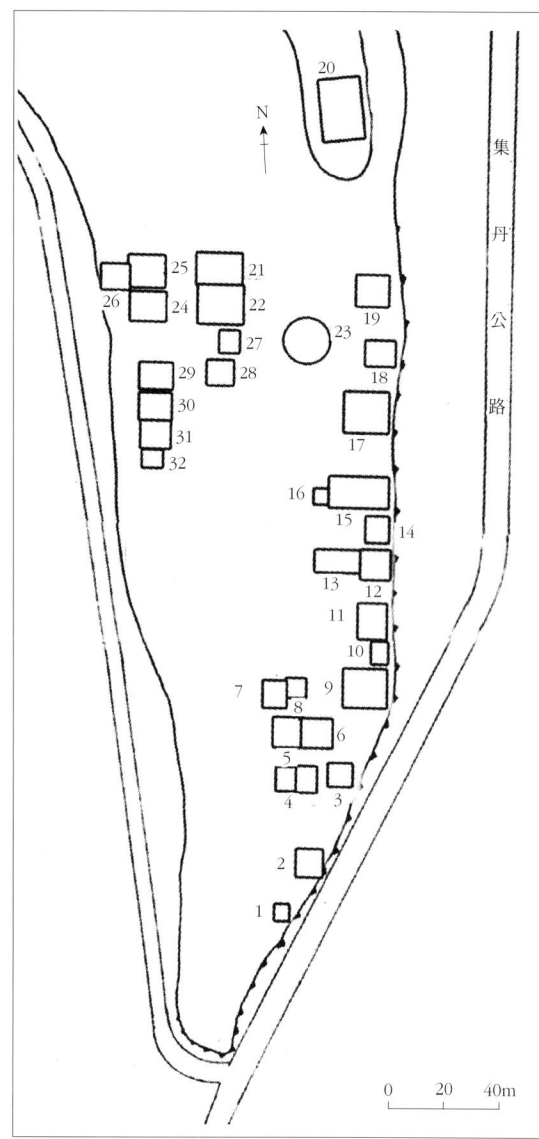

그림 2 초가구고분군 분포도(『集安高句麗墓葬』)

4. 고분별 현황

1) JMXM1호묘
○ 위치 : 초가구고분군의 최남단에 위치하는데 동·남 양쪽 측면에는 벼랑이 있음. 동북쪽으로 JMXM2호묘와 10m 떨어져 있음.
○ 유형 : 유단적석석광묘.
○ 평면 : 방형.
○ 규모 : 한 변 길이 5m, 높이 0.6m.
○ 구조 : 고분 사면 둘레 기단은 이미 흘러내려진 분구 돌에 의해 매몰됨. 분구 돌은 모두 쇄산석이며, 크기는 0.1~0.2m 정도임.
○ 기타 : 고분의 보존상태는 온전함.

2) JMXM2호묘
○ 위치 : 서남쪽으로 JMXM1호묘와 10m 떨어져 있음. 동쪽으로 벼랑이 있음.
○ 유형 : 유단적석석광묘.
○ 평면 : 방형.
○ 규모 : 한 변 길이 10m, 높이 1.5m.
○ 구조 : 고분 사면에 기단을 쌓았음. 북측기단은 비교적 양호하며, 가공하지 않은 자연석으로 축조하였는데 돌은 길이 0.5m, 너비 0.4m, 높이 0.3m임. 기단 안은 0.1~0.3m의 쇄산석으로 채워져 있음.
○ 기타 : 고분의 보존상태는 온전함.

3) JMXM3호묘
○ 위치 : 남쪽으로 JMXM2호묘와 약 26m 떨어져 있고, 동쪽으로 벼랑이 있음.
○ 유형 : 유단적석석광묘.
○ 평면 : 방형.
○ 규모 : 한 변 길이 8m, 높이 1m.
○ 구조 : 고분 사면의 기단은 이미 흘러내린 분구돌에 의해 매몰됨. 분구돌은 강자갈이 소량 섞인 쇄산석임. 분구 상부 중앙의 동서 길이 3m, 남북 너비 2.5m, 깊이 0.7m의 함몰갱은 석광 자리로 추정됨.
○ 기타 : 고분은 보존상태가 온전함.

4) JMXM4호묘
○ 위치 : 동쪽으로 JMXM3호묘와 5m 떨어져 있으며, 동고서저임.
○ 유형 : 유단적석석광연접묘.

○ 평면 : 장방형.
○ 규모 : 동서 길이 14m, 남북 너비 7m, 높이 1m.
○ 구조 : 고분 사면의 기단은 가공을 거치지 않은 자연석으로 축조함. 대부분의 기단은 보호 상태가 온전함. 분구 중앙부에는 남북 방향의 석렬이 고분을 둘로 나누며, 이 석렬을 가공되지 않은 자연석으로 축조됨. 고분 동쪽 중간에는 3×2×0.5m의 함몰갱이 하나 있으며, 함몰갱 주위에는 불에 탄 흔적이 있음. 고분 서쪽 하부에는 교란갱이 하나 있음. 분구 돌은 모두 쇄산석이며, 돌은 비교적 큰데 보통 0.4m 정도임.
○ 기타 : 고분의 보존상태는 양호함.

5) JMXM5호묘
○ 위치 : 남쪽으로 JMXM4호묘와 5m 떨어져 있고, 동쪽으로 JMXM6호묘와 접해 있음.
○ 유형 : 유단적석석광연접묘.
○ 평면 : 방형.
○ 규모 : 한 변 길이 10m, 높이 0.8m.
○ 구조 : 고분 사면에 기단을 조성했는데 가공되지 않은 자연석으로 축조함. 기단은 보존상태가 완전함. 일부 기단은 흘러내린 분구 돌에 의해 매몰됨. 기단석은 길이 0.6m, 너비 0.4m, 높이 0.3~0.4m 정도임. 분구 정상부의 남쪽에 동서로 배열한 교란갱 2개가 있음.

6) JMXM6호묘
○ 위치 : 남쪽으로 JMXM4호묘와 5m 떨어져 있고, 서쪽으로 JMXM5호묘와 접해 있음.
○ 유형 : 유단적석석광묘.
○ 평면 : 방형.
○ 규모 : 한 변 길이 10m, 높이 0.5m.
○ 구조 : 고분 사면의 기단석은 이미 다수 유실됨. 축조법과 분구 돌은 모두 JMXM5호묘와 같음.
○ 기타 : 고분은 파괴됨.

7) JMXM7·8호묘
○ 위치 : 남쪽으로 JMXM6호묘와 약 5m, 동쪽으로 JMXM9호묘와 5m 떨어져 있음. 두 고분은 동서로 배열하고 있는데 간격은 매우 좁음.
○ 유형 : 유단적석석광묘.
○ 평면 : 방형.
○ 규모 : 한 변 길이 6~8m, 높이 1m.
○ 구조 : 고분 사면의 기단은 가공하지 않은 자연석으로 축조함. JMXM7호묘 정부 중앙에는 동서 길이 3m, 남북 너비 2m, 깊이 0.5m의 함몰갱이 하나 있음. 함몰갱 주변에는 불에 탄 용석이 보이는데 용석은 0.2m 정도임. 두 고분의 분구돌은 쇄산석이며, 쇄산석은 보통 0.1~0.3m임.
○ 기타 : JMXM8호묘 북쪽에는 산에 오르는 작은 길이 있음. 고분의 보존상태는 온전함.

8) JMXM9호묘
○ 위치 : 북쪽으로 JMXM10호묘와 1m, 서쪽으로 JMXM8호묘와 5m 떨어져 있음.
○ 유형 : 유단적석석광묘.
○ 평면 : 방형.
○ 규모 : 한 변 길이 15m, 높이 1.5m.
○ 구조 : 고분 사면의 기단은 대다수 이미 유실됨. 북쪽에 남아 있는 기단석은 가공하지 않은 자연석으로 축조되었는데 돌은 비교적 큰편으로 가장 큰 돌은 0.9m, 너비 0.5m, 높이 0.4m임. 분구돌은 쇄산석이며, 분구 상부의 남·북쪽에는 각기 직경 5m, 깊이 1m 정도의 깊은 갱이 하나 있음.
○ 기타 : 고분은 이미 파괴됨.

9) JMXM10호묘
○ 위치 : 남쪽으로 JMXM9호묘와 1m 떨어져 있고, 서쪽으로 JMXM5호묘와 접해 있음.
○ 유형 : 유단적석석광묘.

○ 평면 : 장방형.
○ 규모 : 남북 길이 8m, 동서 너비 5m, 높이 1m.
○ 구조 : 고분 사면의 기단은 일부 흘러내린 분구돌에 의해 매몰되었고, 나머지 기단석은 보존상태가 온전함. 가공하지 않은 자연석으로 축조되었는데 기단은 정연하게 축조되었고 돌은 비교적 균일함. 분구 중앙부의 동서 길이 3m, 남북 너비 2m, 깊이 0.7m의 함몰갱은 석광 위치로 추정됨. 분구돌은 모두 쇄산석이며, 돌의 크기는 0.1~0.2m 정도임.
○ 기타 : 고분의 보존상태가 온전함.

10) JMXM11호묘

○ 위치 : 남쪽으로 JMXM10호묘와 4m 떨어져 있고, 서쪽으로 JMXM5호묘와 접해 있음.
○ 유형 : 유단적석석광묘.
○ 평면 : 장방형.
○ 규모 : 동서 너비 10m, 남북 길이 12m, 높이 1.5m.
○ 구조 : 고분 사면에 기단을 조성했는데 북쪽 기단이 보존상태가 온전하며, 나머지 동·남·서 삼면 기단석은 대다수 유실됨. 기단석은 비교적 작음. 분구 상부는 모두 0.3m 정도의 쇄산석으로 봉함. 분구 상부 중앙부에는 4×4×1m의 도굴갱이 하나 있음.
○ 기타 : 고분은 이미 파괴됨.

11) JMXM12호묘

○ 위치 : 남쪽으로 JMXM11호묘와 8m, 서쪽으로 JMXM13호묘와 3m 떨어져 있음.
○ 유형 : 유단적석석광연접묘.
○ 평면 : 방형.
○ 규모 : 한 변 길이 10m, 높이 1m.
○ 구조 : 고분 사면의 기단은 보존상태가 온전함. 기단은 가공하지 않은 자연석으로 조성했는데 돌의 크기는 고르지 않으며, 최대석은 길이 0.7m, 너비 0.4m, 높이 0.4m이고, 가장 작은 돌은 길이 0.4m, 너비 0.3m, 높이 0.2m임. 분구돌은 모두 쇄산석인데 보통 0.2~0.3m임. 분구 상부는 정연함.
○ 기타 : 고분의 보존상태는 온전함.

12) JMXM13호묘

○ 위치 : 동쪽으로 JMXM12호묘와 3m 떨어져 있고, 서쪽으로 JMXM5호묘와 접해 있음.
○ 유형 : 유단적석석광연접묘.
○ 평면 : 장방형.
○ 규모 : 동서 길이 15m, 남북 너비 8m, 높이 1m.
○ 구조 : 고분 사면의 기단은 보존상태가 온전하며, 기단은 가공하지 않은 자연석으로 조성했는데 돌은 0.7m 정도임. 분구 중앙에 남북 방향의 석렬이 고분을 상·하 두 부분으로 나눔. 석렬은 얇은 판상의 가공하지 않은 자연석으로 축조함. 석렬의 동·서 양쪽에 각기 길이 3.5m, 너비 3m, 깊이 0.7m 정도의 함몰갱이 하나씩 있음. 함몰갱의 주위에는 현재 불에 탄 용석이 있음. 이는 석광 자리로 추정됨. 분구돌은 모두 쇄산석으로 돌은 고른 편임.
○ 기타 : 고분의 보존상태는 온전함.

13) JMXM14호묘

○ 위치 : 남쪽으로 JMXM13호묘와 6m 떨어져 있음.
○ 유형 : 유단적석석광묘.
○ 평면 : 장방형.
○ 규모 : 동서 길이 8m, 남북 너비 12m, 잔존 높이 0.5m.
○ 구조 : 고분 사면의 기단석은 모두 유실되고, 남은 기단석은 제자리를 잃음. 분구 돌은 대다수 강자갈이며, 소량의 쇄산석이 있음. 분구 상부의 중앙과 서쪽으로 교란갱이 있음.
○ 기타 : 고분은 이미 파괴됨.

14) JMXM15호묘
o 위치 : 남쪽으로 JMXM14호묘와 8m 떨어져 있음.
o 유형 : 유단적석석광연접묘.
o 평면 : 장방형.
o 규모 : 동서 길이 20m, 남북 너비 10m, 높이 1.2m.
o 구조 : 고분 사면의 기단은 가공하지 않는 자연석으로 조성했으며, 기단석 대부분은 유실됨. 분구 상부에는 교란된 곳이 많음. 분구 돌은 다수가 강자갈이고 소량의 쇄산석도 있음. 돌은 0.3m 정도임.
o 기타 : 고분은 이미 파괴됨.

15) JMXM16호묘
o 위치 : 동쪽으로 JMXM15호묘와 3m 떨어져 있음.
o 유형 : 유단적석석광묘.
o 평면 : 방형.
o 규모 : 한 변 길이 6m, 높이 1m.
o 구조 : 고분 사면 기단은 보존상태가 온전하며, 기단은 가공하지 않은 자연석으로 정연하게 축조했는데 기단석은 보통 길이 0.7m, 너비 0.4m, 높이 0.3m 정도임. 분구돌은 모두 강자갈이며, 돌은 고른 편임. 보통 크기가 0.3m 정도임.
o 기타 : 고분은 보존상태가 온전함.

16) JMXM17호묘
o 위치 : 남쪽으로 JMXM16호묘와 약 15m, 북쪽으로 JMXM18호묘와 10m 떨어져 있음.
o 유형 : 유단적석석광묘.
o 평면 : 방형.
o 규모 : 한 변 길이 15m, 높이 1.2m.
o 구조 : 고분 사면에 기단을 조성했는데 동·북 양쪽 기단석은 현재 심하게 파괴되고 서·남쪽 기단은 일부 유실됨. 기단은 가공하지 않은 자연석으로 축조했는데 돌은 비교적 큼. 분구돌은 모두 강자갈임.
o 기타 : 분구 상부는 이미 교란됨.

17) JMXM18호묘
o 위치 : 남쪽으로 JMXM17호묘와 약 10m 떨어져 있음.
o 유형 : 유단적석석광묘.
o 평면 : 방형.
o 규모 : 한 변 길이 8m, 높이 0.8m.
o 구조 : 고분 사면에 기단을 조성했는데 기단은 일부 유실된 것을 제외하고 대부분 분구에서 떨어진 돌에 의해 매몰됨. 분구돌은 모두 강자갈이며 돌의 크기는 비교적 작아 0.2m 정도임. 분구 상부 서쪽에 교란갱 두 곳이 있음.

18) JMXM19호묘
o 위치 : 남쪽으로 JMXM18호묘와 약 20m, 서남쪽으로 JMXM23호묘와 30m 떨어져 있음.
o 유형 : 유단적석석광묘.
o 평면 : 방형.
o 규모 : 한 변 길이 10m, 높이 1m.
o 구조 : 고분 사면에 기단을 조성했는데 기단은 가공하지 않은 자연석으로 쌓았음. 서쪽 기단석은 동·북·남 삼면 보다 큰데 가장 큰 기단석은 길이 0.9m, 너비 0.5m, 높이 0.4m임. 분구 상부는 보존상태가 온전함. 분구 상부 중앙부에는 동서 길이 3.3m, 남북 너비 2.8m, 깊이 0.6m 정도의 함몰갱이 하나 있으며, 함몰갱 주위에는 불에 탄 흔적이 보이는데 이는 석광 위치로 추정됨. 분구 돌은 모두 쇄산석으로 크기는 보통 0.1~0.3m임.
o 기타 : 고분의 보존상태는 온전함.

19) JMXM20호묘
o 위치 : 고분군의 최북단에 위치하는데 남쪽으로 JMXM19호묘와 약 30m 떨어져 있음. 북고남저로 동쪽은 벼랑임.
o 유형 : 유단적석석광묘.

○ 평면 : 장방형.
○ 규모 : 남북 길이 20m, 동서 너비 15m, 잔존 높이 약 1m.
○ 구조 : 고분군 내 가장 큰 고분임. 고분 사면 기단은 이미 일부 유실되었는데 특히 북쪽 기단은 심하게 유실됨. 기단석은 가공하지 않은 자연석으로 보통 길이 0.5m, 너비 0.3m, 높이 0.2m 정도로 작은 편임. 분구돌은 쇄산석이며 돌의 크기는 0.2~0.3m임. 고분 북쪽에는 큰 교란갱 하나가 있음.
○ 기타 : 고분은 이미 파괴됨. 고분 서쪽에는 산에 오르는 작은 길이 하나 있음.

20) JMXM22호묘
○ 위치 : 북쪽으로 JMXM21호묘와 약 2m 떨어져 있음.
○ 유형 : 유단적석석광묘.
○ 평면 : 방형.
○ 규모 : 한 변 길이 15m, 높이 1.2m.
○ 구조 : 고분 사면 기단은 보존상태가 온전한데 서쪽 남단은 일부 기단이 분구 위에서 흘러내린 돌에 의해 매몰됨. 기단석은 가공하지 않은 자연석으로 길이 0.7m, 너비 0.4m, 높이 0.4m 정도임. 분구돌은 쇄산석이며 돌은 고른 편임. 돌의 크기가 0.3m 정도임. 중앙부에는 3×3×0.5m의 함몰갱이 하나 있음. 함몰갱의 주위에는 불에 탄 흔적이 있음. 석광 위치로 추정됨.
○ 기타 : 고분의 보존상태는 온전함.

21) JMXM23호묘
○ 위치 : 동쪽으로 JMXM18호묘와 약 20m 떨어져 있음.
○ 유형 : 봉토석실묘.
○ 평면 : 원구상.
○ 규모 : 봉토 직경 15m, 높이 3m.
○ 정황 : 봉토는 일부 유실되고, 고분의 동남에는 산에 오르는 작은 길이 하나 있음. 고분의 보존상태는 온전함.

22) JMXM24·25호묘
○ 위치 : 동쪽으로 JMXM22호묘와 10m, 서쪽으로 JMXM26호묘와 2m 떨어져 있음. 고분은 남북으로 배열해 있고 간격은 1m임.
○ 유형 : 유단적석석광묘.
○ 평면 : 방형.
○ 규모 : 한 변 길이 12m, 높이 1m 정도.
○ 구조 : 두 고분의 가장자리는 가공하지 않은 자연석으로 기단을 조성했음. 기단석은 JMXM25호묘가 JMXM24호묘 보다 큼. 가장 큰 돌은 길이 0.7m, 너비 0.4m, 높이 0.4m임. 두 고분의 분구돌은 모두 쇄산석으로 돌 크기는 0.1~0.2m임. JMXM24호묘의 북쪽은 교란되었는데 면적이 3×3m임. JMXM25호묘의 분구 상부 중앙에는 동서 길이 3m, 너비 2.5m, 깊이 0.6m의 함몰갱이 하나 있으며, 함몰갱의 주위에서는 용석을 볼 수 있음. 이는 석광 위치로 추정됨.
○ 기타 : 두 고분에는 관목과 잡초가 가득 차 있음.

23) JMXM26호묘
○ 위치 : 동쪽으로 JMXM24호묘와 2m 떨어져 있음.
○ 유형 : 유단적석석광묘.
○ 평면 : 장방형.
○ 규모 : 남북 길이 8m, 동서 너비 6m, 높이 1m.
○ 구조 : 고분 사면의 기단석이 다수 유실되고 분구돌도 다수 사라짐.
○ 기타 : 고분 서북 모서리에서는 우물 하나를 찾아냄.

24) JMXM27·28호묘
○ 위치 : 북쪽으로 JMXM22호묘와 2m 떨어져 있음. 두 고분은 남북으로 배열하고 있는데 간격은 3m임.
○ 유형 : 유단적석석광묘.

○ 평면 : 방형.
○ 규모 : 한 변 길이 6~8m, 높이 1m 정도.
○ 구조 : 기단은 가공하지 않은 자연석으로 축조했는데 기단석은 보존상태가 온전함. 분구돌은 모두 쇄산석으로 크기는 0.1~0.3m임. JMXM27호묘의 분구 상면은 정연하며, JMXM28호묘는 중앙부에 동서 길이 3m, 남북 너비 2m, 깊이 0.6m의 함몰갱이 하나 있음. 함몰갱 속에 관목과 잡초가 가득 차 있음.
○ 기타 : 두 고분은 모두 보존상태가 온전함.

25) JMXM29호묘
○ 위치 : 동쪽으로 JMXM28호묘와 10m, 남쪽으로 JMXM30호묘와 1m 떨어져 있음.
○ 유형 : 유단적석석광묘.
○ 평면 : 방형.
○ 규모 : 한 변 길이 8m, 높이 1m.
○ 구조 : 고분 사면 둘레의 기단석은 이미 유실되고, 분구돌은 쇄산석으로 이미 흘러내림.
○ 기타 : 고분은 이미 파괴됨.

26) JMXM30·31·32호묘
○ 위치 : 북쪽으로 JMXM29호묘와 1m 떨어져 있음. 세 고분은 남북으로 배열하고 있는데 각기 간격은 1m임.

○ 유형 : 유단적석석광묘.
○ 평면 : 방형.
○ 규모 : 한 변 길이 6~10m, 높이 1m 정도.
○ 구조 : 기단은 크기가 고르지 않고 가공하지 않은 자연석으로 축조했음. 가장 큰 기단석은 길이 0.8m, 너비 0.4m이며 가장 작은 기단석은 길이 0.4m, 너비 0.3m, 높이 0.2m임. 세 고분의 정상부는 비교적 평평하며, 분구돌은 모두 쇄산석이고 소량의 강자갈도 있는데 돌은 보통 0.1~0.3m임.
○ 기타 : 세 고분은 모두 보존상태가 온전함.

5. 역사적 성격

해당 고분군은 보존상태가 비교적 좋으며, 통구고분군 범위 내에 자리하고 있어 통구고분군에 귀속시켜야 함. 이곳에 분포하는 고분유형을 보면, 그 연대는 JMM2378호묘와 대등하므로 고구려 초기 고분군에 해당함. 그러나 봉토석실묘는 적석묘와 시기를 달리 봐야 함.

참고문헌
• 孫仁杰·遲勇, 2007, 『集安高句麗墓葬』, 香港亞洲出版社.

79 집안 상활룡산서고분군
集安 上活龍山西古墳群

1. 조사현황

1) 2010년 5월 발견
○ 집안시 교외의 상활룡촌 문물유적답사 때 고구려시기의 새로운 고분군을 발견함.
○ 동·서 두 개 구역으로 나뉘어 총 23기 고분을 확인했는데 무덤은 모두 적석묘에 해당함. 유단적석석광묘 20기(연접묘 6기), 계단적석석광묘 2기, 계단적석광실묘 1기임.
○ 무덤은 대다수 산골짜기와 산비탈 관목 속에 분포하며, 일부 무덤은 계단식 밭을 조성하면서 훼손된 상태임.
○ 동·서 구역의 대다수 무덤은 산골짜기 관목과 잡초 속에 자리하여 은폐되기 쉬워 조사 중 누락될 가능성이 높았음. 이번 조사에서 23기 무덤을 조사하였고, 그 외 흔적만 남은 고분 7기가 있었는데 무덤 돌이 전부 채취되고 일부 작은 쇄석만 남아 있어 잔존 상황이 온전하지 않음.

2. 위치와 자연환경(그림 1)

○ 고분군은 集安市 國內城 서남 12km, 麻線鄕 上活龍村 山西4組 북측의 산골짜기 및 산비탈 중간지점에 위치함.
○ 압록강을 따라 동서로 뻗은 높은 산에서 갈라진 남북으로 뻗은 산봉우리가 있음. 江岸을 기준으로 강 상류는 상활룡, 하류는 하활룡으로 나눔.

3. 고분군의 전체현황(그림 2)

○ 고분군은 남북 주향의 산봉우리 서쪽에 자리하고 있어 '山西古墳群'이라 명명함. 산서 북쪽에는 동·서 두 개의 자연 산골짜기가 있고, 고분은 이 동·서 양측 산골짜기와 산비탈 위에 분포함. 동측 산골짜기에 분포하는 무덤은 東區, 서측 산골짜기에 분포하는 무덤은 西區라고 칭함.
○ 두 구역의 고분군 모두가 북쪽은 산과 연결되고 남쪽으로 압록강이 있으며, 마을 사이 도로가 고분군과 압록강의 중간을 지나고 있음.
○ 발굴조사한 무덤이 자리한 곳의 지세는 북고남저인데 북측 가장 높은 곳의 무덤은 양 갈래로 나뉜 골짜기 가까이에 있고 그 아래는 남쪽으로 경사진 비탈인데 가장 하부의 무덤은 비탈 중간에 위치함.
○ 고분조사 작업은 고분군 서구의 남쪽에서 북쪽으로 진행하고 다시 동구의 남쪽에서 북쪽으로 진행하여서 이에 따라 차례대로 편호함. 서구 고분군은 총 14기로 M1~M14로, 동구 고분군은 총 9기로 M15~M23으로 편호함.
○ 서구 고분군은 상활룡산서고분군 서측 산골짜기에 위치하며, 골짜기는 비교적 넓음. 서구 고분군 중심지

그림 1
상활룡산서고분군 위치도

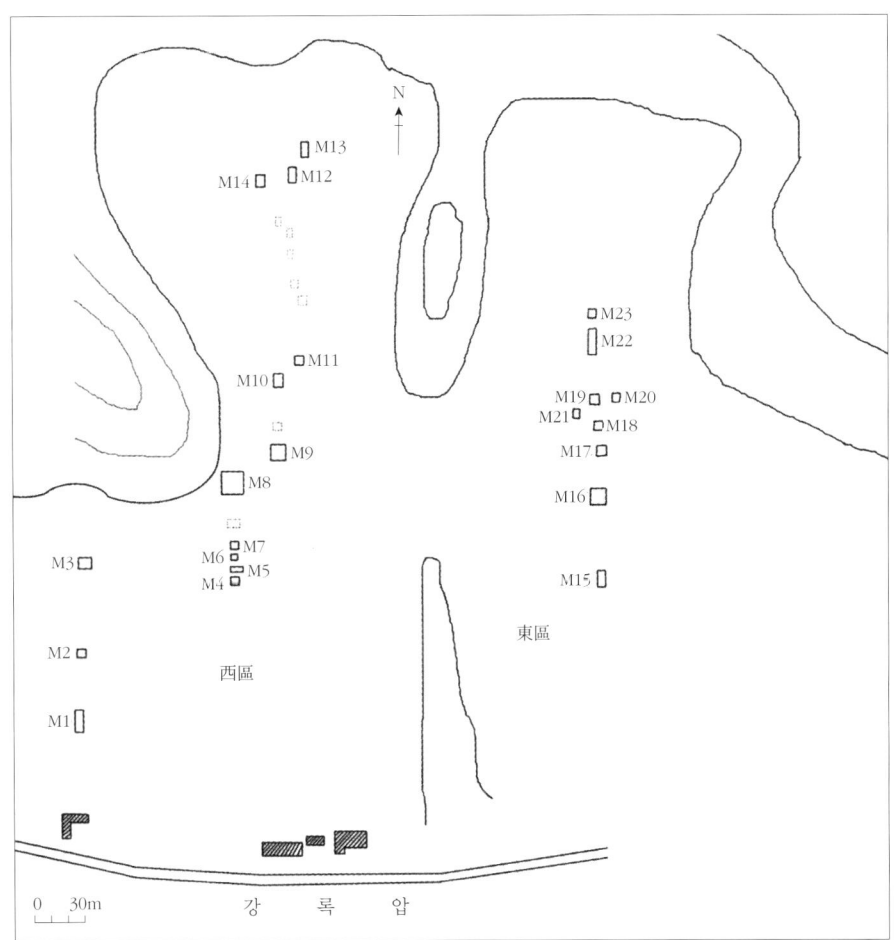

그림 2 상활룡산서고분군의
위치와 분포도

리좌표는 동경 126°06′589″, 북위 41°02′570″이고 해발 239m임. 동구 고분군은 동측 산골짜기에 위치하며, 고분군의 중심지리좌표는 동경 126°06′702″, 북위 41°02′624″이고 해발 246m임.

4. 고분별 현황

1) 1호묘(M1)
○ 위치 : 산비탈 중부에 위치하는데 남쪽으로 鄕路와 약 60여m 떨어져 있음.
○ 유형 : 유단적석석광연접묘.
○ 규모 : 남북 길이 14m이며, 동서 너비 5m, 현존 높이 1m 정도.
○ 구조 : 무덤 둘레에 일부 기단석 1층만 확인되는데 다수의 돌은 다른 용도로 채취되었음. 기단석 다수는 약간 가공한 화강암으로 길이 0.7m, 너비 0.4m, 높이 0.3m 정도임. 기단 안에는 碎山石으로 채워졌는데 일반적으로 채움돌은 0.3×0.2×0.2m 정도임. 무덤 상부에 장방형 함몰갱이 3개 있음. 함몰정황상 3개 석광이 남북으로 배열되었으리라고 추정됨. 현재 볼 수 있는 함몰갱은 동서 길이 1.5m, 남북 너비 1m, 깊이 0.2m 정도임. 무덤 정상부는 쇄산석과 소량의 강자갈(河卵石)로 쌓았고 분구 돌은 일반적으로 0.2×0.2×0.1m 정도임.
○ 기타 : 해당 무덤은 일찍이 파괴당함.

2) 2호묘(M2)
○ 위치 : 남쪽으로 1호묘(M1)와 약 30m 떨어져 있음.
○ 유형 : 유단적석석광묘.
○ 규모 : 한 변 길이가 약 6m.
○ 평면 : 방형.
○ 구조 : 무덤 둘레에 계단을 조성했는데 계단석은 비교적 크고 모두 약간 가공을 거쳤음. 가장 큰 돌은 길이 0.8m, 너비 0.6m, 높이 0.4m이고 나머지 계단석 크기는 다수가 0.5×0.3×0.2m임. 계단석은 대부분 결실되었는데 서남 모서리 북측 계단은 다수가 이미 파괴되었고 북측 계단석은 채취되었음. 제2단 계단석만이 무덤 서측에서 몇 개가 보일뿐, 나머지 역시 다수가 파괴당하였음. 무덤 상부 중간에는 장방형 함몰갱 하나가 보임. 분구 상부의 적석은 일반적으로 쇄산석으로 크기는 0.2×0.2×0.15m 정도임.
○ 기타 : 무덤은 이미 파괴당해 무덤 상부의 분구와 함몰갱에는 잡다한 물건(雜物)으로 덮여 있음.

3) 3호묘(M3)
○ 위치 : 남쪽으로 2호묘(M2)와 약 50m 떨어져 있음.
○ 유형 : 유단적석석광묘.
○ 규모 : 네 둘레 길이 7m, 높이 3m.
○ 평면 : 방형.
○ 구조 : 무덤은 북고남저이며, 둘레에 기단을 조성했음. 북측 기단은 이미 경작지 침식으로 파괴되어 현재 남아 있지 않고, 나머지 삼면 기단은 보존상태가 양호하며, 기단석은 약간 가공을 거친 화강암으로 대개 길이 0.6m, 너비 0.4m, 높이 0.2m임. 기단은 두 층으로 쌓았는데 높이가 일반적으로 0.5m 정도임. 기단 안은 쇄산석으로 채웠으며, 쇄산석 크기는 0.3×0.2×0.2m 정도임. 무덤 정상부 중간에는 남북으로 함몰갱 2개가 배열되어 있는데 이는 남북으로 배열한 두 개의 석광으로 추정됨. 석광은 모두 동서 길이 1.6m, 너비 0.8m, 깊이 0.2m 정도임. 분구 적석은 다수가 0.2×0.2×0.1m 정도의 쇄산석 및 소량의 강자갈(河卵石)임.
○ 기타 : 해당 무덤은 보존상태가 비교적 양호함.

4) 4호묘(M4)
○ 위치 : 3호묘(M3)의 동쪽 약 93m 거리에 위치.
○ 유형 : 유단적석석광묘.
○ 규모 : 한 변 길이가 5m이며, 현존 높이 1m.

○ 평면 : 방형.
○ 구조 : 무덤 가장자리의 기단석 다수가 채취됨. 현존 기단석 중 비교적 큰 것은 0.7×0.4m×0.3m이고, 작은 것은 0.5×0.4×0.2m 정도임. 무덤 안을 채운 돌과 분구의 적석 다수는 쇄산석이고 강자갈(河卵石)은 소량인데 돌의 크기는 0.3×0.25×0.2m임.
○ 기타 : 무덤 상부는 이미 파괴당함.

5) 5호묘(M5)
○ 위치 : 남쪽으로 4호묘(M4)와 약 3m 떨어져 있음.
○ 유형 : 유단적석석광묘.
○ 규모 : 동서 6m, 남북 4m, 잔존 높이 0.7m.
○ 구조 : 기단석은 다수가 이미 파괴당하였거나 채취됨. 적석은 쇄산석이며, 분구는 심하게 파괴됨.

6) 6호묘(M6)
○ 위치 : 5호묘(M5)의 북쪽 약 6m 거리에 위치.
○ 유형 : 유단적석석광묘.
○ 규모 : 한 변 길이 5m이며, 현존 높이 1.2m.
○ 평면 : 방형.
○ 구조 : 무덤은 북고남저이며, 네 변 기단석은 일반적으로 0.6×0.4×0.3m 정도 크기로 다수가 약간 가공을 거쳤음. 파괴당하여 부분적으로 기단석이 결실됨. 기단 안은 쇄산석으로 메워졌음. 무덤 상부 중간에는 석광자리로 추정되는 함몰갱이 하나 있음. 무덤 상부는 쇄산석으로 봉해졌고 돌 크기는 0.2×0.2×0.1m 정도임.
○ 기타 : 보존상태가 비교적 양호함.

7) 7호묘(M7)
○ 위치 : 남쪽으로 6호묘(M6)와 약 4m 떨어져 있음.
○ 유형 : 계단적석석광묘.
○ 규모 : 동서 6m, 경작으로 파괴된 남북 4m, 높이 1m.
○ 평면 : 방형.
○ 구조 : 무덤은 북고남저임. 남측에만 제1단 계단석이 남아 있고 동·서 양측은 일부 제2단 계단이 보임. 일반적으로 제2단 계단은 제1단 계단의 위에 0.5m 들여쌓았음. 제1단 계단석은 비교적 크고 큰 돌은 0.9×0.6×0.4m 정도이고, 작은 것은 0.5m 가량임. 제2단 계단석은 다수가 0.4×0.4×0.3m 정도이며, 모두 약간 가공을 거쳤음. 계단석 안은 쇄산석으로 채워졌고, 크기는 일반적으로 0.3×0.3×0.2m 정도가 다수임. 분구 상부 적석은 0.2×0.1×0.1m 정도임.
○ 기타 : 심하게 파괴됨.

8) 8호묘(M8)
○ 위치 : 남쪽으로 7호묘와 약 30m 떨어져 있음.
○ 유형 : 계단적석석광묘.
○ 규모 : 남북 길이 15m, 동서 너비 13m, 현재 높이 2.5m.
○ 평면 : 방형.
○ 구조 : 무덤은 북고남저임. 고분군 중에서 최대 고분으로 무덤 돌은 다수 채취되어 계단식밭을 만드는데 사용되어 심하게 파괴되었지만 기단석의 잔존 상황으로 보아 두 단의 계단을 추정해 볼 수 있음. 제1단 계단에 사용된 돌 크기가 다수 0.8×0.6×0.4m임. 무덤 남측에는 제2단 계단을 볼 수 있는데 제2단 계단은 제1단 계단 위에 안으로 0.7m 들여쌓았고 제2단 계단을 쌓는데 사용된 돌은 약간 작음. 무덤 동·북 양측의 계단석은 대부분 파괴되어 남아 있지 않으며, 서측 제2단 계단 또한 몇 덩어리의 돌만 남아 있음. 무덤 위 남북 양측의 적석 또한 파괴되어 석광이 불분명하며, 무덤 상부의 적석은 다수가 0.2×0.2×0.15m 정도의 쇄산석임.

9) 9호묘(M9)
○ 위치 : 서남으로 8호묘와 약 20m 떨어져 있음.
○ 유형 : 계단적석광실묘.
○ 규모 : 남북 현존 9m 정도, 동서 12m, 잔존 높이 2m.

○ 구조
- 무덤 남북 양측은 경작으로 인해 파괴된 상태임. 남북 서측 계단석은 현재 남아 있지 않고 동측 계단은 아직 절반 정도 남아 있어 두 단의 계단이 명확함. 제1단 계단은 비교적 큰 쇄산석으로 축조했으며, 현재 축조석 두 층을 볼 수 있는데 계단석은 일반적으로 길이 0.6m, 너비 0.5m, 두께 0.3m 정도이고 제1단 계단의 높이는 0.7m임. 제1단 계단의 상면에는 안으로 0.8m 들여쌓아 제2단 계단을 만들었음. 제2단 계단 축조석은 2층으로 일반적으로 돌은 0.4m 정도이고 제2단 계단의 높이는 0.6m 정도임. 제1·제2단 계단 내부는 모두 쇄산석으로 채워졌고 채워진 돌 크기는 일반적으로 0.3m 정도임.
- 무덤 상부에는 남북으로 배열된 함몰갱이 보임. 남측 함몰갱은 약간 무덤 상부 동측에 치우쳐 있으며, 함몰갱은 남북 너비 1.3m, 동서 길이 3m 정도, 깊이 0.2m임. 이 함몰갱은 무덤의 남광실임. 북측 함몰갱은 무덤 상부의 서측에 치우쳐 있는데 남북 너비 1.5m, 동서 길이 3m로 북광실임. 함몰갱 서측에는 입구가 확인되는데 이 입구는 북광실의 묘도로 추정됨. 북광실 동벽과 북벽의 축조가 비교적 명확히 보이는데 0.4×0.3×0.2m 정도의 돌로 쌓았고 그 나머지 광실 벽은 대부분 파괴당함. 현재 북광실 깊이는 0.5m 정도로 보임. 북광실의 동측에는 원형 구덩이가 보이는데 원형구덩이는 후대 돌의 채취에 의해 파괴된 것으로 추정됨. 남·북 두 광실의 위치와 계단의 현존 상황을 분석해보면 이 무덤은 계단광실묘에 속하며, 묘도가 설치되었을 것으로 추정됨.

10) 10호묘(M10)
○ 위치 : 남으로 9호묘와 약 35m 떨어져 있음.
○ 유형 : 유단적석석광묘.
○ 규모 : 남북 길이 8m, 동서 너비 5m, 잔존 높이 1m.
○ 구조 : 북고남저. 무덤 둘레에 기단을 조성했는데 기단석은 비교적 크며 현재는 다수가 채취로 파괴당함. 남아 있는 기단석 크기는 0.6×0.4×0.3m 정도임. 무덤 상부는 이미 파괴되었는데 무덤 돌 다수는 쇄산석이며 강자갈(河卵石)도 소량 있음.
○ 기타 : 무덤은 심하게 파괴됨.

11) 11호묘(M11)
○ 위치 : 남으로 10호묘(M10)와 약 10m 떨어져 있음.
○ 유형 : 유단적석석광묘.
○ 구조 : 고분은 북고남저이며 약간 방형을 띠는데 한 변 길이 5m, 현존 높이 0.8m임. 무덤 네 면에 기단을 쌓았음. 무덤 상부는 잡목이 가득 차서 불분명함. 무덤 축조석은 0.4×0.3×0.2m 크기의 쇄산석이 다수임.
○ 기타 : 보존상태가 비교적 양호함.

12) 12호묘(M12)
○ 위치 : 서남으로 11호묘(M11)와 약 100m 떨어져 있음.
○ 유형 : 유단적석석광연접묘.
○ 구조 : 무덤은 북고남저이며, 남북 길이 10m, 동서 너비 5m, 높이 0.6m임. 무덤의 네 면에는 약간 가공을 거친 화강암으로 기단을 조성했는데 기단석 크기는 0.5×0.3×0.2m 정도임. 무덤 위에는 석광으로 추정되는 남북으로 배열된 2개의 함몰갱이 있음. 적석은 쇄산석이며 크기는 0.2×0.2×0.1m임.
○ 기타 : 무덤은 비교적 온전한 상태임.

13) 13호묘(M13)
○ 위치 : 서남으로 12호묘(M12)와 약 3m 떨어져 있음.
○ 유형 : 유단적석석광연접묘.
○ 구조 : 고분은 북고남저이며, 남북 길이 10m, 동서

너비 5m, 높이 0.5m임. 무덤의 네 면에 기단을 쌓았는데 동남면 기단석이 가장 큰 편으로 길이 0.6m, 너비 0.5m, 높이 0.4m임. 남측 기단석은 다수가 파괴됨. 무덤 상부에 석광으로 추정되는 남북으로 배열된 2개의 함몰갱이 보이는데 석광 사이 간격은 1m임. 분구 적석은 쇄산석이며, 돌은 0.2×0.15×0.1m 정도임.
○ 기타 : 무덤은 비교적 보존이 양호함.

14) 14호묘(M14)
○ 위치 : 동으로 12호묘(M12)와 약 15m 떨어져 있음.
○ 유형 : 유단적석석광묘.
○ 구조 : 고분은 북고남저이며 약간 방형으로 남북 길이 6m, 동서 너비 5m, 높이 0.6m임. 무덤의 네 면에 약간 가공을 거친 석재로 기단을 조성함. 분구 상부 적석은 다수가 0.25×0.2×0.1m 크기의 쇄산석임. 무덤 상부에 석광 위치로 추정되는 함몰갱 하나가 있음.
○ 기타 : 비교적 보존상태가 양호.

15) 15호묘(M15)
○ 위치 : 서북으로 골짜기를 마주하는 서구 9호묘(M9)와 약 180m 떨어져 있음.
○ 유형 : 유단적석석광연접묘.
○ 규모 : 남북 길이 10m, 동서 너비 5m, 높이 1.2m.
○ 평면 : 장방형.
○ 구조 : 다수의 기단석이 채취되어 다른 용도로 쓰였음. 기단의 남아 있는 여러 개의 돌을 보면 모두 약간의 가공을 거쳤는데 돌은 0.3×0.2×0.2m의 쇄산석임. 무덤 상부에 함몰갱이 명확히 보이지 않음.

16) 16호묘(M16)
○ 위치 : 남으로 15호묘(M15)와 약 50m 떨어져 있음.
○ 유형 : 유단적석석광묘.
○ 규모 : 남북 길이 11m, 동서 너비 10m, 높이 2m.
○ 평면 : 방형.
○ 구조 : 기단을 조성했는데 다수의 기단석이 결실되고 잔존 기단석은 비교적 큰 편으로 대다수 0.8×0.6×0.5m 정도임. 분구 적석은 다수가 0.4×0.3×0.2m 크기의 쇄산석임.
○ 기타 : 상부 중간은 파괴당해 현재는 경작지가 되었음.

17) 17호묘(M17)
○ 위치 : 남으로 16호묘(M16)와 약 20m 떨어져 있음.
○ 유형 : 유단적석석광묘.
○ 규모 : 한 변 길이 6m, 잔존 높이 1.3m.
○ 평면 : 방형.
○ 구조 : 지세가 북고남저이며, 기단석은 다수가 0.5×0.4×0.3m 정도임. 돌은 약간 가공을 거쳤고 부분적으로 기단석이 결실됨. 기단채움석은 쇄산석임. 무덤 상부 중간에 석광으로 추정되는 함몰갱이 하나 있음. 무덤 위를 크기 0.2×0.2×0.1m 정도의 쇄산석으로 봉하였음.
○ 기타 : 무덤은 비교적 보존상태는 양호함.

18) 18호묘(M18)
○ 위치 : 남으로 17호묘(M17)와 약 10m 떨어져 있음.
○ 유형 : 유단적석석광묘.
○ 규모 : 한 변 길이 5m, 잔존 높이 1m.
○ 평면 : 방형.
○ 구조 : 기단석은 다수가 0.5×0.4×0.2m 정도이고 결실된 기단석이 비교적 많음. 무덤 안은 쇄산석으로 메웠음. 무덤 상부 중간에 석광으로 보이는 함몰갱이 하나 있음. 분구 상부는 0.3×0.2×0.1m 정도의 쇄산석으로 봉함.
○ 기타 : 고분의 보존상태는 보통임.

19) 19호묘(M19)
○ 위치 : 남으로 18호묘(M18)와 약 10m 떨어져 있음.
○ 유형 : 유단적석석광묘.
○ 규모 : 5×4.5×1m.
○ 평면 : 방형.
○ 구조 : 기단석은 대다수 결실되고 무덤 안은 쇄산석으로 채웠음. 무덤 상부중간에는 함몰갱 하나가 있음. 무덤 위는 쇄산석으로 봉하였는데 돌은 0.25×0.2×0.1m 정도임.
○ 기타 : 무덤의 보존상태는 보통임.

20) 20호묘(M20)
○ 위치 : 서쪽으로 19호묘(M19)와 약 5m 떨어져 있음.
○ 유형 : 유단적석석광묘.
○ 규모 : 4×4.5×1m.
○ 평면 : 방형.
○ 구조 : 기단석은 대다수 결실되고, 현존 기단석의 다수는 0.4×0.4×0.3m 정도임. 무덤 안에는 쇄산석으로 채웠음. 무덤 상부 중간에 함몰갱이 보이지 않음. 무덤 상부는 쇄산석으로 봉하였는데 돌은 0.25×0.2×0.1m 정도임.
○ 기타 : 무덤 보존상태는 보통임.

21) 21호묘(M21)
○ 위치 : 북으로 19호묘(M19)와 약 5m 떨어져 있음.
○ 유형 : 유단적석석광묘.
○ 규모 : 남북 길이 6m, 동서 너비 4m, 잔존 높이 0.5m.
○ 구조 : 기단석은 다수가 채취되고 남아 있는 기단석 크기는 0.5×0.4×0.3m 정도임. 무덤을 쌓은 돌은 쇄산석임.
○ 기타 : 고분은 심하게 파괴당함.

22) 22호묘(M22)
○ 위치 : 남으로 19호묘(M19)와 25m 떨어져 있음.
○ 유형 : 유단적석석광연접묘.
○ 규모 : 남북 길이 15m, 동서 너비 5m, 높이 0.9m.
○ 구조 : 무덤의 지세는 북고남저. 무덤 사면에 기단을 조성했는데 기단석은 가장 큰 것이 0.6m, 너비 0.5m, 높이 0.4m임. 무덤 상부에 남북으로 배열된 2개의 함몰갱이 보임. 무덤 상부는 쇄산석으로 봉하였는데 돌은 0.3×0.2×0.1m 정도임.
○ 기타 : 무덤은 보존상태가 보통임.

23) 23호묘(M23)
○ 위치 : 서남으로 22호묘(M22)와 약 5m 떨어져 있음.
○ 유형 : 유단적석석광묘.
○ 규모 : 한 변 길이 5m, 높이 1.2m.
○ 평면 : 방형.
○ 구조 : 기단은 가공을 거친 쇄산석으로 축조했는데 돌 크기는 보통 길이 0.6m, 너비 0.5m, 높이 0.3m임. 기단 안은 쇄산석으로 채웠는데 돌의 크기는 0.3×0.2×0.2m 정도임. 무덤 정상부 중간에는 함몰갱이 있음. 분구 적석은 다수가 0.2×0.2×0.1m의 쇄산석임.
○ 기타 : 비교적 보존상태가 양호함.

5. 역사적 성격

1) 고분 연대 및 고분군의 성격
○ 동·서 두 구역의 무덤 유형은 기본적으로 일치하며, 모두 쇄산석으로 구축한 무덤임. 고분 유형은 모두 적석묘류에 속하는데 23기의 무덤 가운데 유단적석광묘가 20기이고 그중 연접묘가 6기이며, 계단적석광묘는 2기이고, 계단적석광실묘는 1기임.

○ 과거의 연구 정황을 보면 유단적석석광묘의 출현 연대는 이르면 고구려 건국 전후이며, 계단적석석광실묘의 출현 연대는 대략 기원 3세기 말임. 따라서 해당 고분군의 연대는 고구려 건국 전후에서 기원 4세기 초임. 고분 가운데 8호묘는 가장 큰 계단적석석광묘인데 해당 묘지 가운데 신분 등급이 가장 높은 무덤임.

○ 북측 산기슭이 높고, 남쪽으로 경사지며, 무덤 배열을 살펴보면 높은데서 낮은 곳으로 무덤이 조성되어서 북측 높은 곳의 무덤은 남면 낮은 곳의 무덤보다 조성 시기가 이름. 북측 무덤은 다수가 비교적 낮고 작으며, 남측 무덤은 비교적 북측 무덤에 비해 높고 큼. 이는 무덤이 낮고 작은 데에서 높고 큰 데로 변화하는 것임.

○ 고분군 가운데 연접묘와 무덤 배열 정황에 따르면 해당 고분군은 긴밀하게 연계된 가족 묘지로 추정됨.

2) 상·하활룡고분군과의 비교

상활룡산서고분군은 상·하활룡고분군의 중간 부분에 자리하고 있어 상·하활룡고분군과 밀접한 연계가 있어 보임. 상·하활룡은 모두 압록강 중류 우안의 면적이 그다지 크지 않은 충적평지로 고구려시대에 인구가 밀집된 지구임.

상활룡고분군은 무덤 14기를 발굴했는데 그 가운데 (무기단)적석묘가 3기로 규모는 기본적으로 서로 동일함. 모두 파괴당하였는데 무덤의 평면은 방형이며, 모두 강자갈(河卵石)을 지표에 쌓아 올려 丘狀를 띠었음. 무덤 속에 남아 있던 토기편를 보면 器形은 陶罐, 陶甑 등임.

방단적석묘(계단적석묘)는 5기로 그 가운데 5호묘는 비교적 보존상태가 양호하고 方丘狀을 띰. 방단은 석회석으로 3층을 쌓았는데 상면 네 둘레는 안으로 들여쌓아 階墻[1]을 만들었음. 계장 안은 광실을 축조하였

---

[1] 원보고서(集安縣文物保管所, 1984, 「集安縣上·下活龍村高句麗古墓淸理簡報」, 『文物』 1984-1)에서는 계단적석묘로 파악함.

는데 광실은 남북향의 장방형으로 길이 약 3m, 너비는 명확치 않음. 이 5호묘에서 출토된 연화문와당 잔편은 장군총 출토품과 유사하고, 7호묘(무기단적석묘)에서 출토된 명문토기의 '罡'자는 광개토왕릉비문의 글자와 유사함. 또한 상활룡 (무기단)적석묘의 토기는 방단적석묘(M5) 출토 토기의 陶質, 제작법 및 형식과 유사하여 무덤 연대는 대략 남북조시기로 추정됨.

封土洞室墓는 6기인데 두 가지로 분류됨. 조영방법은 기본적으로 동일하며, 대다수 석재로 묘실과 묘도를 축조하고 위에 천정석을 덮고 난후에 황토로 봉하여 외관이 圓丘狀을 띰. I식 묘실 평면은 편재연도의 刀形을 띠며, II식 묘실의 평면은 중앙연도의 鏟形을 띠는데 4호묘에서 이미 손상된 동경 1점, 夾砂灰陶와 泥質灰陶의 토기편 등이 출토됨. 봉토동실묘 4호묘에서 瑞花銅鏡 1매가 출토되었는데 이런 동경은 唐代 중만기에 비교적 유행하므로 무덤 연대는 대략 이 시기에 해당함.

하활룡고분군은 모두 고분 34기가 확인되는데 모두 (무기단)적석묘로 모두 정리하였음. 그 가운데 8호묘의 보존상황이 비교적 양호한데 동서 너비 7.5m, 남북 길이 9.5m, 높이 0.5~1.2m임. 강자갈(河卵石)로 지표에 무덤 사면둘레를 쌓았는데 평면은 약간 원형을 띠고 무덤 가운데 묘광을 축조하였는데 묘광 네 벽 역시 강자갈(河卵石)로 쌓았음. 무덤 형식 및 출토 器物로 추단해보면 하활룡고분군 연대는 동한시기에 해당하며, 하한은 漢·魏 교체기보다 늦지 않음.

상·하활룡고분군이 墓地 선택, 무덤분포와 배열·무덤구조 및 건축자재 등은 상활룡산서고분군과 비교하면 비록 연대 차이는 크지 않으나 명확히 차별됨. 우선, 墓地 선택과 무덤분포배열에서 차이가 있음. 상·하활룡고분군의 묘지는 모두 압록강 우안의 높은 충적지에 자리하고 있으며, 무덤은 높은 충적지의 가운데에 분포함. 압록강 물줄기 방향을 따라 무덤이 상류에서 하류로 배열되어 있음. 그런데 상활룡산

서고분군의 墓地 선택은 산골짜기의 갈라진 양측의 산비탈에 자리하고 있고 무덤은 산 위에서 산 아래를 향해 높은 곳에서 낮은 곳으로 배열되었음. 다음으로 무덤 구조와 구축 재질 선택의 차이가 있음. 상·하활룡고분군 가운데 (무기단)적석묘의 무덤 외형은 다수가 불규칙한 원형과 타원형이며, 묘광은 다수가 지표에서 확인됨. 무덤축조 재질은 강자갈(河卵石)을 선택하였음. 하지만 상활룡산서고분군의 무덤은 다수가 방형과 장방형이며, 묘광은 무덤의 정상부에 위치하며, 무덤 축조 재질은 碎山石임.

비교를 통해 상·하활룡고분과 상활룡산서고분군은 한 가족의 묘지가 아니란 사실이 확인됨. 상·하활룡고분군의 무덤은 요령성 환인현 망강루 墓地의 무덤과 밀접한 관계를 갖고 있음. 반면 상활룡산서고분군은 집안 마선구고분군의 626호묘·2378호묘·2381호묘와 칠성산고분군의 871호묘 등의 무덤과 유형이 서로 동일함.

참고문헌

- 尙武, 2010, 「集安麻線上活龍山西墓群調查與硏究」, 『東北史地』 2010-4.

80 집안 대청구남천고분군
集安 大靑溝南川古墳群

1. 조사현황

1) 2004년 및 2005년 조사
- 조사기관 : 吉林省 長白文化硏究會, 集安市博物館.
- 조사 참여자 : 張福有, 程遠, 孫仁杰, 遲勇.

2. 위치와 자연환경(그림 1)

집안시 동북 약 23km의 大靑溝村, 그 남쪽 약 150m의 산간 평지에 자리하고 있음. 평지 서쪽은 대청구하이며, 동쪽은 높은 산임.

3. 고분군의 분포상황

평지에는 고분 10여 기가 있으며, 현재는 8기가 비교적 양호한 것으로 소개됨.

4. 고분별 현황

1) JTDM1호묘
- 위치 : 고분군 가장 남단에 위치하는데 동쪽으로 JTDM2호묘와 약 25m 떨어져 있음.
- 유형 : 유단적석석광묘(有壇積石石壙墓).

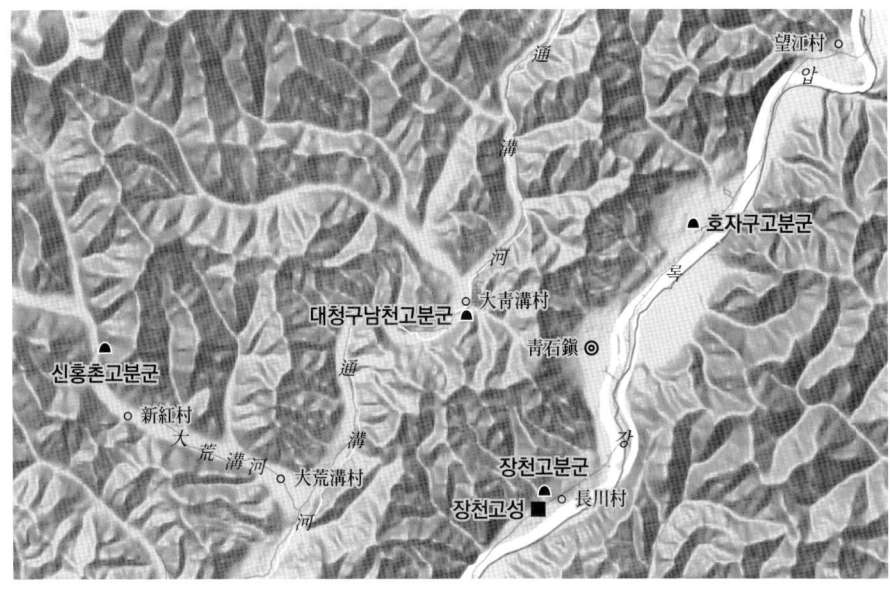

그림 1
대청구남천고분군 위치도

○ 평면 : 방형.
○ 규모 : 한 변 길이 6m, 높이 1.5m.
○ 구조 : 고분 사면에 기단을 축조했는데 현재 동쪽에 소량의 기단석이 잔존하고 나머지 삼면의 기단석은 이미 완전히 소실됨. 기단은 약간 가공된 화강암석으로 조성했는데 돌 크기는 0.5m, 너비 0.4m, 높이 0.4m임. 기단 내부는 쇄산석과 강자갈(河卵石)을 섞어 채웠는데 돌 크기는 0.1~0.2m임.
○ 기타 : 고분의 보존상태는 좋지 못함.

2) JTDM2호묘
○ 위치 : 서쪽으로 JTDM1호묘와 약 25km 떨어져 있음.
○ 유형 : 유단적석석광묘.
○ 평면 : 방형.
○ 규모 : 한 변 길이 6m, 높이 0.8m.
○ 구조 : 고분 사면의 기단은 이미 존재하지 않음. 분구 적석은 강자갈(河卵石)과 소량의 쇄산석이 섞여 있음. 돌 크기는 0.3m 정도임. 분구 정상부 중앙에 석광으로 추정되는 3×2×0.5m의 함몰갱이 하나 있음.
○ 기타 : 고분은 이미 파괴당함.

3) JTDM3호묘
○ 위치 : 동쪽으로 JTDM4호묘와 약 10m 떨어져 있음.
○ 유형 : 유단적석석광묘.
○ 평면 : 방형.
○ 규모 : 한 변 길이 8m, 높이 0.8m.
○ 구조 : 고분 사면은 심하게 파괴되어 강자갈과 쇄산석을 섞어 채운 것을 볼 수 있음.

4) JTDM4호묘
○ 위치 : 서쪽으로 JTDM3호묘와 약 10m 떨어져 있음.
○ 유형 : 유단적석석광묘.
○ 평면 : 방형.
○ 규모 : 한 변 길이 6m, 높이 1.4m.
○ 구조 : 고분 사면에 기단을 축조했으나 현재 동쪽 기단만이 남아 있음. 기단은 가공하지 않은 자연석으로 조성했는데 가장 큰 돌은 길이 0.6m, 너비 0.4m, 높이 0.3m 정도임. 무덤 위에 동서 길이 3m, 남북 너비 2m, 깊이 약 0.5m의 함몰갱이 하나 있음. 분구 적석은 다수가 강자갈이고 소량의 쇄산석이 있음. 돌의 크기는 약 0.2m 정도임.
○ 기타 : 고분의 보존상태는 좋지 못함.

5) JTDM5호묘
○ 위치 : 서쪽으로 JTDM4호묘와 약 20m 떨어져 있음.
○ 유형 : 유단적석석광묘.
○ 규모 : 한 변 길이 4×2×1m.
○ 구조 : 분구 적석은 대다수 쇄산석이며, 고분은 심하게 파괴됨.

6) JTDM6호묘
○ 위치 : 서쪽으로 JTDM5호묘와 5m 떨어져 있음.
○ 유형 : 유단적석석광묘.
○ 규모 : 한 변 길이 5×5×1m.
○ 구조 : 분구 적석은 강자갈에 쇄산석이 섞여 있음. 고분은 심하게 파괴됨.

7) JTDM7호묘
○ 위치 : 서쪽으로 JTDM6호묘와 8m 떨어져 있음.
○ 유형 : 유단적석석광묘.
○ 규모 : 한 변 길이 3×3×0.8m.
○ 구조 : 분구 적석은 모두 강자갈이며, 고분은 심하게 파괴됨.

8) JTDM8호묘
○ 위치 : J서쪽으로 TDM7호묘와 10m 떨어져 있음.
○ 유형 : 유단적석석광묘.
○ 규모 : 한 변 길이 3×4×1m.
○ 구조 : 고분 북쪽에 기단석 하나가 현존하며, 분구 적석은 0.2m 정도의 쇄산석임. 고분은 심하게 파괴됨.

5. 역사적 성격

고분 유형은 모두 유단적석석광묘로 일치하며, 이는 대개 4세기 전의 고분 유형임.

참고문헌
- 孫仁杰·遲勇, 2007, 『集安高句麗墓葬』, 香港亞洲出版社.

81 집안 쌍차육대고분군
集安 雙岔六隊古墳群

1. 조사현황

1) 1983년 문물조사
- 조사기관 : 集安縣文物普査隊.
- 조사내용 : 고분 1기 확인.

2. 위치와 자연환경

雙岔鄉[1] 雙岔 6隊 서쪽에 위치.

3. 고분군의 현황

1983년 조사 당시 고분 1기 확인.

참고문헌
- 吉林省文物志編纂委員會, 1983, 『集安縣文物志』.

---

[1] 현재는 台上鎭에 병합됨.

82　집안 신흥촌고분군
集安 新紅村古墳群

1. 조사현황

1) 2011년 조사
○ 조사기관 : 吉林省文物考古硏究所·集安市博物館.
○ 조사기간 : 6～8월.
○ 조사 참여자 : 余靜, 孫仁杰, 王春燕, 楊春, 張亮, 劉團徽.
○ 조사내용
- 요서북 급수 공정 노선(遼西北供水工程路線) 길림 구간 건설로 인해 길림성 문물고고연구소는 건설용지 범위 및 주변 지구에 대해 고고조사를 실시함. 건설용지 범위 내에서 고구려 적석묘 총 32기를 발견했고, 공정 용지 부근에서 계단적석광실묘 1기(M28)를 발견함.

- 신흥촌 3組 내의 건설용지범위(제1묘구)에서 적석묘 8기를 구제 발굴을 했는데 발굴면적은 500m²임. 이들 고분을 발굴하던 기간에 직선거리로 300m 떨어진 곳에서 이미 도굴당한 대형 고분을 발견하고 7월에 이 대형고분, 즉 M28을 본격적으로 발굴조사함.

2. 위치와 자연환경(그림 1)[1]

○ 고분군은 集安市 太王鎭 新紅村 3組에 위치.
○ 고분군 서남으로 집안시내와 약 17km 떨어져 있음.
○ 長白山系 老嶺산맥이 동북에서 서남 방향으로 집안 전경이 전체적으로 관찰됨. 신흥촌은 바로 노령산맥 중단의 남쪽 기슭에 자리함. 노령산맥의 通溝河 지류에서 발원하는 小淸溝河[2] 는 서북에서 동남으로 흘러 大荒溝村을 거쳐 동남으로 꺾어 通溝河로 유입됨. 그 서쪽 7km 밖에는 五女峰 國家森林公園임.
○ 신흥촌은 소청구하[3] 를 따라 분포하며, 하안 양측은 산천계곡임.

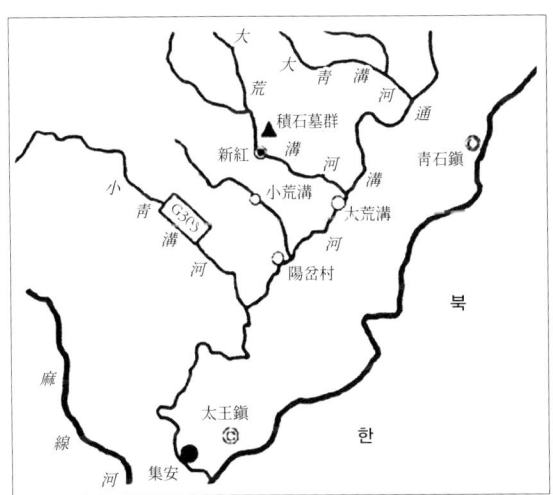

그림 1　신흥촌고분군 위치도(『北方文物』 2012-3)

1　그림 1의 지도는 집안시 지도와 불일치하는데 신흥촌을 지나는 하천은 小靑溝河가 아니라 大荒溝河, 신흥촌 서쪽 하천이 소청구하임.
2　大荒溝河의 오류임.
3　대황구하의 오류임.

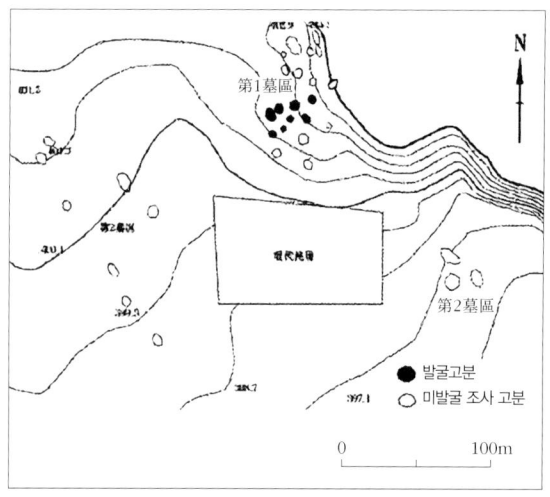

그림 2 신홍촌고분군 분포도(『北方文物』 2012-3)

3. 고분군의 전체현황(그림 2)

○ 요서북 급수 공정 점유지 2만 m² 범위 내에서 총 32기 고분을 발견했는데 두 개 묘구로 구분됨.
○ 제1묘구는 총 21기(M1~M16, M29~M33)로 동쪽 산골짜기 아래 비탈에 집중 분포하는데 규모는 작음. 그중 30호묘·32호묘·33호묘는 적석연접묘이고 그 나머지는 모두 無壇無壙積石墓인데 대다수 무덤이 산비탈 주향을 따라 배열됨.
○ 제2묘구는 총 11기(17~27호)로 新紅河와 비탈 사이의 충적지에 분포하는데 상대적으로 분산되어 산재하며, 규모는 비탈 위의 적석묘에 비해 큼. 1층 기단을 갖춘 적석묘가 주로 강줄기 방향을 따라 분포함.
○ 조사 작업은 주로 제1묘구에 집중됨. 21기 고분은 남북 길이 63m, 동서 너비 36m의 비탈지 위에 분포하는데 고분 사이의 거리는 1~4.6m로 균일하지 않음. 고분 분포는 주로 산비탈 지세를 따라 동북-서남으로 배열됨.
○ 비탈지에 분포하는 고분 8기 발굴했는데 이 8기 고분 형식은 비교적 일치함. 발굴한 8기는 모두 타원형 또는 근원형의 소형적석묘로 고분 규모가 균일하지 않

고 외관은 丘狀을 이룸. 고분은 모두 쇄산석으로 덮인 봉석층이 있는데 봉석 배열은 비교적 흐트러져 두께는 20cm 정도임. 적석분구 아래 묘실은 대다수 쇄산석으로 축조했는데 산돌 재료가 완전 동일하지 않고 소량의 자갈(鵝卵石)이 섞여 있음. 무덤을 축조한 돌의 크기는 보통 길이 6~16cm이고 중간 돌은 상대적으로 큰 편으로 길이 17~44cm로 고르지 않음. 대다수 고분 중앙에 위치하는 돌이 상대적으로 크고 가장자리의 돌이 상대적으로 작음. 중간에 위치하는 돌이 가장자리의 돌보다 상대적으로 낮아 작은 함몰갱을 이룸.

4. 고분별 현황

1) 1호묘(M1, 그림 3-1)

○ 위치 : 고분군 최서단에 위치하는데 밖에 도랑 및 도로와 연결됨. 고분 동쪽은 2호묘(M2), 북측은 5호묘(M5)임. 중심지리좌표는 동경 126°13′191″, 북위 41°15′932″임.
○ 유형 : 無壇無壙積石墓.
○ 평면 : 타원형.
○ 규모 : 긴 지름 325cm, 짧은 지름 250cm, 높이 약 34cm.
○ 구조 : 외형을 보면 丘狀을 띰. 적석은 주로 쇄산석으로 엉성하게 분포하고 크기는 균일하지 않음. 적석을 정리한 후에 무덤 돌이 노출되었는데 돌 크기는 다수가 길이 9~17cm이며, 중간에서 북쪽으로 치우친 돌은 상대적으로 비교적 큰데 길이 26~37cm임. 불에 탄 흔적은 발견되지 않고 어떤 부장품도 발견되지 않음.

2) 2호묘(M2, 그림 3-2)

○ 위치 : 1호묘(M1) 동쪽에 위치하는데 고분 동북쪽은 3호묘(M3)임.
○ 유형 : 無壇無壙積石墓.

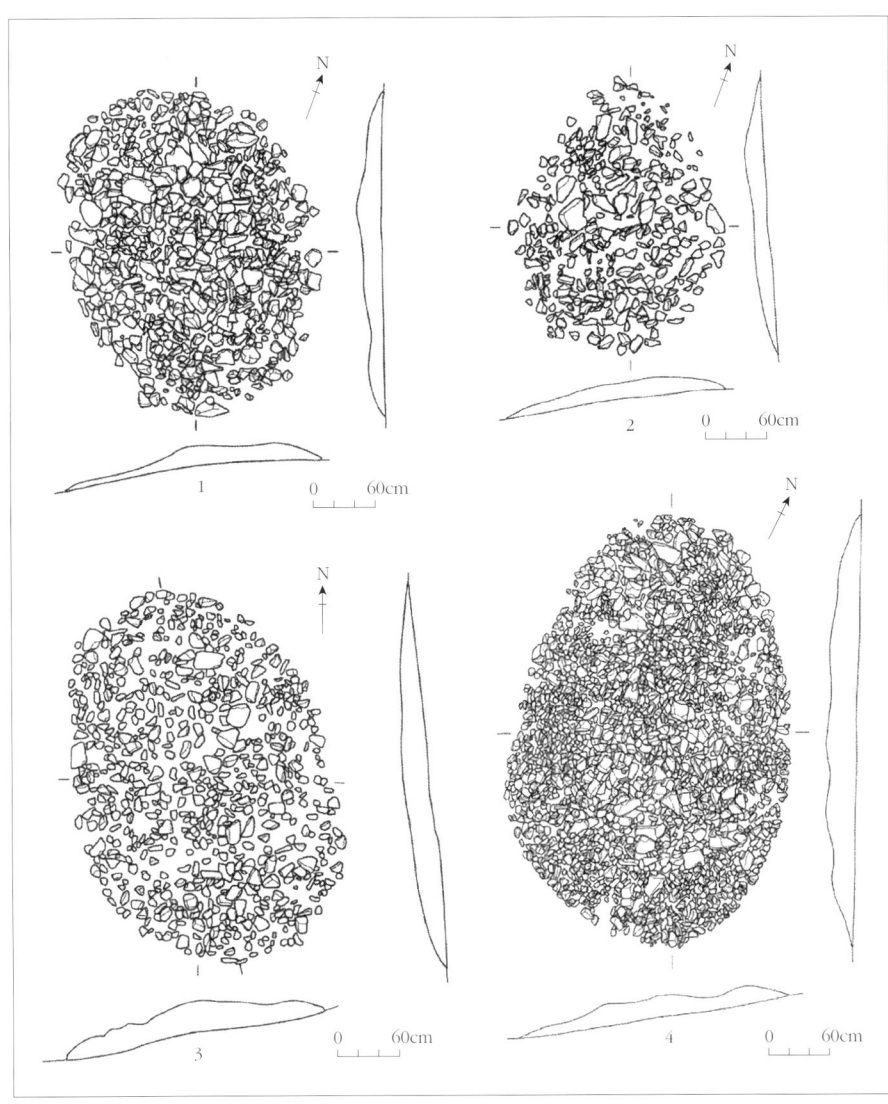

그림 3 신흥촌고분군의
고분 평·단면도 1
(『北方文物』 2012-3)
1. 1호묘
2. 2호묘
3. 4호묘
4. 5호묘

○ 평면 : 타원형.
○ 규모 : 긴 지름 275cm, 짧은 지름 220cm, 높이 약 18cm.
○ 구조 : 쇄산석으로 쌓은 적석을 정리한 후에 무덤돌이 노출되었는데 돌은 주로 산돌이고 중간에는 자갈(鵝卵石)이 있는데 무질서하게 배열됨. 돌은 다수가 길이 6~11cm이며, 중간 돌은 상대적으로 큰데 길이 12~30cm임.
○ 기타 : 불에 탄 흔적은 발견되지 않고 어떤 부장품도 발견되지 않음.

3) 3호묘(M3)
○ 위치 : 2호묘 동북쪽에 위치하며, 고분 동남쪽은 4호묘(M4), 북측은 7호묘(M7)임.
○ 유형 : 無壇無壙積石墓.
○ 평면 : 타원형.
○ 규모 : 긴 지름 325cm, 짧은 지름 250cm, 높이 약 34cm.
○ 현황 : 정리할 때 고분 상부는 이미 심하게 파괴되었으나 고분범위는 희미하게 판별 가능함. 3호묘 동쪽에서 표토를 정리할 때 道光通寶 1매를 발견함.

4) 4호묘(M4, 그림 3-3)

- 위치 : 3호묘 동남쪽에 위치하는데 고분 북쪽은 8호묘(M8)임.
- 유형 : 無壇無壙積石墓.
- 평면 : 타원형.
- 규모 : 긴 지름 445cm, 짧은 지름 350cm, 높이 약 26cm.
- 구조 : 적석을 정리한 후에 산석과 자갈(鵝卵石)을 쌓아서 만든 고분 주체가 노출됨. 무덤을 축조한 돌은 다수가 길이 4~16cm이며, 중간과 서쪽 墓邊의 돌은 상대적으로 비교적 큰데 길이 26~36cm임.
- 기타 : 불에 탄 흔적은 발견되지 않으며, 부장품도 발견되지 않음.

5) 5호묘(M5, 그림 3-4)

- 위치 : 1호묘(M1)와 평행하여 고분군 최서단에 위치하는데 고분 동쪽은 6호묘(M6)임. 중심지리좌표는 동경 126°13′190″, 북위 41°15′938″임.
- 유형 : 無壇無壙積石墓.
- 평면 : 타원형.
- 규모 : 긴 지름 606cm, 짧은 지름 390cm, 높이 약 40cm.
- 구조 : 분구적석은 쇄산석이며, 무덤을 축조한 돌은 주로 산돌이고 간혹 자갈(鵝卵石)이 있음. 돌은 다수가 길이 6~19cm이며, 중부 및 서북쪽의 돌은 상대적으로 비교적 큰데 길이 39~47cm임.
- 기타 : 불에 탄 흔적은 발견되지 않음. 5호묘 서북쪽에서 뜬 돌들은 정리할 때 현대 철기 1점을 발견했고, M5 北偏東에 위치하는 돌 틈에서도 현대 철기 1점을 발견함.

6) 6호묘(M6, 그림 4-1)

- 위치 : 5호묘(M5) 동쪽에 위치하는데 고분 동쪽은 7호묘(M7)임.
- 유형 : 無壇無壙積石墓.
- 평면 : 타원형.
- 규모 : 긴 지름 455cm, 짧은 지름 322cm, 높이 약 28cm.
- 구조 : 고분 적석은 쇄산석이며, 분구 축조석은 주로 산돌이고 간혹 자갈(鵝卵石)이 있는데 무질서하게 배열됨. 고분은 심하게 교란되었고, 정리 과정 중에 끊임없이 유리파편이 발견됨. 고분 축조석은 비교적 고른데 모두 비교적 작아 길이 9~18cm임. 다만 고분의 남·북 양측에서 각기 큰 돌을 하나씩 발견했는데 남측 돌은 길이 29cm, 북측 돌은 길이 38cm임.
- 기타 : 불에 탄 흔적은 발견되지 않고 어떤 부장품도 발견되지 않음.

7) 7호묘(M7, 그림 4-2)

- 위치 : 6호묘의 동쪽에 위치하는데 고분 동쪽은 8호묘(M8)임.
- 유형 : 無壇無壙積石墓.
- 평면 : 타원형.
- 규모 : 긴 지름 450cm, 짧은 지름 425cm, 높이 약 32cm.
- 구조 : 분구 적석은 쇄산석이고, 돌은 주로 산돌이고 간혹 자갈(鵝卵石)이 섞여 있고 무질서하게 배열됨. 돌은 다수가 길이 11~18cm이며, 중심부 돌은 상대적으로 비교적 큰데 길이 33~44cm로 비교적 정연한 평면을 형성함.
- 기타 : 중심부 큰 돌은 일부 가로 방향의 갈라진 흔적이 있어서 불에 탄 것으로 의심됨. 7호묘 동북측의 뜬 돌 사이에서 근현대의 담뱃대 1점을 발견함.

8) 8호묘(M8, 그림 4-3)

- 위치 : 7호묘(M7)의 동쪽에 위치하는데 고분 동쪽에는 墓地 최동단에 위치한 9호묘(M9)임.
- 유형 : 無壇無壙積石墓.

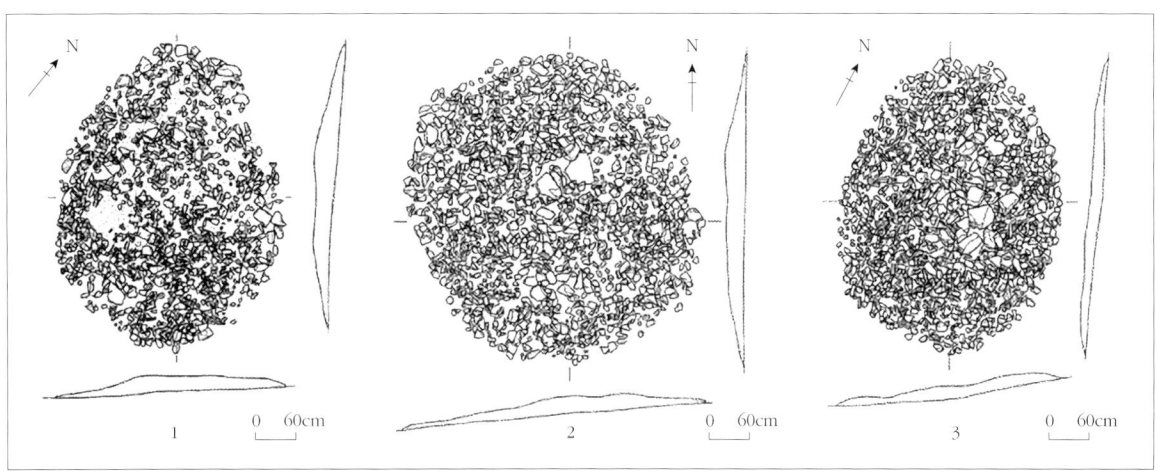

그림 4 신훙촌고분군의 고분 평단면 2(『北方文物』 2012-3)
1. 6호묘   2. 7호묘   3. 8호묘

○ 평면 : 타원형.
○ 규모 : 긴 지름 440cm, 짧은 지름 345cm, 높이 약 20cm.
○ 구조 : 분구 적석은 쇄산석이며, 무덤 축조석은 주로 산돌이고 간혹 자갈(鵝卵石)이 있는데 무질서하게 배열됨. 돌은 다수가 길이 8~20cm임. 중부 돌은 상대적으로 비교적 커서 길이 26~37cm이며, 비교적 정연한 평면을 형성함.
○ 기타 : 중간의 큰 돌은 일부 가로 방향의 갈라진 흔적이 있어서 불에 탄 것으로 의심됨. 부장품은 발견되지 않음.

9) 28호묘(M28)

(1) 위치
○ 신훙촌 소청구하 동남쪽의 충적평야에 위치하며, 사면 둘레는 현지 촌민의 옥수수밭에 의해 둘러싸임.
○ 중심지리좌표는 동경 126°13′318″, 북위 41°15′851″임.

(2) 유형
대형계단적석광실묘.

(3) 방향
318°(서측 제1단 계단 바닥면에서 측량기준을 삼음)

(4) 규모
동변 길이 9.4m, 남변 길이 11m, 서변 길이 8.8m, 북변 길이 11.1m, 고분 최고지점과 지표와의 거리 1.9m.

(5) 구조(그림 5)
○ 개황
- 도굴갱 : 고분은 일찍이 여러 차례 도굴당해 심하게 훼손됨. 고분 서벽 중간에는 도굴구멍이 하나 있어서 고분의 중심에 직접 도달함. 묘실바닥 아래로 0.3m 정도 깊이 들어가서 타원형의 큰 함몰갱이 있음. 도굴 구멍은 긴 지름이 4.05m, 짧은 지름이 1.35m임. 도굴 때 파낸 돌은 서벽 1단 계단 중심 계단석의 양측에 쌓여 있음. 북측에 쌓인 돌은 비교적 커서 분구 적석 및 묘광에서 정리한 돌로 추정됨. 남측에 쌓인 돌은 비교적 작은데 크기가 균일한 자갈(鵝卵石)로

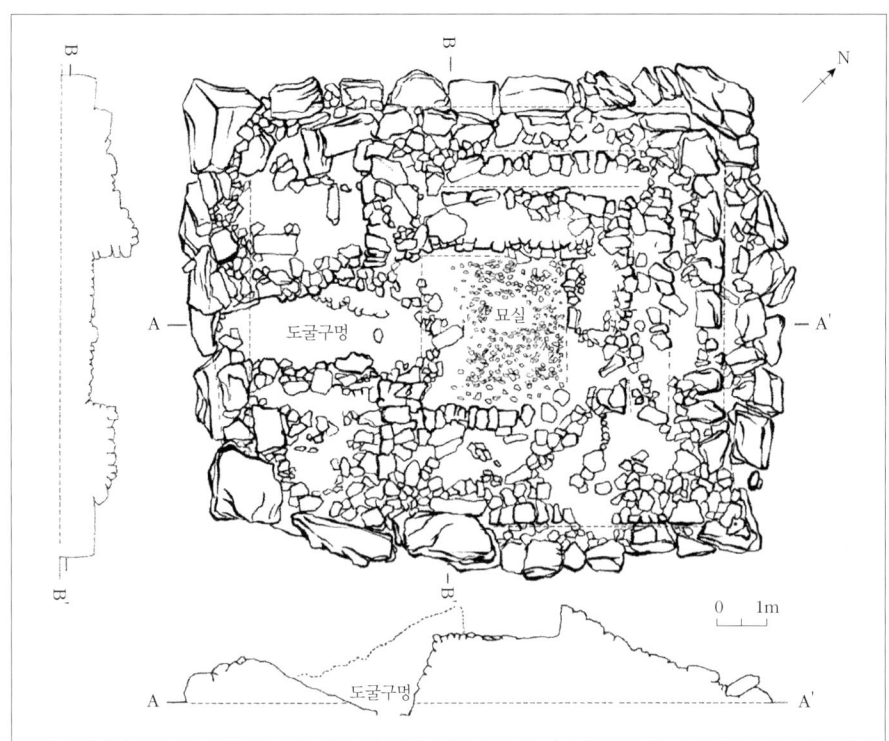

그림 5 신흥촌28호묘 평·단면도
(『北方文物』 2012-3)

가운데에 대량의 검은 흙이 섞여 있어서 파괴당한 광실의 일부 묘실 바닥에 깔린 자갈로 추정됨.
- 계단석 : 발굴을 통해 고분은 4단 계단이 있었으나 문화혁명 기간 계단식 밭을 개간하면서 동·서·남벽의 일부 계단석이 옮겨져 계단은 이미 불완전한 상태임. 계단석은 비교적 정연한 화강암석이 주를 이루고, 돌 크기는 계단 급에 따라 감소함.
- 묘실 : 분구 돌은 다수가 자연석이며 크기는 균일하지 않음. 묘실은 분구 중간에 위치하며, 방형에 가까움. 고분이 처음 축조될 때 먼저 고분의 1단 계단의 범위를 규획하고, 북벽 제2·3·4단 계단을 수축한 후 묘실 서벽을 구축함. 도굴로 파괴되어 묘실 서측의 적석은 쉽게 무너짐. 묘실 서측은 도굴갱 위치와 가까우므로 정리하지 못함. 묘실은 돌로 묘광 서벽을 축조하고 작은 자갈(鵝卵石)로 바닥을 깔음. 묘광은 근방형으로 한 변 길이가 3m 정도이며, 광실 상부는 대량의 돌이 있는데 쇄석으로 천정을 봉한 것

으로 추정됨.
○ 계단 정황
- 북벽 : 북벽 계단은 보존상태가 상대적으로 가장 좋은 편임. 4단 계단석이 비교적 명확함. 제1단 계단은 모두 돌로 2층을 쌓았고 돌은 상대적으로 비교적 큼. 다만 토지 수용을 결정하지 못해 하층 계단석의 정황은 명확치 못함. 상층 계단석은 제2단 계단 아래에 있으며, 돌 크기는 명확치 않음. 제2단 계단은 길이 7.75m이며 계단석 크기는 길이 0.4~0.95m, 너비 0.35~0.9m, 두께 0.14~0.5m에 비교적 근접함. 제3단 계단은 길이 4.5m이며, 계단석은 상대적으로 작아 길이 0.3~0.7m, 너비 0.24~0.45m, 두께 0.1~0.18m임. 계단석 바닥 아래 크기가 균일한 자갈(鵝卵石)이 많이 쌓여 있는데 길이 0.1m, 너비 0.08m, 두께 0.05m 정도임. 제4단 계단은 길이 약 3.5m이며, 계단석이 심하게 흘러내려 상대적으로 큰 돌 4개만이 남아 있음. 돌

은 길이 0.35~0.7m, 너비 0.25~0.5m, 두께 0.1~0.35m임. 제2단과 제3단의 계단 사이에는 큰 자갈(鵝卵石)이 틈을 메움. 제2단·제3단·제4단 계단석은 서벽과 2.5km 떨어진 위치에 직선으로 배열됨.

- 서벽 : 서벽은 3단 계단이 남아 있음. 제1단 계단은 돌로 2층을 쌓음. 하층 돌은 상대적으로 비교적 크고, 상층에는 4개 돌만이 남아 있음. 상층 돌은 길이 1.5~1.75m, 너비 0.53~1.2m, 두께 0.53~1m임. 하층 돌은 길이 0.4~1.35m, 너비 0.4~0.55m, 두께 0.25~0.56m임. 제2단 계단은 겨우 4개 돌만이 남아 있음. 돌은 길이 0.7~0.9m, 너비 0.5~0.65m, 두께 0.23~0.3m임. 제3단 계단은 겨우 2개의 돌만 남음. 최북단의 돌은 한쪽이 제2단 계단석 아래에 눌림. 돌은 길이 0.75~1m, 너비 0.3~0.4m, 두께 0.3~0.32m임.

- 남벽 : 남벽은 2단 계단만이 남음. 제1단 계단은 상·하층으로 나뉘지만 상층 돌만 2개 남음. 이 돌은 서남 모서리돌에 가까운데 길이 2.1m, 너비 0.62m, 두께 0.45m임. 하층 계단석 서쪽 돌은 비교적 크고, 동측 돌은 비교적 작음. 돌은 길이 0.51~2.15m, 너비 0.32~0.9m, 두께 0.34~0.7m임. 제2단 계단은 겨우 돌 3개만 남음. 돌은 길이 0.9~1.05m, 너비 0.45~0.5m, 두께 0.18~0.33m임.

- 동벽 : 동벽은 모두 4단 계단이 있음. 다만 제3단·제4단 계단석은 심하게 흘러내림. 상대적으로 말해 이 벽의 제3단·제4단 계단석은 상대적으로 비교적 작음. 제1단 계단은 상·하 2층으로 나뉨. 하층 돌은 상대적으로 비교적 크며, 돌 크기는 비교적 고름. 돌은 길이 1~1.2m, 너비 0.4~1.25m, 두께 0.45~0.88m임. 상층에는 돌 3개만 남음. 돌은 길이 0.7~0.8m, 너비 0.45~0.55m, 두께 0.4~0.6m임. 제2단 계단은 보존상태가 비교적 좋음. 돌의 배열이 비교적 정연함. 돌의 길이 0.45~0.95m, 너비 0.44~0.6m, 두께 0.08~0.3m임. 제3단 계단석은 상대적으로 비교적 작고 심하게 흘러내림. 돌은 길이 0.35~0.75m, 너비 0.25~0.3m, 두께 0.18~0.26m임. 제4단 계단석은 거의 주민들이 가져가서 양측 끝에만 돌이 남음. 북단 돌은 길이 0.65m, 너비 0.3m, 높이 0.18m임. 남단 돌은 길이 0.48m, 너비 0.38m, 두께 0.09m임.

○ 묘실 정황

- 평면과 규모 : 광실 평면은 근방형으로 동서 길이 3m, 남북 너비 2.9m, 광실 바닥에서 천정까지 높이 0.65m임.

- 묘실 벽 : 북벽 서단·서벽 북단·동벽 북단에는 일부 석렬이 남아 있음. 광실 남벽에는 여전히 2m 길이의 석렬이 남아 있음. 서벽 중부는 도굴갱으로 파괴되었으나 도굴갱 양측에는 층층이 쌓은 석렬을 볼 수 있음.

- 묘실 바닥 : 광실에는 작은 자갈(鵝卵石)이 한층 깔려 있음. 돌 크기는 비교적 고른데 길이 약 12cm, 너비 약 9cm, 두께 약 6cm임. 광실 바닥에서 계속 내려가 무덤 바닥까지 정리하여 조영방식을 확인함. 무덤 바닥의 검은 흙 위에 먼저 큰 돌을 한 층 깔고 중간에 작은 자갈(鵝卵石)로 메움. 큰 돌은 길이 0.2~0.4m, 너비 0.17~0.2m, 두께 0.08~0.09m임. 자갈(鵝卵石)은 길이 약 0.13m, 너비 약 0.09m, 두께 0.05~0.07m임. 이어서 비교적 정연한 판석을 한 층 깔음. 판석은 길이 약 0.22m, 너비 0.2m임. 광실 일부를 정리한 흙을 체로 걸러낸 후 대량의 炭塊 및 炭粒을 발견했는데 원래 목곽이었을 가능성이 추정됨.

(6) 기타

광실의 중심에서 비교적 엉성한 동물뼈 잔편들이 출토됨.

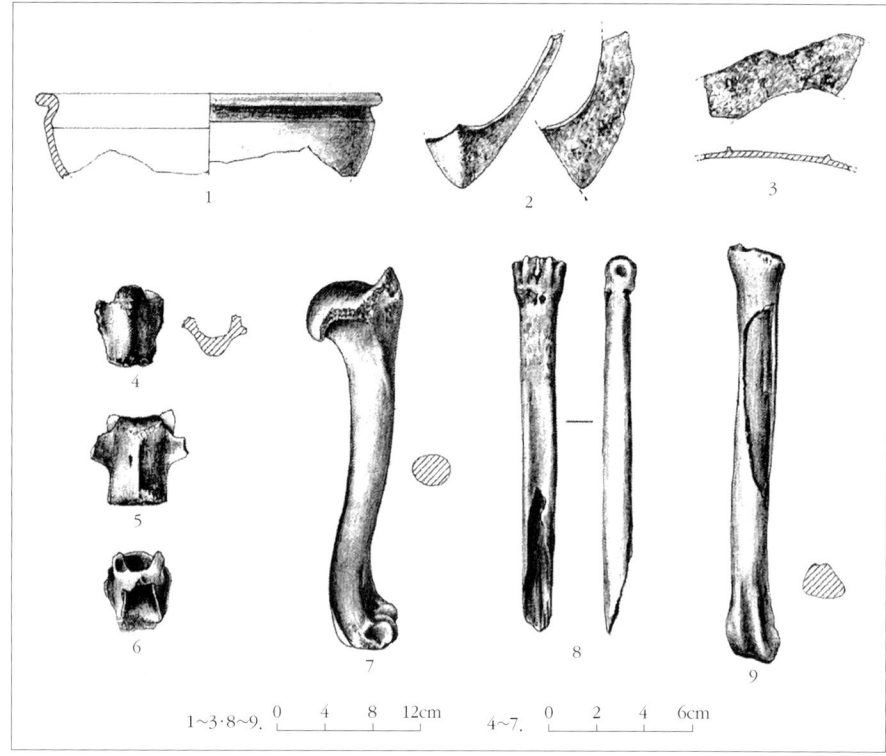

그림 6
신흥촌28호묘 출토유물
(『北方文物』2012-3)
1. 토기 구연부 잔편(M28:4)
2. 철제쟁기(M28:2)
3. 철기 잔편(M28:1)
4. 척추(M28:5)
5. 요추(M28:9)
6. 요추(M28:7)
7. 양 좌측 상박골(M28:3)
8. 양 좌측 척골(M28:8)
9. 양 우측 요골(M28:6)

5. 출토유물

○ 모두 28호묘(M28)에서 유물이 출토됨.

○ 출토유물은 비교적 적음. 고분 남벽 외측에서 무덤 바닥을 정리하던 과정 중에 철기 잔편 1점, 고분 서북 일부 적석 속에서 철제가래(鐴犁) 잔편 1점 및 토기(陶罐) 구연 잔편 1점 등을 발견함. 광실 내부에서도 소량의 토기 잔편 및 동물뼈 잔편 13점을 발견함.

○ 동물뼈 잔편(動物骨骼, 그림 6-4~그림 9)은 총 13점으로 모두 비교적 심하게 풍화됨. 그 가운데 7점이 비교적 작은 잔편이고 나머지 6편은 비교적 큰 뼈대로 상세한 감정결과가 나옴.

1) 철기 잔편 (M28:1, 그림 6-3)

○ 출토지 : 신흥촌28호묘의 남벽 외측 무덤 바닥.

○ 크기 : 잔존 길이 약 12.2cm, 잔존 너비 4cm, 두께 0.4cm.

○ 형태 : 불규칙형으로 정면에는 2개의 乳狀 돌기가 있음.

2) 가래(鐵鐴犁, M28:2, 그림 6-2)

○ 출토지 : 신흥촌28호묘의 서북 적석무지.

○ 크기 : 두께 0.4cm.

○ 형태 : V자형 쟁기 날의 한쪽만이 남음.

3) 토기 구연부 잔편 (陶罐, M28:4, 그림 6-1)

○ 출토지 : 신흥촌28호묘의 서북 적석무지.

○ 크기 : 입지름 약 14.5cm.

○ 색깔과 태토 : 니질회도.

○ 형태 : 구연 부분만이 남음. 토기편 일부가 용석과 달라붙어 있음. 밖으로 벌어진 구연은 비교적 넓고, 입술이 둥글고, 경부는 잘록함. 목과 몸체가 만나는 곳이 뚜렷하게 꺾이며, 몸체는 곡선을 이룸.

6. 역사적 성격

1) 고분군의 무단무광적석묘의 특징

(1) 축조연대

발굴 내용을 정리하면, 이 지역 내에 집중 분포하는 고분의 규모는 차이가 크지 않으며, 배열을 이루고 있으며, 無壇·無壙이며, 부장품은 없음. 산비탈을 따라 배열되었고 배열 방향과 河流 방향이 서로 일치함. 대부분 고분의 긴지름 방향은 모두 北偏西임. 일부 고분의 돌에는 가로 방향 파열무늬가 있는데 불에 탄 흔적으로 추정됨. 이들 고분에서 흙을 채집해서 표본을 추출하였는데 모두 炭粒을 발견하여, 고분 표면에서 일찍이 불을 지른 것으로 추정됨.

이런 형식의 고분은 秋皮 描鷹溝·楡林 大溝門·良民 고분군 등에서 동일하게 보임. 매장규칙이 비교적 일치하는데 모두 無壇·無壙 및 무부장품의 적석묘임. 과거 자료에 의하면 이런 고분은 주로 압록강 양안을 따라 분포하며 남으로는 渾江口에 이름. 과거 자료에서 이미 가장 이른 有壙의 적석묘는 하활룡I식고분이며 연대는 대략 동한시기임. 이번 발굴한 적석고분군은 연대가 하활룡I식고분 보다 빨라야 하므로 고구려 건국 전후로 파악함.

(2) 墓地 성격

현재까지 신홍촌 일대에서 고구려 고분 수백기가 발견되는데 무단·무광 적석묘에서 대형계단적석묘 및 봉토석실묘에 이르기까지 모두 발견되고 있음. 이는 신홍촌 이 일대가 고구려시기에 비교적 중요한 인구밀집지였던 사실을 보여줌. 신홍촌지역은 고구려 북도 상에 위치하며, 그 서북에는 고구려 關馬山城, 동북에는 고구려 石湖關隘가 있음. 이를 근거로 신홍촌은 고구려 북도상의 중요한 교통요충지일 가능성이 높다고 추정할 수 있음.

(3) 用火의 의미

이런 유형의 고분이 드러내는 특징에 근거해 추정해 보면, 당초 이들 고분이 조영된 때 돌을 일정한 방향을 따라 놓아 원형 또는 타원형을 이루는 것이 가능했음. 이번 발굴한 적석묘에서 어떤 부장품이나 인골이 발견되지 않고 고분의 돌이나 흙속에서 모두 불을 맞은 흔적이 보이므로, 신홍촌이 자리한 지리적 위치와 결합해 보면 葬俗 혹은 전쟁제사와 관련된 것으로 추정할 수 있음.

2) 28호묘의 특징

출토된 유물이 비교적 적기 때문에 고분 연대는 주로 고분 형식에 나온 시대특징에 근거하여 판단함. 과거 경험상 이런 고분은 먼저 지면에 基壇을 둘러쌓고, 내부를 돌로 채우고 다시 광실을 축조하는 방식임. 내부에서 외부로 계장을 쌓는 축조방법보다 많이 진일보함. 이런 구조의 고분인 우산하고분군의 JYM3283, JYM2112 등 두 고분 연대가 모두 4세기 말 5세기 초임. 이로써 28호묘 연대 역시 4세기 말 5세기 초에 해당함.

신홍촌 3組 고분의 조사를 통해 요서북 급수공정의 점유지범위 및 주변지구에서 무단무광적석묘, 계단적석묘, 계단적석광실묘 등의 몇 개 형식이 발견됨. 또한 점유지 범위와 약 3km 떨어진 범위 내에서 봉토석실묘도 확인됨. 이를 통해 신홍촌 일대가 고구려시기에 장기간 사용된 사실을 확인할 수 있음.

참고문헌

- 吉林省文物考古研究所·集安市博物館, 2012, 「集安市太王鎭新紅村高句麗積石墓群發掘發掘」, 『北方文物』 2012-3.
- 吉林省文物考古研究所·集安市博物館, 2012, 「集安市太王鎭新紅村一座高句麗階壇積石壙室墓(M28)的發掘」, 『北方文物』 2012-3.

2
성곽

01 집안 패왕조산성
集安 覇王朝山城

1. 조사현황

1) 20세기 전반

(1) 『輯安縣鄕土志』(1915년)
현전하는 기록 중 覇王朝山城에 대한 가장 이른 것임. "集安縣城 서쪽 220리 거리의 覇王朝 산 위에 '石城古壘'가 있는데, 현지 주민들은 '山城子'라고 부른다"라고 나옴.

(2) 『輯安縣志』(1931년)
"輯安縣에서 북쪽으로 180리 거리의 山城溝 안의 山嶺에 石垣이 남아 있으며 남쪽과 북쪽에 城門이 하나씩 있다"고 기재되어 있음. 당시 "현지주민들은 山城子라고 불렀다고 하는데 축조시기는 잘 모르겠다"고 기재되어 있음.

(3) 20세기 전반의 상황
상기와 같이 20세기 전반에 편찬된 지방지에 언급된 것으로 보아 패왕조산성이 일찍부터 널리 알려졌던 것으로 추정됨.

2) 1956년 4월
○ 시행기관 : 吉林省 文化局 文物調査組.
○ 조사내용 : 桓仁댐 건설 때문에 東北博物館(遼寧省博物館의 전신)이 桓仁 경내의 渾江 유역 수몰지구를 조사할 때, 吉林省 文化局 文物調査組가 長崗유적, 南台유적 등과 함께 覇王朝山城도 조사함.
○ 결과 : 이때의 조사를 토대로 1961년 4월 20일에 吉林省 人民委員會가 覇王朝山城을 吉林省 重點文物保護單位로 지정함.

3) 1962년 4월 15~18일.
○ 시행기관 : 吉林省博物館 輯安考古隊.
○ 참가자 : 상기 考古隊의 王承禮, 李殿福, 方起東, 陳相偉, 吉林師範大學 曹正榕, 吉林省 哲學社會科學研究所 朱涵康, 集安縣 文物管理所의 林至德과 趙璧人.
○ 조사내용 : 성곽의 전반적인 제원 및 간략한 지표조사 시행.
○ 발표 : 『考古』1962-11호의 「吉林輯安高句麗覇王朝山城」.

4) 1983년 5월 30일
○ 시행기관 : 集安縣博物館 文物調査隊.
○ 조사내용 : 성곽 제원과 축조상태 조사, 사진 촬영.
○ 발표 : 『集安縣文物志』의 '패왕조산성'.

5) 1983년 7월
○ 시행기관 : 吉林省 文物考古硏究室 및 集安縣博物館.
○ 참가자 : 吉林省 文物考古硏究室의 方起東 및 集

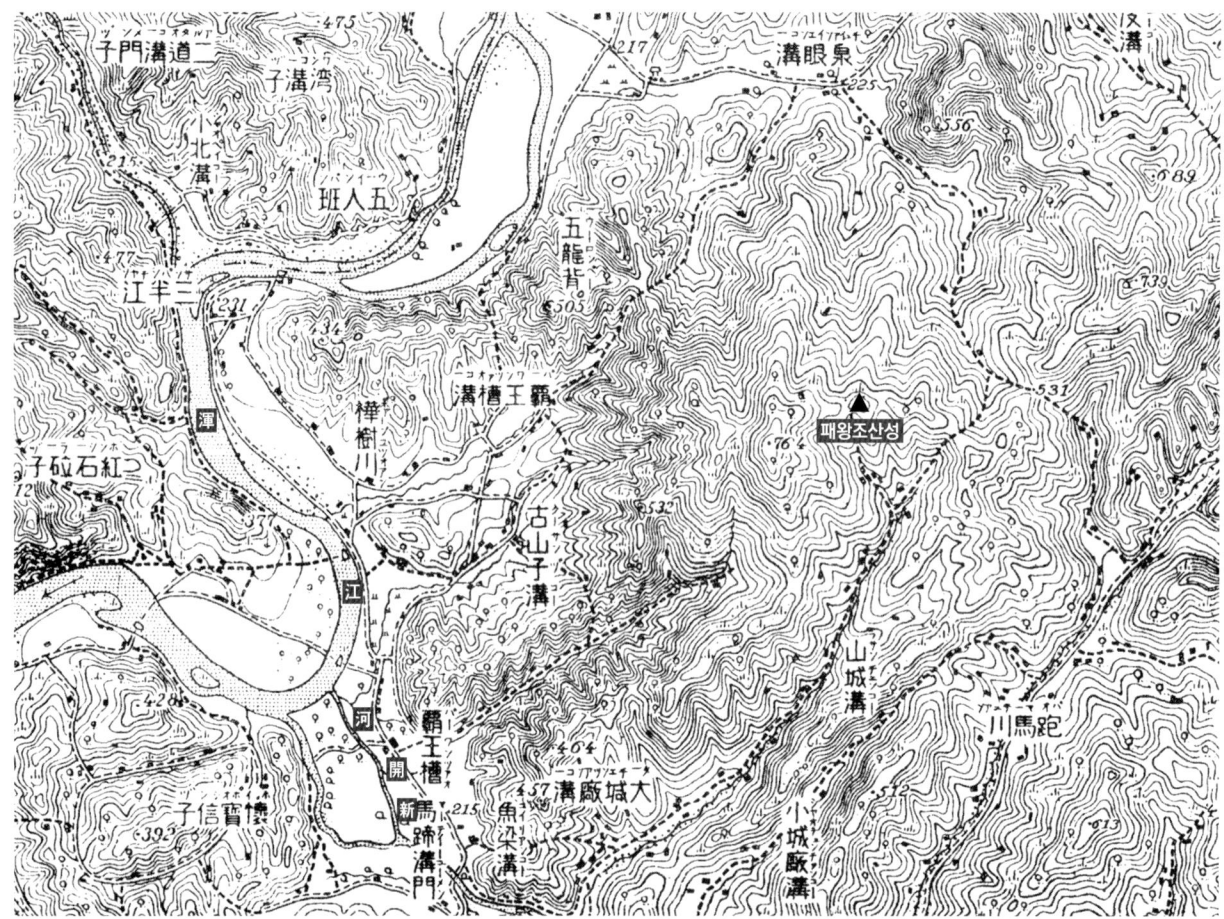

그림 1 패왕조산성 주변 지형도(滿洲國 10만분의 1 지형도)

그림 2 패왕조산성 위치도

安縣博物館의 林至德, 耿鐵華, 孫仁杰.
○ 조사내용 : 集安縣 경내의 南北 교통로의 계통 조사.
○ 발표 : 『文物』 1984-1의 「集安高句麗考古的新收穫」.

6) 2001년 10월 3일
○ 시행기관 : 학자들의 비공식적인 조사.
○ 참가자 : 通化師範大學 교수 耿鐵華, 吉林省 文學藝術界聯合 당 조직 서기 張福有, 사진가 협회 부서기장 桑玉柱, 通化市 史學會 고문 孫挺進, 부회장 高於茂·張海鷗.
○ 조사내용 : 성곽 내부의 건물유적 조사 및 토기편 수습, 사진 촬영.
○ 발표 : 耿鐵華, 2002 「訪高句麗覇王朝山城」, 『學問』 2002-2 ; 耿鐵華, 2004 「訪高句麗覇王朝山城」, 『高句麗考古硏究』, 吉林文史出版社.

그림 3 패왕조산성 위치도 (『高句麗城』, 26쪽)

2. 위치와 자연환경 (그림 1 ~ 그림 3)

1) 지리위치
○ 산성은 吉林省 集安市 소재지 서북 97km, 財源鄕 覇王朝村의 동북쪽 4km 거리에 위치함. 覇王朝村에서 동쪽의 골짜기를 거슬러 동북으로 약 2.5km 지점에 이르면 험준한 산봉우리로 둘러싸인 협곡이 나타남. 산성은 이 협곡에 자리한 해발 764m인[1] 높은 산에 위치함.
○ 산성이 위치한 산은 老嶺山脈의 主脈인 '亮紅頂子'의 西端에 해당하는데, 서쪽 30km 거리에 桓仁 五女山城이 위치함. 패왕조산성의 서벽에 서면, 서쪽으로 흘러가는 渾江과 함께 정면으로 오녀산성이 바라다 보임.

2) 자연환경
○ 산성은 험준한 산봉우리로 둘러싸여 있음. 동벽과 서벽, 그리고 북벽의 서단은 모두 험준한 절벽임. 산성 내부는 경사가 가파른 산비탈이며, 중앙에 평평한 대지가 형성되어 있음.
○ 산성 북사면 아래에는 渾江이 동북에서 서남으로 흐르고 있으며, 산성 서쪽에는 渾江 지류인 新開河가 北流하여 패왕조촌 앞에서 渾江에 합류함.
○ 북쪽 골짜기를 따라 약 3.5km 내려가면 혼강 연안의 泉眼溝村에 이름. 또 골짜기 입구를 나와 혼강을 따라 약 4.5km 내려가면 北屯村에 이르는데 북둔촌 앞에서 南流하던 富爾江이 혼강에 합류함.
○ 산성 서쪽의 覇王朝村 앞으로는 渾江 유역에서 新開河 상류를 거슬러 노령산맥을 넘어 集安으로 향하는 도로가 지나감.
○ 산성은 이 일대에서 가장 높은 곳에 위치하여 渾江

---
[1] 方起東, 1962, 569쪽, 한편 『集安縣文物志』, 69쪽 ; 『吉林省志』 43 (文物志), 101쪽 ; 李殿福, 1994, 35쪽 등에는 해발 862.8m로 나옴.

연안을 한눈에 관찰할 수 있으며, 渾江과 新開河 연안의 교통로를 공제할 수 있는 요충지임.

3. 성곽의 전체현황

1) 전체 평면(그림 4)
○ 성벽은 산등성이의 자연 지세를 따라 험준하고 가파른 절벽을 이용하여 축조하였음. 전체 길이는 1,260m이고, 동벽 298m, 서벽 420m, 남벽 247m, 북벽 295m임.
○ 북쪽이 높고 남쪽이 낮아 키(箕)모양을 이룸. 서북모서리는 바깥쪽으로 뻗어 나갔고, 남벽은 안으로 조금 휘어 전체 평면은 사다리꼴을 이룸.
○ 산세가 낮은 곳과 남쪽 골짜기 입구의 평평하고 완만한 곳에는 화강암 성돌로 성벽을 높이 축조. 지세가 낮은 곳일수록 성벽을 높이 축조.

2) 보존상태
○ 전체적으로 성벽이 잘 보존되어 있음. 서벽 남단과 북벽 동단의 성벽을 높이 축조하였고, 이곳의 성벽은 매우 잘 보존되어 있음. 특히 성가퀴(女墻)와 기둥구멍(柱洞)의 흔적이 비교적 잘 남아 있음.
○ 성곽 내부에서 건물지가 발견되었다고 하지만, 나무가 꽉 들어차 있기 때문에 유적을 확인하기는 쉽지 않은 상태임.

4. 성벽과 성곽시설

1) 성벽

(1) 성돌의 특징
○ 성돌은 대부분 화강암으로 모양은 장방형에 가까움.
○ 성돌은 길이 20~51cm, 너비 29~42cm, 두께 13~26cm 정도임.

(2) 성벽 축조양상(그림 4)
○ 높이 솟은 절벽(峭壁)을 천연성벽으로 이용한 곳이 많음.
○ 인공성벽은 산등성이를 따라 축조했는데 대체로 외벽을 높이 축조한 내탁식(內托式)이며, 안팎의 경사가 완만한 곳이나 산마루 중앙에 성벽을 축조한 경우에는 협축식(夾築式)으로 쌓기도 함.
○ 성벽의 높이와 폭은 지세에 따라 일정하지 않음. 가장 높은 곳은 21층으로 높이가 5.2m에 이름. 성벽의 폭은 대체로 1~4m 사이임.

2) 성곽시설

(1) 성문
북문과 남문 등 2개.

① 북문
○ 위치 : 북벽 중간에서 약간 동쪽으로 치우친 곳.
○ 평대(平臺) : 성문 양측의 성벽을 안쪽으로 연장하여 橫長方形의 平臺를 마주보게 축조. 이로 인해 문길도 성문 안쪽으로 4.8m 연장되었음.
○ 문길(門道) : 1962년 조사 당시 문길은 양측에서 허물어져 내린 성돌에 의해 가로막혀 있었음. 성벽 내벽과 문길 양측 모서리의 기단부만 관찰할 수 있었는데, 모서리 기단부는 圓角이며, 문길의 폭은 3m임.
○ 옹성(甕城) : 북문 바깥 8m 지점에 석축성벽 하단부가 남아 있음. 이 성벽의 東端이 본래 北門 동측 성벽과 연결되어 있었던 것으로 보아 半圓形 甕城으로 추정됨.
○ 옹문 바깥에는 두 겹으로 쌓은 석벽이 있는데, 통행로로 추정됨. 너비는 10~15m로 일정하지 않음.

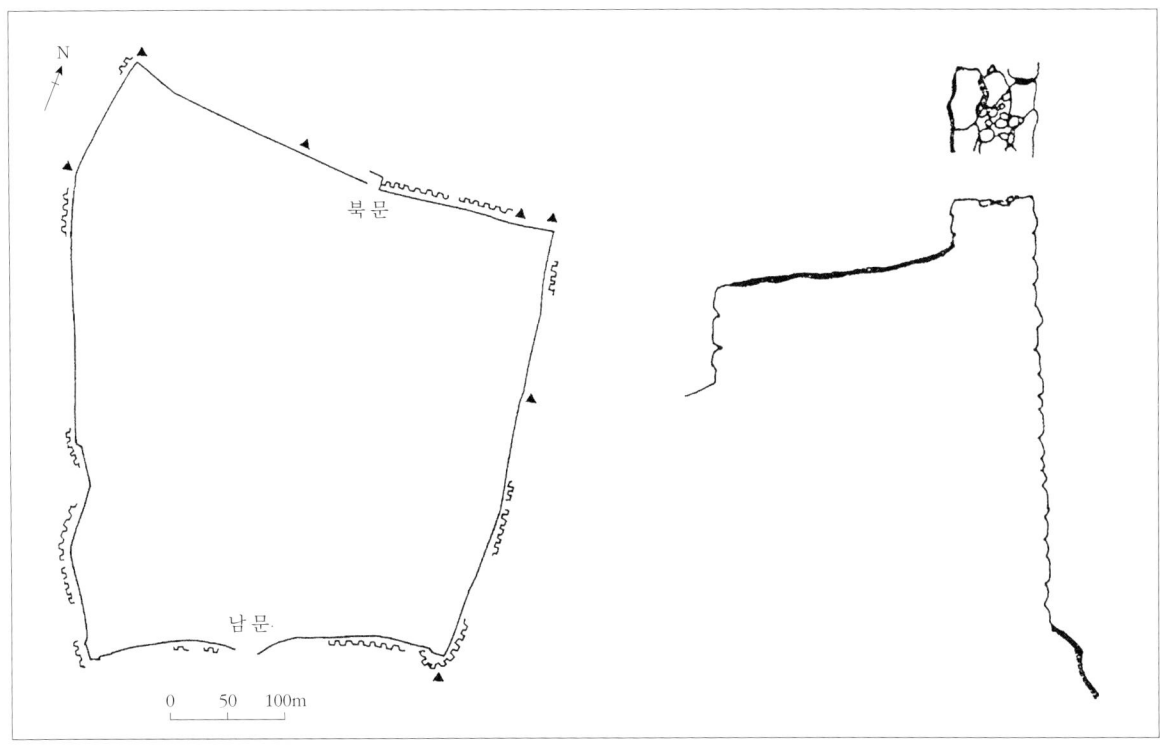

그림 4 패왕조산성 평면도(李殿福, 1994, 38쪽) 및 서벽 단면도(『考古』 1962-11, 570쪽)

② 남문
○ 위치 : 골짜기 입구에서 성 내부로 진입하는 지점으로 정문에 해당함. 남벽 중간에서 약간 서쪽으로 치우친 곳.
○ 많이 훼손되어 원형을 알 수 없음. 문길의 폭은 9m 전후임.

(2) 角臺
○ 산성의 네 모서리에는 성벽 바깥쪽으로 돌출한 角臺가 있음. 각대 위에는 본래 角樓가 있었을 것으로 추정됨.
○ 동남 각대 : 길이 5.5m, 너비 6m.
○ 서남 각대 : 길이 6m, 너비 7.5m.
○ 서북 각대와 동북 각대 : 바깥쪽으로 뻗은 능선을 따라 돌출시켜 축조하였는데, 네 면을 돌로 축조함.

(3) 성가퀴(女墻)와 기둥구멍(柱洞, 石洞, 돌구멍)

① 성가퀴(女墻)
○ 현황 : 서벽·북벽·동벽에 성가퀴가 남아 있음.
○ 크기 : 대체로 높이 0.5m, 너비 1m 전후.
○ 축조방식 : 성돌보다 조금 거칠게 다듬은 돌로 안팎 양면을 축조. 비교적 평평한 면을 밖으로 향하도록 가지런하게 쌓은 다음, 잔돌로 틈을 메움.

② 기둥구멍(柱洞, 石洞, 돌구멍, 그림 5)
○ 북벽 東端의 성가퀴 안쪽 성벽 위에서 기둥구멍을 18개 발견. 동벽 남단 부근에서도 기둥구멍 1개 발견.
○ 기둥구멍은 성가퀴(女墻) 안쪽에 위치함. 북벽 동단의 경우 동서 방향으로 배열되었고, 간격은 대체로 1.45~1.5m임. 1.9m와 2m 등 비교적 멀리 떨어진 것도 3개 있음.

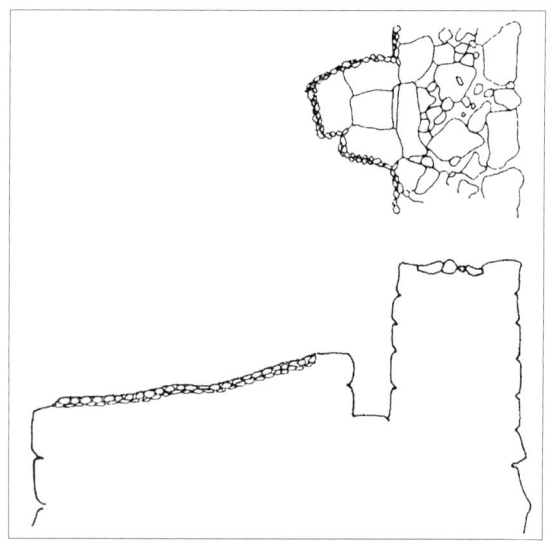

그림 5 패왕조산성 성가퀴 안쪽의 기둥구멍(『考古』1962-11, 570쪽)

○ 기둥구멍의 평면은 방형이며, 한 변의 길이 27~30cm, 깊이 50cm임.

5. 성내시설과 유적

1) 샘(泉水, 泉眼)

(1) 중앙의 샘
○ 1962년 및 1983년 조사 시에 확인. 당시에는 유일한 샘으로 인식함.
○ 성곽 내부의 중앙에 위치. 南流하는 작은 개울의 발원지.

(2) 남문지 부근 샘
○ 2001년 耿鐵華 등이 탐방했을 때 발견함.
○ 남문 동쪽 10m 거리에 자리한 '品'자형의 제1 건물군 중 C호 건물지의 북쪽 30m 지점에 위치하는데, 규모는 길이 약 1.8m, 너비 1m임.

(3) 남문 바깥의 샘
○ 2001년 耿鐵華 등이 탐방할 때 발견함.
○ 남문 바깥에서 상기와 같은 샘이 몇 곳 더 발견되었다고 함.

2) 건물지

(1) 1962년 조사
○ 1962년 건물지를 확인하지 못하였다고 함(方起東, 1962, 570쪽).

(2) 1983년 5월 조사
○ 산성 중앙 샘 북쪽의 평탄한 산비탈에서 비교적 큰 돌을 확인함. 병사 주둔지로 추정했으나 구체적으로 조사하지는 않음(『集安縣文物志』, 70~71쪽).

(3) 2001년에 조사한 건물지(그림 6)[2]

① 조사현황
○ 2001년 耿鐵華 등이 탐방하여 세 개의 건물군을 확인함.
○ 측량 장비가 없어 나뭇가지로 측량한 다음 나중에 실측함.

② 제1 건물군
○ 위치와 배치 : 남문 동쪽 10여m. '品'자 형으로 분포. 각 건물의 간격은 4~12m, A호와 B호는 비교적 가까움.
○ A호 : 건물군 서쪽에 위치. 동벽과 남벽 기단이 잘 남아 있음. 긴 돌로 쌓은 3~4단 잔존. 남북 길이 3m, 동서 너비 2.3m, 잔고 0.6m.

---

[2] 耿鐵華, 2004, 112~116쪽.

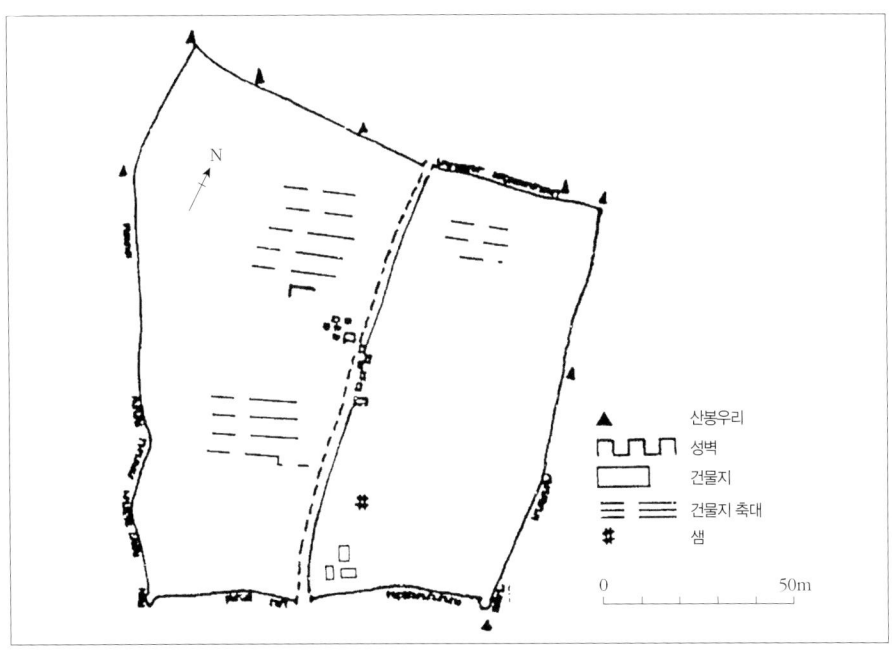

그림 6 패왕조산성 평면도와
건물지의 분포
(耿鐵華, 2004, 114쪽)

○ B호 : A호 동쪽에 위치. 남향으로 동서 길이 5.6m, 남북 너비 2.35m. 동쪽에 아궁이 잔존, 길이 2.35m, 너비 1.5m임. 성벽 기단 잔고 0.7m.
로 4~5단 잔존.

○ C호 : B호 북쪽에 위치. 서향으로 남북 길이 5.6m, 동서 너비 4.25m. 남벽의 잔고 1.25m, 긴 돌로 축조했으나 불규칙함.

○ 건물 내부 : 내부는 약간 낮고, 바닥에 돌을 깐 부분이 확인됨.

○ 성격 : 성문 수비와 연관될 것으로 추정함.

③ 제2 건물군

○ 위치 : 남문지 부근 샘의 서북 50여m 거리에 위치. 남문과 북문을 연결하는 小路가 건물군 중앙을 지나감.

○ 배치 : 네 동의 대형 건물지로 추정. 각 건물의 거리는 8~10m.

○ 기단 : 인공으로 다듬은 장대석으로 기단 축조. 제3동과 제4동의 기단은 동서 길이 40m, 기단 높이 0.9~1.1m.

④ 제3 건물군

○ 위치 : 북문 가까이.

○ 배치 : 상하 5동이 계단상으로 배열되어 있음. 앞쪽 세 동의 계단 거리는 10m 전후, 길이는 20~40m 사이로 같지 않음.

○ 제3 건물군 주변의 건물지 : 제3 건물군 계단 남쪽에 집터가 하나 있음. 북벽 길이 5.8m, 서벽 길이 2.9m. 소로 건너편 동북에도 작은 집터가 많이 있음.

○ 성격 : 성곽 관리기구의 건물지로 추정함.

⑤ 거석렬 유적

○ 위치 : 제2건물군과 제3건물군 사이의 동쪽 소로상.

○ 제1거석군 : 거석 7개가 남북으로 배열. 가장 큰 거석은 길이 3m, 너비 1.5m, 두께 0.8m.

○ 제2거석군 : 제1거석군 서북쪽에 10개의 거석 산포. 큰 거석은 길이 3.2m, 너비 2.5m, 두께 0.75m.

○ 성격 : 서쪽의 건축 유적과 연관될 것으로 추정됨.

⑥ 건물지의 성격

○ 남문 내 건축들은 수비와 관련이 있는 것으로 보이며 小路 서쪽의 대형 건축은 성 관리기구의 터일 것으로 추정함.

○ 산성 내부에 관리와 병사 및 백성이 적지 않게 거주했을 것으로 파악.

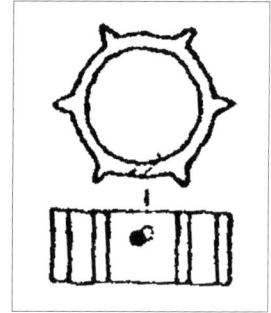 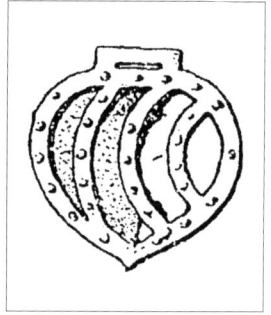

그림 7 철제 수레바퀴 굴대축
(『考古』1962-11, 570쪽)

그림 8 행엽
(『考古』1962-11, 570쪽)

6. 출토유물

1) 철제품

1962년 조사 시에 철제유물 다수 출토.

(1) 수레바퀴굴대축(鐵車軎, 그림 7)

○ 크기 : 外徑 10cm, 폭 5cm.

○ 형태 : 원형의 굴대축 외곽에 6개의 톱니로 구성.

○ 제작방법 : 철을 주조해 응고하기 전에 가장자리에 정으로 비스듬하게 구멍을 하나 뚫음.

(2) 행엽(杏葉, 그림 8)

○ 크기 : 길이 10.7cm, 너비 10.8cm, 두께 0.4cm.

○ 형태 : 여러 개의 쇠조각(銅片도 1개 있음)을 리벳으로 연결하여 제작함. 윗면의 철편 안쪽에는 활모양의 띠를 세 줄 새겼고, 片 상부에는 가로 방향의 긴 구멍이 있어서 連綴할 수 있음. 갑옷 편으로 추정됨.

(3) 철경동촉(鐵鋌銅鏃, 그림 9)

○ 수량 : 총 4점 출토.

○ 크기 : 20cm 전후.

○ 형태

- 둥근 막대기 형태를 띠고 뒤쪽 끝이 약간 뾰족함.
- 앞쪽 끝은 우선 동으로 동촉을 싸고 있음.
- 뒤에 마름모꼴 송곳모양 제작.

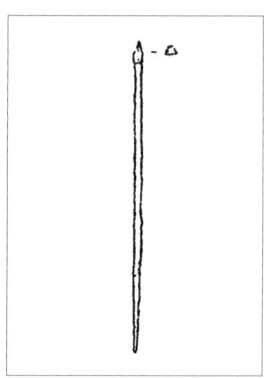 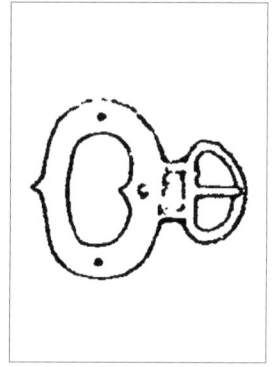

그림 9 철경동촉
(『考古』1962-11, 570쪽)

그림 10 철제띠고리
(『考古』1962-11, 570쪽)

(4) 철제띠고리(鐵帶扣, 그림 10)

○ 수량 : 2점 출토.

○ 형태

- 쇠고리가 연결되어 채워진 단면은 원형을 띰.
- 그 뒤쪽에 납작하고 얇은 쇠고리를 이어 양쪽에 서로 작은 구멍을 뚫음.
- 나머지 뒤쪽에 조금 두꺼운 띠모양의 쇳조각이 이어져 있음.

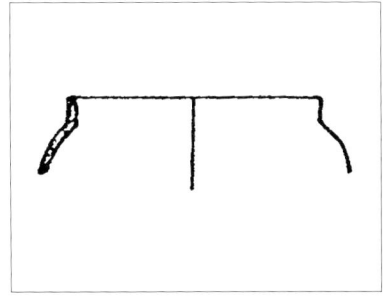 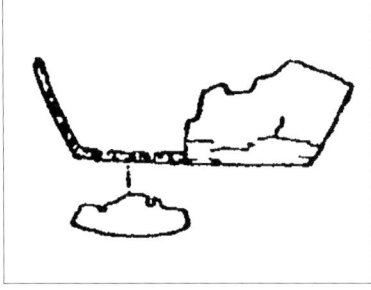 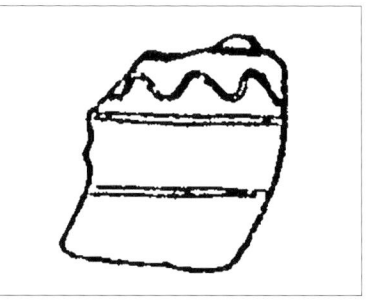

그림 11 토기편(『考古』 1962-11, 570쪽)   그림 12 토기편(『考古』 1962-11, 570쪽)   그림 13 토기편(『考古』 1962-11, 570쪽)

2) 토기편

○ 1962년 조사 시에 30여 편의 토기편 수집.
○ 2001년 조사 시에 3편의 토기편 수집.

(1) 1962년 채집 토기편(그림 11~그림 13)

○ 수량 : 총 30여 편 채집.
○ 형태
- 胎土는 細泥, 泥質, 夾砂 등 세 종류.
- 색깔은 灰黃色이 가장 많고 灰色이나 黃色도 있음.
- 시루바닥, 손잡이나 아가리 부분 등이 있음.
- 시루를 제외하면 器形은 목이 곧고 어깨가 조금 넓은 항아리만 분간할 수 있음.
- 평행선과 파도모양의 선을 합성하여 매우 얕게 문양을 새긴 토기도 있음.

(2) 2001년 채집 토기 호편(표본 JB1)

○ 출토지점 : 패왕조산성 巨石列 중간의 小路상.
○ 크기 : 길이 3.5cm, 너비 2cm, 두께 0.4cm.
○ 형태 : 굵은 모래가 혼합된 회갈색토기, 중간에 석면입자가 있고 항아리(陶罐) 복부에 해당.
○ 시기 : 1세기 초(耿鐵華, 2004, 115쪽)

(3) 2001년 채집 사이호편(표본 JB2)

○ 출토지점 : 패왕조산성 巨石列 중간의 小路상.
○ 크기 : 길이 7.3cm, 너비 6.5cm, 두께 0.5cm.
○ 형태
- 황갈색토기로 가는 모래와 석면 입자가 혼합됨.
- 횡으로 놓인 다리(횡교) 모양의 손잡이 부분(耳部)임.
- 전형적인 고구려 四耳陶壺의 잔여 부분.
○ 시기 : 3세기 중·후기(耿鐵華, 2004, 115쪽).

(4) 2001년 채집 토기 호편(표본 JB3)

○ 출토지점 : 패왕조산성 巨石列 중간의 小路상.
○ 크기 : 길이 6.5cm, 너비 4.5cm, 두께 0.8cm.
○ 형태
- 진흙 재질의 灰黑색토기.
- 항아리(陶罐)의 목 부분은 물레를 돌려 만든 흔적이 명확함.
○ 시기 : 4세기 말 혹은 5세기 초(耿鐵華, 2004, 115쪽).

3) 석제절구(石臼)

○ 1962년에 확인.
○ 재질 : 화강암.
○ 형태 : 지하에 묻혀 있음. 돌 평면 위에 구멍이 뚫려 있는데, 口徑 20cm, 깊이 15cm 인 절구의 구멍만 볼 수 있음.

7. 역사적 성격

1) 지정학적 위치와 주변의 유적 현황

패왕조산성은 渾江 지류인 新開河 하구 일대에 위치하는데, 혼강 하류를 따라 고구려 건국지로 알려진 桓仁盆地로 연결됨. 패왕조산성의 정상에 서면 서쪽으로 유유히 흘러가는 渾江과 함께 오녀산성이 정면으로 바라다보임. 또 이곳은 桓仁盆地나 富爾江 방면에서 渾江 유역을 지나 고구려 두 번째 도성인 國內城이 위치했던 集安으로 나가는 교통로의 길목임.

『輯安縣鄕土志』(1915년)에 따르면 "산성 부근 강 연안에도 石城이 있는데, 홍수로 모래사장에 매몰되어 큰 돌만 몇 개 보인다"고 함. 또 『輯安縣志』(1931년)에는 "성곽이 모래사장에 매몰되어 그 전에는 큰 돌이 몇 개 노출되어 있었으나 현지 주민들이 가옥을 지으면서 채석을 하여 남아 있지 않았다"고 함. 1962년 조사 당시에도 현지 주민이 옛날에 석성 유적이 北屯村 서쪽의 혼강 강변에 있었다고 했지만, 당시에는 볼 수 없었다고 함.

산성 주변에는 혼강 연안과 신개하를 따라 고구려 고분군도 다수 분포하고 있음. 특히 산성에서 4km 정도 떨어진 泉眼溝村 일대에 고구려시기 고분군이 3곳 있으며 모두 70여 기 정도됨. 또 패왕조산성에서 新開河를 따라 40km 정도 거슬러 올라가면 望波嶺關隘가 나오는데, 입지상 新開河를 거슬러 올라오던 적군을 방어하던 군사시설로 추정됨.

2) 산성의 축조시기와 성격

패왕조산성은 돌로 쌓은 석축산성으로 하곡평지와 상당히 떨어진 산상에 자리해 있음. 이에 초기 보고자들은 패왕조산성이 국내성의 군사방어성인 환도산성보다는 늦게 축조되었을 것이라며 그 성격을 주로 국내성과 연관하여 파악함. 즉 패왕조산성은 거주나 생산에 적합하지 않은 산상에 위치했다는 점에서 주로 군사방어적 기능을 수행했는데, 특히 富爾江에서 渾江을 건너 新開河를 따라 국내성으로 진입하는 길목인 신개하 하류 일대를 공제하는 역할을 수행했다고 파악함. 패왕조산성은 고구려 두 번째 도성인 국내성을 방어하던 군사방어성이라는 것임(方起東, 1962, 571쪽;『集安縣文物志』, 71쪽; 王綿厚, 2002, 106~108쪽).

이에 대해 패왕조산성을 고구려 제2대 유리명왕 22년에 천도했다는 國內 尉那巖城으로 비정하는 견해도 제기됨. 즉 『三國史記』高句麗本紀에 따르면 고구려 유리왕은 郊豕가 도망갔던 國內 尉那巖으로 도성을 옮겼다고 하는데, 集安의 通溝盆地 일대는 卒本(桓仁)에서 郊豕가 도망가기에는 너무 먼 거리라는 것임. 이에 환인 오녀산성에서 30km 떨어진 패왕조산성을 尉那巖城으로 비정함. 패왕조산성 일대는 渾江·新開河·富爾江의 합류지점으로서 '山水深險'하다는 문헌기록과 합치하며, 산봉우리 위에 위치하고 내부에 샘(泉水)도 있어 '巖石之地'로서 '泉水'가 있다는 문헌기록과도 일치한다는 것임(孫進己·馮永謙, 1988, 407~411쪽).[3]

한편 耿鐵華는 2001년에 성 내부를 조사한 다음, 내부에서 출토된 유물을 근거로 국내천도 직후인 1세기 초에 성곽을 축조했다고 파악함. 이와 더불어 패왕조산성이 거주나 생산에 적합하지 않다는 종전 인식을 바꿀 필요가 있다고 역설함. 즉 성 내부에 건물지가 다수 분포한 것으로 보아 산비탈을 거주지로 활용하고, 성 바깥의 계곡을 경작지로 활용했으며, 주변의 渾江과 新開河 일대에는 고기잡이와 사냥을 전개했을 것으로 추정함. 패왕조산성은 고구려시기의 중요한 거주 성곽인 동시에 전략적 요충지라는 것임(耿鐵華, 2002;

---

[3] 최근 국내학계에서도 위나암성을 고구려 건국지인 환인 오녀산성이나 환도성에 해당하는 집안 산성자산성(환도산성)으로 비정하기는 어렵다며, 환인분지에서 집안분지로 향하는 입구에 자리한 패왕조산성에 비정하는 견해도 제기됨(김현숙, 2017, 121~126쪽).

2004, 115~116쪽).

이처럼 중국학계에서는 패왕조산성을 국내성의 군사방어성으로 보는 견해가 우세한 가운데 위나암성이나 거주성으로 보는 견해도 제기된 상태임. 패왕조산성은 골짜기를 감싼 包谷式 산성이지만, 압록강 중상류의 다른 고구려 산성과 마찬가지로 산상에 위치함. 이에 패왕조산성을 산상 포곡식산성으로 분류하기도 하는데(양시은, 2016, 117쪽), 거주나 거점 기능보다는 군사방어 기능에 주안점을 두어 입지를 선정했음을 반영함(임기환, 1998, 66~68쪽). 패왕조산성은 기본적으로 군사방어성이었던 것임.

그런데 요동지역에서 고구려 국내성으로 진입할 경우 蘇子河와 富爾江을 경유한 다음, 渾江을 건너 新開河를 거슬러 老嶺山脈을 넘는 것이 가장 평탄하고 최단 코스임. 실제 244~245년 조위의 毌丘儉이나 342년 전연의 慕容皝은 이 루트를 따라 고구려를 침공했는데, 小板岔嶺에서 발견된 毌丘儉紀功碑는 이를 가장 잘 보여줌. 이로 보아 패왕조산성은 국내성기에 도성 외곽을 지키던 가장 중요한 군사방어성의 하나로 新開河 상류에 자리한 望波嶺關隘와 함께 新開河 일대에서 도성 외곽의 방어선을 구성하였을 것으로 파악됨(여호규, 1998, 103~104쪽 ; 양시은, 2016, 188~189쪽).

이에 중국학계에서는 일반적으로 패왕조산성의 성격을 342년 전연 모용황이 고구려를 침공했던 루트인 南道와 北道 가운데 남도와 연관시켜 파악하기도 함. 즉 渾江 유역에서 '新開河 → 板岔嶺 → 麻線溝'를 거쳐 集安분지에 이르는 교통로를 南道, '葦沙河 → 老斧嶺'을 거쳐 집안분지에 이르는 교통로를 北道로 설정한 다음, 패왕조산성은 남도상의 중요한 군사방어 시설로 파악함(集安縣文物管理所, 1964, 78쪽 ; 『集安縣文物志』, 71쪽 ; 遲勇, 1993, 184쪽 ; 魏存成, 2002, 46~48쪽).

반면 남·북도의 분기점을 新賓 永陵鎭으로 설정한 다음, 南道를 '二道河 → 六道河 → 渾江 하류 → 渾江口 → 압록강 본류', 北道를 '蘇子河 본류 – 富爾江 – 新開河' 루트로 각기 설정한 다음, 패왕조산성을 望波嶺關隘와 함께 北道上의 중요한 방어시설로 파악하기도 함(王綿厚, 2002, 236~238쪽).

다만 342년 남도와 북도의 분기점은 주로 요동평원이나 渾河 – 蘇子河 합류지점 일대로 설정되며, 남도상에 위치한 木底城도 소자하 연안으로 비정된다는 사실에 유의할 필요가 있음. 남도나 북도는 요동평원이나 혼하 유역에서 고구려 중심부인 혼강–압록강 유역으로 진입하는 루트와 관련된 것임. 이러한 점에서 패왕조산성은 남·북도보다는 국내성기에 도성을 방어하던 외곽 방어선과 연관하여 그 성격을 파악하는 것이 더 타당하다고 생각됨.

참고문헌

- 吳光國 편, 1915, 「地理」, 『輯安縣鄕土志』.
- 張拱垣 편, 1931, 「古蹟」, 『輯安縣志』.
- 方起東, 1962, 「吉林輯安高句麗覇王朝山城」, 『考古』 1962-11.
- 李殿福, 1962, 「1962年春季吉林輯安考古調査簡報」, 『考古』 1962-1.
- 吉林省文物志編委會, 1984, 『集安縣文物志』.
- 孫進己·馮永謙, 1988, 『東北歷史地理』(2), 黑龍江人民出版社.
- 吉林省地方志編纂委員會, 1991, 「覇王朝山城」, 『吉林省志』 43(文物志).
- 國家文物局 主編, 1992, 「集安市-覇王朝山城」, 『中國文物地圖集·吉林分冊』, 文物出版社.
- 李殿福, 1992, 「高句麗考古的回顧與展望」, 『遼海文物學刊』 1992-2.
- 遲勇, 1993, 「高句麗都城的戰略防禦系統」, 『高句麗研究文集』, 延邊大學出版社.
- 李殿福(차용걸·김인경 역), 1994, 『중국내의 고구려 유적』, 학연문화사.
- 王禹浪·王宏北, 1994, 「中國吉林省集安市高句麗覇王朝山城」, 『高句麗·渤海古城址研究匯編』(上), 哈爾濱出版社.

- 魏存成, 1994, 「城址·建築址」, 『高句麗考古』, 吉林大學出版社.
- 馮永謙, 1994, 「高句麗城址輯要」, 『北方史地研究』, 中州古籍出版社.
- 王綿厚, 1994, 「鴨綠江右岸高句麗山城研究」, 『遼海文物學刊』1994-2.
- 余昊奎, 1998, 「集安 覇王朝山城」, 『高句麗 城』I(鴨綠江中上流篇), 國防軍史研究所.
- 林起煥, 1998, 「高句麗前期 山城 硏究」, 『國史館論叢』 82.
- 杜宇 編著, 1999, 「老嶺山區古道」, 『集安風景名勝史話』, 通化師範學院照排印刷中心.
- 秦升陽, 2000, 「南北道上的關隘與城堡」, 『高句麗歷史與文化』, 吉林文史出版社.
- 楊春吉·王曉南, 2000, 「高句麗疆域調查與研究現狀」, 『高句麗歸屬問題研究』, 吉林文史出版社.
- 王綿厚, 2002, 「覇王朝山城」 및 「高句麗南北二道上諸城」, 『高句麗古城研究』, 文物出版社.
- 耿鐵華, 2002, 「訪高句麗覇王朝山城」, 『學問』 2002-2 : 2004, 『高句麗考古研究』, 吉林文史出版社.
- 魏存成, 2002, 「中期都城通往遼河流域的兩條道路與毌丘儉紀功碑」 및 「山城的分布」, 『高句麗遺跡』, 文物出版社.
- 李樂營·李淑英 편저, 2006, 『中國高句麗學者與研究綜述』, 吉林文史出版社.
- 王春燕·鄭霞, 2008, 「覇王朝山城的調查與研究」, 『東北史地』 2008-3.
- 양시은, 2016, 『고구려 성 연구』, 진인진.
- 白種伍, 2017, 「中國內 高句麗 山城의 發掘 現況과 主要 遺構·遺物의 檢討」, 『先史와 古代』 53.
- 白種伍, 2017, 「高句麗 城郭 築城術의 擴散에 대한 豫備的 檢討」, 『高句麗渤海研究』 59.
- 김현숙, 2017, 「고구려 초기 王城의 위치와 國內 遷都」, 『先史와 古代』 54.

02 집안 망파령관애
集安 望波嶺關隘 | 王八脖子嶺關隘

1. 조사현황

1) 1930년대
○ 『輯安縣志』(1931년 간행) : 〈疆域〉 조항에 "輯安縣城에서 120리 떨어진 望波嶺 산 위에 古城이 있다"고 나오며, 〈古蹟〉 조항에는 "望波城이 집안현성 북쪽 120리 거리의 望波嶺에 있는데 石垣이 잘 남아 있다"고 함. 이로 보아 1930년대에 이미 망파령관애의 존재가 알려진 것으로 추정됨.

2) 1962년 4월 15일
○ 시행기관 : 吉林省博物館 輯安考古隊.
○ 참가자 : 吉林省博物館의 陳相偉, 方起東 및 集安縣 文物管理所의 張思恩, 趙壁人 등.
○ 조사내용 : 集安 전역의 유적과 함께 조사함.

3) 1963년 5월
○ 시행기관 : 吉林省博物館 및 集安縣 文物管理所.
○ 참가자 : 吉林省博物館의 陳相偉, 方起東 및 集安縣 文物管理所의 張思恩, 趙壁人 등.
○ 조사내용 : 望波嶺關隘와 함께 관마산성 집중 조사. 다만 이때의 조사를 바탕으로 작성한 도면을 보면(그림 3), 關隘의 서북쪽 부분만 확인하고, 동남쪽 부분은 확인하지 못한 것으로 추정됨.
○ 발표 : 集安縣文物管理所, 1964, 「吉林集安高句麗南道和北道上的關隘和城堡」, 『考古』 1964-2.

4) 1983년 5월 22일
○ 시행기관 : 集安縣 文物普查隊.
○ 조사내용 : 關隘에 대한 실측, 기록, 사진 촬영 등을 진행함. 1963년에 확인하지 못한 關隘의 동남쪽 부분까지 확인한 것으로 보임(그림 4). 다만 현지답사를 통해 성벽의 전체현황을 관찰한 결과, 이때 조사에서 동남단까지 완전히 확인했는지는 명확히 알 수 없음.
○ 발표 : 『集安縣文物志』의 '망파령관애'.
○ 결과 : 이때의 조사결과를 토대로 1983년 10월 19일에 望波嶺關隘를 集安縣 重點文物保護單位로 지정함.

5) 1983년 7월
○ 시행기관 : 吉林省 文物考古研究室 및 集安縣博物館.
○ 참가자 : 吉林省 文物考古研究室의 方起東 및 集安縣博物館의 林至德, 耿鐵華, 孫仁杰.
○ 조사내용 : 集安縣 경내의 南北 교통로의 계통 조사.
○ 발표 : 『文物』 1984-1의 「集安高句麗考古的新收穫」.

2. 위치와 자연환경(그림 1 ~ 그림 2)

1) 지리위치
○ 吉林省 集安市 소재지의 서북쪽 50km 거리의 三

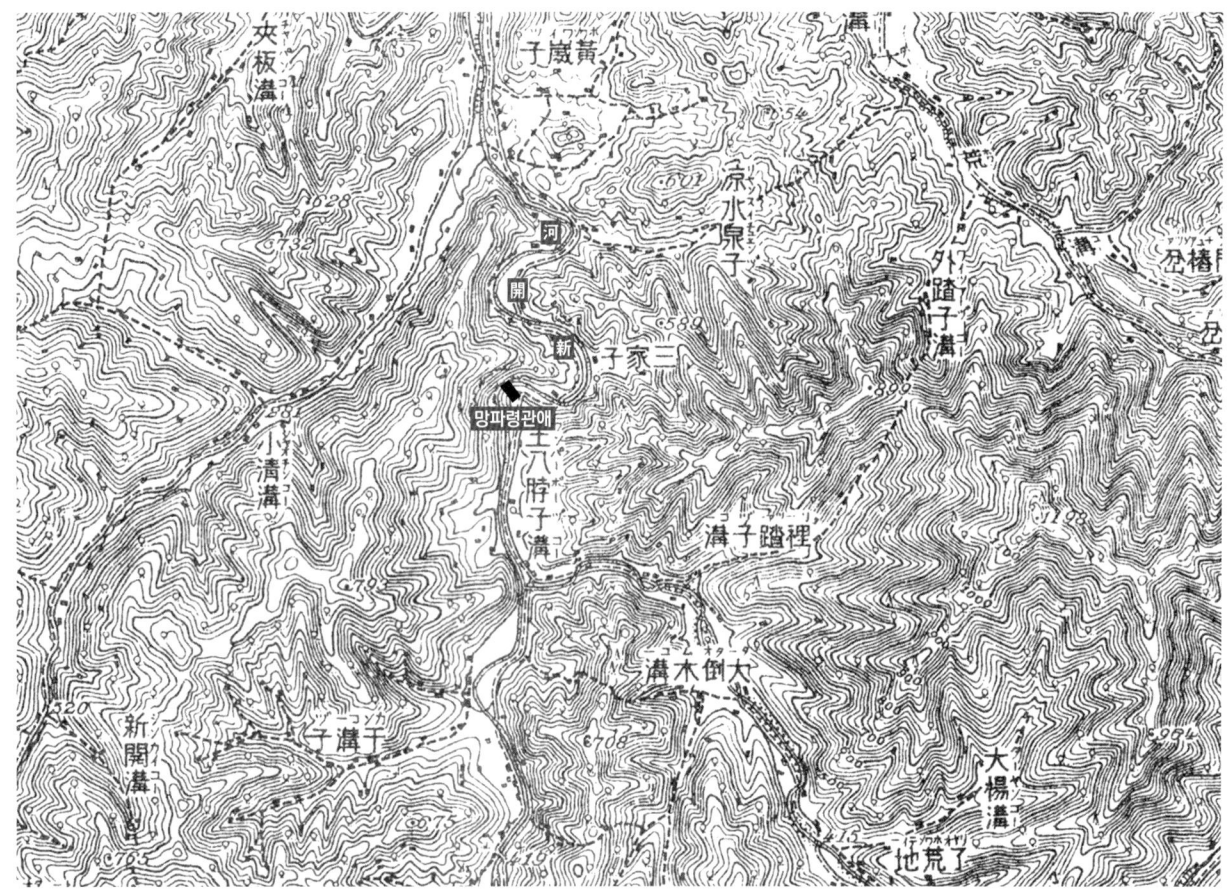

그림 1 망파령관애 위치도(滿洲國 10만분의 1 지형도)

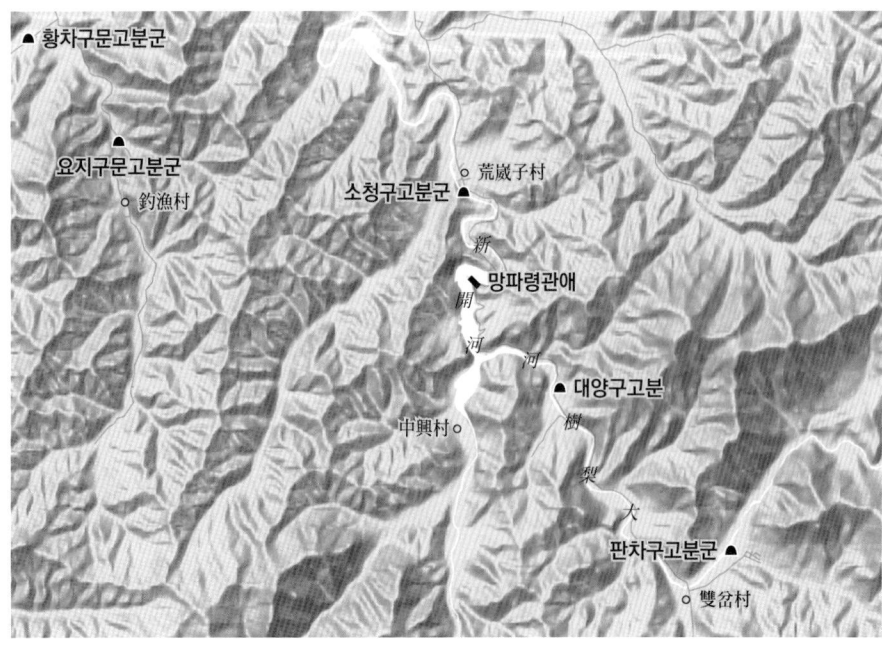

그림 2 망파령관애 위치도

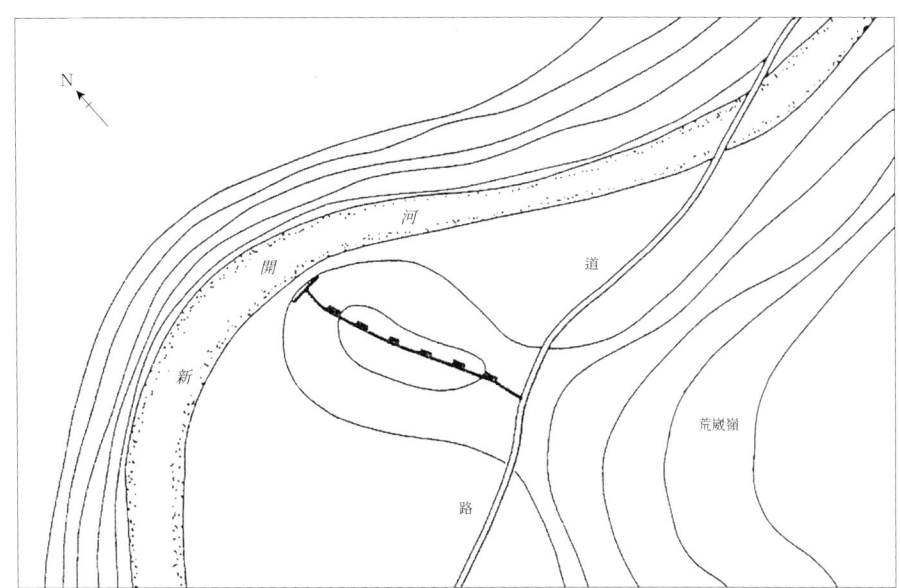

그림 3 망파령관애 평면도
(『考古』1964-2, 78쪽)

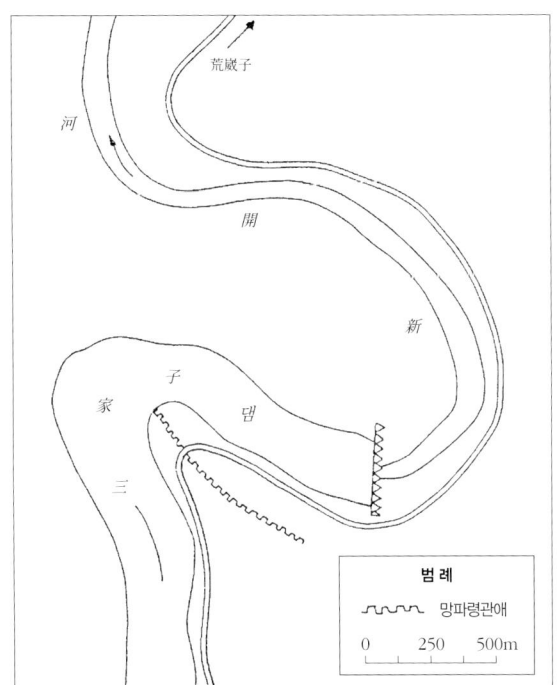

그림 4 망파령관애 평면도(『集安縣文物志』, 77쪽)

家子댐 위쪽에 위치.

○ 集安市 雙岔鄕 소재지에서 서북 10km 거리에 위치하며, 여기에서 북쪽으로 5km 정도를 가면 荒崴子村이 나옴. 雙岔鄕과 台上鄕의 경계지점에 해당함.

2) 자연환경

○ 관애가 지나가는 산줄기가 마치 자라처럼 생겼다고 하여 현지 주민들은 望波嶺을 '王八脖子嶺'이라고도 부름.

○ 老嶺 산줄기에서 발원한 雙岔河(新開河)가 구불구불하게 흐르다가 台上鄕과 雙岔鄕의 경계지점을 지날 무렵, 협곡의 폭이 좁아지고 양측의 산도 깎아지른 듯이 험준해짐. 북쪽 산비탈은 높고 가파른데, 아래로는 좁고 험준한 협곡이 내려다보이며, 높이는 약 60m임.

○ 望波嶺 산줄기는 대체로 동남-서북 방향으로 뻗어 있고, 서북쪽 산줄기의 끝 지점에 龍頭嶺이라는 남북 방향의 작은 산줄기가 다시 솟아나 계곡 쪽으로 돌출하여 마치 병풍처럼 협곡을 가로막고 있음.

○ 望波嶺關隘는 바로 望波嶺과 龍頭嶺의 산마루를 따라 축조했음. 龍頭嶺 남단과 望波嶺이 만나는 지점에는 약간 낮은 구릉이 있는데, 현재 新開河 연안을 따라 개설된 지방 도로가 이곳을 뚫고 지나가고 있음.

○ 남쪽에서 북쪽으로 흐르던 雙岔河(新開河)는 關隘의 서북단을 지난 다음 방향을 동쪽으로 꺾어서 흐르고 있는데, 그 양측으로는 깎아지른 듯한 산이 계속 연이어짐. 1976년에 이 협곡을 막아 三家甸子댐을 건설했

으며, 이로 인해 龍頭嶺 서북단의 관애와 龍頭嶺-望波嶺 사이 구릉 저지대의 관애 일부가 수몰됨.

3. 유적의 전체현황

1) 전체현황(그림 3~그림 4)
◦ 1963년 조사에서는 관애의 길이를 260m로 파악했는데, 그림 3에서 보듯이 서북쪽 부분만 확인한 결과로 추정됨.
◦ 1983년 조사에서는 관애의 전체 길이를 750m로 파악했는데, 그림 4에서 보듯이 동남쪽 부분까지 추가 확인한 결과로 추정됨.
◦ 현지답사를 통해 望波嶺 산줄기를 따라 관애의 성벽이 동남쪽으로 계속 이어지고 있는 사실을 확인했는데, 1983년 조사에서도 전체 규모를 완전히 파악했는지 정확히 알 수 없음.
◦ 성벽 남단 90m 정도는 일찍이 보수한 흔적이 남아 있는데, 자갈로 쌓은 다음 진흙을 10~20cm 두께로 덧쌓았음.
◦ 성벽 남단은 크고 작은 7개의 산봉우리로 이어지는데, 산봉우리 사이의 구릉지에도 돌로 성벽을 축조한 흔적을 볼 수 있음.

2) 보존상태
◦ 1963년 조사 당시 龍頭嶺 남단과 望波嶺이 만나는 구릉 저지대의 관애 성벽이 도로에 의해 절단되면서 파괴되어 있었음.
◦ 1976년 三家子댐 건설로 雙岔河(新開河) 계곡 동쪽에 위치한 龍頭嶺 서북쪽 성벽이 수몰되었고, 종래 도로가 지나가던 龍頭嶺-望波嶺 사이 구릉 저지대의 관애 일부도 수몰됨. 또 댐 건설 이후 도로를 신설하고 민가(휴게소?)를 지으면서 望波嶺 서북단의 관애가 상당 부분 절단되고 파괴됨.

◦ 댐 건설과 도로 신설에 따라 수몰되거나 절단된 부분에 성벽의 단면이 잘 나타나 있음. 가령 본래 지방도로가 지나갔던 龍頭嶺-望波嶺 사이 구릉 저지대의 성벽은 일부가 수몰되어 있는데 댐 수위가 변동하면서 양측 성벽을 허물어뜨려 석축으로 축조한 성벽 단면이 완전히 드러나 있음. 龍頭嶺 서북쪽의 수몰된 관애도 물가 가장자리에서 석축 상태의 성벽 윗면을 확인할 수 있음. 또 望波嶺 서북단의 성벽도 도로 신설에 따라 완전히 절단되어 그 단면이 드러나 있으며 성돌의 일부가 도로 동남측에 쌓여 있음.

4. 성벽과 성곽시설

1) 성벽

(1) 전체 규모
◦ 1963년 : 서북쪽 260m만 확인. 기초 너비 10m. 殘高 1.5~2m, 방향 350°.
◦ 1983년 : 동남쪽까지 연장하여 총 750m 확인. 殘高 1.5~2.5m, 방향 350°.
◦ 성벽 북단의 제방 : 1963년 조사 당시에 新開河(雙岔河)에 잇닿아 있는 성벽 아래쪽 강변에 돌로 축조한 殘長 13m, 높이 0.5~0.8m인 제방이 남아 있었다고 함. 현재는 댐 건설로 수몰되어 현황을 파악할 수 없음.
◦ 龍頭嶺 동남단 : 1963년 조사 당시에 용두령 동남단 90m 정도는 강돌로 쌓은 다음 진흙을 10~20cm 두께로 덧쌓아 보수한 흔적이 있었다고 함.
◦ 望波嶺 남단 부분 : 1983년 조사 당시 望波嶺에서 이어지는 7개의 산봉우리 사이의 구릉지에도 돌로 성벽을 축조한 흔적을 확인했는데, 殘高 2.5m, 성벽 9단으로 축조.
◦ 전체 길이 : 이처럼 망파령 산줄기를 따라 동남쪽으로 성벽이 계속 이어지기 때문에 현재 전체 길이를 정

확히 조사했는지는 파악할 수 없음.

(2) 성벽 축조양상

① 龍頭嶺-望波嶺 구릉 서북쪽
1963년 조사 당시 도로에 의해 절단된 부분. 당시 조사에 따르면 도로 북변에 성벽 단면이 드러나 있었는데, 네모반듯한 큰 강돌로 기초를 다진 다음, 작은 강돌로 안쪽으로 약간씩 물리면서 층층이 쌓아 올렸다고 함. 조금 다듬은 강돌도 있는데, 성돌 크기는 대체로 20cm×35cm×45cm 전후였다고 함.

② 龍頭嶺-望波嶺 구릉 동남쪽
1963년 조사 당시에는 성벽을 확인하지 못했던 동남쪽에도 수몰에 따른 수위 변동으로 인해 성벽이 완전히 드러나 있음. 이 부분도 석축성벽인데 서북쪽과 달리 강돌이 아니라 깬돌로 성벽을 축조함. 성벽 양측의 바깥쪽에 비교적 큰 깬돌로 외벽을 쌓아 올리고, 성벽 안측도 깬돌로 층층이 쌓아 올렸음.

③ 龍頭嶺 서북측의 수몰지역
이 지역은 1976년 三家甸子 댐 건설로 수몰된 구간인데, 역시 수위 변동으로 성벽 윗면의 일부가 드러나 있음. 龍頭嶺-望波嶺 구릉 저지대 서북쪽과 마찬가지로 강돌로 축조했음.

④ 望波嶺 서북쪽 기슭
○ 二家甸子댐 건설 이후 望波嶺 서북 산기슭을 관통하는 도로를 신설하면서 이곳 성벽이 상당 부분 파괴됨. 도로 동남측 산기슭 위에 절단된 석축 성벽이 드러나 있고, 도로 가장자리에는 성벽 축조에 사용했던 것으로 추정되는 성돌이 쌓여 있음. 성돌 가운데 강돌도 일부 섞여 있지만, 대부분은 龍頭嶺-望波嶺 구릉 저지대의 동남쪽과 마찬가지로 깬돌임.

○ 1983년 조사 당시 성벽 단면을 확인했는데, 먼저 산마루 정상의 동쪽 비탈을 따라 너비 10m 정도의 기초홈을 파고 그 내부를 깬돌로 메워 기초부를 만든 다음, 그 위에 성벽을 축조했다고 함. 외벽은 비교적 가지런했으며, 성벽 윗면은 남측의 산마루와 높이가 비슷하여 너비 1.5~2.5m인 평탄한 통로를 이루고 있으며, 병력 이동로로 활용되었을 것으로 추정됨.

○ 성벽 바깥쪽의 북측 아래쪽도 많이 허물어져 있는데, 목탄층과 황토를 번갈아 가면서 성토 다짐한 흔적이 드러나 있음. 이는 성벽 바깥쪽 산비탈에 성토 다짐을 하여 보축했을 가능성을 시사함.

⑤ 성벽 구간별 성돌의 석재
○ 성돌 현황으로 보아 關隘 가운데 龍頭嶺 구간은 강돌, 望波嶺 구간은 깬돌을 사용하여 성벽을 축조한 것으로 추정됨.

2) 성곽시설

(1) 關門址
○ 1963년 조사 : 관문지를 확인하지 못함. 龍頭嶺-望波嶺 구릉을 관통하는 도로에 의해 파괴되었을 것으로 파악.

○ 1983년 조사 : 龍頭嶺-望波嶺 구릉 저지대(『集安縣文物志』, 76쪽에는 성벽 남단)에 너비 9m인 트인 부분이 있는데, 관문지로 추정됨. 당시 남아 있던 관애의 기초를 통해 관문 양측 성벽은 비교적 큰 돌로 쌓았을 것으로 추정됨. 문길의 폭은 10m, 잔고는 5m. 관문 상부에는 목조의 문루나 통행로를 건설했을 것으로 추정됨.

(2) 將臺
○ 위치 : 關門址 왼쪽의 龍頭嶺 안쪽.
○ 현황 : 2m 정도 높이로 축대를 축조한 언덕이 있는데, 언덕 정상은 비교적 평탄하며 길이 20m, 폭 8m임.

○ 건물지 : 현지인에 따르면 일찍이 석축 건물지가 있었다고 함. 1983년 조사 당시에는 아무런 흔적도 확인하지 못했으며, 指揮臺로 추정함.

(3) 병사 주둔지
○ 將臺 아래쪽의 평탄지에 병사들이 주둔했을 것으로 추정됨.

5. 출토유물

1) 1963년 조사
○ 철제화살촉(鐵鏃) : 현지 주민에 따르면 성벽 부근에서 철제화살촉이 종종 발견된다고 함.
○ 석제절구(石臼) : 성벽 남쪽 0.5km의 경작지에서 출토. 거친 화강암의 평평한 면에 구멍을 뚫어 만든 것으로, 口徑 20cm, 깊이 20cm.

2) 1983년 조사
○ 철제등자(鐵馬蹬), 철제자물쇠(鐵鎖), 토기편과 炭屑(숯가루) 등 채집.
○ 현지 주민에 따르면 종종 성벽 부근에서 등자와 함께 철제화살촉 더미가 발견된다고 함.

6. 역사적 성격

1) 지정학적 위치와 주변의 유적 현황
망파령관애는 集安市 소재지에서 서북쪽 50km 거리에 위치하는데, 渾江 유역에서 老嶺山脈을 넘어 고구려 國內城으로 향하던 여러 교통로 가운데 가장 평탄한 新開河 연안로에 해당함. 관애는 新開河 연안로 가운데 지세가 가장 험하고 좁은 협곡과 산등성이를 가로질러 축조되어 있음.

관애 주변에는 고구려시기 유적이 다수 분포함. 망파령 남쪽 기슭에 적석묘 10여 기가 분포해 있었으나 三家子댐의 건설로 수몰되었음. 新開河를 따라 40여 km 내려가면 新開河 河口 동쪽에 패왕조산성이 있고, 남쪽으로 雙岔河를 거슬러 올라가면 毌丘儉紀功碑가 발견된 小板岔嶺이 나옴.

2) 관애의 기능과 성격
요동지역에서 고구려 국내성으로 진입할 경우 蘇子河와 富爾江을 경유한 다음, 渾江을 건너 新開河를 거슬러 老嶺山脈을 넘는 것이 가장 평탄하고 최단 코스임. 실제 244~245년 조위의 毌丘儉이나 342년 전연의 慕容皝은 이 루트를 따라 고구려를 침공했는데, 小板岔嶺에서 발견된 毌丘儉紀功碑는 이를 가장 잘 보여줌. 이로 보아 망파령관애는 고구려 국내성기에 新開河 하구에 위치한 패왕조산성과 함께 新開河 연안로를 차단하는 도성 외곽의 방어선을 구성하였을 것으로 파악됨(여호규, 1998, 108쪽 ; 양시은, 2016, 188~189쪽).

이에 중국학계에서는 일반적으로 망파령관애의 성격을 342년 전연 모용황이 고구려를 침공했던 루트인 南道와 北道 가운데 남도와 연관시켜 파악하기도 함. 즉 渾江 유역에서 '新開河 → 板岔嶺 → 麻線溝'를 거쳐 集安분지에 이르는 교통로를 南道, '葦沙河 → 老斧嶺'을 거쳐 집안분지에 이르는 교통로를 北道로 설정한 다음, 망파령관애를 남도상의 중요한 군사방어시설로 파악함(集安縣文物管理所, 1964, 76~78쪽 ; 『集安縣文物志』, 78쪽 ; 遲勇, 1993, 184쪽 ; 李殿福, 1994, 44~46쪽 ; 魏存成, 2002, 46~48쪽).

반면 남·북도의 분기점을 新賓 永陵鎭으로 설정한 다음, 南道를 '二道河 → 六道河 → 渾江 하류 → 渾江口 → 압록강 본류', 北道를 '蘇子河 본류 - 富爾江 - 新開河' 루트로 각기 설정한 다음, 望波嶺關隘를 北道上의 중요한 방어시설로 파악하기도 함(王綿厚, 2002, 236~238쪽).

다만 342년 남도와 북도의 분기점은 주로 요동평원이나 渾河-蘇子河 합류지점 일대로 설정되며, 남도 상에 위치한 木底城도 소자하 연안으로 비정된다는 사실에 유의할 필요가 있음. 남도나 북도는 요동평원이나 혼하 유역에서 고구려 중심부인 혼강-압록강 유역으로 진입하는 루트와 관련된 것임. 이러한 점에서 망파령관애는 남·북도보다는 국내성기에 도성을 방어하던 외곽 방어선과 연관하여 그 성격을 파악하는 것이 더 타당하다고 생각됨.

참고문헌

- 張拱垣 編, 1931, 「疆域」·「古蹟」, 『輯安縣志』.
- 集安縣文物管理所, 1964, 「吉林集安高句麗南道和北道上的關隘和城堡」, 『考古』 1964-2.
- 吉林省考古研究室·集安縣博物館, 1984, 「集安高句麗考古的新收穫」, 『文物』 1984-1.
- 吉林省文物志編委會, 1984, 『集安縣文物志』.
- 吉林省地方志編纂委員會, 1991, 「望波嶺關隘」, 『吉林省志』 43(文物志).
- 國家文物局 主編, 1992, 「集安市-望波嶺關隘遺址」, 『中國文物地圖集-吉林分冊』, 文物出版社.
- 李殿福, 1992, 「高句麗考古的回顧與展望」, 『遼海文物學刊』 1992-2.
- 遲勇, 1993, 「高句麗都城的戰略防禦系統」, 『高句麗研究文集』, 延邊大學出版社.
- 李殿福(차용걸·김인경 역), 1994, 『중국내의 고구려 유적』, 학연문화사.
- 魏存成, 1994, 「城址·建築址」, 『高句麗考古』, 吉林大學出版社.
- 余昊奎, 1998, 「集安 望波嶺關隘」, 『高句麗 城』 I(鴨綠江中上流篇), 國防軍史研究所.
- 杜宇 編著, 1999, 「老嶺山區古道」, 『集安風景名勝史話』, 通化師範學院照排印刷中心.
- 楊春吉·王曉南, 2000, 「高句麗疆域調查與研究現狀」, 『高句麗歸屬問題研究』, 吉林文史出版社.
- 秦升陽, 2000, 「南北道上的關隘與城堡」, 『高句麗歷史與文化』, 吉林文史出版社.
- 王綿厚, 2002, 「高句麗南北二道上諸城」, 『高句麗古城研究』, 文物出版社.
- 魏存成, 2002, 「中期都城通往遼河流域的兩條道路與毌丘儉紀功碑」, 『高句麗遺跡』, 文物出版社.
- 양시은, 2016, 『고구려 성 연구』, 진인진.

03 집안 관마산성
集安 關馬山城 | 關馬墻山城

1. 조사현황

1) 20세기 전반

(1) 『輯安縣鄕土志』(1915년)
輯安縣城 서북 150리에 위치한 東橫路에 關馬墻이 있는데, "石牆 두 갈래가 있으며 서로 1리 정도 떨어져 있다"고 기재되어 있음. 민간에는 342년 前燕 慕容皝이 침공했을 때의 北置(北道)가 바로 이곳이라고 전한다고 함.

(2) 『輯安縣志』(1931년)
古蹟 조항 〈古關隘〉 항목에 輯安縣城 북쪽 130리 거리의 蚊子溝門에 頭道關(속칭 頭道關馬牆子)과 二道關(속칭 二道關馬牆子)으로 불리는 관애 2개가 있으며, 양자의 거리는 1리이고 모두 石牆으로 축조되었다고 함. 또한 342년 前燕 慕容皝이 침공했을 때의 北置(北道)가 바로 이곳이라고 파악함.

(3) 20세기 전반의 상황
상기 지방지의 기록으로 보아 관마산성은 20세기 전반에 이미 널리 알려져 있었던 것으로 추정됨. 다만 당시에는 북벽과 남벽만 알려져 있었고, 동벽의 존재는 파악하지 못한 것으로 보임.

2) 1962년 4월 15일
○ 시행기관 : 吉林省博物館 輯安考古隊.
○ 참가자 : 吉林省博物館의 陳相偉, 方起東 및 集安縣 文物管理所의 張思恩, 趙璧人 등.
○ 조사내용 : 集安 전역의 유적과 함께 조사. 『輯安縣志』(1932년) 및 현지 주민의 설명에 의거 각 방면의 성벽을 독립된 關隘로 파악. 1930년대까지는 북벽과 남벽만 알려져 있었는데, 이때 동벽을 발견함.
○ 결과 : 이 조사를 토대로 1962년 6월 15일에 輯安縣 重點文物保護單位로 지정.

3) 1963년 5월
○ 시행기관 : 吉林省博物館 및 集安縣 文物管理所.
○ 참가자 : 吉林省博物館의 陳相偉, 方起東 및 集安縣 文物管理所의 張思恩, 趙璧人 등.
○ 조사내용 : 望波嶺關隘와 함께 관마산성 집중 조사. 각 방면 성벽의 연관 관계를 정확하게 조사함.
○ 발표 : 集安縣文物管理所, 1964, 「吉林集安高句麗南道和北道上的關隘和城堡」, 『考古』 1964-2.

4) 1983년 4~5월
○ 시행기관 : 集安縣博物館 文物普査隊.
○ 조사내용 : 성곽 제원과 축조 상태를 조사하고, 사진을 촬영함.
○ 발표 : 『集安縣文物志』의 '關馬山城'.

5) 1983년 7월

○ 시행기관 : 吉林省 文物考古硏究室 및 集安縣博物館.
○ 참가자 : 吉林省 文物考古硏究室의 方起東 및 集安縣博物館의 林至德, 耿鐵華, 孫仁杰.
○ 조사내용 : 集安縣 경내의 南北 교통로의 계통 조사. 이때 관마산성 북쪽 10km 지점에서 大川哨所를 새롭게 발견함.
○ 발표 : 『文物』 1984-1의 「集安高句麗考古的新收穫」.

2. 위치와 자연환경(그림 1~그림 2)

1) 지리위치
○ 集安市 소재지에서 서북으로 약 53~54km 거리에 위치함.[1]
○ 老嶺山脈 북사면의 淸河 유역으로 북쪽 1.5km에 熱鬧鄕 소재지가 위치함. 集安 - 通化 도로가 북벽과 남벽을 관통하며 성의 한복판을 통과함.

2) 자연환경
○ 서쪽, 동남쪽, 동북쪽 등 3면이 높은 산으로 둘러싸인 협곡에 위치.
○ 협곡 서쪽에는 높은 산이 우뚝 솟아있고, 동쪽에는 가파른 낭떠러지와 절벽으로 된 木銑頭山과 撩荒頂子山[2] 위치. 이 사이에 木掀頭子溝라고[3] 불리는 좁은 골짜기가 있는데, 폭은 80m 전후임. 木掀頭子溝의 계곡물은 남변의 撩荒頂子山을 따라 서쪽으로 흘러 淸河(葦沙河)에 유입됨. 淸河 유역의 협곡을 나와 서북쪽으로 가면 熱鬧鄕 소재지가 위치한 河谷平原이 나옴.
○ 熱鬧鄕 동쪽 약 2km의 楊木橋子溝門 산비탈 아래에 고구려 고분이 많이 분포해 있음. 1960년대 조사 당시 산성 북쪽 0.5km 지점의 평지상에서 적석묘 3기 확인. 서북 약 7.5km에 大川哨所가 있는데, 부근에는 고구려 고분이 많음.

3. 성곽의 전체현황

1) 전체 평면(그림 3~그림 4)
○ 주위의 높은 산을 천연성벽으로 삼는 한편, 남북 협곡의 가장 좁은 곳과 동쪽의 木掀頭子溝 안쪽 115m 지점에 각각 성벽을 축조함.
○ 각 성벽은 독립된 關隘처럼 보이지만, 전체적으로는 세 개의 성벽이 주변의 깎아지른 높은 산과 연결되어 하나의 성곽을 형성함.
○ 인공성벽과 천연성벽이 결합하여 전체적으로 삼각형 평면을 이룸.
○ 성곽 내부의 협곡은 남북 960m,[4] 동서 120~340m로[5] 비교적 평탄하여 대규모 군대가 주둔할 수 있음.

2) 보존상태
○ 성벽은 대부분 무너졌음. 특히 계곡물에 의해 인공성벽이 심하게 파괴되었고, 도로가 관통하는 곳도 많이

---

1 『集安縣文物志』, 71쪽. 『考古』 1964-2, 76쪽에는 약 65km로 나옴.
2 『集安縣文物志』, 74쪽. 『考古』 1964-2, 76쪽에는 '撩荒頂子山'이라고 기재되어 있음.
3 『集安縣文物志』, 74쪽. 『考古』 1964-2, 76쪽에는 '木銑頭溝'라고 기재되어 있음.
4 『集安縣文物志』, 72쪽. 『考古』 1964-2, 76쪽에는 600m라고 기재되어 있음.
5 『集安縣文物志』, 72쪽. 『考古』 1964-2, 76쪽에는 70~250m라고 기재되어 있음.

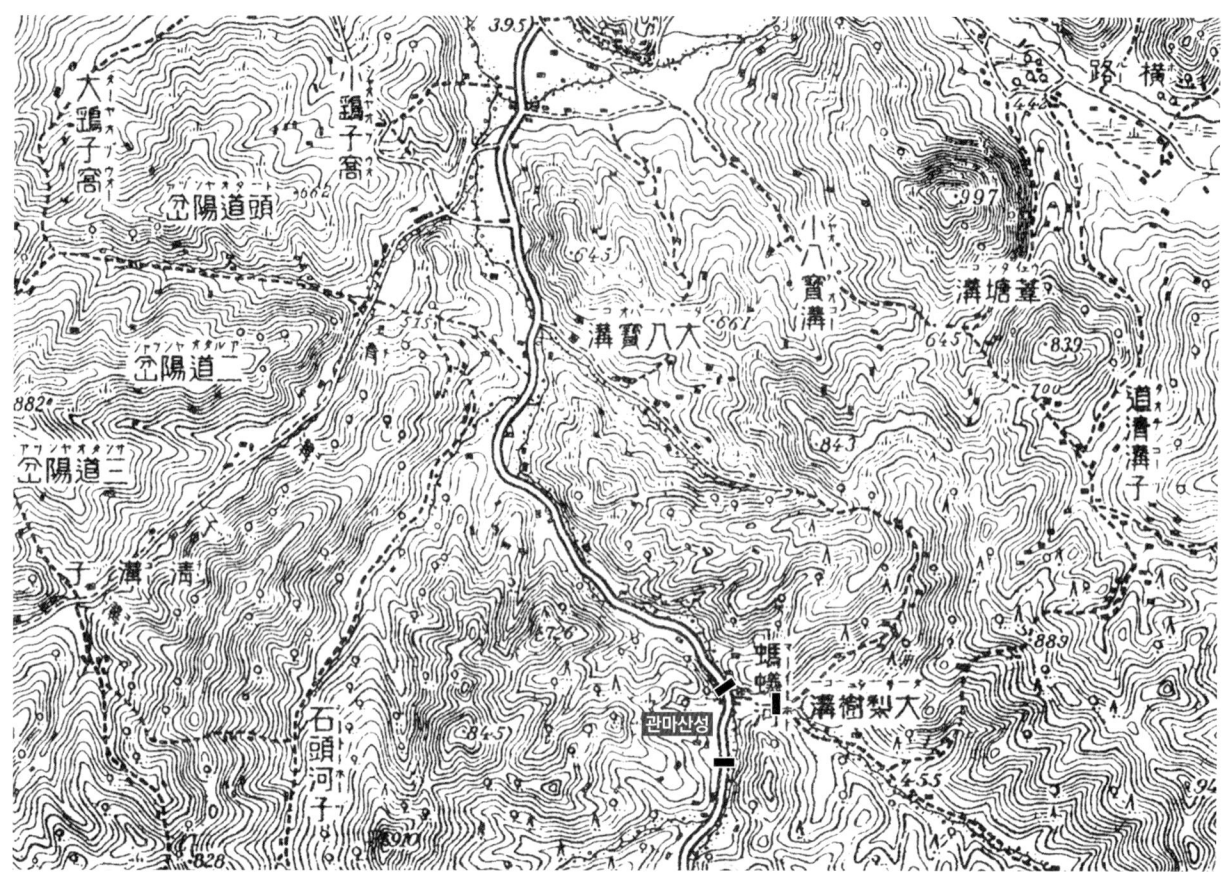

그림 1 관마산성 주변 지형도(滿洲國 10만분의 1 지형도)

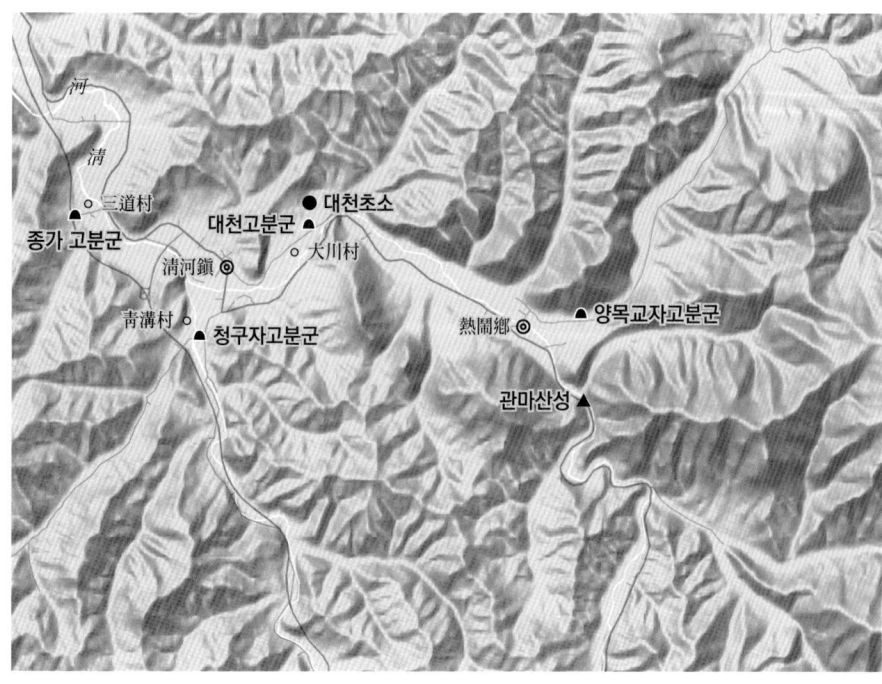

그림 2 관마산성 위치도

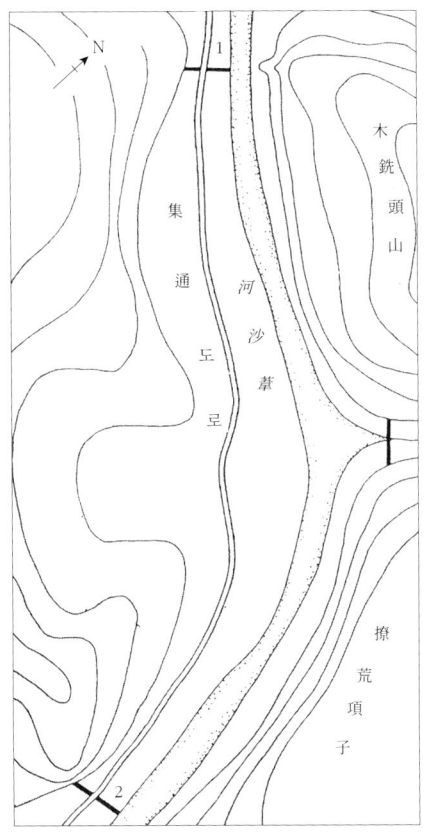
그림 3 관마산성 형세도(『考古』 1964-2, 76쪽)

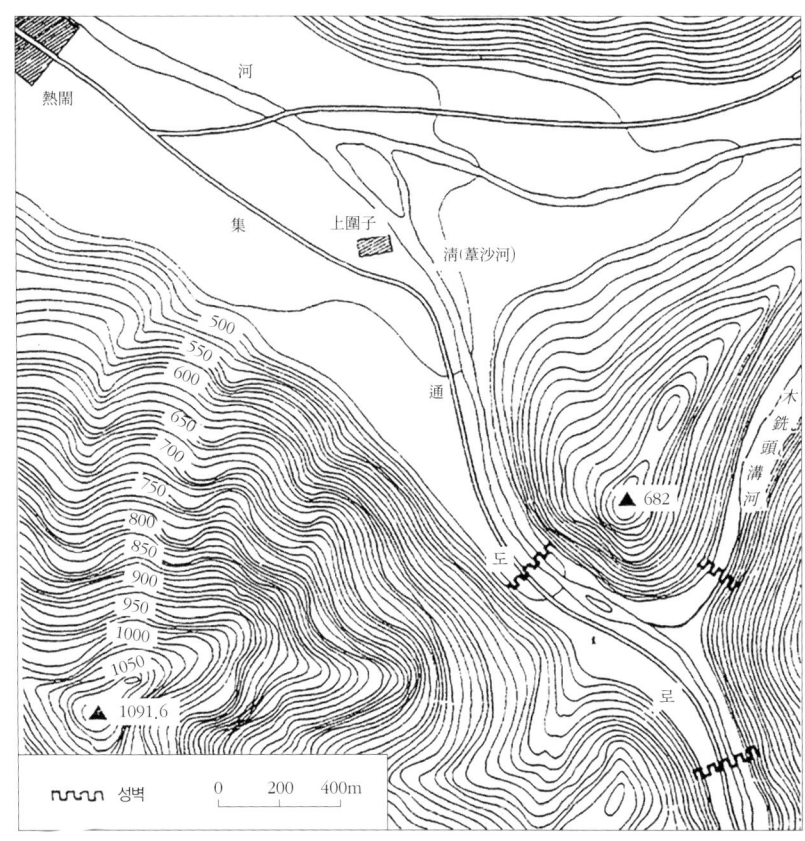
그림 4 관마산성 평면도(『集安縣文物志』, 72쪽 및 『吉林省志(文物志)』, 113쪽)

파괴되었음. 다만 북벽 서쪽 산록의 성벽은 원래 모습에 가깝게 비교적 잘 보존되어 있다고 함.
○ 通化-集安 도로가 성곽 한복판을 지나고 있어서 비교적 접근하기 쉽지만, 여러 가지 제약으로 인해 성벽 보존상태를 정확히 확인하기는 어려운 상태임.

4. 성벽과 성곽시설

1) 성벽

(1) 성돌의 특징
○ 석재 : 강돌(礫石).
○ 모양 : 크기가 일정하지 않음.

○ 크기 : 강돌을 대략 30cm×30cm×50cm 크기로 다듬었음.

(2) 성벽 축조양상
○ 자연 山勢를 충분히 이용하여 쌓음.
○ 비교적 보존이 잘 되어 있는 外壁의 단면을 보면 돌의 매끄러운 면이 밖으로 향하도록 가지런하게 쌓았는데, 위로 올라갈수록 안쪽으로 약간씩 들여쌓았음.

① 북벽과 참호(그림 5)

㉠ 성벽의 축조상태
○ 속칭 '頭道關馬墻子'라고 불림(『輯安縣志』).
○ 東端은 葦沙河(淸河)에서 끝나며 강 건너편에는 절

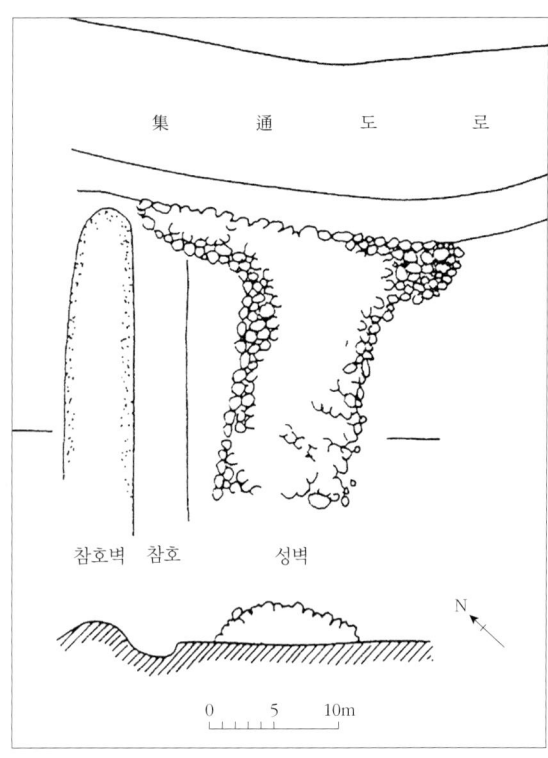

그림 5 관마산성 북벽 서단 평·단면도 (『考古』1964-2, 77쪽)

벽이 깎아지른 듯이 서 있음. 성벽의 방향은 남에서 서쪽으로 60° 치우쳐져 있음(240°).
○ 성벽의 원래 길이는 150m인데, 1983년 조사 당시 잔존 길이는 77.60m, 무너진 부분 성벽의 기초 너비는 10m,[6] 높이 2.5m였다고[7] 함.
○ 城壁과 塹壕 등으로 구성되어 있으며 구조가 매우 엄밀함. 1962년 조사 당시 서쪽 산기슭의 성벽이 원래 모습에 가깝게 잘 남아 있었다고 함.

ⓛ 참호와 참호벽
○ 성벽 바깥쪽 1~4.6m 지점에 참호와 참호벽이 있음.
○ 참호와 성벽의 거리는 참호 양 끝이 성벽에 가장 근접하고 중앙으로 올수록 멀어짐. 성벽 중앙의 성문이 밖으로 튀어나와 그 앞에는 참호를 둥글게 둘렀기 때문으로 보임.
○ 참호의 殘長은 53m, 너비 3.5m, 깊이 0.8m임.
○ 참호 바깥에는 참호벽이 있는데, 殘長 40m, 기초 너비 4.8m, 높이 1.45m임. 크기가 같지 않은 돌로 기초를 다진 다음, 그 위에 참호를 판 자갈과 황토을 쌓아 축조함.
○ 북벽의 중부는 도로에 의해 절단되어 성벽, 참호, 참호벽 등이 모두 파괴되었음. 다만 도로 서측에는 성벽 기초부의 돌이 안팎으로 기다랗게 펼쳐져 있는데, 너비가 24m나 됨. 문길 서측 성벽의 흔적으로 추정됨.

② 남벽
○ 속칭 '二道關馬墻子'라고 불림(『輯安縣志』).
○ 성벽의 방향은 255°임. 원래 길이는 120m 정도였으나 1983년 당시에는 60m 정도만 남아 있었다고 함.[8] 기단 너비 7.5m,[9] 殘高 1.5~2.1m임.[10]
○ 축조방식은 북벽과 같은데, 중앙 부분은 도로에 의해 잘려나갔음.
○ 북벽과 달리 성벽 외곽에 참호나 참호벽이 없음.
○ 1962년 조사 당시에 세 성벽 가운데 가장 심하게 파괴되었다고 함.

③ 동벽
○ 속칭 '三道關馬墻'이라고 불림.

---

6 『集安縣文物志』, 73쪽. 『考古』 1964-2, 77쪽에는 10.5m라고 기재되어 있음.

7 『集安縣文物志』, 73쪽. 『考古』 1964-2, 77쪽에는 2.3m라고 기재되어 있음.

8 『集安縣文物志』, 73쪽. 『考古』 1964-2, 77쪽에는 69.7m라고 기재되어 있음.

9 『集安縣文物志』, 73쪽. 『考古』 1964-2, 77쪽에는 7m라고 기재되어 있음.

10 『集安縣文物志』, 73쪽. 『考古』 1964-2, 77쪽에는 2.1m라고 기재되어 있음.

○ 木掀頭子溝門을 가로질러 축조했으며, 서쪽으로 葦沙河(淸河)와 150m 떨어져 있음. 성벽의 북단은 木掀頭子山 동남쪽 산기슭이며, 이곳에서 남쪽으로 木掀頭子溝河를 가로질러 성벽 남단은 撩荒頂子山 서북 산비탈에 다다라 가파른 절벽으로 이어짐.
○ 형태와 구조는 남벽과 동일하며, 방향은 남쪽에서 동쪽으로 50° 치우쳐 있음. 전체 길이는 본래 125m에 달했는데, 1983년 조사 당시 70m 정도만 남아 있었다고 함. 기단 너비 7m,[11] 높이 0.7~1.4m.[12]

2) 성곽시설

(1) 성문

① 북문(그림 5)
○ 북문은 북벽 가운데 도로에 의해 절단된 중앙 부분에 위치함. 도로에 의해 절단된 부분 가운데 서측의 성벽이 안팎으로 24m 정도 이어지는데, 문길의 서쪽 측벽의 흔적으로 추정됨.
○ 북벽 바깥의 참호는 성벽 중앙으로 올수록 점차 멀어지는데, 북문이 성벽 밖으로 돌출하여 참호를 그 앞쪽으로 둥글게 둘렀기 때문으로 추정됨.

② 남문
○ 남문은 도로에 의해 절단된 남벽의 중앙 부분에 위치했을 텐데, 1963년 조사 당시에 이미 많이 파괴되어 흔적을 확인할 수 없었음.

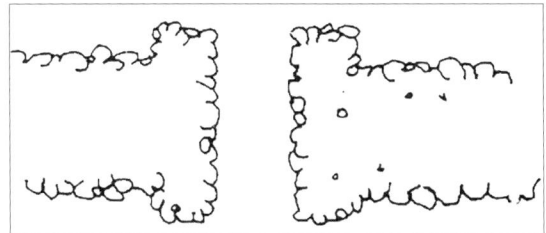

그림 6 관마산성 동문 평면도(『考古』1964-2, 77쪽)

③ 동문지(그림 6)
○ 동벽 가운데 북쪽 산에서 23m 지점에 위치하는데, 너비 4m 정도임.
○ 문지 양측의 성벽 기단이 각각 밖으로 뻗어 길이 9m,[13] 너비 3m 크기로 平臺를 이루며 서로 마주보고 있음. 성문 외곽의 敵臺일 가능성이 높음.

5. 역사적 성격

1) 지정학적 위치와 주변의 유적 현황
관마산성은 集安市 소재지에서 서북쪽으로 53~54km 떨어져 있는데, 渾江 본류에서 淸河(葦沙河) 연안로를 거슬러 노령산맥을 넘어 집안분지로 향하는 교통로에 위치함. 관마산성 주변에는 고구려시기의 유적이 다수 분포함.

관마산성의 서북 약 7.5km에 大川哨所가 위치해 있음. 또 『輯安縣鄕土志』(1915)와 『輯安縣志』(1931)에 따르면 關馬山城이 위치한 蚊子溝門 동쪽 산 위에 '石頭城'이라고 불린 古城이 있었고, 關馬山城에서 淸河를 따라 북쪽으로 20여 리(10km 전후) 내려간 楊木橋 부근에 土城이 있었는데, 縣志 편찬 당시에는 이미 모두 사라졌다고 함.

---

11 『集安縣文物志』, 73쪽. 『考古』1964-2, 77쪽에는 6.5~6.9m라고 기재되어 있음.

12 『集安縣文物志』, 73쪽. 『考古』1964-2, 77쪽에는 0.5~0.7m라고 기재되어 있음.

13 『集安縣文物志』, 73쪽. 『考古』1964-2, 77쪽에는 9.6m라고 기재되어 있음.

또 熱鬧鄕 동쪽 약 2km의 楊木橋子溝門 산기슭 아래에 고구려 고분이 다수 분포해 있고, 서북 약 7.5km 거리의 大川哨所 부근에도 고구려 고분군이 분포해 있음.

2) 산성의 기능과 성격

關馬山城은 渾江 본류에서 淸河(葦沙河) 연안로를 거슬러 노령산맥을 넘어 집안분지로 향하는 교통로상의 험준한 협곡에 위치. 계곡을 가로지르는 관애 형태로 축조되었지만, 북, 남, 동 3면에 축조한 성벽이 어우러져 하나의 산성을 이루고 있음. 특히 성 내부의 지세가 평탄하고, 수원이 풍부하여 대규모 군대가 주둔할 수 있으나, 아직 건축 유적은 발견되지 않았음.

세 성벽 가운데 남벽의 구조가 가장 간단한 반면, 북벽은 튼튼하게 구축했을 뿐 아니라 바깥쪽에 참호와 참호벽도 있음. 이는 關馬山城이 淸河를 거슬러 집안분지(통구분지)로 나아가는 적군을 방어하기 위한 군사시설임을 반영함. 즉 남벽은 고구려 도성에서 오는 援軍과 輜重兵의 통로였기 때문에 비교적 간단하게 축조한 반면, 북벽은 주방어선이었기 때문에 성벽을 견고하게 쌓았을 뿐 아니라 바깥쪽에는 참호와 참호벽까지 구축했다고 볼 수 있음.

동벽은 木掀頭子溝門에 축조했는데, 골짜기의 길이는 약 5km 정도로, 골짜기의 양 옆은 매우 험준한 산으로 둘러싸여 있지만, 북쪽의 기다랗게 뻗은 산을 따라 1km 정도 가면 楊木橋子溝 골짜기로 통하는 높이 50m 정도의 완만한 산비탈이 있음. 동벽은 북벽을 공격하던 적군이 楊木橋子溝를 따라 동쪽으로 향하다가 완만한 산비탈을 넘어 木掀頭子溝 방향으로 진공하는 것을 방어하기 위해 축조한 것임.

상기와 같은 점을 종합하면 관마산성은 서북쪽 7.5km 거리의 大川哨所와 더불어 淸河 연안로를 거슬러 고구려 두 번째 도성이 위치했던 集安盆地(通溝盆地)로 향하던 적군을 방어하기 위해 축조한 군사방어성으로 추정됨(集安縣文物管理所, 1964, 76~77쪽). 관마산성은 국내성기에 노령산맥의 북사면인 淸河(葦沙河) 일대에서 도성의 외곽 방어선을 구성하였다고 파악됨(여호규, 1998, 112~113쪽 ; 양시은, 2016, 188~189쪽).

한편 중국학계에서는 관마산성의 성격을 342년 전연 모용황이 고구려를 침공했던 루트인 南道와 北道 가운데 북도와 연관시켜 파악하기도 함. 즉 渾江 유역에서 '新開河 → 板岔嶺 → 麻線溝'를 거쳐 集安분지에 이르는 교통로를 南道, '葦沙河 → 老斧嶺'을 거쳐 집안분지에 이르는 교통로를 北道로 설정한 다음, 관마산성을 북도상의 중요한 군사방어시설로 파악함(集安縣文物管理所, 1964, 76~78쪽 ; 遲勇, 1993, 185쪽 ; 李殿福, 1994, 49쪽 ; 魏存成, 2002, 49쪽). 특히 고구원왕이 전연군에게 남도에서 대패하고 환도성까지 함락당하자, 북도에 위치한 관마산성으로 피신하여 웅거했다고 추정하기도 함(『輯安縣鄕土志』 ; 『輯安縣志』 ; 『集安縣文物志』, 74~75쪽 ; 遲勇, 1993, 187쪽).

다만 342년 남도와 북도의 분기점은 주로 요동평원이나 渾河-蘇子河 합류지점 일대로 설정되며, 남도상에 위치한 木底城도 소자하 연안으로 비정된다는 사실에 유의할 필요가 있음. 남도나 북도는 요동평원이나 혼하 유역에서 고구려 중심부인 혼강-압록강 유역으로 진입하는 루트와 관련된 것임. 이러한 점에서 관마산성은 남·북도보다는 국내성기에 도성을 방어하던 외곽 방어선과 연관하여 그 성격을 파악하는 것이 더 타당하다고 생각됨.

또 관마산성을 환도성으로 비정하기도 함. 244~245년에 고구려를 침공한 曹魏의 毌丘儉이 환도성을 함락한 다음 환도산에 올라 기공비를 세웠다고 하는데, 관마산성은 관구검기공비가 발견된 小板岔嶺에서 가장 가까이 위치했으므로 환도성으로 비정할 수 있다는 것임. 고구려가 紇升骨城(桓仁 五女山城)에서 천도한 尉那巖城은 集安 覇王朝山城으로 비정한 다음, 尉那

巖城(集安 覇王朝山城)에서 천도한 丸都城을 覇王朝山城 동쪽의 關馬山城으로 비정한 것임(孫進己·馮永謙, 1988, 92~93쪽). 그렇지만 제반 문헌사료와 고고자료를 종합하면 환도성은 집안 산성자산성이 거의 명확하므로 이 견해는 성립하기 힘들다고 생각됨.

참고문헌

- 吳光國 編, 1915, 「地理」, 『輯安縣鄕土志』.
- 張拱垣 編, 1931, 「古蹟」, 『輯安縣志』.
- 李殿福, 1962, 「1962年春季吉林輯安考古調査簡報」, 『考古』 1962-11.
- 集安縣文物管理所, 1964, 「吉林集安高句麗南道和北道上的關隘和城堡」, 『考古』 1964-2.
- 吉林省考古硏究室·集安縣博物館, 1984, 「集安高句麗考古的新收穫」, 『文物』 1984-1.
- 吉林省文物志編委會, 1984, 『集安縣文物志』.
- 孫進己·馮永謙, 1988 『東北歷史地理』(2), 黑龍江人民出版社.
- 吉林省地方志編纂委員會, 1991, 「關馬山城」, 『吉林省志』 43(文物志).
- 國家文物局 主編, 1992, 「集安市-關馬山城」, 『中國文物地圖集-吉林分冊』, 文物出版社.
- 李殿福, 1992, 「高句麗考古的回顧與展望」, 『遼海文物學刊』 1992-2.
- 遲勇, 1993, 「高句麗都城的戰略防禦系統」, 『高句麗硏究文集』, 延邊大學出版社.
- 李殿福(차용걸·김인경 역), 1994, 『중국내의 고구려 유적』, 학연문화사.
- 王禹浪·王宏北, 1994, 「中國吉林省集安市關馬山城」, 『高句麗·渤海古城址硏究匯編』(上), 哈爾濱出版社.
- 魏存成, 1994, 「城址·建築址」, 『高句麗考古』.
- 馮永謙, 1994, 「高句麗城址輯要」, 『北方史地硏究』, 中州古籍出版社.
- 王綿厚, 1994, 「鴨綠江右岸高句麗山城硏究」, 『遼海文物學刊』 1994-2.
- 余昊奎, 1998, 「集安 關馬墻山城」, 『高句麗 城』 I(鴨綠江中上流篇), 國防軍史硏究所.
- 楊春吉·王曉南, 2000, 「高句麗疆域調査與硏究現狀」, 『高句麗歸屬問題硏究』, 吉林文史出版社.
- 秦升陽, 2000, 「南北道上的關隘與城堡」, 『高句麗歷史與文化』, 吉林文史出版社.
- 王綿厚, 2002, 『高句麗古城硏究』, 文物出版社.
- 魏存成, 2002, 「中期都城通往遼河流域的兩條道路與毌丘儉紀功碑」 및 「山城的分布」, 『高句麗遺跡』, 文物出版社.
- 杜宇 編著, 1999, 「老嶺山區古道」, 『集安風景名勝史話』, 通化師範學院照排印刷中心.
- 양시은, 2016, 『고구려 성 연구』, 진인진.

04 집안 대천초소
集安 大川哨所 | 大川哨卡

1. 조사현황

1) 1983년 7월
○ 시행기관 : 吉林省 文物考古硏究室 및 集安縣博物館.
○ 참가자 : 吉林省 文物考古硏究室의 方起東 및 集安縣博物館의 林至德, 耿鐵華, 孫仁杰 및 吉林師範大學 曹正榕, 吉林省 哲學社會科學硏究所 朱涵康, 集安縣 文物管理所 직원.
○ 조사내용 : 集安縣 경내의 南北 교통로를 조사하다가 大川哨所를 새롭게 발견하고, 성곽에 대한 전반적인 현황 조사를 진행함.
○ 발표 : 『文物』 1984-1의 「集安高句麗考古的新收穫」 및 『集安縣文物志』의 '大川哨卡'.

2. 위치와 자연환경 (그림 1 ~ 그림 2)

1) 지리위치
○ 集安縣(集安市) 소재지에서 서북으로 60여km 거리에 위치.
○ 淸河鄕에서 동북쪽으로 2km 떨어진 大川村의 북쪽 절벽 위에 위치.
○ 남쪽으로 淸河 본류와 400m, 通化-集安 도로와 550m 떨어져 있음.
○ 동남쪽 약 7.5km 거리에 關馬山城(關馬墻山城)이 있음.

2) 자연환경
○ 大川哨所는 比高 약 20m인 절벽 위에 자리하고 있는데, 절벽은 동남 방향인 淸河 河谷으로 돌출하여 주변 일대를 한눈에 조망할 수 있음.
○ 본래 通化-集安 도로가 淸河 北岸에 개설되어 있었는데, 동북쪽으로 향하다가 초소가 있는 벼랑 아래를 지난 다음 동남으로 방향을 꺾어 關馬山城을 관통하여 지나갔었음.

3. 성곽의 전체현황

○ 성벽은 돌로 쌓았는데, 자연지세를 활용해 둥글게 축조함.
○ 평면은 대략 圓形이고, 방향은 220°임.
○ 둘레가 153m인 소형 보루인데, 성벽의 기초 너비는 4m, 殘高는 약 1m.

4. 역사적 성격

1) 지정학적 위치와 주변의 유적 현황
대천초소는 集安市 소재지에서 서북으로 60여km 떨어진 淸河(葦沙河) 유역에 위치하는데, 渾江 본류에서

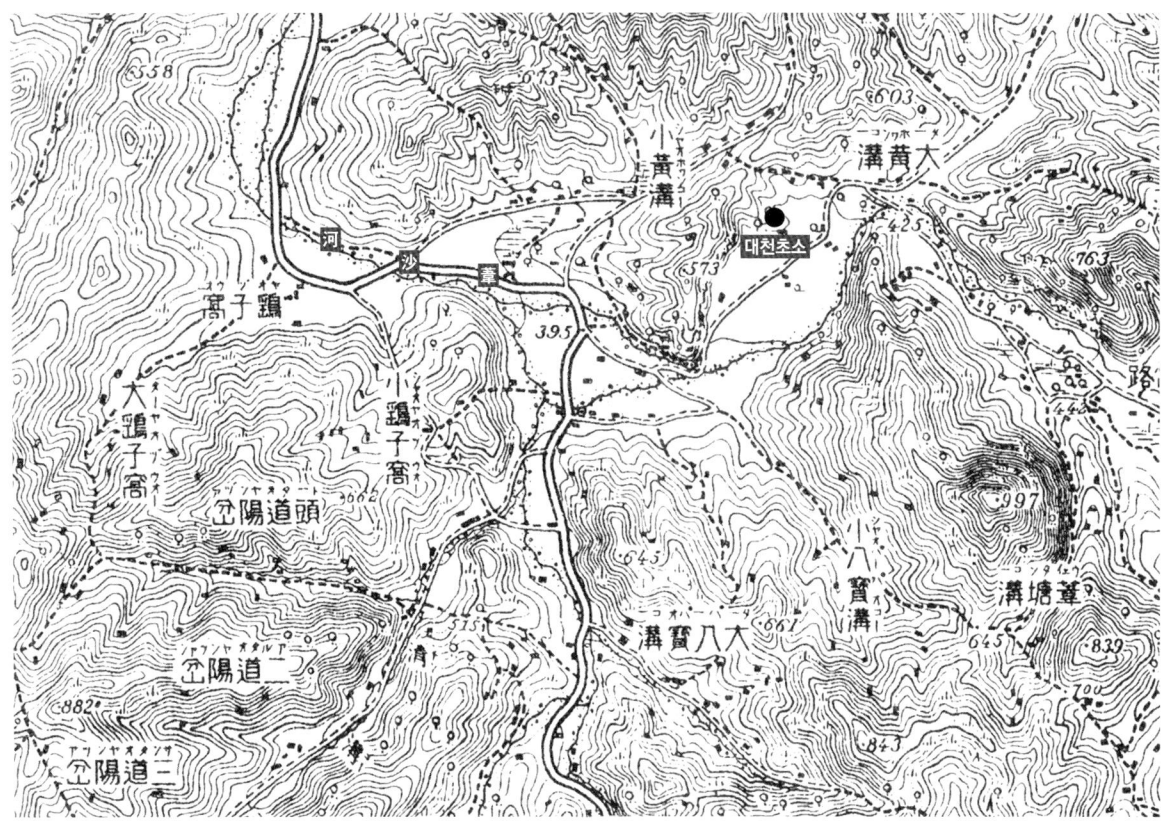

그림 1 대천초소 주변 지형도(滿洲國 10만분의 1 지형도)

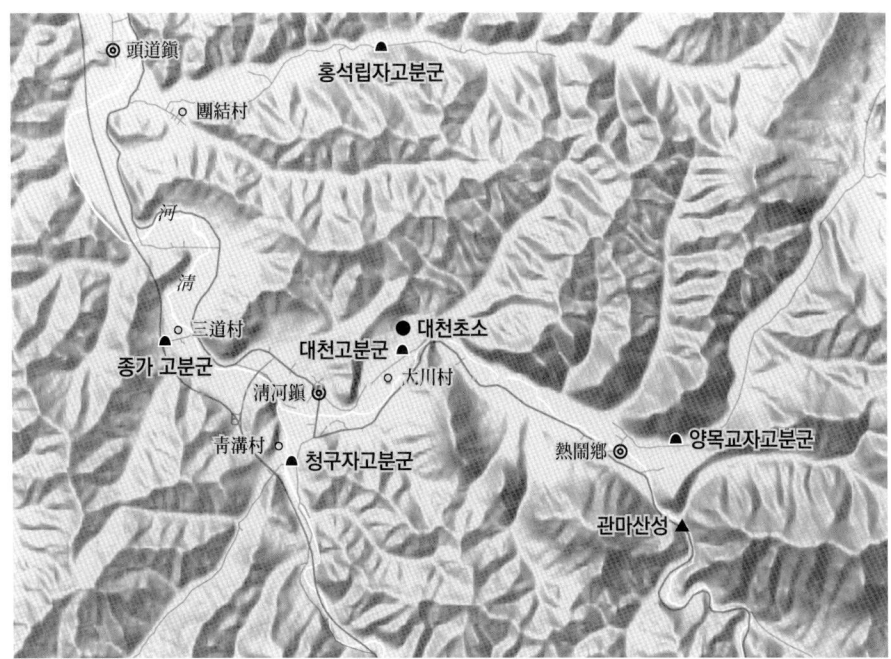

그림 2 대천초소 위치도

淸河(葦沙河) 연안로를 거슬러 노령산맥을 넘어 집안 분지로 향하는 교통로에 해당함. 초소 주변에는 고구려 시기 유적이 다수 분포함.

초소의 동남 약 7.5km 거리에는 세 개의 관애로 구성된 關馬山城이 위치함. 또 大川村 동북과 楊木橋子溝 일대에는 고구려 고분이 다량 분포함.

2) 초소의 기능과 성격

大川哨所는 渾江 본류에서 淸河(葦沙河) 연안로를 거슬러 노령산맥을 넘어 집안분지로 향하는 교통로상의 험준한 협곡에 위치함. 절벽 위에 위치해 있고, 전체 둘레가 153m인 소형 보루이므로 독립된 성곽이라기보다는 다른 성곽의 보조 방어시설로 추정됨. 이에 대체로 동남쪽 7.5km 거리에 위치한 關馬山城의 전방 초소로서 淸河(葦沙河) 일대에서 도성 외곽의 방어선을 구성했던 것으로 파악함.

소규모 적군이 침공해오면 大川哨所에서 자연지세를 이용해 저지하고, 대규모 적군이 침공하더라도 초소에서 일단 한 차례 저지하면서 관마산성에 연락하여 대비할 수 있도록 하였을 것임(『集安縣文物志』, 82쪽 ; 李殿福, 1994, 49쪽 ; 魏存成, 2002, 49쪽). 그러므로 대천초소는 관마산성과 함께 국내성기에 노령산맥의 북사면인 淸河(葦沙河) 일대에서 도성의 외곽 방어선을 구성하였다고 파악됨(여호규, 1998, 114~115쪽 ; 양시은, 2016, 188~189쪽).

한편 중국학계에서는 대천초소의 성격을 342년 전연 모용황이 고구려를 침공했던 루트인 南道와 北道 가운데 북도와 연관시켜 파악하기도 함. 渾江 유역에서 '新開河 → 板岔嶺 → 麻線溝'를 거쳐 集安분지에 이르는 교통로를 南道, '葦沙河 → 老斧嶺'을 거쳐 집안분지에 이르는 교통로를 北道로 설정한 다음, 대천초소를 북도상의 중요한 군사방어시설로 파악함(『集安縣文物志』, 82쪽 ; 遲勇, 1993, 185쪽 ; 李殿福, 1994, 49쪽 ; 魏存成, 2002, 49쪽).

다만 342년 남도와 북도의 분기점은 주로 요동평원이나 渾河-蘇子河 합류지점 일대로 설정되며, 남도상에 위치한 木底城도 소자하 연안으로 비정된다는 사실에 유의할 필요가 있다. 남도나 북도는 요동평원이나 혼하 유역에서 고구려 중심부인 혼강-압록강 유역으로 진입하는 루트와 관련된 것임. 이러한 점에서 관마산성은 남북도보다는 국내성기에 도성을 방어하던 외곽 방어선과 연관하여 그 성격을 파악하는 것이 더 타당하다고 생각됨.

참고문헌

- 吉林省考古研究室·集安縣博物館, 1984, 「集安高句麗考古的新收穫」, 『文物』 1984-1.
- 吉林省文物志編委會, 1984, 『集安縣文物志』.
- 吉林省文物考古研究所, 1990, 「吉林省近十年考古工作的主要收穫」, 『博物館研究』 1990-1.
- 吉林省地方志編纂委員會, 1991, 「大川哨卡」, 『吉林省志』 43(文物志).
- 國家文物局 主編, 1992, 「集安市-大川城址」, 『中國文物地圖集-吉林分冊』, 文物出版社.
- 遲勇, 1993, 「高句麗都城的戰略防禦系統」, 『高句麗研究文集』, 延邊大學出版社.
- 李殿福(차용걸·김인경 역), 1994, 『중국내의 고구려 유적』, 학연문화사.
- 王禹浪·王宏北, 1994, 「中國吉林省集安市淸河鎭大川村高句麗古城址」, 『高句麗·渤海古城址研究匯編』(上), 哈爾濱出版社.
- 魏存成, 1994, 「城址·建築址」, 『高句麗考古』, 吉林大學出版社.
- 余昊奎, 1998, 「集安 大川哨所」, 『高句麗 城』 I(鴨綠江中上流篇), 國防軍史研究所.
- 杜宇 編著, 1999, 「老嶺山區古道」, 『集安風景名勝史話』, 通化師範學院照排印刷中心.
- 楊春吉·王曉南, 2000, 「高句麗疆域調査與硏究現狀」, 『高句麗歸屬問題硏究』, 吉林文史出版社.
- 2000, 「南北道上的關隘與城堡」, 『高句麗歷史與文化』, 吉林文史出版社.
- 魏存成, 2002, 「中期都城通往遼河流域的兩條道路與毌丘儉紀功碑」 및 「山城的分布」, 『高句麗遺跡』, 文物出版社.
- 양시은, 2016, 『고구려 성 연구』, 진인진.

05 집안 만구노변장관애
集安 灣溝老邊墻關隘

1. 조사현황

1) 1983년
○ 시행기관 : 集安縣 文物管理所.
○ 조사내용 : 전체현황을 조사함.

2) 1983년 4월
○ 시행기관 : 集安縣 文物譜査隊.
○ 조사내용 : 성곽의 전반적인 제원 및 간략한 지표조사를 진행함.
○ 발표 : 『集安縣文物志』의 '灣溝老邊墻關隘'.

2. 위치와 자연환경(그림 1 ~ 그림 3)

1) 지리 위치
○ 集安縣城(吉林省 集安市)에서 서남쪽으로 55km 정도 떨어진 涼水鄕 海關村 북쪽의 通天嶺 동쪽 산기슭에 위치함.
○ 남쪽 300m 거리에 海關 8隊가 있고, 동쪽 2km 거리에 集安-桓仁 도로가 涼水鄕 소재지를 통과함. 남쪽 4km 거리에는 鴨綠江이 있음.

2) 자연환경
○ 관애가 자리한 灣溝 골짜기는 길이 3km 정도로 남북으로 길게 펼쳐져 있는데, 兩岸은 가파른 절벽임. 서쪽 산기슭에서 발원한 시냇물이 골짜기를 관통하여 海關村 부근에서 涼水泉子河에 유입되어 南流하다가 압록강으로 합류함.
○ 關隘는 灣溝村 북쪽 200m 되는 지점에서 灣溝 골짜기를 가로질러 동서 방향으로 축조했음. 關隘 안쪽에는 서쪽과 북쪽이 깎아지른 단애로 이루어진 평탄한 대지가 있는데 성벽은 바로 이 대지의 동남쪽 가장자리를 따라 동북쪽 산중턱에서 서남쪽 계곡에 이르는 구간에 축조했음. 안쪽 대지는 병사 주둔지 등으로 활용되었을 가능성이 있음.

3. 성곽의 전체현황

1) 전체 평면
○ 관애의 전체 길이는 약 170여m이고, 방향은 230°임. 계곡 東岸에서 시작하여 충적대지에 수평으로 40여m를 쌓은 다음, 다시 산기슭을 따라 산중턱 가파른 수직 암벽까지 130여m를 축조함.
○ 河床의 붕괴로 인해 서단 20여m가 유실되었으므로 본래 성벽의 전체 길이는 200m 전후였을 것으로 추정됨. 계곡 건너편 西岸에도 성벽의 일부로 추정되는 돌무지가 남아 있고, 관애 남쪽 70여m 지점에도 보조 관애로 추정되는 석축 흔적이 남아 있음.

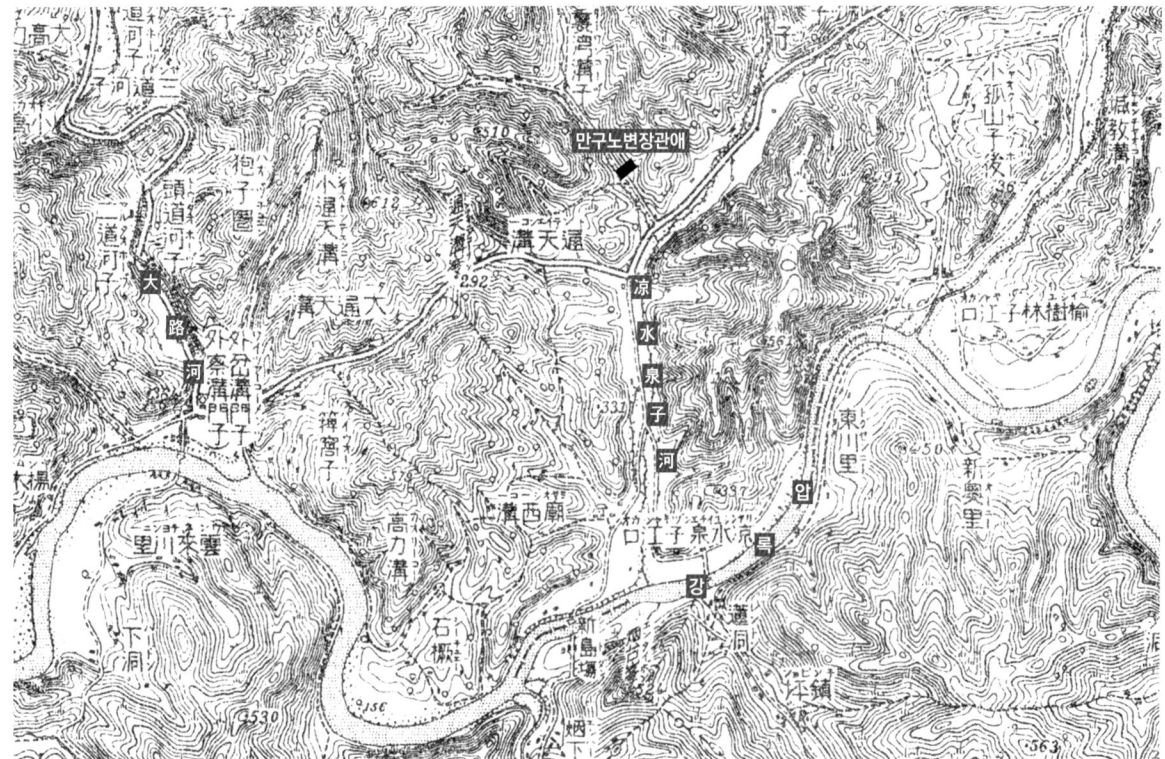

그림 1 만구노변장관애 주변 지형도(滿洲國 10만분의 1 지형도)

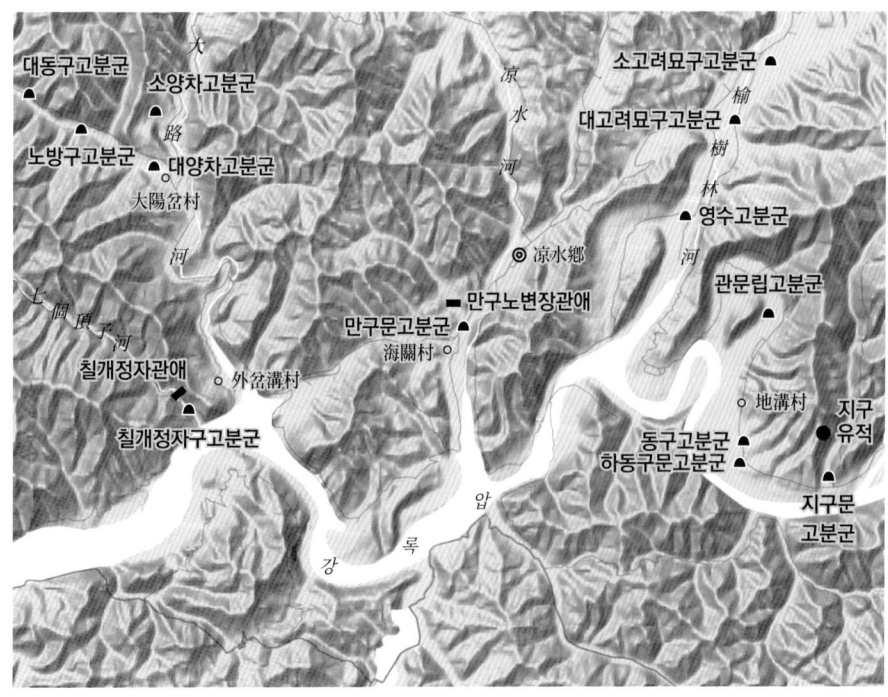

그림 2
만구노변장관애 위치도

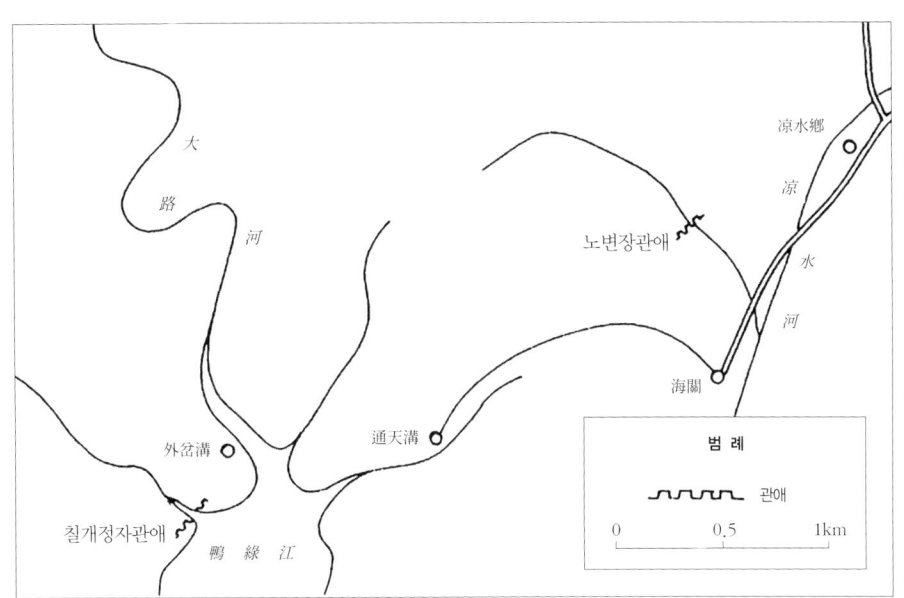

그림 3
만구노변장관애 위치도
(『集安縣文物志』, 79쪽)

2) 보존상태

○ 河床에 인접한 성벽은 대부분 유실되었음. 다만 河床 동측과 산기슭의 성벽은 많이 허물어지기는 했지만, 석벽 자체는 잘 남아 있음. 관애 남쪽 70여m 지점의 석축 흔적도 허물어지기는 했지만 비교적 잘 남아 있음.

4. 성벽과 성곽시설

1) 성벽 축조양상

○ 성벽의 외벽은 아주 거칠게 다듬은 깬돌(切石)로 축조했는데, 성돌 크기는 길이 30cm, 두께 10~20cm로 대체로 균일한 편임. 성벽 내부는 잔돌과 자갈로 메우고 진흙을 섞었는데, 층층이 나서 쌓은 흔적은 보이지 않음.
○ 수평으로 쌓아 올린 성벽 윗부분은 진흙으로 덮여 있는데, 본래 통로로 사용할 수 있었을 것으로 추정됨. 성벽의 殘高는 1~2m로 일정하지 않으며, 아래 너비는 8m, 윗너비는 1~1.8m임.

2) 성곽시설

○ 현재까지 별다른 성곽시설은 확인되지 않았음. 關門은 계곡 동쪽의 충적대지에 위치했을 가능성이 높음. 산기슭 성벽 안쪽의 평탄한 대지는 將臺나 병사주둔지로 활용되었을 가능성이 높음.

5. 역사적 성격

1) 지정학적 위치와 주변의 유적 현황

老邊墻關隘는 集安市 소재지에서 서남으로 55km 떨어진 凉水鄕 海關村 북쪽 灣溝 골짜기에 위치해 있고, 남쪽 4km에 鴨綠江이 있음. 관애 주변의 유적으로는 서쪽 13km 거리에 七個頂子關隘가 있음. 그리고 본래 관애 남쪽 300m 거리에 고구려 고분군(적석묘)이 있었지만, 1983년 조사 시에는 적석묘와 방단적석묘 등 3기만 남아 있었음. 그 이후 댐 건설로 인해 압록강에 수몰되거나 경작에 의해 흔적을 찾아보기 힘들게 되었음.

老邊墻關隘의 지정학적 위치와 관련해 1931년에

간행된 『輯安縣志』는 중요한 시사를 줌. 그에 따르면 압록강은 상류 방면에서 순조롭게 흐르다가, 太平鄕 江口村에서부터 楡林河와 凉水泉子河 河口까지는 兩岸에 험준한 봉우리가 우뚝 솟아있고, 물살이 거세지며 물결도 크게 일기 시작한다고 함. 강물이 협곡 사이를 좌충우돌하면서 굽이쳐 흐르기 때문에 심한 소용돌이, 급한 물굽이, 암초 등을 만들며, 要孩子哨, 媽媽哨, 方車子哨, 老虎哨, 關門碴子 등으로 불리는 험준한 요해처가 생겨났음. 그리고 강물을 따라 수 십 리를 빙 돌더라도 실제로는 1리 정도밖에 나아가지 못하게 됨.

그리하여 압록강 수운을 이용하여 太平鄕 江口村에서부터 楡林河 - 凉水泉子河 河口 구간을 운항할 경우, 많은 위험이 따르게 된다고 함. 반면 楡林河와 凉水泉子河 河口부터 하류 쪽으로는 강의 수면이 점차 넓어지고 강물의 흐름도 완만해지게 됨. 이에 예로부터 압록강을 거슬러 올라가는 배들은 대부분 外岔溝河나 凉水泉子河 일대에 정박한 다음, 육로를 이용하여 集安縣城(集安市) 소재지로 나아갔다고 함.

이로 인해 20세기 전반에 老邊墻關隘가 자리한 外岔溝村 일대는 압록강 수로 교통과 집안지역 육로 교통의 結節點으로 지금의 集安市 소재지보다 더 번성했다고 함.[1] 특히 1888년 봄 外岔溝河에 주둔하던 청나라 군대가 지역 유지들의 도움을 받아 노령산맥에 老斧嶺 고개길을 개설하여 外岔溝河 일대와 노령산맥 북쪽지역 사이의 교통도 원활하도록 했음. 外岔溝河 일대가 集安지역 일대에서 수로와 육로 교통의 중심 거점의 역할을 수행했던 것임. 다만 1940년대 수풍댐이 건설된 다음 압로강 수로 교통이 쇠퇴하면서 외차구촌 일대도 점차 쇠락하게 됨(『集安縣文物志』, 80~81쪽 ; 杜宇 編著, 1999, 78쪽).

2) 관애의 기능과 성격

灣溝老邊墻關隘의 기능과 성격은 상기와 지정학적 위치를 고려하면서 파악할 필요가 있음. 노변장관애의 축성법은 기본적으로 望波嶺關隘, 關馬山城 등과 비슷함. 특히 성벽 위에 진흙을 덮어 통로로 활용한 것은 망파령관애와 유사하며, 남쪽에 적석묘군이 있는 것으로 보아, 고구려시기의 군사시설로 추정됨(『集安縣文物志』, 81쪽).

20세기 전반 外岔溝河 일대가 압록강 수로와 육로 교통의 결절점이었던 것으로 보아 고구려시기에도 비슷했다고 추정됨. 이에 일반적으로 灣溝老邊墻關隘 서남쪽 13km 거리의 七個頂子關隘와 더불어 압록강 水路와 上陸路를 봉쇄하던 방어시설이었다고 추정함. 老嶺山脈 일대의 산성, 관애, 초소 등과 함께 고구려 도성의 외곽을 방어하는 군사시설이었다는 것임(遲勇, 1993, 185~186쪽 ; 여호규, 1998, 117~118쪽 ; 양시은, 2016, 188~189쪽).

그런데 灣溝老邊墻關隘는 老嶺山脈 북쪽의 望波嶺關隘나 關馬山城(關馬墻關隘), 石湖關隘 등과는 축조양상이 조금 다름. 노령산맥 북사면의 관애들은 渾江유역에서 國內城으로 향하는 주요 교통로를 직접 차단하는 형태로 축조되었음. 이에 비해 灣溝老邊墻關隘도 골짜기를 가로질러 축조했지만, 20세기 전반에도 이를 관통해 지나가는 주요 도로가 개설되지 않았다는 점에서 교통로를 직접 차단하던 방어시설로 보기는 힘듦.[2]

상기했던 것처럼 灣溝老邊墻關隘는 서남쪽의 七個頂子關隘와 함께 압록강 수로와 육로 교통의 결절점인 外岔溝河 주변의 계곡에 자리잡고 있음. 이들 關隘

---

[1] 『輯安縣志』(1931) 권1 市鎭조에는 "外岔溝門은 집안현성의 서쪽 110리로 앞으로는 압록강이 있고 교통이 편리하여 雜貨商이 30여 호 있는데, 상업은 縣 전역에서 으뜸이다"라고 나옴.

[2] 『輯安縣志』(1931)에 게재된 輯安縣圖를 보면 七個頂子 계곡이 古馬嶺으로 나아가는 통로로 활용되기는 했지만, 小路에 불과했고 國內城 방면과 관계없다는 점에서 七個頂子關隘 역시 교통로를 차단하기 위해 축조했다고 보기 어려움.

는 계곡을 통과하는 교통로를 직접 차단하기 위해 축조했다기보다는 성벽 안쪽의 골짜기를 군사시설로 활용하며 주변의 상륙지점이나 육상교통로를 공제하는 역할을 했던 것으로 보임. 또 外岔溝河-凉水泉子河 일대가 압록강 水路와 국내성으로 향하는 陸路의 結節點이었다는 점에서 압록강 水路를 관리하는 기능도 수행했다고 추정됨.[3] 灣溝老邊墻關隘는 군사방어성의 기능과 압록강 水路를 관리하는 역할을 동시에 수행했을 가능성이 높은 것임(여호규, 2008, 133~137쪽).

한편 灣溝老邊墻關隘의 성격을 342년 前燕 慕容皝의 고구려 침공 루트인 南道와 北道 가운데 남도와 연계시켜 파악하기도 함. 남·북도의 분기점을 新賓 永陵鎭으로 설정한 다음, 南道를 '二道河 → 六道河 → 渾江 하류 → 渾江口 → 압록강 본류', 北道를 '蘇子河 본류 - 富爾江 - 新開河' 루트로 설정한 다음, 灣溝老邊墻關隘를 南道上의 중요한 방어시설로 파악함(王綿厚, 2002, 236~238쪽). 그렇지만 342년 남·북도의 분기점은 요동평원이나 渾河-蘇子河 합류지점 일대로 설정되며, 남도상의 木底城도 소자하 연안으로 비정됨. 남도나 북도는 요동평원이나 혼하 유역에서 고구려 중심부인 혼강-압록강 유역으로 진입하는 루트라는 점에 유의할 필요가 있음.

참고문헌

- 吉林省文物志編委會, 1984, 『集安縣文物志』.
- 吉林省考古硏究室·集安縣博物館, 1984, 「集安高句麗考古的新收穫」, 『文物』 1984-1.
- 吉林省文物考古硏究所, 1990, 「吉林省近十年考古工作的主要收穫」, 『博物館硏究』 1990-1.
- 國家文物局 主編, 1992, 「集安市-"老邊墻"關隘遺址」, 『中國文物地圖集-吉林分冊』, 文物出版社.
- 遲勇, 1993, 「高句麗都城的戰略防禦系統」, 『高句麗硏究文集』, 延邊大學出版社.
- 李殿福(차용걸·김인경 역), 1994, 『중국내의 고구려 유적』, 학연문화사.
- 辛勇旻, 1997, 「中國內 高句麗遺蹟의 현황과 과제(Ⅱ)」, 『湖巖美術館硏究論文集』, 2號, 湖巖美術館.
- 余昊奎, 1998, 「集安 灣溝老邊墻關隘」, 『高句麗 城』 Ⅰ(鴨綠江 中上流篇), 國防軍史硏究所.
- 杜宇 編著, 1999, 「老斧嶺山路變遷」, 『集安風景名勝史話』, 通化師範學院照排印刷中心.
- 王綿厚, 2002, 「高句麗南北二道上諸城」, 『高句麗古城硏究』, 文物出版社.
- 여호규, 2008, 「압록강 중상류 연안의 고구려 성곽과 동해로」, 『역사문화연구』 29.
- 양시은, 2016, 『고구려 성 연구』, 진인진.

---

3   『輯安縣鄕土志』(1915) 지리조에 따르면 당시 外岔溝門에는 關帝廟, 觀音堂, 雙龍寺 등의 종교시설과 함께 巡檢衙門, 斗秤局, 船捐局, 中江稅局 등의 관서가 밀집해 있었다고 함.

06 집안 칠개정자관애
集安 七個頂子關隘

1. 조사현황

1) 1983년 4월
○ 시행기관 : 集安縣 文物普査隊.
○ 조사내용 : 集安縣 文物管理所가 集安縣 경내의 유적과 유물을 일제히 조사할 때 七個頂子關隘를 발견하고, 기초적인 조사를 실시함.
○ 발표 : 『集安縣文物志』의 '七個頂子關隘'.

2. 위치와 자연환경(그림 1 ~ 그림 3)

1) 지리위치
○ 集安縣城(集安市)에서 서남쪽으로 65km 떨어진 凉水鄕 外岔溝村 서쪽에 위치. 북쪽 200m거리에 外岔溝村(七個頂子) 6隊가 있음.
○ 관애는 七個頂子山 계곡의 남단에 위치함.

2) 자연환경
○ 七個頂子山은 老嶺山脈에서 갈라진 주요 산줄기로 서북쪽에서 동남쪽으로 뻗어 있음. 이 산줄기는 남쪽으로 鴨綠江 北岸에서 시작해 북쪽으로 古馬嶺, 掛牌嶺 등으로 이어지다가 60여km 뻗어서 老嶺의 主脈과 연결됨.
○ 七個頂子山에는 좁고 긴 계곡이 하나 있는데, 길이가 약 15km이며, 양사면의 계곡물이 압록강으로 흘러들고 있음. 관애는 이 계곡의 입구에서 북쪽으로 300여m 들어온 지점에 위치함.
○ 關隘가 자리한 계곡 입구 바깥쪽에는 남북 너비 300~600m, 동서 길이 1,500m인 충적대지가 기다랗게 펼쳐져 있음. 본래 강의 수면보다 4m 정도 높았지만, 수풍댐이 만수위에 가까워지면 물에 완전히 잠김.
○ 계곡 입구에서 골짜기를 따라 북쪽으로 진입하면 關隘가 위치한 지점에서 계곡의 폭이 좁아지고 산비탈이 가팔라지며 천연 방어물을 형성함.

3. 성곽의 전체현황

1) 전체 평면
○ 七個頂子山은 旗竿頂子山이라고도 일컫는데, 관애도 '旗竿頂子關隘'라고도 불림.
○ 관애는 계곡을 횡단하여 자연 산돌로 축조했는데, 성벽 방향은 235°이고, 계곡보다 약 3m 정도 높음. 관애 중앙으로 계곡이 관통하기 때문에 이를 기준으로 동벽과 서벽으로 나뉨.

2) 보존상태
○ 1983년 조사 당시 성벽이 심하게 허물어져 성벽 단면을 정확히 확인할 수 없었고, 성돌이 양쪽으로 많이 흩어져 외관상 둥그스름한 돌무더기처럼 보였다고 함. 동벽의 경우 도로에 의해 잘려나간 西端을 제외하면

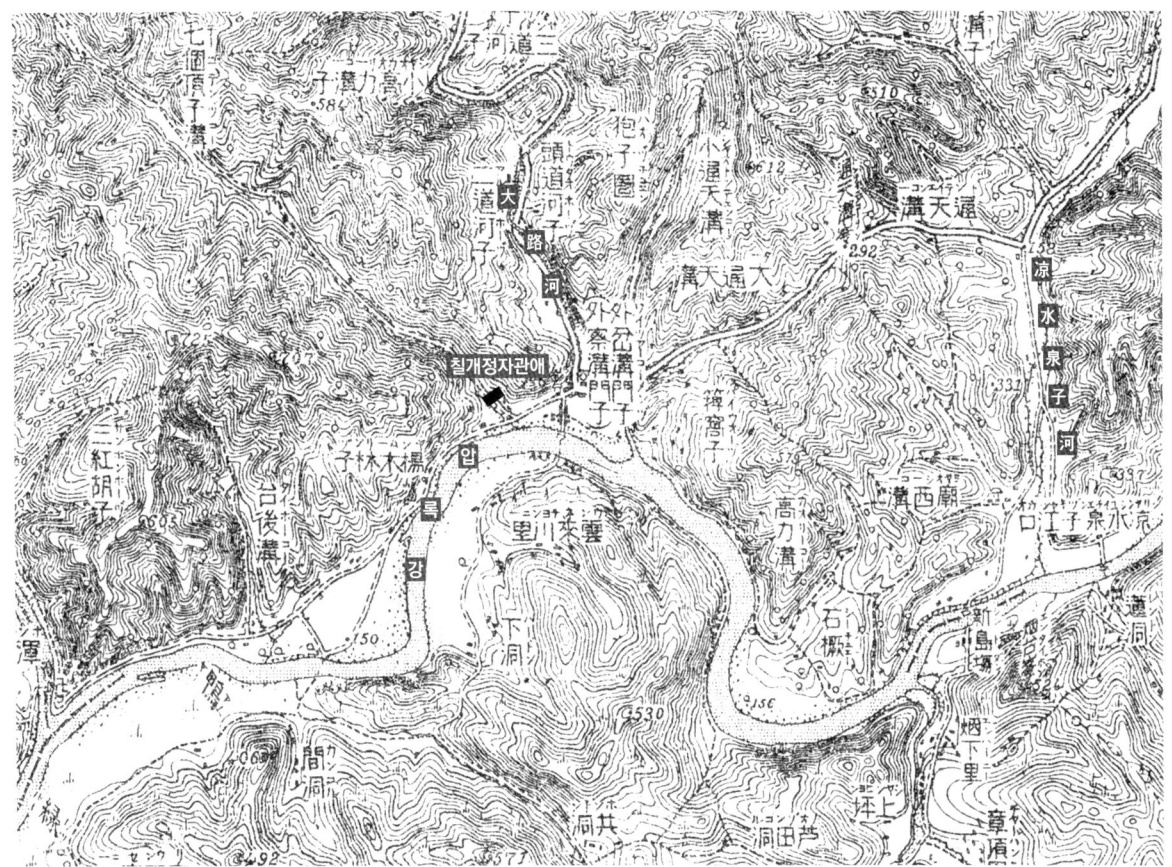

그림 1 칠개정자관애 주변 지형도(滿洲國 10만분의 1 지형도)

그림 2 칠개정자관애 위치도

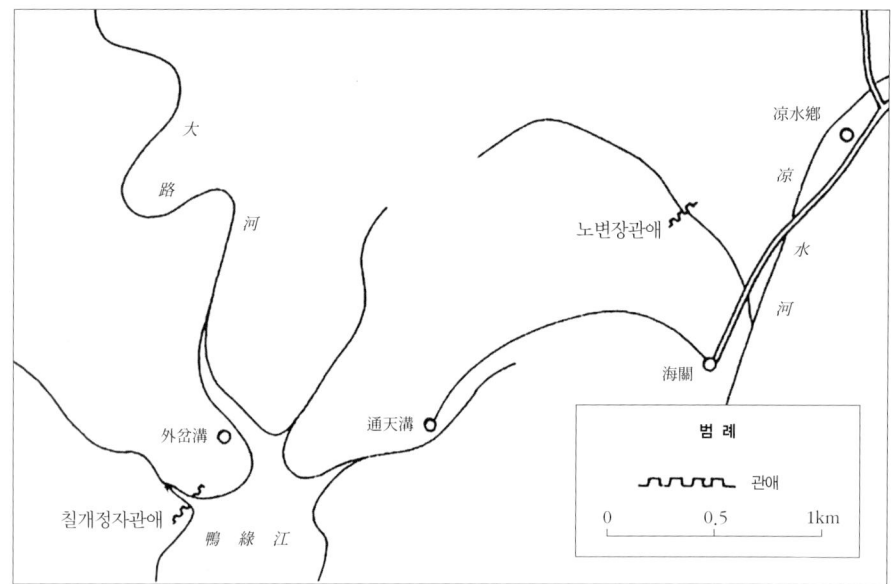

그림 3
칠개정자장관애 위치도
(『集安縣文物志』, 79쪽)

비교적 잘 보존되어 있었다고 함.
○ 그 뒤 동벽 東端의 산기슭 아래로 도로를 신설함에 따라 동단 부분도 많이 파괴됨. 계곡 서안의 서벽 부분은 성벽 자체를 확인하기 힘들 정도로 거의 사라진 상태였는데, 특히 서벽 중앙으로 도로가 지나가고 있었음.

4. 성벽과 성곽시설

1) 성벽

(1) 전체적인 축조양상
○ 성벽은 주위에서 채석한 산돌로 축조했는데, 關馬山城과 유사하며, 副墻(참호벽)이나 塹壕의 축조양상도 거의 동일함.
○ 관애의 성벽은 계곡을 중심으로 동벽과 서벽으로 나뉘며, 동벽은 본성벽과 참호벽으로 구성되어 있음.

(2) 동벽
○ 1983년 조사 당시 동벽은 도로에 의해 잘려나간 西端을 제외하면 비교적 잘 보존되어 있었음. 그 뒤 東端의 산기슭 아래로 도로를 개설하면서 동쪽 부분도 많이 훼손됨.
○ 동벽 전체 길이는 본래 60m 전후인데, 1983년 당시 남아 있던 성벽 길이는 40~43m였음. 성벽의 기초 너비는 9~11m, 최고 높이 2.4m임.
○ 동벽 남쪽 8m 지점에 길이 20m, 폭 3.5m, 殘高 1~1.2m인 副墻을 축조했는데, 塹壕壁으로 기능했을 것으로 추정됨.

(3) 서벽
○ 계곡의 서안에서 시작하여 서쪽 산비탈까지 축조함.
○ 전체 길이는 70~75m인데, 수평으로 쌓은 부분은 50m 정도였음. 성벽의 기초 너비는 8.5~10m. 殘高는 0.6~2.2m로 일정하지 않음.

2) 성곽시설

(1) 甕門
○ 서벽의 東端 안쪽에 길이 15m, 너비 4.5m의 낮은

성벽 잔존함.
○ 성문을 보호하던 甕門으로 추정됨.

(2) 關門址
○ 서벽 동단의 낮은 성벽이 옹문이라면 관문은 이곳에 위치했을 것으로 추정됨. 그렇지만 계곡 양안의 성벽이 모두 파괴되었기 때문에 關門의 정확한 위치를 확인하기 어려운 상태임.

(3) 關隘 남쪽 150여m 지점의 石壘
○ 관애 남쪽 150여m 지점에 石壘가 남아 있음.
○ 石壘의 외양은 석축성벽과 비슷한데, 동쪽 산기슭 아래에서 시작하여 계곡 방향을 향해 이어지다가 중간 지점에서 단절됨. 이 석루 남쪽에는 참호벽과 유사한 석루도 있음.
○ 이 석루와 관애의 관계나 그 성격을 정확히 파악하기는 어려움.

5. 역사적 성격

1) 지정학적 위치와 주변의 유적 현황
七個頂子關隘는 集安市 소재지에서 서남으로 65km 떨어진 凉水鄕 外岔溝村(七個頂子) 서쪽의 七個頂子山 계곡 남단에 위치함. 계곡 입구 바로 앞에는 압록강이 유유히 흐르고 있음. 관애의 동쪽 13km 거리에는 灣溝老邊墻關隘가 있고, 관애 남쪽으로 200m 정도 떨어진 펑지에 고구려 석석묘가 여러 기 남아 있음.

外岔溝는 渾江 하구의 왼쪽 부근으로 북쪽으로 外岔溝河를 거슬러 大路鄕을 지나 掛牌嶺을 넘어서 遼寧省 桓仁縣으로 나아가며, 동쪽으로는 凉水鄕, 楡林鄕, 太平鄕을 지나 集安縣城(吉林省 集安市 소재지)에 도달함. 外岔溝村 일대에서는 환인현과 집안현성으로 동시에 나아갈 수 있었던 것인데, 七個頂子關隘의 지정학적 위상과 관련해 1931년에 간행된 『輯安縣志』는 중요한 시사를 줌.

그에 따르면 압록강은 상류 방면에서 순조롭게 흐르다가, 太平鄕 江口村에서부터 楡林河와 凉水泉子河 河口까지는 兩岸에 험준한 봉우리가 우뚝 솟아있고, 물살이 거세지며 물결도 크게 일기 시작한다고 함. 강물이 협곡 사이를 좌충우돌하면서 굽이쳐 흐르기 때문에 심한 소용돌이, 급한 물굽이, 암초 등을 만들며, 要孩子哨, 媽媽哨, 方車子哨, 老虎哨, 關門砬子 등으로 불리는 험준한 요해처가 생겨남. 그리고 강물을 따라 수 십 리를 빙 돌더라도 실제로는 1리 정도밖에 나아가지 못하게 됨.

그리하여 압록강 수운을 이용하여 太平鄕 江口村에서부터 楡林河－凉水泉子河 河口 구간을 운항할 경우, 많은 위험이 따르게 된다고 함. 반면 楡林河와 凉水泉子河 河口부터 하류 쪽으로는 강의 수면이 점차 넓어지고 강물의 흐름도 완만해지게 됨. 이에 예로부터 압록강을 거슬러 올라가는 배들은 대부분 外岔溝河나 凉水泉子河 일대에 정박한 다음, 육로를 이용하여 集安縣城(集安市) 소재지로 나아갔다고 함.

이로 인해 20세기 전반에 七個頂子關隘가 자리한 外岔溝村 일대는 압록강 수로 교통과 집안지역 육로 교통의 結節點으로 集安市 소재지보다 더 번성했다고 함.[1] 특히 1888년 봄 外岔溝河에 주둔하던 청나라 군대가 지역 유지들의 도움을 받아 노령산맥에 老斧嶺 고개길을 개설하여 외차구하 일대와 노령산맥 북쪽지역 사이의 교통도 원활해지게 되었음. 外岔溝河 일내가 수로와 육로 교통의 중심 거점 역할을 수행한 것임. 다만 1940년대 수풍댐이 건설된 다음 압록강 수로 교통이 쇠퇴하면서 외차구촌 일대도 점차 쇠락하게 됨

---

[1] 『輯安縣志』(1931) 권1 市鎭조에는 "外岔溝門은 집안현성의 서쪽 110리로 앞으로는 압록강이 있고 교통이 편리하여 雜貨商이 30여 호 있는데, 상업은 縣 전역에서 으뜸이다"라고 나옴.

(『集安縣文物志』, 80~81쪽 ; 杜宇 編著 1999, 78쪽).

2) 관애의 기능과 성격

七個頂子關隘의 기능과 성격은 상기와 지정학적 위치를 고려하면서 파악할 필요가 있음. 七個頂子關隘의 축성법은 기본적으로 望波嶺關隘, 關馬山城 등과 비슷함. 특히 참호나 참호벽의 활용양상은 관마산성과 거의 동일하며, 남쪽 평지에 적석묘군이 있는 것으로 보아, 고구려시기의 군사시설로 추정됨(『集安縣文物志』, 78~80쪽).

20세기 전반 外岔溝河 일대가 압록강 수로와 육로 교통의 결절점이었던 것으로 보아 고구려시기에도 비슷했다고 추정됨. 이에 일반적으로 七個頂子關隘는 동북쪽 13km 거리의 灣溝老邊墻關隘와 더불어 압록강 水路와 上陸路를 봉쇄하던 방어시설이었다고 추정함. 老嶺山脈 일대의 산성, 관애, 초소 등과 함께 고구려 도성의 외곽을 방어하는 군사시설이었다는 것임(遲勇, 1993, 185~186쪽 ; 여호규, 1998, 117~118쪽 ; 양시은, 2016, 188~189쪽).

그런데 七個頂子關隘는 老嶺山脈 북쪽의 望波嶺關隘나 關馬山城(關馬墻關隘), 石湖關隘 등과는 축조 양상이 조금 다름. 노령산맥 북사면의 관애들은 渾江 유역에서 國內城으로 향하는 주요 교통로를 직접 차단하는 형태로 축조되었음. 이에 비해 七個頂子關隘도 골짜기를 가로질러 축조했지만, 20세기 전반에도 이를 관통해 지나가는 주요 도로가 개설되지 않았다는 점에서 교통로를 직접 차단하던 방어시설로 보기는 힘듦.[2]

상기했던 것처럼 七個頂子關隘는 동쪽의 灣溝老邊墻關隘와 함께 압록강 수로와 육로 교통의 결절점인 外岔溝河 주변의 계곡에 자리잡고 있음. 이들 關隘는 계곡을 통과하는 교통로를 직접 차단하기 위해 축조했다기보다는 성벽 안쪽의 골짜기를 군사시설로 활용하며 주변의 상륙지점이나 육상교통로를 공제하는 역할을 했던 것으로 보임. 또 外岔溝河-涼水泉子河 일대가 압록강 水路와 국내성으로 향하는 陸路의 結節點이었다는 점에서 압록강 水路를 관리하는 기능도 수행했다고 추정됨.[3] 七個頂子關隘는 군사방어성의 기능과 압록강 水路를 관리하는 역할을 동시에 수행했을 가능성이 높은 것임(여호규, 2008, 133~137쪽).

참고문헌

- 吉林省文物志編委會, 1984, 『集安縣文物志』.
- 吉林省考古研究室·集安縣博物館, 1984, 「集安高句麗考古的新收穫」, 『文物』 1984-1.
- 吉林省文物考古研究所, 1990, 「吉林省近十年考古工作的主要收穫」, 『博物館研究』 1990-1.
- 國家文物局 主編, 1992, 「集安市-七個頂子關隘」, 『中國文物地圖集-吉林分冊』, 文物出版社.
- 李殿福(차용걸·김인경 역), 1994, 『중국내의 고구려 유적』, 학연문화사.
- 余昊奎, 1998, 「集安 七個頂子關隘」, 『高句麗 城』I(鴨綠江 中上流篇), 國防軍史研究所.
- 杜宇 編著, 1999, 「老爺嶺山路變遷」, 『集安風景名勝史話』, 通化師範學院照排印刷中心.
- 王綿厚, 2002, 『高句麗古城研究』, 文物出版社.
- 여호규, 2008, 「압록강 중상류 연안의 고구려 성곽과 동해로」, 『역사문화연구』 29.
- 양시은, 2016, 『고구려 성 연구』, 진인진.

2　『輯安縣志』(1931)에 게재된 輯安縣圖를 보면 七個頂子 계곡이 古馬嶺으로 나아가는 통로로 활용되기는 했지만, 小路에 불과했고 國內城 방면과 관계없다는 점에서 七個頂子關隘 역시 교통로를 차단하기 위해 축조했다고 보기 어려움.

3　『輯安縣鄉土志』(1915) 지리조에 따르면 당시 外岔溝門에는 關帝廟, 觀音堂, 雙龍寺 등의 종교시설과 함께 巡檢衙門, 斗秤局, 船捐局, 中江稅局 등의 관서가 밀집해 있었다고 함.

07 집안 장천고성
集安 長川古城 | 長川村邑址

1. 조사현황

1) 1962년 4월
○ 시행기관 : 吉林省博物館 輯安考古隊.
○ 참가자 : 상기 考古隊의 方起東 및 吉林師範大學 曹正榕, 吉林省 哲學社會科學研究所 朱涵康, 集安縣 文物管理所 직원.
○ 조사내용 : 성벽 실측 및 유물 채집.
○ 발표 : 정식 보고서는 미간행. 吉林省文物志編委會, 1984, 『集安縣文物志』 및 集安縣文物保管所, 1986, 「集安嶺前鴨綠江流域原始社會遺址」, 『博物館研究』 1986-2에 일부 내용 기재.

2) 1972년
○ 유적 내에서 청동제검(銅劍)을 모방한 석제검(石劍)이 출토됨.

3) 1980년 가을
○ 현지 주민이 探土 작업을 하다가 토기편을 대량으로 발견. 集安縣博物館의 周雲台가 장천벽화고분 유지보수 작업을 하면서 현지 주민을 데리고 채토 지점에 대한 조사를 진행함.

4) 1983년 5월 30일
○ 시행기관 : 集安縣博物館 文物調査隊.
○ 참가자 : 徐元江, 耿鐵華, 董長富, 張雪岩.
○ 조사내용 : 성벽의 보존상태 재확인.
○ 발표 : 吉林省文物志編委會, 1984, 『集安縣文物志』.
○ 결과 : 1983년 10월 19일 集安縣 重點文物保護單位로 지정.

2. 위치와 자연환경 (그림 1 ~ 그림 3)

1) 지리위치
○ 集安縣城(吉林省 集安市)에서 동북으로 23km 떨어진 黃柏鄕 長川村 西側 압록강변의 대지상에 위치.
○ 남쪽으로 약 150m 거리에 압록강이 있고, 북쪽으로 集安-靑石 도로에 잇닿아 있음. 동쪽 50m 거리에 長川村의 주택가가 위치해 있음.

2) 자연환경
○ 압록강이 동북에서 서남으로 완만한 유속으로 유유히 흘러가고 있으며, 압록강 남쪽과 북쪽에는 강과 거의 평행으로 산줄기가 계속 연이어짐.
○ 長川村 일대는 압록강 연안에서 비교적 넓은 충적대지를 이루고 있으며, 특히 長川村 동쪽에는 서북쪽의 산줄기에서 발원한 두 줄기의 계절 하천이 서북에서 동남으로 흘러 압록강에 합류하고 있음.
○ 古城이 위치한 압록강 연안의 충적대지는 2단으로 되어 있는데, 강 연안에 바로 인접하여 좁고 기다란 1단의 대지가 형성되어 있으며, 그 안쪽에 1단 대지

그림 1 장천고성 주변 지형도(滿洲國 10만분의 1 지형도)

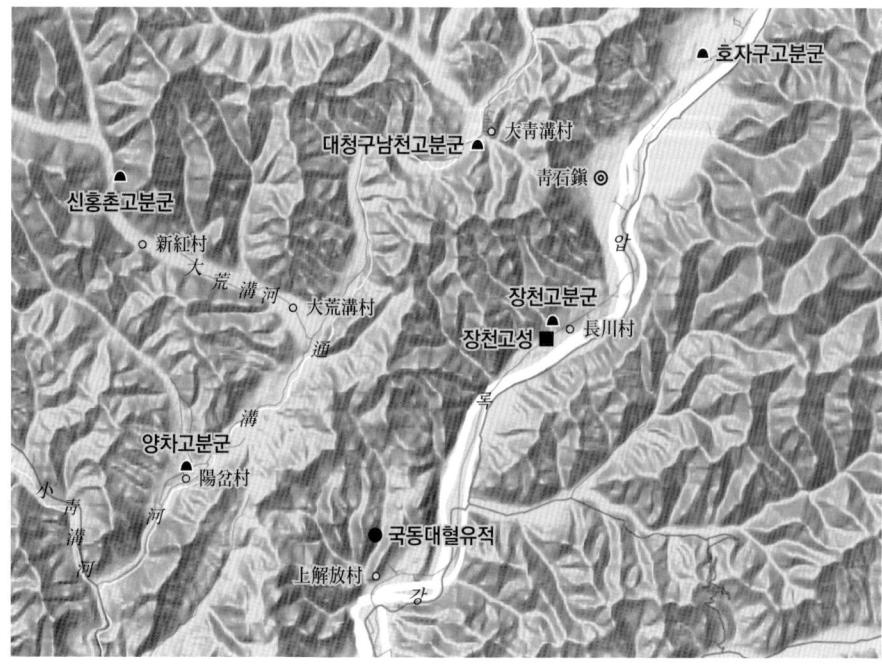

그림 2 장천고성 위치도

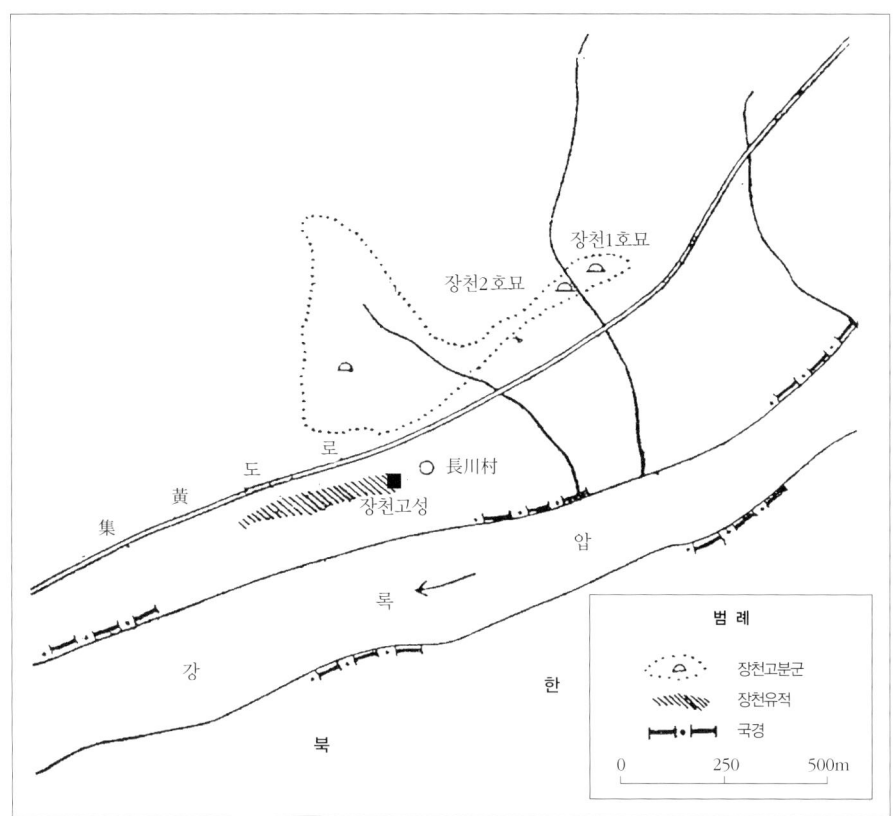

그림 3 장천고성 위치도
(『集安縣文物志』, 40쪽)

보다 10m 정도 높은 2단 대지가 펼쳐져 있음.
○ 古城은 2단 충적대지의 가장자리에 위치해 있는데, 古城의 서쪽에서 청동기시대로 추정되는 유적이 확인된 바 있음.
○ 장천촌 동쪽 계절 하천 주변의 충적대지에는 고구려 적석묘가 백여 기 이상 분포해 있음. 장천촌 서북쪽 산기슭에는 장천2호분을 비롯한 벽화고분과 대형 계단식 석실적석묘가 위치해 있고, 古城 서남쪽 충적대지상에도 대형적석묘 2기가 위치해 있음.

3. 유적의 전체현황

1) 전체 평면
○ 古城은 압록강 강변을 따라 펼쳐진 충적대지보다 10m 정도 높은 2단 충적대지의 가장자리에 위치.
○ 고성의 동서 길이는 110m, 남북 너비는 100m 전후임. 이 古城과 유사한 압록강 중상류 성곽의 사례로 보아 전체 평면이 正方形 내지 方形인 平地城으로 추정됨.

2) 보존상태
○ 1962년 조사 당시에는 보존상태가 비교적 양호하여 성벽의 둘레를 확인할 수 있었음. 1983년 재조사할 때도 남벽과 북벽은 土築, 동벽과 서벽은 石築으로 성벽의 축조상태를 비교적 정확히 확인할 수 있었다고 함.
○ 그렇지만 2007년에는 성벽이 거의 매몰되어 있어 정확한 위치를 확인하기 힘든 상태였으며, 古城의 표지판을 세워놓은 서북벽 동북단의 일부를 겨우 확인할

수 있는 정도임. 더욱이 성곽이 위치한 2단 충적대지 일대가 포도밭으로 경작되고 있어 유적이 훼손될 가능성이 높은 상태임.

4. 성벽과 성곽시설

○ 1962년 실측 자료에 따르면 동벽 길이 90.2m, 서벽 길이 90m, 남벽 길이 93.8m, 북벽 길이 96m 등이라고 함.
○ 1983년 5월 재조사를 통해 남벽과 북벽은 土築, 동벽과 서벽은 石築임을 확인함.

5. 출토유물

○ 성곽 내부에서 일찍이 철제화살촉과 황색니질토기(黃色泥質陶) 및 사질혼입토기(夾砂陶)편이 출토되었는데, 그 가운데 고구려시기의 전형적인 대상파수(橫橋耳)도 있음.
○ 성곽 서쪽에서 토기편이 대량으로 출토된 청동기시대 유적이 확인된 바 있고, 1972년에는 성곽 내부에서 청동제검(銅劍)을 모방한 석제검(石劍)이 출토된 바 있음.

6. 역사적 성격

1) 지정학적 위치와 주변의 유적 현황
長川古城은 고구려 두 번째 도성인 國內城이 위치했던 集安市 소재지에서 압록강을 거슬러 동북쪽으로 23km 정도 떨어져 거리에 위치해 있음. 國內城에서 비교적 가까운데, 특히 고성 앞쪽을 흐르는 압록강 수로를 이용해 국내성 일대와 쉽게 내왕할 수 있음.

고성의 서쪽 일대에는 청동기시대 토기편 散布地가 자리잡고 있음. 또 고성 주변에는 적석묘와 봉토석실묘 등 고구려시기 고분이 다수 분포해 있고, 장천 1호분과 2호분 등 대형 벽화고분도 있음. 특히 고구려시기의 귀족 무덤으로 추정되는 대형 계단석실적석총과 벽화고분이 주변에 분포하고 있다는 점에서 고구려 귀족세력과 밀접히 연관된 지역으로 추정됨.

2) 고성의 기능과 성격
보고자는 주변에 분포한 고구려시기의 고분 및 성곽 내부에서 출토된 고구려시기의 토기편 등을 근거로 대체로 마을 유적으로 파악함(『集安縣文物志』, 48쪽 ; 여호규, 1998, 123쪽). 물론 고성 주변에 적석묘와 석실봉토분이 다수 분포해 있고, 고성이 상당히 넓고 평탄한 충적대지에 위치했다는 점에서 이 일대에 고구려시기의 취락이 존재했을 가능성은 매우 높음.

다만 성곽이 비교적 소규모이고, 압록강변 충적대지의 가장자리에 위치했다는 점에서 단순한 마을유적으로 보기는 힘듦. 최근 良民古城을 비롯하여 압록강 중상류 연안에서 長川古城과 입지조건이나 규모가 유사한 성곽이 다수 확인되었음. 이들은 대부분 압록강변 2단 충적대지의 가장자리에 위치해 있고, 방형 내지 장방형의 소규모 평지성이라는 공통점을 지니고 있음. 이로 보아 장천고성도 이들과 동일한 성격의 평지성으로 鴨綠江 水路를 이용·통제하기 위해 축조한 水路上의 성곽으로 수운역참과 지방통치 거점의 역할을 담당했을 것으로 추정됨(여호규, 2008, 146~147쪽 ; 양시은, 2016, 188~189쪽).

참고문헌

- 李殿福, 1962, 「1962年春季吉林輯安考古調査簡報」, 『考古』 1962-11.
- 吉林省文物志編委會, 1984, 『集安縣文物志』.
- 集安縣文物保管所, 1986, 「集安嶺前鴨綠江流域原始社會遺址」, 『博物館研究』 1986-2.
- 國家文物局 主編, 1992, 「集安市-長川古村邑址」, 『中國文物地圖集-吉林分冊』, 文物出版社.
- 王禹浪·王宏北, 1994, 「中國吉林省集安市黃柏鄉長川村高句麗古城址」, 『高句麗·渤海古城址研究匯編』(上), 哈爾濱出版社.
- 余昊奎, 1998, 「集安 長川古城」, 『高句麗 城』I(鴨綠江 中上流篇), 國防軍史研究所.
- 여호규, 2008, 「압록강 중상류 연안의 고구려 성곽과 동해로」, 『역사문화연구』 29.
- 양시은, 2016, 『고구려 성 연구』, 진인진.

08 집안 양민고성
集安 良民古城 | 良民甸子古城

1. 조사현황

1) 1960년대
○ 1962년 : 吉林省博物館의 王承禮 등이 운봉댐 수몰지구를 조사하면서 良民 일대도 조사했으나, 당시에는 고분만 확인함.
○ 1964년 5월 : 方起東, 李健才, 陳相偉 등이 운봉댐 수몰지구를 조사하며 良民甸子 일대의 고분군 30여 기를 발굴함. 그렇지만 이때도 古城은 확인하지 못함.
○ 1966년 9월 9일 : 운봉댐 완공으로 良民 일대가 수몰됨.

2) 2004년 6월 3일, 7일, 19일
○ 시행기관 : 吉林省 長白文化硏究會, 集安市博物館.
○ 참석자 : 張福有, 程遠, 孫仁杰, 遲勇.
○ 조사내용 : 고성지 1곳과 고분 13기 발견.

3) 2004년 6월 20일 좌담회
○ 회의 일시 : 2004년 6월 20일 오후 2시.
○ 회의 장소 : 集安市 翠園호텔 2층 소회의실.
○ 회의 사회 : 張福有(吉林省 長白山文化硏究會 회장, 良民출생, 중학교 때 이사).
○ 회의 소집 : 程遠(集安市 文聯 주석), 賈蕾(集安市委 宣傳部 간부).
○ 참석자 : 孫志强 외 7인.
○ 참석자 약력

- 孫志强 : 1927년 良民 출생, 당시 78세. 원래 集安市 병원장. 16세 이후 외지로 나가 공부하고 일했으며 集安市에 거주, 고향인 良民에 자주 감.
- 呂茂德 : 1931년 良民 출생, 당시 74세. 일찍이 良民小學校 지도 주임, 교장을 역임. 이후 集安市 政府 秘書長을 역임하고, 集安市에 거주.
- 馮振遠 : 당시 78세. 일찍이 良民小學校 교장을 6년간 역임, 이후 集安市 인민 대회 상무위원회 副主任 역임. 集安市에 거주.
- 吳喜貴 : 1931년 良民 출생, 당시 74세. 줄곧 良民에서 살았고 수몰 후에는 集安으로 이사와 集安市 인민대회 상무위원회 財經 主任 역임. 集安市에 거주.
- 王金純 : 1931년 良民 출생, 당시 74세. 수몰 이후 良民을 떠나 集安市 위원회 기율 검사 위원회 監督員 역임. 集安市에 거주.
- 周新博 : 集安市 문서국(檔案局) 간부.
- 遲勇 : 集安市博物館 관원.
- 孫仁杰 : 集安市博物館 관원.

4) 2006년 5월 2일
○ 조사기관 : 吉林省 長白山文化硏究會.
○ 참가자 : 長白山文化硏究會 張福有, 集安市博物館 孫仁杰과 遲勇.
○ 조사내용 : 운봉댐 수리를 위해 방류를 하면서 수위를 41.13m나 낮추자 그동안 수몰되었던 古城이 드러

남. 이에 張福有 등이 성곽의 전체현황과 성벽 축조양상 등을 조사함.

2. 위치와 자연환경(그림 1~그림 3)

1) 지리위치

○ 良民甸子는 본래 集安市 소재지에서 동북쪽으로 약 45km 떨어진 압록강 右岸에 위치했는데, 20세기 전반에는 凉帽甸子라고 불림. 이 일대는 남북 길이 4km, 동서 너비 3km인 비교적 넓은 충적평원이 펼쳐져 있었는데, 동쪽은 압록강에 임해 있고 서쪽은 高山에 의지해 있음(그림 1).

○ 良民古城은 상기 충적평원의 북쪽 끝에 위치함. 고성의 경도와 위도는 동경 126°30′044″, 북위 41°25′108″로 고구려 두 번째 도성이었던 국내성(동경 126°11′774″, 북위 41°07′211″)의 동북방에 위치.

2) 자연환경과 지형적 특징

○ 良民甸子는 3면이 산으로 둘러싸여 있고, 1면은 압록강에 임해 있음. 충적평원은 開闊하고 토질이 비옥한데, 좌담회 참석자들은 良民甸子의 지형적 특징에 대한 다음과 같이 회상함.

○ 良民甸子는 남북 길이 8里, 동서 너비 약 6里로서 상하 2단 대지로 구성되어 있음. 압록강은 북한 쪽 가까이에 있고, 북에서 남으로 흘러감.

○ 압록강 右岸에 연접한 1단 충적대지는 강 수면보다 약 20여m 정도 높은데, 넓고 토질이 비옥함. 1단 대지의 서측에 2단 충적대지가 위치해 있는데, 1단 대지보다 약 5m 정도 높음. 성곽은 두 대지 사이에 위치함.

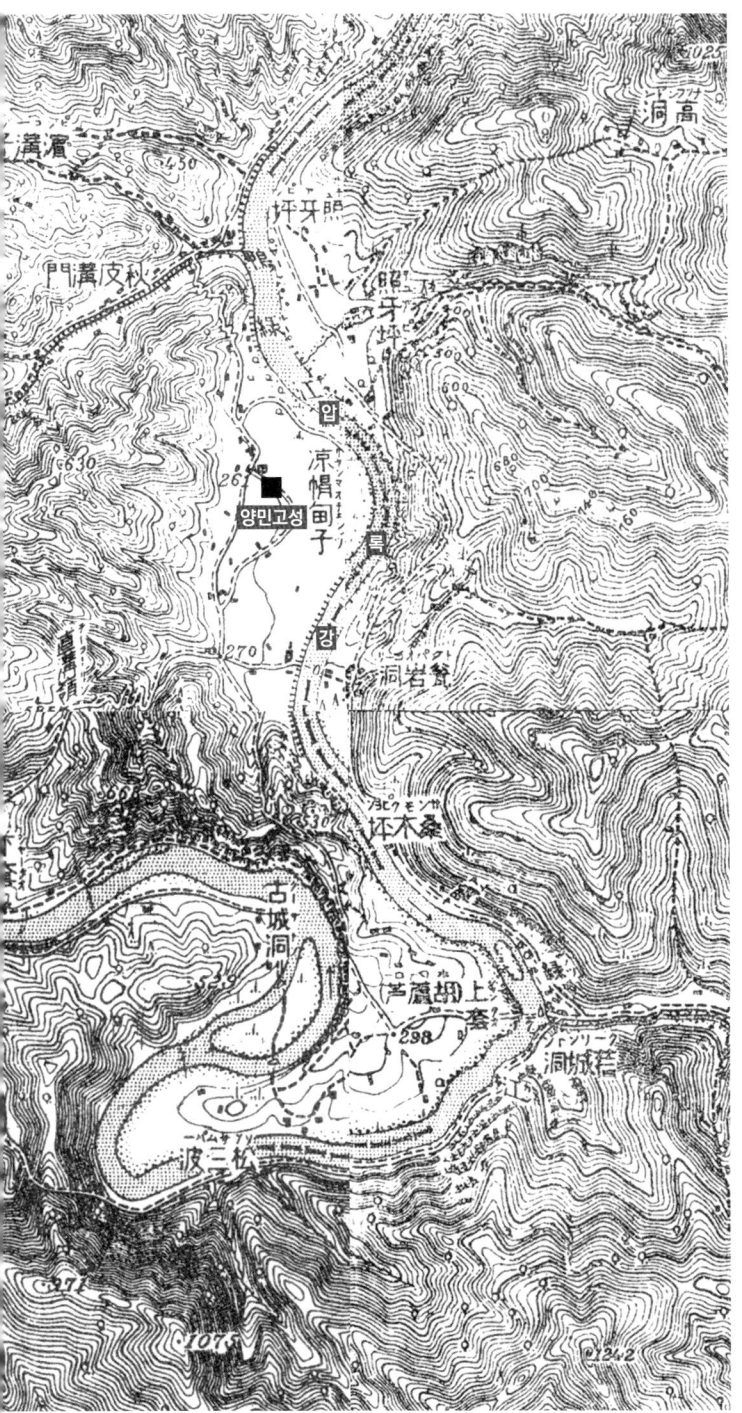

그림 1 양민고성 주변 지형도(滿洲國 10만분의 1 지형도)

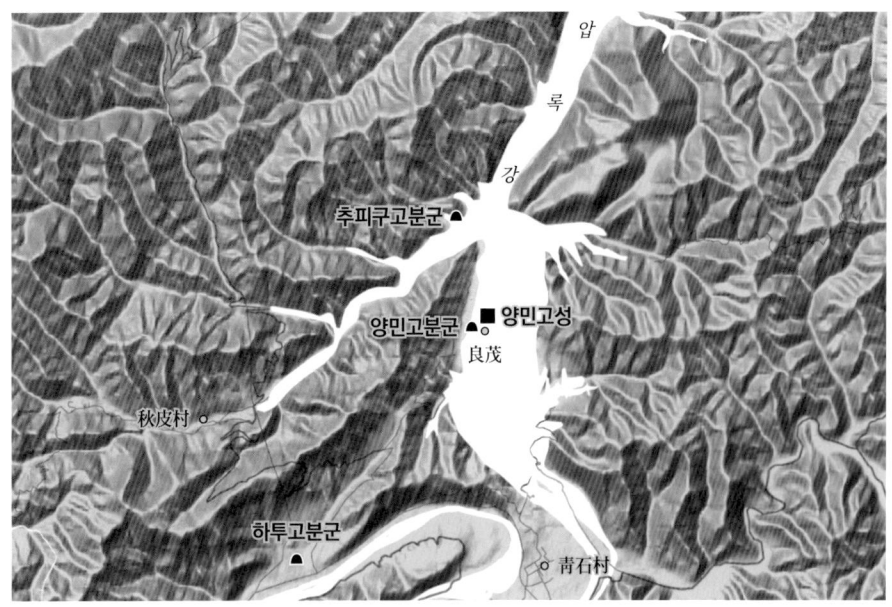

그림 2 양민고성 위치도

3. 성곽의 전체현황

1) 성곽의 구성과 규모(그림 4)

(1) 성곽의 위치와 구성

○ 2004년 좌담회 참석자들의 회상에 따르면 良民古城은 良民甸子 1·2단 충적대지 사이에 위치했다고 함.

○ 성곽은 주성곽과 보조성벽 두 부분으로 이루어져 있음. 주성곽은 전체적으로 방형이고, 보조 석벽은 주성곽 북쪽에 압록강과 나란히 남북방향으로 축조했다고 함. 특히 현지인 王恒英 노인은 보조 성벽은 秋皮-良民 도로 모퉁이의 낭떠러지에서 축조하기 시작해 학교 서측으로 이어지며 그 남측으로 주성곽의 토벽을 축조했다고 함.

(2) 주성곽의 규모

○ 2004년 좌담회 : 전체적으로 長方形으로 남북 길이 350~400m, 동서 너비 300m였던 것으로 회고함.

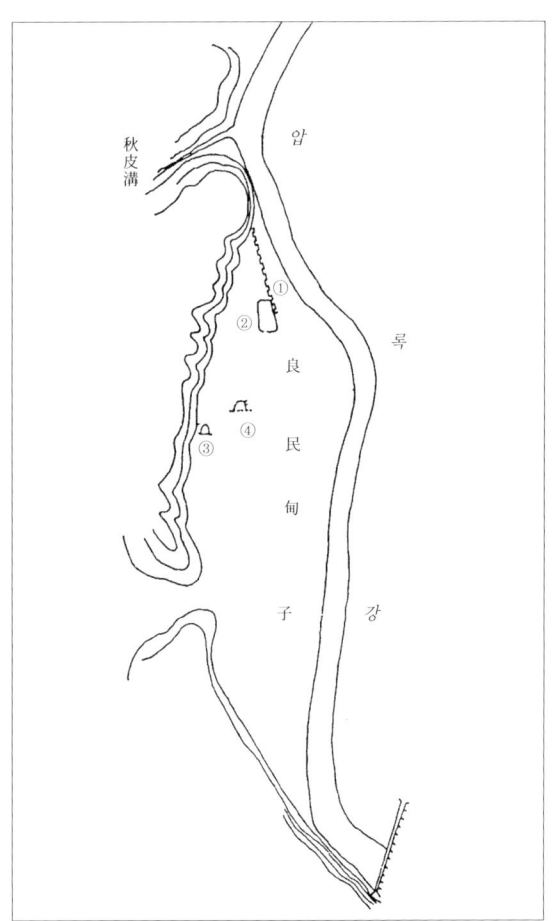

그림 3 양민고성 위치도(『東北史地』 2004-4, 9쪽)
1. 석벽 2. 토벽 3~4. 고분군

○ 2006년 5월 2일 조사 : 운봉댐 방류로 성곽이 노출되었는데, 전체 평면은 方形이고 모서리는 圓角이었음. 서벽은 180m, 북벽은 220m 정도 노출됨.

(3) 보조 성벽의 규모
○ 2004년 좌담회에서 보조 성벽의 길이는 약 550~600m였다고 회고함.

2) 성곽의 보존상태
○ 1965년 운봉댐이 건설되면서 고성과 고분 등 중요 유적이 수몰됨.
○ 2006년 5월 운봉댐 수리를 위한 방류로 댐의 수위가 41.3m 정도 낮아짐에 따라 주성곽이 드러났는데, 성벽의 보존상태가 상당히 양호했음.

3) 2004년 좌담회 참석자의 회상

(1) 張福有의 회상
○ 이곳에서 태어나 중학교 때 이곳을 떠났음.
○ 초등학교 때 학교 운동장의 서측이 성벽에 가까이 있었음.
○ 성벽 높이 2m 정도, 놀이할 때 성에 먼저 올라가는 사람이 이겼음.

(2) 현지 농민 姜崇國의 회상
○ 1947년 이곳(良民)에서 태어났고, 수몰될 때 17살이었음.
○ 성의 북면은 良民소학교에서 시작해 남면은 良民圍子角까지 이르렀음. 남북 길이는 약 500m, 동서는 도로 세 곳에 걸쳐 있는데 약 300여m.
○ 강변에 붙어 있는 성벽(동벽)은 납작한 사각형 성돌로 쌓았고, 계단이 있어서 올라갈 수 있었고, 2m 정도 높이였음.
○ 다른 면은 흙으로 되어 있었고 흙이 딱딱해 농사를

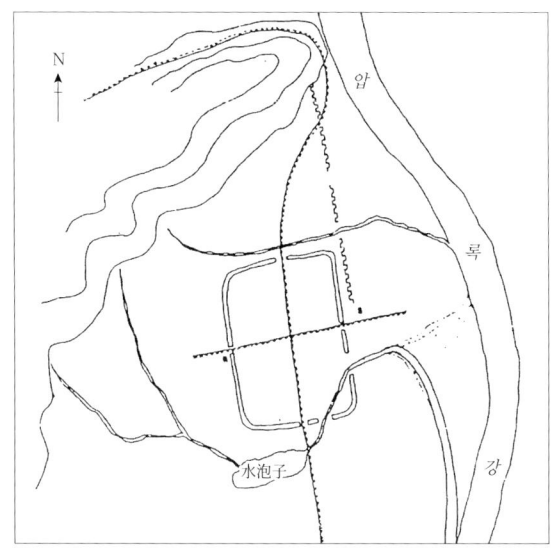

그림 4 양민고성 평면도(『東北史地』 2004-4, 10쪽)

지어도 자라지 않았고, 너비는 3m 정도였음. 벽 중간에는 갈라진 틈이 있었음.

(3) 75세 王恒英 노인의 회상
○ 秋皮溝에서 태어나 9살에 良民으로 이사 옴.
○ 석벽은 良民 北碴子頭에서 시작해 학교의 흙 두둑 아래까지 직선으로 뻗어 있었고, 중간에 트인 입구가 3곳 있었음.
○ 학교 쪽의 트인 입구는 南門外라고 불렀는데, 학교 우물에 가서 물을 길어 이 트인 입구로 길을 건넜음.
○ 北碴子頭 가까이에도 트인 입구가 있었는데, 秋皮 부모님 집에 돌아올 때 항상 이 길로 갔으며 일찍이 東門으로 불렀음.
○ 劉天順(좌담회 당시에는 작고)이 집을 지을 때 성벽의 돌을 날라다 지었음. 적지 않은 사람들이 집을 지을 때 성벽 위에 지었음. 뭇承緒 집 앞에도 트인 입구가 있었고, 北碴子頭에서 학교의 석벽까지의 거리는 약 2里(약 700~800m)였음. 일본 군대가 왔을 때 남문과 동문을 모두 부수었음. 학교에서 남쪽으로는 토벽인데, 圍子角까지는 직선이고, 土墻角(토벽 모퉁이)은 타원임.

○ 남쪽 圍子角 밖에는 辛起祥, 王風祥, 王發祥, 王金純 등의 집이 있었고, 그곳에는 연자방아(大石碾盤)가 있어서 옥수수나 조 등의 곡물을 빻았음.

(4) 孫志强의 회상
○ 고성 가운데 강 가까이 있는 성벽(동벽)은 돌로 축조했는데, 당시 높이는 2m 정도였고, 北砬子頭에서 시작해 姜씨네 가게까지 곧장 이어졌음. 길이는 500m 이상으로 본인의 집 문 앞에서 학교에 이르는 석벽은 약간 낮았고, 이 석벽의 중간에 도랑(溝)이 두 곳 있었음. 도랑(水冲溝) 두 개 가운데 하나는 약 20m에 가깝고, 모두 40m 정도로 석벽이 없었음. 良民에는 많은 집들이 석벽 위에 건축되었음. 서, 남, 북 등 3면은 모두 흙으로 쌓은 성벽이며, 높지 않고 너비 3m 정도로 모두 땅이 단단히 다져져 있었음.

(5) 呂茂德의 회상
○ 당시 성벽(城墻)이라 불렀지만, 圍子墻이라고도 불렀음. 北砬子頭의 石頭墻에서 들어온 후에 남쪽으로 가면 먼저 도랑 하나가 있음. 이 도랑은 동서로 나 있고, 도랑의 남면이 바로 圍子墻으로 토벽임. 이 토벽은 동에서 서로 이어져 길이가 300여m에 이르는데(북벽), 다시 남면으로 돌아 良民 2隊의 飼養所에까지 이르렀음(서벽). 여기에서 다시 동쪽으로 돌아가는데(서남 모서리), 전체적으로 거의 장방형이었음.

(6) 吳喜貴의 회상
○ 많은 집들이 토벽 위에 지어졌고, 남쪽 圍子角의 바깥(남측)에는 웅덩이(水泡子)가 있었음. 서남의 油坊溝와 老厲家小溝에서 흘러나온 물이 웅덩이로 들어 갔음. 또 남쪽 圍子角 북면을 통과해 압록강으로 유입되었음.
○ 서벽의 중간에 트인 입구가 있고 성 밖에 우물이 있어 이 트인 입구를 지나 우물에 물을 길으러 갔음. 서벽에도 문이 있었고, 남벽 밖에는 큰 두둑(大坎子)이 있었음.

(7) 王金純의 회상
○ 良民의 석벽과 토벽을 당시 古墻(고벽)이라 불렀는데, 일본인이 주둔하기 전부터 있었음.
○ 일본인이 왔을 때 성벽에 나무 말뚝을 박고 말뚝에 철로 된 가시를 둘렀음. 이후에 孫洪壽, 朱元慶, 宋單華, 老郭 등 많은 사람들의 집이 벽 위에 지어졌음. 그리고 남쪽으로 楊家店, 金家店, 德興堂 등이 있었고, 벽 바깥에는 대장간(鐵匠爐)이 있었음.
○ 서쪽 면의 큰 두둑(大坎子) 부근 산기슭에는 진흙구덩이(黃泥坑)가 있었고, 서벽 바깥쪽에는 지세가 비교적 낮고 논이 있었음.

4. 성벽과 성곽시설

1) 성벽

(1) 주성곽의 규모
○ 2004년 좌담회 : 전체적으로 長方形으로 남북 길이 350~400m, 동서 너비 300m였던 것으로 회고함.
○ 2006년 5월 2일 조사 : 운봉댐 방류로 성곽이 노출되었는데, 서벽은 180m, 북벽은 220m가 노출되었다고 함. 특히 북벽은 거의 전구간이 노출되었으므로 이를 통해 전체 성곽의 규모를 비교적 정확히 파악할 수 있음.

(2) 주성곽의 축조방식
○ 2004년 좌담회 : 모든 참석자들이 토축 성벽이었다고 회고함. 성벽의 크기는 높이 3m, 너비 3m 정도였다고 회고함.
○ 2006년 5월 조사 : 양측 외벽을 석재로 축조한 다음

내부를 흙과 돌로 메운 토석혼축 성벽임이 밝혀짐. 조사 당시 성벽 위에는 뻘흙이 1m 높이로 퇴적되어 있었는데, 실제 성벽은 殘高 1.5m, 너비 4m 전후였다고 함.

(3) 보조성벽의 규모와 축조방식
○ 길이는 약 550~600m, 殘高 약 2m였다고 회고함.
○ 주성곽 북측에 남북방향으로 석벽을 구축했다고 회고함.
○ 북쪽인 秋皮溝 방향에서 침입하는 적군을 방어하기 위해 축조했을 것으로 추정하기도 함(張福有).

2) 성곽시설

(1) 성문
○ 2004년 좌담회 : 주성곽 사방에 성문이 있었을 것으로 추정. 특히 일본군이 진주한 다음 남문과 동문을 파괴했다고 함.
○ 2006년 5월 조사 : 서벽의 남측 부분에서 너비 6m 정도의 성문이 노출되었지만, 북벽에서는 성문을 발견하지 못함.

(2) 해자
○ 2004년 좌담회 : 남벽과 북벽 바깥에 해자가 있었다고 회고함. 북벽 해자의 깊이는 약 3m 정도였다고 함. 또 서쪽에는 西山老勵小溝와 油坊溝에서 내려오는 계곡물로 채워진 도랑이 있었다고 함.
○ 2006년 5월 : 성벽 바깥의 해자는 너비 4m, 깊이 1m 정도였음.

5. 역사적 성격

1) 지정학적 위치와 주변의 유적 현황
良民古城은 고구려 두 번째 도성인 國內城이 위치했던 集安市 소재지에서 동북쪽으로 약 45km 떨어진 압록강 중류 右岸의 충적대지에 위치함. 良民古城이 위치한 良民甸子 일대의 충적대지는 남북 길이 4km, 동서 너비 3km로서 집안시 동북쪽에서는 가장 넓은 평원이라고 함. 이러한 점에서 良民古城이 위치한 良民甸子 일대는 國內城이 위치했던 집안시 소재지와 압록강 상류 일대를 연결하는 압록강 수로망의 전략적 요충지라 할 수 있음.

良民古城 주변에는 고구려 고분군이 많이 분포함. 고성 남쪽의 충적대지 중간 지점에는 약 200기로 이루어진 良民古墳群이 분포해 있었음. 고구려 초기의 적석묘와 함께 중후기의 봉토석실분이 병존하는데, 운봉댐 수몰선인 해발 299~310m 부근에서 수몰되지 않은 적석묘 13기를 확인할 수 있다고 함.

운봉댐 수몰지구에는 양민고분군뿐 아니라 大荒溝, 大青溝, 雙安, 秋皮, 石湖, 樺皮, 下套 등에 고구려 고분이 널리 분포해 있으며, 맞은편의 북한지역에도 압록강 左岸과 압록강 지류인 자성강 연안에 고구려 고분군이 아주 조밀하게 분포되어 있음.

2006년 5월 댐을 방류했을 때 운봉댐 수몰지구 일대를 조사하여 2,000여 기 이상의 고구려 고분을 조사했다고 함. 또 양민고성 주성곽 내부와 그 북측에서도 10여 기의 적석묘를 확인했다고 함. 그 가운데 성곽 내부에 분포한 1호분은 정방형의 계단적석묘로 한 변의 길이 8m, 높이 2m이며, 당시 2층으로 축조한 양상을 확인할 수 있었다고 함.

2) 고성의 기능과 성격
古城이 확인된 이후 漢代 평지성 또는 3세기 중후반의 고구려 平壤城이나 東北 新城으로 파악하는 견해가 제기됨. 이 가운데 漢代 평지성설은 명확한 논거를 제기했다기보다는 막연한 정황에 의한 것임.

2006년 운봉댐의 방류로 성곽이 드러났을 때 성곽 내외를 조사한 다음 성곽 내부의 계단적석묘를 4세기 전후로 편년한 다음, 성곽은 그 보다 앞선 시기에 축조했을 것으로 파악함. 그런 다음 성곽의 구조와 축조방식이 고구려뿐 아니라 발해, 요, 금 시기의 성곽과 다르다면서 漢代에 축조한 평지성일 것으로 파악함(新華通信).

한편 고구려는 曹魏 毌丘儉의 침공으로 丸都城이 파괴되자 247년에 平壤城을 축조하여 백성과 廟社를 옮겼고,(『삼국사기』 고구려본기 5 동천왕 21년조), 3세기 중후반에 東北 新城을 축조하여 서천왕이 순행하거나 봉상왕이 慕容廆의 침공을 피해 이곳으로 피신하려 함(『삼국사기』 고구려본기 5 서천왕 7년조, 19년조 및 봉상왕 2년조). 또 334년에는 평양성을 증축한 다음, 342년 전연 모용황에게 환도성이 함락되자 이듬해에 平壤 東黃城으로 이거함((『삼국사기』 고구려본기 6 고국원왕 4년조, 13년조).

이에 良民古城이 國內城이 있었던 集安市 소재지에서 동북방에 위치했고, 압록강 중상류 일대에서 가장 넓은 충적대지가 펼쳐져 있고, 역사적으로 계속 大鎭이 설치되었으며, 초기 이래 거의 모든 형식의 고구려 고분이 분포했다는 사실 등을 근거로 3세기 중후반의 平壤城 및 東北 新城으로 비정함. 특히 주성곽 북측에 위치한 보조 성곽은 334년에 증축했다는 평양성으로 파악함. 양민 일대가 247년 이래 약 1세기간 고구려 제2수도의 역할을 수행했는데, 양민고성이 바로 그 성곽이라는 것임(吉林省長白文化硏究會·集安市博物館, 2004, 8쪽 ; 張福有, 2004, 11~17쪽).

특히 丸都山城(집안 산성자산성)에서 良民古城에 이르는 교통로를 통해 양민고성이 3~4세기의 平壤城이자 동북 신성이라는 견해를 방증하기도 함. 丸都山城 아래의 大川에서 陽岔, 羅家營, 大靑溝를 지나 雙安에 이르는 길은 고구려 北道의 첫 부분인데, 雙安에서 북쪽으로 약 20km쯤 가면 通化 石湖關隘에 이르며, 雙安에서 동쪽으로 秋皮를 지나 10여km 가면 良民古城에 도착한다고 함. 양민고성과 국내성지역을 통행하는 루트를 따라가면 고구려 고분이 많고, 관애시설도 구비되어 있다는 것임.

특히 大川 - 雙安 부근을 모용외 침입시에 新城宰 高奴子가 신성으로 피신하던 봉상왕을 영접했다는 鵠林으로 추정하기도 함. 이 일대의 통구하 남쪽 연안에는 자연 지형을 이용해 축조한 관애와 거주지가 결합된 고구려 유적지가 있는데, 관애는 길이 560m, 너비 7m, 높이 1.2~1.8m의 토석혼축성벽이며, 남북방향으로 뻗어 있다고 함. 이곳은 通集 철로의 黃栢역에서 남으로 50m 거리로 동서 양측은 高山이며 성벽 서쪽에는 통구하를 따라 약 1500m²의 高臺를 축조해 놓았다고 함. 평대 주위에는 한 변의 길이 5m 전후, 높이 1m 정도의 고구려 積石石壙墓 7기가 있는데, 이 일대가 高奴子가 烽上王을 영접했던 '鵠林'으로 비정된다는 것임(張福有, 2004, 16~17쪽).

그렇지만 漢은 기원전 75년경에 압록강 중상류 일대에서 지금의 蘇子河 방면으로 퇴축당했을 뿐 아니라 당시 漢이 축조했던 성곽은 모두 토성이었음. 또 3세기 중후반의 문헌사료에 등장하는 고구려의 東北 新城은 동해안에 위치했던 것으로 파악됨. 따라서 양민고성은 토석혼축 및 석축 성벽이고, 압록강 중류 연안에 위치했다는 점에서 漢代 平地城이나 東北 新城으로 파악하기는 힘들다고 생각됨. 다만 427년 평양 천도 이전에 존재했다는 3~4세기의 평양성일 가능성은 전혀 없지 않은데, 이에 대해서는 추후 면밀하게 검토할 필요가 있음.[1]

한편 良民甸子지역은 압록강 중상류 연안에서 집안분지 다음으로 넓은 충적대지가 펼쳐져 있을 뿐 아니라, 주변에는 고구려시기의 고분이 집중적으로 펼쳐

---

[1] 임기환, 2014, 252~253쪽에서도 양민고성이 성곽의 규모나 주변 고분군의 분포양상, 국내성과의 거리 등이 임시 도성으로서 가장 적절한 조건을 충족시킨다면서 247년 동천왕이 임시로 옮긴 평양성의 후보지일 가능성이 높다고 파악함.

져 있음. 또 압록강 중상류 연안에는 長川古城을 비롯하여 樺皮甸子古城, 夾皮溝古城, 東馬鹿村古城 등이 압록강 수로상의 요충지에 분포되어 있는데, 良民古城과 마찬가지로 모두 상하 2단으로 이루어진 강변 충적대지 중 1~2단 사이의 2단 충적대지 가장자리에 자리잡고 있음.

이로 보아 良民古城도 압록강 수로의 교통요지를 공제하던 수운 역참의 기능을 수행했다고 추정됨. 다만 압록강 중상류 연안의 고구려 고성이 대체로 둘레 300~400m로 소형인데, 양민고성은 1km 전후의 중형 성곽이라는 점에서 수운 역참의 기능뿐 아니라 지방 지배, 나아가 왕족이나 귀족세력의 근거지 역할도 수행했을 가능성이 있음. 양민고성 주변에 고구려 고분이 밀집한 상황은 이러한 가능성을 시사한다고 생각됨(여호규, 2008, 146쪽).

참고문헌

- 李殿福, 1980, 「集安高句麗墓研究」, 『考古學報』 1980-2.
- 方起東, 1985, 「高句麗積石墓的演進」, 『博物館研究』 1985-2.
- 杜宇 編著, 1999, 「老四區及良民甸子」, 『集安風景名勝史話』通化師範學院照排印刷中心.
- 吉林省長白文化研究會·集安市博物館, 2004, 「集安良民高句麗遺跡調査」, 『東北史地』 2004-4.
- 張福有, 2004, 「高句麗第一個平壤城在集安良民卽國之東北大鎭-新城」, 『東北史地』 2004-4.
- 新華通信, 2006년 5월 9일자 보도, '吉林省一座汉代古城浮出水面'(http://www.jl.xinhuanet.com).
- 여호규, 2008, 「압록강 중상류 연안의 고구려 성곽과 동해로」, 『역사문화연구』 29.
- 임기환, 2014, 「광개토왕비의 건립과정 및 비문 구성에 대한 재검토」, 『한국고대사 연구의 자료와 해석』(노태돈교수 정년기념논총 2), 사계절.

3
기타 유적

01 집안 지구유적
集安 地溝遺蹟

1. 조사현황

1) 1976년 9월 30일
○ 쇠보습날 등 다수의 유물 출토(『中國文物地圖集 – 吉林分冊』)

2) 1983년 봄
○ 시행기관 : 集安縣 文物普查隊.
○ 조사내용 : 地溝 대지 북부의 자연 단면에서 고구려 시기 유물이 다수 분포된 유적층을 조사함.
○ 발표 : 『集安縣文物志』의 '地溝유적'.

2. 위치와 자연환경(그림 1 ~ 그림 2)

1) 지리위치
○ 集安縣城(吉林省 集安市)에서 압록강을 따라 약 50km 내려가면 楡林鄕 地溝村 일대에 이름.
○ 地溝村의 충적대지 곳곳에서 유물이 출토된 바 있으며, 1983년에는 충적대지 북부의 자연 단면에서 유적층 확인.

2) 자연환경
○ 地溝村 일대는 鴨綠江 右岸의 넓은 충적 대지로, 대지 범위는 동서 길이가 약 4km에 이를 정도로 광대

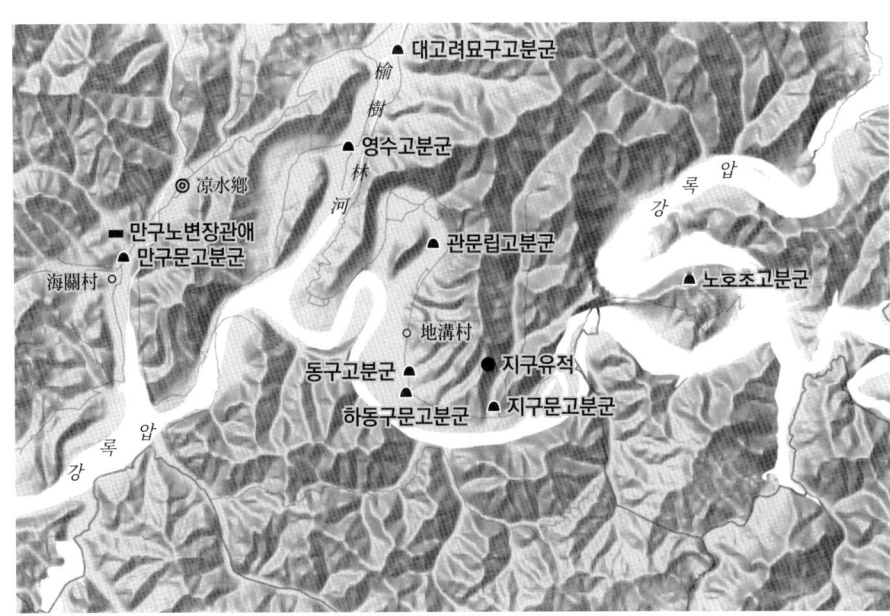

그림 1 지구유적 위치도

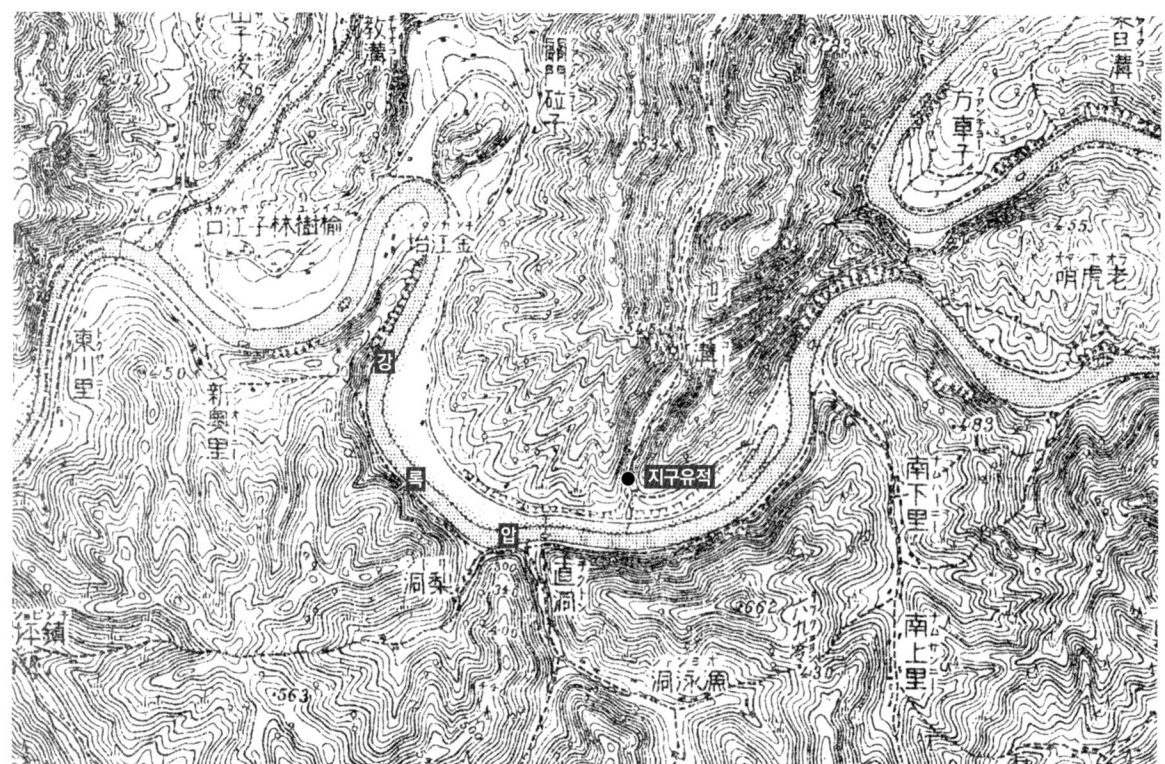

그림 2 지구유적 주변 지형도(滿洲國 10만분의 1 지형도)

한데, 남북 너비는 0.3~1.5km로 일정하지 않음. 충적대지의 북쪽은 楡林嶺에 가까이 있고, 남쪽은 압록강에 잇닿아 있으며, 강 수면보다 5~15m 정도 높음. 地溝村은 여러 자연 촌락으로 이루어져 있는데, 이 대지 위에 산재해 있음.

3. 유적의 전체현황

○ 유적의 면적은 5,000m²에 이름.
○ 두께 20cm 정도의 황갈색 경작층 아래에 두께 50cm 정도의 회갈색 유물 포함층이 있으며, 그 아래는 풍화된 모래가 섞인 황토로 이루어진 생토층임. 회갈색 문화층에서 고구려시기 토기편, 숯덩이, 불에 탄 나무토막을 비롯하여 청동제솥 2건, 쇠보습날 1건, 쇠낫 5건, 唐·宋代의 동전 등이 출토됨.

4. 출토유물

1) 토기편

○ 외반구연호(侈口展沿陶壺) 구연부편.

2) 보습날

○ 제조방법 : 鐵製 鑄造品.
○ 형태 : 단면이 'V'자형으로 정면 중앙이 융기되어 등을 이룸.
○ 크기 : 양변의 길이 19.2cm 날의 너비 5.4cm.
○ 연대 : 陝西省 隴縣 및 洛陽 燒溝 漢代 고분에서 출토된 漢代 보습날과 동일하다고 함.
○ 소장처 : 集安市博物館.

3) 철제낫

○ 수량 : 5건.

○ 연대 : 洛陽 燒溝 漢代 고분 및 遼陽 三道壕 유적에서 출토된 漢代의 쇠낫과 동일하다고 함.

4) 청동제솥(銅釜)
○ 수량 : 2건.
○ 연대 : 洛陽 燒溝 漢代 고분 출토품과 동일하다고 함.

5. 역사적 성격

유적이 위치한 地溝村 주변의 충적대지에는 고구려 고분군이 대량으로 분포함. 1962년 조사 때 약 100여 기, 1983년 재조사 때 30여 기가 남아 있었는데, 대부분 방단적석묘와 봉토통실묘임. 그러므로 지구유적은 이러한 고분군에 묻힌 피장자와 연관될 가능성이 높음.

지구유적에서 출토된 'V'지형 보습날은 洛陽 燒溝 漢墓에서 출토된 후한대의 보습날과 형태가 비슷함. 이 견해에 따를 경우 지구유적 유물 가운데 일부는 고구려 초기의 것일 가능성이 높음(『集安縣文物志』, 209쪽 ; 耿鐵華, 1989). 한편 地溝 대지에 분포한 고구려 고분군의 墓葬 形制는 대부분 방단적석묘와 봉토통실묘로 시대가 약간 늦음. 이에 근거한다면 지구유적의 시기는 고구려 중기 전후로 추정할 수 있음(『集安縣文物志』, 46~47쪽).

그런데 유적에서 채집된 漢代 유물은 대부분 중국대륙에서 고구려로 수입된 것으로 중국대륙에서 조금 늦게 수입되었거나 사용 시간이 비교적 길었을 가능성이 있음. 특히 주변지역이 상당히 평탄하며 토질이 비옥하고 수원이 넉넉한 점으로 보아 사람이 거주하기에 적합했을 것으로 추정되며, 보습날과 쇠낫 등 한대의 선진적인 농기구가 다수 출토되는 것은 이러한 자연지형과 밀접히 연관될 것으로 추정됨. 다만 보습날과 쇠낫 등이 後漢代에 중국대륙에서 직수입된 농기구라면 늦어도 3세기대에는 이 일대에서 이러한 농기구를 사용하여 농사를 지었으며, 이러한 점에서 유적 형성의 상한은 고구려 초기로 소급될 가능성도 충분히 있다고 판단됨.

참고문헌

- 吉林省文物志編委會, 1984, 『集安縣文物志』.
- 耿鐵華, 1989, 「集安高句麗農業考古槪述」, 『農業考古』 1989-1.
- 國家文物局 主編, 1992, 「集安市-地溝遺址」, 『中國文物地圖集-吉林分冊』, 文物出版社.

02 집안 채석장유적
集安 採石場遺蹟

1. 조사현황

1) 1980년 5~6월
○ 시행기관 : 集安縣 文物管理所.
○ 유적 발견 : 採石工들이 綠水橋 일대에서 산돌을 채석하다가 巨石上에서 일정하게 배열된 鑿痕을 발견하고, 고대인의 채석 흔적임을 확인함.
○ 조사내용 : 張雪岩·孫仁杰 등이 여러 차례 조사, 표본 채집.
○ 발표 : 『博物館硏究』 1992-1.

2) 1983년 4월
○ 시행기관 : 集安縣 文物普査隊.
○ 참가자 : 吉林省 文物考古硏究所의 李殿福 등.
○ 조사내용 : 유적의 전체현황 조사.
○ 발표 : 『集安縣文物志』의 "採石場遺址".
○ 결과 : 1983년 10월 19일에 集安縣 文物重點保護單位로 지정.

2. 위치와 자연환경(그림 1~그림 3)

1) 지리위치
○ 集安縣城(吉林省 集安市) 북쪽 23km 거리의 綠水橋 일대에 위치.
○ 綠水橋에서 북쪽 150m 거리의 集安-通化 도로

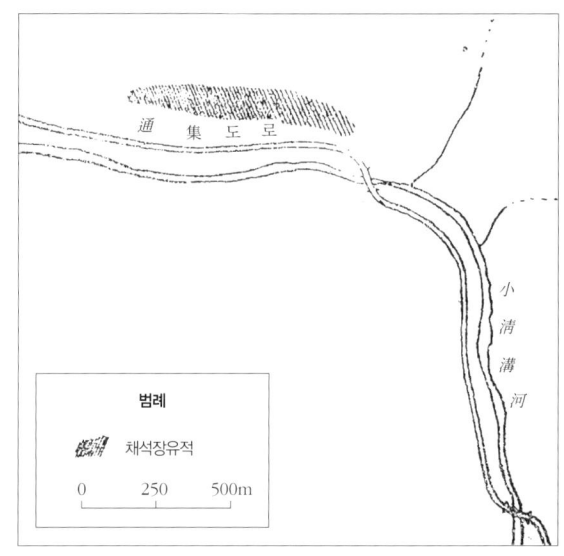

그림 1 채석장유적 위치도(『集安縣文物志』, 80쪽)

의 동북측 산기슭.
○ 採石場 앞의 小淸溝河와 通溝河를 통해 고구려 두 번째 수도인 國內城이 위치했던 통구분지 일대와 연결됨.

2) 자연환경
○ 綠水橋 일대는 산이 높고 숲이 울창하며, 거대한 바위가 우뚝 솟아있고, 샘물이 졸졸 흐르는 곳으로 경치가 매우 아름다움. 우뚝 솟은 高山은 해발고도가 무려 1,400여m에 이름.
○ 채석장은 산세를 따라 동서로 길게 뻗어 있는데 集安-通化간 도로가 채석장 앞을 지나가고, 도로 옆의

그림 2 채석장유적 위치도

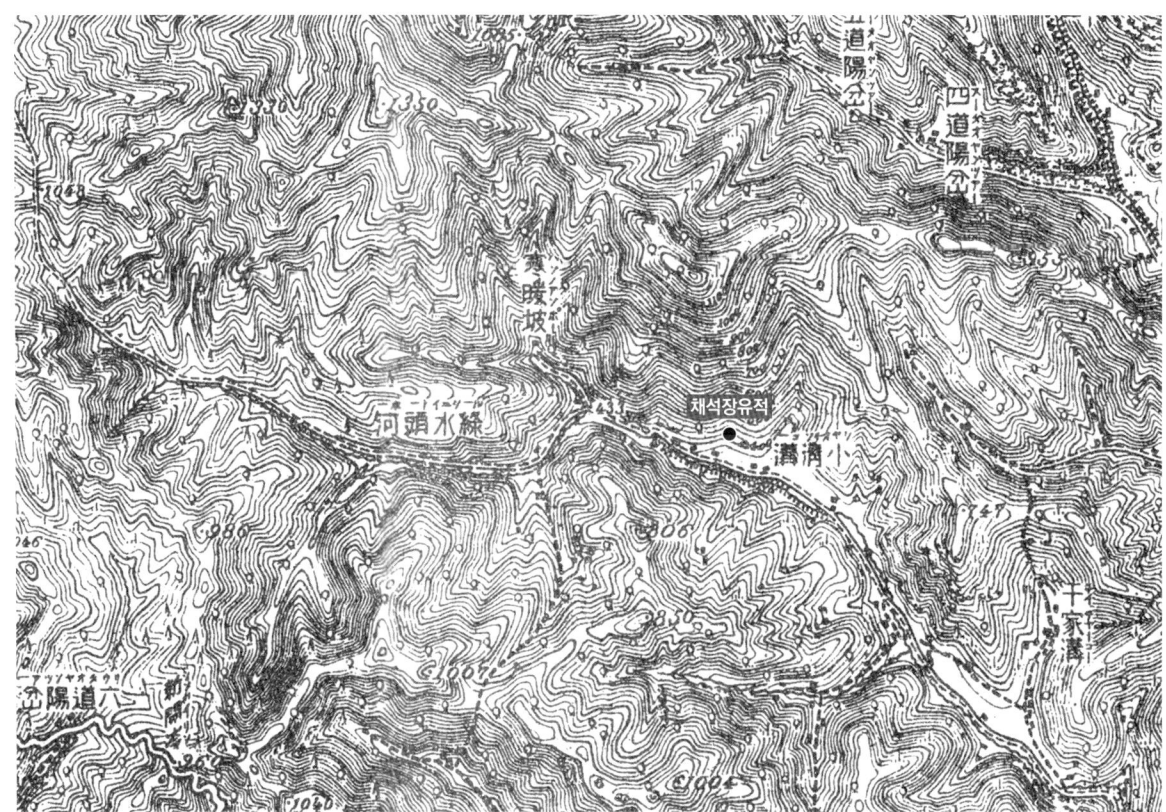

그림 3 채석장유적 주변 지형도(滿洲國 10만분의 1 지형도)

산기슭에 수많은 거석과 돌판이 널려 있음.
○ 集安 – 通化 도로 아래로는 小淸溝河라는 작은 하천이 흘러가는데 동남으로 흐르다가 通溝河와 합류하여 압록강으로 유입됨.

3. 유적의 전체현황

○ 채석장 범위 : 산기슭을 따라 동서로 길게 뻗어 있는데, 길이 1,000m, 너비 100m로 면적은 10만여m²에 이름.[1]
○ 채석장의 巖質은 晶洞花崗巖, 中一細粒花崗巖 등으로 암질이 단단하며 성형이 좋아 대형 건축석재를 조성하는데 적합하다고 함.
○ 採石場 內에는 거대한 돌들이 가득 널려 있는데, 대부분 古代시기에 採石한 다음 아직 가공하지 않았거나 운반하지 않은 石材들임.

4. 채석의 흔적

1) 남측 採石地區의 巨石
○ 위치 : 採石場 남측 採石地區의 산비탈.
○ 크기 : 높이 11m, 너비 9m, 두께 2~4m의 거대한 바위.
○ 鑿痕 모양 : 바위 표면에 '爪'자형의 네 갈래 착흔이 있음.
○ 가로 방향 착흔 : 길이 110cm에 10개의 정집이 있으며, 정집 사이의 거리는 일정하지 않음. 가장 큰 정집은 길이 11cm, 폭 6cm, 깊이 11.5cm. 가장 작은 정집은 길이 4cm, 폭 3cm, 깊이 1cm임.
○ 첫 번째 세로 방향 鑿痕 : 길이 310cm에 13개의 정집이 있음.
○ 두 번째 세로 방향 鑿痕 : 첫 번째 갈래 鑿痕의 우측 95cm 되는 지점, 2개의 정집만 있음.
○ 세 번째 세로 방향 鑿痕 : 두 번째 갈래 鑿痕의 우측 135cm 되는 지점, 길이 100cm 안에 6개의 정집이 있음.
○ 착흔의 배열 : 세로 방향의 鑿痕은 서로 평행을 이루지 않아 아랫부분으로 갈수록 사이가 벌어짐. 정집 사이의 거리는 일정하지 않음. 착흔의 배열을 어떤 표시의 일종으로 파악하기도 함(張雪岩, 1992, 70~71쪽).
○ 정집 크기 : 정집의 크기는 일정하지 않은데, 최대 정집은 길이 20cm, 너비 13cm, 깊이 12cm. 최소 정집은 길이 4cm, 너비 3cm, 깊이 2cm.
○ 정집 상태 : 오랜 세월 풍화로 인해 본래 각도 상실. 대부분 타원형을 띰.

2) 도로 주변의 채석 사례
○ 위치 : 도로에서 5m 정도 떨어진 산기슭.
○ 현황 : 10여 개의 대석괴가 불규칙하게 배열되어 있음.
○ 착흔 상태 : 석괴마다 윗면에 2~5개의 정집이 남아 있음. 정집의 각이 명확하게 남아 있는 것으로 보아 현대의 채석공이 채석한 것으로 추정됨.

3) 巨石 서북측 산기슭의 채석 사례
○ 거석 서북측의 산기슭 약 100m 지점에 채석된 돌들이 교차하여 쌓여 있는데, 아래 돌 5개는 아직 가공을 거치지 않았고 위의 큰 돌들은 이미 반이 잘렸으며 잘린 돌들은 층층이 쌓여 있음. 윗부분에 정집이 남아 있는데 정집 크기는 보통 길이 6~7cm, 너비 2~3cm, 깊이 4~5cm로 일정하지 않음. 이 가운데 산기슭에 의해 반 정도가 허공에 뜬 석재가 있는데, 길이 6m, 너비 1.7m, 두께 0.8m로 정집이 남아 있다고 함.[2]

---

1 『集安縣文物志』, 49쪽. 張雪岩, 1992, 70쪽에서는 채석장의 산세는 남북 길이 1250여m이고, 산정상 절벽에서 도로에 이르는 산기슭의 너비는 약 1000여m라고 함.

2 張雪岩, 1992, 71쪽에 따르면 이 돌은 도로에서 약 10m 떨어진 지점에 위치했는데, 채석장 표지판 북쪽 약 30m 지점에 해당함.

○ 이곳에서 북쪽으로 멀지 않은 곳에 大石이 있는데 상부를 깎아서 다듬었음. 길이 700cm, 너비 375cm, 두께 190cm. 윗면에서 90cm 지점에 9개의 정집으로 구성된 한 줄의 착흔이 있는데, 착흔의 길이는 230cm 너비 4cm.

○ 이 돌 아래쪽의 도로변에 길이 330cm, 너비 250cm, 두께 105cm인 석재가 있는데, 길이 150cm 지점에 현대 채석공이 깨트린 흔적이 있음.

○ 그 밖에도 길이 300cm, 너비 130cm, 두께 45cm 인 대석판. 너비 120cm, 두께 25cm의 판상석재 등 채석된 것과 반 가공된 석재가 흩어져 있음.

○ 이 돌무더기 상부 약 6m 거리에 정으로 쪼갠 후 남은 석재가 있는데, 석재의 상부와 남부는 모두 정으로 쪼개졌으며 석재의 높이 2m, 윗 너비 0.8m, 길이 2.4m로 가공되지 않은 상태임(張雪岩, 1992, 70쪽).

○ 이 부근에 높이 약 5m, 상부 너비 1.2m의 삼각뿔(三棱椎)모양의 거석이 우뚝 솟아있음. 채석된 후 폐기된 護墳石으로 추정됨(張雪岩, 1992, 70~71쪽).

○ 채석장 표지판 위쪽 약 60m 위치에 길이 3.3m, 너비 1.5m, 두께 0.6m의 가공된 돌과 그 밖의 돌들이 교차되어 쌓여 있음. 돌의 크기는 길이 3.2~3.9m, 너비 1.2~1.5m, 두께 0.4~0.6m로 일정하지 않음.

5. 역사적 성격

採石場 유적은 고구려시기에 조성된 것으로 파악되며, 특히 왕족이나 귀족들이 사용하던 것으로 보임. 고구려 두 번째 도성이었던 국내성 일대의 宮室·무덤 및 기타 건축물을 조영하는 데 필요한 石材를 이곳에서 채석했다고 추정됨. 다만 集安지역 곳곳에도 좋은 석재가 많이 분포되어 있기 때문에 고대 채석장이 다른 곳에도 있었을 가능성이 있음.

採石場의 石質은 晶洞花崗巖, 中一細粒花崗巖으로 견고하여 가공했을 때의 모양이 좋아 대형 石造 건축물을 조영하는 데 적합하다고 함. 그리고 이 石材는 高句麗 왕릉으로 추정되는 장군총에 사용된 石材와 동일하다고 함. 통구고분군의 벽화고분 석실에 사용된 석재의 재질과도 동일하다고 함.

채석장은 통화-집안 도로의 동측에 위치하며, 이곳은 교통이 비교적 편리함. 봄, 여름, 가을에 석재를 채석한 다음, 겨울에 얼음이 얼면 빙판길에 굴림대를 이용하여 都城과 그 근교까지 운반했을 것으로 추정됨.

석재 운송 노선은 대체로 두 개로 추정됨. 책석장에서 통구하를 따라 압록강에 이르러 두 길로 갈라짐. 하나는 압록강 하류를 따라 麻線溝의 千秋墓 등으로 운송하는 길임. 다른 하나는 압록강 상류를 거슬러 동으로 올라가 太王陵과 將軍塚 등으로 운송하는 길임. 당시 압록강의 수면은 현재보다 넓고, 태왕릉과 장군총 남측에는 원래 압록강 지류가 있었는데, 여름의 홍수기에는 지류가 합쳐져 강물이 무덤 비탈 아래에까지 이름. 강의 수면에서 태왕릉과 장군총 일대까지의 지세가 완만하여 운송하기에 좋은 조건임(『集安縣文物志』, 49~51쪽 ; 張雪岩, 1992, 70~72쪽).

참고문헌

- 吉林省文物志編委會, 1984, 『集安縣文物志』.
- 吉林省考古研究室·集安縣博物館, 1984, 「集安高句麗考古的新收穫」, 『文物』 1984-1.
- 吉林省文物考古研究所, 1990, 「吉林省近十年考古工作的主要收穫」, 『博物館研究』 1990-1.
- 張雪岩, 1992, 「集安高句麗時期的採石場」, 『博物館研究』 1992-1.
- 國家文物局 主編, 1992, 「集安市-綠水橋古代採石場遺址」, 『中國文物地圖集-吉林分冊』, 文物出版社.
- 李殿福, 1992, 「高句麗考古的回顧與展望」, 『遼海文物學刊』 1992-2.
- 李殿福(차용걸·김인경 역), 1994, 『중국내의 고구려 유적』, 학연문화사.

03 집안 국동대혈유적
集安 國東大穴遺蹟

1. 조사현황

1) 1983년 봄
○ 集安縣 文物管理所의 張忠國이 集安 동부 산간지역에 寫生을 하러 갔다가 돌아오는 길에 우연히 무너진 지 오래된 '神燧' 유적을 발견.

2) 1983년 5월
○ 시행기관 : 集安縣 文物普査隊.
○ 조사내용 : 유적의 전체현황 조사.
○ 발표 : 『集安縣文物志』의 "國東大穴".
○ 결과 : 1983년 10월 19일에 集安縣 重點文物保護單位로 지정.

3) 1983년 여름
○ 시행기관 : 학자 개인의 조사.
○ 참가자 : 吉林省 文物考古硏究所의 李殿福, 集安縣 文物管理所의 林至德 등.
○ 조사내용 : 유적의 전체현황 조사.
○ 발표 : 『중국 내의 고구려 유적』의 "國東大穴유적지".

2. 위치와 자연환경(그림 1~그림 2)

1) 지리위치
○ 吉林省 集安市 太王鄕 上解放村(일명 上羊魚頭)의 汞洞子溝 골짜기에 위치함.
○ 고구려 두 번째 도성이었던 國內城에서 동쪽으로 17km 거리에 위치.

2) 자연환경
○ 汞洞子溝 동남쪽에서는 동·서 두 갈래의 계곡이 鴨綠江을 향하여 흘러 들어감. 이 계곡의 양측에는 여러 산봉우리가 솟아 기이한 봉우리가 돌출해 있고, 어떤 바위는 천연 石佛과 같이 머리를 숙이고 서 있음.
○ 계곡 안쪽으로 100여m 더 들어가면 두 갈래의 계곡이 만나는 곳에 가파르게 우뚝 솟은 두 개의 高峰이 있는데 큰 굴(大穴)은 이곳 산등성이의 중턱에 위치해 있음.
○ 유적에서 汞洞子溝 골짜기를 따라 남쪽으로 약 400m 정도 내려오면 압록강에 다다르는데, 압록강의 流速이 이 일대부터 아주 완만해져 고구려 두 번째 도성이었던 國內城 일대까지 유유히 흘러나감.

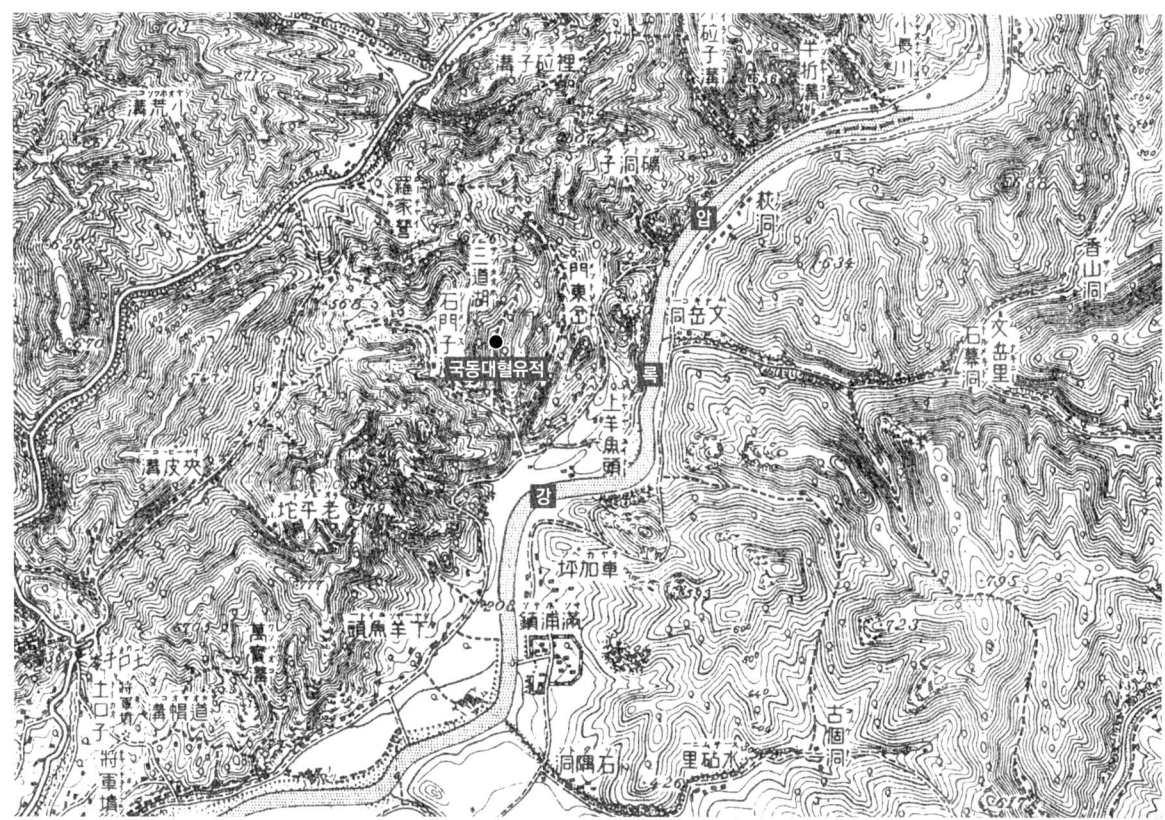

그림 1 국동대혈유적 주변 지형도(滿洲國 10만분의 1 지형도)

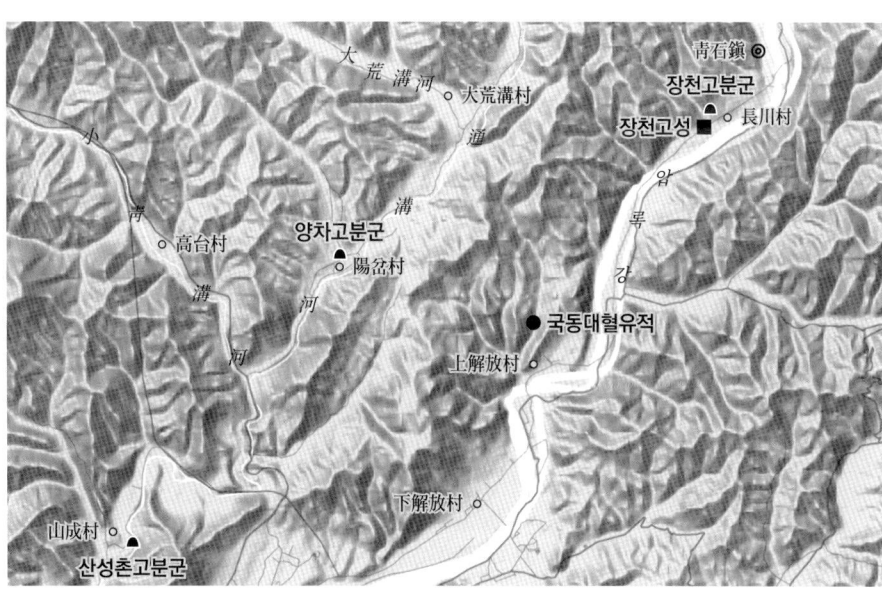

그림 2 국동대혈유적 위치도

3. 유적의 전체현황

1) 大岩洞
○ 두 갈래의 골짜기가 만나는 곳에서 오솔길을 따라 서북쪽으로 가다가 동남으로 돌면 높다랗고 비교적 넓은 동굴을 만나게 됨.
○ 동굴의 규모는 높이 10m, 너비 25m, 길이 20m임.
○ 동굴의 입구는 동남 방향이고, 이곳에서 압록강을 바라볼 수 있음.
○ 동굴의 입구 앞에는 약 600m²의 平臺가 있는데, 100여 명이 앉을 수 있다고 함. 平臺 아래는 낭떠러지임. 이곳에 서면 압록강을 오가는 배를 바라볼 수 있음.

2) 通天洞
○ 大岩洞에서 서측으로 산길을 돌면 위쪽 약 100m 되는 곳에 또 하나의 용암 동굴이 나오는데, 현지 주민들은 '通天洞'이라고 부름.
○ 동굴의 입구 방향은 南偏西 36°이며. 동북쪽에 이 굴과 통하는 입구가 또 하나 있음.
○ 동굴은 양쪽이 모두 뚫려 있는데, 길이 16m, 폭 20m, 높이 6m로 약 100여 명을 수용할 수 있었을 것으로 추정됨. 굴의 바닥은 평탄하고 천정은 아치형을 이룸. 동굴 앞에는 300m²의 평평한 대지가 있음.
○ 동굴 안의 동남쪽에 한 변의 길이 약 2m인 天然 石臺가 있음. 고구려시기에 매년 10월 東盟祭를 거행할 때 모셨던 隧神(襚神, 穟神)의 隧(木襚, 木穟)를 설치했던 神座로 추정하기도 함.

4. 역사적 성격

『三國志』卷30 東夷傳 高句麗傳에 따르면 "도성의 동쪽에 큰 동굴이 있는데 隧穴이라 부르며, 매년 10월에 도성에서 큰 모임을 개최할 때 (그 동굴에서) 隧神을 맞이하여 도성 동쪽으로 돌아와 제의를 거행하는데 神座에 (그 神像인) 木隧를 안치했다(其國東有大穴, 名隧穴, 十月國中大會, 迎隧神還于國東上祭之, 置木隧于神坐)"고 함.

이와 동일한 기록이 『後漢書』東夷傳 高句麗傳이나 『舊唐書』東夷傳 高句麗傳 등에도 다수 전함. 특히 『翰苑』에 인용된 「魏略」에는 동굴에서 穟神의 神像을 맞이한 다음 '도성 동쪽 강가로 되돌아와 제의를 거행한다'고 나옴. 이로 보아 고구려인들은 매년 10월 東盟이라는 제천행사를 거행하며 도성 동쪽의 동굴에 모셔 두었던 수신의 신상을 모셔다가 국내성 동쪽의 압록강가에서 제의를 진행한 것으로 추정됨(『集安縣文物志』62~63쪽 ; 李殿福 1994, 95~96쪽).

현재 압록강의 流速은 이 동굴보다 상류 방면에서는 상당히 빠른 속도로 흐르다가 동굴 부근을 지나면서 완만해져 國內城이 위치한 통구분지를 돌며 유유히 흘러나감. 따라서 大岩洞이나 通天洞은 실제 고구려시기에 隧神(襚神, 穟神)을 맞이하던 國東大穴유적일 가능성이 높다고 생각됨.

참고문헌
- 吉林省文物志編委會, 1984, 『集安縣文物志』.
- 國家文物局 主編, 1992, 「集安市-"國東大穴"遺址」, 『中國文物地圖集-吉林分冊』, 文物出版社.
- 李殿福, 1992, 「高句麗考古的回顧與展望」, 『遼海文物學刊』1992-2.
- 李殿福(차용걸·김인경 역), 1994, 『중국내의 고구려 유적』, 학연문화사.

4
유물

01 철제가래[1]
鐵犁鏵

1. 출토지

1976년 9월 30일 楡林鄕 地溝村 七寶溝 남쪽 산비탈 아래에서 출토.

2. 유물현황

1) 크기
매 변의 길이 19.2cm, 너비 5.4cm.

2) 형태
○ 주조품.
○ 생김새는 거꾸로 선 삼각형모양.
○ 단면은 'V'자형 구멍이며, 정면의 중앙은 脊을 형성.

3. 소장처

集安市博物館.

참고문헌
- 吉林省文物志編委會, 1983, 「第四章 出土文物」, 『集安縣文物志』.

---

[1] 철제가래는 집안에서 여러 점이 발견되었는데, 대체로 세 종류로 구분.

02	등자
	馬鐙

1. 출토지

1963년 板岔嶺 도로를 수리할 때 발견.

2. 유물현황

1) 크기
전체 높이 33cm, 너비 20cm.

2) 형태
○ 생김새는 납작한 원형에 가까움.
○ 밑부분은 오목하게 패인 납작한 호형.
○ 가장 넓은 부분의 너비는 2.4cm.
○ 오목하게 패인 부분은 널빤지를 끼워 넣기 위한 것으로 판단됨.
○ 상부에는 납작한 네모꼴의 철기둥을 세웠는데, 높이 11cm, 너비 2cm임.
○ 기둥의 위 끝에는 가로 방향의 네모꼴 구멍이 있는데 연결에 편리함.
○ 구멍의 끝부분에는 하나의 점차 뾰족해지는 철기둥을 세움.
○ 구멍의 길이는 1.5cm, 너비는 0.8cm.

3. 소장처

集安市博物館(수장번호 487).

참고문헌
• 吉林省文物志編委會, 1983, 「第四章 出土文物」, 『集安縣文物志』.

03 철제창
鐵矛

1. 출토지

1963년 10월, 板岔嶺 도로를 수리할 때 발견.

2. 유물현황

1) 크기
전체 길이 34cm, 날 길이 14cm, 날 너비 4.5cm.

2) 형태
○ 단조품. 몸체는 납작하고 편평함.
○ 단면은 마름모꼴.
○ 날의 아랫부분에는 원통모양의 구멍이 있는데, 구멍의 입구는 'V'형.
○ 몸체 부분과 구멍이 연결되는 부분에는 凹紋이 있음.

3. 소장처

集安市博物館(수장번호 488).

참고문헌
- 吉林省文物志編委會, 1983, 「第四章 出土文物」, 『集安縣文物志』.

04 철제칼
鐵刀

1. 출토지

1963년 10월 板岔嶺 도로를 수리할 때 출토.

2. 유물현황

1) 크기
길이 65cm, 너비 2.5cm.

2) 형태
○ 자루 부분이 날 부분에 비해 약간 좁고 등 부분이 곧음.
○ 날 부분 역시 곧은데 날의 끝이 약간 칼등 쪽으로 휘어 호형을 이루고 있음.

3. 소장처

集安市博物館.

참고문헌
- 吉林省文物志編委會, 1983, 「第四章 出土文物」, 『集安縣文物志』.

05　쇠스랑
四齒器

1. 출토지

1963년 9월 板岔嶺 도로를 수리할 때 발견.

2. 유물현황

1) 크기
전체 길이 33.3cm, 이빨 길이 18cm, 이빨 간격 4cm.

2) 형태
- 철을 불려서 만든 것이고 매 이빨의 단면은 네모꼴.
- 끝부분에는 안으로 향한 갈고리가 있음.
- 네 이빨은 갈고리와 마주하며 꼬리 부분에 모여 자루 형성.

3) 제작기법
두 가닥의 철조각으로 치고 매 가닥의 양 끝을 갈고리의 끝으로 만든 다음, 가운데에서 접어 네 이빨을 만들고, 뒷부분은 단단하게 고정함.

3. 소장처

集安市博物館(수장번호 469).

참고문헌
- 吉林省文物志編委會, 1983, 「第四章 出土文物」, 『集安縣文物志』.

06 철제칼
鐵刀

1. 출토지
미상.

2. 유물현황

1) 크기
긴 것 68cm, 짧은 것 32cm.

2) 형태
○ 자루 부분에 하나의 둥근고리가 있음.
○ 자루 부분이 날 부분에 비해 약간 좁고, 등 부분이 곧음.
○ 날 부분도 곧으며 날의 끝이 약간 칼등 쪽으로 휜 호형.

3. 소장처
集安市博物館.

참고문헌
- 吉林省文物志編委會, 1983, 「第四章 出土文物」, 『集安縣文物志』.

07 철제화살촉
鐵鏃

1. 출토지

1973년 4월 樺甸鄕 樺甸村三隊 농민이 南山 산기슭에서 땅을 팔 때 다량의 철촉 발견.

2. 유물현황

1) 크기
길이 7.6cm, 너비 4.2cm.

2) 형태
○ 大扇面形. 촉의 몸체는 납작하고 편평하며 날 부분은 부채형.
○ 뒤에는 네모난 송곳모양의 가는 鋌을 이었는데 길이는 7.5cm.

3. 소장처

集安市博物館.

참고문헌
• 吉林省文物志編委會, 1983, 「第四章 出土文物」, 『集安縣文物志』.

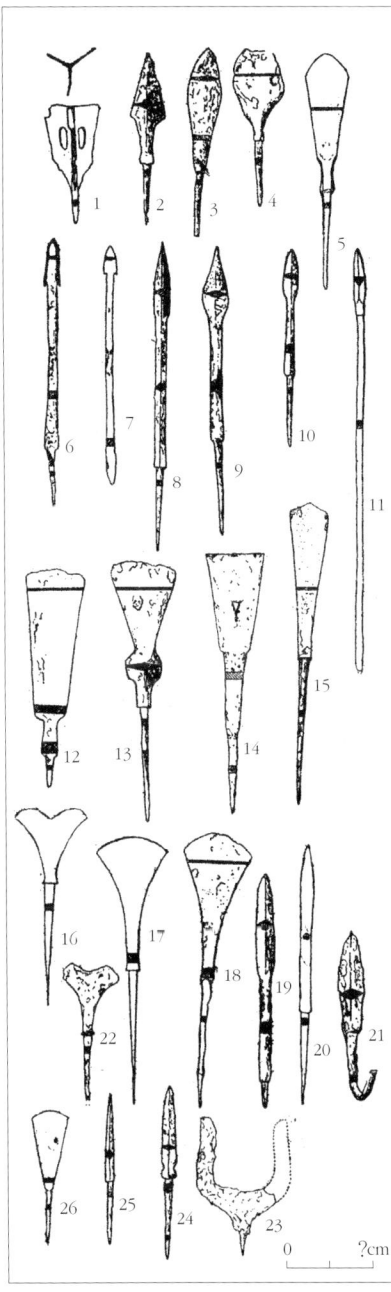

그림 1
각종 철촉
(『集安縣文物志』, 215쪽)

08 철제화살촉
鐵鏃

1. 출토지

樺甸鄕 樺甸村三隊 남산 산기슭에서 출토.

2. 유물현황

1) 크기
길이 4.3cm, 너비 4.2cm.

2) 형태
○ 魚尾形. 촉의 몸체는 납작하고 편평하며 날은 부채형.
○ 가운데는 오목하며, 생김새는 물고기 꼬리와 같음.
○ 뒤에는 네모난 송곳모양의 가는 鋌을 이었는데 길이는 7.0cm.

3. 소장처

集安市博物館.

참고문헌
• 吉林省文物志編委會, 1983, 「第四章 出土文物」, 『集安縣文物志』.

09	**철제화살촉**
	鐵鏃

1. 출토지

河套村 東溝 산비탈에서 출토.

2. 유물현황

1) 크기
길이 9.5cm, 너비 0.8cm.

2) 형태
○ 촉의 몸체는 버드나무잎모양.
○ 가운데는 융기되어 脊을 이루었으며 단면은 마름모꼴.
○ 뒤에는 鋌을 이었는데 鋌의 길이는 5.3cm.

3. 소장처

集安市博物館.

참고문헌
• 吉林省文物志編委會, 1983, 「第四章 出土文物」, 『集安縣文物志』.

10 "군사마인"인
"軍司馬印"印

1. 출토지

集安縣 출토.

2. 유물현황

1) 크기
印面의 크기는 한 변 2.3cm 전후로 방형임. 두께는 1.0cm 이내.

2) 인감 내용
○ 印面에는 篆書로 "軍司馬印"이라고 음각함. 『奉天通志·金石志』에 기록되었는데 인모모본도 함께 있음.
○ '軍司馬'라는 명칭은 최초로 『周禮·夏官』에 "軍司馬下大夫四人"이라는 문헌기록에서만 찾아볼 수 있음.
○ 자료 부족으로 상세하게 어떤 직무인지 알 수 없으나, 軍司馬란 직이 일찍부터 설치되어 있었음을 알 수 있음.
○ 漢代 이래 장군의 아래에는 일반적으로 司馬라는 직을 두어 부직으로 하였으며, 그 직책은 부내의 전체 사무를 관리하는 것임. 전쟁 시에는 또 참모의 직책을 담당하였으며, 軍司馬 혹은 軍司라고도 불림.
○ 『後漢書·百官志』에 기록하기를 "大將軍營五部, 部軍司馬一人, 此千石"이라 하였음. 즉 군사마는 漢官이며, 曹魏시기에도 역시 존재하였음.[1]
○ 正始五年(244), 毌丘儉이 병사를 거느리고 고구려를 토벌할 때, 여러 장군의 수하에는 모두 군사마가 설치되어 있었음. 집안에서 출토한 군사마인은 이때 남긴 것으로 판단하기도 함.

3) 비교자료
○ 上海博物館에 수장된 한 군사마인[2]과 故宮博物院에 수장된 두 개의 군사마인[3]을 참고로 군사마인의 인모와 鈕製의 정황을 이해할 수 있음.
○ 군사마인은 동질이고 백문이며 印體는 납작함.
○ 거북모양의 손잡이가 있음.

그림 1 軍司馬印
(『集安縣文物志』, 241쪽)

1　『晉書』宣帝紀, "帝于魏初官軍司馬."
2　上海書畵社 편, 1979, 『上海博物館藏印選』, 上海書畵出版社, 57쪽.
3　羅福頤 주편, 1982, 『故宮博物院藏古璽印選』55, 文物出版社, 302~303쪽.

4) 의의

군사마인은 고구려와 조위 사이의 관계 및 毌丘儉의 고구려 공격 등 문제를 연구함에 있어서 중요함.

3. 소장처

수장 장소 불명(해방 전 遼陽 趙軫이 수장).

참고문헌

- 吉林省文物志編委會, 1983, 「第四章 出土文物」, 『集安縣文物志』.

11 "진고구려솔선읍장"인
"晉高句麗率善邑長"印

1. 출토지

集安 출토.

2. 유물현황

1) 크기
印面의 크기는 한 변 2.2cm로 방형임. 두께 0.7cm, 높이 1촌 이내.

2) 형태
○ 銅印. 손잡이는 짐승모양.
○ 제작이 정밀하고 양호함.

3) 인감 내용
印面에는 篆書로 "晉高句麗率善邑長"이라고 음각함.

4) 출전
○ 瞿中溶의 『集古官印考證』 卷12에 수록.
○ 1982년 羅福頤가 주편한 『故宮博物院藏古璽印選』 제71 396쪽에 이 인감의 인문과 鈕製 도안이 실려 있음. 이로 보아 현재 故宮博物院에 소장되어 있음을 알 수 있음.

5) 의의
○ 고구려와 진나라 사이의 관계를 통해 東晉이 제작하여 고구려에 수여하였다고 보기도 함(『集安縣文物志』, 242~243쪽).
○ 그렇지만 漢代 이래 이러한 印章을 주변국이나 족속에게 많이 수여하였으므로 西晉이 제작하여 수여하였을 가능성도 있음.

3. 소장처

故宮博物院.

참고문헌
· 吉林省文物志編委會, 1983, 「第四章 出土文物」, 『集安縣文物志』.

그림 1 "晉高句麗率善邑長"印 상면(『集安縣文物志』, 242쪽)

그림 2 "晉高句麗率善邑長"印 (『集安縣文物志』, 242쪽)

12 "진고구려솔선백장"인
"晉高句麗率善佰長"印

1. 출토지

1940년 전후, 集安의 丸都故址에서 출토.

2. 유물현황

1) 크기와 형태
크기와 鈕製는 晉高句麗率善邑長과 동일할 것으로 추정.

2) 인감 내용
○ 印面에는 篆書로 "晉高句麗率善佰長"이라고 음각함.

3) 의의
○ 고구려와 진나라 사이의 관계를 통해 東晉이 제작하여 고구려에 수여하였다고 보기도 함(『集安縣文物志』, 242~243쪽).

○ 그렇지만 漢代 이래 이러한 印章을 주변국이나 족속에게 많이 수여하였으므로 西晉이 제작하여 수여하였을 가능성도 있음.

4) 출전
○ 瞿中溶의 『集安官印考證』卷12.
○ 이 책에는 "晉高句麗率善仟長"이라는 인장도 수록되어 있음.

3. 소장처

수장 장소 불명.

참고문헌
- 吉林省文物志編委會, 1983, 「第四章 出土文物」, 『集安縣文物志』.

그림 1 "晉高句麗率善佰長"印
(『集安縣文物志』, 243쪽)

13 "□천여랑□인"인
"槐天如郞垈印"印

1. 출토지

1962년 3월, 集安縣 台上鄕 東明村에서 출토.

2. 연대

고구려 4~5세기.

3. 유물현황

1) 크기
길이 5.8~6cm, 두께 0.9cm.

2) 형태
○ 雙面印穿帶印.
○ 銅印으로 양면에 각각 여섯 글자씩 음각함.

그림 1 "槐天如郞垈印"印(『集安縣文物志』, 244쪽)

○ 글자 사이에는 계선이 있음.
○ 한 면의 내용은 "槐天如郞垈印"이고, 다른 한 면의 내용은 "癸亥年正月中"임.
○ 글자체는 隸書와 楷書 사이, 〈광개토왕비문〉 서체와 비슷.

3) 내용
○ 배면의 문자 내용은 "癸亥年正月中"인데, 사용 연월이 고정되었음을 알 수 있음.
○ 이러한 작법은 殉葬私印에 부합됨.
○ "癸亥年"은 363년(東晋 興寧元年), 423년(劉宋 景平元年), 483년(南齊 永明元年) 등에 해당하는데, 4~5세기에 고구려가 제작한 것으로 추정됨.

4) 비교자료
○ 雙面印은 漢代부터 사용하였는데, 모두 私印임.
○ 印文의 한 면은 명칭이고, 다른 한 면은 臣이나 字 혹은 吉語 등을 칭함. 예컨대 "射過射過, 臣過臣過", "田長卿印, 田破石子", "趙倚精, 妾倚精" 등과 같은 것임.
○ 印體는 납작하고 印面은 일반적으로 방형으로 한 변이 2cm를 초과하지 않음. 穿帶孔은 다수가 장방형이고 제작이 정밀하고 세심함.
○ 집안에서 출토된 雙面印의 印體는 특별히 큰데 주조 작업이 거칠어 많은 기공이 있음.

4. 소장처

集安市博物館.

참고문헌

- 吉林省文物志編委會, 1983, 「第四章 出土文物」, 『集安縣文物志』.

14 관구검기공비
毌丘儉紀功碑

1. 조사현황

○ 1906년(淸 光緒 32) 9월에 鄕民이 도로를 건설할 때 集安縣城 서쪽 17km 지점에 있는 板岔嶺(丸道山城 서북쪽에 있는 高山, 옛 지명 板石岔嶺) 서북의 天溝山 기슭에서 碑의 殘石을 발견함.

○ 처음에는 당시 知縣이었던 吳光國이 소장했다가, 뒤에 袁金鎧, 다시 東北 軍閥 張作霖 등에게로 넘어갔음. 1931년 9·18사변 뒤 奉天國立圖書館에서 收藏하다가 1945년 이후 遼寧省博物館에서 보관하고 있음.

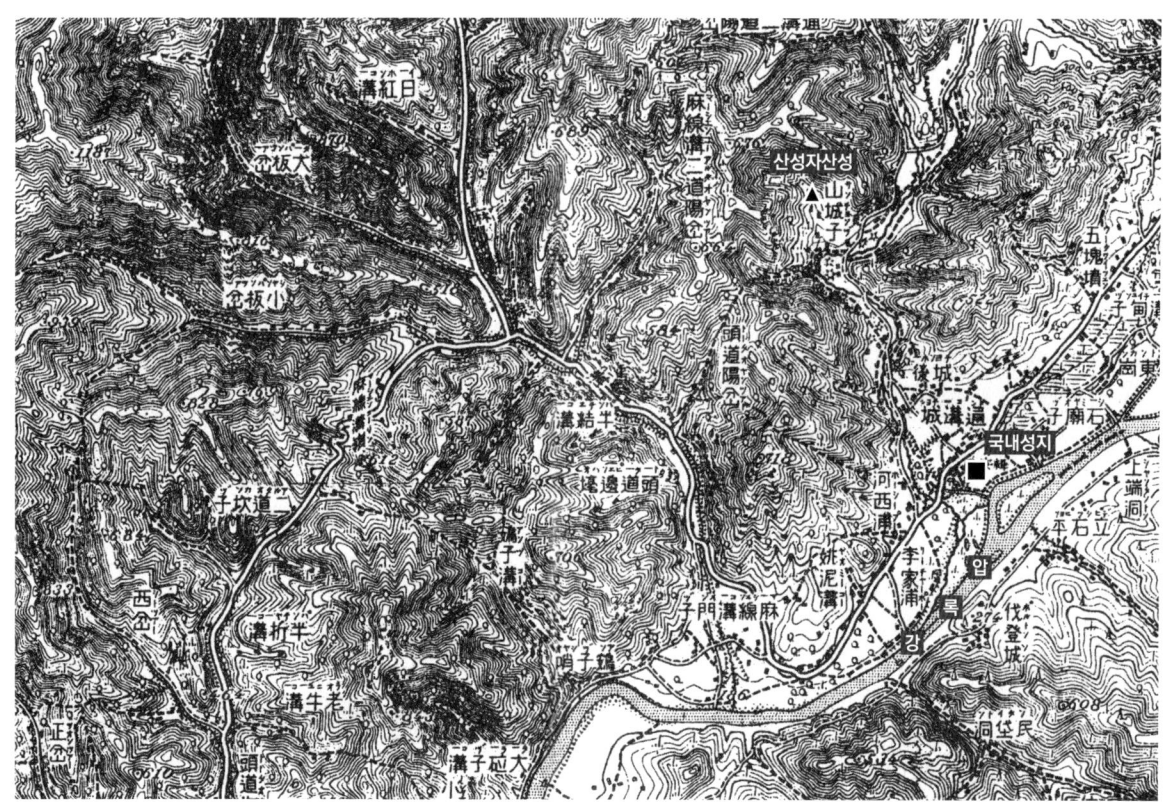

그림 1 관구검기공비 출토지 부근 지형도(滿洲國 10만분의 1 지형도)

2. 비문의 전체현황

○ 비석은 발견될 당시에 이미 깨어졌는데, 전체 碑 가운데 우상단에 해당함. 石英 입자가 함유된 적홍색 암석을 채석하여 비석을 세웠는데, 표면을 매끄럽게 가공하였고, 뒷면(陰面)도 잘 다듬었음.

○ 비석은 잔존 길이 39cm, 폭 30cm, 두께 88.5cm임.

정면에 음각한 漢子는 현재 7행 47자가 보이고, 세 글자는 완전하지 않지만 식별이 가능함. 판독 가능한 글자는 총 50자임. 서체는 隸書體로 강건하면서 예스럽고 소박하며, 새긴 工程이 매우 섬세함.

○ 비석 뒷면에는 民國 연간에 소장했던 사람이 跋文을 새겨넣은 글자가 있음. 현재 遼寧省博物館에서 소장 중인데, 소장품 식별번호는 고고류 1387번임.

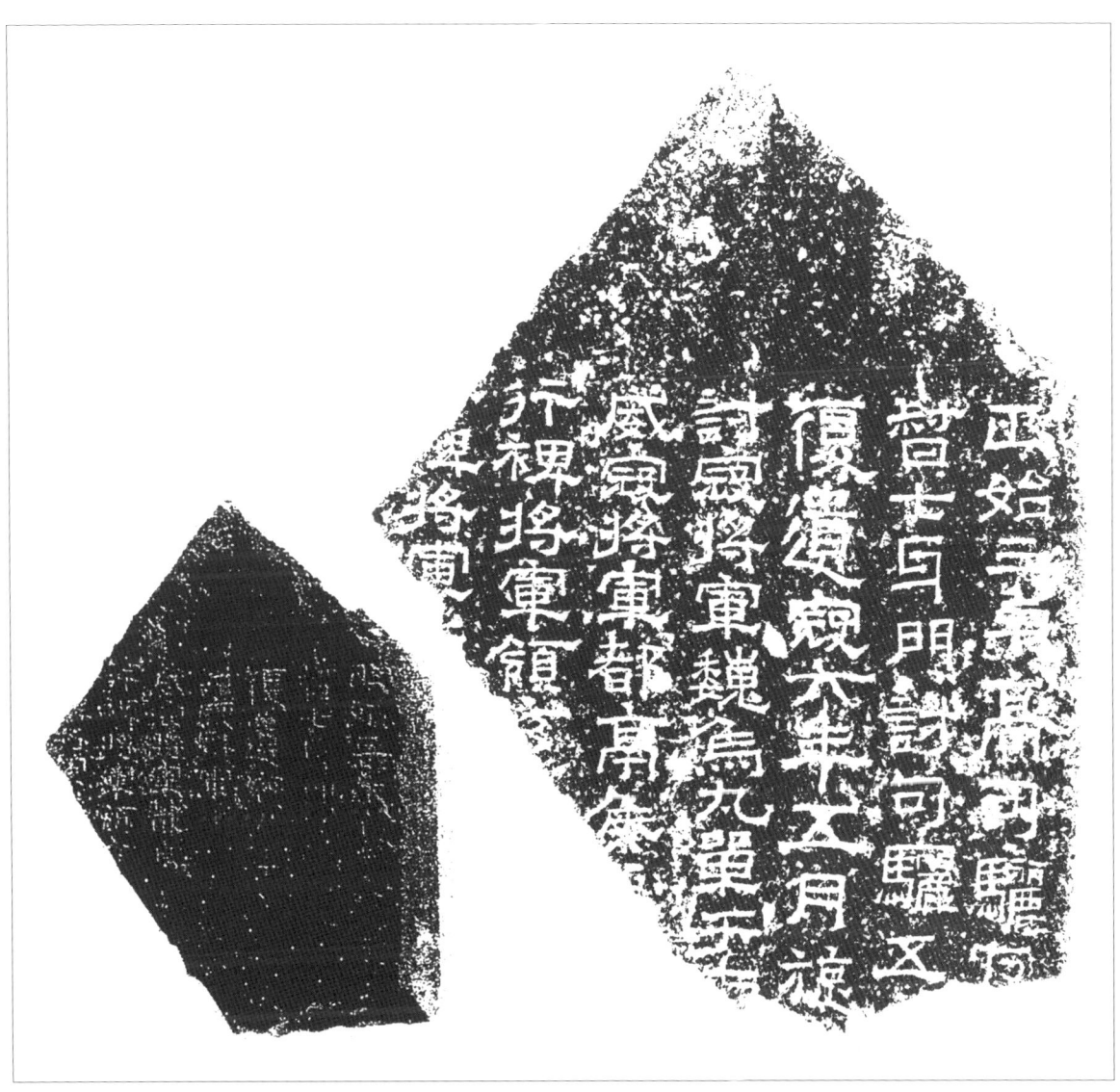

그림 2 비석 잔편 사진과 탁본

3. 잔존 비문의 판독

1) 잔존 비문의 판독
제1행 正始三年高句驪反
제2행 督七牙門討句驪五
제3행 復遣寇六年五月旋
제4행 討寇將軍魏烏丸單于□
제5행 威寇將軍都亭侯□
제6행 行裨將軍領玄
제7행 □裨將軍

2) 王國維의 비문 판독
○ 羅振玉의『漢晉石刻墨影』,『九鐘精舍金石跋尾』,『希古樓金石萃編』, 羅福頤의『滿洲金石志』, 金毓黻의『東北通史』,『奉天通志』및 王國維의『觀堂集林』등에 毌丘儉기공비가 기술되어 있음.
○ 王國維의『觀堂集』이 銘文에 대한 고증과 해석에서 가장 상세함. 王國維는 毌丘儉紀功碑를 자세히 고증하면서 闕文을 추독하고, 문헌기록이 정확하지 않은 것을 수정함. 다음은 王國維가 고증하여 보완한 비문임.
○ 闕文은 당시 毌丘儉의 東征에 종군한 樂浪太守 劉茂, 帶方太守 弓遵 등 여러 장수의 관직과 이름일 것. 王國維의 고증에 의하면 毌丘儉은 243년(正始 4)에 군사를 모아 244년(正始 5)에 출병했고 245년(正始 6)에 군사를 되돌렸다고 파악함.

제1행 正始三年高句驪反(以下闕毌丘儉銜名)
제2행 督七牙門討句驪<u>五年</u> …… <u>無</u>
제3행 復遣寇六年五月旋<u>師</u>
제4행 討寇將軍魏烏丸單于<u>寇婁敦</u>
제5행 威寇將軍都亭侯
제6행 行裨將軍領玄<u>菟太守王頎</u>
제7행 行裨將軍[1]

4. 역사적 성격

毌丘儉은 魏 河東郡 聞喜縣(지금의 山西聞喜) 출신으로 위나라 明帝 때 관직이 尙書郞에 이르고, 荊州刺史, 幽州刺史 등을 역임했음. 公孫淵 평정에 공훈을 세워 安邑侯에 봉해졌음. 244년(正始 5) 군대를 이끌고 고구려를 공격하여 대승함. 그 뒤 鎭南장군, 鎭東장군을 역임했다가, 255년(正元 2) 高貴鄕의 公曹髦에게 살해됨.

毌丘儉의 고구려 정벌 시기와 관련해『三國志』魏書 齊王芳紀에는 246년(正始 7)의 일로 기록하였지만, 같은 책 毌丘儉傳에는 正始 연간에 高句麗가 여러 차례 침략을 해오자, 毌丘儉이 正始 중에 보기 1만을 이끌고 玄菟를 출발하여 고구려를 1차 정벌하고, 245년(정시 6)에 2차 정벌한 것으로 나옴. 또 같은 책 고구려전에는 244년(정시 5)에 정벌한 것으로 나오며,『삼국사기』고구려본기에는 246년(동천왕 20)에 정벌한 것으로 나옴.

毌丘儉의 고구려 정벌 시기와 횟수에 대해 사서마다 각기 다르게 기술한 것임. 그런데 〈관구검기공비〉에 따르면 고구려가 正始 3년(242)에 曹魏에 반기를 들었다고 하는데(1행), 이는 고구려의 西安平 공격에 해당함. 이에 정시 5년(244)에 관구검이 고구려를 1차 공격했음(2행). 고구려가 다시 침공하자 정시 6년(245)에 군사를 돌이켰다고 하는데, 고구려에 대한 2차 공격을 지칭하는 것으로 보임. 이로 보아 毌丘儉은 244년과 245년 2차에 걸쳐 고구려를 정벌한 것으로 보임(王國維; 임기환, 1992, 450쪽).

한편『三國志』毌丘儉傳에는 "정시 6년에 고구려를 다시 정벌하였는데, 宮(동천왕)이 買溝로 도망갔다. 이에 관구검이 현도태수 王頎를 보내 추격하였는데,

---

[1] 밑줄 친 글자는 王國維의 추독(『集安縣文物志』, 92~93쪽).

沃沮를 지나 천여 리를 가서 肅愼氏의 남쪽 경계까지 이르러 碑石을 새겨 공적을 적었으며, 丸都山에 새기고, 不耐城에도 새겼다(六年, 復征之, 宮遂奔買溝. 儉遣玄菟太守王頎追之, 過沃沮千有餘里, 至肅愼氏南界, 刻石紀功, 刊丸都之山, 銘不耐之城)"라고 기술되어 있음.

　　관구검이 244～245년의 고구려 정벌을 기념하여 肅愼의 남계, 丸都之山, 不耐之城 등 3곳에 공적비를 새겼다는 것인데, 이 비석은 그 가운데 하나인 '丸都之山에 새긴(刊) 것'임. 이에 따라 비석이 발견된 小板岔嶺 일대가 丸都山의 산줄기이며, 집안 山城子山城이 丸都城임이 밝혀짐. 즉 고구려 두 번째 도성인 국내성과 환도성의 위치를 둘러싼 논쟁에 종지부를 찍고, 지금의 집안분지 일대가 두 번째 도성임이 명확하게 밝혀지게 됨.

참고문헌

- 王國維, 1923, 「魏毋丘儉丸都紀功石刻跋」, 『觀堂集林』 권20.
- 吉林省文物志編委會, 1984, 『集安縣文物志』.
- 吉林省지방지편찬위원회 편찬, 1991, 『吉林省志』 43, 文物志.
- 임기환, 1992, 「魏 毋丘儉紀功碑」, 『역주 한국고대금석문(제1권)』, 가락국사적개발연구원.
- 李殿福 저, 차용걸·김인경 역, 1994, 『중국 내의 고구려 유적』, 학연문화사.
- 秋石, 1994, 「毋丘儉紀功碑與毋丘儉」, 『東方研究』 1994-1.

제4부

신빈현(新賓縣) 지역의
유적과 유물

1
고분군과 고분

01 신빈 왕청문진용두산석개묘
新賓 旺淸門鎭龍頭山石蓋墓

1. 조사현황

1) 1998년 발견
旺淸門鎭 龍頭山에서 석개묘 1기(XWLM1) 발견.

2) 2002년 5월 조사
○ 조사기관 : 撫順市博物館考古隊.
○ 조사 참가자 : 肖景全, 張波, 李榮發, 吳坤, 童海.
○ 조사내용 : 5월 5일 무순시박물관고고대의 新賓縣 紅廟子鄕 흑구산성 고고조사 당시에 도굴된 왕청문 용두산석개묘(XWLM1)를 발견함. 이후 부근에서 2기의 석개묘(XWLM2, XWLM3)를 발견했는데 M2는 교란되어 墓穴 한쪽이 파여졌고, 개석은 열려서 세워져 있었음. 석개묘가 계속해서 파괴되지 않도록 고고대는 3기 무덤을 구제 발굴하였는데 정리 작업은 반(半) 개월간 지속되었음.

○ 보고서 : 肖景全, 2010, 「新賓旺淸門鎭龍頭山石蓋墓」, 『遼寧考古文集(二)』, 科學出版社.

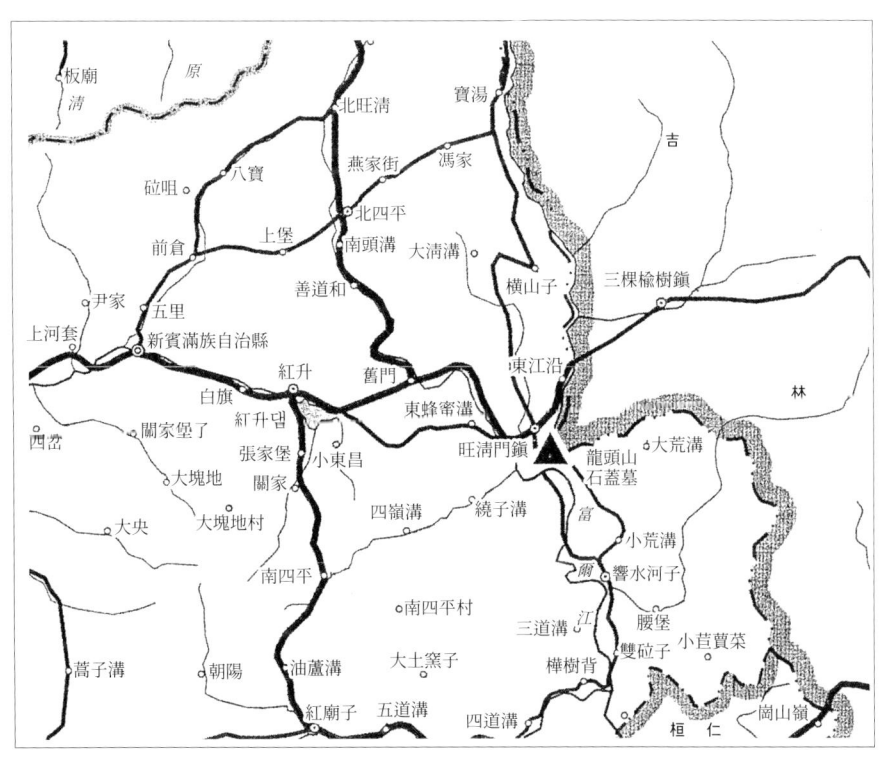

그림 1
왕청문진용두산석개묘 위치도
(『遼寧考古文集(二)』 2010)

2. 위치와 자연환경(그림 1)

○ 新賓縣 동부의 旺淸門鎭 旺淸門村에 위치.
○ 유적 동쪽은 부이강과 길림성 通化縣 三棵楡樹鄕과 인접함.
○ 왕청문촌 북·서는 산봉우리가 이어져있고, 남쪽은 낮은 언덕으로 龍頭山과 江東村이 서로 인접해 있음.
○ 부이강은 왕문진촌 동쪽에서 북에서 남으로 흐르다가 마을 남쪽을 따라 용두산 산기슭에서 서남으로 꺾여 흘러가며, 마을 서쪽에서 북에서 남으로 흐르던 旺淸河와 합류하여 남류하다가 용두산 서단을 지나 다시 동쪽으로 꺾여 흘러감.
○ 용두산은 부이강 제1만곡부(大拐灣處)의 동북-서남 주향의 작은 산(矮崗)임. 동북의 가장 높은 곳과 남쪽을 향하는 산봉우리와 서로 연결되어 있어서 동북 가장 높은 곳에서 서남으로 펼쳐진 작은 산들이 점차 낮아지다가 부이강변에 이르러 약간 융기함. 작은 산의 형상이 강변에서 물을 빨아들이는 와룡과 흡사하여 옛 현지 촌민들은 용두산이라 부름. 용두산 중앙 산허리부에 왕청문-響水河子鄕 간의 도로가 관통하고 있으며, 석개묘 3기는 도로 동북쪽에서 멀지 않은 산등성이 위에 분포함.

3. 고분군의 전체현황

○ 총 3기의 대석개묘를 발견했는데 서남에서 동북으로 M1~M3이 배열되어 있음.
○ 무덤들의 상부는 지표에 노출되었는데 원형 개석이 보임.

4. 고분별 현황

1) 1호묘(XWLM1)
○ 위치 : 묘지 최서남단에 위치.
○ 유형 : 土坑竪穴石蓋墓.
○ 평면 : 장방형.
○ 구조 : 蓋石은 가공된 정연한 원형으로 직경 1.9m, 두께 0.15~0.20m임. 이미 도굴로 심하게 파괴되어 墓穴과 墓壙은 매우 어수선하게 파여져 있음. 정리 후에 교란된 흙 속에서 소량의 심발형토기(夾砂褐陶) 잔편을 발견함. 그 가운데 사이호(四耳斂口罐) 1점(그림 6-21)을 복원함.

2) 2호묘(XWLM2)
○ 위치 : M1 동북 약 15m 지점에 위치.

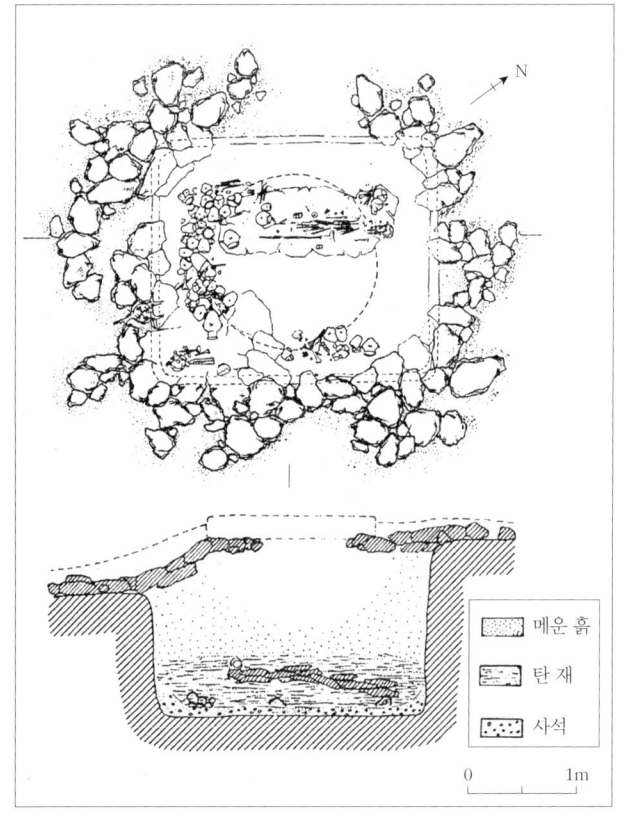

그림 2 왕청문진용두산석개묘2호묘 평·단면도(『遼寧考古文集(二)』 2010)

○ 유형 : 土坑竪穴封石石蓋墓.
○ 평면 : 장방형.
○ 방향 : 40°.
○ 구조(그림 2)
- 일정 정도 파괴를 당함. 무덤 북쪽에서 하나의 도굴갱을 발견했는데 개석은 한쪽이 내려앉아 비스듬히 세워져 있으나 무덤 내의 부장품은 비교적 온전한 상태임.
- 산세로 인해 墓穴의 동북은 깊고 서남은 얕아 깊이 1.15~1.35m임.
- 개석은 원형으로 직경 1.7m, 두께 0.15~0.3m임.
- 묘광의 상부는 동북에서 서남으로 길이 2.7m, 너비 2.3m이며 묘광 바닥은 길이 2.5m, 너비 2.1m임.
- 묘 내부의 퇴적은 대체로 두 층으로 나뉨. 바닥층은 묘실 바닥에 자갈(卵石)과 모래가 섞인 흙(河沙石)을 평평하게 약 0.13m 정도의 두께로 한 층을 깔았음(즉, 제1층). 모래와 자갈이 섞인 흙(河沙石) 위에는 붉은 燒土 덩어리와 대량의 목탄 덩어리, 회백색의 탄재 및 불에 탄 인골편과 骨灰가 있음. 두개골 잔편의 분포를 통해 대체로 최소 7개체가 매장된 것을 알 수 있음. 두개골과 흩어진 肢骨 및 肋骨 등이 묘실 바닥의 각 모퉁이에 무질서하게 분포하고 있음. 그 가운데 묘실 중간에서 북쪽으로 치우친 인골 1구는 仰身直肢로 보이는데 머리가 동북, 다리가 서남에 위치하며, 늑골은 불에 탄 후에 인위적으로 한곳에 함께 모아져 있음. 그 좌측의 허리춤 부근에서 촉각식 銅柄鐵劍 1점이 출토되었고 그 주위에서 청동방울(銅鐸) 1점, 石球 1점, 청동검파고리장식(劍柄銅串環) 2점, 청동고리(銅環) 3점, 청동귀고리(銅耳環) 1점, 대롱(石串管) 2점, 토제구슬(小陶珠) 3점 등이 발견됨. 인골의 상면에는 납작한 모양의 돌이 약간 덮여 있으며, 유골 우측의 쇄골무지 옆에는 토기 몇 점이 있음. 그 밖에 M2 서남 모서리의 자잘한 유골 옆에서 청동방울(銅鐸) 1점, 철제꺾창

(鐵戈) 1점, 철제도끼(鐵斧) 1점 등을 발견함.
- 묘실 바닥층 상면의 불에 탄 인골, 재, 목탄가루가 분포하는 층(즉, 제2층)의 개체수는 판별하기 어려움. 무덤 안에 부장된 토기는 대부분 무덤 남쪽에 놓여 있으며, 대다수 모아서 함께 놓아 순서를 확실히 분간 할 수 없음. 그 가운데 작은 토제구슬(小陶珠)을 제외하고 온전한 토기는 총 66점이 출토되었고 (壺 3점, 侈口四耳鼓腹罐 8점, 侈口雙耳罐 3점, 斂口疊脣罐 13점, 四耳斂口罐 20, 雙耳斂口罐 8점, 無耳罐 9점, 四耳鉢 1점, 釜 1점), 그 밖에는 파괴되어 복원할 수 없는 토기편들도 확인됨.
- 온전한 墓穴 내의 목탄덩어리·목탄재·불에 탄 인골·骨灰 모두 비교적 깨끗하므로 아마 유골과 부장품은 모두 일차성 매장, 즉 층을 나눈 매장(分層埋葬)은 일회성으로 시간상 간극 현상이 발견되지 않음을 보여줌.
- 무덤 안을 흙으로 메워서 墓穴을 평평하게 한 후에 먼저 돌로 무덤 상부를 덮어 묘광의 원형 封石層을 형성하고, 다시 인공적으로 다듬어진 원형 大蓋石으로 묘정의 封石 중간을 눌러줌. 다만 개석의 규격은 墓 입구를 완전히 덮지 못하는 크기임.

3) 3호묘(XWLM3)
○ 위치 : M2의 북쪽에 위치.
○ 유형 : 土坑竪穴封石石蓋墓.
○ 평면 : 장방형.
○ 방향 : 40°.
○ 구조(그림 3)
- 무덤은 보존상태가 비교적 온전함. 개석은 원형으로 직경 2.3m, 두께 0.2~0.4m이며, 묘광은 상부는 좁고 하부는 넓은데 上口는 길이 2.5m, 너비 2m이고 묘광 바닥은 길이 2.53m, 너비 2.3m, 깊이 1m임. 묘실 바닥에는 자갈과 모래가 섞인 흙(河沙石)을 한 층 평평하게 깔았는데 두께가 0.15m정

내부를 채워 지표와 평평하게 한 후에 묘광을 중심으로 지표에 돌(塊石)과 납작한 돌(片石)로 한 층의 원형 封石을 평평하게 깔음. 그런 후에 다시 원형 蓋石으로 봉석의 정중앙을 눌러줌.

5. 출토유물

○ 3기 고분에서 온전한 부장품(복원가능한 토기 포함)은 총 108점을 출토했으며, 복원할 수 없는 토기 잔편들이 있는데 그 가운데 수리하여 온전히 복원할 수 있는 토기가 88점임. 이 밖에 구멍이 뚫린 토제구슬(小陶珠) 3점, 청동기 11점, 철기 3점(銅柄鐵劍 포함), 석기 3점 등이 있음.

○ M1에서는 복원한 사이호(四耳斂口罐) 1점만이 출토되었고, M2에서는 총 83점이 출토되었는데 토기 66점, 토제구슬(小陶珠) 3점, 청동기 3점, 철기 3점, 석기 8점 등임. M3에서는 총 24점이 출토되었는데 토기 21점, 청동방울(銅鐸) 3점임.

○ M2를 중심으로 토기 특징을 보면, 모두 手製의 모래 섞인 토기(夾沙陶)로 가는 모래 섞인 토기(夾細沙陶)와 거친 모래 섞인 토기(粗沙陶)로 나뉨. 토기 색깔은 홍갈색과 회갈색으로 나뉘고 표면은 대다수가 抹光이며 일부는 磨光임. 토기 대다수는 손잡이(耳)가 있으며, 네 개 손잡이(四耳)가 대다수를 차지하는데 다수가 꼭지형손잡이(乳釘耳)이고 소량이 교상파수(橋狀耳)이며, 세로 손잡이(竪耳)는 오직 1점이 있음. 토기 바닥은 대다수 납작바닥(平底)으로서 약간 안으로 오목하게 들어감. 기형은 壺, 罐, 杯 등이 있음.

1) 토기

○ 복원 가능한 것을 포함하여 총 88점임.
○ M1 : 사이호(四耳斂口罐) 1점.
○ M2 : 壺 3점, 사이호(侈口四耳鼓腹罐) 8점, 양이호

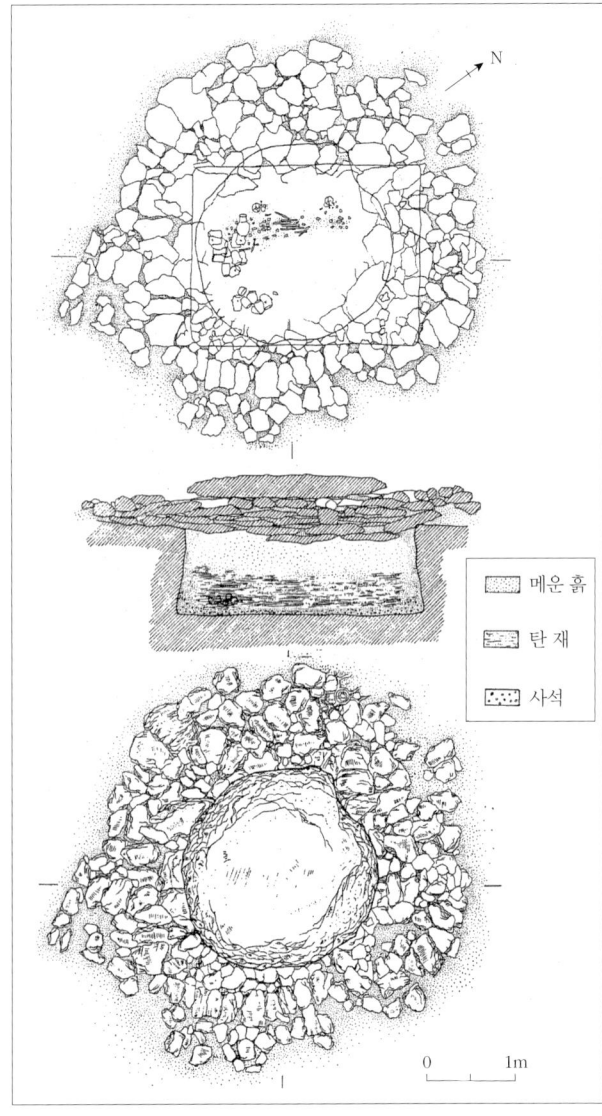

그림 3 왕청문진용두산석개묘3호묘 평·단면도(『遼寧考古文集(二)』 2010)

도임.
- 무덤에서 두 구의 유골을 발견했는데 이미 불타서 형상을 판별하기 어려움. 대체로 머리는 북(동북), 다리는 남(서남)으로 볼 수 있음. 많은 燒灰·목탄덩어리·붉은 燒土 등이 있으며, 부장품은 무덤 내의 남쪽에 위치하는데 청동방울(銅鐸) 3점, 온전한 토기 21점 등이 발견됨.
- 무덤 상부의 축조방식은 M2와 동일하여 흙으로 묘

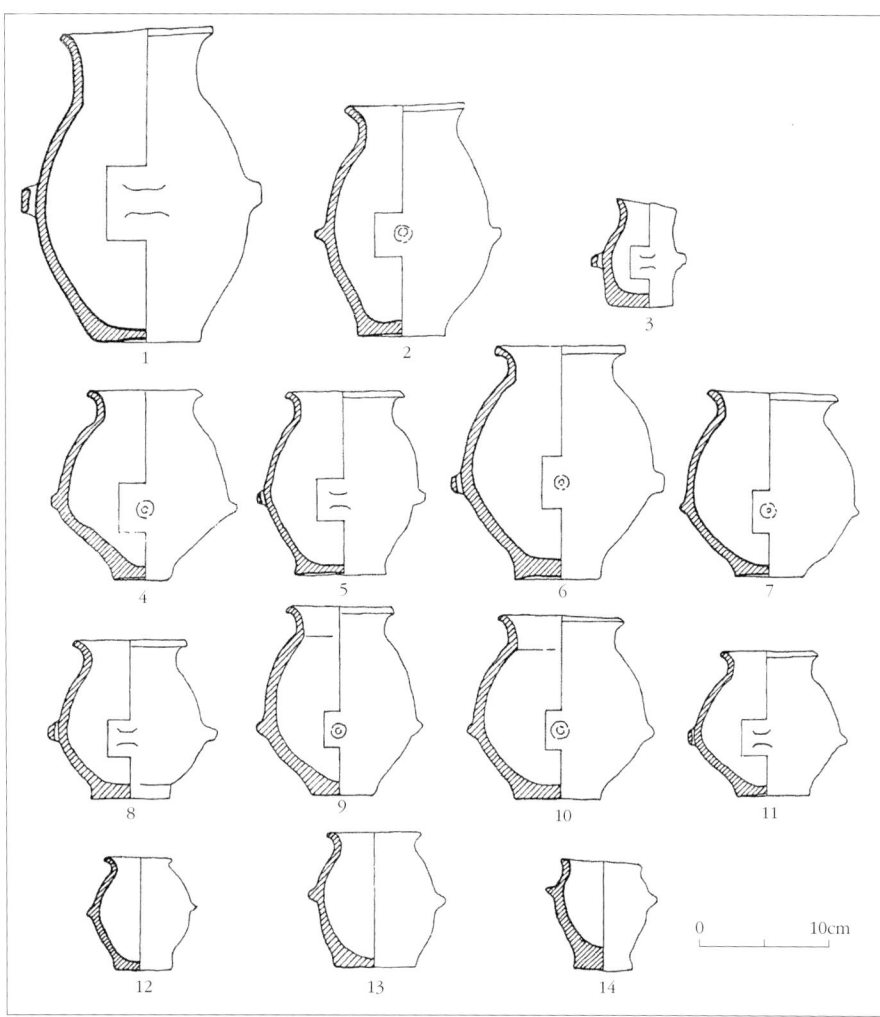

그림 4
왕청문진용두산석개묘
2호묘의 토기
(『遼寧考古文集(二)』 2010)
1~3. 호(M2:1·2·42)
4~11. 사이호(M2:11·14·10·
12·15·13·58·16)
12~14. 양이호(M2:9·5·8)

(侈口雙耳罐) 3점, 기타 호류(斂口疊脣罐 13점, 四耳斂口罐 20점, 雙耳斂口罐 8점, 無耳罐 9점), 사이발(四耳鉢) 1점, 솥(釜) 1점, 구슬 3점.

○ M3 : 壺 1점, 사이호(侈口四耳鼓腹罐) 1점, 기타 호류(侈口四耳罐 2점, 斂口疊脣罐 2점, 四耳斂口罐 9점, 無耳罐 5점), 솥(釜) 1점 등이 출토됨.

(1) 호(陶壺, M2 : 1, 그림 4-1)

○ 출토지 : 2호묘.

○ 크기 : 입직경 11cm, 바닥 직경 8cm, 높이 23cm.

○ 태토 및 색깔 : 모래 섞인 홍갈색토기(夾沙紅褐陶).

○ 형태 : 手製. 抹光 처리. 입은 넓고(侈口), 구연부는 벌어졌으며(展沿), 입술은 네모지고(方脣), 목은 높으며(高領), 어깨는 매끈함(溜肩). 중복부에 4개의 교상 횡파수(橋狀橫耳)가 대칭으로 자리하고 있음. 바닥은 약간 안으로 오목하게 들어감. 무늬가 없음(素面).

(2) 호(陶壺, M2 : 2, 그림 4-2)

○ 출토지 : 2호묘.

○ 크기 : 입직름 10.5cm, 바닥 직경 6.4cm, 높이 17cm.

○ 태토 및 색깔 : 모래 섞인 회색토기(夾沙灰陶).

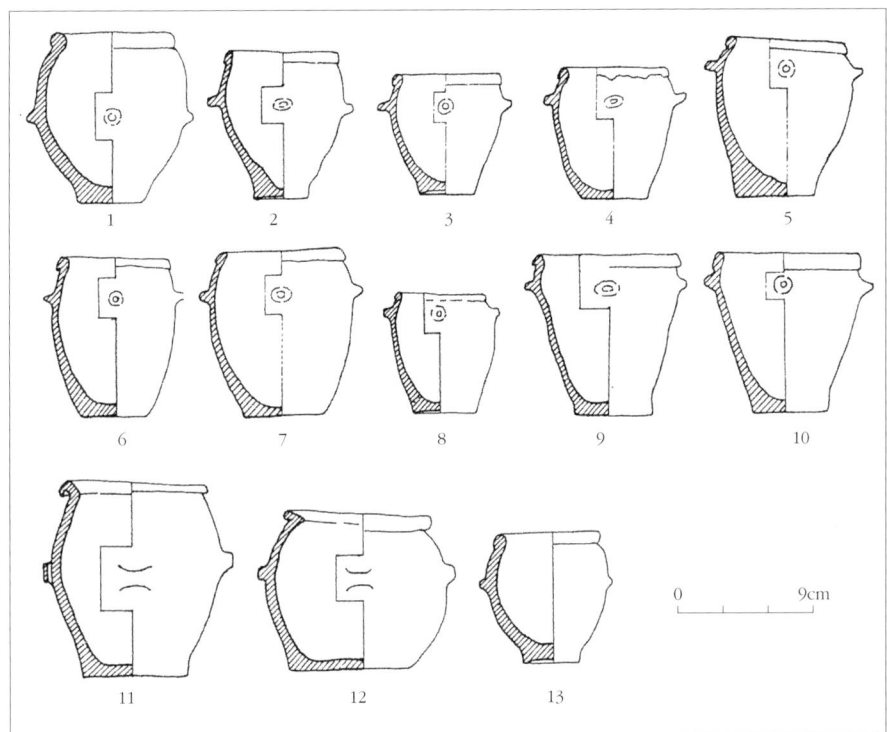

그림 5
왕청문진용두산석개묘
2호묘의 염구첩순관
(『遼寧考古文集(二)』 2010)
1~13. M2:30·37·38·35·
36·33·34·32·40·39·3·
4·31

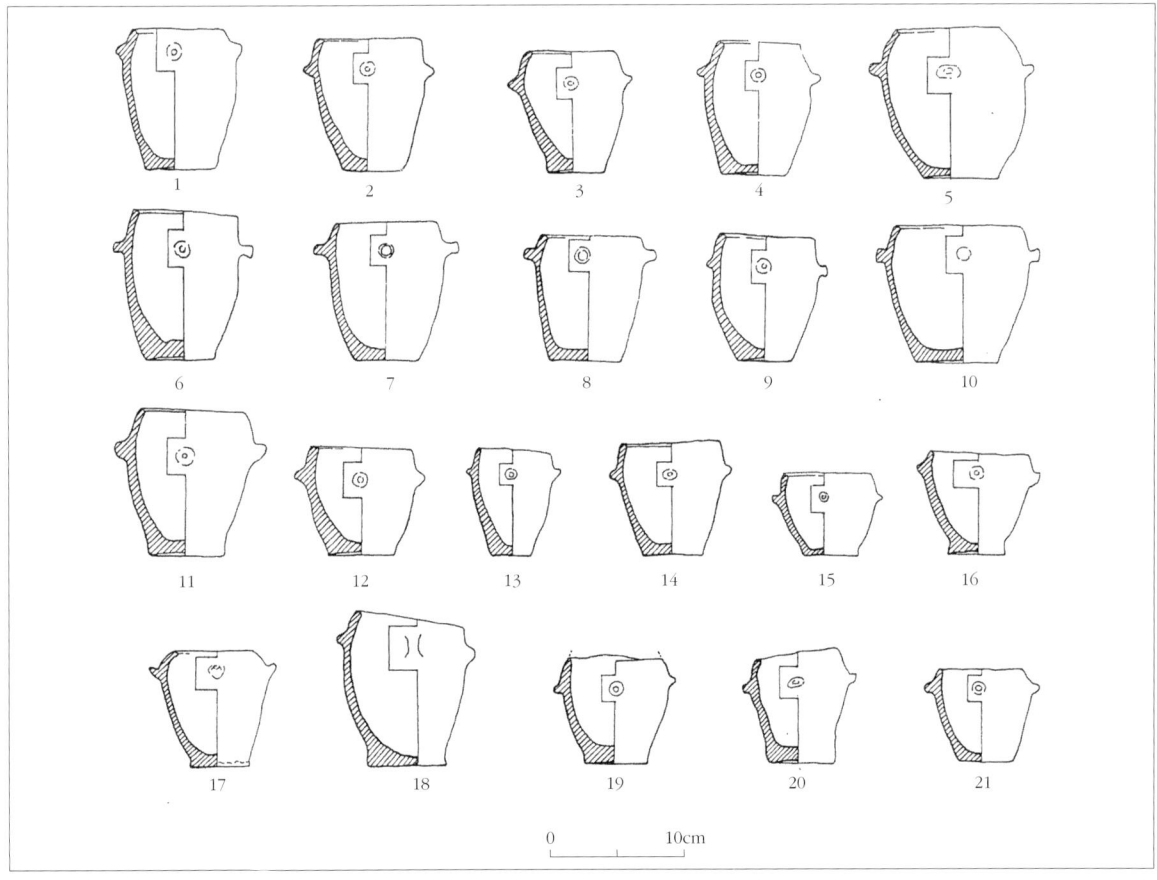

그림 6 왕청문진용두산석개묘 1·2호묘의 사이염구관(『遼寧考古文集(二)』 2010)
1~20. M2:45·60·18·54·55·56·61·7·51·77·43·25·57·22·21·20·59·19·44 21. M1:1

○ 형태 : 手製. 몸체(體)이 마르고 길며(瘦長), 목은 잘록하게 들어갔으며(束頸), 입은 넓고(侈口), 입술은 네모짐(方脣). 중복부에 4개의 꼭지형손잡이(乳釘耳)가 대칭으로 자리하고 있음. 바닥은 약간 안으로 오목하게 들어감. 무늬가 없음(素面).

(3) 호(陶壺, M2 : 42, 그림 4-3)
○ 출토지 : 2호묘.
○ 크기 : 입직경 4.4cm, 바닥 직경 4cm, 높이 8cm.
○ 태토 및 색깔 : 점토질 황갈색토기(泥質黃褐陶).
○ 형태 : 수제(手捏製). 기형이 매우 작으며, 휘어져 정연하지 못함. 입술이 뽀족하고(尖脣), 입은 넓고(侈口), 목은 잘록하게 들어갔음(束頸). 바닥은 약간 안으로 오목하게 들어감. 중복부에 4개의 교상횡파수(橋狀橫耳)가 대칭으로 자리하고 있음. 무늬가 없음(素面).

(4) 호(陶壺, M3 : 22, 그림 11-1)
○ 출토지 : 3호묘.
○ 크기 : 입직경 9cm, 바닥 직경 5.6cm, 높이 19cm.
○ 태토 및 색깔 : 모래 섞인 홍갈색토기(夾沙紅褐陶)로 색이 순수하지 않음.
○ 형태 : 手製로 磨光 처리함. 몸체(體)가 마르고 길며(瘦長), 배(腹)는 타원형이며, 입은 넓고(侈口), 입술은 네모지며(方脣), 목(領)은 높고 곧으며(高直), 어깨는 매끈하고(溜肩)함. 중복부에 4개의 橋狀橫耳가 대칭으로 자리하고 있음. 무늬가 없음(素面).

(5) 호(侈口四耳鼓腹罐, M2 : 11, 그림 4-4)
○ 출토지 : 2호묘.
○ 크기 : 입직경 8cm, 바닥 직경 4.4cm, 높이 13.8cm.
○ 태토 및 색깔 : 모래 섞인 홍갈색토기(夾沙紅褐陶).
○ 형태 : 手製로 토기 표면은 抹光 처리함. 입은 넓고(侈口), 입술은 네모지고(方脣), 목은 짧으면서(短頸) 잘록하게 들어갔으며(束頸), 배는 부풀어 올랐고(鼓腹), 어깨는 매끈함(溜肩). 중하복부에는 4개의 꼭지형손잡이(乳釘耳)가 대칭으로 자리하고 있으며, 하부에서 급격히 잘록해지면서 작은 바닥(小底)를 이루는데 바닥은 약간 안으로 오목하게 들어감. 무늬가 없음(素面).

(6) 호(侈口四耳鼓腹罐, M2 : 14, 그림 4-5)
○ 출토지 : 2호묘.
○ 크기 : 입직경 8.4cm, 바닥 직경 7cm, 높이 13.4cm.
○ 태토 및 색깔 : 모래 섞인 흑갈색토기(夾沙黑褐陶).
○ 형태 : 手製로 토기 표면은 抹光 처리함. 입은 넓고(侈口), 입술은 네모지고(方脣), 목은 짧으면서(短頸) 잘록하게 들어갔으며(束頸), 배는 약간 부풀어 올랐고(鼓腹), 어깨는 매끈함(溜肩). 중복부에는 4개의 橋狀橫耳가 대칭으로 자리하고 있음. 바닥은 작으면서(小底) 약간 안으로 오목하게 들어감. 무늬가 없음(素面).

(7) 호(侈口四耳鼓腹罐, M2 : 10, 그림 4-6)
○ 출토지 : 2호묘.
○ 크기 : 입직경 9.4cm, 바닥 직경 5.4cm, 높이 17cm.
○ 태토 및 색깔 : 모래 섞인 회갈색토기(夾沙灰褐陶).
○ 형태 : 手製로 토기 표면은 抹光 처리함. 입은 넓고(侈口), 입술은 네모지고(方脣), 목은 짧으면서(短頸) 잘록하게 들어갔으며(束頸), 배는 약간 부풀어 올랐고(鼓腹), 어깨는 매끈함(溜肩). 중하복부에는 2개의 橋狀橫耳와 꼭지형손잡이(乳釘耳) 2개가 대칭으로 자리하고 있음. 바닥은 작으면서(小底) 약간 안으로 오목하게 들어감. 무늬가 없음(素面).

(8) 호(侈口四耳鼓腹罐, M3 : 21, 그림 11-2)
○ 출토지 : 3호묘.
○ 크기 : 입직경 9.2cm, 바닥 직경 6cm, 높이 13.5cm.
○ 태토 및 색깔 : 모래 섞인 흑회색토기(夾沙黑灰陶).
○ 형태 : 手製로 토기 표면은 抹光 처리함. 입은 넓고

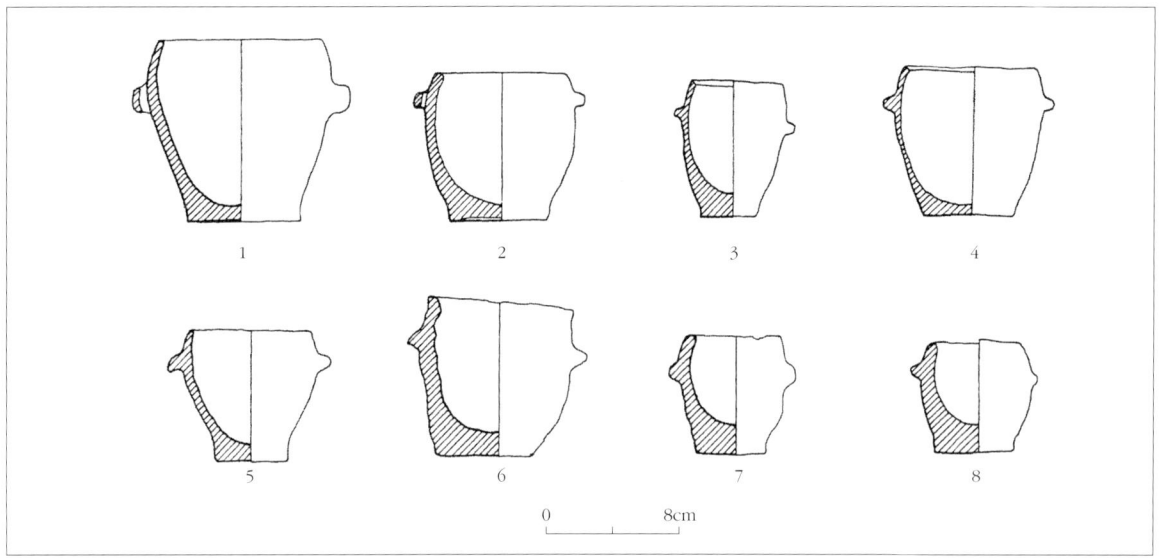

그림 7 왕청문진용두산석개묘 2호묘의 쌍이염구관(『遼寧考古文集(二)』 2010)
1~8. M2:49·46·26·53·66·47·24·27

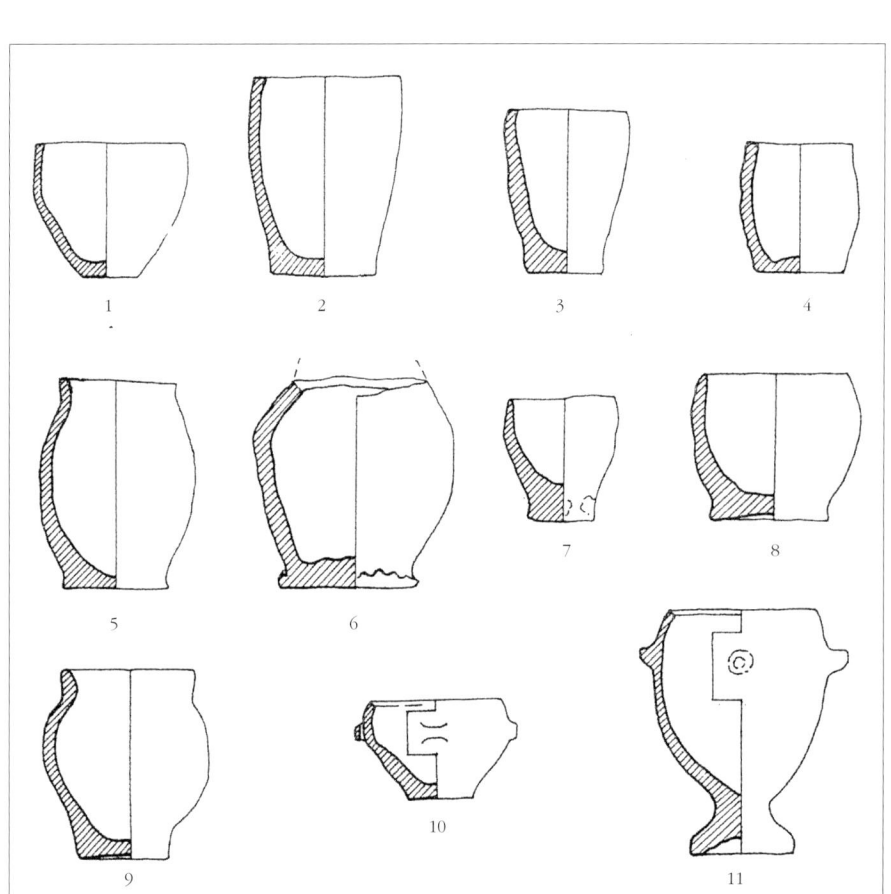

그림 8
왕청문진용두산석개묘
2호묘의 토기
(『遼寧考古文集(二)』 2010)
1~9. 호(무이관, M2:63·65·28·
29·6·48·23·41·64)
10. 발(M2:62)
11. 솥(M2:17)

(侈口), 입술은 네모지고(方脣), 목은 짧으며(短頸), 배는 부풀어 올랐고(鼓腹), 어깨는 매끈함(溜肩). 하복부에는 4개의 橋狀橫耳가 대칭으로 자리하고 있음. 바닥은 약간 안으로 오목하게 들어감. 무늬가 없음(素面).

(9) 호(侈口雙耳罐, M2 : 9. 그림 4-12)
○ 출토지 : 2호묘.
○ 크기 : 입직경 5cm, 바닥 직경 4.4cm, 높이 8.2cm.
○ 태토 및 색깔 : 모래 섞인 회갈색토기(夾沙灰褐陶).
○ 형태 : 手製로 기형이 비교적 작고 정연하지 못함. 입은 넓고(侈口), 목은 짧으며(短頸), 배는 부풀어 올랐고(鼓腹), 어깨는 매끈함(溜肩). 중복부에는 2개의 꼭지형손잡이(乳釘耳)가 대칭으로 자리하고 있음. 무늬가 없음(素面).

(10) 호(侈口雙耳罐, M2 : 5. 그림 4-13)
○ 출토지 : 2호묘.
○ 크기 : 입직경 6.8cm, 바닥 직경 5.9cm, 높이 9.8cm.
○ 태토 및 색깔 : 모래 섞인 회색토기(夾沙灰陶).
○ 형태 : 手製로 토기 표면은 抹光 처리함. 입은 넓고(侈口), 목은 짧으며(短頸), 어깨는 매끈함(溜肩). 중복부에는 2개의 꼭지형손잡이(乳釘耳)가 대칭으로 자리하고 있음. 무늬가 없음(素面).

(11) 호(侈口雙耳罐, M2 : 8. 그림 4-14)
○ 출토지 : 2호묘.
○ 크기 : 입직경 4.8cm, 바닥 직경 4.4cm, 높이 8cm.
○ 태토 및 색깔 : 모래 섞인 홍갈색토기(夾沙紅褐陶)로 태토가 거칠음.
○ 형태 : 手製로 기형이 휘어짐. 바닥은 두텁고 평평함. 상복부에는 2개의 꼭지형손잡이(乳釘耳)가 대칭으로 자리하고 있음. 무늬가 없음(素面).

(12) 호(侈口四耳罐, M3 : 16. 그림 11-3)
○ 출토지 : 3호묘.
○ 크기 : 입직경 5.9cm, 바닥 직경 4.5cm, 높이 9.8cm.
○ 태토 및 색깔 : 모래 섞인 회갈색토기(夾沙灰褐陶)로 태토가 雲母粉을 함유하고 있음.
○ 형태 : 手製로 토기 표면은 抹光 처리함. 기형은 마르고 길며, 비교적 작으며, 입은 넓음(侈口). 중복부에는 4개의 꼭지형손잡이(乳釘耳)가 대칭으로 자리하고 있음. 바닥은 안으로 오목하게 들어감. 무늬가 없음(素面).

(13) 호(斂口疊脣罐, M2 : 30. 그림 5-1)
○ 출토지 : 2호묘.
○ 크기 : 입직경 8.4cm, 바닥 직경 5cm, 높이 11.4cm.
○ 태토 및 색깔 : 모래 섞인 홍갈색토기(夾沙紅褐陶)로 태토에 雲母粉이 함유된 상태임.
○ 형태 : 器壁의 안팎을 모두 抹光 처리됨. 大口로서 약간 오므라졌으며, 器壁은 弧를 이루며, 입술(口脣) 밖에 점토띠를 둘렸는데 둥근 형태임(圓脣). 중복부에는 4개의 꼭지형손잡이(乳釘耳)가 대칭으로 자리하고 있으며, 하복부는 잘록하게 오므라져 바닥은 작고 평평함(小平底).

(14) 호(斂口疊脣罐, M2 : 31. 그림 5-13)
○ 출토지 : 2호묘.
○ 크기 : 입직경 6.6cm, 바닥 직경 4cm, 높이 9.8cm.
○ 태토 및 색깔 : 모래 섞인 회색토기(夾沙灰陶)로 색깔은 순수하지 않음.
○ 형태 : 토기 표면은 抹光 처리함. 大口로서 약간 오므라졌으며, 器壁은 弧를 이루며, 입술(口脣) 밖에 점토띠를 둘렸는데 둥근 형태임(圓脣). 배는 부풀어 올랐고(鼓腹), 중복부에는 2개의 꼭지형손잡이(乳釘耳)가 대칭으로 자리하고 있음. 바닥은 안으로 오목하게 들어감. 무늬가 없음(素面).

(15) 호(斂口疊脣罐, M2 : 4, 그림 5-12)
○ 출토지 : 2호묘.
○ 크기 : 입직경 9.6cm, 바닥 직경 7.8cm, 높이 11cm.
○ 태토 및 색깔 : 모래 섞인 홍갈색토기(夾沙紅褐陶)로 색깔은 순수하지 않음.
○ 형태 : 토기 표면은 문질러 눌렀으며, 기형은 휘어지고 조악함. 大口로서 약간 오므라졌으며, 器壁은 弧를 이루며, 입술(口脣) 밖에 점토띠를 둘렀는데 꺾인 형태임(折脣). 배는 부풀어 올랐고(鼓腹), 상복부에는 4개의 橋狀盲耳가 대칭으로 자리하고 있음. 목은 없음.

(16) 호(斂口疊脣罐, M2 : 3, 그림 5-11)
○ 출토지 : 2호묘.
○ 크기 : 입직경 9.6cm, 바닥 직경 7cm, 높이 12.8cm.
○ 태토 및 색깔 : 점토질 홍색토기(泥質紅陶)로 색깔은 순정함.
○ 형태 : 염구첩순관(斂口疊脣罐). 토기 표면은 약간 磨光 처리했으며, 무늬가 없음(素面). 大口로서 약간 오므라졌으며, 器壁은 弧를 이루며, 입술(口脣) 밖에 점토띠를 각이 지게 돌린 형태임(方脣). 중복부에는 4개의 橋狀橫耳가 대칭으로 자리하고 있음. 바닥은 평평함(平底).

(17) 호(斂口疊脣罐, M2 : 33, 그림 5-6)
○ 출토지 : 2호묘.
○ 크기 : 입직경 7.4cm, 바닥 직경 4.4cm, 높이 10.5cm.
○ 태토 및 색깔 : 모래 섞인 홍갈색토기(夾沙紅褐陶).
○ 형태 : 토기 표면은 磨光 처리했으며, 무늬가 없음(素面). 大口로서 약간 오므라졌으며, 器壁은 弧曲를 이루며, 입술(口脣) 밖에 점토띠를 각이 지게 돌린 형태임(方脣). 배가 깊고(深腹), 상복부에는 4개의 꼭지형손잡이(乳釘耳)가 대칭으로 자리하고 있음. 바닥은 약간 안으로 오목하게 들어감.

(18) 호(斂口疊脣罐, M2 : 37, 그림 5-2)
○ 출토지 : 2호묘.
○ 크기 : 입직경 7.7cm, 바닥 직경은 4.4cm, 높이 10cm.
○ 태토 및 색깔 : 모래 섞인 흑갈색토기(夾沙黑褐陶).
○ 형태 : 大口로서 약간 오므라졌으며, 器壁은 弧를 이루며, 입술(口脣) 밖에 점토띠를 돌린 형태임. 배가 깊고(深腹), 상복부에는 4개의 꼭지형손잡이(乳釘耳)가 대칭으로 자리하고 있음. 하복부가 잘록하게 들어가 바닥은 작은 납작바닥(小平底)으로 약간 안으로 오목하게 들어감. 무늬가 없음(素面).

(19) 호(斂口疊脣罐, M2 : 40, 그림 5-9)
○ 출토지 : 2호묘.
○ 크기 : 입직경 9.2cm, 바닥 직경 5.2cm, 높이 11cm.
○ 태토 및 색깔 : 모래 섞인 흑갈색토기(夾沙黑褐陶).
○ 형태 : 제작이 투박함. 大口로서 약간 오므라졌으며, 입술(口脣) 밖에 점토띠를 돌린 형태임. 배가 깊고(深腹) 경사져있으며(斜服), 상복부에는 4개의 꼭지형손잡이(乳釘耳)가 대칭으로 자리하고 있음. 바닥은 작고 평평함(小平底).

(20) 호(斂口疊脣罐, M3 : 2, 그림 11-5)
○ 출토지 : 3호묘.
○ 크기 : 입직경 8.8cm, 바닥 직경 6.8cm, 높이 11.7cm.
○ 태토 및 색깔 : 모래 섞인 홍갈색토기(夾沙紅褐陶).
○ 형태 : 염구첩순관(斂口疊脣罐). 大口로서 약간 오므라졌으며, 입술(口脣) 밖에 점토띠를 돌렸는데 둥근 형태임. 배가 깊고(深腹) 상복부에는 4개의 꼭지형손잡이(乳釘耳)가 대칭으로 자리하고 있음. 바닥은 두텁고 평평하며 약간 안으로 오목하게 들어감.

(21) 호(斂口疊脣罐, M3 : 7, 그림 11-6)
○ 출토지 : 3호묘.
○ 태토 및 색깔 : 모래 섞인 흑갈색토기(夾沙黑褐陶).
○ 형태 : 器形이 비교적 작음. 大口로서 약간 오므라졌으며, 입술(口脣) 밖에 점토띠를 돌린 형태임. 배가 깊고(深腹) 복부에는 4개의 파수가 대칭으로 자리하고 있음. 바닥은 평평하며(平底) 약간 안으로 오목하게 들어감.

(22) 호(四耳斂口罐, M1 : 1, 그림 6-21)
○ 출토지 : 1호묘.
○ 크기 : 입직경 6.5cm, 바닥 직경 3.6cm, 높이 7cm.
○ 태토 및 색깔 : 모래 섞인 홍갈색토기(夾沙紅褐陶).
○ 형태 : 기형은 비교적 작으며, 표면은 抹光 처리함. 大口로서 약간 오므라졌으며, 바닥이 평평하며(平底), 무늬가 없음(素面). 상복부에는 4개의 꼭지형손잡이(乳釘耳)가 대칭으로 자리하고 있음.

(23) 호(四耳斂口罐, M2 : 51, 그림 6-10)
○ 출토지 : 2호묘.
○ 크기 : 입직경 9.3cm, 바닥 직경 6cm, 높이 10.3cm.
○ 태토 및 색깔 : 모래 섞인 갈색토기(夾沙褐陶).
○ 형태 : 기형은 비교적 작으며, 표면은 긁고 문지름. 大口로서 약간 오므라졌으며, 배가 깊고(深腹), 바닥이 평평하며(平底), 입술은 네모진 형태임(方脣). 중복부에는 4개의 파수가 대칭으로 자리하고 있음. 무늬가 없음(素面).

(24) 호(四耳斂口罐, M2 : 22, 그림 6-15)
○ 출토지 : 2호묘.
○ 크기 : 입직경 6.8cm, 바닥 직경 4.2cm, 높이 6.2cm.
○ 태토 및 색깔 : 모래 섞인 회갈색토기(夾沙灰褐陶).
○ 형태 : 기형은 비교적 작고 정연하지 못하며, 기형 표면은 抹光 처리함. 大口로서 약간 오므라졌으며, 배가 깊고(深腹), 바닥이 평평함(平底). 상복부에는 4개의 꼭지형손잡이(乳釘耳)가 대칭으로 자리하고 있음. 무늬가 없음(素面).

(25) 호(四耳斂口罐, M2 : 20, 그림 6-17)
○ 출토지 : 2호묘.
○ 크기 : 입직경 6cm, 바닥 직경 4.4cm, 높이 8.5cm.
○ 태토 및 색깔 : 모래 섞인 홍갈색토기(夾沙紅褐陶).
○ 형태 : 기형은 비교적 작으며, 기형 표면은 긁고 문지름. 大口로서 약간 오므라졌으며, 배가 깊고(深腹), 바닥이 작고 평평하며(小平底). 구연부 가까운 곳에 4개의 舌狀 파수(鋬耳)가 대칭으로 자리하고 있으며, 이 손잡이는 위로 들린 형태임. 무늬가 없음(素面).

(26) 호(四耳斂口罐, M2 : 50, 그림 6-5)
○ 출토지 : 2호묘.
○ 크기 : 입직경 7cm, 바닥 직경 4.6cm, 높이 12cm.
○ 태토 및 색깔 : 모래 섞인 흑갈색토기(夾沙黑褐陶).
○ 형태 : 기형은 비교적 작고 정연하지 못하며, 기벽 내외을 모두 抹光 처리함. 大口로서 약간 오므라졌으며, 배가 깊고(深腹), 바닥이 평평함(平底). 상복부에는 4개의 꼭지형손잡이(乳釘耳)가 대칭으로 자리하고 있으며, 손잡이는 약간 위로 들려 있음. 무늬가 없음(素面).

(27) 호(四耳斂口罐, M2 : 59, 그림 6-18)
○ 출토지 : 2호묘.
○ 크기 : 입직경 7.9cm, 바닥 직경 6cm, 높이 11.4cm.
○ 태토 및 색깔 : 모래 섞인 회갈색토기(夾沙灰褐陶)로 器表는 색이 고르지 않음.
○ 형태 : 기형은 비교적 작고 휘어져 있으며, 기형 표면은 抹光 처리함. 大口로서 약간 오므라졌으며, 배가 깊고(深腹), 바닥이 평평하며(平底), 무늬가 없음(素面). 입술은 둥근 형태임(圓脣). 상복부에는 2개의 꼭

지형손잡이(乳釘耳)와 2개의 수교상파수(竪橋狀耳)가 대칭으로 자리하고 있음. 전체 토기 가운데 유일한 세로 손잡이(竪耳)임.

(28) 호(四耳斂口罐, M2 : 21, 그림 6-16)
○ 출토지 : 2호묘.
○ 크기 : 입직경 7.2cm, 바닥 직경 4cm, 높이 7.6cm.
○ 태토 및 색깔 : 모래 섞인 홍갈색토기(夾沙紅褐陶)로 태토에는 雲母粉이 함유됨.
○ 형태 : 기형은 비교적 작으며, 器壁 내외는 모두 抹光 처리함. 大口로서 약간 오므라졌으며, 배가 깊고(深腹), 무늬가 없음(素面). 斜弧腹 아래로 잘록하게 들어가 小平底를 이루며, 바닥은 약간 안으로 오목하게 들어감. 구연부 가까운 곳에 4개의 舌狀 손잡이(鋬耳)가 대칭으로 자리하고 있음.

(29) 호(四耳斂口罐, M2 : 44, 그림 6-20)
○ 출토지 : 2호묘.
○ 크기 : 입직경 6.8cm, 바닥 직경 5cm, 높이 8.2cm.
○ 태토 및 색깔 : 모래 섞인 홍갈색토기(夾沙紅褐陶).
○ 형태 : 기형은 비교적 작고 정연하지 못함. 大口로서 약간 오므라졌으며, 배가 깊고(深腹), 구연부가 휘어져 있고 입술이 둥근 형태임(圓脣). 상복부에는 4개의 손잡이(鋬耳)가 대칭으로 자리하고 있음. 바닥은 높고 평평하며, 안으로 약간 오목하게 들어감. 무늬가 없음(素面).

(30) 호(四耳斂口罐, M3 : 5, 그림 12-1)
○ 출토지 : 3호묘.
○ 크기 : 입직경 7.8cm, 바닥 직경 4.8cm, 높이 11.3cm.
○ 태토 및 색깔 : 모래 섞인 회색토기(夾沙灰陶).
○ 형태 : 기형은 비교적 작고 정연하지 못함. 입이 오므라지고(斂口), 배가 깊고(深腹), 입술이 네모지고(方脣), 바닥은 작고 평평함(小平底). 상복부에는 4개의 손잡이(鋬耳)가 대칭으로 자리하고 있음. 무늬가 없음(素面).

(31) 호(四耳斂口罐, M3 : 1, 그림 12-2)
○ 출토지 : 3호묘.
○ 크기 : 입직경 10cm, 바닥 직경 7cm, 높이 13.5cm.
○ 태토 및 색깔 : 모래 섞인 흑갈색토기(夾沙黑褐陶)로 태토는 거칠음.
○ 형태 : 기형은 비교적 정연하지 못하고 소성도는 비교적 낮음. 입이 오므라지고(斂口), 배가 깊고 볼록하며(深鼓腹), 바닥은 약간 안으로 오목하게 들어감. 상복부에는 4개의 꼭지형손잡이(乳釘耳)가 대칭으로 자리하고 있음. 무늬가 없음(素面).

(32) 호(雙耳斂口罐, M2 : 49, 그림 7-1)
○ 출토지 : 2호묘.
○ 크기 : 입직경 9.8cm, 바닥 직경 6.8cm, 높이 10.6cm.
○ 태토 및 색깔 : 모래 섞인 홍갈색토기(夾沙紅褐陶).
○ 형태 : 기벽은 抹光 처리함. 大口로서 약간 오므라졌고, 배가 깊고(深腹), 입술은 뾰쪽함(尖脣). 바닥은 약간 안으로 오목하게 들어감. 상복부에는 2개의 橋狀 橫耳가 대칭으로 자리하고 있음. 무늬가 없음(素面).

(33) 호(雙耳斂口罐, M2 : 66, 그림 7-5)
○ 출토지 : 2호묘.
○ 크기 : 입직경 7.5cm, 바닥 직경 4.5cm, 높이 7.5cm.
○ 태토 및 색깔 : 모래 섞인 회갈색토기(夾沙灰褐陶).
○ 형태 : 大口로서 약간 오므라졌고, 배가 깊음(深腹). 복부 아래가 잘록하게 들어가 바닥은 작고 평평함(小平底). 상복부에는 2개의 꼭지형손잡이(乳釘耳)가 대칭으로 자리하고 있음. 무늬가 없음(素面).

(34) 호(雙耳斂口罐, M2 : 24, 그림 7-7)
○ 출토지 : 2호묘.
○ 크기 : 입직경 5.5cm, 바닥 직경 4.2cm, 높이 7cm.
○ 태토 및 색깔 : 모래 섞인 홍갈색토기(夾沙紅褐陶).
○ 형태 : 수제(手捏製)로 기형은 비교적 작고 정연하지 못하며, 기벽은 抹光 처리함. 바닥은 두껍고 평평함. 상복부에는 2개의 손잡이(鋬耳)가 대칭으로 자리하고 있음. 무늬가 없음(素面).

(35) 호(雙耳斂口罐, M2 : 47, 그림 7-6)
○ 출토지 : 2호묘.
○ 크기 : 입직경 8.8cm, 바닥 직경 6cm, 높이 9.4cm.
○ 태토 및 색깔 : 모래 섞인 홍갈색토기(夾沙紅褐陶).
○ 형태 : 기형은 휘어져 정연하지 못하며 기벽은 抹光 처리함. 입은 곧고(直口), 기벽은 두껍고(厚壁), 바닥은 평평함(平底). 상복부에는 2개의 꼭지형손잡이(乳釘耳)가 대칭으로 자리함.

(36) 호(無耳罐, M2 : 6, 그림 8-5)
○ 출토지 : 2호묘.
○ 크기 : 입직경 5.4cm, 바닥 직경 6cm, 높이 11cm.
○ 태토 및 색깔 : 거친 모래가 섞인 홍갈색토기(夾粗沙紅褐陶)로 태토의 질은 투박하며, 태토 표피(胎皮) 밖의 많은 곳에서는 거친 모래입자가 노출되었음.
○ 형태 : 입은 크고(侈口), 목은 잘록하고(束頸), 바닥은 평평함(平底). 무늬는 없음(素面).

(37) 호(無耳罐, M2 : 64, 그림 8-9)
○ 출토지 : 2호묘.
○ 크기 : 입직경 7cm, 바닥 직경 5.2cm, 높이 10.5cm.
○ 태토 및 색깔 : 모래 섞인 회갈색토기(夾沙灰褐陶)로 태토의 질은 투박하며, 태토 표피(胎皮) 밖의 많은 곳에서는 거친 모래입자가 노출되었음.
○ 형태 : 抹光 처리함. 입은 곧고(直口), 입술은 둥글고(圓脣), 배가 볼록함(鼓腹). 복부 아래는 잘록하게 들어가 바닥은 작고 평평하고(小平底), 바닥은 약간 안으로 오목하게 들어감. 무늬는 없음(素面).

(38) 호(無耳罐, M2 : 63, 그림 8-1)
○ 출토지 : 2호묘.
○ 크기 : 입직경 8cm, 바닥 직경 3.2cm, 높이 7.2cm.
○ 태토 및 색깔 : 점토질 흑갈색토기(泥質黑褐陶).
○ 형태 : 기형은 비교적 작음. 大口로서 약간 오므려지며, 가장자리는 평평하며(平沿), 바닥은 작고 평평함(小平底).

(39) 호(無耳罐, M2 : 65, 그림 8-2)
○ 출토지 : 2호묘.
○ 크기 : 입직경 8cm, 바닥 직경 5.7cm, 높이 10.5cm.
○ 태토 및 색깔 : 모래 섞인 홍갈색토기(夾沙紅褐陶)로 색깔은 순수하지 않으며, 태토는 비교적 가늚.
○ 형태 : 무이관(無耳罐). 소성도가 비교적 높으며, 器表는 긁어내고 문지렀음. 입은 곧고(直口), 입술은 네모지고(方脣), 배는 대나무통 같고(筒腹), 바닥은 평평함(平底). 무늬는 없음(素面).

(40) 호(無耳罐, M2 : 23, 그림 8-7)
○ 출토지 : 2호묘.
○ 크기 : 입직경 5.6cm, 바닥 직경 3.6cm, 높이 6.5cm.
○ 태토 및 색깔 : 모래 섞인 홍갈색토기(夾沙紅褐陶)로 태토는 비교적 단단함.
○ 형태 : 수제(手捏製)로 기형은 비교적 작음. 거칠게 제작되어 器表는 울퉁불퉁함. 입은 곧고(直口), 입술은 뾰족함(尖脣). 하복부가 안으로 들어가 두터운 平底를 이루고 있는데 捏欣이 있음. 무늬는 없음(素面).

(41) 호(無耳罐, M2 : 41, 그림 8-8)
○ 출토지 : 2호묘.
○ 크기 : 입직경 7.8cm, 바닥 직경 6.2cm, 높이 7.8cm.
○ 태토 및 색깔 : 모래 섞인 홍갈색토기(夾沙紅褐陶)로 태토는 거칢.
○ 형태 : 수제(手捏製)로 기형은 비교적 작으며, 거칠게 제작되어 器表는 울퉁불퉁함. 입은 약간 오므라져 있고, 입술은 뾰족하고(尖骨), 배는 얕고(淺腹), 약간 들린 굽임(圈足).

(42) 호(無耳罐, M2 : 48, 그림 8-6)
○ 출토지 : 2호묘.
○ 크기 : 입직경 7.5cm, 바닥 직경 7.7cm, 높이 11.2cm.
○ 태토 및 색깔 : 점토질 홍갈색토기(泥質紅褐陶).
○ 형태 : 기형은 휘어져 정연하지 못하며, 器表는 얼룩덜룩하여 가지런하지 못함. 입은 훼손된 상태이나 오므라져 있고(斂口), 배는 볼록하고(鼓腹), 평평한 바닥(平底)에는 압날 흔적이 있음. 무늬는 없음(素面).

(43) 호(無耳罐, M3 : 15, 그림 12-11)
○ 출토지 : 3호묘.
○ 크기 : 입직경 5.6cm, 바닥 직경 4cm, 높이 7.2cm.
○ 태토 및 색깔 : 모래 섞인 홍갈색토기(夾沙紅褐陶).
○ 형태 : 수제(手捏製)로 기형은 비교적 작고, 器表는 얼룩덜룩하여 가지런하지 못함. 입이 크고(侈口), 목이 짧으며(短頸), 두꺼운 平底임. 무늬는 없음(素面).

(44) 호(無耳罐, M3 : 17, 그림 12-12)
○ 출토지 : 3호묘.
○ 크기 : 입직경 6.9cm, 바닥 직경 4.2cm, 높이 7.2cm.
○ 태토 및 색깔 : 모래 섞인 홍갈색토기(夾沙紅褐陶).
○ 형태 : 기형은 비교적 작음. 입이 벌어지고(敞口), 입술이 평평하고(平骨), 두껍고 평평한 바닥임(平底). 무늬는 없음(素面).

(45) 발(四耳鉢, M2 : 62, 그림 8-10)
○ 출토지 : 2호묘.
○ 크기 : 입직경 7.4cm, 바닥 직경 3.6cm, 높이 5.2cm.
○ 태토 및 색깔 : 모래 섞인 회갈색토기(夾沙灰褐陶)로 색깔은 순수하지 못함.
○ 형태 : 기형은 왜소하고 마연흔(打磨痕)이 명확함. 大口로서 약간 오므라진 형태이며, 입술은 네모지고(方骨), 하복부에서 급격히 줄어들어 바닥은 작고 평평함(小平底). 상복부에는 4개의 橋狀盲耳가 대칭으로 자리하고 있음.

(46) 솥(陶釜, M2 : 17, 그림 8-11)
○ 출토지 : 2호묘.
○ 크기 : 입직경 8cm, 바닥 직경 5.3cm, 전체 높이 13cm.
○ 태토 및 색깔 : 가는 모래의 회갈색토기(夾細沙灰褐陶)로 색깔은 순수하지 못함.
○ 형태 : 抹光 처리함. 기형은 왜소하고 마연흔(打磨痕)이 명확함. 입이 오므라지고(斂口), 입술은 네모지고(方骨), 배가 깊고(深腹), 나팔모양의 높은 대각임(高圈足). 상복부에는 4개의 손잡이(鋬耳)가 대칭으로 자리하고 있음. 무늬가 없음(素面).

(47) 솥(陶釜, M3 : 19, 그림 12-10)
○ 출토지 : 3호묘.
○ 크기 : 입직경 6.6cm, 다리 직경 5.5cm, 전체 높이 11.2cm.
○ 태토 및 색깔 : 가는 모래의 회갈색토기(夾細沙灰褐陶).
○ 형태 : 抹光 처리함. 형태는 2호묘의 출토품(M2 : 17)과 동일하나 그에 비해 약간 작은 편이며, 마연흔(打磨痕)이 명확함. 입이 오므라지고(斂口), 입술은 네

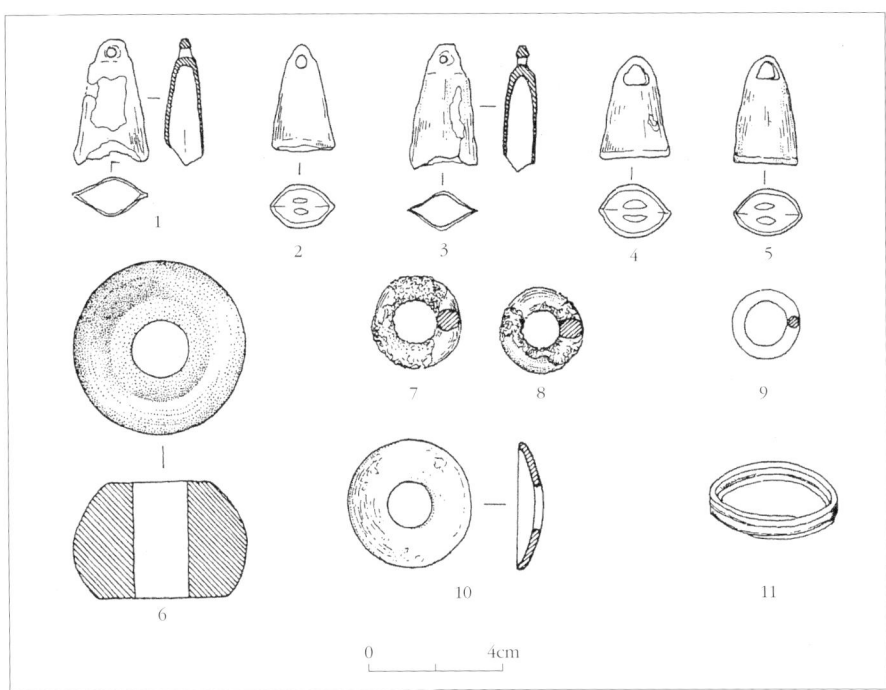

그림 9
왕청문진용두산석개묘 출토 청동기 및 석기
(『遼寧考古文集(二)』 2010)
1~5. 청동방울
(M2:52·67, M3:23·24·25)
6. 환상석기(석구, M2:68)
7~9. 청동고리(M2:70·71·72)
10. 청동고리장식(M2:69)
11. 청동귀고리(M2:73)

모지고(方脣), 배가 깊고(深腹), 나팔모양의 높은 대각임(高圈足). 상복부에는 4개의 손잡이(鋬耳)가 대칭으로 자리하고 있음. 무늬가 없음(素面).

(48) 구슬(珠飾)

○ 출토지 : 2호묘.

○ 형태 : 3점이 출토되었는데 크기와 형태는 대두(黃豆) 알갱이와 같으며, 가운데 작은 구멍이 있음.

2) 석기

총 3점. 주로 장식물임.

(1) 환상석기(石球, M2 : 68, 그림 9-6)

○ 출토지 : 2호묘.

○ 크기 : 높이 4.7cm, 中腹 너비 12.6cm, 구멍 지름 1.7cm.

○ 형태 : 양쪽으로 둥글고 볼록하며(圓鼓), 상하가 가지런하며, 세밀하게 갈았으며, 광택이 있게 매끈함. 중간의 구멍(鑽孔)이 수직으로 뚫려 있음.

(2) 석관(石串管)

○ 출토지 : 2호묘.

○ 형태 : 총 2점으로 주로 장식물로 추정되는데 모두 구멍(鑽孔)이 뚫린 작은 형태임. 세밀하게 갈아서 제작함.

3) 청동기

총 11점으로 M1에서 방울(銅鐸) 2점·고리장식(銅穿環) 2점·고리(銅環) 3점·귀고리(銅耳環) 1점, M2에서 방울(銅鐸) 3점 등이 출토됨. 주로 소형 장식물임.

(1) 방울(銅鐸, M2 : 52, 그림 9-1)

○ 출토지 : 2호묘.

○ 크기 : 높이 4.1cm.

○ 형태 : 정면은 삼각형을 띠고 방울 입구(鈴口)는 오목하게 들어가서 약간 마름모형(菱形)을 띠고 있으며,

어깨(肩)와 배(腹)의 경계가 명확치 않음. 위에는 紐가 있으며, 紐 아래에는 구멍이 없음. 鈴舌이 없으며, 鈴身 정면의 한쪽에는 손상된 구멍이 있음.

(2) 방울(銅鐸, M2：67, 그림 9-2)
○ 출토지：2호묘.
○ 크기：높이 3.5cm.
○ 형태：정면은 삼각형을 띠고 방울 입구(鈴口)는 평평하여 타원형을 띠고 있으며, 어깨(肩)와 배(腹)의 경계가 명확치 않음. 紐 아래에는 구멍이 있으며, 鈴身에는 鏤孔이 없음.

(3) 방울(銅鐸, M3：23, 그림 9-3)
○ 출토지：3호묘.
○ 크기：높이 4.1cm.
○ 형태：정면은 삼각형을 띠고 있음. 방울 입구(鈴口)는 오목하게 들어가서 약간 마름모형(菱形)을 띠고 있음. 어깨(肩)와 배(腹)의 경계가 명확치 않음. 紐 아래에는 구멍이 없고, 鈴舌이 없음. 鈴身 정면의 한쪽에는 작은 손상된 구멍이 있음.

(4) 방울(銅鐸, M3：24, 그림 9-4)
○ 출토지：3호묘.
○ 크기：높이 3.3cm.
○ 형태：방울 입구(鈴口)는 평평하여 대체로 타원형을 띠고 있음. 위에는 삼각형의 紐孔이 있으며, 紐 아래에 구멍이 있음.

(5) 방울(銅鐸, M3：25, 그림 9-5)
○ 출토지：3호묘.
○ 크기：높이 3.5cm.
○ 형태：방울 입구(鈴口)는 평평하여 대체로 타원형을 띠고 있음. 위에는 삼각형의 紐孔이 있으며, 紐 아래에 구멍이 있음.

(6) 고리장식(銅穿環, M2：69, 그림 9-10)
○ 출토지：2호묘.
○ 크기：직경 4.1cm, 구멍직경 1.5cm, 두께 0.25cm.
○ 형태：원형(圓片形)으로 한면은 볼록하여 단면은 弧形을 띠고 있음. 중간에는 둥근 구멍이 있는데 長杆 등의 고리식(環式) 銅柄鐵劍의 손잡이(柄首) 고리(銅穿環)임.

(7) 고리(銅環, M2：70, 그림 9-7)
○ 출토지：2호묘.
○ 크기：바깥직경 3cm, 안직경 1.4cm, 두께 0.8cm.
○ 형태：둥근고리형(圓環形)으로 녹 얼룩이 있음. 고리의 단면은 원형임.

(8) 고리(銅環, M2：71, 그림 9-8)
○ 출토지：2호묘.
○ 크기：M2：70 보다 작음.
○ 형태：둥근고리형(圓環形)으로 녹 얼룩이 있음. 고리의 단면은 원형임.

(9) 고리(銅環, M2：72, 그림 9-9)
○ 출토지：2호묘.
○ 크기：바깥직경 2.2cm, 안직경 1.4cm, 두께 0.4cm.
○ 형태：둥근고리형(圓環形)으로 고리의 단면은 원형임.

(10) 귀고리(銅耳環, M2：73, 그림 9-11)
○ 출토지：2호묘.
○ 크기：고리 안직경(內徑) 4.1cm, 두께 0.65cm.
○ 형태：직경 약 0.2cm의 銅絲를 나선식으로 3겹을 감았음. 평면은 원형을 이룸.

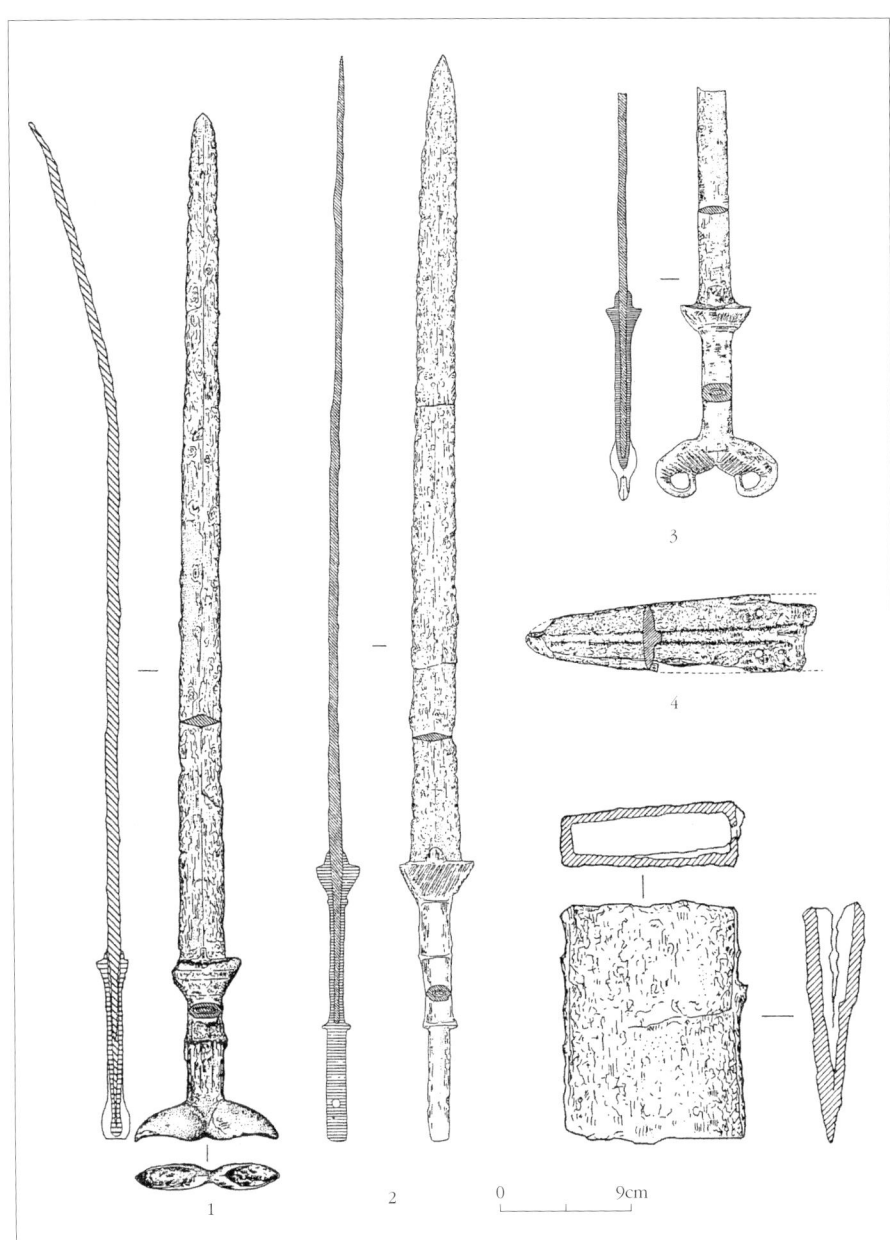

그림 10
왕청문진용두산석개묘
2호묘의 철기
(『遼寧考古文集(二)』 2010)
1. 동병철검(M2:76)
2. 동병철검(兒童公園采)
3. 동병철검(瓦房新村采)
4. 철제창(M2:75)
5. 철제도끼(M2:74)

4) 철기

(1) 동병철검(銅柄鐵劍, M2 : 62, 그림 10-1)[1]

○ 출토지 : 2호묘.

---

[1] 원문의 도면에는 유물번호가 M2 : 76으로 기록되어 있는데 오기로 추정.

○ 크기 : 전체 길이 67.8cm로 청동제손잡이(銅柄)는 길이 12cm이고 철제검신은 길이 55.8cm, 최고 너비 3.1cm, 두께 0.8cm임.

○ 형태 : 출토 당시에 검병과 검신은 이미 끊어졌고, 검신 앞부분이 들려있었는데 이는 부장 후에 메운 흙(填土)에 눌려 굽어진 것임. 중간에 脊이 일어나 횡단면은 마름모형(菱形)을 띠고 있음. 검신은 납작한 나팔

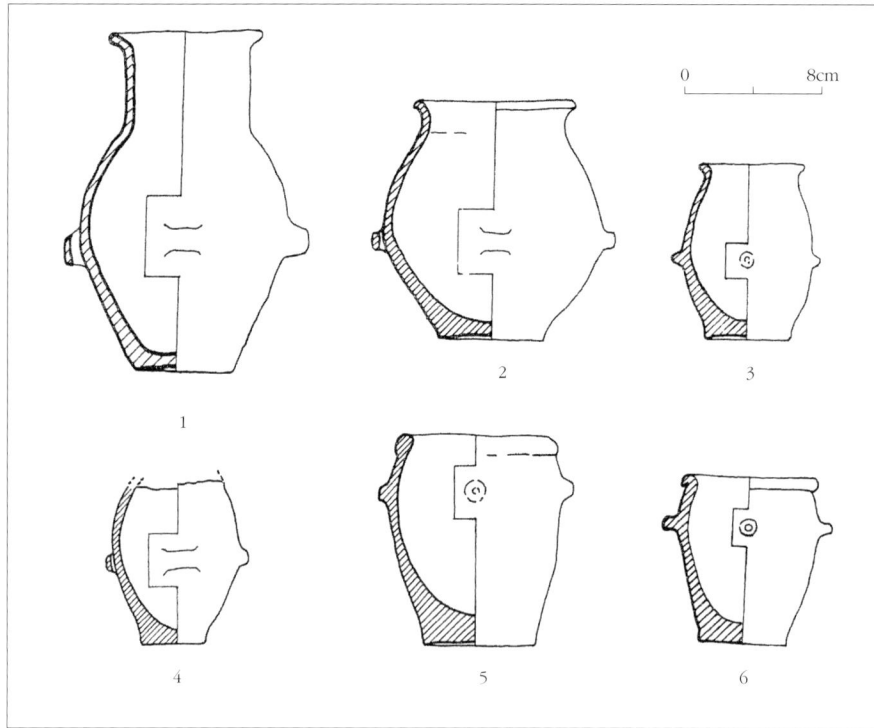

그림 11
왕청문진용두산석개묘
3호묘의 토기
(『遼寧考古文集(二)』2010)
1. 호(M3:22)
2. 사이호(치구사이고복관, M3:21)
3~4. 호(치구사이관, M3:16·11)
5~6. 호(염구첩순관, M3:2·7)

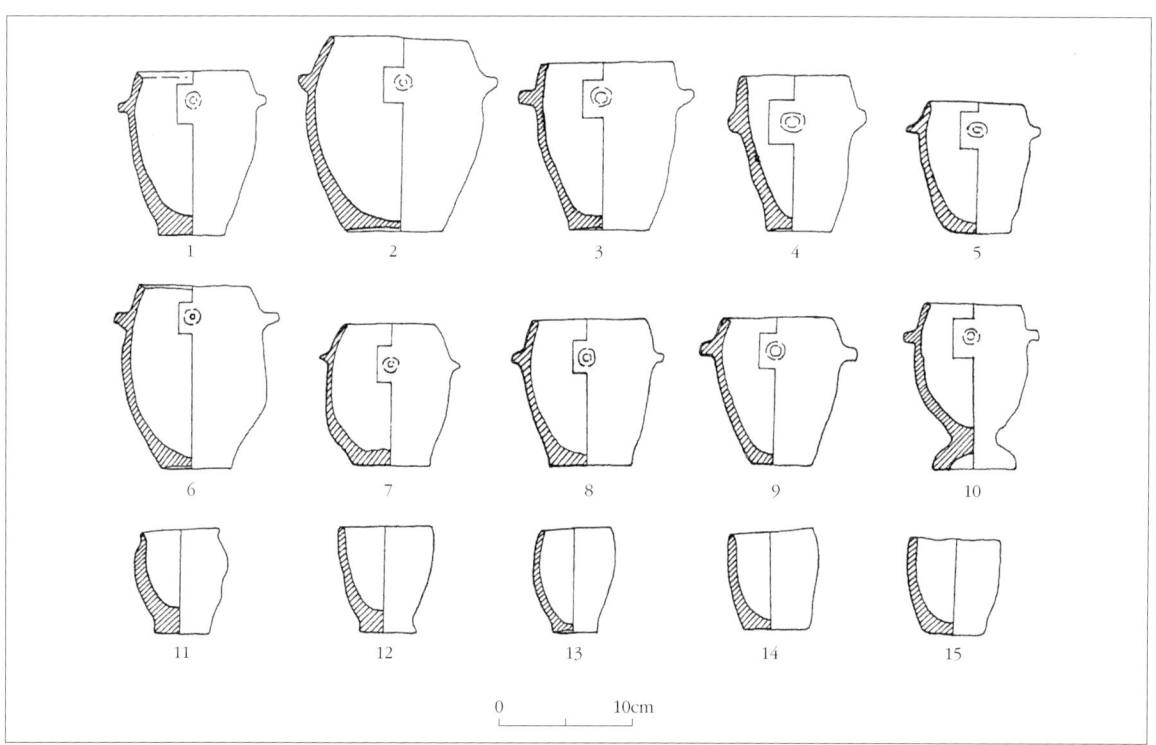

그림 12 왕청문진용두산석개묘 3호묘의 토기(『遼寧考古文集(二)』2010)
1~9. 호(사이염구관, M3:5·1·3·20·10·4·9·8·6) 10. 솥(M3:19) 11~15. 호(무이관, M3:15·17·18·13·14)

모양(扁喇叭狀)이며, 위에는 방사형의 세밀한 사선이 있음. 손잡이 양쪽이 위를 향해 말려 2개의 고리(環)를 이루었으나 이미 소실되고, 손잡이 위에 흔히 보이는 사선문 역시 이미 소실됨.

(2) 철제꺾창(鐵戈, M2 : 75, 그림 10-4)

○ 출토지 : 2호묘.
○ 크기 : 잔존 길이 18cm. 援身은 최고 너비 5.2cm, 최고 두께 0.8cm.
○ 형태 : 戈援만이 남아 있으며, 援身은 심하게 부식된 상태임. 한 면에는 中脊이 있으며, 戈援 後部에는 각각 두 개의 圓孔이 있음.

(3) 철제도끼(鐵斧, M2 : 74, 그림 10-5)

○ 출토지 : 2호묘.
○ 크기 : 길이 8.1cm, 너비 6cm. 도끼구멍(銎口) 길이 5.3cm, 너비 1.3cm.
○ 형태 : 평면은 약간 장방형을 띠며, 도끼구멍(銎)도 장방형임.

6. 역사적 성격

1) 용두산석개묘의 특징과 연대 분석

(1) 석개묘 입지와 축조방식

용두산석개묘는 산등성 위에 무리를 지어 분포함. 무덤은 土坑竪穴이며, 산등성이 주향을 따라 묘광을 파내고 묘실 바닥에 강자갈과 모래가 섞인 흙(河沙石) 한 층을 평평하게 깔았음. 葬具는 없고 무덤 내부를 묘 상부와 평평해 질 때까지 흙으로 채운 후에 무덤 밖에 자연석과 片石으로 봉해 큰 圓形封石層을 형성하고, 봉석 중앙에 다시 圓形蓋石을 덮음. 이런 무덤을 '土坑封石石蓋墓'라고 칭함. 이번 정리한 3기의 고분은 묘 장형식과 부장품을 보면 매장 시간이 크게 떨어지지 않아 동시기 무덤으로 추정됨.

(2) 매장 풍속

○ 화장 문화 : 무덤 내 매장 개체는 비교적 많음. 그 가운데 2호는 적어도 7개 이상의 개체가 있어 가족합장묘로 추정됨. 해당 무덤구역은 화장이 유행했는데 특히 2호에서는 묘실 바닥의 자갈과 모래가 섞인 흙(河沙石) 위에서 많은 紅燒土 덩어리와 대량의 목탄·회백색의 탄재 및 산재한 많은 燒骨 및 骨灰 등이 있어 무덤 내에서 화장이 진행된 것으로 보이며, 다수는 '이차다인세골화장묘(二次多人揀骨火葬墓)'에 해당함. 2호에서 많은 두골·지골·늑골 등이 어수선하게 묘실 바닥의 각 모퉁이에 분포하고 있음. 그런데 묘실 중간에 한쪽으로 치우친 곳에 유골 1구가 있는데 그 주변에 동병철검(銅柄鐵劍)·청동방울(銅鐸)·청동고리(銅環)·석구(石球)·석관(石串管)·토제구슬장식(珠飾) 등이 놓여 있으며, 동병철검 손잡이의 長杆 위에 원형천환(圓形穿環) 등의 부장품이 있음. 이는 이 사람이 자기 가족의 죽은 자들 가운데 지위가 가장 존귀한 일원임을 보여줌.

○ 훼기문화 : 2호와 3호는 보존상태가 온전하지만 두 무덤 속에서 모두 파손되어 복원이 불가능한 토기가 있음. 이들 파손된 토기는 메운 흙(填土) 속에 뒤섞여 무덤 안에 들어간 것이 아니라 의도적으로 무덤에 매장된 것임. M2 안에는 동병철검의 손잡이(劍柄)와 劍身이 두 토막으로 끊어졌고 철과의 援部 말단 역시 훼손됨. 이것들은 모두 유의미한 행위로서 훼기장속을 보여줌.

(3) 고분 조성 연대

3기의 고분가운데 1호무덤이 도굴에 의해 심하게 파괴되어 복원가능한 호(陶罐) 1점과 토기 잔편들만이 출토된 것을 제외하고 나머지 두 고분에서는 모두 비교적 온전한 토기 88점이 출토됨(小陶珠 제외). 2호무덤에서는 비교적 온전한 토기 66점이 출토되었고 파손된 56점 역시 복원 가능함. 이는 지금까지 遼吉지구의 석개묘 가운데 출토 부장품이 가장 많은 무덤임.

3기 고분에 부장된 토기는 전부 손으로 빚은 것으로 물레제작(輪製) 흔적이 없음. 절대다수의 토기는 모래 섞인 토기(夾沙陶)이고 오직 6점의 토기만 태토 속에서 모래가 섞이지 않았음. 토기 색깔은 다수가 순수하지 못하며, 모래 섞인 홍갈색토기(夾沙紅褐陶)와 모래 섞인 회갈색토기(夾沙灰褐陶)가 주를 이루며, 또한 모래 섞인 흑갈색토기(夾沙黑褐陶)와 모래 섞인 흑회색토기(夾沙黑灰陶)도 있음. 토기 표면은 모두 무늬가 없으며, 다수는 겉 표면이 抹光처리되었고 긁어내고 갈아서 비교적 윤기가 나는 것도 있고, 어떤 토기의 표면에는 매끈한 기구로 문질러서 폭이 좁은 띠모양의 암문을 볼 수 있음. 또한 절대다수의 토기에는 손잡이가 있는데 토기 손잡이는 꼭지형손잡이(乳釘耳)가 주를 이루며, 그 외에 교상횡이(橋狀橫耳)와 설형반이(舌狀鋬耳)가 있으며, 수교상손잡이(橋狀竪耳)는 오직 1점만이 확인됨. 토기 바닥은 대다수 平底로서 약간 안으로 오목하게 들어간 형태이며, 진정한 굽이 있는 토기는 보이지 않음. 토기의 器壁은 다수가 弧曲이며 直壁과 斜直壁 등은 보이지 않음. 토기 가운데 입이 크고(侈口) 목이 잘록하고(束頸) 배가 볼록한(鼓腹) 손잡이 4개(四耳)를 갖춘 납작바닥(小平底)의 罐이 가장 특징적인데 과거 알려진 석개묘의 출토 토기에서는 그와 유사한 것은 발견되지 않았음. 壺·罐·杯 등의 토기는 전부 죽은 자를 위해 부장되어 불태워진 冥器임. 부장토기는 어느 정도 조합이 있는 것 같은데 각 무덤에서 각기 壺 2점과 高杯 1점이 부장됨. 그 가운데 高杯는 청동기 흔적을 모방한 것이 명확함. 과거 길림성 公主嶺市 二十家子鎭 猴石村 석개묘에서 일찍이 그것과 유사한 四耳杯 2점이 출토되었는데 기형은 비교적 작았음. 猴石古墓는 역시 화장합장석개묘(火葬合葬石蓋墓)로 무덤 속에서 출토된 기타 부장품을 보면 연대는 용두산석개묘보다 약간 이른 편임.

철기의 출토는 무덤의 연대를 판단하는데 중요 근거 자료를 제공함. 2호무덤에서 온전한 觸角式 동병철검 1점과 함께 검병천환(劍柄穿環) 2점이 출토됨. 이는 묘주가 촉각식 동병철검을 사용한 것이 아니라 동시기 長杆穿環式 동병철검을 사용한 것을 보여줌. M2 출토의 촉각식 동병철검의 손잡이는 과거에 발견된, 두 마리 새가 머리를 돌린 형태의 손잡이(柄首)와는 다른 점이 있음. 과거 흔히 보이던 두 개의 촉각이 안으로 굽어 두 개의 고리를 형성하던 손잡이는 이 검의 손잡이(柄首)에서 이미 소실됨. 이런 촉각퇴화식의 동병철검은 그 연대가 西豊 西岔溝 묘지에서 출토된 촉각식 동병철검 보다 늦을 가능성이 있음. 동병철검의 손잡이(銅柄)는 완전히 청동으로 제작한 것이 아니라 겉면은 청동으로 감쌌지만 안은 철제임.

2호무덤 출토의 철제창(鐵戈) 1점은 이미 손상되었고 援部만이 남아 있음. 援身 한쪽 면에는 柱脊이 있으며 戈援 말단에는 두 개의 구멍이 있으며, 구멍직경은 0.5cm 보다 넓음. 이 戈援은 아주 戰國 秦·漢시기에 출현한 '卜形戟' 위의 橫援과 유사할 가능성이 아주 높음. 다만 戈援 위의 한쪽에 柱脊이 있는 鐵戈援 혹은 鐵戟援이 보고된 것이 있다는 것을 아직 보지 못함.

2호와 3호무덤에서 총 5점의 청동방울(銅鐸)이 발견되었는데 이들 무늬 없는(素面) 작은 청동방울(小銅鐸)은 西豊 西岔溝 묘지, 凌源 三官甸子, 喀左 老爺廟, 建平 孤山子와 楡樹林子, 遼陽 燈塔市 大河南鄕 北家子 등지에서 모두 발견됨. 용두산석개묘에서 출토된 작은 청동방울은 방울 안에 錘가 설치되어 있지 않아 간략화된 형식에 속하며, 그 연대는 약간 늦을 수 있음.

2호무덤에서 가는 銅絲를 구부려서 만든 용수철식 귀고리(耳環) 1점이 출토됨. 유사한 귀고리는 1974년 本溪 桓仁 大甸子 청동단검묘안에서 발견되었는데 묘장 연대는 전국말기에 비정됨. 1979년 길림성 樺甸 西荒山屯 청동단검 석개묘에서 유사한 귀고리(M3∶16)가 출토되었는데 묘장 연대는 전국 말기에서 漢代 초로 비정됨.

위와 같은 여러 요소를 종합해 판단해보면, 용두산 석개묘의 연대는 청동단검이 출토된 대전자묘와 서황산둔묘의 연대에 비해 늦으므로 서한 중후기가 비교적 온당함.

2) 주변 유적·유물과의 비교

(1) 석개묘

석개묘는 중국 동북과 한반도에 다수 분포함. 중국 경내에는 과거 요령성 동부, 요동반도와 길림성 서남부지구에서 비교적 다수 발견됨. 최근 몇 년 간의 고고조사에서 撫順지구 新賓縣 下夾河鄕의 小夾河村, 葦子峪鎭 于家村, 楡林鄕 大路村, 旺淸門鎭 夾河北, 撫順縣 救兵鄕 馬君村 등에서 일찍이 석개묘가 발견됨.

1990년 정리한 무순 山龍 石棚과 적석묘지에서 4호묘와 5호묘는 묘실을 돌로 메우고 난 후에 다시 大石으로 그 위를 눌렀는데 대석은 반드시 묘실 전부를 누른 것이 아니었으며, 무덤에서 직접 화장이 실행되었음. 무덤 축조법이 용두산석개묘와 기본적으로 유사하므로, 산룡 발굴자는 그 석개묘가 다른 유형의 무덤(적석묘/壓石墓)이라고 보았지만 석개묘와 여전히 관련이 있는 것으로 보임. 산룡 석붕과 적석묘에서 출토유물이 극히 드물며, 연대는 전국말 혹은 漢代 초로 비정됨. 5호묘에서 출토된 壺·罐 잔편을 분석해보면 그 연대는 용두산석개묘 보다 이른 편임.

석개묘 관련 문제에 대해 許玉林과 許明綱은 1980·90년대에 여러 차례 연구함. 1980년대 길림성은 전국 문물조사 당시에 遼源 및 요원 소속의 東豊縣, 通化市 소속의 梅河口, 柳河 등의 市·縣에서 이들 석개묘를 발견했음. 많은 석개묘·석붕·석관묘가 하나의 묘지에 혼재해 있었음. 이는 그들 간에 문화상의 친연관계를 보여줌. 후에 길림성문물고고연구소의 金旭東이 길림성 동풍 남부에서 발견한 몇 곳의 石蓋墓地에 대해 보고와 연구가 이루어짐.

매장특징과 연대분석에 근거하여 무순지구의 석개묘는 길림지구에서 발견된 석개묘와 비교적 밀접하게 관련됨. 무순박물관의 王嗣洲는 석개묘가 묘실구조와 器物 조합 방면에서 존재하는 차이에 근거하여 동북지구의 석개묘를 A, B구역으로 구분함. 鞍山市 이남 지구는 A구역, 무순 및 그 이북의 鐵嶺·四平·遼源·通化 등의 구역을 B구역으로 나누고, "A, B 두 구역은 석개묘의 연대 상한은 商末 西周 초 보다 이르며, 하한은 漢代 초 보다는 늦지 않음. B구역 석개묘는 A구역 석개묘 보다 늦게 이어지므로, A구역 석개묘가 북쪽으로 가서 지속되다 몰락했다"고 파악함(王嗣洲, 1998, 「論中國東北地區大石蓋墓」, 『考古』 1998-2).

두 구역의 청동기시대문화는 다른 기원과 전통을 가질 가능성이 있으므로 현재 가진 자료로써 B구역 석개묘가 A구역 석개묘의 연속과 몰락이라고 확신하기는 어려움. 그리고 두 구역의 초기철기시대문화의 정황 역시 진일보한 비교연구가 필요함. 용두산 대석개묘의 연대를 보면 서한 중후기에 석개묘의 존재가 있으므로 용두산석개묘는 동북지구에서 유행한지는 이미 오래된 석개묘에서 겨우 남아 있는 고분에 해당함. 따라서 가장 늦은 시기 형식의 석개묘에 속하며, 요동지구 철기시대의 유물임.

(2) 동병철검

용두산석개묘에서 출토된 동병철검은 무순지구에서 처음 발굴을 거쳐 획득한 출토품임. 1970년대 일찍이 무순시 兒童公園(舊 勞動公園)에서 출토된 長杆穿環式 동병철검을 징집했음. 이 검의 劍格은 납작한 나팔형을 띠고 있고 그 위에 사선문이 있으며, 손잡이(劍柄)는 2단의 대마디모양(竹節狀)으로 되어 있으며, 손잡이 머리(柄首)는 원주형을 이루고 있고 위에 구멍이 하나 뚫려 있으며, 銅穿環은 이미 존재하지 않음. 검신은 세 토막으로 끊어졌는데 길이 53.4cm, 칼날(刃) 너비 3.2cm, 두께 0.6cm, 전체 길이 71.8cm로서 林澐 분류방식의 Ⅱb식 검에 속함. 그 손잡이(劍柄) 역시 鐵芯 밖을 청동으로 감싸고 있음(그림 10-2). 1980년 撫順縣 남부의 石文鎭 瓦房村 新村에서 출토된 촉각식 동병철검 1점은 검신 하단은 이미 유실되고, 손잡이(劍柄)는 마모로 일부 변형되어, 검의 잔존 길이는 17cm임. 이 검은 東遼 彩嵐묘지에서 출토된 동병철검 형식과 유사하여 林澐 분류방식의 Ⅰ식 촉각식검에 해당함(그림 10-3). 이 동병철검 3점의 출현은 이러한 유적지가 무순지구에서 크게 분포하는 양상을 보여줌. 이 밖에 林澐 소개에 따르면 무순에 인접한 沈陽市 東陵區 柏官屯에서 역시 長杆穿環式 동병철검이 출토되었다고 함(Ⅱb식).

本溪 上堡 청동단검묘 자료에서 일찍이 청동고리(銅環) 1점이 보고되었으며, 청동고리의 한 면은 약간 鼓形을 띠고 있으며 고리직경 3.9cm, 구멍직경 1cm, 두께 0.3cm임. 이 청동고리의 형식은 長杆穿環式 동병철검 위의 청동고리장식(銅穿環)과 매우 유사함. 이 청동고리의 구멍직경은 겨우 1cm인데 楡樹老河深에서 출토된 동병철검의 柄首長杆의 경우, 그 長杆 단면의 직경이 1cm 정도인 것이 있음. 그래서 상보 청동단검묘 출토의 청동고리는 거의 장간천환식 동병철검 위의 청동고리장식일 가능성이 있으며, 본계지구 역시 이런 부류의 검이 분포하고 있었음을 보여줌.

두 柄首形式(장간천환식과 촉각식)의 동병철검 분포정황을 연구할 때에 朱永剛은 "분포정황을 보면, 장간천환식 동병철검의 출토 지점은 북쪽에 치우쳐 위치하고 있는데 주로 제2송화강 유역을 따라 분포한다. (중략) 촉각식 동병철검은 주로 길림 哈達嶺 이남에서 보여 原西荒山屯 유형의 분포 구역과 기본적으로 중복된다"고 함(朱永剛, 2002, 「吉林省及相鄰地區出土銅劍的聚類分析」, 『邊疆考古研究』 1, 科學出版社). 현재 상황을 보면, 무순시구 및 그 소속의 신빈현과 무순현, 무순에 인접한 본계시·철령 서풍현·심양지구에서 모두 장간천환식 동병철검이 발견되었음. 특히 용두산석개묘(M2)에서는 온전한 퇴화형 촉각식동병철검이 출토된 것을 제외하면 장간천환식 동병철검의 천환식이 출토되었음. 이는 묘주가 장간천환식 동병철검을 사용한 것을 보여줌. 柄首형식이 다른 검이 한 무덤에서 함께 출토된 것은 서한시기 촉각식과 장간천환식의 동병철검이 분포구역면에서 명확한 편중과 구분이 없었음을 보여줌. 이는 주영강의 견해처럼 "두 종류의 동병철검은 모두 동북계 동검에서 파생한 지방성의 변형이며, 漢 문화영향을 받아 개조된 결과"로 보임.

과거 고고자료를 보면 촉각식 및 장간천환식 동병철검은 주로 요령지구의 무순·심양·철령 등과 그 인근의 길림성 서남부지구 등에서 발견됨. 용두산석개묘 소재지는 혼강 지류인 부이강가에 위치하고 있음. 이곳은 양한 교체기 고구려족 활동과 흥기의 주요 지구였으나 지금까지 역사상 고구려족 활동의 중심지역에서 발견된, 전국말기에서 한대시기의 무덤에서는 여전히 동병철검이 발견되지 않았음. 따라서 이 시기에 만일 (본계) 上堡墓 속의 청동고리(銅環)와 동병철검이 유관하다면 그러한 종류의 부장이 동병철검이 있는 석개묘와 초기 고구려족의 관계에 대한 연구 가치가 있음. 고구려의 건국은 부여족 남하의 영향을 받았으므로, 용두산석개묘의 문화 성질과 족속을 연구할 때 부여족 역시 고려해야할 중요 지표 가운데 하나임.

(3) 작은 청동방울(小銅鐸)

용두산석개묘에서 출토된 청동방울(銅鐸) 5점은 높이가 5cm에 불과하여 작은 청동방울(小銅鐸)에 속함. 이러한 작은 청동방울은 요령성 西豊 西岔溝, 凌源 三官甸子 청동단검묘, 建平縣 楡樹林子鄕 炮手營子村 청동단검석관묘, 楡樹林子鄕 欒家營子村 청동단검묘,

喀左老爺廟鄕 果木樹營子村 청동단검묘에서 발견됨. 용두산의 어깨 없는(無肩) 작은 청동방울 형식과 가장 근접하고 연대 또한 이른 것은 北京 房山縣 琉璃河 黃土坡53호묘에서 출토된 것으로 서주 초기에 해당된다고 하는데 이 보고서에서는 순장한 개(狗)가 흔히 銅鈴을 매달고 있다고 소개함. 동령류의 기물은 중원지구 二里頭 문화 속에서 발견됨. 1983년 3월 山西 襄汾陶寺 유적 3296호묘에서 과거 중국 고고발견에서 가장 이른 동령의 표본이라 여겨진 것이 1점 출토됨. 殷墟 묘장 속에서 또한 얼마간의 동령이 발견되었는데 다수가 狗鈴임.

용두산석개묘에서 출토된 작은 청동방울은, 중국 북방지구에서는 서에서 동으로 다른 청동기시대문화 유적에서 다수 발견되고 있으며, 동북지구에서는 발해시기 심지어 더 늦은 일부 유적에서 이러한 유형의 작은 청동방울이 발견되고 있음. 이러한 작은 청동방울은 형식은 비록 다른 점이 있으나 그 사용 기능은 기본적으로 서로 동일하여 최초의 車, 馬, 牛, 狗 및 장식복식에 방울(鈴)을 사용했고, 그 후에는 샤먼 腰鈴으로 사용되어 宗敎法器의 일종으로 발전함. 작은 청동방울은 한반도와 일본열도에서도 발견됨. 무순 용두산에서 작은 청동방울이 출토된 석개묘는 중국 고대 북방에서 한반도 및 일본열도와 통하는 문화 교류선의 중간지대에 자리하고 있음. 이들 자료는 요동지구 양한시기의 문화 및 그 주변문화와의 관계를 연구하는데 중요역할을 함.

(4) 용수철식 귀고리

용두산석개묘에서 가는 銅絲를 구부려서 만든 용수철식 귀고리(耳環)가 출토됨. 이러한 용수철식 귀고리는 이미 銅絲를 구부려서 만든 것이 있고, 또한 金絲로 제작한 것도 있음. 이러한 귀고리의 대다수는 墜飾이 연결되어 있음. 이러한 소형 장식품은 앞서 소개된 환인 대전자와 화전 서황산둔 청동단검묘에서 몇 점이 출토된 것을 제외하면, 新疆 哈密的焉不拉克墓地, 內蒙古 鄂爾多斯市杭綿旗桃紅巴拉匈奴墓, 杭綿旗阿魯柴登墓葬, 鄂爾多斯市補洞溝匈奴墓, 准格爾旗西麻靑遺址, 淸水河縣西岔遺址 및 礁臼溝遺址, 凉城崞縣窯子墓地, 凉城毛慶溝墓地, 克什克騰旗關東車遺址, 寧城南山根墓葬 및 梁家營子墓葬(M8071), 敖漢旗周家地墓地, 北京延慶軍都山東周山戎墓地, 北京琉璃河劉李店村夏家店下層文化墓葬, 河北省懷來北辛堡戰國墓, 黑龍江省泰來縣平洋磚廠墓地 및 戰斗墓地, 吉林松原市後土木墓葬, 吉林遼源市高古墓地 등에서 모두 용수철식 귀고리가 출토되었음.

馮恩學의 소개에 따르면 러시아와 몽고국 등에서 '金絲로 구부려 만든 용수철장식품'이 발견되었다고 하는데 귀고리일 가능성이 있음. 일본 高濱秀는『中國北方地區靑銅器中的早期遊牧因素』에서 해외에서 발견된 용수철식 귀고리 2점을 소개하였음. 위에 열거한 출토지 가운데 시대가 가장 이른 귀고리는 유리하 하가점하층문화묘장에서 출토되었으며, 무순 용두산석개묘 출토의 용수철식 귀고리는 시대가 가장 늦은 편임.

이러한 용수철식 귀고리는 연대 간격이 夏에서 漢에 이르기까지 약 2000여 년간 줄곧 연속 사용되었음. 분포지역을 보면 이러한 용수철식 귀고리는 서부의 신강지구에서 중부의 내몽고 및 하북성을 거쳐 동북의 흑룡강·요녕·길림 지구에서 모두 발견되고 있으며, 해외에서도 발견됨. 이와 같은 부장품의 일치성은 다른 지역과 시간 속에서 각 문화 간에는 일정한 역사와 문화 관계가 있다는 것을 보여줌. 흑룡강·요녕·길림 지구의 용수철식 귀고리는 반드시 그 서부지구의 문화영향의 결과라고 생각하는 경향임.

戰國~秦漢시기는 바로 燕漢文化가 동으로 점차 이동하던 고조기이며, 고조선 세력이 쇠락하기 시작하고 북방민족이 동진남하 하던 추세였으며, 서한시기에 이르러서는 흉노족이 동으로 확장하고, 동호족이 오환·선비 등 두 종족으로 분화하였음. 동시에 부여족 역시 이 일대에서 종횡무진하고 있었음. 용두산석개묘의 문화 성질과 족속을 연구할 때에 戰國~秦漢시기에 遼吉 인접지구의 민족 분합집산 등의 정황을 고려해야만 함.

(5) 토기

용두산석개묘에서 출토된 토기는 비교적 특징을 지님. 토기는 모두 손으로 빚은 것으로 물레 흔적이 없음. 다수가 평평한 바닥(平底)로 약간 안으로 오목하게 들어갔으며, 진정한 굽있는 토기는 보이지 않음. 다수는 손잡이(耳)가 있으며, 네 개 손잡이(四耳)가 다수를 차지하며 특히 입이 크고(侈口) 목이 잘록하고(束頸) 배가 볼록한(鼓腹) 사이소평저관(四耳小平底罐)임. 과거에 보고된 석개묘에서는 동류의 기물이 아직 발견되지 않았음.

점토대토기(疊脣罐)는 遼寧省의 일부 石築墓에서 일찍이 발견되는데 시대는 청동기시대에서 줄곧 이어져 철기시대에 이름. 許玉林 연구에 의하면 대련, 개현, 수암 등지의 대석개묘에서 모두 청동단검, 선이 새겨진 호(弦紋壺), 점토대 통형관(疊脣筒形罐) 등이 발견되는데 연대는 춘추시기에 해당함.

1979년 10월 심양 新民縣 公主屯 後山遺址에서 일찍이 배가 볼록한(鼓腹) 점토대토기 10점이 출토되었는데 구연부 점토대(疊脣) 위에 손가락으로 누른 흔적(指壓捺抹痕)이 있었고 기형은 비교적 커서 실용기로 보임. 이와 같이 점토대 위에 손가락으로 누른 흔적이 있는 점토대토기는 무순 및 그 주위 지구의 초기철기시대 문화유적 속에서 다수 발견되었음. 다만 공주둔 후산의 점토대토기의 시간이 춘추시기 보다 이르지 않다고 확정할 수는 없음.

上堡墓에서는 청동단검과 燕式 鐵鑿, 수제의 협사 점토대토기, 전형적 燕式 泥質繩文罐이 하나의 무덤에 공존하고 있음. 그 가운데 점토대토기 4점과 용두산에서 출토된 점토대토기가 매우 유사하면서도 약간의 차이가 있음. 상보 점토대토기는 바닥이 평평하고(平底), 용두산 점토대토기는 바닥이 평평하면서(平底) 약간 안으로 오목하게 들어갔으며, 상보 토기(陶罐)의 점토대 위의 손가락으로 눌러 문지른 기법 역시 용두산 점토대토기에서는 보이지 않음. 상보 묘장의 연대는 전국말 또는 약간 늦은 시기로 비정되지만 용두산석개묘 출토의 점토대토기는 연대가 서한 중후기로서 점토대토기 가장 늦은 형태라 할 수 있음.

용두산석개묘에서는 또한 호(陶壺) 몇 점이 출토되는데 이는 사이치구전연호(四耳侈口展沿壺)로서 환인 망강루 묘지 출토의 호와 매우 유사함. 이런 호는 후대 고구려 광구장경사이호(四耳展沿壺)의 효시 여부를 연구할 가치가 있음.

(6) 화장습속

용두산석개묘는 화장을 실시함. 고고자료를 보면, 중국 서북·서남·동남·동북 지구의 많은 고대 민족은 일찍부터 화장습속이 유행하며, 화장은 신석기시대 이래 줄곧 이어져 金·元과 淸 초기까지 확인됨. 광대한 시공범위 내에서 수많은 고고학 문화유형과 古族·古國의 분포가 있었음. 따라서 화장은 모종의 고고학 문화의 독특한 매장형식은 아니나 동일시기, 동일지역 내에서 동일 무덤축조 방식을 채용하고 화장을 실시한 문화유적에서 문화 간의 관계와 속성을 토론할 때에는 주의를 기울여 고찰해야 함.

용두산석개묘에서는 다인이차세골화장(多人二次揀骨火葬)이 묘실 안에서 진행되었고, 동병철검과 전형적 燕漢式 철기가 부장됨. 이들 특징을 참조하면, 遼吉 인접지구에서 용두산석개묘 매장형식과 매우 유사한 석개묘가 많이 존재함. 遼吉 지구에서 화장을 실시한 석개묘는 동일지역에서 함께 분포하는 석붕과 석관묘를 포괄하므로, 확실히 연대와 문화 속성상 긴밀한 관계를 맺고 있다고 볼 수 있으며, 요길지구 길림 합달령의 남북 두 지구는 동병철검이 부장된 화장 석개묘 분포의 중심지구임을 보여줌. 다시 말해 길림 합달령의 양 날개가 동병철검의 중심적 분포구역임을 보여줌.

(7) 훼기장속

용두산석개묘는 훼기장속이 존재하는데 이러한 장속은 동북과 내몽고 지구의 오래된 전통임. 가장 이른 시기의 훼기가 발견된 고고자료는 서단산문화의 석관묘임. 내몽고 敖漢旗 周家地 夏家店上層文化墓葬, 요령 法庫 石砬子石棺墓, 본계 대전자청동단검묘, 본계현 張家堡戰國墓 등에서도 발견됨. 매장 습속은 보수성과 연속성을 지니는데 지금 동북지구에서 여전히 효자가 직계 친족이 죽어 장례를 치를 때 '그릇을 던지는(摔盆)' 습관을 볼 수 있음. 아마도 이러한 오랜 습속이 오늘날까지 지속되었다고 볼 수 있음.

고대 동북민족의 훼기 습속이 용두산 대석개묘와 시대가 유사하고 지역이 인접하고 부장품이 유사한 것을 종합해 보면, 화장과 훼기장속 문화의 비교 연구는 문화 유형의 구분과 족속에 대한 연구에 도움을 제공함.

참고문헌

- 李新全, 2008, 「高句麗早期遺存及其起源研究」, 吉林大博士論文.
- 華玉冰, 2008, 「中國東北地區石棚硏究」, 吉林大博士論文.
- 肖景全, 2010, 「新賓王淸門鎭龍頭山石蓋墓」, 『遼寧考古文集(二)』, 科學出版社.

02 신빈 산성구문고분군
新賓 山城溝門古墳群

1. 조사현황

1) 2001년 봄 조사
肖景全 등이 흑구산성 답사를 진행할 때 산성 밖 동남 산비탈 아래의 紅廟子鄕 四道溝村 32租의 마을주민들이 山城溝門이라 칭하는 곳에서 17기의 소형적석묘를 발견함.

2) 2007년 조사
○ 조사기관 : 撫順博物館.
○ 조사내용 : 제3차 전국문물 일제 현지조사(全國文物普查田野調査) 때 신빈 경내 소자하, 태자하, 부이강 연안에서 積石墓地를 여러 곳 발견하고 해당 묘지를 XB22-0111로 편호함.

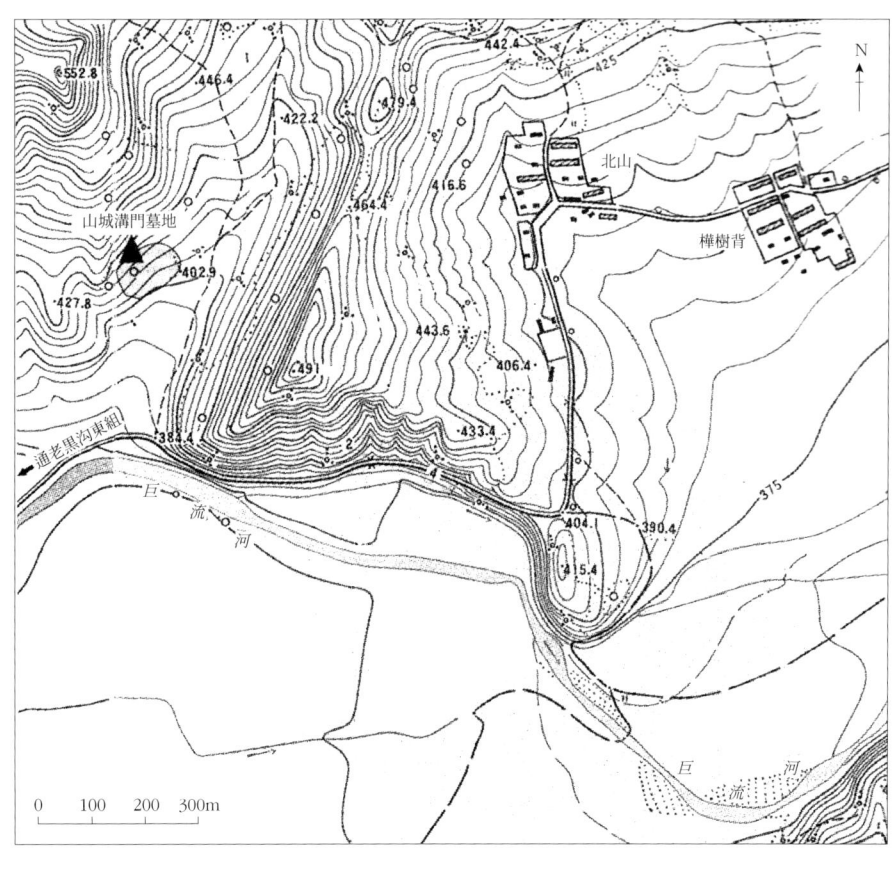

그림 1
산성구문 적석묘지 위치도
(『東北史地』 2014-5)

2. 위치와 자연환경(그림 1)

○ 新賓 紅廟子鄕 四道溝村 老黑溝屯組 동쪽 500m 의 높은 산 남쪽 비탈 기슭에 위치함. 이곳의 높은 산 위에 흑구산성이 자리하고 있음.
○ 묘지 소재지는 마을주민들이 山城溝門이라 칭하며, 서쪽으로 老黑溝屯組와 약 500m 떨어져 있으며, 동쪽으로 낮은 산을 지나면 雙砬子村 樺樹背組인데 樺樹背-四道溝村 간의 도로가 묘지 남쪽을 동서로 통과하며, 도로 남면은 부이강 지류인 巨流河에 바로 인접해 있음.
○ 묘지의 중심좌표는 북위 41°32′58.0″, 동경 125°18′44.0″이고 해발고도는 319m임.

3. 고분군의 분포현황

○ 묘지는 동서 길이 약 100m, 남북 너비 약 70m임.
○ 현재는 경작지가 되어 현존하는 적석묘는 17기이며, 전부 독립적 개체로 고분 규모는 크지 않아 직경 2~3m 정도임. 지표 분구 위에서 많은 불규칙한 돌(石條), 판석, 碎石 등을 볼 수 있는데 그 가운데 판석은 길이 1.5m, 너비 0.9m, 두께 0.2~0.32m임.
○ 무덤 보존상태는 비교적 양호하며, 도굴흔적은 없으며, 묘지에서 부장품은 보이지 않음.
○ 지표에 보이는 것을 분석해보면 무덤은 소형 無壇石室積石墓와 小墓임.

4. 역사적 성격

신빈은 고구려산성 분포가 비교적 많은 지역으로 그 인근에 자리한 적석묘와 일정한 관계를 지닌 것으로 파악됨. 따라서 산성구문의 무단석광묘는 묘지가 소재한 산 위의 흑구산성과 관련된 무덤으로 추정됨.

참고문헌

- 肖景全·鄭辰, 2009, 「三十年來撫順地區的高句麗考古發現與相關問題硏究」, 『高句麗與東北民族研究』, 吉林大學出版社.
- 肖景全·鄭辰·金輝, 2014, 「新賓滿族自治縣近年來發現的高句麗積石墓」, 『東北史地』 2014-5.

03 신빈 후대자고분군
新賓 後臺子古墳群

1. 시기 : 조사현황

1) 2007년 조사
○ 조사기관 : 撫順博物館.
○ 조사내용 : 제3차 전국문물 일제 현지조사(全國文物普查田野調査) 때 신빈 경내 소자하, 태자하, 부이강 연안에서 積石墓地를 여러 곳 발견하고 해당 묘지를 XB22-0108로 편호함.

2. 위치와 자연환경(그림 1)

○ 新賓 紅廟子鄉 四道溝村 서쪽 약 500m의 巨流河 지류 북안의 산기슭에 後臺子라 불리는 평지에 위치.
○ 이곳은 북으로 群山에 기대어 있고, 남으로 넓은 하안 충적지(灘地)인데 지세는 비교적 평탄함.
○ 묘지 중심좌표는 북위 41°32′18.0″, 동경 125°16′56.0″이고 해발고도는 398m임.

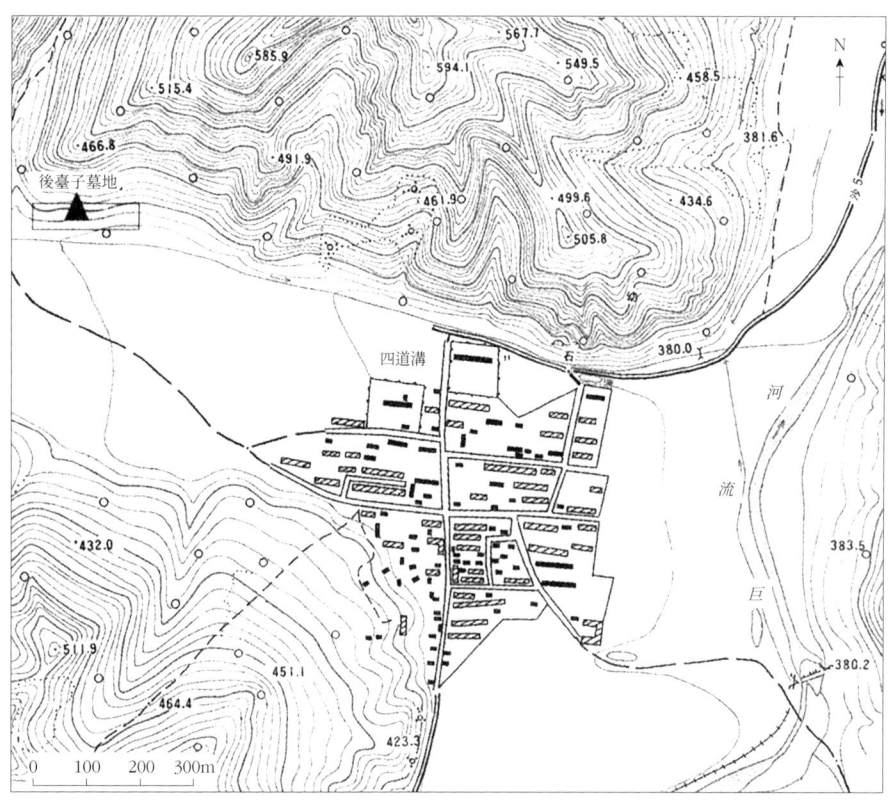

그림 1
후대자고분군 위치도
(『東北史地』 2014-5)

3. 고분군의 분포현황

○ 작은 하천의 북안에 자리하고 있는데 묘지는 동서 길이 약 200m, 남북 너비 약 50m임.
○ 지표에는 30여 기의 적석묘가 현존하고 있는데 無壇積石墓임.
○ 강물침수로 인해 묘지 남면 단애에는 몇 기의 훼손된 적석묘가 노출되었는데 묘실의 네 벽은 석판을 세워 쌓은 것을 볼 수 있으며, 묘실 바닥과 墓頂은 모두 석판이 있고 그 가운데 최고 길이 1.65m, 두께 0.08m인 석판이 있음(즉, 매장부는 석실구조). 이는 묘지에 많은 無壇石室積石墓가 있는 것을 보여줌.
○ 이미 파괴된 27호묘(M27) 주위에서는 모래 섞인 흑갈색토기(夾沙黑褐陶) 몇 편을 채집하였으나 기형은 판단하지 못함.

참고문헌
• 肖景全·鄭辰·金輝, 2014, 「新賓滿族自治縣近年來發現的高句麗積石墓」, 『東北史地』 2014-5.

04 신빈 후산고분군
新賓 後山古墳群

1. 조사현황

1) 2007년 조사
○ 조사기관 : 撫順博物館.

○ 조사내용 : 제3차 전국문물 일제 현지조사(全國文物普查田野調査) 때 신빈 경내의 소자하, 태자하, 부이강 유역에서 積石墓地를 여러 곳 발견하고 해당 묘지를 XB22-0120로 편호함.

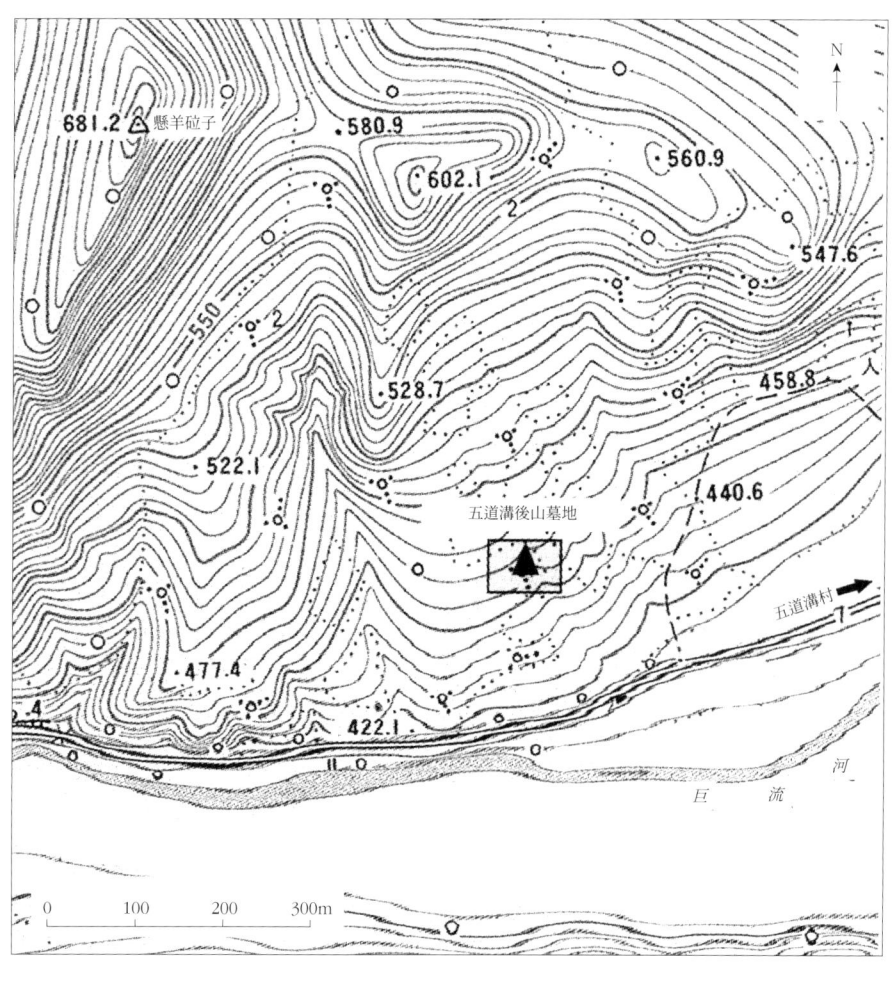

그림 1
후산고분군 위치도
(『東北史地』 2014-5)

2. 위치와 자연환경(그림 1)

○ 新賓 紅廟子鄕 五道溝村 서쪽으로 약 1km 떨어짐. 촌민이 後山이라 부르는 남쪽 비탈에 위치함.
○ 묘지는 서쪽으로 紅廟子村과 약 1.7km 떨어져 있음. 남쪽으로는 홍묘자 – 오도구촌 간의 도로가 묘지 앞면을 통과하며, 도로 남쪽의 멀지 않은 곳에는 부이강 지류인 巨流河와 도로가 서로 평행하고 있음.
○ 묘지 중심좌표는 북위 41° 31′50.0″, 동경 125° 10′53.0″이고 해발고도는 457m임.

3. 고분군의 분포현황

○ 무덤은 비교적 완만한 산비탈에 위치하는데 농경지로 조성되어 무덤이 발견될 수 있었음.
○ 동서 길이 80m, 남북 너비 50m 범위 내에서 20여 기의 적석묘가 현존함.
○ 고분은 소형적석묘이며, 일부 적석 아래에 석판이 보여 석실적석묘로 추정됨.

참고문헌

- 肖景全·鄭辰·金輝, 2014, 「新賓滿族自治縣近年來發現的高句麗積石墓」, 『東北史地』 2014-5.

2

성곽

01 신빈 흑구산성
新賓 黑溝山城

1. 조사현황

1) 1976년
○ 시행기관 : 撫順市博物館의 고고조사단과 新賓縣 文化局.
○ 조사내용 : 산성 발견.

2) 1980년과 1983년
○ 시행기관 : 撫順市博物館의 고고조사단과 新賓縣 文化局.
○ 조사내용 : 현황 조사 및 실측. 산성의 명칭을 黑溝山城으로 명명함.
○ 발표 : 『文物』1985-2.

3) 1987년 4월
○ 시행기관 : 撫順市 인민정부.
○ 내용 : 撫順市 重點文物保護單位로 지정.

4) 2003년 3월 20일
○ 시행기관 : 遼寧省 인민정부.
○ 내용 : 遼寧省 重點文物保護單位로 지정.

2. 위치와 자연환경(그림 1 ~ 그림 2)

1) 지리위치
○ 遼寧省 新賓縣 紅廟子鄕 四道溝村에 위치. 산성 남쪽 아래에는 四道溝村 관내의 黑溝村이 있음. 이곳은 遼寧省과 吉林省의 경계 지점인 동시에 遼寧省 撫順市 관할의 新賓縣과 本溪市 관할의 桓仁縣의 경계 부근임.
○ 서북 30km에[1] 新賓縣城, 남쪽 35km에 桓仁縣城이 위치함. 산성의 동쪽 3km 지점에 渾江 지류인 富爾江이 南流하고 있으며, 남쪽 2km 지점에 聚流河가 동류하여 富爾江으로 흘러 들어감.
○ 흑구산성은 聚流河와 富爾江이 만나는 곳의 서북방에 위치하는데, 서북쪽 6km 거리에는 轉水湖山城이 있음.

2) 자연환경
○ 동쪽 3km 거리에 富爾江이 흐르고, 남쪽 2km 거리에 부이깅 지류인 聚流河가 흐르고 있는데, 하천 주변에는 비옥한 하곡평지가 펼쳐져 있음.
○ 이 지역은 산줄기가 연이어 뻗어 있고, 산림이 울창하고, 땅이 비옥하여 자연물산이 풍부할 뿐 아니라 지세가 험준한 천혜의 요충지임.

---

[1] 撫順市博物館·新賓縣文化局, 1985, 46쪽. 李殿福, 1994, 67쪽에는 서쪽 35km로 기재.

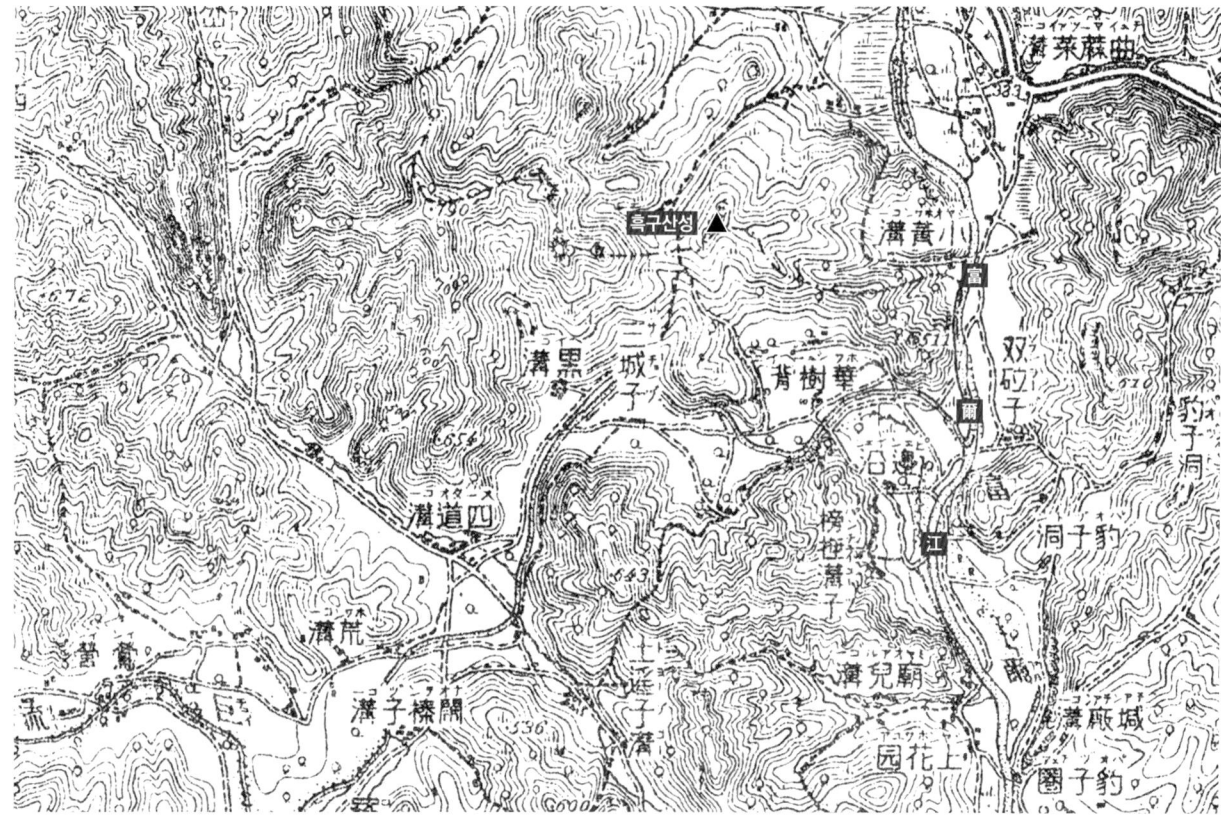

그림 1 흑구산성 주변 지형도(滿洲國 10만분의 1 지형도)

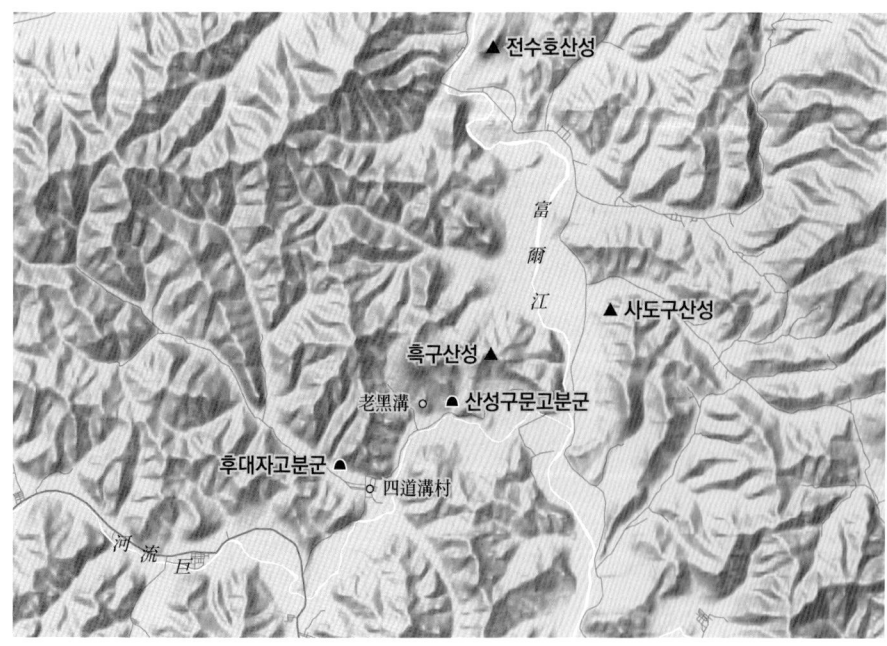

그림 2 흑구산성 지형도

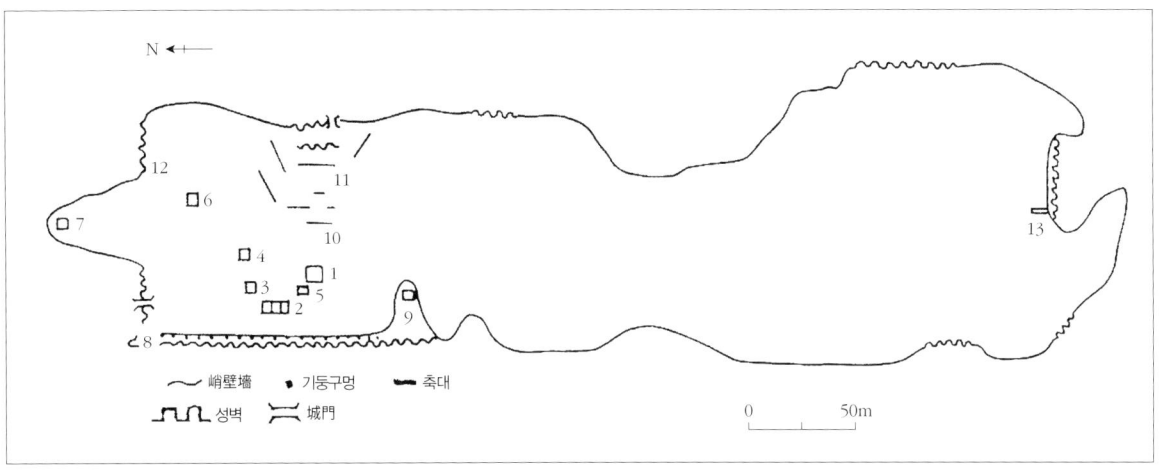

그림 3 흑구산성 평면도 (『文物』 1985-2, 46쪽)
1~6. 주거지 7. 망대 8. 각대 9. 장대 10~11. 우물 12~13. 등성 시설

○ 흑구산성과 그 주변에는 지석묘와 함께 고구려 적석묘가 많이 분포하는데, 일찍부터 거주지역으로 사용되었음을 보여줌.

3. 성곽의 전체현황

1) 전체 평면(그림 3)

○ 산성은 해발 700m인 산봉우리 정상부의 평탄한 대지에 위치함. 산 정상부의 평탄면은 수십m 높이로 우뚝 솟은 8개 산등성이로 둘러싸여 있는데, 이러한 산등성이를 천연성벽으로 삼고, 산등성이 사이의 트인 곳에 인공 석축성벽을 쌓아 연이어 놓았음.

○ 산성의 전체 평면은 長方形으로 남북으로 길게 놓여 있으며, 방향은 정북향임. 산성 내부의 지세는 평평한데 남쪽이 비교적 높고 북쪽이 대체로 낮으며, 중앙의 북쪽 부분이 약간 움푹 들어가 있음. 또 산 정상부 가장자리의 절벽과 人工石壁 바깥에는 길이 2km 정도의 산비탈이 펼쳐져 있음.

○ 성곽의 전체둘레는 1,493m인데, 동벽 571m, 서벽 693m, 남벽 54m, 북벽 175m 등으로 총면적은 약 5만m²임. 이 가운데 절벽을 활용한 천연성벽이 1,046m로서 대부분을 차지하며, 인공성벽은 447m임. 천연성벽 8구간과 인공성벽 9구간으로 구성되어 있음.

2) 보존상태

○ 전체적으로 보존상태가 양호한 편임. 인공성벽 가운데 남벽과 서벽의 북쪽 구간이 비교적 잘 남아 있음. 다만 성 내부는 잡초와 나무로 꽉 들어차 있어서 주거지 등 성곽시설을 확인하기 힘든 상태임.

4. 성벽과 성곽시설

1) 성벽과 성돌

(1) 성벽 축조양상

○ 성벽은 험준한 자연 山勢를 이용하여 쌓았음. 산 정상부의 평탄지를 둘러싼 높이 40~80m에 이르는 절벽을 천연성벽(중국학자들이 '峭壁墻'이라고 명명)으로 삼은 것이 흑구산성의 가장 중요한 특징임.

○ 인공성벽은 자연절벽 사이의 트인 곳, 골짜기 입구, 지세가 낮은 산등성이 등에 잘 다듬은 돌로 쌓아 트인 곳을 막고, 낮은 산등성이의 높이를 높혔음(중국학자들이 '人工墻'이라고 명명).

○ 성벽의 기초부는 돌을 깔아 평평하게 고른 다음 기단부의 성벽을 축조했음. 기단부의 성벽은 대체로 4단 정도 쌓았는데, 위로 올라갈수록 안쪽으로 5cm씩 들여쌓았음. 기단부 위쪽의 성벽은 약간 안쪽으로 기울었을 뿐 대체로 평평하고 곧바름.

① 동벽

○ 동벽의 길이는 571m로 천연성벽 4구간, 인공성벽 3구간으로 구성. 북쪽에서 남쪽으로 각 구간의 축조상태는 다음과 같음.

○ 제1구간 : 자연절벽으로 길이 95m인데, 북벽 동쪽 끝과 연결되어 있음.

○ 제2구간 : 인공성벽으로 길이 20m, 높이 5m인데, 남쪽에 東門이 있음. 산비탈을 등지고 축조된 석벽으로 동문의 甕城 부분에 해당함.

○ 제3구간 : 자연절벽으로 길이 68m인데, 북쪽은 동문과 접함.

○ 제4구간 : 인공성벽으로 길이 10m, 너비 1m, 높이 1m인데, 돌덩이를 제멋대로 쌓아 축조방식이 조잡한 편으로 가지런한 벽면이 없음. 성벽 아래쪽은 높이 약 30m의 낭떠러지임.

○ 제5구간 : 자연절벽으로 길이 230m인데, 80m 정도는 정상부가 평평한 거대한 자연 石臺로 너비가 10m에 이름.

○ 제6구간 : 인공성벽으로 길이 64m인데, 지세를 따라 축조하였고, 세 부분으로 나누어짐. 10여m 높이의 巨石 사이의 깊은 틈에는 22층 약 5m 높이로 인공성벽을 축조하였음. 가운데 부분은 성벽이 낮고, 길이 20m, 높이 1.5m, 너비 1.5m로 축조상태가 나쁘며, 양단의 성벽에 비해 높이나 크기가 견고하지 못함.

성벽의 기단부는 4단으로 쌓았고, 사다리꼴로 층마다 5cm씩 안으로 들여쌓았음. 남쪽 부분은 길이 20m, 높이 4m, 너비 4m임. 제6구간의 성벽은 '凹'형으로 양단은 높고, 중간은 낮은데, 낮은 곳은 성 내부의 물을 밖으로 배수할 수 있음.

○ 제7구간 : 자연절벽으로 길이 84m인데, 남쪽 끝은 남벽과 연결됨.

② 남벽

○ 남벽은 흑구산성에서 가장 높은 곳에 위치하는데, 성벽의 길이 54m, 너비 4.3m, 높이 5.4m로 현재 22층이 남아 있음. 전체 평면은 안쪽으로 휘어진 활모양을 이룸.

○ 성벽은 밑바닥에 石塊를 깔아 기초를 평평하게 다진 후 기단부를 축조하였음. 기단부는 4단으로 사다리꼴을 이루고 있는데, 단마다 5cm씩 안으로 들여 쌓았음. 기단부 위쪽의 체성은 곧으면서 안쪽으로 약간 기울어져 있음. 석벽 내부는 흙으로 뒷채움하였는데, 내벽의 드러난 높이는 약 1m임.

○ 내측의 서단 13.2m 지점에는 돌로 쌓은 '丁'자형 석벽이 본 성벽과 맞물려 있음. 규모는 길이 6.1m, 너비 1.6m, 드러난 높이 0.5m 등으로 성벽에 오르기 위한 登城 시설로 추정됨.

○ 남벽의 양측 밖에는 동벽과 서벽의 자연절벽이 뻗어 나와 있음. 이들 자연절벽은 소뿔모양처럼 안쪽으로 휘어지면서 앞으로 뻗어 나와 서로 마주보며 남벽을 방어하는 형세를 이룸.

③ 서벽

○ 서벽은 길이 639m로 인공성벽 3구간과 자연절벽 3구간으로 이루어져 있음. 북쪽에서 남쪽으로 각 구간의 축조상태는 다음과 같음.

○ 제1구간 : 인공성벽으로 길이 200m, 너비 1~2m, 높이 1.5~2m임. 산성에서 가장 긴 인공성벽인데, 북

벽의 서쪽 끝과 연결되어 있음. 이 부분은 조금 낮은 산등성이에 축조되었는데, 성벽 바깥쪽은 경사 70도의 가파른 산비탈이고, 성벽 안쪽은 높이 6m의 아주 매끄러운 절벽임. 성벽은 안쪽 절벽을 내벽으로 삼고, 절벽 바깥쪽에는 땅을 파고 돌을 깔아 기초를 평평하게 다진 다음 절벽을 따라 인공성벽을 축조하여 외벽으로 삼았음. 내외벽 사이에는 기다란 돌을 쌓고, 다시 자갈돌로 메웠는데, 성벽 위에는 長方形 또는 正方形의 돌구멍(기둥구멍) 25개가 직선으로 배열되어 있음.

○ 제2구간 : 길이 295m인 자연절벽임.

○ 제3구간 : 인공성벽으로 길이 13m, 높이 1m, 너비 1m인데, 石塊를 이용하여 간단히 축조하였고, 성벽은 대부분 허물어진 상태임. 성벽 바깥 아래쪽은 매우 가파른 낭떠러지임.

○ 제4구간 : 길이 55m인 자연절벽임.

○ 제5구간 : 인공성벽으로 길이 6m인데, 축조방식은 제3구간과 같고, 성벽 바깥 아래쪽은 가파른 낭떠러지임.

○ 제6구간 : 길이 124m인 자연절벽으로 남벽의 서단과 연결되어 있음.

④ 북벽

○ 북벽은 길이 175m로 인공성벽 2구간, 자연절벽 1구간으로 이루어져 있음. 동쪽에서 서쪽으로 각 구간의 축조상태는 다음과 같음.

○ 제1구간 : 인공성벽으로 길이 30m, 너비 1.5m, 높이 3m임. 성벽 기단부는 4단으로 쌓았는데, 사다리꼴로 위로 올라가면서 안쪽으로 5cm씩 들여쌓았음. 서단 5m 지점에 길이 1.9m, 너비 1.1m, 드러난 높이 0.4m인 '丁'자형 석벽이 있는데, 성벽에 오르던 登城 시설로 추정됨.

○ 제2구간 : 북벽 바깥쪽으로 돌출한 좁고 기다란 산등성이를 자연성벽으로 삼았는데, 길이 95m, 높이 20m임. 꼭대기에는 望臺가 축조되어 있음.

○ 제3구간 : 인공성벽으로 길이 30.1m, 너비 1m, 높이 4m임. 동쪽은 망대가 있는 산등성이와 연결되며, 북문이 설치되어 있음. 성벽은 아래쪽에서 위쪽으로 올라갈수록 안으로 조금씩 들여쌓아 사다리꼴이 되었는데, 층마다 5~10cm 정도 안으로 들여쌓았음.

(2) 성돌의 특징

○ 성돌은 현지의 돌을 채석하여 가공했음. 성돌의 모양은 다양한데, 쐐기형돌(楔形石), 기다란 돌(條石: 扁條石), 잔돌(碎石) 등이 있음.

○ 쐐기형돌 : 쐐기형돌은 내외 벽면을 축조하는 데 가장 중요한 역할을 담당했음. 머리 쪽이 크고 꼬리 쪽이 작은데, 전체적으로 납작한 方錐形을 이룸. 머리 쪽 끝부분은 정교하게 다듬어 빛이 날 정도로 매끄러움. 크기나 길이, 두께 등은 성돌마다 다름. 가장 큰 것은 전체 길이 90cm, 머리쪽 너비 83cm, 두께 25cm, 꼬리쪽 너비 40cm, 두께 10cm임. 가장 작은 것은 전체 길이 35cm, 머리쪽 너비 30cm, 두께 16cm, 꼬리쪽 너비 10cm, 두께 5cm임.

○ 기다란 돌과 잔돌 : 기다란 돌은 납작하고 길면서 불규칙한 형태라고 하는데, 뒤꿀돌에 해당하는 것으로 추정됨. 잔돌은 대체로 크기가 일정하고, 인공적으로 파쇄한 것임. 내외벽 사이의 벽체 내부에는 기다란 돌과 잔돌을 서로 교차하여 끼워 넣고, 틈새에는 잔돌을 채워서 메웠음.

○ 방어용 곤석(滾石) : 산기슭 아래에는 돌덩이가 방사선모양으로 많이 쌓여 있는데, 돌덩이의 형태는 불규칙함. 쐐기형돌이나 납작하고 기다란 돌(扁長條石) 등과 같이 성벽 축조에 사용한 돌은 거의 없음. 보고자는 성돌을 가공하고 남은 폐기물로 城을 방어하기 위해 아래로 굴린 곤석(滾石)으로 추정함.

2) 성곽시설

(1) 성문

① 동문(그림 4)
○ 동문은 동벽 제2구간에 위치함. 좁고 기다란 산등성이 사이에 끼어 있는 너비 20m 정도의 트인 곳에 설치함. 성문 바깥은 넓은 산비탈로 富爾江 연안의 평지로 완만하게 이어지며, 성문 안쪽은 비교적 큰 삼각형 깔대기모양의 산비탈임. 성문은 삼각형 깔대기의 주둥이 부분에 위치하는데, 방어, 교통, 배수 등을 관리하기에 좋은 위치임.
○ 옹성 : 동문은 제방식 석벽을 두 겹 쌓아 조영했는데, 배수와 방호를 할 수 있는 甕城 구조임. 산비탈을 감싼 두 석벽은 산비탈의 地面을 기초로 삼았는데 간격은 10m임. 두 번째 석벽이 첫 번째 석벽보다 높아 2단의 계단식 長方形 甕城을 이루고 있음. 바깥쪽 석벽의 성문은 너비 1m로 남쪽 끝에, 안쪽 석벽의 성문은 너비 1m로 북쪽 끝에 각각 치우쳐 있음.
○ 방수대 : 옹성 바깥쪽 남쪽에는 길이 15m, 폭 5m의 천연의 작은 평대가 있는데, 높이 약 30m 정도의 절벽으로서 옹성을 호위하는 防守臺임.

○ 통로 : 성문 바깥쪽에는 가장자리를 돌로 깔아 놓은 구불구불한 길이 하나 나 있음. 이 길은 북쪽으로부터 시작하여 옹성의 밑을 지나 防守臺에 이르러 동문으로 꺾여 들어감.
○ 축대와 우물 : 동문 안쪽의 깔대기모양 산비탈에는 축대가 여러 개 있는데, 높이 0.5m 전후로 거대한 돌을 2단 쌓았음. 배수로 인한 진흙과 모래가 축대에 쌓여 있는데, 이는 토사의 유실을 방지하기 위한 것으로 보임. 옹성 안쪽 10m 지점에 제1축대와 2호 우물이 있고, 그 뒤로는 '品'자형으로 배열된 축대가 3개 있음. 더 뒤쪽에는 가장 긴 축대와 우물 1호가 있음. 북쪽 산비탈에 축대 2개, 남쪽 산비탈에 축대 1개가 각각 있는데, 모두 산비탈의 유실을 막기 위한 것임.

② 북문
○ 북문은 북벽 제3구간 가운데에 위치함. 문의 너비는 1.2m인데, 높이 0.3m인 돌로 된 문지방이 있음. 문길은 거의 허물어져 있는데, 길이는 15.3m이고, 높이는 알 수 없음.
○ 북문의 좌우 산등성이에는 角臺와 望臺가 있는데, 敵臺 역할도 수행했다고 보임.

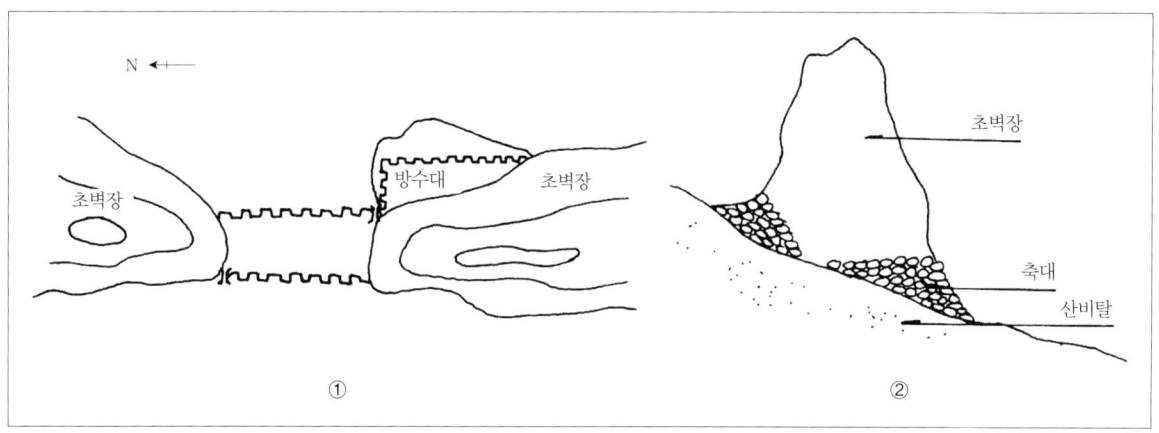

그림 4 흑구산성 동문 평면도(①)와 옹성 단면도(②)(『文物』 1985-2, 48쪽)

(2) 望臺와 將臺

① 동문의 망대
○ 동문 밖 남쪽에는 길이 15m, 너비 5m의 작은 자연 石臺가 있음. 동문 남쪽의 자연절벽과 연결되어 있는데, 석대 위에는 석벽 흔적이 남아 있고, 아래쪽은 30m 높이의 낭떠러지로서 동문의 防守臺로 추정됨.

② 서북 모서리의 角臺
○ 위치 : 성의 서북쪽 모서리에 세워졌는데, 서벽과 북벽에 연결됨.
○ 규모 : 성벽 바깥쪽으로 뻗어 나온 곳에 돌로 쌓았는데, 평면은 사다리꼴로 서벽 길이 12.6m, 동벽 길이 13.2m, 북벽의 폭 6m, 殘高 4m임.
○ 축조방식 : 角臺의 기단부는 4단으로 층마다 5cm씩 안으로 물리면서 쌓았음. 외벽은 쐐기형돌로 쌓았고, 안쪽은 크기나 모양이 일정하지 않은 돌을 쌓고 그 틈을 잔돌로 메웠음. 북문을 호위하기 위한 角臺로 추정됨.

③ 북벽의 망대
○ 위치 : 북벽 정중앙에서 바깥쪽으로 27m 뻗어 나온 북벽의 두 번째 산등성이에 위치. 산등성이 꼭대기에 고깔모양의 망대를 설치.
○ 규모 : 동서 너비 6m, 남북 길이 6.3m, 잔고 3.3m임. 현재 14층으로 층마다 5cm씩 안으로 물리면서 쌓은 사다리꼴로 角臺와 같은 모양으로 쌓았음. 망대의 정상 중앙부에는 직경 2m, 깊이 0.5m의 원형 구덩이가 있음.
○ 기능 : 망대는 성 바깥쪽으로 뻗어 나온 산등성이 정상에 위치하였기 때문에 산성의 북쪽과 黑溝 골짜기 일대를 관찰할 수 있고, 富爾江 연안의 상황을 한눈에 파악할 수 있음. 높은 위치를 이용하여 북문의 호위뿐만 아니라 관측·작전 연락 등 여러 가지 기능을 담당하였다고 추정됨.
○ 봉화시설 : 망대 정상 중앙의 원형 구덩이는 烽火시설로 추정됨.

④ 서벽의 장대
○ 위치 : 성 안쪽으로 휘어진 혀모양(舌形)의 산등성이에 설치.
○ 규모 : 쐐기형돌로 쌓아 올린 계단식 方壇임. 바닥의 한 변 길이 7m, 정상부의 한 변 길이 5m, 높이 2m.
○ 기능 : 지세가 비교적 높아 산성 남쪽의 일부 지역을 제외하고 거의 모든 지역을 관찰할 수 있음.

(3) 성가퀴 안쪽의 돌구멍(石洞, 柱洞)
○ 위치 : 돌구멍(기둥구멍)은 인공성벽인 서벽 제1구간의 성가퀴 안쪽에 위치함. 이곳 성벽의 바깥쪽은 가파른 산비탈이고, 안쪽은 절벽임. 성벽 위쪽은 좁지만 본래 성가퀴가 있었을 것임. 성벽 가장자리에서 안쪽으로 0.83~1.2m 지점에 있는데, 모두 25개의 돌구멍이 확인되었고, 간격은 1.5m 전후임.
○ 규모 : 돌구멍은 수직으로 축조하였는데, 일반적으로 각 변의 길이 20~35cm, 깊이 30~60cm인데, 깊이가 108cm인 것도 있음.

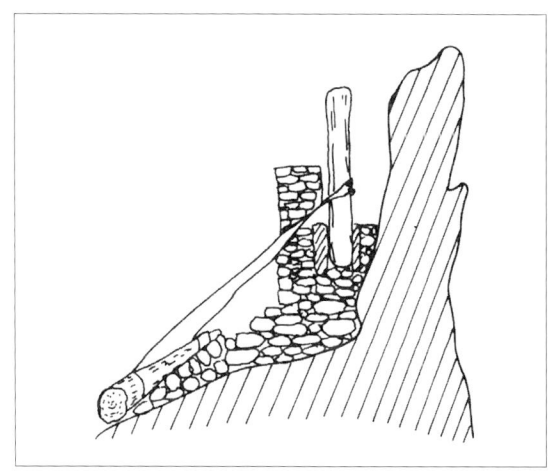

그림 5 滾木礌石 복원도(『文物』 1985-2, 50쪽)

○ 기능과 성격 : 돌구멍이 있는 성벽 윗부분은 성가퀴가 있었던 부분을 제외하면 활동 범위의 폭은 겨우 1m 전후로 많은 병력과 방어무기를 배치할 수 없음. 이에 보고자는 성벽 바깥쪽에 滾木礌石을 설치하여 적군의 공격을 막던 방어시설로 파악함. 즉 돌구멍에 설치한 나무기둥에 滾木을 새끼로 동여매고, 滾木 본체는 성벽 바깥의 가파른 산비탈에 달아 놓고 돌덩이를 대량으로 채워 놓았다가, 적이 공격하면 새끼를 잘라 滾木과 礌石을 아래로 굴렸다는 것임. 성벽 아래 산비탈의 돌덩이를 이러한 滾石의 실물로 추정함(그림 5).[2]

5. 성내시설과 유적

1) 우물 : 2개
○ 위치 : 동문 안쪽의 깔대기모양 산비탈 중간에 우물 2개가 있음. 동문과 직선으로 배열되어 있음.
○ 우물 아래쪽에는 우물을 보호하기 위한 축대를 쌓았음.

(1) 1호 우물
○ 위치 : 2호 우물보다 높은 곳에 위치.
○ 규모 : 원형으로 직경 1.5m이고 깊이 0.5m임. 쐐기형돌로 축조.

(2) 2호 우물
○ 위치 : 동문에서 14m 떨어져 있고, 1호 우물에서 33m 떨어져 있음.
○ 규모 : 원형으로 직경 1m이고, 깊이 0.8m임. 쐐기형돌로 축조.

2) 주거지(房址)
○ 주거지는 성 안쪽 북쪽 기슭에서 6개 발견됨. 대부분 長方形 單室이고, 극히 일부가 長方形 三室로 되어 있음. 長方形 單室의 크기는 동서 길이 4.5~10m, 남북 폭 4~7m이며, 문은 서·동·남으로 향해 있음. 長方形 三室의 크기는 남북 길이 16m, 동서 폭 6.4m임. 각 室마다 문이 하나씩 있는데, 모두 동쪽으로 향해 있음.

○ 1호(F1) : 長方形 單室. 동서 길이 10m, 남북 너비 7m.

○ 2호(F2) : 長方形 3실. 남북 길이 16m, 동서 너비 6.4m. 각 방마다 東向의 문이 있는데, 너비 1m. 담장의 잔고는 0.6m.

○ 3호(F3) : 長方形 單室. 동서 길이 6.2m, 남북 너비 4.5m, 문은 남향으로 너비 1m.

○ 4호(F4) : 동서·남북 길이 5m인 정방형. 문은 서향으로 너비 1m. 북쪽에 火坑 시설이 있음.

○ 5호(F5) : 長方形 單室. 남북 길이 4.5m, 동서 너비 4m, 문은 남향으로 너비 1m.

○ 6호(F6) : 長方形 單室. 남북 길이 8m, 동서 너비 5m, 문은 남향으로 너비 1m.

6. 출토유물

평저 토기의 저부 등 토기편이 소량 출토됨. 태토는 고운 모래나 거친 모래가 혼입된 것으로 나뉘며, 색깔은 홍갈색 또는 회갈색임. 무문이며 수제품임.

7. 역사적 성격

1) 지정학적 위치와 주변의 유적 현황
黑溝山城은 渾江 지류인 富爾江 상류의 높은 산 위에

---

[2] 撫順市博物館·新賓縣文化局, 1985, 50쪽.

위치하였는데, 富爾江 하곡 일대의 전체 면모를 관찰할 수 있음. 특히 富爾江 유역은 요동방면에서 蘇子河 유역을 경유해 渾江 본류로 나아가는 교통로의 경유지임. 고구려 國內城시기에는 요동평원에서 도성으로 진입할 경우, 渾河를 거슬러 蘇子河 → 富爾江 → 혼강 본류 연안 → 新開河를 경유한 다음 老嶺山脈을 넘는 루트가 가장 중요한 교통로로 사용되었음.

黑溝山城이 자리한 富爾江과 그 지류인 聚流河 주변에는 비옥하고 넓은 평야가 형성되어 있음. 이로 인해 黑溝山城 주변의 하곡평지에는 일찍부터 사람들이 거주했을 것으로 보이는데, 지석묘와 더불어 고구려시기의 적석묘가 다수 분포한 사실은 이를 잘 보여줌. 특히 黑溝山城으로 올라가는 입구에는 고구려 적석묘로 이루어진 山城溝門고분군이 있고, 聚流河 연안에도 後臺子고분군, 後山고분군 등이 분포함.

2) 산성의 기능과 성격

상기와 같이 富爾江과 그 지류인 聚流河 주변에는 비옥하고 넓은 평야가 형성되어 있고, 지석묘와 더불어 고구려시기의 적석묘도 다수 분포해 있음. 이에 黑溝山城 일대가 초기 수도인 紇升骨城(졸본)으로 비정되는 桓仁 五女山城보다 상류에 위치한 점에 주목하여 富爾江-渾江 본류를 고구려 초기의 沸流水로 비정한 다음, 흑구산성을 沸流水 上流의 沸流國 소재지로 추정하는 견해가 제기되기도 했음(撫順市博物館·新賓縣文化局, 1985, 51쪽 ; 李殿福, 1994, 72~73쪽 ; 王綿厚, 2002, 94쪽·207쪽).

그렇지만 현재의 富爾江을 沸流水의 상류라고 단정하기는 힘듦. 환인분지를 경유하는 渾江 본류가 비류수인 것은 거의 명확하지만, 비류수 상류는 혼강 본류의 상류일 수도 있기 때문임. 더욱이 黑溝山城은 해발 700m나 되는 산 정상에 위치했다는 점에서 沸流國의 소재지로 보기 힘듦. 또 흑구산성을 비류국의 소재지로 본다면 고구려 건국 이전에 이미 축조되었다고 보아야 하는데, 이를 입증할 만한 자료는 없음(임기환, 1998, 72쪽). 오히려 흑구산성은 오녀산성보다 조금 늦게 축조되었을 것으로 추정됨(辛占山, 1994, 36쪽).

黑溝山城은 해발 700m나 되는 산 정상에 위치했다는 점에서 정치적 중심지나 지배의 거점보다는 군사방어성으로 축조되었다고 파악됨(양시은, 2016, 182쪽). 쐐기형돌을 이용한 물림쌓기 축성법, 성가퀴 안쪽의 기둥구멍 등은 압록강 중상류의 覇王朝山城·五女山城·山城子山城 등에도 보이며, 동문의 長方形 옹성은 형식상 반원형 옹성보다 이른 시기로 편년됨. 또 산성에서 출토된 토기편은 고구려 초기의 특징이 강하다고 함. 이로 보아 흑구산성은 고구려 초기에 축조된 군사방어성으로 파악됨(임기환, 1998, 67~72쪽).

富爾江 일대에는 黑溝山城 이외에도 전수호산성, 사도구산성, 건설산성 등이 분포되어 있음. 이들은 모두 산 정상부에 있고, 富爾江 연안을 잘 관찰할 수 있도록 망대를 마련했다는 점에서 富爾江 연안로를 공제하던 군사방어시설로 추정됨. 특히 고구려 國內城시기에는 요동평원에서 도성으로 진입할 경우, 渾河를 거슬러 蘇子河 → 富爾江 → 혼강 본류 연안 → 新開河를 경유하는 루트가 가장 평탄하고 최단 코스였는데, 244~245년 조위의 毌丘儉이나 342년 전연의 慕容皝은 이 루트를 따라 고구려를 침공한 것으로 추정됨. 이러한 점에서 흑구산성은 국내성시기에 전수호산성, 사도구산성, 건설산성 등과 함께 富爾江 연안 일대에서 渾江 우안의 弧形·軸線방어체계를 구성하였다고 파악됨(余昊奎, 1998, 182~183쪽).[3]

---

[3] 한편 양시은, 2016, 181~183쪽에서는 흑구산성이 소자하에서 부이강을 경유해 고구려 건국지인 환인분지로 향하는 교통로를 방어했다고 보았지만, 졸본도성시기에 축조되었는지 여부는 추후 고고조사를 통해 면밀하게 검토할 필요가 있음.

한편 중국학계에서는 黑溝山城을 고구려 후기의 蒼巖城(王綿厚, 1994, 40쪽) 또는 哥勿城(王綿厚·李健才, 1990, 160~161쪽 ; 王綿厚, 2002, 94쪽·207쪽)으로 비정하기도 함. 그렇지만 창암성은 대체로 蘇子河 연안, 哥勿城은 환인 오녀산성으로 비정하는 견해가 우세한 상황임(梁志龍, 1994, 67~73쪽).

참고문헌

- 撫順市博物館·新賓縣文化局, 1985, 「遼寧省新賓縣黑溝高句麗早期山城」, 『文物』 1985-2.
- 王綿厚·李健才, 1990, 『東北古代交通』, 瀋陽出版社.
- 辛占山, 1994, 「遼寧境內高句麗城址的考察」, 『遼海文物學刊』 1994-2.
- 梁志龍, 1994, 「哥勿考辨」, 『遼海文物學刊』 1994-2.
- 李殿福(차용걸·김인경 역), 1994, 『중국내의 고구려 유적』, 학연문화사.
- 王禹浪·王宏北, 1994, 「中國吉林省新賓滿族自治縣紅廟子鄉高句麗黑溝山城址」, 『高句麗·渤海古城址研究匯編』(上), 哈爾濱出版社.
- 馮永謙, 1994, 「高句麗城址輯要」, 『北方史地研究』, 中州古籍出版社.
- 魏存成, 1994, 「城址·建築址」, 『高句麗考古』, 吉林大學出版社.
- 王綿厚, 1994, 「鴨綠江右岸高句麗山城研究」, 『遼海文物學刊』 1994-2.
- 陳大爲, 1995, 「遼寧高句麗山城再探」, 『北方文物』 1995-3.
- 余昊奎, 1998, 「新賓 黑溝山城」, 『高句麗 城』 I (鴨綠江 中上流篇), 國防軍史研究所.
- 林起煥, 1998, 「高句麗前期 山城 硏究」, 『國史館論叢』 82.
- 魏存成, 2002, 「山城」, 『高句麗遺跡』, 文物出版社.
- 王綿厚, 2002, 「高句麗南北二道上諸城」, 『高句麗古城研究』, 文物出版社.
- 李樂營·李淑英 편저, 2006, 『中國高句麗學者與研究綜述』, 吉林文史出版社.
- 양시은, 2016, 『고구려 성 연구』, 진인진.
- 白種伍, 2017, 「高句麗 城郭 築城術의 擴散에 대한 豫備的 檢討」, 『高句麗渤海研究』 59.
- 정원철, 2017, 『고구려 산성 연구』, 동북아역사재단.

02 신빈 전수호산성
新賓 轉水湖山城

1. 조사현황

1) 1980년 가을
○ 시행기관 : 撫順市博物館의 고고조사단과 新賓縣 文化局.
○ 조사내용 : 산성 발견 및 현황 조사. 명칭을 轉水湖山城으로 명명.
○ 발표 : 『北方文物』 1991 - 1.

2. 위치와 자연환경(그림 1 ~ 그림 2)

1) 지리위치
○ 遼寧省 新賓滿族自治縣 소재지에서 동남으로 35km 떨어진 響水河子鄕 轉水湖村 북쪽 500m 거리의 高麗城子山 위에 위치함.
○ 남쪽으로 2.5km 거리에 響水河子鄕 소재지가 있고, 20km 거리에 桓仁縣 業主溝鄕이 있음. 남쪽[1] 6km 거리에 黑溝山城이 있음.
○ 富爾江 左岸에 자리잡고 있는데, 약 0.5km 거리에 富爾江이 있음.

2) 자연환경
○ 산성이 위치한 산은 해발 609m로 북쪽에는 낮고 협소한 골짜기가 있고, 동쪽으로는 '高麗溝'라는 넓은 골짜기와 잇닿아 있음. 서쪽에는 渾江 지류인 富爾江이 南流하고 있고, 남쪽으로 轉水湖村이 내려다 보임.
○ 산성 서쪽에서 南流하던 富爾江은 산성 서남쪽 모서리에서 방향을 꺾어 동류하면서 轉水湖村을 지난 다음, 마을 남쪽 西山을 'S'자형으로 돌아나가면서 다시 南流함.
○ 여러 굽이로 굽이쳐 흐르는 富爾江이 산성을 은폐하는 지형을 만들고 있을 뿐 아니라, 주위 산봉우리에 잇닿아 있지 않고 독립된 산성의 네 모서리도 산성 축조에 좋은 지형조건을 제공하고 있음.

3. 성곽의 전체현황

1) 전체 평면(그림 3)
○ 산성은 동남쪽에서 서남 방향으로 기울어진 산 정상부의 경사면에 위치함. 평면은 삼각형에 가까운 불규칙한 사다리꼴임.
○ 전체 둘레는 1,355m인데, 동벽 575m, 서벽 156m, 남벽 245m, 북벽 382m로[2] 총면적은 9만 m²에 이름.

---

[1] 王綿厚, 2002, 92쪽에는 '동남'이라고 기재하였으나, '정남'에 가까움.

[2] 撫順市博物館·新賓縣文化局, 1991, 43쪽. 다만 각 성벽의 길이를 합하면 1,355m가 아니라 1,358m가 되는데, 산성의 둘레와 면

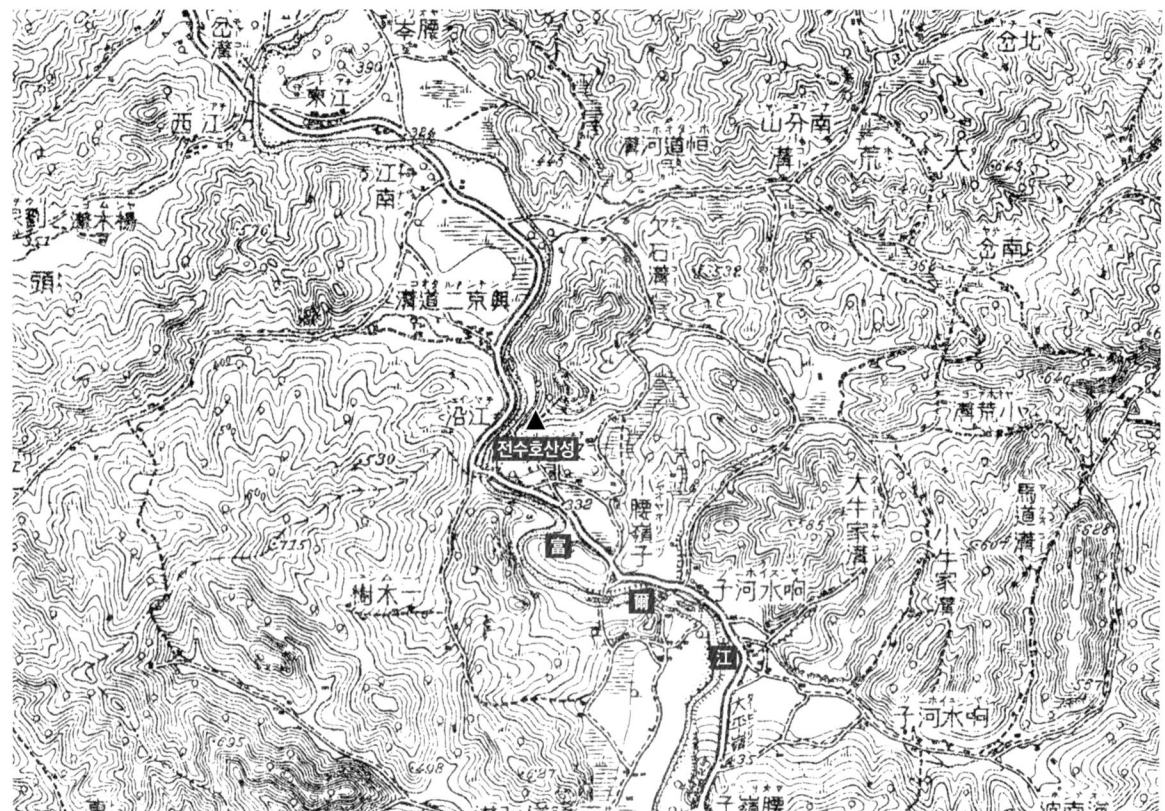

그림 1 전수호산성 주변 지형도(滿洲國 10만분의 1 지형도)

그림 2 전수호산성 위치도

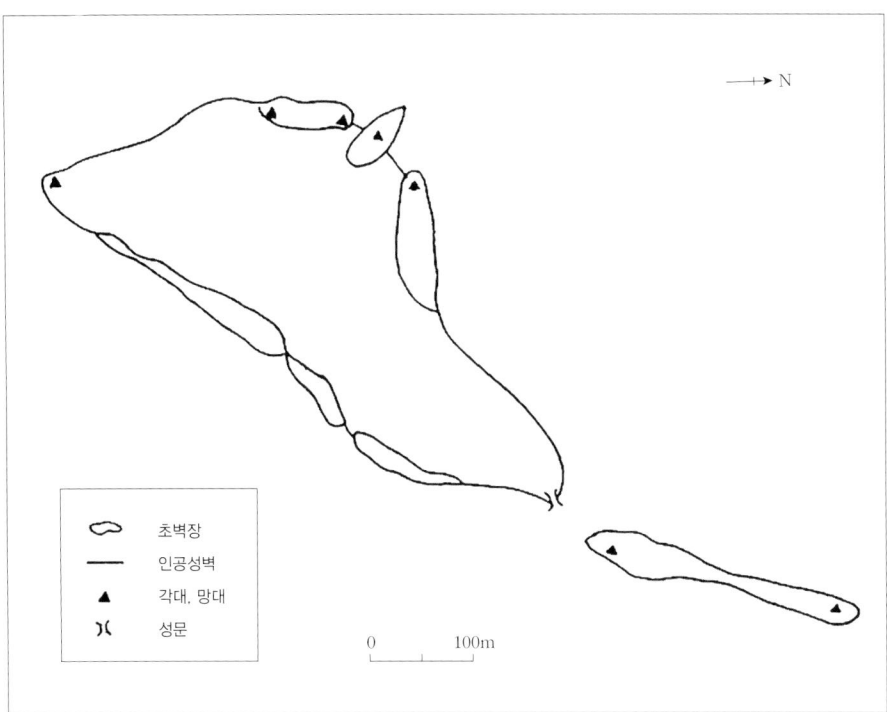

그림 3 전수호산성 평면도
(『北方文物』1991-1, 44쪽)

2) 보존상태

○ 1980년 산성 발견 당시 비교적 잘 남아 있었다고 하지만, 그 뒤 성벽이 많이 허물어진 상태임. 다만 동벽과 남벽은 비교적 잘 남아 있음.

4. 성벽과 성곽시설

1) 성벽과 성돌

(1) 성벽의 축조양상

○ 산성은 동북쪽에서 서남쪽으로 평행하게 뻗은 좁고 기다란 자연절벽(峭壁) 2개를 이용하여 축조하였음. 인공성벽을 쌓아 절벽을 이용한 천연성벽(峭壁墻)과 가파른 산비탈을 연결하여 완전히 봉쇄된 성을 구축하였음. 성벽은 천연성벽 4구간, 인공성벽 5구간 등으로 구성되어 있는데, 자연절벽을 이용한 천연성벽이 약 700m에 이름.

○ 성벽의 축조방식은 전체적으로 黑溝山城과 유사함. 납작하고 네모난 모양의 쐐기형돌(楔形石)을 평평하게 깔았는데 너비가 넓은 쪽은 바깥으로, 좁은 쪽은 안쪽으로 향하도록 놓았고, 틈새는 잔돌로 채웠음.

① 북벽

○ 북벽의 전체 길이는 약 382m로 동문에서 제1배수구 사이 부분인데, 두 구간으로 나눌 수 있음.

○ 제1구간 : 인공성벽으로 길이 232m임. 기단부와 정상부 너비는 3m, 잔고는 1.5~2m임.

○ 제2구간 : 자연절벽으로 길이 150m임. 바깥 높이는 60m, 안쪽 높이는 15m임.

적을 계산하는 바깥의 각대는 포함하지 않았다고 함. 한편 王綿厚, 2002, 92쪽에는 동벽 572m, 서벽 160m, 남벽 243m, 북벽 382m 등으로 기재되어 있는데, 이를 합하면 전체 둘레는 1,357m가 됨.

② 서벽
o 서벽의 전체 길이는 156m로 제1배수구에서 서문 남단의 자연절벽 사이 부분인데, 모두 네 구간으로 나눌 수 있음.

o 제1구간 : 인공성벽으로 길이 30m인데, 서단의 자연절벽 사이에 위치하며, 산성의 제1배수구에 해당함. 배수구 안쪽의 가파른 산비탈에 수많은 큰 돌을 메워서 막힌 담장을 축조하였음. 이러한 배수용 담장은 배수와 함께 방어를 고려한 시설로 토양유실이나 침식에 의한 성벽 붕괴를 방지하는 기능도 지녔음.
o 제2구간 : 동서 방향의 자연절벽으로 안쪽에서 바깥쪽으로 뻗은 산등성이 및 절벽 부분에 해당함. 길이는 25m인데, 남북 방향의 성벽과 교차하는 지점으로 성벽의 너비가 가장 넓음.
o 제3구간 : 인공성벽으로 길이는 24m임. 서문터와 제2배수구가 있음. 제1배수구보다 경사도가 완만하여 성벽을 축조할 수 있는 기본조건을 갖추고 있음. 이에 방어와 배수시설을 동시에 갖추기 위해 기울기 45~60도 정도인 안쪽 경사면에 안쪽으로 조금씩 물리면서 성돌을 겹겹이 쌓아 외벽을 구축하였는데, 잔고는 5m임. 이러한 성벽은 빗물이 성벽 위로 흘러넘치거나 성돌 사이 틈새로 빠져나갈 수 있고, 바깥쪽으로 기울어지는 것도 방지하여 안정성을 잘 갖추고 있음. 서문 성벽 안쪽에는 큰 돌이 드문드문 흩어져 있는데, 성벽을 별도로 축조하였기 때문에 돌의 수는 제1배수구보다 적으며, 토사가 유실되는 것을 방지하는 작용만 하였음.
o 제4구간 : 자연절벽으로 길이 77m인데, 바깥쪽 높이는 40m, 안쪽 높이는 12m임.

③ 남벽
o 남벽은 전체 길이가 245m인데 인공성벽과 천연 각대로 이루어져 있음.

o 인공성벽 : 길이는 210m로 기단부와 정상부의 너비는 3m, 잔고는 1~1.5m임. 성벽 바깥의 산비탈 높이는 60~80m임.
o 천연각대 : 남벽의 동남 모서리에는 천연 角臺가 있음. 角臺는 바깥쪽으로 돌출한 우뚝 솟은 바위로 너비 35m임. 아래쪽은 높이 60m나 되는 가파른 낭떠러지임.

④ 동벽
o 동벽은 전체 길이 575m로 동남 모서리의 角臺에서 東門에 이르는 부분인데, 총 네 구간으로 나눌 수 있음.
o 제1구간 : 자연절벽으로 길이 355m인데, 바깥쪽은 100여m 높이의 절벽임. 안쪽은 성 내부의 대지인데, 절벽의 가장자리를 따라 너비 1.5m, 높이 0.5m의 낮은 석벽이 축조되어 있음.
o 제2구간 : 인공성벽으로 길이 10m인데, 기단부의 너비 3m, 정상부의 너비 1.5m, 잔고 3m임. 두 자연절벽 사이의 트인 곳을 막은 것임.
o 제3구간 : 자연절벽으로 길이는 125m임.
o 제4구간 : 인공성벽으로 길이는 85m임. 기단부와 정상부의 너비 3m, 잔고 2m임. 지세가 낮아지는 낮은 산등성이와 가파른 산비탈에 축조했음.
o 동벽 외곽 : 동벽의 바깥쪽은 대부분 100여m 높이의 자연절벽임. 이에 병사들이 낭떠러지로 떨어지는 것을 방지하기 위해 절벽 가장자리에 낮은 석벽을 구축한 것으로 추정됨.

(2) 성돌의 특징
o 성돌은 현지의 돌을 채석하여 약간 가공함. 성돌은 정교하게 다듬은 편은 아닌데, 동벽의 경우 내외벽에는 납작하고 뾰족한 쐐기형돌(楔形石)을 사용하고, 안채움부(墻芯, 벽체 중심부)에는 괴석(石塊)을 사용하였음.
o 장대석(長大石) : 성벽 기단부에는 장대석(長方形巨石)을 사용하였는데, 길이 140m, 너비 35cm, 두께

55cm인 것도 있음.
○ 쐐기형돌(楔形石) : 큰 것은 길이 55cm, 너비 40cm, 두께 20cm이며, 작은 것은 길이 30cm, 너비 20cm, 두께 15cm임.

2) 성곽시설

(1) 성문 : 동문과 서문이 있음.[3]
○ 동문 : 동북쪽 모서리에 위치함. 너비 3m.
○ 서문 : 서벽의 제3구간에 위치. 富爾江 연안과 통함. 파괴가 심하여 그 구조를 명확하게 알 수 없음.

(2) 角臺와 望臺
○ 북벽의 제2구간, 서벽의 제2구간과 제4구간 등의 자연절벽 위에 인공으로 다듬은 평평한 墩臺가 있는데, 자연절벽과 角臺·望臺가 합해진 방어시설임. 북벽 제2구간의 것은 서북 角臺, 서벽 제4구간의 것은 서남 角臺이며, 서벽 제2구간의 것은 바깥쪽으로 뻗어 나와 富爾江 연안 일대를 요망할 수 있다는 점에서 망대에 해당한다고 할 수 있음.
○ 동남쪽 모서리의 우뚝 솟은 바위는 인공으로 다듬은 흔적은 없지만, 위치와 자연지형으로 보아 동남 角臺로 추정됨.
○ 동문 바깥에는 북쪽으로 200여m 뻗은 좁고 기다란 절벽이 있는데, 측면 높이는 30~40m임. 이 절벽 북단의 정상부는 너비 15~30m로서 병사가 주둔할 수 있을 정도로 평탄한 것으로 보아 동문을 호위하던 角臺로 여겨짐.

---

3 撫順市博物館·新賓縣文化局, 1991, 44쪽. 王綿厚 2002, 92쪽에서는 북벽을 제외한 동벽, 서벽, 남벽에 각각 성문이 1개씩 있고, 큰 길에 접한 동문을 정문으로 파악함.

5. 성내시설과 유적

1) 우물
○ 우물이 두 개 확인됨.
○ 동문 밖 34m 지점의 우물 : 돌로 쌓은 것으로 직경 1.5m, 깊이 0.5m임.
○ 남벽 중간의 우물 : 돌로 쌓은 것으로 직경 1.5m, 깊이 0.3m임.

6. 출토유물

○ 최초 보고자는 산성 내부에서 유물이 발견되지 않았다고 함. 다만 산성 남쪽 산기슭 아래인 轉水湖村 북쪽에 團山子라는 臺地가 있는데, 여기에서 사질회갈색토기편(夾沙灰褐陶)을 채집한 적이 있다고 함(撫順市博物館·新賓縣文化局, 1991, 45쪽).
○ 반면 王綿厚는 성 내부 지표에서 격자문(方格文)이나 승문(繩文)이 시문된 홍갈색토기편이 散見된다고 함(王綿厚, 2002, 92쪽).

7. 역사적 성격

1) 지정학적 위치와 주변의 유적 현황
轉水湖山城은 渾江 지류인 富爾江 상류에 위치했는데, 동서 양면은 富爾江과 高麗溝이고, 남쪽은 富爾江 연안의 전수호 평원으로 3면이 주위의 산천과 분리된 천혜의 지형조건임. 특히 산성의 서벽에 서면 북쪽의 旺淸門 방면에서 富爾江 하류로 내려오는 적군의 동정을 한눈에 파악할 수 있음.

轉水湖山城이 자리한 富爾江 유역은 요동방면에서 蘇子河 유역을 경유해 渾江 본류로 나아가는 교통로의 경유지임. 고구려 國內城시기에는 요동평원에서

도성으로 진입할 경우, 渾河를 거슬러 蘇子河 → 富爾江 → 혼강 본류 연안 → 新開河를 경유한 다음 老嶺山脈을 넘는 루트가 가장 중요한 교통로로 사용되었음.

富爾江 유역에는 전수호산성 이외에도 흑구산성, 건설산성, 사도구산성 등 고구려 산성이 다수 분포해 있음. 이들 산성은 모두 산 정상에 위치해 있고, 대부분 부이강 연안을 잘 관찰할 수 있도록 망대가 설치되어 있음.

2) 산성의 기능과 성격

富爾江 연안에는 비옥하고 넓은 평야가 형성되어 있고, 특히 전수호산성 서남쪽에 자리한 흑구산성 주변에는 지석묘와 더불어 고구려시기의 적석묘도 다수 분포해 있음. 이에 轉水湖山城과 黑溝山城 일대가 초기 수도인 紇升骨城(졸본)으로 비정되는 桓仁 五女山城보다 상류라는 점에 주목하여 富爾江-渾江 본류를 고구려 초기의 沸流水로 비정한 다음, 轉水湖山城을 흑구산성과 함께 沸流水 上流의 沸流國 소재지로 추정하며 고구려 건국 이전에 축조되었을 가능성을 상정하기도 함(撫順市博物館·新賓縣文化局, 1991, 45쪽).

그렇지만 현재의 富爾江을 沸流水의 상류라고 단정하기는 힘듦. 환인분지를 경유하는 渾江 본류가 비류수인 것은 거의 명확하지만, 비류수 상류는 혼강 본류의 상류일 수도 있기 때문임. 또 轉水湖山城을 비류국의 소재지로 본다면 고구려 건국 이전에 이미 축조되었다고 보아야 하는데, 이를 입증할 만한 자료는 없음(임기환, 1998, 72쪽).

轉水湖山城의 동서 양면은 富爾江과 高麗溝이고, 남쪽은 富爾江 연안의 하곡평지로 3면이 주위의 산천과 분리된 천혜의 지형조건임. 북쪽으로 좁고 기다란 절벽이 산성과 연결되어 있어 방어에 불리하지만, 이 절벽을 산성의 방어계통에 편입시켜 동문 진입로를 차단할 수 있음. 산성의 서북 角臺에서는 富爾江 상류 방면, 서남 角臺에서는 富爾江 하류 방면을 각각 공제할 수 있고, 서벽 망대에서는 富爾江 연안 전체를 조망할 수 있음.

이처럼 轉水湖山城은 산 정상부에 위치했고, 富爾江 연안 일대 전체를 공제할 수 있다는 점에서 행정적인 목적보다는 군사방어성으로 축조되었다고 파악됨(양시은, 2016, 182쪽). 절벽을 활용한 천연성벽, 쐐기형돌을 이용한 물림쌓기 축성법, 산 정상부라는 입지 등은 압록강 중상류의 산성에서 확인되는 일반적인 양상임. 이로 보아 전수호산성은 고구려 초기에 축조된 군사방어성으로 파악됨(임기환, 1998, 67~72쪽).

富爾江 일대에는 轉水湖山城 이외에도 黑溝山城, 사도구산성, 건설산성 등이 분포되어 있음. 이들은 모두 산 정상부에 있고, 富爾江 연안을 잘 관찰할 수 있도록 망대를 마련했다는 점에서 富爾江 연안로를 공제하던 군사방어시설로 추정됨. 특히 고구려 國內城시기에는 요동평원에서 도성으로 진입할 경우, 渾河를 거슬러 蘇子河 → 富爾江 → 혼강 본류 연안 → 新開河를 경유하는 루트가 가장 평탄하고 최단 코스였는데, 244~245년 조위의 毌丘儉이나 342년 전연의 慕容皝은 이 루트를 따라 고구려를 침공한 것으로 추정됨. 이러한 점에서 轉水湖山城은 국내성시기에 흑구산성, 사도구산성, 건설산성 등과 함께 富爾江 연안 일대에서 渾江 우안의 弧形·軸線방어체계를 구성하였다고 파악됨(余昊奎, 1998, 189~190쪽).[4]

한편 중국학계에서는 轉水湖山城을 고구려 후기의 哥勿城에 비정하기도 하는데(孫進己·馮永謙, 1988, 309~310쪽, 王綿厚, 1994, 40쪽), 哥勿城은 환인 오녀산성으로 비정하는 견해가 우세한 상황임(梁志龍, 1994, 67~73쪽).

---

4 한편 양시은, 2016, 181~183쪽에서는 전수호산성이 소자하에서 부이강을 경유해 고구려 건국지인 환인분지로 향하는 교통로를 방어했다고 보았지만, 졸본도성시기에 축조되었는지 여부는 추후 고고조사를 통해 면밀하게 검토할 필요가 있음.

참고문헌

- 孫進己·馮永謙, 1988, 『東北歷史地理』 2, 黑龍江人民出版社.
- 撫順市博物館·新賓縣文化局, 1991, 「遼寧新賓縣轉水湖山城」, 『北方文物』 1991-1.
- 梁志龍, 1994, 「哥勿考辨」, 『遼海文物學刊』 1994-2.
- 王禹浪·王宏北, 1994, 「中國吉林省新賓滿族自治縣响水河子鄕高句麗轉水湖山城址」, 『高句麗·渤海古城址研究匯編』(上), 哈爾濱出版社.
- 魏存成, 1994, 「城址·建築址」, 『高句麗考古』, 吉林大學出版社.
- 王綿厚, 1994, 「鴨綠江右岸高句麗山城研究」, 『遼海文物學刊』 1994-2.
- 陳大爲, 1995, 「遼寧高句麗山城再探」, 『北方文物』 1995-3.
- 余昊奎, 1998, 「新賓 轉水湖山城」, 『高句麗 城』 I(鴨綠江中上流篇), 國防軍史研究所.
- 林起煥, 1998, 「高句麗前期 山城 硏究」, 『國史館論叢』 82.
- 魏存成, 2002, 「山城」, 『高句麗遺跡』, 文物出版社.
- 王綿厚, 2002, 「高句麗南北二道上諸城」, 『高句麗古城研究』, 文物出版社.
- 李樂營·李淑英 편저, 2006, 『中國高句麗學者與研究綜述』, 吉林文史出版社.
- 양시은, 2016, 『고구려 성 연구』, 진인진.
- 정원철, 2017, 『고구려 산성 연구』, 동북아역사재단.
- 白種伍, 2017, 「高句麗 城郭 築城術의 擴散에 대한 豫備的 檢討」, 『高句麗渤海研究』 59.

03 신빈 고각산산성
新賓 孤脚山山城

1. 위치와 자연환경(그림 1 ~ 그림 2)

○ 遼寧省 新賓縣 旺淸門 동북쪽의 고각산에 위치.
○ 산성 동남쪽으로는 三棵楡樹河가 동북에서 서남쪽으로 흘러 富爾江으로 흘러 들고 있으며, 하천 양안에는 하곡평지가 기다랗게 펼쳐져 있음.
○ 산성은 三棵楡樹河 하곡평지를 향해 동남으로 뻗어내린 고각산 산줄기의 서쪽 골짜기에 자리잡고 있음. 산성에 올라서면 서남쪽의 왕청문 소재지뿐 아니라 三棵楡樹河 하곡평지 전체를 한눈에 조망할 수 있음.

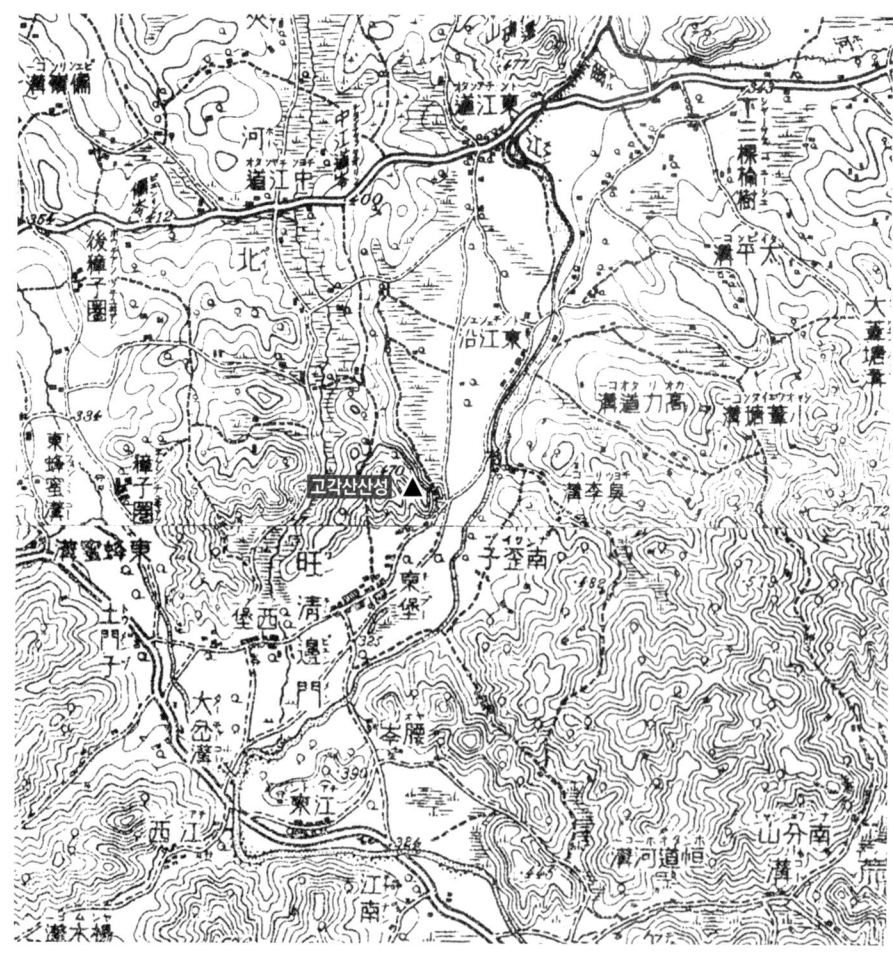

그림 1
고각산산성 위치도
(滿洲國 10만분의 1 지형도)

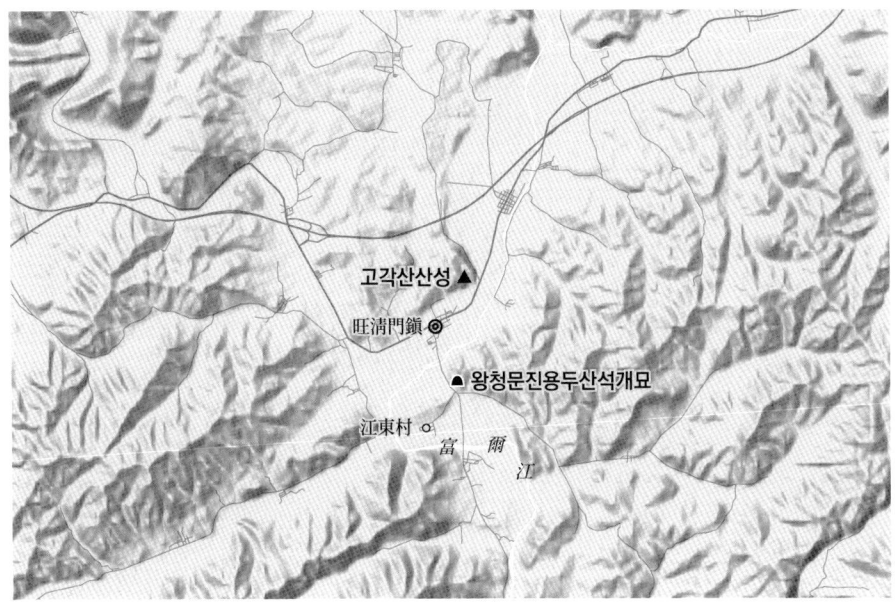

그림 2 고각산산성 지형도

2. 성곽의 전체현황

○ 고각산 산줄기의 서쪽 골짜기에 위치한 포곡식 산성임. 골짜기의 남쪽 입구와 그 좌우의 산기슭에서만 흙으로 축조한 성벽을 확인할 수 있고, 산등성이에서는 성벽의 흔적을 확인하기 힘든 상태임.

○ 골짜기 입구와 그 좌우의 산기슭에 축조한 토축성벽도 규모가 그리 큰 편은 아님. 더욱이 입구 좌우 산기슭 능선 가운데 안쪽 능선을 따라 골짜기 입구의 성벽을 쌓아 천연의 'U'자형 옹성구조를 갖춘 일반적인 고구려 포곡식 산성과 달리 바깥쪽 능선을 따라 성벽을 쌓고, 골짜기를 가로지른 성벽도 입구와 거의 평행되게 축조되었음.

○ 골짜기를 가로지른 성벽은 골짜기 안쪽으로 향하는 통로에 의해 절단되어 있어 있으며, 성벽의 흙을 채토한 흔적도 남아 있음.

3. 역사적 성격

孤脚山山城은 蘇子河 유역에서 富爾江 상류를 경유해 富爾江 하류방면으로 향하는 교통로와 通化 방면으로 나아가는 교통로가 나뉘는 분기점에 위치했음. 그러므로 만약 고각산산성이 고구려시기의 산성이라면 富爾江 상류와 通化 일대를 방어하던 군사방어성으로 파악할 수 있음. 다만 현재까지의 자료만으로는 고구려시기에 축조한 성곽이라고 단정하기 곤란한 상태임.

참고문헌

- 王綿厚·李健才, 1988, 『東北古代交通』, 瀋陽出版社.
- 余昊奎, 1998, 「新貧 孤脚山山城」, 『高句麗 城』 I(鴨綠江中上流篇), 國防軍史研究所.

04 신빈 사도구산성
新賓 四道溝山城

1. 위치와 자연환경

遼寧省 新賓滿族自治縣 響水河子鄕 雙砬子村 四道溝의 富爾江 西岸 2.5km에 위치함. 북쪽 3km에 響水河子鄕 소재지가 있고, 북쪽 2.5km에 전수호산성이 위치했다고 함(王禹浪·王宏北, 1994, 121쪽).

2. 역사적 성격

四道溝山城이 고구려시기의 산성이라면 대체로 富爾江 일대의 흑구산성·전수호산성·건설산성 등과 함께 渾江 우안의 弧形·軸線防禦體系를 구성하였을 것으로 추정됨(여호규, 1998, 184쪽). 그렇지만 현재로서는 사도구산성이 고구려시기의 산성이라고 단정할 만한 명확한 근거가 없는 상태임.

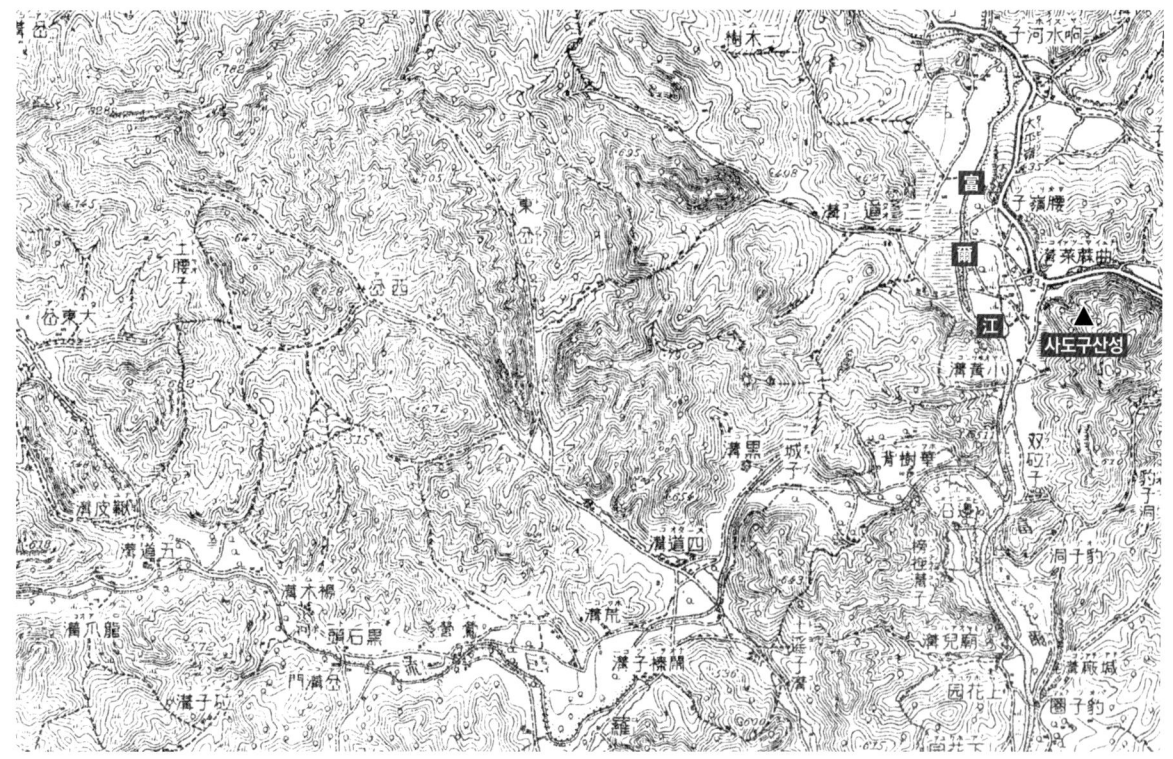

그림 1 사도구산성 주변 지형도(滿洲國 10만분의 1 지형도)

참고문헌

- 王禹浪·王宏北, 1994, 「中國吉林省新賓滿族自治縣响水河子鄉雙砬子村四道溝高句麗山城址」, 『高句麗·渤海古城址研究匯編』(上), 哈爾濱出版社.
- 余昊奎, 1998, 「新賓 四道溝山城」, 『高句麗 城』Ⅰ(鴨綠江中上流篇), 國防軍史研究所.

중국 소재 고구려 유적과 유물 II
압록강 중상류 2 집안-신빈

초판 1쇄 인쇄   2021년 11월 10일
초판 1쇄 발행   2021년 11월 30일

기   획   동북아역사재단 한국고중세사연구소
엮 은 이   여호규, 강현숙, 백종오, 김종은, 이경미, 정동민
펴 낸 이   이영호
펴 낸 곳   동북아역사재단

등   록   제312-2004-050호(2004년 10월 18일)
주   소   03739 서울시 서대문구 통일로 81(미근동267) NH농협생명빌딩
전   화   02-2012-6065
팩   스   02-2012-6189
홈페이지   www.nahf.or.kr
제작·인쇄   역사공간

ISBN   978-89-6187-543-1 94910(세트)
       978-89-6187-667-4 94910

- 이 책은 저작권법으로 보호를 받는 저작물이므로 어떤 형태나 어떤 방법으로도 무단전재와 무단복제를 금합니다.
- 책값은 뒤표지에 있습니다. 잘못된 책은 바꾸어 드립니다.